이탈리아 여행백서

대표적 관광도시에서 숨겨진 소도시여행까지

(2020~2021년 개정판)

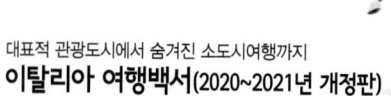

대표적 관광도시에서 숨겨진 소도시여행까지
이탈리아 여행백서(2020~2021년 개정판)

초 판 1쇄 펴냄 2015년 1월 10일
개 정 판 1쇄 펴냄 2017년 2월 20일
개정 3판 1쇄 펴냄 2020년 1월 10일

지은이 염승범/곽윤실
펴낸이 유정식

책임편집 박수현
편집/표지디자인 유재헌

펴낸곳 나무자전거
출판등록 2009년 8월 4일 제 25100-2009-000024호
주소 서울 노원구 덕릉로 789, 2층
전화 02-6326-8574
팩스 02-6499-2499
전자우편 namucycle@gmail.com

ⓒ염승범/곽윤실 2015~2020
ISBN : 978-89-98417-46-8(14980)
       978-89-98417-12-3(세트)
정가 : 20,000원

파본이나 잘못 인쇄된 책은 구입하신 서점에서 교환해드립니다.

이 책은 저작권법에 따라 보호받는 저작물이므로 무단전재와 복제를 금합니다. 이 책 내용의 일부 또는 전부를 이용하려면 반드시 저작권자와 나무자전거의 서면동의를 받아야 합니다.

이 도서의 국립중앙도서관 출판예정도서목록(CIP)은 서지정보유통지원시스템 홈페이지(seoji.nl.go.kr)와 국가자료종합목록 구축시스템(kolis-net.nl.go.kr)에서 이용하실 수 있습니다. (CIP제어번호 : CIP2019051037)

2020~
2021년
개정판

대표적 관광도시에서
숨겨진 소도시여행까지

이탈리아
여행백서

염승범 · 곽윤실 공저

나무자전거

PROLOGUE

사랑하는 가족, 친구가
이탈리아로 여행을 간다면?

엄마가 이곳을 좋아하실까? 여기 음식을 맛있게 드실까? 사랑하는 사람이 늘 좋은 것만 보고, 맛있는 것만 먹고, 따뜻한 잠자리를 가졌으면 하는 마음으로 볼거리와 먹거리, 숙소 등을 선정하는 데 있어 항상 가까운 지인을 떠올리며 신중히 고민하였습니다. 〈이탈리아 여행백서〉에서는 여행의 준비 단계부터 현지 정보까지 이탈리아 여행을 꿈꾸는 가족, 친구에게 전해주고 싶은 필수 정보와 깨알 같은 팁들을 담고자 하였습니다.

개정판을 준비하면서 여행자 관점으로 소개했던 일정을 따라 다시 이탈리아를 다녀오기도 하고, 여행 가는 지인들의 일정을 직접 짜 주고 피드백 받으면서 책으로만 가능한 일정이 아니라 현실적으로 가능한 일정을 만들고자 하였습니다. 무엇보다 이번 개정판에서는 스마트폰을 활용해 조금 더 편하게 여행할 수 있는 부분들을 찾아 반영하였으며, 변경된 여행지 정보들도 재차 확인하여 여행자의 헛걸음을 줄이고자 노력하였습니다. 〈이탈리아 여행백서〉가 여행을 준비하는 분들에게는 손쉽게 여행을 계획하는데 도움이 되는 알찬 정보서가, 여행을 다녀온 분들에게는 책장을 넘기며 다시 이탈리아를 추억할 수 있는 책이 되었으면 합니다.

책을 마치며 솔직히 홀가분하면서도, 한편으로는 취재 당시 정보가 이탈리아인들의 변덕스러운 마음을 따라가지 못할까 염려됩니다. 그러나 생각지도 못한 여행 일정 속에 소중한 인연을 만나고, 뜻밖의 에피소드들이 여러분의 여행을 단순한 관광보다는 조금 더 의미 있는 여행으로 만들어 줄 것이라 조심스레 기대해봅니다.

책의 첫 장부터 마지막 장까지 많은 분들의 도움이 있었습니다. 이탈리아를 제2의 고향으로 만들어 준 염승범사장님, 랑이언니, 현지에서 자기 일처럼 물심양면 도움을 준 우노식구들, 좋은 책을 만들고자 힘쓰는 나무자전거출판사 여러분까지, 혼자가 아닌 많은 분들의 힘으로 책을 완성할 수 있었습니다.

책 출간을 저 보다 더 기뻐해 주던 장간지, 희나, 화윤, 경우, 지수, 동혁, 지웅오빠, 명구오빠, 상훈오빠, 희정언니, 이든언니, 희선이, 영원한 악동들 윤아, 혜영, 효주, 수연, 경민, 민지, 지은, 윤채, 자주 보진 못해도 늘 고마운 선영이, 민재, 소진이, 한 명 한 명 너무 소중한 죠뱅스, 쉐필드, 함께라면 팍팍한 일상도 즐거운 여행 같은 jee, 미미무, 조이몬, 쟌이 그리고 삶이라는 여행에서 값진 인연 맺어준 모든 분들에게 감사인사를 전합니다. 이번 개정2판 작업에서 부족했던 사진을 채워주신 초롱둘 강정임님께도 지면으로나마 감사인사 드립니다.

가장 사랑하는 피렌체 미켈란젤로광장에서 엄마, 아빠, 언니와 함께
석양을 바라보는 그 날을 꿈꾸며!

곽윤실

이탈리아 여행자들을 위한
조금 더 가치 있는 여행책!

우노트래블을 경영하면서 이탈리아를 여행하는 많은 이들을 만났고, 이들과의 만남이 반복되면서 보다 가치 있는 여행에 대한 고민도 시작되었습니다. 조금이나마 이탈리아를 여행하는 이들에게 도움이 되고자 계획했던 첫 책 〈이탈리아 여행백서〉가 출간되고 많은 사랑을 받으면서 어느덧 개정판까지 준비할 수 있게 된 것에 너무 기쁘고 감사드립니다.

2014년 책이 출간되고 현장에서 가이드투어를 진행할 때, 여행자들 손에 이탈리아 여행백서가 들린 모습을 볼 때면 너무도 기분이 좋았고, 한편으로는 죄송한 마음도 들었습니다. 첫 책은 정말 오랜 기간 발로 뛰며 준비하여 만들었음에도 보면 볼수록 아쉬운 점이 많았고, 혹시나 잘못된 정보로 인해 여행자가 피해를 보지는 않았을까 걱정도 많았습니다.

다행히 개정판을 준비할 수 있게 되어 트랜드에 맞춰 내용들을 부분수정하고, 부족했던 정보들을 대폭 보강할 수 있었습니다. 하지만 지금 이 순간에도 여전히 그 불안함과 걱정은 줄어들지 않습니다. 더욱 더 고민하고 조사하여 다음 개정판에서는 조금 더 나은 책을 만들어야겠다는 다짐이 벌써부터 끓어오릅니다.

어느덧 가족처럼 느껴지는 나무자전거출판사 여러분께 먼저 감사드립니다. 또한 항상 곁에서 저에게 힘이 되어준 저희 가족과 가이드북 작업에 아낌없이 도움을 주셨던 우노트래블 가이드들에게도 너무 감사드립니다. 그리고 힘든 집필 작업에도 항상 긍정적인 생각으로 조언해 준 영원한 파트너 윤실이와 이번 작업도 같이 진행할 수 있어 행복했습니다.

언제나 좋은 여행에 도움이 될 수 있는 가치 있는 가이드북을 만들도록 더욱 노력하겠습니다.

염승범

PREVIEW

이 책은 총 8개 파트에 이탈리아 여행을 계획하면서부터 현지 여행까지 필요한 정보를 바로 파악할 수 있도록 구성하였습니다. 1파트에서는 이탈리아를 이해하는데 도움이 되는 건축, 미술, 음식 등 배경지식과 여행출발 전 알고 있어야 할 여권발급, 항공권 구입, 출입국에 관련된 정보들을 하나씩 짚었습니다. 2파트부터는 이탈리아

추천 베스트
각 도시에서 놓치지 말아야 할 비경과 순간을 소개하였습니다.

챕터별 구성
인접한 지역을 하나의 챕터로 묶어서 동선을 짜기 쉽도록 하였습니다.

Chapter01에서는 주요 도시와 근교 도시의 교통정보를 확인할 수 있습니다.

Chapter02에서는 주요 도시의 볼거리, 먹거리, 쇼핑, 숙소를 섹션에서 소개합니다.

Chapter03 주요 도시와 함께 둘러보기 좋은 근교 도시를 각 섹션에서 소개합니다.

사진으로 미리보는 동선

날짜별로 여행지에 대한 스팟들을 효율적으로 둘러보기 위한 추천 동선을 제시합니다. 어디를 가야 할지, 무엇을 먹어야 할지 등이 고민된다면 이 부분을 참고하세요.

동선 아이콘
🚌 버스   🚆 기차   👣 도보   바포레토   택시

의 주요도시인 로마, 피렌체, 베네치아, 나폴리, 바리, 시칠리아의 지역별 정보를 파트별로 나눠 구성하였습니다. 파트 아래 첫 번째 챕터에서 해당 도시와 근교도시를 아울러 전체적인 교통정보를 먼저 확인할 수 있고, 2~3번째 챕터의 섹션에서 도시별 볼거리, 먹거리, 쇼핑거리, 숙소 등을 세세하게 소개하였습니다.

섹션제목
여행지에 따라 볼거리, 먹거리, 쇼핑, 근교 여행지 등이 별도의 섹션으로 처리되어 원하는 스팟들을 바로 찾아볼 수 있도록 하였습니다.

스팟정보
해당 스팟에 대한 정보를 일목요연하게 정리했습니다. 찾아가는 방법, 추가적인 정보를 위한 홈페이지, 연락처, 추천메뉴, 영업시간 등과 필자가 개인적으로 얘기해주는 귀띔 한 마디 등 꼭 필요한 스팟에 대한 정보가 수록되어 있습니다.

큰제목
주로 여행지의 스팟을 큰제목으로 처리하였습니다. 스팟의 제목만 봐도 어떤 곳인지 미루어 짐작할 수 있도록 부제도 첨부했습니다.

여행 TIP
본문에서 미처 다루지 못한 부분들 중 추가적인 스팟이나 해당 여행지에서 알고 있으면 좋은 내용들을 팁의 형태로 정리하였습니다.

PREVIEW

스페셜페이지
박물관 작품설명, 명품 아웃렛, 본문에서 다루기 힘든 특별한 여행지를 스페셜페이지로 소개합니다.

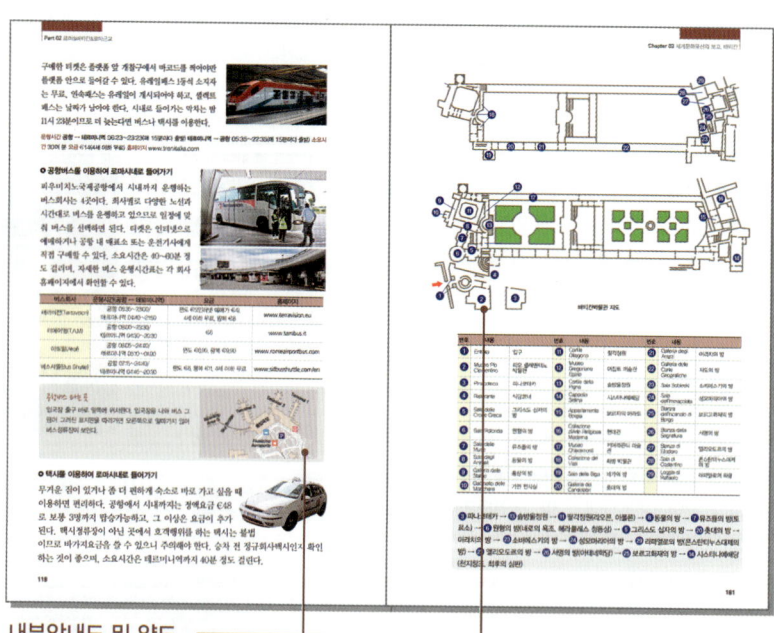

내부안내도 및 약도
박물관(미술관), 성당, 유적지 등의 내부를 살펴볼 수 있는 내부 안내도와 목적지를 찾을 때 도움이 되는 약도입니다.

이탈리아 여행백서는 이탈리아 여행의 주요 도시인 로마, 피렌체, 베네치아를 큰 펼침지도로 제공하기 위해 부록으로 구성하였으며, 책 속에는 각 도시의 이동을 한눈에 파악할 수 있는 교통지도와 스팟이 표시된 도시지도, 구성도를 수록하였습니다.

Map Preview

전체지도
본문에서 소개하는 볼거리, 먹거리, 쇼핑몰, 숙소를 비롯하여 랜드마크와 주요 관공서 등을 한눈에 보기 좋게 디자인하였습니다. 찾아가기 쉽도록 도로들은 도로명을 원어로 표기해뒀습니다.

지도 아이콘

식당	쇼핑	관광안내소
경찰서	버스정류장	메트로
기차	선착장	케이블카
성당	묘지	우체국
공항	주차장	광장, 신전
산, 언덕	해수욕장	분수대, 호수
성	호텔	공원
카페	젤라토	디저트

교통지도
각 파트에 해당하는 도시를 거점으로 하여 주요 도시와 근교도시를 이동하는 교통수단과 소요시간, 비용을 한눈에 파악할 수 있습니다.

CONTENTS

Part 01
벤베누띠 이탈리아!(Benvenuti Italia!)

MAP PREVIEW 이탈리아 주요도시 26

Ciao! 이탈리아 놓칠 수 없는 비경 27

Section 01 여행 전 알아두면 좋은 이탈리아의 모든 것 32

이탈리아 지리와 기후, 국가정보 32 | 재미있는 이탈리아의 역사이야기 32 | 이탈리아의 역사가 살아 숨 쉬는 건축이야기 34 | 이탈리아를 빛낸 미술과 예술가 이야기 37 | 이탈리아에서 꼭 먹어봐야 할 다양한 음식이야기 42 | 이탈리아에서 꼭 마셔봐야 할 와인이야기 47 | 이탈리아에서 쇼핑을 제대로 즐기려면 51 | 이탈리아의 다양한 행사와 축제 53 | 이탈리아의 치안과 예방 54 |

Section 02 이탈리아 추천일정과 동선 56

이탈리아여행 베스트코스 5선 57 | 여행백서 독자만을 위한 특별한 여행 61 |

Section 03 이탈리아여행 제대로 준비하기 66

아는 만큼 보인다 여행정보수집 66 | 여행에 필요한 준비사항들 69 | 여행 전 챙겨야 하는 여러 가지 것들 74 | 이탈리아 현지에서 이용할 교통편 76 | 이탈리아의 다양한 숙소예약하기 86 | 여행예산 계획하기와 현금관리하기 88 | 여행에 필요한 짐꾸리기 90 | 이탈리아에서 전화사용하기 92 | 사건, 사고 대처요령 93 | 세금 환급받기 95 | 여행에 꼭 필요한 생존 이탈리아어 98 |

Section 04 이탈리아로 출입국하기 99

한눈에 살펴보는 출국과정 99 | 한눈에 살펴보는 이탈리아 입국과정 105 |

Part 02
로마&바티칸&로마근교

MAP PREVIEW 로마 108

로마에서 놓치지 말아야 할 추천 베스트 110

로마 교통편 113

Chapter 01 한눈에 보는 로마&로마근교 114
　　　　　　　고민 없이 즐기는 로마&바티칸 추천 동선 115

Section 01 로마&로마근교 교통편 이용하기 117
　　　　　　　로마시내로 이동하는 방법 117 | 로마시내에서 대중교통 이용하기 120 | 로마에서 근교도시로 이동하기 125 |

Chapter 02 발길 닿는 곳곳마다 유적지인 로마 126

Section 02 로마에서 반드시 둘러봐야 할 명소 127
　　　　　　　산타마리아 마조레성당 127 | 산피에트로 인 빈콜리성당 128 | 콜로세오 128 | 콘스탄티누스 개선문 129 | 포로 로마노 130 | 팔라티노언덕 131 | 대전차경기장 131 | 산타마리아 인 코스메딘성당과 진실의 입 132 | 캄피돌리오광장&카피톨리노박물관 132 | 베네치아광장과 베네치아궁전박물관 134 | 비토리오 에마누엘레2세 통일기념관 134 | 도리아 팜필리미술관 135 | 일 제수성당 135 | 공화국광장 136 | 산타마리아 델라 비토리아성당 136 | 산타마리아 델리 안젤리성당 137 | 포폴로광장 137 | 산타마리아 델 포폴로성당 138 | 스페인광장 138 | 트레비분수 139 | 판테온 139 | 산타마리아 소프라 미네르바성당 140 | 산티냐치오성당 141 | 산루이지 데이 프란체시성당 141 | 나보나광장과 산타녜제 인 아고네성당 142 | 천사의 성 143 | 자니콜로언덕 143 |

Special 01 로마에서 3박 이상 하는 여행자를 위한 반나절 여행지 4선 144
　　　　　　　카스텔로마노 144 | 보르게세공원 및 주변 볼거리 145 | 트라스테베레지구 149 | 기독교 성지순례코스 150 |

Section 03 로마에서 먹어봐야 할 것들 154
　　　　　　　피자레 154 | 일베로 알프레도 155 | 쿨데삭 156 | 칸티나 에 쿠치나 156 | 트라토리아 알 테타렐로 157 | 카를로멘타 157 | 루찌 158 | 피제리아 에우로파 158 | 타겟 159 | 가인 159 | 이조 160 | 파시 160 | 올드브리지 160 | 지올리티 161 | 그롬 161 | 벵키 162 | 꼬메 일 라테 162 | 폼피 163 | 안티코 카페그레코 163 | 타짜도르 163 | 카페 에우스타키오 164 | 카페 카노바타돌리니 164 | 아날렘마 165 | 마르코니 165 |

Section 04 로마에서 놓치면 후회하는 쇼핑거리 166
　　　　　　　산타마리아 노벨라약국 166 | 세르모네타 167 | 트리마니 168 | 라파엘라 168 | 세라미카 라쿠 169 | 바르토루치 169 | 메르카토몬티 빈티지마켓 170 | 포르타포르테세 170 |

Section05	여행자들에게 적당한 로마의 숙소 171
	우나호텔 로마 171	로얄산티나 171	옐로우스퀘어 172	포시즌스호스텔 173	까사미아민박 174	제네레이터 로마 175	

Chapter03	세계문화유산의 보고, 바티칸 176
	MAP PREVIEW 바티칸 177

Section06	바티칸여행을 시작하기 전에 178
	재미있는 바티칸이야기 178	효율적으로 돌아보는 바티칸 추천 동선 179	

Section07	바티칸박물관에서 놓치면 안 되는 것들 180
	바티칸박물관 입장 전 주의사항 180	회화미술관 피나코테카 182	피냐정원 184	벨베데레정원 184	동물의 방 184	뮤즈여신의 방과 벨베데레의 토르소 185	원형의 방 185	그리스십자가의 방 186	촛대의 방 186	아라치의 회랑 186	지도의 회랑 187	라파엘로의 방 187	시스티나예배당 189	

Section08	성베드로성당에서 놓치면 안 되는 것들 192
	성베드로성당 192	베드로사도의 옥좌 193	교황 알렉산드로7세 무덤 193	발다키노 194	베드로사도의 청동상 194	쿠폴라 195	피에타 195	거룩한 문 196	성베드로광장 197	

Chapter04	로마근교 여행 198
	MAP PREVIEW 오르비에토 199	티볼리 205

Section09	중세의 아름다움을 느낄 수 있는 오르비에토&치비타 디 바뇨레조 199
	오르비에토와 치비타 디 바뇨레조여행을 시작하기 전 199	오르비에토두오모 202	오페라 델 두오모박물관 202	산파트라치오의 우물 203	지하도시 203	치비타 디 바뇨레조 마을 204	

Section10	아름다운 고대 별장을 만나는 티볼리 205
	티볼리여행을 시작하기 전 205	빌라데스테 207	빌라그레고리아나 207	빌라아드리아나 208	

Section11	로마의 풍요로움이 시작된 오스티아 209
	오스티아여행을 시작하기 전 209	오스티아안티카 210	오스티아해변 211	

Part03
피렌체&피렌체근교 여행

MAP PREVIEW 피렌체 214

피렌체 교통편 215
피렌체에서 놓치지 말아야 할 추천 베스트 216

Chapter01 한눈에 보는 피렌체&피렌체근교 218
고민 없이 즐기는 피렌체&피렌체근교 추천 동선 219

Section01 피렌체&피렌체근교 교통편 이용하기 221
공항이나 기차역에서 피렌체시내로 이동하기 221 | 피렌체시내에서 대중교통 이용하기 222 | 피렌체에서 근교도시로 이동하기 222 |

Chapter02 연인들의 성지, 낭만이 함께하는 피렌체 224

Section02 피렌체에서 반드시 둘러봐야 할 명소 225
산타마리아 노벨라역 225 | 산타마리아 노벨라성당 225 | 산로렌초성당 226 | 메디치예배당 227 | 메디치 리카르디궁전 227 | 산타마리아 델 피오레성당 228 | 쿠폴라 229 | 조토의 종탑 229 | 산조반니세례당 230 | 두오모 오페라박물관 231 | 우피치미술관 231 | 아카데미아미술관 238 | 산티시마 안눈치아타광장 238 | 시뇨리아광장 239 | 베키오궁전 239 | 공화국광장 240 | 바르젤로국립박물관 241 | 산타크로체성당 241 | 베키오다리 242 | 피티궁전 242 | 미켈란젤로광장 243 | 산미니아토 알 몬테성당 244 | 피에솔레 244 |

Special02 우피치미술관의 소장작품 이해하기 233
비너스의 탄생 233 | 프리마베라 233 | 옥좌의 마리아 234 | 산로마노전투 234 | 성모의 대관식 235 | 우르비노공작 부부의 초상화 235 | 수태고지 235 | 톤도 도니 236 | 검은방울새의 성모 236 | 우르비노의 비너스 236 | 목이 긴 성모 236 | 바쿠스 237 | 메두사의 머리 237 | 유디트 237 |

Section03 피렌체에서 먹어봐야 할 것들 245
부카마리오 245 | 트라토리아 마리오 245 | 지오지지 246 | 구스타피자 247 | 레보테게 디 도나텔로 247 | 아쿠아 알 두에 247 | 페킹 북경반점 248 | 이두에 프라텔리니 248 | 네르보네 249 | 치로앤썬 249 | 알 안티코 비나이오 250 | 카페질리 250 | 카페 델 베로네 250 | 구찌박물관카페 251 | 라테라짜 251 | 오블레이트카페 252

| 페르케노 252 | 비볼리 252 | 파쎄라 253 | 카라베 253 | 라카라이아 254 | 젤라테리아 산타 트리니타 254 |

Section 04 피렌체에서 놓치면 후회하는 쇼핑거리 255

가죽시장 255 | 중앙시장 255 | 산타마리아 노벨라약국 256 | 비알레티 257 | 마도바 257 | 일파피로 258 | 비폴리 258 | 만니나 259 | 스크립토리움 259 |

Special 03 피렌체의 명품아웃렛 공략하기 260

더몰 260 | 프라다스페이스 261 | 바르베리노 디자이너아웃렛 262 |

Section 05 여행자들에게 적당한 피렌체의 숙소 263

그랜드호텔미네르바 263 | 뉴메로벤티 디자인 레지던시 263 | 아르키로쉬 264 | 플러스호스텔 265 | 호텔렉스 265 |

Chapter 03 피렌체근교 여행 266

MAP PREVIEW 피사 267 | 루카 271 | 아레초 276 | 친퀘테레 281 | 아시시 286 | 시에나 294 | 산지미냐노 297

Section 06 사탑으로 유명한 피사 267

피사여행을 시작하기 전 267 | 피사의 사탑 269 | 두오모광장 270 |

Section 07 성벽의 도시 루카 271

루카여행을 시작하기 전 271 | 산미켈레성당 272 | 산마르티노성당 273 | 안피테아트로광장 273 | 구이니지탑 274 | 오레탑 274 | 산프레디아노성당 275 | 지아코모푸치니 생가박물관 275 |

Section 08 중세마을의 아기자기한 풍경 아레초 276

아레초여행을 시작하기 전 276 | 산프란체스코성당 278 | 그란데광장 278 | 프라테르니타 데이 라이치궁전 279 | 아레초두오모 279 | 일프라토공원 280 |

Section 09 알록달록한 해안가 절벽마을 친퀘테레 281

친퀘테레여행을 시작하기 전 281 | 리오마조레 283 | 마나롤라 284 | 코르닐리아 284 | 베르나차 284 | 몬테로소 285 | 벨베데레레스토랑 285 |

Section 10 한없이 펼쳐진 평원이 주는 여유 아시시 286

아시시여행을 시작하기 전 286 | 산프란체스코성당 287 | 코무네광장 288 | 프란체스코생가 289 | 산루피노성당 289 | 로카마조레 290 | 산타키아라성당 290 |

산다미아노수도원 291 | 산타마리아 델리 안젤리성당 291 | 트라토리아 델리 움브리 292 | 델질리오수녀원 293 |

Section 11 **고유의 문화와 전통을 자랑하는 시에나** 294
시에나여행을 시작하기 전 294 | 캄포광장 295 | 푸블리코궁전과 만자의 탑 296 | 시에나두오모 296 |

Section 12 **아름다운 탑의 도시, 산지미냐노** 297
산지미냐노여행을 시작하기 전 297 | 참사회성당 298 | 시립미술관 포폴로궁전과 그로사탑 299 | 돈돌리젤라토 299 |

Special 04 **와인에 한 번, 풍경에 두 번 취하는 몬탈치노** 300

Part 04
베네치아&베네치아근교 여행

MAP PREVIEW 베네치아 304

베네치아에서 놓치지 말아야 할 추천 베스트 306
베네치아 교통편 309

Chapter 01 **한눈에 보는 베네치아&베네치아근교** 310
고민 없이 즐기는 베네치아&베네치아근교 추천 동선 311

Section 01 **베네치아&베네치아근교 교통편 이용하기** 313
마르코폴로공항(VCE)에서 베네치아시내로 이동하기 313 | 트레비소공항(TSF)에서 베네치아시내로 이동하기 314 | 산타루치아역에서 베네치아시내로 이동하기 314 | 베네치아시내에서 대중교통 이용하기 315 | 베네치아에서 근교도시로 이동하기 319 |

Chapter 02 **아름다운 물의 도시, 베네치아** 320

Section 02 **베네치아에서 반드시 둘러봐야 할 명소** 321
산타루치아역 321 | 리알토다리 322 | 리알토수산시장 322 | 산타마리아 글로리오사 데이프라리성당 323 | 산로코학교 323 | 아카데미아다리 324 | 아카데미아미술관 324 | 페기 구겐하임미술관 325 | 산타마리아 델라 살루테성당 325 | 산조르조

CONTENTS

마조레성당 326 | 산마르코성당 327 | 산마르코광장과 종탑 327 | 두칼레궁전 328 | 코레르박물관 329 | 탄식의 다리 329 | 베네치아 가면축제와 불꽃축제 330 |

Special 05 **베네치아에서 1박 이상 여행자를 위한 추천 코스** 331
　　　　　　　　MAP PREVIEW　**무라노섬, 부라노섬, 리도섬** 332
　　　　　　　　화려함으로 가득찬 무라노&부라노섬 331 | 섬 속의 섬 리도섬 335 |

Section 03 **베네치아에서 먹어봐야 할 것들** 336
　　　　　　　　알 마스카론 336 | 무로베네치아 337 | 콴토바스타 337 | 달모로 338 | 프리토인 338 | 알파로 339 | 안티코포르노 339 | 카페로쏘 339 | 토레파지오네 마르끼 340 | 카페플로리안 340 | 토놀로 341 | 마제르 342 | 카페데이프라리 342 | 카도르 342 | 일도제 343 | 젤라띠니코 343 |

Section 04 **베네치아에서 놓치면 후회하는 쇼핑거리** 344
　　　　　　　　스케제 344 | 투레이트 344 | 노벤타아웃렛 345 |

Section 05 **여행자들에게 적당한 베네치아의 숙소** 346
　　　　　　　　플라자호텔 346 | 베스트웨스턴호텔 볼로냐 346 | 산제레미아&알로기 지로토 칼데란 347 | 러브베네치아 348 | 허브민박 348 | 파바로티민박(구 한야민박) 349 | 리알토B&B 349 |

Chapter 03 **베네치아근교 여행** 350
　　　　　　　　MAP PREVIEW　**베로나** 351 | **트리에스테** 362 | **바사노 델 그라파** 366 | **비첸차** 369

Section 06 **비련의 여주인공 줄리엣의 고향, 베로나** 351
　　　　　　　　베로나여행을 시작하기 전 351 | 브라광장 353 | 줄리엣의 무덤 353 | 아레나 354 | 줄리엣의 집 355 | 에르베광장 356 | 시뇨리광장과 람베르티의 탑 356 | 산타아나스타시아성당 357 | 베로나두오모 357 | 피에트라다리 358 | 산피에트로성 358 | 베키오무린 359 | 아모리노 359 |

Special 06 **아름다운 가르다호수를 품은 시르미오네** 360
　　　　　　　　시르미오네의 상징 스칼리제라성 361 | 시르미오네 구시가지와 카툴로유적지 361 |

Section 07 **커피 명가의 본산지 트리에스테** 362
　　　　　　　　트리에스테여행을 시작하기 전 362 | 미라마레성과 공원 363 | 대운하 364 | 우니타광장 364 | 산주스토성당 364 | 산주스토성 365 | 카페 토마세오 365 |

Section 08 **알프스자락에 위치한 바사노 델 그라파** 366
바사노 델 그라파여행을 시작하기 전 366 | 알피니다리 367 | 그라파박물관 368 | 마르티리거리 368 |

Section 09 **팔라디오 건축의 도시 비첸차** 369
비첸차여행을 시작하기 전 369 | 안드레아팔라디오거리 370 | 시뇨리광장 371 | 바실리카팔라디아나 371 | 로지아 델 카피타니아토 372 | 올림피코극장 372 | 빌라로톤다 373 | 몬테베리코대성당 373 |

Part 05
밀라노&밀라노근교 여행

MAP PREVIEW 밀라노 376

밀라노에서 놓치지 말아야 할 추천 베스트 378
밀라노 교통편 381

Chapter 01 **한눈에 살펴보는 밀라노&밀라노근교** 382
고민 없이 즐기는 밀라노 추천 동선 383

Section 01 **밀라노&밀라노근교 교통편 이용하기** 384
말펜사공항(MXP)에서 밀라노시내로 이동하기 384 | 리나테공항(LIN)에서 밀라노시내로 이동하기 385 | 오리오알세리오공항(BGY)에서 밀라노시내로 이동하기 386 | 밀라노중앙역에서 밀라노시내로 이동하기 386 | 밀라노시내에서 대중교통 이용하기 387 | 밀라노에서 밀라노 근교도시로 이동하기 389 |

Chapter 02 **패션의 도시, 밀라노** 390

Section 02 **밀라노에서 반드시 둘러봐야 할 명소** 391
밀라노중앙역 391 | 밀라노두오모 391 | 비토리오 에마누엘레2세 갤러리 393 | 스칼라극장 394 | 브레라미술관 395 | 산타마리아 델레 그라치에성당 398 | 스포르체스코성 399 | 나빌리오지구 399 | 산시로스타디움 400 |

Special 07 **브레라미술관의 소장작품 이해하기** 396

CONTENTS

Section 03 밀라노에서 먹어봐야 할 것들 401
루이니 401 | 파니노쥬스토 401 | 마야 402 | 방그라바 402 | 초콜라티 이탈리아니 403 | 스타벅스 리저브 로스터리 밀라노 404 | 마르케지 405 |

Section 04 밀라노에서 놓치면 후회하는 쇼핑거리
몬테 나폴레오네거리 406 | 리나센테백화점 밀라노점 407 | 디매거진아웃렛 407 | 코르소코모10 408 | 코르소코모10 아웃렛 409 | 풋볼팀 409 |

Special 08 밀라노 대표 아웃렛, 세라발레아웃렛 410

Section 05 여행자들에게 적당한 밀라노의 숙소 412
호텔 토크퀘빌레 412 | 오스텔로벨로 413 | 해피하우스 413 |

Chapter 03 밀라노근교 여행 414
MAP PREVIEW 코모호수 415

Section 06 이탈리아의 아름다운 3대호수, 코모 415
코모호수여행을 시작하기 전 415 | 카부르광장 418 | 코모두오모 418 | 유람선 타고 둘러보기 418 | 벨라지오 419 |

Part 06
나폴리&나폴리근교 여행

MAP PREVIEW 나폴리 422

나폴리에서 놓치지 말아야 할 추천 베스트 424
나폴리 교통편 427

Chapter 01 한눈에 보는 나폴리&나폴리근교 428
고민 없이 즐기는 나폴리&나폴리근교 추천 동선 429 |

Section 01 나폴리&나폴리근교 교통편 이용하기 431
나폴리 카포디몬테공항에서 나폴리시내로 이동하기 431 | 열차편에서 내려 나폴리내로 이동하기 431 | 나폴리시내에서 대중교통 이용하기 432 | 나폴리에서 근교도시로 이동하기 435 |

Chapter 02 영광과 암흑이 공존하는 나폴리 438

Section 02 나폴리에서 반드시 둘러봐야 할 명소 439
나폴리중앙역 439 | 두오모 440 | 나폴리 국립고고학박물관 440 | 카포디몬테박물관 442 | 스파카나폴리 443 | 기념품시장 443 | 제수누오보성당 444 | 산타키아라성당과 수도원 444 | 산세베로예배당 445 | 산엘모성 445 | 플레비시토광장과 산프란체스코 디 파올라성당 446 | 레알레궁전 447 | 움베르토1세 갤러리 447 | 산카를로극장 448 | 카스텔델오보 448 | 카스텔누오보 449 |

Section 03 나폴리에서 먹어봐야 할 것들 450
디마테오 450 | 피제리아 지노 소르빌로 451 | 다미켈레 451 | 브란디 452 | 아타나시오 452 | 카페멕시코 453 | 그란카페 감브리누스 453 |

Section 04 여행자들에게 적당한 나폴리의 숙소 454
우나호텔 454 | 베스트웨스턴 호텔플라자 455 | 라콘트로라호스텔 455 | 더썬호스텔 456 | 우노 나폴리 457 |

Chapter 03 나폴리근교 여행 458
MAP PREVIEW 폼페이 459 | 소렌토 467 | **말피코스트, 포지타노, 아말피** 471 | **카프리** 475

Section 05 로마제국 흔적이 생생한 유적지, 폼페이 459
폼페이여행을 시작하기 전 459 | 포르타마리나 461 | 바실리카 461 | 포로 로마노 462 | 대중목욕탕 463 | 선술집 463 | 파우노의 집 464 | 집창촌 464 | 반원형극장 465 | 검투사양성소 465 | 베수비오화산 466 |

Section 06 여행자들에게 사랑받는 휴양지, 소렌토 467
소렌토여행을 시작하기 전 467 | 타소광장 468 | 전통마켓 469 | 라바테 469 | 프리마베라 469 | 그랜드호텔 라파로비타 470 | 세븐호스텔 470 |

Section 07 소렌토에서 아말피까지 이어지는 지상낙원 길, 아말피코스트 471
아말피코스트여행을 시작하기 전 471 | 포지타노 473 | 아말피 474 | 아말피두오모 474 |

Section 08 이탈리아 최고의 휴양지 카프리 475
MAP PREVIEW 카프리 475
카프리여행을 시작하기 전 475 | 카프리 477 | 아우구스토정원 478 | 푸른동굴 478 | 아나카프리와 몬테솔라레 479 | 일가삐아노 479 | 부오노코레 479 |

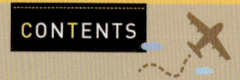

Special 09   찬란했던 그리스문명이 잘 보존된 파에스툼 480

Special 10   유럽 최대 규모의 궁전, 카세르타궁전 482

Part07
바리&바리근교 여행

MAP PREVIEW 바리 486

바리 교통편 487
바리에서 놓치지 말아야 할 추천 베스트 488

Chapter01   한눈에 보는 바리&바리근교 490
고민 없이 즐기는 바리 추천 동선 491 |

Section01   바리&바리근교 교통편 이용하기 492
바리 카롤보이티야 국제공항에서 바리시내로 이동하기 492 | 바리중앙역에서 바리시내로 이동하기 493 | 바리시내에서 대중교통 이용하기 494 | 바리에서 기차로 바리근교도시 이동하기 495 | 바리에서 버스로 바리근교도시 이동하기 496 | 바리에서 페리 타고 다른 유럽국가로 이동하기 496 |

Chapter02   과거와 현재가 공존하는 바리 498

Section02   바리에서 반드시 둘러봐야 할 명소 499
바리 구시가지 499 | 노르만 스베보성 499 | 산사비노대성당 500 | 산니콜라성당 501 |

Section03   바리에서 먹어봐야 할 것들 502
마스트로 치쵸 502 | 라타나 델 폴포 503 | 카쥬티가라지 503 | 구스튜 디 미티티에로 504 | 제로메쵸콜렛 504 | 카페보르게세 505 | 젠틸레 505 |

Section04   여행자들에게 적당한 바리의 숙소 506
그랜드호텔 레온도로 506 | 팔라초칼로 507 | 팔라스호텔 바리 507 | 올리브트리호스텔 508 |

Chapter03   바리근교 여행 509

Section 05 **동화 속 마을 같은 알베로벨로** 510
알베로벨로여행을 시작하기 전 510 | 산안토니오성당 512 | 성코즈마&성다미아노 성당 512 | 트룰로소브라노 514 | 트룰리 홀리데이리조트 514 | 라폰타나1914 515 |

Section 06 **오래전 과거로의 시간여행, 마테라** 516
마테라여행을 시작하기 전 516 | 사소바리자노와 사소카베오조 519 | 일 칸투초 519 | 라 젤리다볼냐 520 | 산탄젤로 럭셔리리조트 521 | 비지아르테 521 |

Section 07 **이탈리아남부 바로크문화를 꽃피운 레체** 522
레체여행을 시작하기 전 522 | 산타마리아대성당 523 | 산타크로체성당 524 | 로마원형극장 525 | 보나시아나 526 | 카페알비노 526 | 에노테카 맘마 엘비라 527 | 페트라아우레아 527 |

Section 08 **눈부신 아드리아해의 보석, 폴리냐노 아마레** 528
폴리냐노 아마레 여행을 시작하기 전 528 | 젤로마리오의 슈퍼마고 529 | 산아쿠 아마레아 530 |

Special 11 **눈부시게 빛나는 백색도시 오스투니** 531

Part 08
시칠리아&시칠리아근교 여행

시칠리아에서 놓치지 말아야 할 추천 베스트 536
시칠리아 교통편 538
고민 없이 즐기는 시칠리아 전체 추천 동선 539

Chapter 01 **잿더미에서 부활한 카타니아** 540
MAP PREVIEW 카타니아 541
고민 없이 즐기는 카타니아 추천 동선 541

Section 01 **카타니아&카타니아근교 교통편 이용하기** 542
폰타나로사공항에서 카타니아시내로 들어가기 542 | 카타니아중앙역에서 카타니아시내로 이동하기 542 | 카타니아에서 근교도시로 이동하기 543 |

CONTENTS

Section 02 카타니아에서 반드시 둘러봐야 할 명소 544
벨리니오페라극장 544 | 카타니아두오모 545 | 재래수산시장 545 | 우르시노성 546 | 그리스로마극장과 오데온 546 | 산니콜라성당&수도원 547 | 로마원형극장 548 | 벨리니정원 548 |

Section 03 카타니아에서 먹어봐야 할 것들 549
트라토리아 드 피오레 549 | 도포 테아트로 549 | 사비아 550 | BIF 550 |

Section 04 여행자들에게 적당한 카타니아의 숙소 551
우나호텔 팰리스 551 | 시티인 호스텔 비앤비 551 | C.C.LY 호스텔 552 | 해비타트 553 |

Chapter 02 카타니아근교 여행 554

Section 05 지중해에서 가장 오래된 휴양지 타오르미나 555
타오르미나여행을 시작하기 전 555 | 코르소움베르토 556 | 그리스극장 557 |

Section 06 자연의 위대함이 지금도 살아 숨 쉬는 에트나산 558
에트나산여행을 시작하기 전 558 | 에트나산 오르기 559 |

Section 07 지중해의 역사가 살아 숨 쉬는 시라쿠사 561
MAP PREVIEW 시라쿠사 560
시라쿠사여행을 시작하기 전 561 | 아폴론신전 563 | 시라쿠사두오모 563 | 산타루치아 알라바디아성당 564 | 벨로모주립박물관 565 | 아레투사분수 565 | 마니아체성 566 | 고고학공원 566 | 산조반니 카타콤베 567 | 파올로오르시 고고학박물관 568 | 보르데리 568 | 트라토리아 일 체나콜로 569 | 라고라 라 칸티나 570 | LOL호스텔 570 | 도무스 마리에호텔 571 |

Chapter 03 유럽과 이슬람의 문화가 조화를 이룬 팔레르모 572
MAP PREVIEW 팔레르모 573
고민 없이 즐기는 팔레르모 추천 동선 573 |

Section 08 팔레르모&팔레르모근교 교통편 이용하기 574
팔코네-보르셀리노공항에서 팔레르모시내로 이동하기 574 | 팔레르모중앙역에서 팔레르모시내로 이동하기 574 | 팔레르모에서 근교도시로 이동하기 575 |

Section09 　팔레르모에서 반드시 둘러봐야 할 명소 576
발라로시장 576 | 노르만궁전 576 | 포르타누오바 577 | 카푸치니 카타콤베 578 | 팔레르모대성당 578 | 콰트로칸티 579 | 프레토리아분수 580 | 라 마르토라나 580 | 산카탈도성당 581 | 테아트로마시모 581 |

Section10 　팔레르모에서 먹어봐야 할 것들 582
페로 디 카발로 582 | 바투어링 582 | 안티코카페 583 |

Section11 　여행자들에게 적당한 팔레르모의 숙소 584
맘마미아 호스텔&게스트하우스 584 | 데벨리니 디자인아파트먼트 585 | 퀸토칸토호텔&스파 585 | 센트로호텔 566 |

Chapter04 　팔레르모근교 여행 587

Section12 　고대그리스의 위대한 역사를 느낄 수 있는 아그리젠토 588
MAP PREVIEW 　아그리젠토 588
아그리젠토여행을 시작하기 전 588 | 신전들의 계곡 590 | 고고학박물관 592 |

Section13 　지중해의 숨은 진주 체팔루 593
체팔루여행을 시작하기 전 593 | 체팔루해변과 마을풍경 594 | 카페 두오모디세리오 595 |

Special12 　세상에서 가장 아름다운 성당이 있는 몬레알레 596

Index 598

벤베누띠 이탈리아!
(Benvenuti Italia!)

Ciao! 이탈리아, 놓칠 수 없는 비경 13선

Section01 여행 전 알아두면 좋은 이탈리아의 모든 것
Section02 이탈리아 추천일정과 동선
Section03 이탈리아여행 제대로 준비하기
Section04 이탈리아로 출입국하기

ITALIA BEST

Ciao! 이탈리아, 놓칠 수 없는 비경

관광에 필요한 모든 요소를 갖추고 있는 완벽한 나라에서 우리는 여행의 참된 매력을 발견할 수 있을 것이다. 이탈리아로 떠나기에 앞서 어느 도시들을 가고 싶은지, 어떤 것들을 볼 것인지 대략적인 틀을 짜보도록 하자.

로마(Roma)

로마야경의 백미, 새벽 2시 트레비분수(Fontana di Trevi)

밤이면 황금빛으로 빛나는 도시 로마. 그 은은한 로마의 분위기를 즐기기에 더없이 좋은 시간은 새벽이다. 온종일 만인의 연인이었던 트레비분수는 새벽 2시가 지나면서부터 오로지 나만의 것이 된다. 트레비분수에 대한 인상을 깊이 간직하고 싶다면 고요한 새벽에 찾아보는 것도 추천할 만하다. 낮에는 볼 수 없었던 새로운 매력을 발견하게 될 것이다.

바티칸(Vatican)

성베드로성당에서의 교황알현

전 세계 13억 가톨릭신자의 수장이자 바티칸시국의 국가원수인 교황. 종교를 떠나 세상에서 가장 영향력 있는 사람 중의 한 분인 교황을 알현할 수 있는 기회는 이탈리아여행에서 누릴 수 있는 특권이다.

ITALIA BEST
Ciao! 이탈리아, 놓칠 수 없는 비경

로마(Roma)
가리발디언덕에서 바라본 해 질 녘의 로마

476년, 로마제국 멸망 이후 이탈리아는 다시 통일이 되기까지 1500여 년의 길고 긴 시간을 기다려야 했다. 1860년 시작된 이탈리아 통일운동에서 가장 마지막에 점령한 도시이자, 유럽에서 가장 오랜 역사를 가지고 있는 로마를 한눈에 바라볼 수 있는 가리발디언덕은 로마여행의 하이라이트이다.

피렌체(Firenze)
핑크빛으로 물든 미켈란젤로언덕의 노을

미켈란젤로언덕에서 바라보는 피렌체의 노을은 피렌체여행에서 꼭 봐야 할 경관이다. 해 질 무렵의 분홍빛 하늘과 피렌체의 빨간 기와지붕이 어우러져 붉게 물들어 가는 모습은 감탄사를 자아낸다.

아시시(Assisi)
세상이 시작되는 순간의 성프란체스코성당

아시시의 성프란체스코성당 앞에서 한없이 펼쳐진 대지를 바라보고 있노라면 마음속에 평화가 찾아든다. 동틀 무렵 광활한 대지 위로 고개를 내미는 태양과 함께 아시시의 아름다움이 떠오르기 시작한다.

몬탈치노(Montalcino)
포도밭 속에서 즐기는 와인 한잔의 여유

이탈리아는 유럽의 와인문화를 정착시킨 곳이자 전 세계에서 가장 많은 와인을 생산하는 곳으로 이들에게 와인은 삶의 일부분이다. 와인을 생산하는 데 있어 최적의 자연조건을 갖추고 있는 와인의 고장 토스카나주는 와인에 한 번, 풍경에 두 번 취하게 만드는 최고의 장소이다.

베네치아(Venezia)
천의 얼굴 베네치아의 모든 순간

천의 얼굴 베네치아는 시간에 따라 색다른 모습을 보여준다. 물안개가 피는 새벽녘, 낭만이 차오르는 해 질 녘 그리고 캄캄한 밤 화려하게 빛나는 산마르코광장의 야경까지, 베네치아의 변신은 무죄이다.

베로나(Verona)
아레나에서 즐기는 한여름 밤의 오페라

한여름 해가 지고 베로나에 어둠이 깔리면 여기저기서 로마시대에 만들어진 원형경기장으로 사람들이 몰려든다. 매년 여름 베로나 원형경기장에서 열리는 한여름 밤의 오페라는 베로나를 감미로운 도시로 기억하게 해줄 것이다.

ITALIA BEST
Ciao! 이탈리아, 놓칠 수 없는 비경

나폴리(Napoli)
이천 년의 역사가 살아 숨 쉬는 나폴리 도심

이탈리아에서 가장 오랜 역사를 지닌 도시 나폴리. 이곳에서는 지금껏 본 이탈리아의 도시들과는 또 다른 모습을 발견하게 된다. 엄청난 교통체증과 수많은 인파 속에서 끊임없이 에너지를 쏟아내는 이 도시의 매력은 무궁무진하다.

카프리(Capri)
아나카프리 전망대에서 바라본 풍경

로마제국 초대 황제인 아우구스투스의 개인 별장이 된 이후로 고대부터 현재까지 전 세계의 유명인들의 사랑을 받아온 카프리섬. 아나카프리 전망대에 서서 푸르른 지중해의 아름다움을 느껴보자.

아말피코스트(Amalfi Coast)
아말피코스트 해안도로에서의 드라이브

유네스코는 아말피를 세계문화유산으로 등재하며 '뛰어난 문화와 훌륭한 자연경관이 어우러진 지중해안 풍경의 표본'이라고 표현했다. 어쩌면 지상낙원은 그리 멀지 않은 곳에 있을지도 모른다.

밀라노(Milano)
몬테 나폴레오네에서 마주한 세계의 패션 흐름

전 세계에서 가장 멋진 남자들로 가득 찬 도시, 밀라노! 밀라노 패션의 중심지인 몬테 나폴레오네 거리를 활보하는 밀라네제를 바라보고 있으면 전 세계 패션의 흐름을 느낄 수 있다. 남자도 꾸며야 한다는 것을 확실히 보여주는 도시이다.

시칠리아(Sicilia)
아직도 살아 숨 쉬는 에트나화산

매해 수차례 용암을 분출하고 있는 에트나화산은 자연이 만들어 내는 웅대함에 저절로 경외심이 드는 곳이다. 트레킹을 통해 직접 느낄 수 있는 자연의 감동은 실로 대단하다.

Section 01
여행 전 알아두면 좋은 이탈리아의 모든 것

정보의 홍수시대에 살고 있는 우리는 언제라도 원하는 정보를 손에 쥘 수 있을 것이라 생각하지만 막상 낯선 여행지에 서면 당황하기 마련이다. 아는 만큼 보인다는 옛말처럼 여행지에 대한 기본정보를 알고 간다면 분명 더 재미있고 뜻깊은 추억도 만들 수 있을 것이다.

🧳 이탈리아 지리와 기후, 국가정보

이탈리아는 한반도 약 1.4배로 우리나라와 같이 삼면이 바다로 이뤄진 반도국가이다. 남북으로 길게 늘어진 형태로 위도 차에 의한 남북 간의 온도차이도 크다. 하지만 지중해성 기후라 여름에는 덥고 건조하며, 겨울에는 비나 눈이 많이 오고 습한 편이다. 여행하기 좋은 계절은 4~6월, 9~10월로 우리나라의 봄과 가을 같이 기분 좋은 날씨가 이어진다. 이탈리아 날씨는 변덕스럽기에 갑자기 비가 오거나 눈이 오는 경우도 많다. 그러므로 여행 중에는 우산이나 우비 등을 준비하는 것이 좋다.

국가명	이탈리아공화국(La Repubblica Italiana)	수도	로마(Roma)
인구	약 6,100만 명	면적	약 30만 km²
언어	이탈리아어	시차	-8시간(서머타임 -7시간)
통화/환율	유로(€), 보조통화 센트/1€=약 1,288원(2018년 5월 기준)	전압	220V, 50Hz(콘센트 모양은 우리나라와 다르다.)
정치체제	민주공화제	종교	가톨릭 98%, 기타 2%
국가번호	39	주요도시 지역번호	로마(06), 밀라노(02), 베네치아(041), 피렌체(055), 나폴리(081), 토리노(011), 볼로냐(051), 팔레르모(091), 카타니아(095), 바리(080)
주요기관 운영시간	관공서 월~금요일 08:00~14:00, 15:00~18:00 은행 월~금요일 08:30~13:30, 15:00~16:00	상점 화~토요일 09:00~13:00, 15:30~19:00(상점마다 다르다) 레스토랑 점심 12:00~15:00, 저녁 19:30~23:00(상점마다 다르다)	
공휴일	1/1 신년, 1/6 주현절, 3/16 통일기념일, 부활절, 부활절 다음 월요일, 4/25 해방기념일, 5/1 노동절, 6/2 공화국선포기념일, 6/29 성베드로와 성바오로축일, 8/15 성모승천일, 11/1 만성절, 12/8 성모수태일, 12/25 성탄절, 12/26 성스테파노축일		
긴급연락처	응급전화(경찰, 소방, 응급) - 118, 경찰 - 112/113, 한국대사관 대표번호 - (+39)06-80-2461		

🧳 재미있는 이탈리아의 역사이야기

기원전 753년, 쌍둥이형제 로물루스Romulus와 레무스Remus가 지금의 로마 자리에 부락을 세우면서 로마의 역사가 시작된다. 힘이 없었던 로물루스는 아무도 거들떠보지 않던 늪지대였던 지금의 로마 자리에 나라를 세우고 조금씩 힘을 키워나갔다. 그러던 기

쌍둥이형제 로물루스와 레무스

원전 509년, 타르퀴니우스2세Tarquinius II의 악정을 참지 못한 원로원과 백성들에 의해 결국 왕정은 무너지고 공화정체제를 이룩한다.

척박한 땅에 자리 잡은 로마는 용병을 고용할 경제적 여유가 없어 시민 스스로가 군인이 되어 나라를 지켰고, 이는 자연스레 시민권 상승으로 이어졌다. 이는 후에 로마제국을 건설하는 원동력이 되어 공화정체제를 이룩할 수 있었다. 로마는 공화정체제를 바탕으로 빠르게 세력을 확장하면서 기원전 3세기경에는 지금의 이탈리아반도 대부분을 차지했다. 그렇게 신흥강국으로 부상한 로마는 시칠리아섬의 영유권을 놓고 지중해 초강대국이었던 카르타고Carthago와 일전을 벌인다. 이 포에니전쟁Punic Wars에서 승리를 거둔 로마는 지금은 사막화가 진행되고 있지만 과거 풍요의 땅 북아프리카와 지금도 이탈리아 최고의 곡창지대로 꼽히는 시칠리아를 얻게 되었고, 자연스레 경제적 풍요로움으로 이어진다. 하지만 전쟁이 끝난 후 광대해진 영토를 다스리기에 한계를 느낀 로마는 공화정시대의 막을 내리게 된다.

당시 율리우스카이사르Gaius Julius Caesar에 의한 개혁이 이루어지지만 반대파 음모에 의해 카이사르가 암살되고 그의 후계자였던 옥타비아누스Octavianus Gaius에 의해 로마는 다시 한 번 새롭게 태어난다. 옥타비아누스는 정적 안토니우스Marcus Antonius와 클레오파트라Cleopatra의 연합군을 악티움해전Battle of Actium에서 무찌르고 로마의 주인이 되었다. 그는 이름을 아우구스투스Augustus로 바꾸고 공화정체제를 마감하고 황제가 다스리는 제정시대를 연다.

그 후 5현제라 불리는 5명의 황제에 의해 로마는 전성기를 구가하지만 영원할 것 같던 로마제국도 조금씩 외부의 힘에 의해 서서히 무너지기 시작한다. 끊임없는 이민족의 침입과 내부 분열로 395년 테오도시우스Theodosius황제에 의해 로마는 동로마와 서로마로 분리되고, 결국 476년 서로마의 멸망과 함께 대로마제국은 막을 내린다. 이후 이탈리아반도는 통일을 이루지 못하고 도시국가 형태를 유지하면서 유럽의 다른 열강들로부터 지배를 받는다. 한편 남부이탈리아를 중심으로 지중해 교역이 활발히 이루어지면서 부유한 해상도시들이 등장하게 되고 더불어 십자군전쟁의 시작과 함께 이슬람과의 중개무역으로 경제적 부를 축적한 이탈리아는 차츰 유럽의 강자로 올라서게 된다. 이때 발달한 문화가 바로 르네상스이다. 하지만 오래지 않아 무역 중심이 콜럼버스Cristoforo Colombo의 신대륙 발견과 함께 지중해에서 대서양으로 넘어가고, 이탈리아는 다시 유럽 열강늘로부터 지배를 받는다.

율리우스카이사르

1860년 이탈리아 내에서 통일운동이 벌어지고 비토리오 에마누엘레2세Vittorio Emanuele II에 의해 서로마제국 멸망 후 처음으로 통일국가를 이룬다. 1870년 이탈리아의 마지막 독립도시였던 로마마저 귀속되면서 완전한 통일국가를 이룬다. 그러나 교황청은 로마제국 멸망 후 1870년까지 교황이 다스렸던 로마를 돌려달라고 정부에 요구하였고 계속해서 묵살 당한다. 그러던 1922년 정권을 잡은 무솔리니Benito Mussolini는 민중의 지지를 얻기 위해 교황청에 협력을 요구하고, 그 대가로 로마 안에 교황청을 위한 나라를 만들어주기로

옥타비아누스

약속한다. 결국 1929년 교황청과 이탈리아정부 간의 라테란조약Patti Lateranensi에 의해 현재의 바티칸시국이 탄생하였다. 무솔리니와 히틀러 연합군이 제2차 세계대전에서 패하면서 이탈리아는 1946년 국민투표를 통해 다시 공화정으로 정치체제를 바꾸고 1950년부터 1980년까지 기적적인 경제성장을 이룩하며 강력한 경제대국이 된다.

비토리오에마누엘레2세 동상

이탈리아의 역사가 살아 숨 쉬는 건축이야기

아치기술이 잘 드러나는 수로교

지금으로부터 2천 년 전 로마인들이 만든 도로나 수로, 공중목욕탕 등을 통해 로마시대의 건축기술이 얼마나 훌륭했고 위대했는지를 상상해 볼 수 있다. 로마시대 핵심 건축기술이 바로 아치Arco인데, 이를 이용하여 다리나 수로의 기둥 사이를 연결하거나 둥그스름하게 천장을 예술적으로 만들 수 있었다. 이 기술을 이용해 만든 가장 경이로운 건축물이 바로 콜로세오Colosseo와 판테온Pantheon이다. 콜로세오는 아치기술뿐 아니라 로마시대 건축양식의 모든 특징이 총체적으로 녹아있다. 하지만 이 위대한 건축기술은 476년에 로마제국의 멸망과 함께 역사 속으로 사라지게 된다.

초기 기독교양식(바실리카양식)

313년에 콘스탄티누스Constantinus황제는 밀라노칙령을 통해 250년간 박해 속에서 살았던 기독교인들에게 자유를 주었고, 더 이상 숨을 필요가 없어진 기독교인들은 미사를 지낼 건축물을 필요로 하게 되었다. 건축지식이 없던 그들은 과거의 건축기술을 응용하였고, 많은 사람이 모일 수 있도록 고대신전보다는 바실리카Basilica라는 커다란 집회소를 본떠 건축하였다. 이러한 건축물은 커다란 직사각형의 방과 많은 아치형 기둥으로 구성되었고, 안쪽에는 성체를 모시는 반원형의 감실을 두었다.

콘스탄티누스황제의 어머니 헬레나성녀Santa Elena는 성당으로 사용하기 위해 이러한 바실리카를 세웠고, 후에 바실리카라는 말이 이러한 형태의 성당을 의미하게 되었다. 하지만 로마제국 멸망 후 건축기술은 더 이상 발전하지 못하고 단순히 성당 건축기술로만 이용되었지만 이때의 건축기술은 근대로 들어서기 전까지 유럽의 핵심 건축기술로 인정받았다.

초기 기독교양식 – 라벤나의 산타폴리나레성당 내부

로마네스크양식

서기 천 년을 넘으면서 건축에도 변화가 일어나는데, 과거의 바실리카양식에서 벗어나 새로운 스타일의 성당들이 세워지기 시작한다. 우리에게 로마네스크Romanico양식이라 알려진 이 건축양식은 지금의 프랑스와 독일, 노르만인들에 의해 시작되었다. 그들은 새로운 성당을 만들기 위해 과거 로마제국시대의 건축물을 연구하였고, 당시의 아치기술을 적극적으로 활용하여 돌을 쌓아 올린 육중한 스타일의 성당을 건설하기 시작했다.

로마네스트양식으로 지어진 피사두오모

로마네스크양식의 성당은 과거의 바실리카 때와는 완전히 달랐다. 바실리카성당은 단면이 원형으로 된 기둥으로 건물을 받치는 고전적인 방식을 사용하였지만 로마네스크에서는 육중한 각주가 받치는 둥근 아치를 사용하였다. 중세시대의 성채를 연상시키는 견고한 벽과 탑이 전체적으로 중후한 느낌을 주는데 이러한 성당들은 장식도 거의 없고 창문도 몇 개밖에 없는 것이 특징이다.

고딕양식

프랑스북부에서 시작된 새로운 건축이념이 고딕이다. 이 건축양식은 아치기둥이 둥근 천장을 지탱할 수만 있다면, 로마네스크의 육중한 성당 벽면의 돌들은 굳이 필요 없다는 것을 알고 성당 벽면에 창문을 내기 시작했다. 천장을 받치는 기둥들은 아래쪽으로만 압력을 받는 것이 아니라 양옆으로도 압력을 받기 때문에, 이 압력을 받쳐줄 또 다른 기둥을 외벽에 세운 것이다. 따라서 더 이상 건물 전체를 돌로 가득 채울 필요 없이

고딕양식이 돋보이는 밀라노두오모

천장을 받치는 기둥과 기둥 사이에 새로운 장식을 할 수 있게 되었다. 이때 나온 것이 스테인드글라스Stained Glass로, 돌과 유리가 어우러진 새로운 건물이 탄생하게 되었다.

고딕양식 성당은 과거의 성당보다 좀 더 세련되고 화려한 장식으로 꾸며졌다. 하지만 이러한 건축혁명이 이탈리아에서는 거의 일어나지 않았다. 이탈리아는 유럽 내에서도 알프스라는 장벽에 가려져 다른 유럽국가와 교류가 그리 많지 않았기 때문이다. 또한 로마는 당시까지도 비잔틴제국의 영향을 받고 있었다.

🧳 르네상스양식

로마의 영광이 다시 부활할 것이라 믿던 이탈리아 사람들은 자부심이 강했다. 12세기에 들어서면서 이탈리아남부는 상업혁명과 중동의 이슬람세력과의 교역으로 엄청난 부를 쌓았다. 그 중 몇몇 도시들을 중심으로 문화예술부흥이 서서히 일어나는데, 그 선두에 섰던 도시가 메디치가 Famiglia di Medici의 지배를 받던 피렌체였다. 모직과 금융이 발달하면서

르네상스양식의 돔이 특징인 피렌체두오모

쌓아 올린 부를 바탕으로 자신들의 도시를 유럽에서 가장 아름다운 도시로 꾸미고자 하였다. 그 일환으로 피렌체인들은 오래된 성당을 부수고 새로운 성당을 지으려 하였다.
새로운 성당 건설은 필리포 브루넬레스키 Filippo Brunelleschi가 책임자로 임명되면서 이탈리아 건축에 새로운 혁명이 일어난다. 그는 로마를 여행하며 신전과 궁전의 유적들을 측량하고 건물들의 형태와 장식들을 분석하면서 새로운 건축방법을 고민하였다. 그는 누구도 실현하기 힘든 돔을 완성하고자 이전의 건축법들을 버리고, 성당의 기둥들이 지탱해야 하는 무게를 덜기 위해 외벽과 내벽 개념을 독자적으로 고안해 지금의 피렌체두오모의 지붕을 완성하였다. 이 성당은 이탈리아를 대표하는 가장 위대한 성당으로 자리 잡게 되었고 브루넬레스키는 르네상스 건축의 창시자라 불리게 되었다.

르네상스 건축을 대표하는 성베드로성당

16세기로 접어들면서 피렌체의 중심가문이었던 메디치가가 몰락하면서 르네상스 건축의 중심이 피렌체에서 로마로 옮겨가게 된다. 로마는 순식간에 예술의 중심지로 자리 잡으면서 로마시내 곳곳에 새로운 건축물들이 지어지기 시작한다. 1501년에 교황 율리우스2세 Julius II는 전 세계에서 가장 성스러운 성당을 만들기 위해 당대 가장 훌륭한 건축가인 도나토브라만테 Donato Bramante에게 성베드로성당 Basilica di San Pietro의 재건을 의뢰한다. 대성당은 그 규모에 걸맞게 오랜 시간 여러 건축가들의 손을 거치게 되면서 생각지도 않은 방향으로 진행되다가 당시 70살이 었던 미켈란젤로 Michelangelo Buonarroti가 책임자로 임명되면서 대성당의 윤곽을 완성한다.
미켈란젤로는 최초 설계자였던 브라만테의 설계를 복원한 후 여기에 새롭게 돔 지붕을

첨가한다. 피렌체두오모의 돔보다 더 큰 돔을 만들려 계획했던 미켈란젤로는 아쉽게도 돔의 완성은 보지 못하고 죽게 된다. 이후 미켈란젤로의 설계대로 현재의 성베드로성당의 돔은 완성된다. 대성당은 마지막으로 잔로렌조 베르니니Gian Lorenzo Bernini의 손까지 거치면서 1667년에 완공되었다. 이 거대한 성당은 약 200년의 시간과 12명 이상의 건축가 그리고 32명의 교황을 거치면서 르네상스 최대의 건축물로 태어날 수 있었다.

매너리즘시대를 거친 바로크양식

바로크양식을 대표하는 일 제수성당

미켈란젤로, 라파엘로, 레오나르도다빈치와 같은 천재들의 등장과 함께 르네상스는 절정에 이르고, 그들의 죽음과 함께 막을 내린다. 그들이 죽고 난 1520년부터 1600년까지는 하나의 통일된 문화를 갖지 못한 매너리즘Manierismo시대이다. 이 시기는 기존의 틀을 유지하려는 자와 새로운 것에 도전하는 자들로 복잡한 문화기를 겪는다. 1517년에 마틴루터Martin Luther에 의해 종교개혁이 일어나고 이에 반하는 예수회의 등장과 함께 건축에도 새로운 시대를 맞이하게 된다. 종교개혁에 반기를 든 예수회는 르네상스양식의 원형/대칭적 설계는 신에게 봉사하는 데 부적합하다고 외면했고, 새롭고 단순하며 독창적인 설계로 성당을 건설하였다.

예수회는 그들의 이상을 표현하기 위해 일 제수성당Chiesa di Il Gesù을 건축한다. 이전에 만들어진 성당과는 달리 공간을 분리하지 않고 하나로 통일시켜 공간활용을 극대화했다. 성당에 모인 사람들은 어느 곳에서라도 서로를 볼 수 있었고, 중앙제단을 바라볼 수 있도록 만들어졌다. 이 성당은 이후 성당 건축양식의 모델이 된 성당으로 바로크건축의 시작을 알린 작품이 되었다. 또한 성당의 정면에 기둥이나 반기둥을 사용하고 곡선과 소용돌이무늬를 장식하여 보다 입체적으로 보이게 하였다. 이탈리아의 수도 로마는 바로크시대에 수많은 변화가 있었고, 바로크시대에 조성된 도시라고 해도 무방할 정도이다.

이탈리아를 빛낸 미술과 예술가 이야기

초기미술

이탈리아미술의 시작은 로마시대부터라 할 수 있다. 로마인들은 대제국을 이루면서 삶의 질적 향상을 추구하였으며 자연스럽게 예술에 눈을 돌리기 시작했다. 당시 지중해문화의 중심이던 그리스 영향을 받은 로마는 그리스미술의 가장 큰 특징인 이상주의에 빠져들었고 그것에 열광하였다.

폼페이 유적지 내 '파우노의 집'을 장식하고 있던 모자이크화 이수스대전(Battaglia di Isso)_필록세누스(Philoxenos of Eretria)

🧳 중세시대 미술

로마제국 멸망 후 이탈리아미술은 기독교미술을 중심으로 발달한다. 초기 성당이 만들어지는 과정에서 어떤 장식을 하는가는 대단히 어렵고 신중한 문제였다. 우상숭배를 철저히 배척하던 기독교인들은 조각은 으레 외면했지만 회화는 글을 모르던 일반인들에게 종교를 전파하는 또 다른 수단으로 인정하면서 초기 성당을 장식하는 주된 요소로 삼았다.

라벤나 산비탈레성당(Basilica di San Vitale) 벽에 그려진 벽화(성경의 구약 내용으로 아브라함이 하느님께 자신의 아들인 이삭을 제물로 바치는 모습)

중세의 미술은 더 이상 예술이 아닌 종교를 전하는 도구로 전락한다. 사실주의적 표현은 배제되고 삽화가 있는 필사본이나 벽화 등에 이차원적인 표면이나 얕게 돋을새김을 하여 원시적인 시각기술에만 의존하였다. 중요한 인물이나 사건을 부각시켜 크게 그리고 나머지는 작게 그려서 그림 속에 이야기를 심으려 했기 때문이다. 이시대의 그림을 일반적으로 비잔틴Bizantino 양식이라 했는데 비잔틴미술의 핵심은 종교였다.

스크로베니예배당 프레스코화 〈그리스도의 죽음을 슬퍼함 또는 애도(lamentation)〉_조토디본도네

한 천재의 등장으로 천 년 가까이 중세시대의 미술을 장악했던 보수주의적 미술이 신세계로 넘어가는 길이 열리기 시작했다. 1267년에 피렌체에서 태어난 조토디본도네Giotto di Bondone는 그림에 입체감을 넣어 보다 사실적인 그림을 그리기 시작했다. 조토의 등장과 함께 회화의 개념 전체가 바뀌는데, 더 이상 미술을 기록하는 수단이 아닌 성경의 이야기가 눈앞에 펼쳐지는 듯한 사실적인 표현을 사용하였다.

🧳 초기 르네상스시대 미술

15세기 이탈리아는 아랍과의 지중해교역을 통해 엄청난 부를 쌓아 올리게 된다. 부는 곧 예술의 발전을 위한 밑거름이 되었고 이탈리아 주요 도시국가들은 자신들의 도시를 부각시키기 위해 예술을 이용하였다. 대표적인 예로 피렌체의 메디치가문이 있는데, 메디치가의 영주인 코시모데 메디치Cosimo de Medici는 예술부흥을 위해 많은 돈을 투자하여 피렌체시 전체에서 수많은 인재를 발굴했다. 그 예술가들의 선구자는 마사초(Masaccio, 1401~1428)이다. 건축가 브루넬레스키에 의해 발견된 원근법을 회화에 도입하여 그림 속에 공간을 창출해냈고, 그로 인해 과거에는 생각하지 못했던 기법과 창의력이 발휘될 수 있었다. 마사초 이후의 피렌체 미술가들은 원근법이라는 위대한 기법을 배워야만 했다. 피렌체 미술가들은 이 기술에 열광했고 모두들 원근법을 완벽히 이해하는 자가 최고의 미술가라 생각했다. 하지만 이것이 그들이 가장 중요하게 여기는 이상적 미술과는 다른 방향으로 흘러가게 만든다. 기술적인 요소만을 강조하다보니 미술에 있어 가장 중요한 요소인 아름다움, 즉 조화의 미술이 사라지게 되었다. 실제 그 당시의 그림들은 원근법을 이용하여 훌륭히 묘사하고 있지만 그 주제와 배경은 조화를 이루지 못하고 있었다.

한 세대가 흐른 뒤 피렌체의 몇몇 미술가들은 원근법과 조화로움을 함께 갖춘 작품을 그리기 위해 노력하였다. 이 시대의 대표적인 미술가 산드로보티첼리(Sandro Botticelli, 1445 추정~1510)는 원근법에 조화로움이 돋보이는 작품 『비너스의 탄생』을 선보이며 또 하나의 변혁을 가져온다. 이는 미술이 단지 종교에 머무는 것이 아니라 고대신화 등으로 활동영역이 확대되고 있음을 내포한다. 하지만 그의 작품도 당시 미술가들의 모든 염원을 대변하지는 못했다. 그의 원근법과 조화로움이 어우러진 그림에도 인체의 표현은 왜곡될 수밖에 없었기 때문이다.

산타마리아 노벨라성당(Basilica di Santa Maria Novella)의 성삼위일체(Holy Trinity)_마사초

비너스의 탄생(La nascita di Venere)_산드로보티첼리

르네상스시대 미술

이 시기 르네상스의 진정한 완성을 이룩하는 데 가장 큰 공헌을 한 인물 레오나르도다빈치(Leonardo da Vinci, 1452~1519)가 등장한다. 다빈치는 진정한 천재이자 열정이 넘치는 예술가였다. 그의 끊임없는 관찰과 도전은 여러 분야에서 다양한 업적을 이루어 내었으며, 과거에는 천한 일로 여겨졌던 미술을 철학과도 같은 진정한 학문의 가치로 이끌어내었다. 밀라노의 산타마리아 델레 그라치에성당Chiesa di Santa Maria delle Grazie 부엌에 그린 『최후의 만찬』은 르

산타마리아 델레 그라치에성당에 그려진 최후의 만찬(L'ultima Cena)_레오나르도다빈치

네상스 초기 미술가들이 연구하던 모든 문제를 해결해준 작품으로 완벽한 구도, 인물과 배경의 조화로움, 인체의 비율까지 고려한 그 시대 최초의 작품이다. 또한 레오나르도다빈치의 천재성은 라파엘로를 포함하여 많은 예술가들에게 직간접적으로 영향을 끼치게 된다. 르네상스의 전성기는 15~16세기경으로 고대를 복원하면서 한편으로는 능가하려는 움직임이 절정에 달했고, 미래에도 최대의 충격을 준 시기였다.

레오나르도다빈치, 미켈란젤로와 함께 르네상스예술을 완성한 천재 예술가 라파엘로(Raffaello Sanzio, 1483~1520)는 37년이라는 짧은 생애였지만, 그가 남긴 예술사적 업적은 크고, 연속적이며 언제나 최고의 작품이었다. 그 중 『아테네학당』은 16세기부터 19세기 후반까지 유럽의 역사를 그리는 화가들에게는 길잡이와도 같은 역할을 하였다. 그의 그림에는 애매모호함이나 신비함, 숨겨진 의미, 이중성, 충격, 거부감, 공부, 전율

바티칸 서명의 방(Stanza della Segnatura)에 그려진 아테네학당(La Scuola di Atene)_라파엘로

등이 전혀 없다. 라파엘로는 당시 많은 사람에게 존경받는 인물이었기에 가장 화려한 장례식과 함께 판테온에 묻혔다.

시스티나예배당(Cappella Sistina)의 천장화_미켈란젤로

르네상스 전성기를 빛낸 최고의 거장은 누가 뭐라 해도 미켈란젤로(Michelangelo Buonarroti, 1475~1564)였다. 그는 어린 시절부터 미술보다는 조각에 관심이 많았으며, 인체해부학에 몰두하였다. 인간을 자연에 존재하는 수많은 매혹적인 수수께끼 중의 하나로 본 레오나르도와는 달리 미켈란젤로는 이 하나의 문제를 완전하게 해결하겠다는 일념으로 파고들었다. 그러한 그의 열정이 담긴 걸작 『천지창조』는 그 당시 대부분의 미술가들이 꺼려했던 어려운 포즈들을 완벽하게 표현했으며, 그림 속 인물들

의 움직임에 따른 근육의 변화까지 완벽히 묘사되어 있다. 이 작품으로 미켈란젤로는 그 어떤 미술가도 누리지 못했던 명성을 얻게 되었다.

레오나르도, 라파엘로, 미켈란젤로와 같은 거장들이 로마와 피렌체에서 르네상스의 절정기를 이끌고 있을 때, 베네치아에도 또 한 명의 거장이 탄생한다. 르네상스 천재 미술가를 4대로 확대하면 바로 티치아노(Tiziano Vecellio, 1488 추정~1576)를 포함할 수 있다. 천재 르네상스시대 피렌체미술이 구도를 중심으로 발달했다면 베네치아는 색채를 중심으로 발전했다. 그러다 티치아노의 등장과 함께 베네치아미술

우피치미술관(Galleria degli Uffizi)에 소장된 우르비노의 비너스(Venere di urbino)_티치아노

에 또 하나의 혁명이 이루어진다. 티치아노는 레오나르도의 삼각구도의 틀을 벗어나도 그림을 완성할 수 있다고 확신했다. 대부분의 사람들은 그림이 한쪽으로 치우쳐 균형을 잃게 될 것이라 했지만, 이 예기치 않은 구도는 오히려 전체적인 조화는 유지하면서 그림에 생기와 활력을 불어넣었다. 티치아노는 빛과 공기 그리고 색채를 이용하여 그림의 중심을 완벽히 찾았으며 결국 또 다른 형태의 완성된 미술을 창조해냈다.

매너리즘시대 미술

1500~1520년 사이 네 명의 천재가 이끈 르네상스는 곧 미술의 완성이라고까지 인식되었고 그래서 미술은 더 이상의 발전이 없을 것처럼 여겨졌다. 실제로도 미술은 곧 정체기를 맞이하며 매너리즘시기를 겪게 된다. 매너리즘시대의 미술가들은 대부분 과거 거장들이 이룩해 놓은 것에 얽매여 그 한계를 넘지

산조르조 마조레성당에 소장되어 있는 최후의 만찬(L'ultima Cena)_ 틴토레토

못하였지만, 이 시기에도 몇몇 화가는 새로운 미술을 끊임없이 추구하였다. 그 중 대표적 화가가 티치아노의 제자였던 틴토레토(Tintoretto, 1519~1594)이다.

르네상스시대의 작품들은 성경 속 이야기를 교훈적으로 미화시켜 그리는 경향이 강하였는데, 틴토레토는 이러한 교훈적 작품이 아닌 성경 속 이야기를 좀 더 극적으로 표현하고자 했다. 빛의 효과를 이용하여 인물을 강조하였고, 좀 더 격동적으로 인물의 동작을 표현하여 보다 극적으로 보이게 했다. 틴토레토를 통해 르네상스가 이제 더 이상 새로운 미술이 아닌 과거가 되었으며, 이탈리아에서는 새로운 미술이 태동하기 시작했다.

바로크시대 미술

르네상스의 기술적인 발전과 매너리즘의 감성적인 발전이 융합되면서 보다 격정적이고 극적인 미술이 등장하는데 이 시대를 바로크라 부른다. 신대륙의 발견과 함께 유럽의 경제중심이 지중해에서 대서양으로 바뀌면서 이탈리아의 주요 경제도시들이 몰락하고, 미술 또한 빛을 잃어간다. 하지만 부를 유지할 수 있었던 로마교황청은 1517년 종교개혁으로부터 자신들

포츠담 상수시궁전에 있는 의심하는 토마(Incredulita' di San Tommaso)_카라바조

을 보호하기 위해 반종교개혁을 펼치면서 당시 미술을 적극 활용한다. 이는 바로크시대를 이끈 원동력이 되었고, 로마에서 불붙은 바로크미술의 발전은 밀라노출신의 카라바조(Michelangelo da Caravaggio, 1573~1610)와 함께 예술의 한 장을 펼치게 된다. 카라바조는 순간의 장면을 포착하여 그리길 좋아했는데, 장면을 보다 극적으로 표현하기 위해 빛을 이용하여 보다 강렬한 형태의 그림을 완벽히 그려냈다.

17세기에 들어서면서 유럽의 경제는 이탈리아에서 프랑스, 스페인 등으로 그 중심이 옮겨지며 자연스레 이탈리아 경제는 쇠락기에 접어들고, 미술 또한 쇠퇴의 길을 걷게 된다. 바로크시대 이후 미술은 스페인, 프랑스, 플랑드르지방에서 새롭게 꽃을 피운다.

이탈리아에서 꼭 먹어봐야 할 다양한 음식이야기

전 세계인들에게 사랑받는 요리 중 하나인 이탈리아요리는 이탈리아인들의 역사와 삶이 묻어있다. 거짓 없는 자연의 맛을 추구했던 이탈리아요리는 여행에 있어 빼놓을 수 없는 즐거움이다.

이탈리아를 대표하는 요리

이탈리아에는 '이탈리아요리는 없고 향토요리뿐이다'라는 말이 있다. 이탈리아는 1861년 통일 이전까지는 각각의 도시들이 도시국가 형태였으므로 독립적인 지역문화를 바탕으로 특색 있는 음식문화가 발달하였다. 이탈리아요리는 크게 밀라노를 중심으로 한 북부요리와 로마가 중심이 된 중부요리, 나폴리를 중심으로 한 남부요리로 구분할 수 있다.

이탈리아북부는 산업화를 바탕으로 한 경제적 부와 농업의 발달로 쌀요리를 많이 찾아볼 수 있는데, 상대적으로 추운 지방이라 스프나 리소토와 같이 따뜻한 음식들이 발달하였다. 남부지방은 경질의 밀을 생산하기 좋은 풍요로운 자연환경 탓에 맛이 뛰어난 파스타가 발달하였으며, 뛰어난 품질의 올리브유와 토마토, 모차렐라치즈로도 유명하다. 이 외에도 바다에서 나는 해산물을 활용한 요리가 특히 많다.

이탈리아중부 토스카나지역은 프랑스요리에도 많은 영향을 끼쳤는데 피렌체의 메디치가 Famiglia di Medici가 프랑스에 황후를 보낼 때 요리기술도 함께 전했다고 한다. 이후 프랑스 지배층의 음식문화가 유럽 각국으로 전파되었으므로 이탈리아가 서양요리의 근원지라고 봐도 된다. 17세기 후반에는 이탈리아요리가 유럽을 넘어 미국까지 전파되면서 세계적인 요리로 자리 잡게 되었다. 각 주요도시에서 꼭 맛봐야 할 음식은 무엇이 있을지 살펴보자.

Section 01 여행 전 알아두면 좋은 이탈리아의 모든 것

카르보나라 Carbonara

우리에게는 크림파스타로 익숙한 카르보나라는 로마의 전통 파스타이다. 정식이름은 스파게티 알라 카르보나라(Spaghetti alla Carbonara)로 석탄을 캐던 아페니니산맥의 광부들이 오래 음식을 보관하기 위해 소금에 절인 고기와 달걀만을 이용해 파스타를 만들던 것에서 유래하였다. 로마식 카르보나라는 생크림을 전혀 사용하지 않고 이탈리아식 햄인 판체타(Pancetta)나 달걀노른자, 치즈가루만을 사용해 만든다. 한국과 같은 걸쭉한 카르보나라와는 많은 차이가 있다.

피렌체식 티본스테이크 Bistecca Alla Fiorentina

고기 사이에 달린 뼈 모양이 알파벳 T와 유사하다고 하여 티본스테이크라는 이름이 붙게 되었다. 별다른 양념 없이 소금과 후추만으로 간을 맞춰 숯불 위에서 미디엄, 레어 정도로 구워먹는데 부드러운 육질과 풍부한 육즙이 감동이다. 스테이크 한 접시 무게가 1kg 단위로 파는 곳이 많으므로 혼자 먹기에는 부담스러운 양인만큼 동행인이 있으면 좋다.

베네치아 먹물파스타 Spaghetti Con Nero Di Seppia

바다에 인접한 베네치아 지방은 육류보다는 해산물을 즐겨 먹는다. 먹물파스타는 색깔부터 시선을 한번에 사로잡는데, 쫄깃한 오징어와 담백한 소스가 일품으로 베네치아여행에서 반드시 먹어봐야 할 별미이다. 단, 먹고 난 뒤 입안이 까맣게 물들므로 사랑하는 연인과 함께 먹을 땐 입을 가리고 웃는 센스가 필요하다.

리소토 Risotto

이탈리아를 대표하는 쌀요리 리소토는 쌀을 리소(Riso)라고 부른 데서 유래되었다. 쌀 재배의 중심지였던 이탈리아북부 요리는 리소토가 거의 모든 메뉴에 포함된다. 밀라노에는 최고급 향신료인 샤프란(Saffron)과 버터, 치즈를 곁들인 밀라노식 리소토(Risotto Alla Milanese)가 유명하다.

마르게리타피자 Margherita Pizza

CNN이 선정한 세계에서 가장 맛있는 음식에 당당히 등재되어 있는 피자로 나폴리여행에서 꼭 맛봐야 할 음식이다. 프랑스 사보이가문(Casa di Savoia)의 마르게리타여왕이 이탈리아 움베르토1세(Umberto I) 국왕과 함께 나폴리를 방문했을 때, 당시 최고의 요리사였던 돈라파엘에스폰트(Don Rafael Esphonte)가 바질, 모차렐라치즈, 토마토소스 등으로 초록색, 흰색, 빨간색 등 이탈리아 국기의 모습을 본떠 피자를 만들었던 것에서 유래했다.

오레키에테 파스타 Orecchiette Pasta

수많은 파스타 중에 풀리아(Puglia)를 대표하는 면 종류인 오레키에테(작은 귀 모양으로 만들어진 파스타)는 풀리아지역 사람들뿐만 아니라 관광객들에게도 사랑받는 이탈리아 전통 파스타이다. 이 파스타 면에 토마투와 바질을 이용하여 만든 소스와 함께 만든 음식은 바리(Bari)를 포함한 풀리아주 여행에서 꼭 맛보아야 할 음식이다.

카놀로 Cannolo

이탈리아에서 가장 사랑받은 디저트 중의 하나로 시칠리아 전통음식이다. 둥글게 말아 바삭하게 구운 과자 안에 여러 종류의 크림과 과일을 채워서 만든 요리이다. 무척 달콤하여 여행 중에 피로를 잊게 만들어 줄 추천메뉴이다.

43

> **이탈리아 레스토랑 식탁 위에 놓인 올리브유, 소금, 발사믹식초**
> 이탈리아 레스토랑에 가면 일반적으로 식탁 위에 올리브유, 소금, 발사믹식초(Balsamic Vinegar)가 놓여 있다. 메인요리가 나오기 전 애피타이저로 나오는 빵에 찍어 먹으면 식욕이 돋는다. 식전에 제공하는 빵은 일반적으로 무료이지만 간혹 추가 비용을 받는 곳도 있다.

달콤한 유혹, 젤라토(Gelato)

이탈리아에는 젤라토대학이 따로 있을 정도로 젤라토에 대한 이탈리아인들의 애정은 유별나다. 이탈리아어로 '얼린'이라는 뜻을 지니고 있는 젤라토는 16세기 피렌체에서 열린 연회기록에 메디치대공의 궁전에서 젤라토를 먹었다는 회고가 남아 있을 정도로 오랜 전통을 지닌 이탈리아음식이다. 젤라토는 이후 미국을 비롯한 전 세계로 퍼져나가면서 아이스크림의 원조가 되었다. 우리가 일반적으로 알고 있는 아이스크림보다 공기와 버터의 함유량이 적고 상온에 보관되어 더욱 부드럽고 쫀득쫀득한 맛이 특징이며, 신선한 재료로 만들어 건강에도 좋다. 다양한 과일을 비롯하여 쌀, 깨 등 종류도 다양해 골라먹는 재미도 있는 젤라토, 이탈리아에 왔으면 도저히 안 먹어 볼 수가 없다.

> **젤라토 주문하기**
> 주문 시 젤라토 재료를 고르기 전에 콘(Cono, 꼬노)인지 컵(Coppa, 꼬빠)인지부터 선택하도록 하자. 또한 직원이 생크림을 올릴 것인지 안 올릴 것인지 '빤나(Panna)?'라고 물어 보는데 따로 추가요금이 없으므로 생크림을 좋아한다면 '씨(Si)'라고 대답하자! 느끼한 한국의 생크림과 다르게 굉장히 고소한 맛이 특징이다. 다음 표는 들어가는 원료에 따라 달라지는 젤라토의 명칭이다.

상품	Riso (리조)	Fragola (프라골라)	Anguria (앙구리아)	Mango (망고)	Melone (멜로네)	Ananas (아나나스)	Yogurt (요구르트)	Amarena (아마레나)	Mandarino (만다리노)	Pera (뻬라)
원료	쌀	딸기	수박	망고	멜론	파인애플	플레인요거트	체리	귤	배
상품	Menta (멘타)	Lampone (람뽀네)	Fico (삐코)	Pesca (뻬스카)	Cioccolato (초콜라토)	Caffè (카페)	Tiramisu (티라미수)	Vaniglia (바닐라)	Castagna (카스따냐)	Ricotta (리꼬따)
원료	민트	산딸기	무화과	복숭아	초콜릿	커피	티라미수	바닐라	밤	치즈
상품	Sesame (쎄자메)	Ambrosia (암브로시아)	Nocciola (노촐라)	Stracciatella (스트라차텔라)	Panna Cotta (판나코타)	Pistachio (피스타키오)	Creama (끄레마)	Fior di latte (피오르 디 라떼)		
원료	깨	바닐라, 초콜릿, 치즈	헤이즐넛	화이트 초코칩	생크림	피스타치오	크림	우유		

Section 01 여행 전 알아두면 좋은 이탈리아의 모든 것

지중해가 키워 낸 맛있는 과일

이탈리아여행 중 마트나 시장에 들린다면 싱그러운 빛깔에 흔히 볼 수 없던 모양부터가 특별한 과일들에 시선을 빼앗길 것이다. 우리가 알던 복숭아와 비슷하지만 납작하게 눌린 모양이 신기한 납작복숭아Tabacchiera를 비롯하여 체리Amarena와 멜론Melone 등 다양한 과일을 한국보다 저렴하게 맛볼 수 있다. 또한 겨울에는 겉은 오렌지와 비슷하지만 껍질을 벗기면 오렌지보다 당도가 더 높은 빨간 과육의 블러드오렌지Blood Orange를 맛볼 수 있다.

납작복숭아와 체리

멜론과 블러드오렌지

진한 커피향에 이끌리는 이탈리안 커피

스타벅스 최고경영자 하워드슐츠Howard Schultz는 이탈리아의 노천카페에서 영감을 받아 세계 최대의 프랜차이즈 커피숍을 설립했다고 한다. 한국의 커피브랜드와 메뉴, 사이즈 등을 보면 대부분 이탈리아어로 되어 있듯이, 커피에서 이탈리아를 빼놓고 말하기는 어렵다. 커피가 처음 이탈리아에 들어온 것은 1600년경이지만 당시 이교도의 음료라는 이유로 사랑받지는 못했다. 하지만 커피를 맛본 교황 클레멘스8세Clemens VIII가 그 맛에 반해 커피에 세례를 내렸다고 한다. 이후 많은 예술가의 사랑을 받으며 발전한 커피문화는 오늘날 전 세계인의 기호식품이 되었다. 커피의 오랜 역사가 말해주듯 이탈리아는 프랜차이즈 커피숍보다는 백년 이상의 전통을 이어가는 커피숍을 발견하기가 더 쉽다. 이탈리아 3대 커피브랜드인 라바짜Lavazza, 일리Illy, 킴보Kimbo를 비롯한 여러 커피숍이 거리마다 즐비하다. 이탈리아인들은 강렬한 에스프레소를 즐겨 마시는데 이는 바에서 빨리 마시고 나가는 독특한 카페문화와도 영향이 있다. 로마에 왔으면 로마의 법을 따라야 하므로 이탈리아식 커피문화를 직접 체험해보자.

에스프레소(Espresso)	이탈리아에서 흔히 카페라 불리는 에스프레소는 이탈리아 사람들과 떼놓을 수 없는 존재로 커피숍에 가면 바에 서서 에스프레소 한잔을 가볍게 들이키는 사람의 모습을 흔하게 볼 수 있다. 진한 원두의 맛과 향을 그대로 느낄 수 있으나 쓴 맛이 강해 호불호가 갈린다. 진정한 에스프레소 마니아라면 에스프레소 2샷이 들어간 카페도피오(Caffe Doppio)를 추천한다.
카푸치노(Cappucino)	인기 있는 모닝커피로 커피에 얹은 거품모양이 이탈리아 카푸친(Capucchin)지역 수도사들이 쓰던 흰 모자와 비슷하다 해서 카푸치노라는 이름이 붙었다. 에스프레소와 우유거품을 일대일 비율로 하여, 에스프레소 위에 우유를 붓고 거품을 얹는 순서로 만든다.
카페마키아토 (Caffe Macchiato)	마키아토는 '얼룩진 또는 점찍다'라는 뜻의 이탈리아어이다. 에스프레소에 얼룩진 우유 거품을 뜻하는 것으로 우유가 살짝 가미된 커피라고 보면 된다.
라테마키아토 (Latte Macchiato)	우유 위에 에스프레소 반 샷을 올려 휘젓지 않고 만드는데, 카페마키아토에 비해 우유가 풍부하게 들어 있어 부드러운 맛이 특징이다.
아메리카노(Americano)	2차 세계대전 당시 미국인들이 즐겨 먹는 커피라 하여 이탈리아어로 아메리카노라고 불리게 되었다. 에스프레소를 물에 희석시켜 마시는 아메리카 스타일의 커피는 강렬한 향미를 좋아하는 이탈리아인들은 거의 마시지 않는다.
카페 콘 판나(Caffe Con Panna)	에스프레소 위에 생크림을 올린 커피로 에스프레소 입문자들에게 적당하다.
카페 그라니타 콘 판나 (Caffe Granita Con Panna)	여름철에 주로 볼 수 있는 메뉴로 커피를 슬러시와 같이 만들어 달콤한 휘핑크림을 얹은 메뉴로 부드럽고 달콤하다.
카페셰케라토 (Caffe Shekerato)	셰케라토는 '흔들다'라는 이탈리아어로 에스프레소와 얼음을 쉐이커에 넣고 흔들어 거품을 내어 만든 것으로 여름철 시원하게 마실 수 있는 대표메뉴이다.

깔도 오 프렛도?(caldo o Freddo?)

여름철에 차가운 음료를 시키고 싶다면 '차다'라는 뜻을 지닌 'Freddo'가 적힌 메뉴를 시키면 되고, 반대로 따뜻한 음료를 원한다면 'Caldo'가 들어간 메뉴를 주문하면 된다.

와인 못지않게 마셔봐야 할 이탈리아 맥주

이탈리아는 와인생산지로 유명하다고 알려져 있지만, 사실 이탈리아는 와인뿐만 아니라 다양한 맥주를 지속적으로 개발하고 발전시킨 나라 중의 하나이다. 특히 이탈리아북부지방은 양질의 맥주 생산지로도 유명하다. 이탈리아를 대표하는 맥주에는 페로니Peroni와 비라모레티Birra Moretti가 있으며 그 외에도 여러 양조업체에서 다양한 맥주를 생산하고 있다. 주로 황금색 라거Lager인 필스너Pilsener 스타일의 맥주가 만들어진다.

페로니 Peroni
페로니맥주는 2005년 세계적인 맥주회사 삽-밀러(Sab-miller)에 매각되면서 세계적인 맥주브랜드로 성장하였다. 페로니는 이탈리아남부사람들이 가장 즐겨 마시는 맥주로 맛이 부드럽고 깔끔하다는 평을 받고 있다.

비라모레티 Birra Moretti
이탈리아북부사람들이 즐겨 마시는 맥주로 알코올 도수는 4.6%로 다른 맥주에 비해 쓴 맛이 덜하고 탄산이 적어 목 넘김이 부드럽다. 모레티 맥주는 하이네켄맥주회사에 매각되면서 하이네켄맥주 브랜드로 인식된다.

나스트로아주로 Nastro Azzuro
저온에서 오랜 기간 숙성시킨 발효 맥주임에도 5.1%라는 다소 높은 알코올 도수를 나타낸다. 이 맥주는 쌉싸래한 맛 뒤에 느낄 수 있는 청량감이 가장 큰 특징이다.

이탈리아에서 꼭 마셔봐야 할 와인이야기

이탈리아는 세계 최대의 와인생산국이며 수출 또한 세계 최대 규모이다. 3천 년 전부터 포도를 재배하여 와인을 생산하였으며, 요리에 맛과 향을 더하는 필수 재료로 이탈리아 지방마다 음식에 맞게 와인이 발달했다. 좋은 와인을 만드는 포도는 태양, 땅, 공기, 강수량이 중요하기 때문에 최대한 인위적 개입 없이 재배한다. 오늘날에는 재배환경뿐만 아니라 가공과정도 중요하게 인식되면서 이탈리아정부와 수많은 와인제조사들이 보다 나은 와인을 연구개발하고 있다. 1963년부터 프랑스의 원산지명칭통제제도인 AOC(Appellation d'Origine Côntrôlée)와 유사한 DOC(Denominazione di Origine Controllata) 제도를 만들어 와인의 생산지와 라벨표기법을 법률로 규정한다. 이후 DOC 와인 중 농림부 추천을 받은 최상의 와인에 DOCG를 추가하여 품질통제를 좀 더 세밀히 하고 있다. 현재 이탈리아 와인은 2,000종 이상으로 20개 지역 96개 마을에서 생산하고 있다. 그 중 DOC급 와인만도 300개가 넘어 이탈리아 와인생산량의 20% 정도이고, DOCG 등급을 부여받은 와인도 35개가 있다.

이탈리아 와인은 세 지역을 중심으로 보면 된다. 베네치아 주변 베네토(Veneto)의 아마로네(Amarone), 밀라노와 토리노 주변 피에몬테(Piemonte)의 바롤로(Barolo)와 바르바레스코(Barbaresco), 피렌체와 시에나의 주변 토스카나(Toscana)의 브루넬로 디 몬탈치노(Brunello di Montalcino)까지 이 세 지역을 이탈리아 3대 와인생산지라 부르며, 이탈리아 와인생산량의 약 45%를 차지한다.

이탈리아의 주요 와인 생산지역

다음 표는 지역별로 추천하는 와인 빈티지이다. 와인이 생산된 해를 빈티지라고 하는데 그 해 기후가 포도의 품질을 결정하고 와인 맛에도 매우 중요한 영향을 미친다. 따라서 같은 이름의 와인이라 해도 와인이 생산된 해에 따라 가격이 천차만별이다.

생산지역	일반 빈티지	뛰어난 빈티지	이례적으로 뛰어난 빈티지
토스카나(Brunello di montalcino, Toscana)	2005, 2013, 2014	2011, 2012, 2015	2004, 2006, 2007, 2010
피에몬테(Barbaresco, Piemonte)	2010, 2011, 2014	2005, 2006, 2007, 2008, 2009, 2012, 2013	2000, 2001, 2004
베네토(Amarone, Venoto)	2001, 2004, 2005, 2006, 2009, 2010, 2011, 2014	2000, 2002, 2003, 2008, 2012, 2013	-

🧳 키안티의 본고장 토스카나(Toscana)

토스카나지역에서 재배하는 산지오베제 Sangiovese 품종의 포도를 최소 80% 이상 사용하여 만든 와인으로 우리나라에 가장 많이 알려진 이탈리아 대표와인이다. 키안티 Chianti라는 이름은 700년대부터 사용되었는데 토스카나 키안티지역에서 생산된 와인을 가리킨다. 하지만 키안티와인이 유명해지자 키안티 주변지역에서도 키안티라는 이름으로 와인을 생산하면서 문제가 발생한다. 이에 이탈리아정부에서는 원조 키안티를 키안티 클라시코 Chianti Classico라 부르고, 그 외 주변지역에서 생산된 와인은 키안티 Chianti라 부르게 하였다. 너무 무겁지 않으면서 떫은맛이 약한 와인들이 주로 생산되며, 대부분의 이탈리아음식과 조화를 잘 이룬다. 그 외에도 일식이나 중식과도 조화가 훌륭하여 세계적으로 널리 판매되고 있다.

○ 키안티의 등급분류

키안티 Chianti
가장 기본적인 첫 번째 등급
가격대 €3~10 정도

키안티 클라시코 Chianti Classico
키안티지방에서도 특히 유서 깊은 지역산 가격대 €10~20 정도

키안티 클라시코 리제르바
Chianti Classico Riserva
최소 27개월 이상 숙성시킨 클라시코 리제르바 지역산 가격대 €20 이상

○ 대표 생산자

안티노리 Antinori

루피노 Ruffino

브롤리오 Brolio

멜리니 Melini

토스카나의 3대 레드와인에는 브루넬로 디 몬탈치노 Brunello di Montalcino, 비노노빌레 디 몬테풀치아노 Vino Nobile di Montepulciano, 카르미냐노 Carmignano가 있다. 이 중 가장 유명한 것은 브루넬로 디 몬탈치노 와인으로 토스카나에서 생산되는 와인 중에는 드물게 장기숙성(5~15년)을 거친 와인으로 이탈리아 귀족와인이라고도 불린다. 맛이 깊고 그 향이 강렬하여 수많은 와인 평론가로부터 극찬을 받는 와인으로 안정된 가격에 비해 훌륭한 맛을 자랑한다.

비온디 상티 Biondi Santi   카스텔로 반피 Castello Banfi   콘티 코스탄티 Conti Costanti   콜 도르챠 Col D'orcia

토스카나 산 와인 중에 이탈리아 고유의 품종뿐만 아니라 다른 품종을 사용하여 만든 와인으로 정부의 DOC 와인등급에는 포함되지 않지만 품질이 우수하여 날이 갈수록 가치가 높아지는 와인도 있다. 이를 일반적으로 슈퍼 투스칸 Super Tuscan 이라 하는데, 대표적으로 사시카이아 Sassicaia, 티냐넬로 Tignanello, 오르넬라이아 Ornellaia, 엑셀수스 Exelsus 등이 있다.

사시카이아 Sassicaia   티냐넬로 Tignanello   오르넬라이아 Ornellaia

풀바디의 레드와인 피에몬테(Piemonte)

이탈리아 북서부에 위치한 피에몬테에서는 다른 지역과 달리 오랜 숙성기간을 요하는 풀바디 최상급 와인을 생산하고 있다. 그 중에서도 네비올로 Nebbiolo라는 포도 품종으로 만든 바롤로 Barolo와 바르바레스코 Barbaresco는 아주 화려하고 투명한 색상에 깊은 맛을 자랑한다. 또한 와인의 산화작용을 막아주는 천연성분 타닌 Tannin의 함량이 높아 최소 5년 이상 숙성시켜야만 와인의 진정한 맛을 느낄 수 있다. 따라서 숙성기간이 짧은 와인이라면 음식과 함께할 때 자칫 음식의 맛을 압도할 수 있으니 주의해야 한다.

○ 대표 생산자

가야 Gaja   피오체사레 Pio Cesare   프루노토 Prunotto   비에티 Vietti

여성들의 와인이라 불리는 모스카토다스티Moscato D'asti는 이탈리아 유명 디저트와인으로 식사 때보다는 달콤한 후식과 함께 많이 마시는 와인이다. 우리나라에 알려진 이탈리아 와인 중 가장 유명한 와인으로 젊은층에 사랑받는 와인이다. 알코올 도수는 약 6도 정도로 낮은 편이며 황금색의 아름다운 빛깔을 자아낸다. 이 와인은 모스카토Moscato 품종으로 만든 저알코올 와인으로 이탈리아에서는 매우 저렴한 가격(€4~10)에 구입할 수 있어 여행 중 분위기를 내고 싶을 때 권할 만하다.

아마로네의 본고장 베네토(Veneto)

베네토주는 명실상부 이탈리아 최대 와인생산지로 전체 생산량의 18% 정도를 이 지역에서 생산한다. 베네토에서는 특히 아마로네Amarone가 유명한데, 이 와인은 포도를 수확할 때 송이마다 잘 익은 포도만을 선별하여 말린 후 대부분의 당분을 잘 발효시켜 알코올 함량을 14~16%까지 높였다는 것이 특징이다. 아마로네 특유의 강렬함과 깊은 맛은 전 세계에 수많은 아마로네 애호가를 만들어 냈으며 지금도 끊임없이 늘어나고 있다.

○ 대표 생산자

마시 Masi   베르타니 Bertani   알레그리니 Allegrini

이탈리아 와인을 세상에 알린 첫 번째가 베네토주에서 생산하는 소아베Soave라는 화이트와인이다. 이 와인은 영국 와인애호가들에게 사랑받으면서 알려지기 시작했고, 이 와인을 통해 수많은 와인애호가들이 이탈리아 와인에 관심을 갖게 되었다. 우리에게는 레드와인이 유명하지만 이탈리아에서는 화이트와인과 레드와인을 반반씩 생산하고 있으며, 그 중 가장 대중적이면서 부담 없는 가격으로 구입할 수 있는 소아베가 이탈리아 와인을 세상에 알린 일등공신이다.

Section 01 여행 전 알아두면 좋은 이탈리아의 모든 것

이탈리아에서 쇼핑을 제대로 즐기려면

이탈리아는 아웃렛이 발달해 선택의 폭이 넓다보니 어느 아웃렛으로 가야 할지가 고민된다. 대부분의 여행자는 피렌체나 밀라노를 하루일정으로 잡고 쇼핑을 즐긴다. 로마나 베네치아 아웃렛이 상대적으로 알려져 있지 않기 때문이다. 아웃렛에 따라 취급하는 브랜드도 다르고 접근성도 다르므로 원하는 브랜드를 따져 본 후 아웃렛을 선택해야 한다.

더몰 The Mall
구찌, 프라다, 몽클레르, 페라가모, 아르마니, 토즈, 펜디, 버버리, 호간, 베르사체, 입생로랑 등

입점 매장의 수는 적지만 한국인들에게 인기 있는 브랜드가 모여 있어 이탈리아의 수많은 명품아웃렛 중 한국인들에게 가장 많이 알려져 있다. 피렌체 산타마리아 노벨라역 근처에 있는 시타(Sita)버스정류장에서 셔틀버스가 아웃렛까지 운행하므로 접근성이 편리하다.

프라다스페이스 Prada Space
프라다, 미우미우

프라다아웃렛 중 최대 규모를 자랑하는 프라다스페이스! 다양한 라인업으로 프라다상품만을 고집하는 사람들에게 추천하며, 일반 매장보다 평균 30~50%까지 저렴하게 구입할 수 있다.

바르베리노 Barberino
프라다, 돌체앤가바나, 비알레티, 폴로, 캘빈클라인, 미쏘니, 핀코, 아디다스, 나이키, 라코스테, 팀버랜드, Lee 등

더몰과 프라다스페이스에 비해 많이 알려지지 않아 여유롭게 쇼핑할 수 있다는 것이 최대 장점이다. 프라다와 돌체앤가바나 등 몇몇 명품숍도 있지만 명품보다는 현지인들을 대상으로 하는 대중적인 브랜드가 대부분이다.

카스텔로마노 Castel Romano
버버리, 페라가모, 마이클코어스, 휴고보스, 에트로, 미쏘니, 풀라, 시슬리, 쌤소나이트 등 200여 개 브랜드

주로 현지인을 대상으로 하는 중저가브랜드가 주를 이루므로 명품이 목적이라면 추천하지 않는다. 만일 로마에 머무는 일수가 길거나 다른 도시에서 아웃렛쇼핑을 하지 못했다면 방문해볼 만하다.

노벤타아웃렛 Noventa Outlet
프라다, 버버리, 페라가모, 디스퀘어드2, 아르마니, 폴스미스, 펜디, 비알레티, 디젤, 캘빈클라인, 나이키 등

여느 아웃렛 못지않게 유명한 명품브랜드가 모인 곳이다. 다른 이탈리아 아웃렛에는 없는 폴스미스와 디스퀘어드2 매장도 눈에 띈다. 오픈한 지 얼마 되지 않다보니 아직까지 중국인들의 손길이 닿지 않아 여느 아웃렛보다 여유롭게 쇼핑할 수 있다. 접근성이 다소 떨어지는 것이 약점이다.

세라발레아웃렛 Serravalle Designer Outlet
프라다, 베르사체, 불가리, 돌체앤가바나, 페라가노, 몽클레르, 휴고보스, 아르마니, 에트로, 쏠라, 페라리스토어 등

이탈리아 최대 규모의 아웃렛으로 이탈리아를 대표하는 명품은 물론 우리에게 친숙한 여러 이탈리아브랜드를 한곳에서 만날 수 있다. 셔틀버스의 편수가 하루 5편밖에 되지 않는 것이 아쉽다.

쇼핑 후 결제하기
이탈리아의 대부분 쇼핑매장은 현금결제 한도를 €999까지로 정해 놓고 있다. 따라서 €999를 초과한다면 나머지는 카드로 결제해야 한다. 카드로 결제할 경우 본인의 카드가 아니라면 부모님 것이라도 결제가 불가능하므로 유의해야 한다. 만일 신용카드가 없다면 해외에서도 사용할 수 있는 체크카드를 미리 은행에서 준비해가는 것이 좋다.

이탈리아의 유명기념품과 추천 선물

예산 €15~20

비알레티모카포트
구입가능한 곳 비알레티매장, 마트, 백화점 등

이탈리아 가정집 십중팔구는 가지고 있다는 전설의 비알레티모카포트! 가격 또한 비싸지 않아 커피를 좋아하는 지인에게 선물용으로 좋다. 모카포트의 경우 한국에서도 인터넷으로 구매할 수 있는데 이탈리아 현지에서 사는 것과 가격차는 크지 않다. 모카포트보다는 커피원두의 가격차가 크므로 모카포트를 구입했다면 가루커피를 구매하는 것도 잊지 말자! 크기와 디자인에 따라 가격은 조금씩 다르다.

예산 €3~4

마비스치약
구입가능한 곳 약국

치약계의 명품, 마비스치약! 톱 스타일리스트가 쓴 「서은영이 사랑하는 101가지」에도 뽑힌 마비스치약은 치석방지, 에나멜보호 등에 효과가 탁월하다고 한다. 한국에서는 구매대행으로 구매할 수 있지만 현지보다 2배 이상 비싸게 팔린다. 치약의 종류는 7가지 정도가 있으므로 자신의 취향에 맞는 것을 선택하면 된다. 약국에서 종종 3개를 2개 가격으로 판매하는 프로모션도 노려볼 만하다.

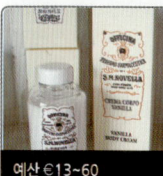
예산 €13~60

산타마리아 노벨라 화장품
구입가능한 곳 산타마리아 노벨라약국(로마, 피렌체 등에 위치)
크레마이드랄리아(피부보습&보호크림) €60 | 크레마알폴리네(재생크림) €60 | 아쿠아디로제(장미수) €13~20

이탈리아를 방문하는 여성여행자들의 쇼핑리스트에 반드시 들어있다는 상품이다. 한국보다 저렴한 가격에 구매할 수 있으며, 고현정크림으로 유명한 이드랄리아와 재생크림인 크레마알폴리네 등이 특히 인기가 높다. 피부미용에 관심이 많다면 꼭 한 번 들리도록 하자.

예산 €4.50~7.50

커피콩초콜릿
구입가능한 곳 커피숍(로마-산에우스타키오, 타짜도르)

챙기려니 그렇고, 안 챙기기도 그런 지인들에게는 너무 부담스럽지 않은 선물이 제격이다. 커피콩초콜릿은 로마의 유명한 커피숍 산에우스타키오와 타짜도르에서 판매하는데 초콜릿 안에 커피콩이 들어있어 색다르면서도 맛 또한 매력적이다.

마트에서 살 수 있는 기념품이나 선물

선물은 기념품점에서 고르지만 현지인들이 자주 이용하는 마트도 부담 없이 선물을 구입하기에는 제격이다. 마트에는 살 만한 것이 다양하게 구비되어 있어 실속 있게 쇼핑을 할 수 있다. 상점마다 파는 물건들은 차이가 있으며 가격도 조금씩 다르므로 참고하자.

○ 포켓커피(18개입 €4.75~, 포켓에스프레소 €2.20~) 이탈리아에서 가장 인기 있는 기념품 중의 하나로 우리나라에서도 유명한 페레로로쉐 Ferrero Rocher에서 만든 초콜릿이다. 초콜릿 안에 에스프레소가 액체상태로 들어있어 색다른 초콜릿을 원하는 사람들에게 인기가 높다. 아쉽게도 여름철에는 판매하는 곳을 찾기 어려우며, 대신 액체로 만들어진 포켓에스프레소를 판매한다.

포켓커피   포켓에스프레소

Section 01 여행 전 알아두면 좋은 이탈리아의 모든 것

○ **송로버섯** 방송을 통해 알려지면서 이제는 우리 식탁에서도 어렵지 않게 찾아볼 수 있다. 영어로 트러플Truffle, 이탈리아어로 타르투포tartufo라고 하며, 1500년대부터도 귀한 식재료로 특별한 사람들이 특별한 날에만 먹었다. 송로버섯은 이탈리아 중부 움브리아Umbria주가 특산지로 송로버섯 대부분이 이곳에서 생산된다. 양식이 가능해지면서 대중화되었으며 우리나라보다 훨씬 저렴하므로 지인들을 위한 선물로 권할 만하다.

○ **커피원두(약 €4.50~)** 비알레티모카포트를 구매했다면 꼭 함께 사야 할 품목으로, 한국에서는 원두가 비싸므로 커피를 좋아한다면 여유 있게 사가자. 원두의 종류도 다양하며 라바짜Lavazza나 일리illy, 킴보Cimbo 브랜드를 추천한다. 마트에서 간혹 묶음판매로 저렴하게 할인하는 경우도 있으며 한 개(250g)에 약 €3~5 정도한다.

○ **와인** 세계 최대의 와인 생산국답게 마트에서도 가격대비 뛰어난 품질의 와인을 구매할 수 있다.

○ **발사믹식초(Due Vittorie €11.90, Ponti €3.43)** 단맛이 강한 포도즙을 숙성시킨 포도식초의 일종이다. 깊은 맛으로 식초 중에서도 고급으로 취급되며 다이어트뿐만 아니라 건강에도 좋아 샐러드소스로 많이 이용된다. 추천하는 발사믹식초 중에는 고농축에 점성이 높은 두에비토리에Due Vittorie이다. 한국의 백화점에도 들어왔는데 이탈리아보다 3배 이상 비싸다. 로마테르미니 근처에 위치한 SMA슈퍼마켓에서 구입할 수 있다. 가격이 부담되거나 병이 무겁다면 폰티Ponti사의 발사믹식초를 추천한다.

두에비토리에 발사믹식초

폰티 발사믹식초

🧳 이탈리아의 다양한 행사와 축제

이탈리아는 국민의 98%가 가톨릭이다 보니 대부분의 축제가 종교와 관련된 것이 많다. 종교적인 기념일이나 지역을 수호하는 성인의 탄생일이 대부분 축제와 연결되어 진행된다. 물론 예술의 발상지로서 예술과 관련된 다양한 행사도 많이 진행되므로 일정을 짤 때 참고하면 보다 즐거운 여행을 할 수 있다.

가면축제와 불꽃축제

1월	주현절 행사(대부분의 도시에서 개최)
2월	베네치아카니발(Carnival of Venice)은 13세기부터 시작되었으며, 베네치아를 대표하는 축제로 화려한 장식으로 꾸민 가면무도회를 볼 수 있다. **홈페이지** www.carnevale.venezia.it **지역** 베네치아(대부분의 도시에서 개최되지만 베네치아의 카니발이 유명하다.)
3월	한국영화제(피렌체)
4월	국제음악제(피렌체), 볼로냐도서전(볼로냐)
5월	산니콜라축제(바리), 베네치아비엔날레(베네치아)
6월	산조반니축제(로마), 칼치오(피렌체), 루미나리에(피사), 오페라페스티벌(베로나), 라피오렌티나(스펠로)
7월	카라칼라욕장의 오페라페스티벌(로마), 레덴토레(베네치아), 푸치니페스티벌(루카)
8월	팔리오(시에나), 예수의 공개(토리노)
9월	곤돌라축제(베네치아), 베네치아영화제(베네치아), 산제나로축제(나폴리), 장미성녀축제(비테르보)
10월	성프란체스코축제(아시시)
11월	만성절(대부분의 도시)
12월	에피파니아축제(로마)

🧳 이탈리아의 치안과 예방

이탈리아 하면 악명 높은 소매치기를 떠올리지 않을 수 없다. 이탈리아여행은 '소매치기와의 전쟁이다.'라고 말할 정도이다. 하지만 2010년부터 이탈리아정부의 강력한 예방조치로 현재는 많이 줄어든 상태이다. 몇몇 여행카페에 올라오는 글을 보면 소매치기 사례가 계속 되고 있어, 읽고 있으면 두려움도 앞서지만 여행을 포기해야 할 정도는 아니다. 미리 알고 주의하면 그만큼 소매치기에 당하지 않을 수 있으므로 다음에 제시하는 소매치기 유형부터 예방까지 잘 살펴보기 바란다.

💼 소매치기의 다양한 유형

❶ **무서울 것 없는 집시** 이탈리아의 소매치기 대부분은 집시들이다. 이들은 잡히는 것을 두려워하지 않을 뿐 아니라 요즘에는 여행자나 현지인처럼 꾸미고 다니면서 여행자들의 복장과 가방을 주시한다. 대부분의 소매치기는 여럿이 함께 움직이는데, 정작 주의할 사람은 소매치기보다 먼저 나타나 정신을 빼놓는 바람잡이다. 바람잡이들은 여행자에게 침을 뱉거나 오물을 묻혀 시선을 끌고, 이때 시선이 팔리면 소매치기가 접근하는 형태로 이뤄진다.

여행 중 한 관광지에서 다른 관광지로 이동할 때는 더욱 주의해야 한다. 유명관광지는 정부의 조치로 사복경찰이 많아 의외로 소매치기가 없지만 그곳을 벗어나 다른 관광지로 이동하는 거리에는 은밀한 눈초리로 여행자를 노리는 소매치기가 많아 주의를 요한다.

❷ **지나치게 친절한 외국인** 대부분의 유럽인들은 동양인에게 크게 관심이 없다. 특히 국수주의가 강한 이탈리아인들이라면 더더욱 그럴 것이니 동양인에게 먼저 접근해 온다면 분명 이유가 있을 것이다. 이들은 호감이 있는 것처럼 대화를 걸고 시선을 뺏은 후 다른 일행이 소매치기하는 수법을 쓴다. 주로 늘씬하고 아름다운 동유럽여성이 동양인남성에게 쓰는 수법으로, 그 여인의 향기에 빠져드는 순간 자신의 소지품은 조용히 사라질 것이다.

❸ **대담무쌍 강탈형** 극히 드물지만 눈앞에서 대놓고 강탈하는 소매치기도 있다. 그럴 경우 소매치기의 옷가지를 잡기보다는 손목을 잡아야 한다. 이들은 옷가지가 잡히면 훔친 물건을 다른 일행에게 넘기고, 입고 있던 옷을 벗어던진 채 달아나기 때문이다.

🧳 소매치기 예방하기

❶ **최고의 예방법은 몸에 지니지 않는 것** 내가 지닌 물건의 가치가 높으면 높을수록 불안감도 커진다. 매일 여행을 시작하기 전 귀중품은 캐리어 깊숙이 보관하고, 최소의 경비와 필수품만 챙겨 여행을 나서는 것이 좋다. 지닌 것이 가벼우면 불안감도 가벼워진다.

❷ **휴대폰 보관은 철저히** 소매치기들이 노리는 품목 1위는 지갑이 아니라 압도적으로 스마트폰이다. 항상 안쪽 주머니 깊숙이 보관하고 필요할 때만 꺼내서 사용하는 것이 바람직하다. 여행 중 손에 휴대폰을 들고 다니는 것은 소매치기를 부르는 것과 같다.

❸ **여권과 카드나 현금은 각각 따로 보관** 언제 무슨 일이 벌어질지 모르는 것이 여행이다. 그렇기 때문에 이 세 가지를 한곳에 뒀다가 한꺼번에 잃어버리면 정말 난감한 상황에 놓이게 된다. 이 중 하나가 없어지면 다른 것으로 대처할 수 있으므로 항상 따로 보관하고, 자주 꺼내는 일이 없어야 한다. 물론 막상 필요할 때 어디다 두었는지 기억을 못하는 경우도 있으므로 일정한 곳에 보관하는 습관이 필요하다.

❹ **뒤로 메는 배낭보다는 앞으로 메는 크로스백** 등 뒤로 메는 배낭은 볼 수가 없으므로 소매치기의 좋은 표적이 된다. 그러므로 도심 여행 중에는 백팩보다는 크로스백을 이용하는 것이 좋다. 백팩일 경우라면 지퍼가 열리지 않게 하는 조그마한 자물쇠도 소매치기 예방에 좋다.

❺ **이탈리아 경찰을 너무 믿지 말자** 하루에도 수백 건의 소매치기가 발생하는 이탈리아에서 경찰은 여행자에게 많은 호의를 베풀지 않는다. 잠복경찰들은 강력하게 소매치기를 규제하지만 일반 제복경찰에게는 기대하기 어렵다. 당하기 전에 예방하는 것이 상책이다.

❻ **대중교통 이용 시 긴장의 끈을 놓지 말자** 여행자들이 소매치기를 많이 당하는 곳이 버스와 메트로이다. 가장 경계해야 할 때는 승하차 순간으로 바람잡이가 앞을 막아서고, 소매치기가 몸을 부대끼며 교묘히 도둑질을 한다. 대부분 어린 청소년들인데, 눈앞을 경계하고 있을 때 진짜 소매치기는 여러분의 옆과 뒤에서 작업할 수 있다는 것을 명심해야 한다.

❼ **숙소근방** 하루 여행일정을 마무리하고 지친 몸으로 숙소에 도착해서 문을 여는 순간에도 조심해야 한다. 여행자 대부분은 교통편을 생각해서 역 주변에 숙소를 정하는데, 전 세계 어디를 가도 역 주변의 치안이 가장 나쁘다. 그러므로 숙소 근처라고 긴장의 끈을 놓으면 절대 안 된다.

Section 02
이탈리아 추천일정과 동선

여행에는 법칙이 없다. 자신의 여행이 최고의 여행이라 생각하는 마음가짐이 무엇보다 중요하다. 그러나 낯선 지역에서 여행은 쉬운 일이 아니므로 여행기간과 유형을 고려하여 선호도와 만족도가 높은 여행일정을 제안하고자 한다. 여행을 준비하는 과정에서 참고하라는 추천일정임을 감안하여 자신만의 여행동선을 짜보는 것도 좋다.

Italia
이탈리아 주요도시 간 교통편

이탈리아여행 베스트코스 5선

이탈리아여행은 코스를 짤 때 대도시별로 나눠 일정을 잡는 것이 좋다. 이탈리아여행에서 거점이 되는 도시는 로마, 피렌체, 베네치아, 밀라노, 나폴리, 바리 등이며 이 도시들을 기점으로 잡고 나머지 근교도시들을 당일치기로 여행하는 것이 효과적이다.

이탈리아 맛보기 4박 5일 여행

유럽일주를 계획하고 있는 여행자들이 선호하는 일정으로 유럽 전체를 배낭여행하는 사람들에게 추천한다. 이탈리아에 체류하는 박수가 적다면 이탈리아 핵심도시 3곳 중 로마에서 2박, 피렌체 1박, 베네치아 1박으로 여행하는 일정이 적합하다.

로마 2박, 피렌체 1박, 베네치아 1박

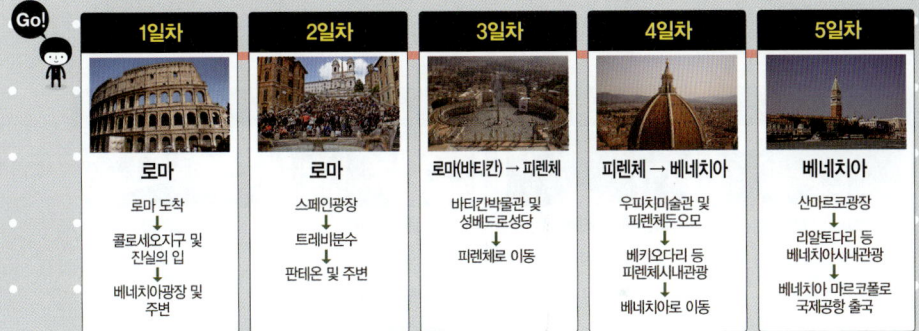

이탈리아를 알차게 둘러보는 5박 6일 여행

이탈리아의 대표도시 4곳을 모두 둘러보는 빠듯하지만 알찬 일정으로, 로마에서 3박과 피렌체 1박, 베네치아 1박으로 하는 코스이다. 배낭여행자나 직장인 누구에게나 추천하며, 가장 많은 여행자가 선택하는 일정이다. 단 출국하는 항공편이 이른 시간이라면 방문 도시의 개수를 하나 줄이는 편이 좋다.

로마 3박, 피렌체 1박, 베네치아 1박

Part 01 벤베누띠 이탈리아!

휴가나 신혼여행에 적합한 여유만만 7박 8일 여행

직장인들의 휴가 또는 신혼여행으로 이탈리아를 여행하려는 여행자에게 최적의 코스로, 이탈리아를 대표하는 도시를 조금은 여유롭게 돌아볼 수 있는 코스이다. 다음 제시하는 두 코스는 로마, 피렌체, 베네치아는 같지만 남부와 밀라노 선택에 따라 2가지 코스로 나뉜다.

1. 로마 4박과 피렌체 1박, 베네치아 2박

1일차

로마
로마 도착
↓
콜로세오지구 및 진실의 입
↓
베네치아광장 주변

2일차

로마
스페인광장
↓
트레비분수
↓
판테온 및 주변

3일차

로마(바티칸)
바티칸박물관 및 성베드로성당

4일차

로마(남부)
아침 남부로 이동
↓
남부 폼페이 및 아말피코스트
↓
포지타노
↓
저녁 다시 로마로 돌아와 숙박

5일차

로마 → 피렌체
피렌체로 이동
↓
우피치미술관 및 두오모
↓
베키오다리 등 피렌체시내관광

6일차

피렌체 → 베네치아
아웃렛 및 피렌체 근교도시
↓
베네치아로 이동

7일차

베네치아
산마르코광장
↓
리알토다리 등 베네치아시내
↓
무라노, 부라노섬 관광

8일차

베네치아
베네치아 마르코폴로 국제공항 출국

2. 로마 3박과 피렌체 2박, 베네치아 1박, 밀라노 1박

1일차

로마
로마 도착
↓
콜로세오지구 및 진실의 입
↓
베네치아광장 주변 관광

2일차
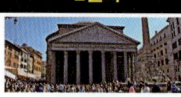
로마
스페인광장
↓
트레비분수
↓
판테온 및 주변

3일차

로마(바티칸시국)
바티칸박물관 및 성베드로성당 관광

4일차

로마 → 피렌체
피렌체 이동
↓
우피치미술관 및 두오모
↓
베키오다리 등 피렌체시내관광

5일차

피렌체
아웃렛쇼핑 및 피렌체 근교도시 관광

6일차

피렌체 → 베네치아
베네치아로 이동
↓
산마르코성당 및 광장
↓
리알토다리 등 베네치아시내구경

7일차

베네치아 → 밀라노
무라노, 부라노 등 베네치아 관광
↓
밀라노로 이동

8일차

밀라노
오전 밀라노시내구경
↓
밀라노말펜사국제공항 출국

Section 02 이탈리아 추천일정과 동선

이탈리아의 매력을 제대로 느껴보는 9박 10일 여행

여유롭게 이탈리아를 둘러보려는 여행자를 위한 코스로 이탈리아의 매력을 제대로 느낄 수 있는 일정이다. 로마 2박과 나폴리 2박, 피렌체 2박, 밀라노 1박, 베네치아 2박으로 단순히 관광만 하는 것이 아니라 여유로운 커피 한잔과 함께 이탈리아를 느끼며 자신만의 여행을 하고자 하는 여행자들을 위한 코스이다. 이탈리아의 건축, 문화, 예술을 모두 살펴보고 싶은 여행자에게 추천한다.

로마 2박, 나폴리 2박, 피렌체 2박, 밀라노 1박, 베네치아 2박

1일차
로마
로마 도착
↓
콜로세오지구 및 진실의 입
↓
베네치아광장 주변 관광

2일차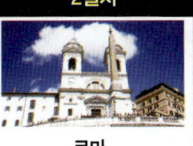
로마
스페인광장
↓
트레비분수
↓
판테온 및 주변

3일차
로마(바티칸) → 나폴리
바티칸박물관 및 성베드로성당
↓
나폴리로 이동

4일차
나폴리
나폴리시내 및 아말피코스트
↓
포지타노

5일차
나폴리 → 피렌체
카프리섬 아나카프리 전망대 및 푸른 동굴
↓
피렌체로 이동

6일차
피렌체
우피치미술관 및 두오모
↓
베키오다리 등 피렌체시내관광

7일차
피렌체 → 밀라노
아웃렛 및 피렌체 근교도시 (피사 또는 아시시)
↓
밀라노로 이동

8일차
밀라노 → 베네치아
밀라노 두오모 및 패션의 거리
↓
몬테 나폴레오네 거리 등 밀라노시내관광
↓
베네치아로 이동

9일차
베네치아
산마르코광장
↓
리알토다리 등 베네치아시내
↓
무라노, 부라노섬 관광

10일차
베네치아
베네치아 근교도시
↓
베네치아 마르코폴로 국제공항 출국

이탈리아의 역사와 문화 모두를 둘러보는 14박 15일 여행

이탈리아를 사랑하는 이들을 위한 이탈리아 완전정복 코스이다. 로마 4박과 나폴리 2박, 시칠리아 3박, 피렌체 2박, 밀라노 1박, 베네치아 2박으로 이탈리아의 모든 역사와 문화를 둘러보는 일정이다. 이탈리아의 과거와 현재를 제대로 알고 싶은 여행자라면 남에서 북까지 길게 이어진 이탈리아반도 전체를 여행해보는 것도 좋은 방법이다. 똑같은 여행을 거부하는 1%만을 위한 여행일정이지만 만족도는 200%이다.

로마 4박, 나폴리 2박, 시칠리아 3박, 피렌체 2박, 밀라노 1박, 베네치아 2박

1일차 — 로마
로마 도착 → 콜로세오지구 및 진실의 입 → 베네치아광장 주변 관광

2일차 — 로마
스페인광장 → 트레비분수 → 판테온 및 주변 관광

3일차 — 로마(바티칸)
바티칸박물관 및 성베드로성당 관광

4일차 — 로마
카타콤베 및 로마 근교도시 (티볼리 또는 오스티아 안티카)

5일차 — 로마 → 나폴리
나폴리로 이동 → 나폴리시내 및 아말피코스트 → 포지타노

6일차 — 나폴리
카프리섬 아나카프리 전망대 및 푸른 동굴 관광

7일차 — 나폴리 → 시칠리아(카타니아)
카타니아로 이동 → 두오모 우르시노성 등 카타니아 시내관광

8일차 — 시칠리아
전 세계 최대의 규모의 활화산 에트나산 관광 → 팔레르모로 이동

9일차 — 시칠리아(팔레르모)
부치리아 수산시장 및 콰트로칸티 등 팔레르모시내관광

10일차 — 시칠리아 → 피렌체
그리스인의 숨결이 살아 있는 아그리젠토 → 야간열차로 피렌체로 이동

11일차 — 피렌체
우피치미술관 및 두오모 → 베키오다리 등 피렌체 시내관광

12일차 — 피렌체 → 밀라노
아웃렛 및 피렌체 근교도시 (피사 또는 아시시) 관광 → 밀라노로 이동

13일차 — 밀라노 → 베네치아
밀라노 두오모 및 패션의 거리 → 몬테 나폴레오네 거리 등 밀라노시내관광 → 베네치아로 이동

14일차 — 베네치아
산마르코광장 → 리알토다리 등 베네치아시내 → 무라노, 부라노섬 관광

15일차 — 베네치아
베네치아 근교도시 관광 → 베네치아 마르코폴로 국제공항 출국

여행백서 독자만을 위한 특별한 여행

모두가 여행하는 이탈리아에서 나만의 여행을 찾고자 하는 여행자들을 위해 이색 여행을 즐길 수 있는 방법을 소개한다. 남과 다르기에 준비에 있어 여러 가지 어려움이 있을 수 있지만 그 만족도는 200%가 될 것이다.

내 맘대로 즐기는 자동차여행

우리나라 여행자 대부분은 기차로 유럽여행을 즐긴다. 이탈리아는 철도망이 잘 발달되어 있어 기차여행이 현지를 가장 알차고 효율적으로 여행할 수 있는 방법임은 확실하다. 하지만 일률적인 여행이 아닌 자신만의 여행을 꿈꾸는 사람이라면 자동차여행을 고려해볼 만하다.

Go! 1 자동차여행 추천코스 1 (총 9박 10일 / 차량이용기간 5일)

베네치아(2박) → 피렌체(1박) → 피사 → 루카 → 피렌체(1박) → 소렌토(1박) → 아말피코스트 → 소렌토(1박) → 카프리 → 나폴리 → 소렌토(1박) → 티볼리 → 로마(2박)

1일차

베네치아
베네치아 도착

2일차

베네치아
베네치아 관광

3일차

베네치아 → 피렌체
아침에 차량픽업 후 피렌체로 이동
(3시간 30분 소요)
↓
피렌체 도착 후 시내관광

4일차

피렌체 / 피사, 루카 반나절씩
아침에 피사로 이동
(1시간 소요)
↓
피사의 사탑 관광 후 루카로 이동(30분소요)
↓
루카 관광 후 피렌체로 돌아와 숙박

5일차

피렌체 → 소렌토
아침에 소렌토로 출발
(6시간 소요)
↓
점심식사 후 아말피코스트, 포지타노 관광 및 석양 감상 후 소렌토에서 숙박

6일차

소렌토
소렌토에 주차 후 배로 카프리까지 이동 (35분) 후 관광
↓
배편으로 나폴리 이동(1시간) 후 관광
↓
사철을 타고 소렌토로 돌아와 숙박

7일차

소렌토 → 로마
로마로 가는 길 티볼리에 들러 관광
(2시간 30분 소요)
↓
티볼리에서 로마로 이동 (40분) 후 차량반납

8일차

로마
로마시내 관광

9일차

로마
바티칸 투어

10일차

로마
시내관광 후 레오나르도다빈치 국제공항으로 이동

2 자동차여행 추천코스 2(총 14박 15일 / 차량이용기간 9일)

베네치아(2박) → 베로나 → 밀라노(1박) → 코모호수 → 밀라노(1박) → 피사 → 루카 → 피렌체(2박) → 아시시 → 소렌토(1박) → 폼페이 → 아말피코스트 → 포지타노 → 소렌토(1박) → 카프리 → 나폴리 → 소렌토(1박) → 마테라(1박) → 알베로벨로 → 로마(1박) → 티볼리 → 로마(3박)

1일차

베네치아
베네치아 도착 및 숙박

2일차

베네치아
베네치아 관광

3일차

베네치아 → 베로나 → 밀라노
베네치아에서 차량 픽업 후 베로나 구경
↓
밀라노 이동 및 숙박

4일차

밀라노
밀라노시내구경 후 근교 도시인 코모호수 관광 후 밀라노 숙박

5일차

밀라노 → 피사 → 루카 → 피렌체
밀라노
↓
피사 이동 및 관광
↓
루카 이동 및 관광
↓
피렌체 이동 및 숙박

6일차

피렌체
피렌체시내구경

7일차

피렌체 → 아시시 → 소렌토
피렌체
↓
아시시 이동 및 관광
↓
소렌토 이동 및 숙박

8일차

소렌토
폼페이 및 아말피코스트 관광
↓
포지타노에서 버스타고 소렌토 도착 후 숙박

9일차

소렌토
카프리섬 관광
↓
나폴리 구경 후 소렌토에서 숙박

10일차

소렌토 → 마테라
소렌토
↓
마테라 이동 및 숙박

11일차

마테라 → 알베로벨로 → 로마
알베로벨로 구경
↓
로마로 이동 후 숙박

12일차

로마 → 티볼리 → 로마
반나절 티볼리 관광
↓
로마로 돌아와 차량 반납

13일차

로마
콜로세오, 포로 로마노, 베네치아광장 등 시내관광

14일차

로마
바티칸시국 및 박물관 관광

15일차

로마
로마시내구경 후 레오나르도다빈치 국제공항으로 이동

차 렌트하기

대도시 중심의 여행이 아닌 아기자기한 소도시를 중심으로 돌아볼 수 있다는 것이 자동차 여행의 최대 장점이다. 자동차여행이 비쌀 것이라는 선입견은 버리자. 차를 혼자 렌트하는 경우라면 비싸겠지만 둘 이상이면 오히려 기차보다 저렴할 수도 있다. 이탈리아에서 렌트할 수 있는 대표적인 업체는 표를 참고하자.

회사명	홈페이지	장점	단점
허츠(HERTZ)	www.hertz.it	· 국제적인 렌트회사로 전 유럽에 지점망 형성이 잘 되어 있어 차량 픽업과 반납이 용이하다. · 글로벌기업으로 시스템이 잘 정비되어 있다.	· 렌트비용이 비싸다. · 클래스단위라 원하는 차량을 선택하기 힘들고 성수기에는 차량예약도 어렵다.
마조레(Maggiore)	www.maggiore.it	· 이탈리아 최고 렌트회사로 대부분 차량이 신차이다. · 차량 픽업과 반납이 용이하며 차량별 가격이 책정되어 있어서 원하는 차량을 렌트할 수 있다.	· 가격이 비싼 편이다. · 예약 사무소를 찾아가기 힘들다.
아우토유로파 (AutoEuropa)	www.autoeuropa.it	· 이탈리아 내에서 가장 저렴한 렌트회사로 비용이 굉장히 저렴하다.	· 현장예약이 안 되고 인터넷예약 시 회원가입을 해야 하며, 홈페이지가 보기 어렵다.

차량 렌트 시에는 다음의 주의사항을 잘 기억해둬야 억울한 일을 당하지 않는다.

❶ 차량 예약 시 꼭 자신의 명의로 된 카드로 결제해야 한다.
❷ 차량 픽업 시 여권, 국제운전면허증, 한국운전면허증, 자신 명의의 신용카드(차량 렌트 시 보증금으로 €1,500~2,000를 걸어야 하므로 €2,000 이상 결제되는 신용카드를 준비해야 한다.)
❸ 차량 픽업 시 차 회사직원과 함께 차의 상태를 확인해야 한다. 파손된 부분이 있다면 미세할지라도 반드시 사진을 찍어 놓아야 한다. 그리고 차량 반납 시에도 차량이 파손된 부분을 직원과 같이 확인해야 한다. 그렇지 않을 경우 한국에 돌아왔을 때 차량수리비가 청구될 수도 있다.

교통제한구역

❹ 여행 도중 사고가 났을 경우를 대비하여 렌트사 비상연락처를 알고 있어야 한다. 사고 시 상대방과 언어소통이 원활하지 못할 경우 피해자이면서도 가해자로 몰릴 수 있다.
❺ 이탈리아 내에는 ZTL(교통제한구역) 구간이 있다. 표지가 눈에 쉽게 띄지 않으므로 주의해야 한다. 적발 벌금이 약 €1000이며, 대도시에는 이러한 제한구역이 많으므로 렌트카를 주차한 후 대중교통을 이용하는 것이 좋다.
❻ 이탈리아 고속도로는 우리나라와 비슷하여 운전하는 데 불편함은 없다. 다만 제한속도가 130km라는 점은 기억하자.

차량 주유하기

이탈리아의 주유소도 유인과 무인주유소가 구분되어 있다. 우리나라보다 셀프주유가 더 활성화되어 있으며 가격 또한 유인 주유소보다 저렴하므로 선호도가 높다. 유인주유소는 주유서비스를 받지 않아도 서비스요금이 부과되므로 조심해야 한다. 이탈리아에서 가장 저렴한 주유소는 에쏘(Esso)이다.

주유 시 필요한 이탈리아어와 가격정보 – 휘발유 – Benzina(벤지나) 1L 당 €1.80/경유 – Gasoglio(가솔뇨) 1L 당 €1.60

차량 주차하기

주차할 때는 흰색 선은 무료구역이고 파랑색 선은 유료구역이라는 것을 알고 있어야 한다. 유료주차구역에는 주변에 주차권발매기가 있으므로 잊지 말고 주차권을 구입하여 차량 앞에 잘 보이게 놔둬야 한다. 참고로 노란색 선은 일반 차량은 주차할 수 없으며, 장애인 전용주차구역에 주차하면 바로 견인당할 수 있다는 것도 기억해야 한다. 또한 주차는 정해진 공용주차장을 이용하는 것이 좋다. 저녁 7시 이후에는 거리에 주차해도 무료이지만 도난 및 차량파손의 우려가 있으므로 비용이 조금 들더라도 안전하게 실내공영주차장을 이용하는 것이 좋다. 주차비는 하루에 보통 €12~18이다.

이탈리아에서 낭만을 찾는 신혼여행

누구에게나 신혼여행은 일생에 한 번뿐인 특별한 여행이다. 신혼여행지로 이탈리아는 숨은 매력이 넘쳐나는 곳이다. 인류문명의 역사와 지중해의 낭만 그리고 사랑하는 사람이 함께하는 꿈같은 여행을 그릴 수 있다.

신혼여행 추천코스(8박 9일)

밀라노(1박) → 베네치아(1박) → 피렌체(1박) → 소렌토(2박) → 아말피코스트 및 포지타노 → 카프리섬 → 로마(3박)

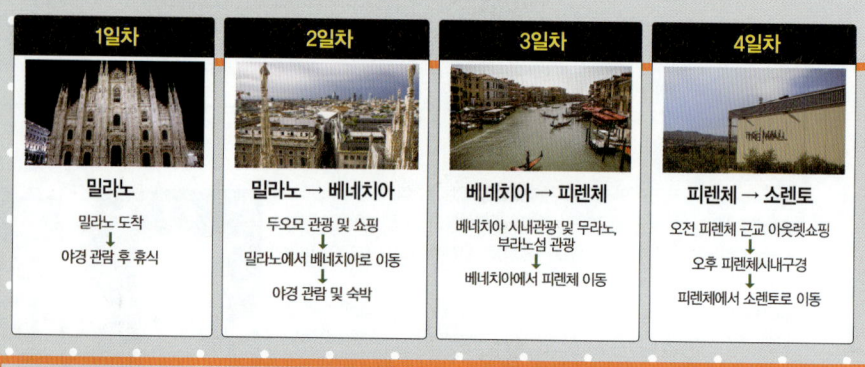

1일차 - 밀라노
밀라노 도착 ↓ 야경 관람 후 휴식

2일차 - 밀라노 → 베네치아
두오모 관광 및 쇼핑 ↓ 밀라노에서 베네치아로 이동 ↓ 야경 관람 및 숙박

3일차 - 베네치아 → 피렌체
베네치아 시내관광 및 무라노, 부라노섬 관광 ↓ 베네치아에서 피렌체 이동

4일차 - 피렌체 → 소렌토
오전 피렌체 근교 아웃렛쇼핑 ↓ 오후 피렌체시내구경 ↓ 피렌체에서 소렌토로 이동

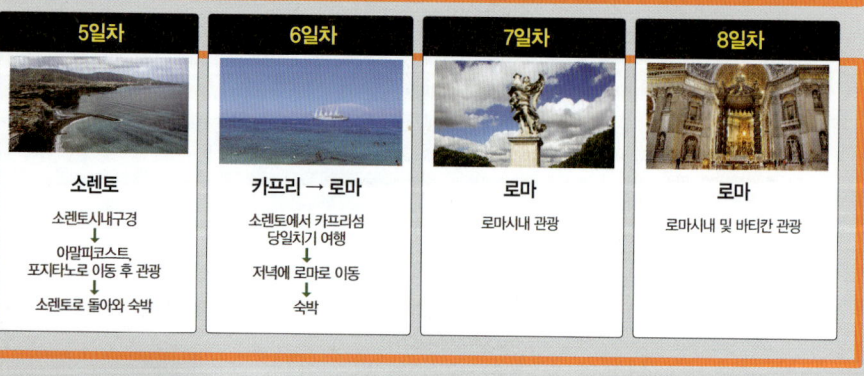

5일차 - 소렌토
소렌토시내구경 ↓ 아말피코스트, 포지타노로 이동 후 관광 ↓ 소렌토로 돌아와 숙박

6일차 - 카프리 → 로마
소렌토에서 카프리섬 당일치기 여행 ↓ 저녁에 로마로 이동 ↓ 숙박

7일차 - 로마
로마시내 관광

8일차 - 로마
로마시내 및 바티칸 관광

9일차 - 로마
레오나르도다빈치 국제공항으로 이동

이탈리아여행 시 추천항공

추천항공은 에미레이트항공과 대한항공이다. 두 항공사 모두 입국과 출국도시를 다르게 할 수 있어 일정을 조정하기가 쉽다. 대한항공의 경우 밀라노입국, 로마출국 항공편을 구입할 경우 황금 같은 시간을 하루 더 벌 수 있다. 그 시간을 이용해 밀라노 두오모관광과 쇼핑을 할 수 있다. 그러나 대한항공 직항을 이용할 경우 높은 비용을 감수해야만 한다. 에미레이트항공을 이용한다면 베네치아로 입국하여 로마에서 출국하는 일정을 짤 수 있다. 일찍 예매하면 저렴한 항공권도 구할 수 있어 더욱 매력적이다. 다만 두바이를 경유하기 때문에 체류시간이 길어질 수도 있다는 단점이 있다. 여기서 제시하는 신혼여행은 대한항공을 이용해 밀라노로 입국하여 로마에서 출국하는 일정으로 소개했다. 만약 에미레이트항공을 이용할 경우 밀라노만 빼면 같은 일정으로 진행할 수 있다.

Section 02 이탈리아 추천일정과 동선

부모님과 함께 하는 효도여행

부모님을 모시고 여행할 경우 가장 중요한 점은 부모님의 체력관리이다. 젊은 자녀들은 마음만 앞서 부모님께 하나라도 더 보여주기 위해 바쁘고도 알찬여행을 준비하지만 이는 오히려 부모님에게는 상당히 부담스러운 여행이 될 수밖에 없다. 많이 보여드리기보다는 하나를 보더라도 가족이 좋은 추억을 만들 수 있는 행복한 여행을 준비해보자.

 Go! **추천코스(9박 10일)**

로마(2박) → 바티칸 또는 로마 근교도시(1박) → 피렌체(3박) → 베네치아(3박) → 밀라노

1일차	2일차	3일차	4일차	5일차
	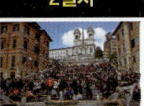			
로마	로마	로마(바티칸) 또는 근교도시(티볼리)	로마 → 피렌체 이동	피렌체
로마 도착 ↓ 석식 및 야경	콜로세오, 스페인광장 ↓ 판테온 등 로마시내 관광	바티칸박물관 및 성베드로성당 관광 또는 근교도시 티볼리 다녀오기	로마시내구경 ↓ 피렌체 이동	아웃렛쇼핑 ↓ 두오모, 우피치미술관 등 피렌체시내 관광

6일차	7일차	8일차	9일차	10일차

피렌체시내 또는 피렌체 근교도시	피렌체 → 베네치아	베네치아	베네치아	밀라노
피렌체 근교도시 (아시시, 아레초, 친퀘테레, 루카, 시에나 중 택 1) 관광	피렌체에서 베네치아로 이동 ↓ 산마르코성당 및 광장, 리알토다리 등 시내관광	무라노, 부라노섬 관광	베네치아 본섬 관광 ↓ 밀라노 이동 및 야경 관람	밀라노시내구경 후 출국

Section 03
이탈리아여행 제대로 준비하기

설레지만 막막하게만 느껴지는 여행준비, 여행정보수집부터 기차표예약까지 실질적으로 준비해야 할 것들을 하나씩 살펴보겠다. 이탈리아행 비행기에 오르기 전부터 한국으로 돌아오는 비행기를 타는 순간까지 한국에서 준비해야 할 것들과 현지에서 필요한 유용한 정보들을 살펴보자.

아는 만큼 보인다, 여행정보수집

이탈리아여행에 관련된 유용한 정보를 찾아 인터넷 웹사이트부터 방문해보자. 역사와 문화가 살아 숨 쉬는 이탈리아는 사전 지식이 있는 것과 없는 것에서 보고 즐기는 정도가 많은 차이를 나타내는 곳이다. 또한 어디서나 검색 가능한 스마트폰 어플리케이션을 활용한다면 좀 더 알차게 여행을 즐길 수 있다.

유용한 웹사이트 및 어플리케이션

트랜이탈리아(TrenItalia)
이탈리아를 기차로 여행하는 여행자라면 꼭 한 번쯤 방문해야 되는 이탈리아의 철도청 홈페이지이다. 기차시간표부터 예약까지 기차여행에 관한 모든 업무를 처리할 수 있다. 모바일 운영체제가 안드로이드라면 앱으로도 이용가능하다.

www.trenitalia.com

스카이스캐너(Skyscanner)
저가항공을 검색할 수 있는 어플리케이션으로 유럽 혹은 이탈리아 내에서 이동할 때 비행기를 이용한다면 아주 유용하게 사용할 수 있다. 도시명과 날짜만 입력하면 다양한 항공편과 시간대를 찾아준다.

www.skyscanner.co.kr

구글맵스(Google Maps)
스마트폰 개발로 여행이 매우 편리해졌다. 와이파이를 사용할 수 있는 곳이라면 구글맵스를 활용하여 목적지를 검색하고 지도를 다운받아두면 어디서나 3G를 꺼놓더라도 GPS를 이용하여 자신의 위치를 확인하며 쉽게 찾아 갈 수 있다.

maps.google.com

Section 03 이탈리아여행 제대로 준비하기

부킹닷컴(Booking.com)

자신이 방문할 도시의 이름과 날짜를 입력한 뒤 검색 버튼만 누르면 그 도시에 있는 수많은 호텔의 위치, 부가서비스, 가격 등의 정보를 비교 분석할 수 있다. 숙소를 선택할 때에는 사람들이 남긴 리뷰와 별점 등을 참고하는 것이 좋다.

www.booking.com

우노트래블(UNO TRAVEL)

바티칸투어, 남부투어, 카프리투어 등 이탈리아의 다양한 여행상품을 비교해보고 예약할 수 있다. 소규모의 이탈리아 맞춤투어도 제공하고 있으며, 공항픽업, 샌딩서비스도 신청 가능하다.

www.unotravel.co.kr

디비반(DB bahn)

유럽 내 모든 기차를 검색해주는 어플리케이션으로 '코레일' 어플리케이션의 유럽판이라고 보면 된다. 유럽 내 다른 도시에서 이탈리아로 들어오거나 이탈리아에서 다른 나라로 이동할 때 시간뿐만 아니라 어느 역에서 환승해야 하는지도 친절하게 알려준다.

www.d-bahn.de

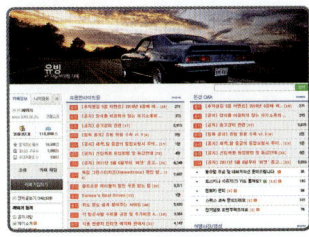

유빙(EUrodriving)

유럽을 자동차여행으로 계획하는 여행자에게 유용한 사이트로 유럽에 관한 다른 자료도 많지만 특히 차량, 루트, 여행후기 등 자동차여행에 관련된 알찬 정보를 얻을 수 있다.

cafe.naver.com/eurodriving

해외안전여행

외교통상부에서 만든 해외안전여행 어플리케이션으로 분실, 도난 같은 사건사고 시 대처방안이나 영사콜센터와 현지대사관 전화번호, 카드사 분실신고번호까지 해외 안전여행에 필요한 정보들을 구할 수 있다. 언제 닥칠지 모르는 상황에 대비해 꼭 기억해둬야 할 사이트이다.

www.0404.go.kr

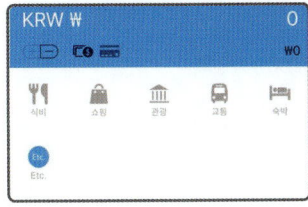

트라비포켓(Trabee Pocket)

가계부, 여행경비 관리앱으로 번거로운 환율을 직접 계산할 필요 없이 현지화 금액을 입력하면 알아서 계산하여 기록해준다. 지출금액을 현지화나 한화로 알 수 있고, 예산을 설정해두면 금액이 얼마 남아있는지도 알 수 있어 예산관리가 수월하다. 꼼꼼한 여행자에게 추천한다.

trabee.co.kr

67

이탈리아여행 전 봐두면 좋은 추천 도서와 영화

먼 나라 이웃나라 이탈리아 편 이원복

이탈리아여행 준비에 있어 필자가 첫 번째로 추천하는 도서이다. 이탈리아를 가장 빠르고 쉽게 이해할 수 있도록 재미있는 그림과 함께 풀어쓴 책이다.

로마인 이야기 시오노나미

로마를 사랑했던 일본인 시오노나미(Shiono Nanami)가 학자가 아닌 일반인의 입장에서 아름답게 써내려간 로마의 역사서이다. 총 15권으로 구성된 시리즈물이다.

이탈리아 도시기행 정태남

현재 이탈리아에서 살고 있는 건축가 정태남씨가 저술한 책으로 이탈리아 도시의 느낌을 감성적으로 잘 표현한 에세이이다.

클릭! 서양 미술사 캐롤스트릭랜드

캐롤스트릭랜드(Carol Strickland)가 저술한 책으로 유럽을 여행함에 있어 가장 핵심이 되는 미술과 건축에 대한 지식을 쌓을 수 있는 기본 지침서이다. 무겁지 않게 서양 미술을 이해할 수 있어 추천한다.

로마의 휴일(Roman Holiday)/1953/로마

로마를 유명하게 만든 3대 인물에 오드리헵번(Audrey Hepburn)이 꼽힐 정도로 로마의 아름다움을 전 세계에 알린 영화이다. 개봉된 지 무려 50년이 넘었지만 영화 속 로마와 지금의 로마는 여전히 그 모습 그대로이다. 스페인광장, 진실의 입, 트레비분수 등 로마 곳곳에 오드리헵번과 그레고리펙(Gregory Peck)의 흔적이 묻어 있다.

글래디에이터(Gladiator)/2000/로마

1억 1,000만 달러를 투입한 블록버스터영화로, 완벽한 로마를 재현하기 위해 이탈리아, 몰타, 모로코, 영국 등 4개국에서 2년여에 걸쳐 촬영했다. 2천 년이라는 세월의 무게를 못 이기고 현재는 많이 변형된 콜로세오를 컴퓨터 그래픽으로나마 화려하게 부활시킨 장면이 인상적이다. 영화 속 콜로세오에서 벌어졌던 검투사들의 생생한 경기는 손에 땀을 쥐게 한다.

인페르노(Inferno)/2016/피렌체, 베네치아

댄브라운의 추리소설 〈인페르노〉를 각색한 미국영화로 박진감 넘치는 구성과 아름답게 그려진 피렌체의 풍경이 많은 사람의 이목을 끌었다. 베키오궁전, 산조반니세례당 등 피렌체시내와 산마르코광장, 두칼레궁전 등 베네치아의 주요 명소를 배경으로 펼쳐져 영화 속 피렌체와 베네치아의 모습을 찾아보는 것도 즐겁다.

로마 위드 러브(To Rome with love)/2012/로마

〈로마 위드 러브〉는 제목에서 알 수 있듯이 로마를 배경으로 한 영화이다. 영화감독이자 코미디배우인 우디앨런(Woody Allen)이 직접 출연하기도 했으며, 로마를 배경으로 한 영화답게 로마의 명소들이 눈에 띈다. 우디앨런 특유의 재치와 아름다운 영상미가 버무려진 이 영화를 보고 난다면 너나 할 것 없이 모두 '로마 앓이'에 빠져든다.

냉정과 열정사이(Between Calm And Passion)/2001/피렌체

피렌체를 방문할 감성 충만한 여행자라면 반드시 봐야 할 영화이다. 피렌체의 낭만적인 배경과 뛰어난 영상미, 아름다운 주제곡까지 잘 어우러져 운명적인 사랑을 그린 영화이다. '누군가를 가장 사랑하는지 알고 싶으면 멀리 여행을 떠나라'는 대사가 있다. 피렌체에서 준세이와 아오이처럼 두오모 정상에 오르면 어느새 영화 속 주인공이 된다.

투어리스트(The Tourist)/2010/베네치아
안젤리나졸리와 조니뎁이 벌이는 화려한 액션영화로 그에 못지않게 아름다운 베네치아 풍경이 눈을 사로잡는다. 산타루치아역에서부터 시작해 산마르코광장, 수산시장 등 베네치아 명소들이 계속해서 등장하므로 베네치아를 방문하기 전에 한 번쯤 보는 것도 나쁘지 않다.

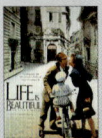
인생은 아름다워(Life Is Beautiful)/1997/아레초
'살면서 꼭 봐야 할 영화'라는 연관검색어가 따라 붙는 영화이다. 1939년 세계2차대전 당시 이탈리아 파시즘과 극우민족주의가 대립하면서 한 가족이 유대인수용소에 끌려간다. 아버지의 사랑을 그린 영화로 깊은 감동을 준다. 아레초는 주인공 귀도가 가장 행복한 나날을 보낸 배경지로 그려진다.

레터스 투 줄리엣(Letters To Juliet)/2010/베로나
이탈리아의 아름다운 풍경과 어우러진 달콤한 로맨스를 찾는 이들에게 추천할 만한 영화이다. '로미오와 줄리엣'의 도시 베로나에서 줄리엣의 집 담벼락에서 발견한 50년 전 러브레터를 계기로 이야기는 시작된다. 옛 첫사랑을 찾아 떠나는 과정에서 펼쳐지는 베로나와 시에나 그리고 토스카나의 풍경이 아름답게 녹아들어 있다.

먹고, 기도하고, 사랑하라(Eat Pray Love)/2010/나폴리
미국 작가 엘리자베스길버트의 실화를 바탕으로 만들어진 영화이다. 극중 31살의 저널리스트 줄리아로버츠(Julia Roberts)가 자신을 찾기 위해 1년간의 여행을 떠난다. 그 여정의 첫 번째 행선지가 이탈리아다. 피자의 고향인 이탈리아 나폴리에서 맛있게 피자를 흡입하는 장면을 보면 어느새 이탈리아여행 일정에 나폴리를 껴 넣고 있는 자신을 발견하게 된다.

여행에 필요한 준비사항들

여행을 준비하는 과정은 개인차도 있고 여행의 목적이나 방문지에 따라 달라질 수밖에 없다. 하지만 기본적으로 여행을 준비하는 데 있어 반드시 체크해야 할 리스트도 있다. 다음은 간략하게 체크해보는 여행 전 준비사항이다.

1. 여행할 도시와 일수 결정	2. 여권 준비	3. 항공권 구매
어떤 도시들을 여행할 것인지? 각 도시에서 며칠씩 머무를 것인지?	여행의 필수품 여권! 여권이 없다면 발급받고, 있다면 만료일이 6개월 이상 남았는지 확인한다.	항공권을 구매했다면 이미 여행준비의 반은 완료한 것이다. 항공권은 미리 예약 할수록 저렴하므로 서두르는 것이 좋다.

4. 여행 관련 서류 준비	5. 현지 여행정보수집	6. 현지 숙박 및 교통 예약	7. 출국
국제운전면허증, 국제학생증, 여행자보험 등 여행 시 자신에게 필요한 서류를 준비한다.	여행지에서 무엇을 볼 것인지? 꼭 가야 하는 곳은 어디입지?	인기 있는 숙소는 예약이 빨리 마감되므로 서둘러 예약하는 것이 좋다.	여행에 필요한 모든 준비를 마쳤는가?

여권과 비자

해외여행을 준비하는 데 있어 가장 우선시 되는 것은 여권이다. 이미 여권을 가지고 있다면 여권 만료일이 6개월 이상 남아 있는지부터 확인하자. 이탈리아는 쉥겐협약국으로 무비자 90일 체류가 가능한 국가이다. 그러므로 단기 여행자라면 따로 비자를 발급받을 필요가 없다.

● 여권신청 시 필요서류

여권발급신청서(또는 간이서식지), 여권용 사진 1매(6개월 이내에 촬영한 사진), 신분증, 병영관계서류(미필자 해당), 가족관계기록사항에 관한 증명서(행정전산망을 통해 확인 가능한 경우 제출을 생략할 수 있다.), 미성년자는 여권발급동의서, 동의자 인감증명(본인서명 사실 확인서), 기본증명서 및 가족관계증명서가 추가로 필요하다.

● 여권발급 수수료

여권종류	유효기간	사증면수	금액	대상
복수여권	10년	48/24면	53,000/50,000원	만 18세 이상
	5년	48/24면	45,000/42,000원	만 8세부터 만 18세 미만
	5년	48/24면	33,000/30,000원	만 8세 미만
단수여권	1년		20,000원	1회 여행 시에만 가능
잔여 유효기간 부여			25,000원	여권분실, 훼손으로 인한 재발급
기재사항 변경			5,000원	사증란을 추가하거나 동반 자녀 분리할 경우

● 이탈리아의 비자

해외여행을 하려면 원칙상 방문국의 비자가 필요하지만 현재 우리나라는 이탈리아와 사증면제협정을 체결하였으므로 인터뷰, 수수료지불, 비자승인이 없어도 90일간 체류할 수 있다.

> **이탈리아 외에 유럽의 다른 국가도 방문할 계획이라면 쉥겐협약부터 이해하자**
>
> 쉥겐협약(Schengen agreement)은 유럽 지역의 26개국이 편리한 여행과 통행을 위해 체결한 협약이다. 상호 비자가 없어도 쉥겐협약국 내에서는 자유롭게 이동할 수 있으며 최초 입국일로부터 6개월 기간 내 최장 90일간 체류할 수 있다. 쉥겐협약국 간에는 어느 국가든 여행과 체류를 자유롭게 할 수 있지만 장기여행자에게는 오히려 단점이 되기도 한다. 이탈리아도 쉥겐협약국이므로 이탈리아를 거쳐 유럽의 다른 국가를 여행할 계획이라면 협약국 내에서 체류하는 기간이 모두 합쳐 90일이 넘지 않도록 신경 써야 한다.
>
> 쉥겐협약국 : 그리스, 네덜란드, 노르웨이, 덴마크, 독일, 라트비아, 룩셈부르크, 리투아니아, 리히텐슈타인, 몰타, 벨기에, 스웨덴, 스위스, 스페인, 슬로바키아, 슬로베니아, 아이슬란드, 에스토니아, 오스트리아, 이탈리아, 체코, 포르투갈, 폴란드, 프랑스, 핀란드, 헝가리

📗 항공권예약

여행준비의 첫 관문은 항공권을 예매하는 것이다. 항공권은 여행경비에서 가장 많은 비용을 차지하는 부분으로 결정하기 쉽지 않은 사항이다. 항공권은 항공사종류, 좌석등급, 구입시기, 출발일, 출발시간 등에 따라 다양한 가격대를 형성하고 있으며, 대부분 유럽행 항공권은 세금포함 100~150만 원 정도로

Section 03 이탈리아여행 제대로 준비하기

예상하면 된다. 물론 그 보다 더 저렴하거나 비싼 티켓도 존재하지만 일반적으로 120만원 전후반이 평균이다. 좀 더 저렴한 항공권을 원한다면 손품을 팔며 여러 사이트를 찾아다녀야만 한다.

○ 항공권예매 어디서 해야 할까?

항공권을 예약하는 경로는 크게 여행사와 항공권비교사이트 그리고 해당 항공사홈페이지가 있다. 가장 편리한 방법은 여행사를 통해 구매대행하는 것이며, 가장 저렴한 방법은 항공권비교사이트를 이용하는 것이다. 상황에 맞게 여행사와 항공사를 비교분석해보면 저렴한 항공권을 찾을 수 있다.

❶ 여행사 – 항공권검색에 많은 시간을 들이고 싶어 하지 않는 여행자들에게 추천하는 방법으로 항공권비교사이트를 이용하는 것보다 비용은 조금 더 부담을 하지만 좌석을 구하기 쉽고 출발일까지 크게 신경 쓸 것이 없다. 여행사와 항공권비교사이트를 검색해보고 가격차가 크지 않다면 여행사를 통하는 것도 나쁘지 않다. 또한 급하게 여행계획을 잡아 출발일이 얼마 남지 않았을 경우에도 여행사를 찾으면 좋다.

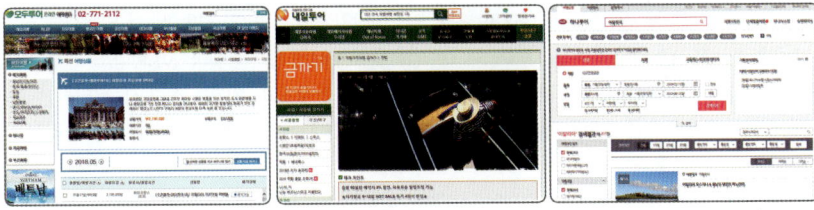

모두투어(www.emodetour.co.kr) 내일투어(www.naeiltour.co.kr) 하나투어(www.hanatour.com)

❷ 항공권비교사이트 – 출발 및 도착날짜, 경유지정보, 입출국도시변경 등 다양하게 비교해 볼 수 있어 자신에게 적합한 항공권을 찾기에 유리하다. 저렴한 항공권을 찾는 여행자들에게 추천하는 방법으로 각 사이트에서 진행하는 특가항공권을 잘 잡는다면 매우 저렴하게 예약할 수도 있다.

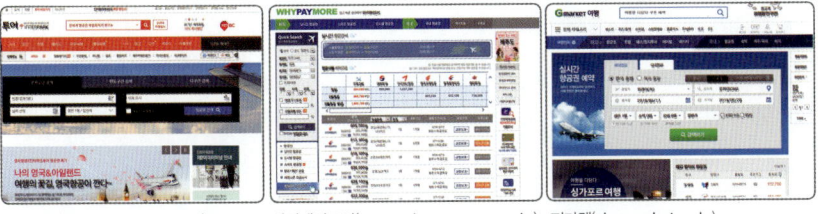

인터파크(tour.interpark.com) 와이페이모어(www.whypaymore.co.kr) 지마켓(air.gmarket.co.kr)

❸ 해당 항공사홈페이지 – 자신이 원하는 항공사 사이트에 들어가 직접 예약하는 방법으로 자신이 주로 이용하는 항공사가 있거나 항공권에 대해 노하우가 많은 여행자들에게 추천한다.

대한항공(kr.koreanair.com) 알이탈리아항공(www.alitalia.com) 아시아나항공(flyasiana.com)

◐ 항공권 예약 시 확인해봐야 할 요금규정 체크리스트

❶ **세금과 유류할증료** – 항공권비교사이트에서 검색 시에는 반드시 세금과 유류할증료가 포함된 가격인지 체크해야 한다. 세금은 항공사나 항공권마다 큰 차이가 나며, 해외항공의 경우 가격이 저렴하더라도 세금이 더 많은 경우도 있으므로 정확히 체크해야 한다.

❷ **대기시간** – 비행기를 환승하는 경우 경유지에서 다른 비행기로 갈아타기까지 공항에서 대기하는 시간으로 대기시간이 짧으면 혹시 모를 연착에 대비하기 어려우며, 대기시간이 너무 길면 공항에서 많은 시간을 허비하므로 적당한 대기시간인지 체크하자.

❸ **유효기간** – 예를 들어 유효기간 6개월짜리 항공권이라면 출국일로부터 6개월 동안 좌석이 있을 경우 원하는 날짜로 입국일을 앞당기거나 미룰 수 있다.(항공권마다 상이하지만 비용을 더 지불하는 경우도 있다.) 유효기간이 길수록 금액이 조금 더 올라가지만 해외 출국 시 언제 돌아올지 미정이라면 넉넉한 유효기간의 항공권을 구입하는 것이 좋다.

❹ **수하물** – 무료로 보낼 수 있는 수하물이 몇 kg에 몇 개까지 가능한지 꼭 확인해야 한다. 무료수하물의 경우 기본적으로 20~23kg이며, 항공사마다 짐에 대한 규정은 천차만별이다. 장기여행자나 수하물이 많은 여행자의 경우 무료수하물 무게(kg)가 높거나 추가수하물 비용이 낮은 항공사를 이용하는 것이 좋다.

❺ **경유여부** – 대부분 경유횟수가 1회지만 간혹 2회 이상인 경우도 있다. 경유횟수가 많을수록 티켓이 저렴하지만 그만큼 몸도 마음도 지치게 되므로 경유횟수가 적은 티켓을 찾아봐야 한다.

❻ **마일리지 적립여부** – 저렴한 티켓일수록 마일리지 적립률이 낮으며, 일부는 적립 자체가 불가능한 경우도 있다. 마일리지를 모아왔거나 앞으로 모을 예정이라면 자신이 구매하려는 티켓의 마일리지 적립 여부를 확인해야 한다.

❼ **환불규정** – 혹시 모를 환불이나 교환에 대비해 얼마의 수수료가 부가되는지, 환불약관을 꼼꼼히 읽어봐야 한다.

항공권 저렴하게 구입하는 방법

▶ 편도로 끊는 것보다 왕복티켓이 저렴하다.
▶ 시간적 여유가 있다면 직항보다 경유노선을 구입해보자.
▶ 귀국일이 지정되지 않은 오픈(Open)티켓보다 출국일과 귀국일이 지정되어 있는 픽스(Fix)티켓이 저렴하다.
▶ 성수기나 금~토요일보다는 비수기나 평일 출발하는 항공권이 상대적으로 저렴하다.
▶ 최소 4~5달 전에 특가항공권이 나오므로 항공권부터 알아보는 것이 저렴하며, 출발시간이 임박할수록 원가보다 저렴한 땡처리항공권도 나올 수 있다.
▶ 항공권 비교사이트나 여행사의 프로모션, 카드사 혜택 등을 꼼꼼히 살펴보자.

항공사 제휴마일리지

스카이팀(www.skyteam.com) 대한항공, 델타항공, 에어프랑스, 아에로플로트, 아르헨티나항공, 아에로멕시코, 에어유로파, 알이탈리아항공, 중화항공, 중국동방항공, 중국남방항공, 체코항공, 케냐항공, KLM, MEA, 사우디항공, TAROM, 베트남항공, 샤먼항공

스타얼라이언스(www.staralliance.com) 아시아나항공, 아드리아항공, 에게안항공, 에어캐나다, 에어차이나, 선전(심천)항공, 에어인디아, 에어뉴질랜드, 브뤼셀항공, 코파에어라인, 크로아티아항공, 이집트항공, 에티오피아 항공, 폴란드항공, 루프트한자, 스칸디나비아항공, 싱가포르항공, 남아프리카항공, 스위스항공, 탐항공, 포르투갈항공, 타이항공, 터키항공, 유나이티드항공, 유에스에어웨이스

원월드(www.oneworld.com) 에어베를린항공, 아메리칸항공, 영국항공, 캐세이패시픽항공, 핀에어, 이베리아항공, 일본항공, 란항공, 말레이시아항공, 콴타스항공, 로얄요르단항공, S7항공

Section 03 이탈리아여행 제대로 준비하기

◎ 이탈리아 출입국도시 결정하기

한국 인천공항에서 출발한 항공기는 이탈리아의 대도시 로마를 비롯하여 밀라노, 베네치아, 피렌체 등으로 도착한다. 이탈리아만 둘러볼 여행자라면 로마로 출입국하는 항공 스케줄보다는 로마로 들어가 밀라노에서 나오거나 베네치아로 들어가서 로마로 나오는 방법 등과 같이 다양하게 코스를 짜볼 수 있다. 다음 표와 같이 한국에서 이탈리아를 오가는 항공편은 크게 4가지로 나누어 볼 수 있다.

구분	입국도시 - 출국도시
출입국도시 상이	로마-밀라노, 밀라노-로마
	로마-베네치아, 베네치아-로마
출입국도시 동일	로마-로마, 밀라노-밀라노, 베네치아-베네치아
다른 유럽 국가 노선	로마, 밀라노, 베네치아 중 1 - 유럽 다른 국가, 유럽 다른 국가 - 로마, 밀라노, 베네치아 중 1

출입국도시가 다른 항공편은 여행지에서 이동시간과 비용을 절약할 수 있고, 출입국도시를 동일하게 설정한 항공편의 경우에는 여행 동선 상 마지막 여행 도시에서 다시 출국하는 도시로 이동해야하므로 시간과 경비면에서 다소 불리할 수 있다. 출입국도시가 다른 항공권 요금이 비싸다면, 출입국도시가 동일한 항공권 요금에 마지막 도시에서 출국도시까지 이동하는 교통비를 합산한 비용과 비교해보는 것도 하나의 방법이다.(베네치아 및 밀라노에서 로마까지 이동하는 열차편은 대략 약 8~10만 원 정도이다.) 다른 유럽국가도 방문할 경우라면 로마, 밀라노, 베네치아 도시 중 하나로 입국하여 저가항공이나 기차를 타고 다른 국가의 도시를 구경한 뒤 해당 도시에서 출국하는 방법도 있다.

로마공항출국장 밖 공항버스승차장

◎ 항공사 선택

어느 항공사를 선택하느냐에 따라 비용뿐만 아니라 출도착시간이 달라진다. 자신의 상황에 맞춰 항공사를 선택해야 하는데, 다음 표를 참고하도록 하자. 직항은 가격이 높다보니 경비를 줄이고 싶다면 경유항공편을 찾아보는 것이 좋다. 경유항공편은 경유하는 도시가 항공사별로 다양하며, 중간에 방문하고 싶은 나라의 항공편을 선택하여 스탑오버를 신청하는 방법도 추천한다.

대한항공, 아시아나	가격이 다소 비싸지만 소요시간이 가장 짧고 우리 입맛에 맞는 기내식도 있다. 장시간비행이 부담되는 여행자에게 추천한다.
아랍에미레이트, 카타르	훌륭한 기내시설뿐만 아니라 수하물 규정도 넉넉하다. 신혼여행자들에게 추천한다. 각각 두바이와 도하를 경유한다.
아에로플리트항공 (구 러시아항공)	가장 저렴한 가격을 내세우지만 수하물연착과 분실 등 서비스 면에서는 좋지 않은 평을 받는다. 반대로 그런 부분을 좀 더 신경 쓰면 저렴한 요금을 찾는 배낭여행자에게 적합하다.
터키항공	시간대가 좋으며 터키에서 스톱오버가 가능하므로 터키까지 한번에 둘러보고 싶은 여행자에게 추천한다.

제시한 항공사 외에도 다양한 항공편이 존재하며, 항공사마다 프로모션 진행시기가 달라 시기에 따라 요금도 제각각이다. 꼼꼼히 비교해 보고 본인에게 맞는 항공권을 선택하도록 하자. 대한항공의 경우 밀라노에서 출발하는 모든 비행기가 로마를 경유하여 한국으로 들어오기 때문에 한국출발 시 밀라노로 들어가 로마에서 출국하면 시간과 경비를 모두 줄일 수 있다. 에미레이트항공을 이용할 경우 로마로 들어가 베네치아에서 출국하면 로마로 다시 돌아가지 않아도 되므로 효율적으로 돌아볼 수 있다. 한 달 이상 유럽을 여행하고 싶다면 런던으로 입국하여 로마에서 출국하거나 파리로 들어가 로마로 나오는 방법을 추천한다.

여름과 겨울방학 기간인 7~8월과 12~1월, 설날, 추석 등의 연휴가 끼어 있거나 공휴일이 몰려 있는 날에는 좌석이 거의 없거나 항공료가 많이 비싸지는 시기이므로 피할 수 있으면 피하는 것이 좋다. 최소 3개월 전에 예약한다면 좀 더 저렴한 티켓을 손쉽게 구할 수 있으며 주말에는 티켓이 많이 없거나 가격이 비싸므로 시간에 쫓기지 않는다면 평일로 출발과 도착 날짜를 지정하는 것도 하나의 방법이다.

스톱오버 이용하기

스톱오버란 경유비행기를 이용할 경우 경유지에서 하루 이상 체류하는 것을 말한다. 스톱오버를 미리 신청하면 공항을 빠져나와 경유지를 둘러볼 수 있다. 환승하는 것이 불편할 수도 있지만, 스톱오버는 새로운 도시를 하나 더 여행할 수 있는 기회이므로 그리 나쁘지만은 않다. 티켓에 따라 스톱오버가 불가능하거나 추가비용을 내야하는 경우가 있으므로 약관을 잘 확인해야 한다. 또한 스톱오버 시 그 국가에서 비자를 필요로 하는지도 반드시 확인해야 한다.

🧳 여행 전 챙겨야 하는 여러 가지 것들

여행준비는 가장 중요한 부분 중 하나이다. 과해도 덜해도 안 되는 것이 여행준비인데 여행일정을 꼼꼼히 계획하고 필요한 것들을 현명하게 준비하면 보다 나은 여행을 하는 시작이 될 수 있다.

💼 여행자보험

해외여행에서 항상 유의해야 할 것이 바로 안전이다. 언제 어디서 일어날지 모르는 사건사고에 대비해 여행자보험은 들어두는 것이 좋다. 이탈리아는 응급실을 이용하는 것은 무료지만 엑스레이를 찍거나 크게 다쳤을 경우 비용부담이 클 수 있으므로 여행자보험이 힘이 된다. 또한 도난사고 시 일정부분 보상을 받을 수 있지만 대부분의 보험이 품목당

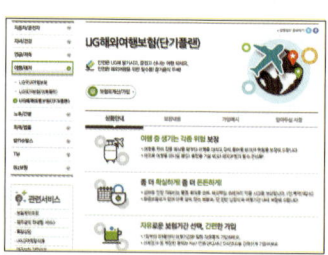

LIG 여행자보험

최대배상액을 20만 원으로 제한하고 있으므로 스스로 조심하는 것이 상책이다. 항공권을 구입하거나 환전할 때 은행에서 무료로 들어주는 곳도 있으므로 잘 알아보고 가입하도록 하자.

○ 보험사 종류

보험사별로 보장한도가 다양한 보험상품을 제공하므로 검색과 비교를 통하여 자신에게 맞는 보험을 선택하도록 하자.

보험사	홈페이지
삼성화재	www.samsunglife.com
KB손해보험	www.kbinsure.co.kr
트래블가드	www.travelguard.co.kr
메리츠화재	www.merizfire.com

○ 가입 시 확인 사항

- 의료비 : 가벼운 진찰부터 수술, 입원비와 같은 비싼 해외 병원비 보장
- 배상책임 손해비 : 실수로 타인의 재산이나 신체에 피해를 입혔을 때 배상의 보장
- 휴대품 손해비 : 여행 중 도난사고로 인한 비용보장(단 현금, 신용카드 제외)

휴대폰보험
이탈리아를 여행할 때는 휴대폰분실에 특히 주의해야 한다. 현재 이탈리아 내에서 지갑보다 스마트폰이 더 소매치기의 표적이 되고 있고, 실제로 여행자들의 스마트폰 도난 사례가 많으니 휴대폰보험을 따로 들어두는 것이 안전하다.

○ 보상 받기

도난 사고 시 필요한 서류	도난신고서(Police Report), 분실품목구입 영수증(제품보증서 및 인터넷 거래내역도 가능), 여권사본, 여권출입국증명 복사본, 신분증, 통장사본 등(보험사별로 요구하는 필요류 제출)
상해/질병 시 필요한 서류	의사소견서/진단서, 치료비명세서 및 영수증, 처방전 및 약 구입관련 영수증, 사고가 발생한 경우 사고증명서(목격자확인서/본인 사고진술서)

보상 받으려면 도난신고서를 작성해야 한다.

📗 국제학생증

이탈리아에서 국제학생증이 있으면 로마의 바티칸박물관, 피렌체의 우피치미술관, 베네치아 교통패스 등을 할인받을 수 있다. 그러나 실제로 발급비용 대비 혜택은 그리 많지 않은 편이다. 이탈리아 외에도 다른 유럽의 여러 국가를 방문할 여행자들에게 추천한다.

ISIC카드

구분	ISIC(International Student Identity Card)	ISEC(International Student Exchange Card)
대상	만 12세 이상의 정규과정 중인 학생	만 7세 이상 학생이면 가능(14세 미만은 보호자가 신청)
발급 비용	1년 17,000원 / 2년 34,000원	1년 15,000원 / 2년 28,000원(미성년 50% 할인)
유효기간	1~2년	1~2년
홈페이지	www.isic.co.kr	www.isecard.co.kr

📗 유스호스텔증

해외에서 유스호스텔을 이용할 경우 유스호스텔증이 없으면 추가요금을 부담하거나 예약자체가 불가능할 수 있다. 그러나 이탈리아는 공식적인 유스호스텔 수가 적고, 대부분 유스호스텔증이 없어도 예약이 가능한 곳이 많아 활용도는 낮은 편이다. 이탈리아 외에도 유럽여행을 장기간으로 계획하는 여행자들에게 추천하며, 유럽 현지에서 일회용(임시)으로도 €10에 발급이 가능하다.

발급방법	· 웹사이트를 통한 발급 : 회원가입 후 신청하면 2~3일 후 택배수령이 가능하다. (발급비 5,000원) · 센터방문을 통한 발급 : 여권정보, 신분증을 지참하여 가까운 시설을 방문하면 현장에서 즉시 발급가능하다.
카드발급비용	이멤버십 1년 17,000원 개인 1년 22,000원, 2년 34,000원 / 가족(성인 1+15세 이하 자녀) 1년 27,000원, 2년 39,000원
유효기간	1~5년, 개인카드는 평생이용권(210,000원)도 있음
홈페이지	www.kyha.or.kr

국제운전면허증

자동차여행을 할 계획이라면 한국에서 국제운전면허증을 발급받아야 한다. 또한 현지에서 국제운전면허증은 국내운전면허증과 여권을 함께 제시해야 유효하므로, 반드시 국내운전면허증도 소지하고 있어야 한다.

구비서류	본인여권(사본가능), 운전면허증, 여권용사진/컬러반명함판 1매
신청장소	전국운전면허시험장 및 각급 지방경찰청
유효기간	발급일로부터 1년
발급비용	8,500원
처리시간	30분
홈페이지	dl.koroad.or.kr

이탈리아 현지에서 이용할 교통편

이탈리아는 철도망이 완벽하게 구축되어 있어 작은 도시라도 기차로 이동이 가능하다. 철도시스템이 잘 되어 있고 운행편수도 많아 버스보다 기차를 더 많이 이용하게 된다.

이탈리아철도 이야기

이탈리아의 철도는 크게 국영철도회사 트랜이탈리아Trenitalia 와 민영철도회사 이탈로Italo 그리고 사철로 구분된다. 철도별 운행구간이 다르며, 주요도시는 겹치지만 일부지역, 특히 남부지방은 국철은 물론 민영철도마저 없이 사철을 중심으로 운행된다.

○ 국영철도 트랜이탈리아(Trenitalia)의 종류

트랜이탈리아는 등급별로 초고속열차인 레프레체Le Frecce, 급행열차인 인터시티Inter City 또는 유로시티Euro City, 완행열차인 레지오날레Regionale가 있다. 주요도시 간 이동은 대부분 고속열차를 이용하지만, 근교도시 이동은 레지오날레를 이용하게 된다.

❶ 레프레체 - 우리나라 KTX 같은 초고속열차로 운행구간에 따라 이탈리아 남북을 연결하는 프렌차로사Frecciarossa, 로마와 북동부 및 남부 주요도시를 연결하는 프렌차르젠토Frecciargento, 토리노, 밀라노를 이탈리아 북동부도시와 연결하는 프렌차비앙카Frecciabianca가 있다. 열차명에 프렌차Freccia가 붙으면 초고속열차라는 것만 알면 된다. 유레일 소지자는 예약이 필수이며 예약비는 €10이다. 참고로 좌석마다 전원콘센트가 있어 편리하다.

❷ 인터시티 – 우리나라의 새마을호나 무궁화호 같은 급행열차이다. 로마, 밀라노, 베네치아, 피렌체 등 주요도시를 연결하며 고속철이 닿지 않는 구간을 달린다. 예약은 선택사항이지만 성수기(5~9월)와 공휴일에는 좌석표 구하기가 쉽지 않다. 유레일 소지자는 예약비 €3이다. 이 외에도 이탈리아 지역을 연결하는 야간열차 인터시티노테Inter City Notte와 유럽 각 도시를 연결하는 유로나이트Euro Night가 있다.

❸ 레지오날레 – 이탈리아 곳곳을 달리는 완행열차로 속도와 시설은 떨어지지만 가격이 매우 저렴하다. 인터넷으로 예매할 수 없고 역에서만 가능하다. 유레일 소지자의 경우 개시한 날짜 내에는 무료로 이용할 수 있으며 유레일표에는 시간이 표시되지 않으므로 트랜이탈리아 홈페이지(www.trenitalia.com)나 기차역에서 확인해야 한다. 레지오날레티켓은 구매일을 기준으로 2개월 내 원하는 날짜와 시간에 언제든지 탑승할 수 있으며 티켓이용 시 펀칭하지 않으면 벌금이 부과될 수 있으니 주의해야 한다. 또한 표에는 출도착 도시만 표시되므로 탑승 전 기차편명을 확인해야 하고, 지정 좌석이 없으므로 아무데나 앉으면 된다.

○ 민영철도 이탈로(Italo)

이탈리아의 스포츠카 페라리를 연상시키는 붉은색 외관으로 유명한 이탈로는 페라리열차라고 불린다. 2012년부터 운행을 시작하여 저렴하면서도 양질의 서비스로 현지에서 큰 인기를 끌고 있지만 아직 우리나라 여행자들에게는 널리 알려져 있지 않은 편이다. 가장 큰 이점은 무엇보다 홈페이지(www.italotreno.it) 프로모션을 통해 예약하면 매우 저렴한 가격에 예매할 수 있다는 점이다. 다만 현재는 고속열차만 운행하고 있어 대도시만 운행하므로 소도시를 갈 때에는 이용이 불가능하다.

기차좌석은 1등급Club, 2등급Prima, 3등급Smart으로 구분되며 가격 차이가 있다. 2시간 넘게 이동할 때에는 영화를 관람할 수 있는 시네마칸도 있으며, 와이파이도 이용할 수 있으므로 자신이 원하는 구간을 트랜이탈리아와 비교해서 가격차가 크지 않다면 이탈로를 추천한다. 단, 아쉽게도 유레일패스 적용은 불가능하다.

이탈로 주요노선 확인(www.italotreno.it/en/destinations-timetable)

🧳 유럽 여러 국가에서 사용가능한 유레일패스

유럽 24개국에서 1개월 또는 2개월 내 정해진 일수만큼 무제한으로 이용이 가능한 패스이다. 그러나 이탈리아 내에서는 유레일패스가 있어도 예약부터 해야 하며 예약비가 추가되므로 그렇게 효율적이지 않다. 유로스타ES, Eurostar Italia, 인터시티유로스타(플러스)Intercity Eurostar(Plus), 유로나이트EN, Euronight 등의 열차는 예약이 필수이며, 인터시티만 예약이 선택이다.

유레일패스

열차예약은 역 내 자동판매기나 매표소에서 할 수 있으며, 예약비는 무조건 €10, 인터시티는 €3를 지불해야 한다. 단, R이라고 쓰인 레지오날레Regionale는 예약 없이 바로 탑승가능하며 추가비용도 없다. 유레일패스나 이탈리아패스는 현지에서는 구입할 수 없으니 참고하자. 글로벌패스Global Pass는 이탈리아 내에서 개시했다면 언제든 탑승할 수 있지만 셀렉트패스Select Pass는 개시한 날에만 무료로 탈 수 있다.

연속패스(단위 : EUR) 개시일부터 연속적으로 차감되는 패스로 사용하지 않아도 개시를 하면 일정이 차감된다.					플래시패스(단위 : EUR) 나라의 수와 상관없이 선택한 날에 유럽철도를 이용할 수 있는 패스로 비연속적으로 사용한다는 점이 연속패스와 다르다. 매일매일 이동하는 여행객 보다는 한 도시에 오래 머무는 여행객에게 더 적합하다.				
종류	1등석		2등석		종류	1등석		2등석	
구분 기간	성인	유스	성인	유스	구분 기간	성인	유스	성인	유스
15일	€669	€515	€503	€388	3일(1개월 내)	€331	€254	€247	€192
21일	€782	€601	€587	€451	5일(1개월 내)	€426	€328	€320	€246
1개월	€1,012	€779	€760	€584	7일(1개월 내)	€506	€389	€381	€293
2개월	€1,106	€850	€829	€637	10일(2개월 내)	€605	€466	€455	€350
3개월	€1,363	€1,048	€1,023	€785	15일(2개월 내)	€746	€573	€560	€430

※ 성인 만 28세 이상 유스 만 12~27세 세이버 성인과 함께 여행하는 조건으로 성인 1명 당 어린이(4~11세) 2명까지
※ 2019년 12월 유레일패스코리아 홈페이지(www.eurail.com/kr) 일반패스 기준

○ 로마 테르미니역에서 유레일개시하기

유레일을 개시하려면 여권과 티켓을 챙겨 역 창구로 가야 한다. 번호표 뽑는 곳에서 'E-Eurail Pass Validation/Reservations Inter-rail'을 눌러 번호표를 받고, 순서가 되면 역무원에게 개시를 요청한다. 일부 도시는 번호표 없이 바로 역무원에게 요청해도 된다. 개시한 후 바로 기차를 탈 예정이면 열차예약까지 요청하거나 자동판매기를 이용하면 된다. 테르미니역 외에도 이탈리아 내 모든 역에서 유레일개시가 가능하다.

📛 이탈리아패스(원컨트리패스)와 구간예약 가격비교

이탈리아패스라고 해서 무조건 저렴하지는 않다. 장거리나 한 도시를 거점으로 인근 도시를 당일치기로 여행한다면 본전까지 뽑을 수 있지만, 단거리이동 시에는 구간별 예약이 훨씬 저렴하다. 여행동선과 비용을 고려하여 무엇이 더 유리한지 잘 따져 보고 구입해야 한다.

종류	1등석(단위 : EUR)			2등석(단위 : EUR)		
기간	성인	유스	경로	성인	유스	경로
3일(1개월 내)	€193	€154	€173	€145	€120	€130
4일(1개월 내)	€231	€186	€209	€174	€144	€157
5일(1개월 내)	€268	€214	€242	€201	€166	€182
6일(1개월 내)	€302	€241	€271	€227	€187	€204
8일(1개월내)	€364	€291	€328	€272	€225	€245

※ 성인 만 28세 이상 유스 만 12~27세 경로 60세 이상 세이버 성인과 함께 여행하는 조건으로 성인 1명 당 어린이(4~11세) 2명까지
※ 2019년 12월 유레일패스코리아 홈페이지(www.eurail.com/kr) 일반패스 기준

○ 이탈리아패스와 구간예약 교통요금 비교

다음과 같은 일정 '로마 → 피렌체 → 베네치아 → 밀라노'로 이동한다고 가정할 때 패스와 구간별 요금을 비교해 보았다. 이탈리아패스는 로마 → 밀라노, 로마 → 베네치아 등과 같이 장거리 이동이거나 하루에 두 번 이상 이동할 때에만 이익이므로 자신의 일정을 고려해 구매하도록 한다.

구간	이탈리아패스(단위 : EUR)	구간별 요금(단위 : EUR)
로마 → 피렌체(편도, 유로스타)	예약비 €10	€50
피렌체 → 베네치아(편도, 유로스타)	€10	€57
베네치아 → 밀라노(편도, 유로스타)	€10	€50
유레일패스 → 이탈리아패스 구입(성인, 2등석, 3일권 기준)	€160	−
합계	€190	€157

📛 기차표 온라인 및 현지에서 예매하기

일정이 구체적으로 잡혔다면 출국 전 트랜이탈리아 홈페이지를 통해 예약하는 것이 저렴하다. 하지만 이 경우 일정이 조금만 틀어져도 전체 일정이 꼬일 수 있다는 단점이 있다. 일정에 어느 정도 유동성이 있다면 현지에서 다른 도시로 이동하기 전날 역에서 예매하는 방법도 나쁘지 않다. 또한 과거 인터넷으로 기차표를 예매하려면 오류와 사고가 많았지만 현재는 많이 개선되었으며, 인터넷 예매가 훨씬 더 저렴하다. 일정이 정해진 여행이라면 유레일패스보다는 프로모션을 이용하여 티켓을 미리 구매하는 것이 훨씬 유리할 수도 있다.

철도시스템이 잘 되어 있는 만큼 한 도시에 기차역이 여러 개라 헷갈릴 수 있으므로, 주요도시별 중심역을 미리 확인하여 온라인예약이나 현지에서 헤매는 일이 없도록 하자.

로마	Roma Termini(로마 테르미니)역
피렌체	Firenze S.M.Novella(피렌체 산타마리아 노벨라)역
베네치아	Venezia S. Lucia(베네치아 산타루치아)역, Venezia Mestre(베네치아 메스트레)역
밀라노	Milano Centrale(밀라노중앙)역, Milano Porta Garibaldi(밀라노 포르타가리발디)역
나폴리	Napoli Centrale(나폴리중앙)역

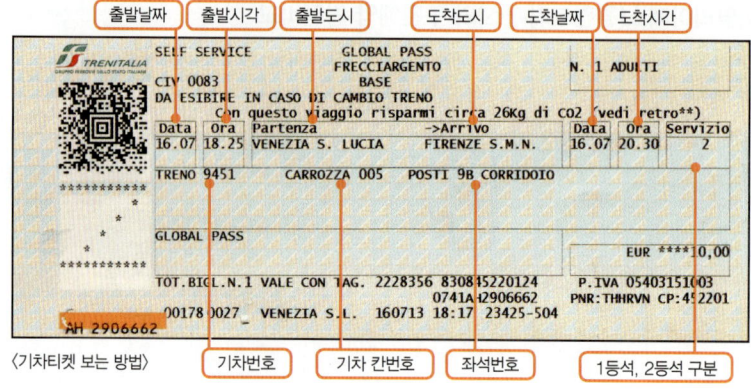

〈기차티켓 보는 방법〉

○ 트랜이탈리아 인터넷으로 예매하기

트랜이탈리아는 한국대리점 홈페이지(trenitalia.co.kr)를 통해 예매할 수도 있지만 발권수수료가 추가된다. 예매는 2개월 전부터 가능하며 성수기나 인기구간은 매진이 빨라 서두르는 것이 좋다. 예약을 서두를수록 요일이나 시간에 따라 저렴하게 나오는 슈퍼이코노미Super Economy 좌석을 구매할 확률이 더욱 높다. 단, 금요일이나 사람이 몰릴 때는 구하기 어렵다. 예매 과정이 어렵지 않으니 화면을 보며 따라해 보도록 하자.

❶ 트랜이탈리아 홈페이지(www.trenitalia.com)에 접속 후 우측 상단언어선택 부분에서 영국국기를 선택하여 영어로 언어를 변환한 후 중앙의 입력상자에 출발지, 도착지, 출발날짜, 출발시각, 인원수를 입력한 후 [Search] 버튼을 클릭한다.

❷ 기차시간표를 확인하여 원하는 시간대의 기차편을 클릭하면 운임과 좌석등급을 결정할 수 있다. 운임은 'Base/Economy /Super Economy' 등이 있으며, 'Super Economy'는 요금이 저렴해서 빨리 매진된다. 좌석등급은 [Standard]부터 [Executive]까지 6등급이 있는데 Standard를 기본으로 우측으로 갈수록 가격이 올라간다. 가장 저렴한 것을 선택하고 싶다면 [Super Economy]와 [Standard]를 선택하면 된다. 하단의 [Choose the seat]을 체크표시한 후 [Continue] 버튼을 클릭하여 다음으로 넘어가자.(좌석이 중요치 않다면 [Choose the seat]를 선택하지 않고 바로 [Continue] 버튼을 클릭하여 넘어가도 무방하다.)

유레일패스로 예약할 경우 하단의 [View other offers]를 클릭한다. Offer 영역에서 [Global Pass]를 선택하고, 바로 옆 공란에 본인의 유레일패스 번호를 기재한다. [Choose the seat]를 선택하고 [Continue] 버튼을 클릭해 다음으로 넘어간다.

Section 03 이탈리아여행 제대로 준비하기

좌석등급(Base, Economy, Super Economy)에 따른 교환 및 환불

BASE – 일반 정상가로 구입했을 경우에는 교환 및 환불 모두 가능하며 출발 후 교환도 가능하다. 출발 후 교환은 열차시간에 늦어 기차를 놓쳤을 경우 바로 다음 기차를 탑승할 수 있도록 교환해주는 것이다.

Economy – 일반적으로 선택하는 옵션으로 교환은 가능하지만, 환불은 불가능하다.

Super Economy – 슈퍼이코노미나 프로모션으로 구입한 티켓은 교환 및 환불이 불가능하다. 그러나 이탈리아는 '되는 것도 없고 안 되는 것도 없다'라는 말이 딱 맞는 나라이다. 남들 다 되지만 난 안 될 수 있고, 남들 다 안 돼도 나는 될 수 있으므로 딱 잘라 규정하기는 어렵다.

❸ 원하는 좌석을 선택한 후 [Confirm] 버튼을 클릭한다. 먼저 객차 넘버를 선택한 후 배치도를 보면서 원하는 좌석번호를 클릭하면 선택된다.

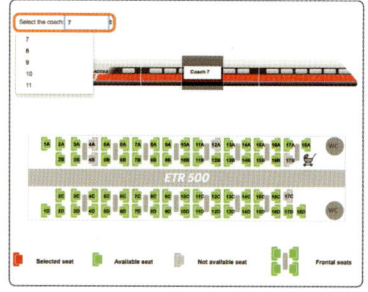

❹ 굳이 회원가입까지 할 필요없이 비회원으로 예약하고 싶다면 [Go on without log in]을 선택한 후, 이름/성/이메일, 연락처만 입력한다. 물론 이전에 회원가입을 했다면 [Log In]을 선택하면 회원구매를 할 수 있다.

❺ 〈Passenger〉 영역에 실제 탑승자정보를 입력한다.

❻ 결제할 카드를 선택한 후, 하단의 [Accept] 체크한 후 [Continue] 버튼을 누른다.

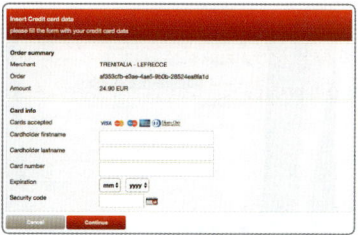

❼ 이름, 카드번호, 카드종류, 카드 유효기간 등을 순서대로 입력한 뒤 [Continue] 버튼을 클릭하여 결제를 진행한다. 결제를 정상적으로 마쳤다면 1~10분 후에 등록한 이메일로 티켓이 전송된다. 이메일에 첨부된 티켓을 출력하거나 바코드를 다운받아 스마트폰에 저장하여 두면 현지에서 바로 사용할 수 있다.

81

○ 현지에서 자동판매기로 기차표예매하기(+유레일패스로 기차표예매하기)

기차표는 매표소나 자동판매기로 예매할 수 있으며, 매표소를 이용할 경우 사람이 몰리는 시간에는 오래 기다려야 하는 단점이 있다. 영어에 자신이 없다면 트랜이탈리아 홈페이지에서 기차시간을 먼저 확인하여 원하는 시간과 날짜를 종이에 적어 역무원에게 주는 방법이 있다. 자동판매기는 역 내에 많이 비치되어 있으며 이용방법도 어렵지 않으니 도전해보자. 신용카드와 현금 모두를 사용할 수 있지만 일부는 카드만 되므로 그것부터 확인해야 한다. 맨 위쪽 카드투입구는 카드결제 시 이용되고, 중간쯤 현금투입구는 현금결제 시 지폐나 동전을 투입하면 된다. 하단에는 거스름돈과 발권된 티켓을 받는 곳이 있다. 자판기 이용 시 옆에서 도와주고 돈을 요구하거나 거스름돈을 구걸하는 경우가 있으니 단호히 무시하자.

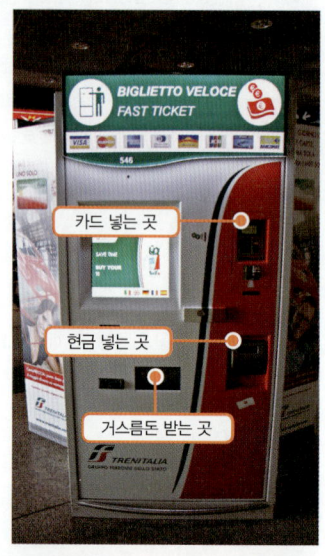

카드 넣는 곳
현금 넣는 곳
거스름돈 받는 곳

❶ 자동발권기의 첫 화면에서 국기를 눌러 언어를 선택한다. 이탈리아, 영국, 독일, 프랑스, 스페인 중에서 선택할 수 있다. 제시된 언어 중 영어가 편하다면 영국기를 선택한 후 다음 화면에서 왼쪽 상단의 [BUY YOUR TICKET]을 누르자.

유레일패스로 예약하려는 경우
[BUY YOUR TICKET(GLOBAL PASS)]를 눌러 유레일티켓에 기입된 코드를 입력해야 한다. 이후부터는 일반 티켓예매 방법과 동일하다.

인터넷으로 예약한 티켓을 인쇄하지 못한 경우
[COLLECT, PRINT AND CHANGE BOOKING]을 선택한 후, 이메일로 날아온 티켓에 적힌 PNR코드를 입력한다.

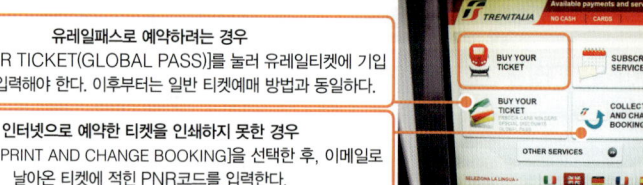

❷ 로마, 밀라노, 볼로냐, 나폴리, 피사, 베네치아, 토리노, 파도바 중에서 가고자 하는 목적지 역을 화면에서 선택한다. 만일 화면에 원하는 목적지 역이 없다면 하단의 [Other Stations] 버튼을 눌러 원하는 목적지 역을 직접 입력한다.

출발지 변경 - 다른 역에서 출발하는 기차를 미리 예약하려는 경우에는 우측 상단의 [MODIFY DEPARTURE]을 클릭하여 출발하는 역을 변경하도록 하자.

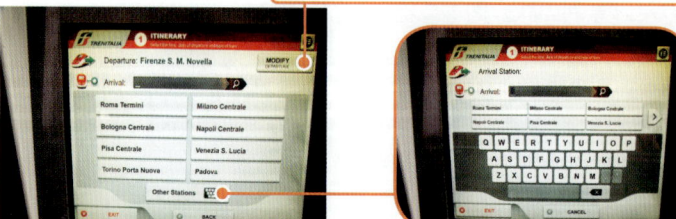

❸ 당일 출발하는 열차편을 이용할 예정이라면 자신이 원하는 시간대를 선택 후 [SELECT] 버튼을 누른다.

출발날짜 변경 – 다른 날짜에 출발할 예정이라면 [MODIFY] 버튼을 눌러 날짜를 변경한다.

❹ 교환과 환불이 가능한 정상가 티켓을 구매하는 경우라면 [BASE]를 터치하고, 일회적인 판촉용이나 이벤트성 티켓이 있다면 [PROMO]을 터치한다. 오른쪽 패널에서 좌석등급(Standard/Premium/Business/Executive 중 택1)과 매수(성인과 어린이(4~12세) 중 선택)를 선택한다. 이때 유레일패스로 예매한다면 [Base] 대신 [Global Pass]를 터치해야 한다.

❺ 다음 선택화면에서 자신이 원하는 좌석을 선택하고 [CHOOSE] 버튼을 터치한다. 원하는 좌석이 없으면 바로 하단의 [FORWARD] 버튼을 눌러 다음 과정으로 넘어간다. 다음 화면으로 넘어가면 예약사항을 다시 한번 최종적으로 확인하고 이상이 없다면 [PURCHASE] 버튼을 터치한다.

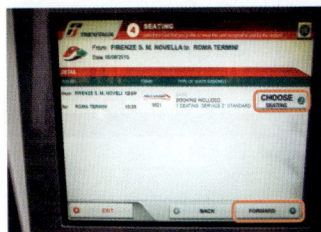 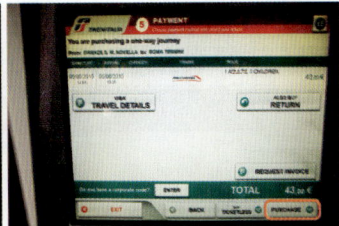

❻ 최종 확인을 하고 나면, 바로 결제화면이 나타나는데, 현금 결제라면 [CASH], 카드결제라면 [CARDS]를 선택한다. 선택한 결재수단에 맞춰 현금이나 카드를 각기 투입구에 넣으면 결제가 완료되고, 티켓이 발권된다. 현금으로 결제했다면 잊지 말고 자동발권기 하단에서 거스름돈도 챙기자.

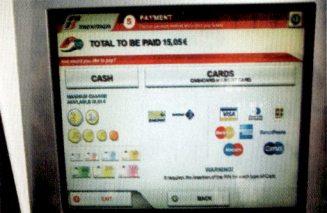

새로운 교통수단으로 떠오르고 있는 버스

유레일패스가 기존 유럽여행의 트렌드였다면, 최근에는 비싼 유레일 내신 저렴한 버스여행이 새롭게 뜨고 있다. 유럽 내 국가 간 이동뿐만 아니라 이탈리아 내 도시 간 이동 시에도 버스를 이용하는 여행자가 늘어나고 있다. 기차보다 이동시간은 더 길지만 가격이 훨씬 저렴해 배낭여행자들이 주로 이용한다. 다만 중심부가 아닌 외곽 지역에서 승하차하는 경우도 있으므로 버스이용 전 반드시 정류장 위치를 확인해두는 것이 좋다.

이탈리아에서 주로 여행자가 이용하는 버스회사는 메가버스와 플릭스버스 두 가지이다. 두 회사는 협력회사로 메가버스로 예약하더라도 협력된 구간에서는 플릭스버스를 이용하게 되는 경우가 있어, 메가버스 홈페이지에서 예약 도중에 플릭스버스 페이지로 넘어가더라도 당황하지 말자. 플릭스버스의 경우 앱 다운로드도 가능해 모바일에서도 편리하게 예약할 수 있다.

메가버스(www.megabus.com)

플릭스버스(www.flixbus.com)

이탈리아 주요도시 저가항공예약하기

유럽의 저가항공은 잘 발달되어 있어 이용하기 편리하다. 저가항공은 이동시간을 줄여줄 뿐만 아니라 예약을 서두르면 매우 저렴하게 표를 구할 수도 있다. 반면 시내에서 다소 떨어진 곳에 위치하므로 이동시간과 교통비가 추가로 발생할 수 있다. 또한 저렴한 가격대의 항공권은 너무 이르거나 늦은 시간이라 연계 교통편을 구하기 힘들 수도 있다. 실제로 저가항공은 이탈리아 내를 이동할 때보다 다른 유럽 국가에서 이탈리아로 들어오거나 나갈 경우 유용하다. 비용과 효율성을 잘 비교하여 안전한 여행이 되도록 선택하는 지혜가 필요하다.

○ 유럽의 대표 저가항공사와 도심연결 대중교통 가격

저렴한 항공권을 원한다면 항공권가격 비교사이트 스카이스캐너(www.skyscanner.com) 등을 이용할 수 있다. 유럽 내 저가항공사로는 라이언에어(www.ryanair.com), 이지젯(www.easyjet.com), 모나크(www.monarch.co.uk), 부엘링(www.vueling.com/en), 위즈에어(wizzair.com) 등이 있으며, 이탈리아 주요도시별 공항과 시내를 연결하는 열차와 버스는 다음 표와 같다.

모나크항공과 위즈에어

구간	주요 공항	교통편과 요금	소요시간
로마	피우미치노국제공항 (Leonardo da Vinci Fiumicino)	공항열차(레오나르도익스프레스) €14	30분
		버스 €6~8	45~60분
	참피노공항(Ciampino)	버스 €4~6	30~40분
밀라노	베르가모-오리오알세리오공항 (Bergamo Orio al Serio)	버스 €5	50~60분
	말펜사공항(Malpensa)	버스 €10	40~60분
	리나테공항(Linate)	버스 €6	20~30분
베네치아	마르코폴로공항(Marco Polo)	버스 €8	20분
	트레비소공항(Treviso)	버스 €10	35분

○ 저가항공사 라이언에어(Ryan Air) 예약 따라 해보기

❶ 라이언에어홈페이지(www.ryanair.com)에 접속한 후 [Flights] 탭에서 여행여정에 맞춰 편도여부, 출발지, 도착지, 날짜, 인원 등을 선택하고 [Let's go!] 버튼을 클릭한다.

❷ 항공편 시간을 확인하여 자신이 원하는 시간대와 가격대를 선택한다. 모두 확인을 마쳤으면 [Continue] 버튼을 클릭한다.

Section 03 이탈리아여행 제대로 준비하기

❸ 원하는 자리를 선택할 수 있다. 좌석 안내도에서 빈 좌석 중에 원하는 자리를 클릭한 후 [Confirm] 버튼을 클릭한다. 선택이 맞는 지를 재확인 하는 과정을 거쳐, 우선 탑승여부를 묻는 과정까지 한번에 진행된다. 우선탑승은 추가요금을 내야 하며, 원치 않는 경우 [No thanks]를 클릭한다.

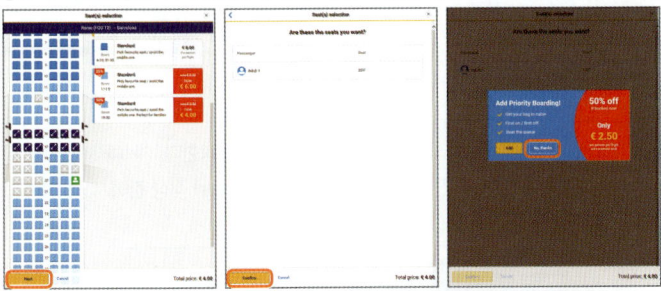

❹ 추가수하물이 있는 경우 [Add your bag]을 클릭하여 수하물을 등록한다. 물론 10kg 미만의 규격을 초과하지 않는 기내수하물은 가지고 탑승해도 되지만 이외의 짐이 있다면 반드시 추가해야 한다. 수하물추가란에서 무게만큼 [+] 버튼을 클릭한다. 짐 추가는

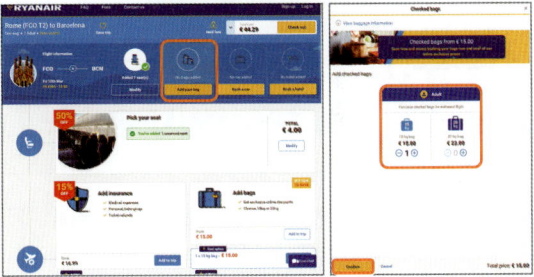

한 사람당 2개, 총합 35kg까지 가능하며, 짐의 무게에 따라 요금이 달라진다. 15kg 추가 시 €15, 20kg은 €22, 15+15kg은 €30, 15+20kg은 €37이다. 원하는 무게를 선택하고 [Confirm] 버튼을 클릭하면 된다.

> **라이언에어의 수하물규정**
> 라이언에어는 특히나 수하물규정이 까다로워 주의해야 할 점이 많다. 가지고 탈 수 있는 기내 수하물의 규정은 짐(55×40cm, 폭 20cm) 하나에 보조가방(35×20cm, 폭 20cm) 하나까지 가능한데, 합계 무게가 10kg 미만이어야 한다. 만일 이를 넘을 경우 공항에서 추가하면 인터넷으로 추가하는 것보다 2배 이상 비싸므로 되도록 인터넷으로 사전에 신청하는 것이 좋다. 수하물추가 또한 비수기와 성수기의 영향을 받는데, 성수기에는 추가 요금이 €10 정도 더 가산된다. 참고로 비수기는 1/5~4/3, 4/28~5/31, 10/1~12/20이고, 성수기는 4/4~4/27, 6/1~9/30, 12/21~1/4이다.

❺ 계속해서 주차, 렌트카, 호텔 예약, 기타 공항-시내 환승, 스포츠장비, 휠체어이용 등을 선택적으로 추가할 수 있다. 해당사항이 없다면 하단의 [Check out]를 클릭하여 다음으로 넘어가면 된다.

❻ 회원가입(Sign up)이나 로그인(Log in) 창이 나타난다. 이미 회원이라면 로그인을 통해 들어가고, 회원이 아니더라도 복잡한 회원가입 절차없이 간략하게 구글이나 페이스북 인증을 통해 다음 단계로 들어갈 수 있다. [Sign up]을 클릭한 후 자신이 보유한 구글이나 페이스북 계정을 통해 인증을 한다.

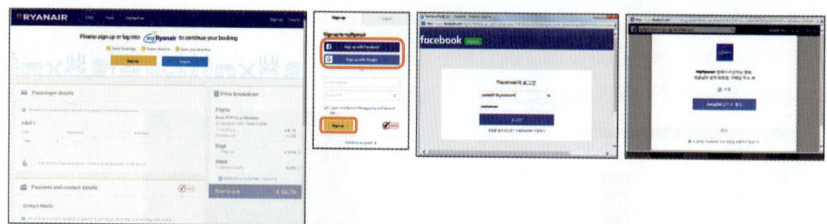

❼ 승객정보(Passenger details)을 선택한다. 차례대로 성별, 성과 이름을 입력한다. 계속해서 로그인할 때 입력한 이메일주소를 다시 한 번 확인한 후 전화번호(Mobile phone number) 작성 칸에서 국가(Republic of Korea, +82)를 선택하고 0을 뺀 나머지 핸드폰 번호를 적으면 된다.

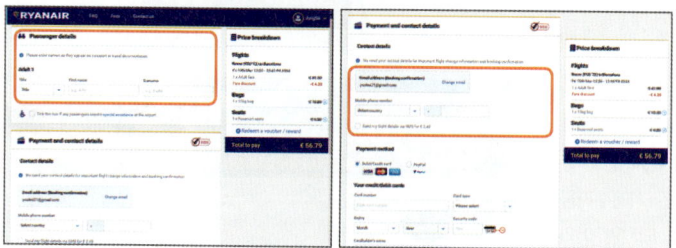

❽ 다음은 가장 중요한 결재란으로 먼저 카드종류에서 직불이나 신용카드(Debit/Credit card) 또는 인터넷 결제서비스 페이팔(PayPal) 중에서 선택한다. 카드를 선택한 경우 카드번호와 종류, 만기일, 카드 뒷면의 세 자리(CVC, CVV 등), 실제 카드주인 이름(Cardholder's name)을 입력한다. 다음으로 청구서발송지(Billing address)를 상세히 입력한다. 국적을 선택하는 칸이 보이는데, 현재의 거주지가 아니라 카드를 발급받은 국가를 선택해야 한다. 한국에서

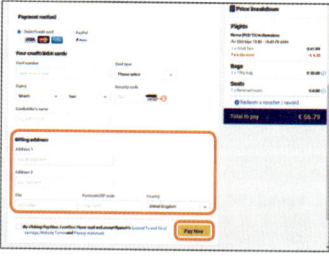

카드를 만들었다면 Republic of Korea를 선택하면 된다. 모두 입력하였다면 [Pay now]를 클릭하여 결제를 진행한다.

> **온라인 체크인 하기!(비행 15일 전부터~탑승 4시간 전까지 가능)**
> 라이언에어의 경우 온라인 예약을 마쳤다고 해서 끝난 것이 아니라 별도의 온라인 체크인 과정을 거쳐야 한다. 홈페이지에서 예약을 마치면 이메일로 예약번호가 날라 오는데, 이 예약번호를 가지고 다시 라이언에어 홈페이지에 접속해 'Online Check-in' 절차를 거쳐야 한다. 온라인 체크인을 마치면 바코드가 찍힌 보딩 패스가 뜨고 이를 인쇄하여 공항에 가지고 가면 된다. 별도의 추가 요금을 내고 싶지 않다면 온라인 체크인과 인쇄를 절대 잊지 말자!

🧳 이탈리아의 다양한 숙소예약하기

여행에 있어 숙박비는 여행경비의 상당부분을 차지한다. 여행자의 하루를 시작하고 끝을 함께하는 숙소는 때로는 여행의 성패까지 좌우할 수도 있다. 각 숙소의 특징을 고려하여 본인 여행스타일과 형편에 맞춰 숙소를 찾는 것이 좋다.

이탈리아 숙소의 종류

호텔

3성급 - 더블룸(1인 기준) €80 / 4성급 이상 - 더블룸(1인 기준) €160

www.hotels.com | www.booking.com | www.tripadvisor.co.kr | www.agoda.co.kr

고급스러운 인테리어와 편의시설이 갖춰져 있고 직원을 통해 서비스를 제공받을 수 있다. 그러나 이탈리아는 일찍부터 관광지로 개발되면서 호텔도 지어진 지 오래되다 보니 좋은 시설과 서비스는 기대하기 어렵다. 이탈리아 5성급 호텔이 동남아의 3성급 호텔 정도라고 보면 된다.

▶ 가족여행같이 여유롭고 편안함을 추구하는 여행자들에게 추천한다.

호스텔

도미토리 - 비수기 €15~20, 성수기 €25~40/2인실 €60

www.hostelworld.com | www.hostelbookers.com | www.hosterls.com/ko | kr.famoushostels.com

저렴하며 세계 각국의 여행자와 교류할 수 있다. 방의 형태가 2인실, 4인실, 8인실, 16인실 등 다양하며, 여성전용 도미토리를 갖추고 있는 호스텔도 많다. 평일과 주말, 성수기와 비수기 가격차이가 크므로 미리 확인해야 한다. 화장실이나 샤워실을 공동으로 이용해야 하며, 여성의 경우 혼숙이 불편할 수 있고 도난 등의 사고도 주의해야 한다.

▶ 자유로운 분위기 속에 외국인 친구들을 사귀고 싶은 여행자에게 추천한다.

한인민박

도미토리 €30~35, 2인실 €80~100, 3인실 €110~140, 4인실 €120~180

www.theminda.com | www.minbakclub.com

민박에서 운영하는 카페. 민박집 사장님과 한국인 여행자들과 어울리며 현지정보를 얻기에 좋고 함께 여행할 일행을 구할 수도 있다. 조식과 석식을 한식으로 제공하는 곳이 많아 경비도 아끼고 한식에 대한 그리움도 달랠 수 있다.

▶ 한국인과 정보를 공유하고 가족같은 편안함을 느끼고 싶은 여행자에게 추천한다.

B&B

싱글룸 €25~70, 더블룸 €50~120

www.bedandbreakfast.com | www.bed-and-breakfast-in-italy.com

B&B는 Bed and Breakfast의 약자로 식사를 제공하는 숙소. 민박과 유사한 개념이다. 호텔이 가지고 있는 불필요한 부대시설을 없애고 간단한 조식과 가격대비 깔끔한 객실로 유럽에서 새롭게 떠오르고 있는 숙박형태이다.

▶ 이탈리아 가정집을 체험할 수 있으며, 경비를 절감하고 싶은 커플이나 신혼부부에게 추천한다.

아파트렌탈

4인 기준 €130~500

www.airbnb.co.kr | www.waytostay.com | www.rentalinrome.com | www.bbplanet.com

아파트를 렌탈하는 여행자가 점점 늘어나고 있다. 기본적으로 최소 숙박일수가 정해져 있고, 시즌에 따라 요금이 다르며 숙박 가능 인원수와 추가요금 발생여부, 청소비 등을 요구하는지 미리 확인해야 한다.

▶ 한 장소에 오래 머물며 현지인처럼 지내보고 싶은 여행자에게 추천한다.

농가민박

€100~

www.agriturismo.net | www.poggioarioso.it/en

전원농업(Agrio)과 여행(Turismo)의 합성어로, 농가를 운영하는 현지인의 집에 머무르며 농장체험을 하는 숙박형태이다. 토스카나지방의 와이너리농장에서 많이 운영하고 있다. 여유로운 이탈리아의 전원풍경을 만끽할 수 있지만, 주 관광지에서의 이동경로가 다소 비효율적이라 관광지 위주의 여행자에게는 추천하지 않는다.

▶ 여행일정이 여유롭고, 현지 분위기를 충분히 느끼고자 하는 여행자에게 추천한다.

🧳 숙소예약 시 확인사항

어떤 숙소든 객실타입에 따라 가격이 천차만별이어서 홈페이지나 전화로 가격을 확인해야 한다. 숙소의 위치도 중요하므로 지도를 참조하여 주요역과 관광지와의 이동거리를 따져보는 것이 좋다. 가격이 저렴하면 외진 곳에 위치해 있을 가능성이 높다. 요즘은 와이파이 사용이 가능한 숙소도 많지만 와이파이가 없거나 유료인 곳도 있으므로 미리 확인해야 한다. 또한 저렴한 호스텔의 경우 거의 조식과 석식을 제공하지 않으므로 취사가능 여부도 확인이 필요하고, 화장실과 샤워실이 공용인지도 체크해봐야 한다. 가장 도움이 되는 정보는 실제로 해당 숙소를 다녀간 여행자들의 후기이다. 직원의 친절도와 시설의 청결도 등 평이 좋은 곳을 선택하면 실패할 확률이 낮다.

🧳 여행예산 계획하기와 현금관리하기

여행에 앞서 여행자들이 가장 궁금해하는 것 중 하나는 단연 예산일 것이다. 예산을 많이 차지하는 부분은 항공권, 숙박비, 교통비, 식비 순으로 어떤 여행을 하는지, 누구와 여행하는지에 따라 천차만별이다. 또한 항공권 비용과 방문할 근교도시 수, 입장료, 숙박비, 식비 등에서도 많은 개인차가 있다.

🧳 여행예산 짜기

○ 하루 예상경비(1인 기준)

1인 기준 하루 여행예산은 여행일정과 여행스타일에 따라 숙박비, 식비, 교통비, 입장료 등을 따져서 계산한다. 배낭여행자의 경우 하루 예산은 도시 간 이동 교통비를 제외하고 약 8~10만 원(€60~70) 정도면 적당하다.

숙박비(원)	식비	교통비	입장료	기타	1일 평균 예상
30,000~250,000	15,000~150,000	6,000~15,000	15,000~		80,000~450,000

○ 총 여행경비 산출(1인 기준)

일 평균예산이 나오면 총 여행경비를 계산해 볼 수 있다. 예산은 여행에 드는 절대비용이 아니므로 여행에 따르는 변수를 고려해서 여유롭게 준비하는 것이 좋다.

> 총 여행경비 = 항공권+하루예산×체류기간+도시 간 이동 교통비 or 유레일패스+쇼핑+투어비
> (이탈리아는 현지투어가 활성화되어 있다. 바티칸투어는 3~4만 원, 남부투어는 10만 원 정도이다.)

○ 로마, 피렌체, 베네치아 밀라노를 둘러보는 7박 8일 코스 예산

이탈리아의 주요도시 4곳을 모두 둘러보는 7박 8일 일정을 기준으로 예산을 뽑아보면 다음과 같다. 경비는 배낭여행부터 럭셔리여행까지 200만 원 이하에서 300만 원 이상

까지 차이가 많이 나므로 표는 참고만 하자. 표 내용을 바탕으로 각자의 여행스타일에 따라 추가할 부분은 추가하고, 절약할 수 있는 부분은 더 절약하여 자신만의 여행경비를 산출할 수 있다. 이보다 더 긴 여정을 계획할 경우에는 1일 경비 및 지역 간 이동 교통비를 합하여 산출하면 된다.

구분		예산	예산 세부 내역	비고
항공권		1,500,000원		항공권은 100만 원 이하부터 200만 원 이상까지 다양하다. 항공권을 더 저렴하게 구입할 경우 예산을 더 줄일 수 있다.
숙박비		350,000원	50,000원×7박	한인민박 기준
식비		280,000원	40,000원×7일(점심, 저녁 한 끼당 20,000원)	아침은 숙소(호스텔, 민박, 호텔)에서 해결
교통비	공항 – 시내	35,000원	- 로마공항 → 시내 약 20,000원 - 시내 → 밀라노공항 약 15,000원	예산을 더 줄이고 싶다면 공항과 시내 간 이동 시 공항버스를 탑승한다.
	도시 간 이동	170,000원	- 로마 → 피렌체 기차비 - 피렌체 → 베네치아 기차비 - 베네치아 → 밀라노 기차 기차비 - 프라다스페이스 왕복교통비 15,000원	- 로마, 피렌체, 베네치아, 밀라노, 아웃렛 관광 기준 - 예산을 더 줄이고 싶다면 한국에서 일찍 트랜이탈리아 미니 요금으로 구매하거나, 소요시간이 좀 더 걸리지만 가격이 저렴한 레지오날레 열차를 탑승한다.
	시내 교통비	70,000원	10,000원×7일	예산을 더 줄이고 싶다면 도보여행을 추천한다.
입장료		105,000원	15,000원×7일	얼마나 많은 유적지를 들어가느냐에 따라 유동적이다.
기타	국내	–	여권 발급비, 여권사진, 여행준비물 구입비, 여행자보험 등	
	현지	–	군것질, 쇼핑, 현지 투어비	
합계		2,510,000원~		

🧳 환전하기 전 알아야 될 사항들

환전 화폐단위 이탈리아는 위조지폐에 대한 경계심이 크므로 €100 이상의 화폐는 현지에서 사용하기 힘든 경우가 많다. 그러므로 €50 미만 단위로 환전해두는 것이 여행하기에 편리하다.

여행자수표 이탈리아 내에서 여행자수표를 받는 곳이 거의 없으며 실제 교환하기가 많이 불편하다. 결국 여행자수표는 권하고 싶지 않다.

환전금액 총 여행경비의 30% 정도는 국내에서 환전해 가는 것이 좋다. 여행예산을 산출한 뒤 식비나 교통비로 필요한 돈만 환전하고, 나머지는 현지에서 체크카드를 이용해 인출하는 것이 안전하고 편리하다.

카드준비 준비한 카드에 Visa나 Maestro, Plus 등의 마크가 있어야 하고, 해외에서 사용할 수 있는 카드인지 미리 은행에 확인해야 한다. 해외에서 사용이 가능한 카드라도 간혹 현금인출이나 가맹점에서 이용이 제한되는 경우가 있으므로 여유 있게 2장 이상의 카드를 준비하는 것이 안전하다. 여행을 마치고 국내에 돌아온 후에는 카드복제사고를 대비해 여행에서 사용했던 카드는 폐기하고 필요에 따라 재발급받는 것이 좋다. 참고로 이탈리아는 신용카드 사용률이 유럽의 다른 국가에 비해 낮은 편이다. 특히 남부지방은 거의 카드사용이 불가능하므로 미리 필요한 경비는 현금으로 준비해둬야 한다.

씨티은행카드 해외여행을 준비하는 사람 중에는 씨티은행 ATM의 현금인출수수료가 US$1밖에 안 되기 때문에 씨티카드를 만드는 여행자가 많았다. 하지만 2013년부터 ATM 수수료가 US$1에 네트워크 수수료가 추가되었으므로 기존에 비해 크게 올랐다. 또한 이탈리아 시내에서는 씨티은행을 거의 찾아볼 수 없으므로 굳이 씨티은행카드를 만들 필요는 없다.

🏧 현금인출기(ATM) 이용하기

현금인출은 길거리에 설치된 ATM보다는 은행 내 설치된 기계를 이용하는 것이 좋다. 간혹 돈은 나오지 않고 영수증만 나오는 경우가 종종 일어나기 때문이다. 이러한 경우 통장에서 빠져나갔다면 은행에 붙어 있는 ATM에서만 보상받을 수 있으니 주의해야 한다. ATM 사용법은 우리나라와 크게 다르지 않아서 불편하지는 않다. 다음의 사용방법을 참고하기 바란다.

❶ 카드 삽입구에 카드를 넣는다. 기계마다 다르지만 첫 화면에 언어선택화면이 나타나면 영어나 그 외 사용가능한 언어를 선택한다. ATM 중에는 터치스크린이 아니라 화면 옆에 있는 버튼을 누르는 기계도 많으므로 유의하자.

❷ 인출 금액을 선택한다. 희망하는 금액을 선택하면 되는데, 화면에 제시되지 않은 금액을 찾으려면 'Other Amount'를 선택하면 된다. 대부분의 은행이 1회 최대 출금액을 €250나 €500로 한정하고 있다.

❸~❹ 인출 금액을 확인한 후 맞는다면 Yes를 눌러 다음으로 넘어간 후 비밀번호를 입력한다. 비밀번호는 반드시 6자리로 표시되지만 카드의 비밀번호가 4자리면 4자리만 입력하고 확인버튼을 누르면 된다. 혹 4자리 비밀번호를 입력했는데 처리가 되지 않을 경우 앞에 00을 붙이고 비밀번호를 입력하면 된다.

❺~❻ 영수증출력을 묻는 화면에서 선택을 한 후 조금 기다리면 카드와 현금을 수령할 수 있다. 이때 현금을 챙기느라 간혹 카드를 챙기지 못하는 사고가 발생하므로 유의하자.

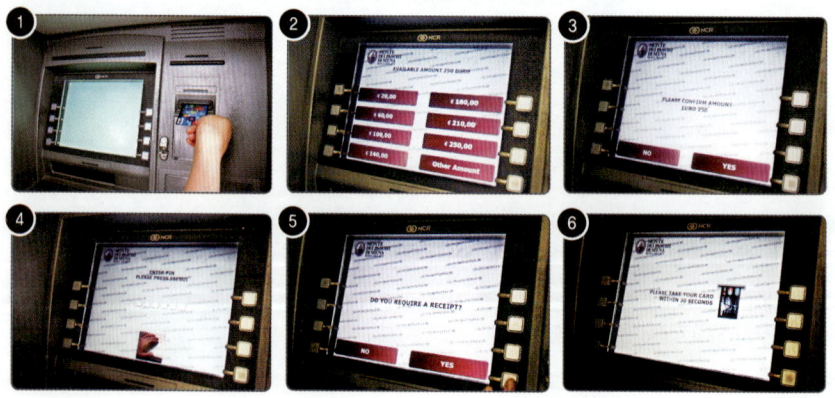

🧳 여행에 필요한 짐꾸리기

여행준비가 어느 정도 되었다면 여행 중 사용할 물품들을 챙겨야 한다. 특히 배낭여행 중에 무거운 가방 때문에 고생하고 싶지 않다면 불필요한 짐은 과감히 빼도록 하자. 선물, 기념품, 쇼핑으로 인해 짐은 점점 더 늘어나기 마련이니 가방은 꽉 채우지 말고 70%만 채워가는 것이 현명하다.

🧳 캐리어와 배낭 중 어느 것이 좋을까?

배낭여행이라고 무조건 배낭을 메고 가라는 법은 없다. 캐리어와 배낭을 두고 고민된다면, 여행지와 여행스타일에 따라 가방의 장단점을 비교해보고 선택하는 것이 적합하다.

Section 03 이탈리아여행 제대로 준비하기

구분	캐리어	배낭
여행스타일	이동이 적고 한 도시에 오래 머무는 유형	이동이 잦으며 한 도시에 짧게 머무는 유형
장점	- 도시 중심지 여행에 적합하다. - 수납과 이동이 편리하다.	- 오르막길과 계단에서 편리하다. - 신속한 이동과 두 손이 자유롭다.
단점	- 이탈리아 도심은 돌로 만들어진 길이라 울퉁불퉁하다. - 계단을 오르내릴 때 불편하다.	- 허리, 어깨 힘이 많이 들어간다. - 장시간 이동 시 피로가 급격히 쌓인다. - 짐정리와 기념품 보관이 불편하다.
크기	1주일 미만 : 소형, 2주 : 중형, 그 이상 : 대형	38~45L
고려사항	바퀴개수, 바퀴회전 유무, 바퀴크기, 자물쇠유무	어깨끈 강도, 배낭에 자물쇠를 걸 수 있는지 여부

🧳 여행준비물 체크리스트

막상 여행지에 도착한 후에야 두고 온 물건이 생각나 당황하는 경우가 많다. 현지에서 구입가능한 물품도 있고, 한국에서 꼭 챙겨가야 하는 물품도 있으니 체크리스트를 보면서 빠진 것이 없는지 점검하며 짐을 꾸려보자.

품목	내용	체크
여권, 여권사본, 여권사진	여행준비에 앞서 만료일이 6개월 이상 남은 여권과 여행 시 분실을 대비하여 여권 앞면 복사본 및 여권사진 2매를 챙기자.	
항공권	E-Ticket은 반드시 출력해 가는 것이 좋다.	
여행경비	환전한 유로와 해외에서 사용가능한 카드(여유분으로 2장)를 챙기자.	
한화	인천국제공항까지 왕복교통비 정도는 챙겨두자.	
국외여행허가신고필증	병역미필자에게만 해당한다.	
여행자보험	분실, 도난 및 안전사고에 대비하여 보험에 가입해두는 것이 좋다.	
국제학생증	이탈리아 내에서는 할인받을 수 있는 곳이 많지 않지만, 그 외 유럽국가도 방문할 예정이라면 유용하다.	
열차 예약 티켓	예약해둔 티켓은 인쇄해서 챙겨가도록 하자.	
가이드북 및 여행관련자료	여행에 도움이 되는 가이드북이나 자신이 직접 수집한 유용한 정보들이 있다면 출력하여 가져가도록 하자.	
카메라	'남는 것은 사진이다'라는 말이 있듯이 여행에서 카메라는 중요하다.	
충전기	카메라, 휴대폰을 챙겨왔으나 충전기가 없다면 무용지물이다. 전자제품별로 충전기를 꼼꼼히 챙기자.	
멀티어댑터, 멀티탭	이탈리아 전압은 220볼트지만 콘센트 모양이 달라 어댑터가 필요하다. 불량인 경우가 많으니 멀티콘센트는 한국에서 미리 점검해보는 것이 좋다. 또한 여러 전자제품을 한 번에 꽂을 수 있는 멀티탭도 유용하다.	
필기도구 및 노트	엽서를 보내거나 여행에서 느낀 일화 그리고 당시의 감동을 기록하기 위해 필요하다.	
구급약품	지사제, 소화제, 해열 · 진통 · 소염제, 종합감기약, 소독약, 연고, 파스, 반창고, 멀미약, 모기약, 만성질환약 등 자신에게 필요한 구급약을 챙겨가도록 하자.	
복대 및 자물쇠	소매치기를 예방할 수 있는 여행의 필수 아이템이다.	
보조가방	배낭이나 캐리어 외에 여행 시에 편하게 들고 다닐 수 있는 작은 보조가방을 챙겨가는 것이 좋다.	
세면도구	현지에서도 국내와 비슷한 가격에 구입할 수 있으니 너무 큰 봉당불 가져갈 필요는 없다.	
식염수	현지에서 구할 수는 있으나 가격이 조금 비싼 편이니 넉넉히 가져가는 편이 좋다.	
수건	민박이나 호스텔을 이용한다면 꼭 챙겨야 한다. 스포츠수건은 건조가 쉬워 매우 유용하다.	
헤어드라이기	헤어드라이기를 구비한 숙소가 많으므로 굳이 필요하다면 소형 드라이기 하나쯤은 챙겨가는 것이 좋다.	
옷, 속옷, 양말	계절에 맞는 옷을 챙겨야 하며, 성당 방문 시 민소매, 반바지, 슬리퍼를 착용하고 들어갈 수 없음을 기억하자.	
신발	편한 신발 외에도 숙소에서 사용할 수 있는 슬리퍼 하나쯤은 챙겨가는 것이 좋다.	
화장품	자신이 사용하던 화장품을 챙긴다. 기내반입 가능한 용량은 100ml 이하이므로 수하물로 부치는 것이 좋다.	
우산	유럽의 날씨는 예측할 수 없으니 휴대가 편한 우산을 챙기는 것이 좋다. 우기인 10~2월까지는 필수이다.	
가루비누	세탁이 용이하여 유용하다.	

여성용품	현지에서 구입할 수 있지만 국내 제품보다 질이 떨어진다. 민감한 여행자들에게는 충분히 챙겨갈 것을 추천한다.
손톱깎이	단기여행자들에게는 해당되지 않지만 장기여행자들에게는 없으면 안 되는 물건 중 하나이다.
여름 필수 아이템	따가운 햇볕을 피하기 위해 선글라스와 선크림은 필수이다.
물놀이 필수 아이템	푸른 지중해를 멀리서 바라볼 것이 아니라면 챙겨가자.
겨울 필수 아이템	폭설이나 추위에 대비해 우산, 핫팩 등을 챙겨 가면 유용하다.
기타	티슈 및 물티슈, 빨랫줄, 맥가이버칼, 손전등, 지퍼백 등은 부족하지 않게 챙겨가는 것이 좋다.

이탈리아에서 전화사용하기

해외에서 휴대폰을 이용하기 위해서는 국내 통신사의 휴대폰로밍서비스를 이용하거나 이탈리아 유심카드로 교체하여 사용하는 방법이 있다.

휴대폰로밍

자동로밍을 이용할 경우 생각지도 못한 데이터 요금폭탄을 맞을 수도 있으므로 데이터 로밍은 차단하는 것이 좋다. 데이터로밍 차단은 부가서비스에 가입하거나 직접 설정할 수 있다. 또한 통신사마다 하루 만 원 정도로 데이터를 무제한으로 사용할 수 있는 요금제가 있으니 현지에서 데이터를 많이 이용한다면 요금제가입도 하나의 방법이다.

○ 통신사별 현지 이용요금(부가세 별도)과 데이터무제한 요금제

구분	KT olleh	SK telecom	LG U+
음성	· 이탈리아 → 이탈리아 : 935원/분당 · 이탈리아 → 한국 : 3,190원/분당 · 수신은 442원/분당	· 이탈리아 → 이탈리아 : 16.5원/초당 · 이탈리아 → 한국 : 55원/초당 · 수신은 6.2원/초당	· 이탈리아 → 이탈리아 : 770원/분당 · 이탈리아 → 한국 : 1,925원/분당 · 수신은 LG 유플러스 882원/분당, SK 텔링크 981원/분당
문자	· SMS, 장문발신 : 330원/건당, MMS : 550원/건당 · 수신은 SMS, 장문, MMS 모두 무료	· SMS, MMS 텍스트 : 330원/건당, MMS 멀티미디어 : 440원/건당 · 수신은 SMS, MMS 모두 무료	· SMS : 330원/건당, MMS : 550원/건당 · 수신은 SMS, MMS 모두 무료
데이터	0.275원/0.5Kb당	0.275원/패킷당(정보이용료 별도)	0.275원/0.5Kb당
무제한 요금	11,000원/일(부가세 별도)	9,900원/일(부가세별도)	11,000원/일(부가세별도)
가입방법	· 온라인채널 My olleh / 모바일고객센터 App · 전국올레고객센터(휴대폰 114), 로밍고객센터(1588-0608, 유료) · 올레플라자/공항로밍센터 ※ 출국 전 이용기간을 사전에 입력하여 신청	· Tworld : 요금제 → 옵션요금제 → 로밍 → T로밍데이터 OnePass · 고객센터 : 1599-0011(SKT 고객센터) · 지점/대리점, 기타 : T로밍고객센터(1599-2011, 유료)	· 고객센터(02-3416-7010) · 공항로밍센터
홈페이지	globalroaming.kt.com	troaming.tworld.co.kr	roaming.uplus.co.kr

이탈리아 현지에서 심카드 이용하기

이탈리아여행 일정이 1주일 이상이라면 선불제 유심카드를 구매하는 것이 좋다. 인기 있는 통신사는 팀Tim, 보다폰Vodafone, 윈드Wind이며 주로 여행자들은 팀이나 보다폰을 많이 이용한다. 요금제가 자주 변경되어 통화시간이나 무료인터넷 용량을 규정하기는 어렵

지만, 대략적으로 통화 100분+데이터 4GB에 €35 정도 예상하면 된다. 이탈리아 심카드를 이용하려면 구입 시 여권을 지참해야 하며, 출국 전에 반드시 국가보호설정(컨트리락Country Lock)을 해제해야 한다.

로마 테르미니역 2층에 팀매장이 있다.

공중전화 이용하기

이탈리아에서 공중전화를 이용할 때에는 통화 후 잔돈이 반환되지 않으므로 작은 단위의 동전을 준비해야 한다. 이탈리아 내에서 짧은 통화는 50센트면 적당하다.

❶ 수화기를 들어 발신음 확인
❷ 회색의 동전 주입구를 꾹 누르자
❸ 전화번호를 누른 뒤 'OK'버튼을 누름
❷ 공중전화카드 이용 시에는 이곳에 투입

이탈리아 → 이탈리아 전화걸기	숫자 0을 포함한 지역번호 + OK
이탈리아 → 한국 전화걸기	00 + 82(한국 국가번호) + 숫자 0을 뺀 지역번호 (서울 : 2, 휴대폰 : 10) + 전화번호 + OK ex) 휴대폰 : 010-1234-5678 → 00-82-10-1234-5678, 　　 일반전화 : 02-1234-5678 → 00-82-2-1234-5678

사건, 사고 대처요령

여행 중 발생할 수 있는 사건, 사고는 예측하기 힘들므로 항상 조심하는 것이 최고의 대처요령일 것이다. 막상 사고가 발생하면 당황하기 마련이고, 말도 통하지 않는 곳에서 이중삼중으로 고통을 당할 수 있으므로 당황하지 말고 대사관이나 현지 경찰에 도움을 요청해야 한다. 다음의 전화번호를 기록해두면 사건, 사고 발생 시 유용하게 사용할 수 있다.

이탈리아 긴급전화	경찰: 113, 화재: 115, 구급차: 118, 날씨: 1911
대한민국영사 콜센터	무료 자동연결: 00+800 2100 0404, 무료 수동연결: 080 072 222+0 → 교환원 → 800 2100 0404, 유료 수동연결: 00+822 3210 0404

여권을 분실했다면?

여권사본과 여권용 사진 2매를 준비하여 경찰서로 찾아간다. 이때 학생증이나 주민등록증은 신분증명이 불가능하므로 여권사본을 잘 챙겨둬야 한다. 경찰서는 로마 테르미니역 1번 플랫폼에 위치해있다. 먼저 분실신고서를 영어로 작성하고, 작성한 분실신고서를 로마에 있는 한국대사관에 제출해야 한다. 대기자가 없을 경우 여권 재발급까지는 1시간 정도 소요되며, 발급비용은 €11.25이다.

이탈리아(로마) 한국대사관 정보

홈페이지	overseas.mofa.go.kr/it-ko/index.do	
주소	Via barnaba Oriani 30 Roma Italia	
연락처	대표전화(+39)06-80-2461 / 여권분실(+39)06-8024-6255	
운영시간	월~금요일, 09:30~12:00, 14:00~16:30	
찾아가기	메트로	메트로 A선 플라미노(Flamino)역에서 하차 후 외곽으로 가는 경전철로 환승하여 한 정거장 다음 에우클리데(Euclide)역에서 하차한다. 역 밖으로 나가 오른쪽으로 보이는 언덕으로 올라가면 바르나바오리아니(Via Barnaba Oriani) 길에서 찾을 수 있다.
	버스	테르미니역에서 217번 시내버스 승차 후 산티아고델칠레광장(Piazza Santiago del Cile)정거장에서 하차하여 도보 5분 거리
	택시	주소를 택시기사에게 보여준다. 평균적으로 요금은 €10~150이고, 15분 정도 소요된다. ※ 주재국으로 가는 택시는 길에서 잡지 못하고 콜택시를 불러야 한다.(콜택시번호 : 063570, 064994)

🧳 카드관련 사고가 발생했다면?

이탈리아에서는 카드결제 시 비밀번호를 입력해야 하므로 분실직후 카드가 도용될 가능성은 적지만, 간혹 뜻하지 않은 결제가 되는 경우도 있다. 카드를 분실했거나 도난당했다면 가장 먼저 한국의 카드사에 전화나 인터넷으로 분실신고를 해야 한다.

카드사	전화번호	홈페이지	카드사	전화번호	홈페이지
국민카드	(+82)6300-7300	www.kbcard.com	비씨카드	(+82)330-5701	www.bccard.com
삼성카드	(+82)2000-8100	www.samsungcard.com	씨티카드	(+82)2004-1004	www.citicard.co.kr
하나카드	(+82)1800-1111	www.hanacard.co.kr	신한카드	(+82)1544-7000	www.shinhancard.com
롯데카드	(+82)1588-8100	www.lottecard.co.kr	현대카드	(+82)3015-9000	www.hyundaicard.com

🧳 어디가 아프다면?

이탈리아는 일반 여행자라도 응급실 이용 시 무료진료를 해준다. 2013년부터 무분별한 환자를 구분하기 위해 등급제로 바뀌었지만 꾀병이 아닌 이상 무료진료를 받을 수 있다. 접수처에서 주는 종이에 녹색, 노란색, 빨간색 3가지 색깔로 등급을 나누는데 녹색만 진료비를 청구한다. 아래는 이탈리아 주요도시의 응급실 주소와 연락처이므로 따로 메모해서 혹시나 모를 응급상황에 대비하자.

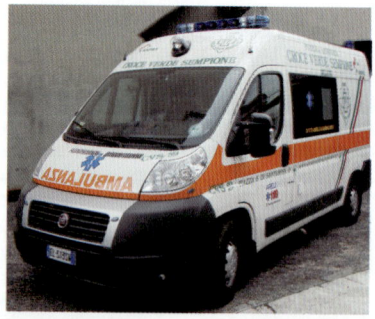

밀라노 병원의 앰뷸런스

지역	병원 응급실	주소	전화번호
로마	Complesso Ospedaliero San Giovanni Addolorata	Via dell'Amba Aradam, 9, 00184 Roma	(+39)06-7-7051
피렌체	Hospital Santa Maria Nuova	Piazza Santa Maria Nuova, 1, 50122 Firenze	(+39)055-6-9381

베네치아	Croce Verde Mestre Volontari del Soccorso di Venezia Terraferma	Via Lussingrande, Venezia	(+39)041-91-7573
밀라노	Croce Verde Sempione	Piazzale Santorre di Santarosa, 10, 20156 Milano	(+39)02-3800-6477
나폴리	Ospedale Loreto Mare	Via Amerigo Vespucci, 26, Napoli	(+39)081-20-1033
바리	Croce Rossa Italiana Comitato Centrale	Piazza Garibaldi, 27, Bari	(+39)080-534-4818
카타니아	Presidio Ospedaliero Santo Bambino	Via Tindaro, 2, Catania	(+39)095-743-6306

여행의 불청객, 빈대(Bedbug)

빈대는 숙소나 환경이 더러워서 생기는 것이 아니라 야간열차 등에서 많이 옮겨온다. 많은 여행자가 살충제로 생각하고 비오킬(Bio Kill)을 준비하는데 이는 예방용이라 빈대를 죽이지는 못한다. 빈대를 발견하거나 물렸다면 먼저 숙박하는 곳에 소독을 요청한 후 소지품은 햇볕에 말리고 옷가지나 수건은 빨래방에 맡겨 깨끗이 세탁한다. 빈대에 물렸다면 바르는 약을 약국에서 구입해서 발라야지, 간지럽다고 모기 물린 것으로 착각하고 물파스를 바르면 그 부위가 흉이 지므로 절대 사용하면 안 된다.

여행 중 카메라가 고장 났다면?

여행 중 카메라가 고장이 나서 불가피하게 수리해야 한다면 로마에 있는 공식서비스센터를 찾아서 수리받아야 한다. 수리 외에도 여러 가지 카메라 관련 제품도 판매하므로 유용하다. 고장 정도에 따라 다르지만 수리하는 데 일반적으로 2~3일이 소요된다.

캐논카메라 서비스센터 Camera Service S.N.C di Mariano Longo Comapny	
홈페이지	www.cameraservice.it
주소	Viale di Tor Marancia, 68
전화번호	(+39)06-512-7245
운영시간	09:00~13:00, 15:00~18:00
찾아가기	로마 테르미니역(500인의 광장)에서 714번 버스 탑승. 소요시간은 약 30분 정도이다.

세금 환급받기

외국에서 물건을 구매하면 부가세가 포함된 금액으로 결제하게 된다. 여행자는 이탈리아 국민이 아니므로 이때 지불한 부가세는 돌려받을 수 있다. 여행자는 물건을 현지에서 소비하시 않고 반출하므로 세금의무가 없기 때문이다. 단, 한 상점에서 €155 이상 구매해야 적용되며, 세금환급Tax Refund이 안 되는 상점도 있다. 또한 한국으로 가져오는 모든 물건 총합이 US$600 이상이면 오히려 한국에서 세금을 내야 한다.

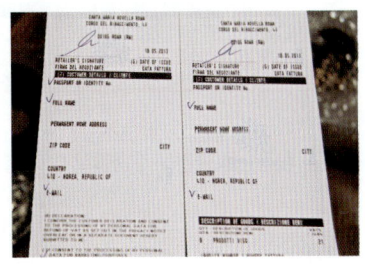

이탈리아 외에 다른 유럽국가도 여행한다면 유럽의 각 나라를 이동할 때마다 세금을 환급받는 것이 아니라 마지막으로 EU국가에서 출국할 때 한 번에 세금을 환급받는다. 그

러므로 한국이나 EU국가 아닌 다른 나라로 출국한다면 잊지 말고 세금환급을 받아야 한다. 스위스는 EU국가가 아니므로 스위스에서 구입한 물건은 오직 스위스에서만 환급받을 수 있고 유럽에서 산 물건은 스위스에서 환급받을 수 없다. 그러므로 스위스에서 물건을 사고 이탈리아로 간다면 스위스에서 환급을 받아야 하며 이탈리아에서 물건을 산 뒤 스위스로 출국한다면 이탈리아에서 환급받아야 한다.

세금환급을 위한 서류준비하기

한 가게에서 €155 이상 구매를 했을 경우 계산할 때 세금환급을 받을 것이라고 말하면 세금환급서류(영수증, 또는 세금환급 영수증)를 준다. 직원에게 '택스리펀, 플리즈!'라고 말하면 된다. 이때 세금환급서류에 매장점원의 서명이 반드시 있어야 한다. 이렇게 준비된 세금환급 서류와 택이 붙은 세금환급대상 물건 그리고 여권을 지참하면 준비가 완료된다.

로마 레오라르도다빈치공항(FCO)에서 환급받기

공항에서 세금환급을 받는 과정은 기본적으로 다음과 같다. 항공권발권 후 체크인을 하는데, 이때 환급받을 물건은 미리 빼 놓는다. 세금환급서류, 여권, 항공권, 구매한 물건을 준비하여 세금환급창구에서 세관도장을 받는다. 세관도장이 찍힌 서류를 가지고 현금으로 환급받을 경우에는 현금환급창구로, 카드로 받을 경우에는 상점별로 해당하는 회사 우체통에 서류를 넣으면 된다. 다음 이미지는 로마 레오나르도다빈치(피우미치노) 국제공항에서 출국하는 경우 환급받기 위한 과정을 한눈에 보여준다.

○ 세금 환급받을 물건을 수하물로 바로 붙일 경우

❶ 공항에 도착(사람이 많을 경우 대기시간이 길다. 공항에 최소 3시간 전에 도착하는 것이 좋다.)하면 항공사카운터에서 항공권을 발권하고, 캐리어를 컨베이어벨트에 올리기 전 카운터직원에게 세금환급할 물건이 있다고 말하면 캐리어에 택을 붙여준다. 나중에 구입한 물건을 확인하는 경우가 있으므로 물건을 미리 부치면 안 된다.

❷ 발권 받은 보딩패스와 택이 붙은 캐리어를 가지고 세관신고하는 곳으로 간다. 피우미치노공항 중앙에 인포메이션센터를 기준으로 왼쪽으로 조금 걸으면 'Agenzia delle Dogane'라고 쓰인 세금환급창구가

보인다.(324번 보딩수속카운터 옆에 위치 / 326번 327번 사이에 있다.) 줄을 서서 기다린 뒤 차례가 오면 세금환급서류와 여권을 제시한다. 구매한 물건을 보여 달라고 요구하면 수하물가방에서 물건을 꺼내어 보여주면 된다. 확인 후 이상이 없으면 서류에 도장을 찍어준다.

❸ 서류를 받고 바로 오른쪽을 보면 짐을 부치는 창구가 있다. 캐리어를 올려놓으면 컨베이어벨트를 타고 들어가게 된다. 이미 항공권을 발권받았으므로 택을 다시 붙이지 않아도 된다. 이제 세금환급을 현금으로 받을 것인지 카드로 받을 것인지 결정하자.

❹ 카드를 선택한다면 짐을 부친 곳 왼쪽에 세금환급회사 창구(각 상점이 제휴한 회사에 따라 3개의 세금환급회사가 있다. 더몰과 프라다스페이스에서 구매했을 경우 Global Blue회사 이용)에서 도장이 찍힌 서류를 보여주고 접수하면 된다. 환급은 세금환급 서류에 16자리 신용카드번호를 정확히 입력하고 봉투를 봉인하여 세금환급회사 우체통에 넣으면 2달 내에 카드계좌로 돈이 입금된다. 현금을 선택한다면 출국심사 후 면세구역 H1게이트 옆에 위치한 세금환급회사 창구로 간다. 도장이 찍힌 세금환급서류와 여권을 창구에 제시한 후 현찰을 받으면 된다.

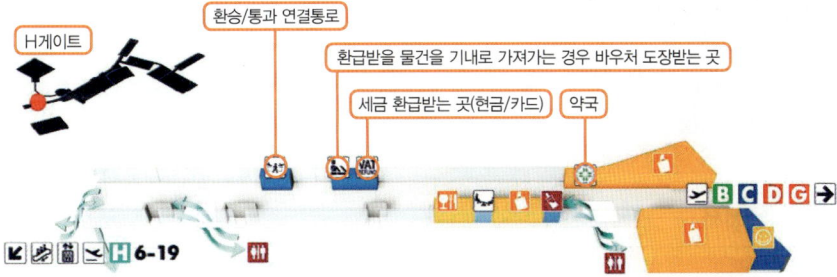

○ 세금 환급받을 물건을 기내에 가지고 탈 경우
항공권 발권 후 출국심사를 받고 면세구역으로 들어간 후 H1게이트 옆 세관 창구로 찾아가나. 물선을 살 때 매장에서 받은 세금환급서류와 여권, 항공권, 구매한 물건을 보여주면 세관원이 세금환급서류에 도장을 찍어준다. 세금환급회사 카운터에 이를 제출하면 바로 현찰로 받을 수 있다. 카드 선택 시에는 도장 찍힌 서류를 우체통에 넣으면 된다.

> **한국에서 세금 환급받는 방법**
> 부득이한 사정으로 세금환급서류에 세관원 도장은 받고 돈을 못 받았다면 한국으로 들어와서 전국에 있는 하나은행 지점에서 세금환급을 받을 수 있다.

여행에 꼭 필요한 생존 이탈리아어

이탈리아는 유럽에서도 특히 영어가 통하지 않는 나라로 유명하다. 과거에 비해 조금씩 나아지고 있지만 그래도 여행에 있어서 영어 사용은 거의 불가능하다고 생각하는 것이 좋다. 여행 중에 숙소나 기차표 예매 등의 중요 장소에는 영어가 잘 통하므로 큰 걱정은 하지 않아도 된다.

인사말

아침인사	Buon Giorno	본 조르노
저녁인사	Buona Sera	부오나 세라
안녕	Ciao!	챠오
다음에 또 봐요.	Arrivederci	아리베데르치
네	Si	씨
아니오	No	노
고맙습니다.	Grazie	그라찌에
실례합니다.	Scusi	스꾸지
미안합니다.	Mi Scusi	미 스꾸지
도와주세요.	Aiuto	아이우또
성함이 어떻게 되시나요?	Come Si Chiama?	꼬메 씨 끼아마?
제 이름은 OOO입니다.	Mi Chiamo	미 끼야모 OOO.
저는 한국 사람입니다.	Sono Coreano	쏘노 꼬레아노
만나서 반갑습니다.	Piacere	삐아체레
사진 좀 찍어주시겠어요?	Vuole Fare Una Foto Per Me?	부올레 파레 우나 뽀또 뻬르 메?
화장실은 어디에요?	Dov'e il Bagno?	도베 일 바뇨?

식당에서

얼마입니까?	Quanto Costa?	꽌또 꼬스따?
메뉴판 주세요.	Mi Porta il Menu	미 뽀르따 일 메누
계산해 주세요.	Il Conto, Per Favore	일 꼰또 뻬르 파보레
맛있습니다.	Buono	부오노
예약하고 싶어요.	Vorrei Fare Una Prenotazione	보레이 파레 우나 쁘레노따지오네
테이크아웃으로 할게요.	Porta Via	뽀르따 비아

숫자

1	Uno	우노	2	Due	두에	3	Tre	뜨레
4	Quattro	꽈뜨로	5	Cinque	친퀘	6	Sei	세이
7	Sette	세떼	8	Otto	오또	9	Nove	노베
10	Dieci	디에치	100	Cento	첸토	1,000	Mille	밀레

Section 04

이탈리아로 출입국하기

이제 떠날 차례다. 즐거운 마음을 가득 안고 집을 나서도록 하자. 인천국제공항을 나서서 이탈리아 땅을 밟기까지 이동하는 방법과 출국절차 등을 잘 살펴보고 혹시 모를 일이 발생해도 당황하지 말고 대처하도록 하자.

한눈에 살펴보는 출국과정

이탈리아로 가는 항공편은 인천국제공항을 이용하는데 안전한 출국수속을 위해 출발 2~3시간 전에는 공항에 도착해야 한다. 인천국제공항으로 가는 방법부터 비행기 탑승까지의 과정은 대략 다음과 같다.

❶ 인천국제공항 도착   ❷ 탑승수속과정 – 체크인, 수하물탁송, 보딩패스&짐표 발급(필요 시 세관 신고)   ❸ 출국심사과정 – 출국장으로 이동하여 보안검색, 출국심사   ❹ 면세점 이용   ❺ 탑승동으로 이동한 후 비행기 탑승

인천국제공항으로 이동하기

서울 및 수도권에서는 공항철도와 공항리무진버스를 이용하고 지방에서는 공항리무진버스나 KTX를 주로 이용한다. 제2여객터미널이 운영되면서 대한항공을 비롯한 스카이팀 항공편 이용자는 미리 출국장 위치 등을 확인하여 헤매는 일이 없어야 한다. 참고로 잘못 내린 경우 터미널간을 운행하는 셔틀버스를 이용하는데, T1의 경우 3층 중앙 8번 출구, T2는 3층 4번과 5번 출구 사이에 있으며, 배차 간격은 5~10분, 소요시간은 15~20분 정도 걸린다.

◐ 공항리무진버스와 시외버스 이용하기

인천국제공항으로 가는 버스에는 공항리무진버스와 일반 시외버스가 있다. 서울을 비롯한 전국 각지에서 운행하는 공항리무진버스는 가장 많이 이용되는 교통수단으로 출국장 바로 앞에 하차할 수 있어 편리하다. 출발지마다 요금과 소요시간이 상이하므로 홈페이지에서 미리 확인하도록 하자. 일반 시외버스는 301번 등 인천공항행 버스를 타면 된다.

종류	전화번호	홈페이지
공항리무진	02-2664-9898	www.airportlimousine.co.kr
서울버스 주식회사	02-400-2332, 1577-0287	www.seoulbus.co.kr
경기공항리무진버스	031-382-9600	www.ggairportbus.co.kr

● 공항철도(AREX) 이용하기

공항까지 가장 저렴하게 이동하는 방법은 철도이다. 서울역에서 출발하는 공항철도는 일반열차와 직통열차로 나뉜다. 일반열차는 '서울역-공덕-홍대입구-디지털미디어시티-김포공항-계양-검암-청라국제도시-영종-운서-공항화물청사-인천국제공항 제1여객터미널-인천국제공항 제2여객터미널' 구간을 운행한다. 일반열차로 서울역에서 1터미널 58분, 2터미널까지는 66분이 소요된다. 평균 10분에 1대이며, 요금은 서울역 기준 1터미널 4,150원, 2터미널 4,750원인데 타는 곳에 따라 구간별로 적용된다. 서울역발 직통열차는 06:10~22:50까지 운행되며, 1터미널까지는 43분, 2터미널까지는 51분 정도 소요된다. 요금은 어른 9,000원, 어린이나 경로우대 7,000원이다.

국적기를 이용할 경우 서울역 지하 2층 도심공항터미널에서 탑승수속을 할 수 있다. 공항보다 덜 붐비기 때문에 미리 탑승수속과 수화물탁송, 출국심사를 마친 후 공항에서 전용출국통로를 이용하면 시간도 절약할 수 있다. 이 서비스는 당일 출국하는 국제선에 한하며, 출발 3시간 전까지 수속을 마쳐야 한다. 2018년 1월 18일부터 업무를 시작한 제2여객터미널은 대한항공, 델타항공, 에어프랑스, KLM 4개의 항공사 전용터미널로 운영되므로 이용에 착오가 없도록 해야 한다. 대한항공은 45개국 119개 도시, 델타항공은 미국 3개 도시, 에어프랑스는 파리, KLM은 암스테르담 노선을 운항한다. 델타항공은 동아시아 허브공항으로 기존 나리타공항에서 인천공항으로 옮기는 작업을 진행하고 있어 더욱 많은 미주 노선이 운항될 예정이다.

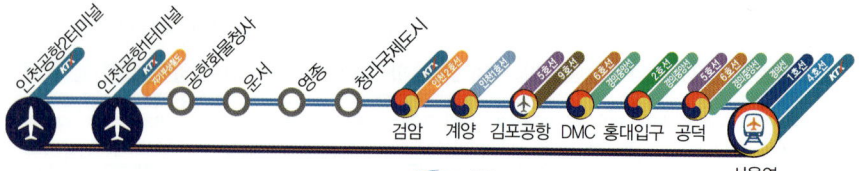

구분	요금(선후불 교통카드 서울역 기준)		소요(서울역기준)		운행시간(각 터미널)	
	1터미널	2터미널	1터미널	2터미널	1터미널	2터미널
일반	어른 4,150원, 어린이 1,900원	어른 4,750원, 어린이 2,200원	58분	66분	05:25~23:57	05:18~23:50
직통	어른 9,000원, 어린이 7,000원 승차권 구입처 : 직통열차 고객안내센터(서울역, 인천국제공항1, 2역 내), 인천공항 트래블센터, 인천공항 입국장 공항철도 안내부스, 자동발권기(서울역, 인천국제공항1, 2역), 온라인예매(코레일 홈페이지, 코레일 모바일 앱)		43분	51분	05:23~22:48	05:15~22:40

문의 1599-7788 홈페이지 www.arex.or.kr

○ 자가용 이용하기

영종대교를 통과하는 인천국제공항고속도로는 약 40분 정도면 빠져나갈 수 있다. 진입 IC는 서울 북서부지역은 강변북로와 자유로가 연결되는 북로분기점, 서울 남부지역은 올림픽대로와 연결되는 88분기점, 서울 남서부지역은 김포공항IC, 부천, 시흥, 일산 지역은 외곽순환도로와 연결되는 노오지분기점이 있다. 인천대교를 이용할 경우 출발층(3층) 도착항공사와 가까운 위치에서 승하차를 할 수 있지만 5분 이상 정차할 수 없으며, 주차장 이용 시 단기주차는 승용차전용 주차 건물을 이용하고, 장기주차는 실외 주차장을 이용하면 된다.

○ 택시 이용하기

서울, 인천, 경기 지역에서 인천공항으로 가는 경우 할증이 적용되지 않지만 인천공항에서 서울, 인천, 경기 지역으로 가는 경우 시계할증이 적용될 수 있으므로 서울이면 서울택시, 인천이면 인천택시 등과 같이 목적지 넘버 택시를 이용하는 것이 좋다.

📋 발권과 탑승수속과정

공항에 도착한 뒤 가장 먼저 할 일은 해당 항공사카운터를 찾아 체크인하고 탑승권Boarding Pass발급 및 수하물을 보내는 것이다. 체크인카운터는 각 항공사별로 마련되어 있다. 대한항공은 A, 아시아나는 M카운터를 이용하며 대한항공이 속해있는 스카이 팀은 A카운터를 주변으로, 아시아나가 속한 스타얼라이언스 항공사들은 M카운터 주변에 몰려 있다. 전광판을 확인하여 탑승할 해당 항공사의 카운터로 찾아가자. 인기 항공사일수록 이용객이 많아 줄이 길어질 수 있으므로 시간의 여유를 두고 도착하는 것이 좋다. 체크인을 마치면 보딩패스와 짐표Claim Tag를 받게 되는데, 일반적으로 보딩패스 뒷면에 붙여주는 짐표는 혹시 문제가 생겼을 시에 짐을 찾는 데 도움이 되므로 잘 챙겨두도록 하자. 특히 경유 항공기를 이용한다면 짐표에 표기된 목적지가 맞는지 반드시 확인해야 한다.

3분이면 탑승수속 완료! 셀프체크인 서비스 키오스크(Kiosk)

기다리지 않고 탑승수속을 하려면 셀프체크인(Self Check-In) 서비스를 이용하자. 무비자 국가로 출국할 때만 이용할 수 있으며, 수하물은 해당 항공사카운터를 이용해야 한다. 현재 키오스크는 일부 항공사를 대상으로 서비스하며 대한항공, 아시아나항공, 유나이티드항공, 델타항공, KLM, 에어프랑스, 캐세이퍼시픽항공 등의 탑승자만 이용할 수 있다.

❶ 언어 및 항공사 선택

❷ 예약 확인(예약번호, E-Ticket, 여권 등)

❸ 좌석배정

❹ 탑승권 발권

이용절차 : 항공사 선택 → 예약 확인 → 좌석 배정 → 탑승권 발권 → 수화물 탁송

🧳 수하물탁송

수항공사에서는 일반적으로 기내반입 수화물 1개와 화물칸으로 운반하는 위탁 수화물 1개를 무료로 이용할 수 있다. 하지만 항공사마다 수화물 기준은 다르므로 사전에 확인하자. 타인이 수화물 운송을 부탁할 경우, 운반할 물품이 마약이나 폭약 등 위험물일 수 있으므로 반드시 거절해야 한다. 항공기 반입이 불가능한 물품은 다음 표를 참고하자.

항공기 반입 금지 대상품목	
객실/위탁수화물 모두 금지	폭발물류, 인화성물질(단, 휴대용 라이터는 1개까지 휴대 허용), 방사성, 전염성물질, 독성물질, 기타 위험물질
객실/위탁수화물 허용기준	생활도구류(포크, 손톱깎이, 우산, 바늘, 컴퍼스 등), 의료장비 및 보조도구(주삿바늘, 지팡이, 휠체어 등), 액체류 위생용품, 욕실용품, 의약품류(화장품, 염색약, 소염제, 알코올, 외용연고 등 단, 국제선 객실 반입 시 100ml 이하이며, 위탁수화물인 경우 500ml 이하로, 1인당 2L까지 반입 가능), 건전지 및 휴대 전자장비
위탁수화물로만 허용	창, 도검류(과도, 커터칼, 맥가이버칼, 다트 등), 스포츠용품(골프채, 활, 야구배트, 스케이트 등), 무기류(전자충격기, 장난감총, 쌍절곤, 경찰봉, 호신용스프레이 등), 공구류(도끼, 망치, 톱, 드릴 등)
액체류 객실 허용기준	물, 음료, 화장품 등은 개별용기로 100ml 이하까지 허용되며, 1인당 1,000ml까지 투명한 비닐 지퍼백 1개에 넣은 것만 반입 가능하다. 유아식 및 의약품 등은 필요한 만큼 반입이 허용되는데, 의약품의 경우 처방전 등 증빙서류가 필요하다.

○ 기내반입 수화물

항공기좌석 선반에 넣어 둘 기내반입 수화물은 일반석 기준으로 통상 무게 10~12kg, 가로 55×세로 40×높이 20(cm)로 3면의 합이 115cm 이하이다. 항공사마다 반입 기준이 다르므로 홈페이지에서 확인하자. 노트북 같은 전자기기나 개인휴대품, 고가품, 파손되기 쉬운 물품은 기내에 가지고 타는 것이 좋다.

○ 일반수화물 탁송하기

통상적으로 최대 수화물 기준은 23kg이다. 항공사, 노선별, 좌석등급마다 차이가 있으니 사전에 항공사 홈페이지에서 기준을 확인하는 것이 좋다. 항공사별로 운영하는 체크인카운터에서 수화물을 위탁한다. 파손되기 쉬운 물품이 있을 경우나 무거운 짐일 경우 카운터직원에게 미리 말하면 그에 맞는 스티커를 부착해준다.

○ 대형수화물 탁송하기

무게 50kg 이상의 대형수화물은 탑승수속카운터에서 먼저 요금을 지불한 후 탑승수속카운터 D, J 뒤편 세관신고카운터에서 세관신고를 해야 한다. 세관신고를 마친 후 대형수화물카운터로 가서 탁송한다. 대형수화물 기준은 무게 50kg 이상 혹은 가로 45×세로 90×높이 70(cm) 이상인 경우이다.

대형수화물카운터 문의 032 743 5179 운영시간 06:00~21:00 찾아가기 여객터미널 3층 5번, 10번 출입구

> **출입국 과정에 수하물 위탁 운송은 절대 금물**
> 여행 중 타인이 일정 금액을 제안하며 수화물 운송을 부탁할 경우 반드시 거절해야 한다. 운반을 부탁한 물건이 마약 등 문제의 소지가 있는 물건일 경우가 많기 때문이다.

보안검색 및 출국심사과정

보안검색대 통과 시에는 외투와 모자, 벨트 등을 벗고 짐과 함께 보안검색기 벨트 위에 올려놓아야 하며 노트북, 아이패드를 비롯한 대형 전자기기는 가방에서 별도로 꺼내어 바구니에 넣어야 한다. 주머니 소지품(휴대폰, 열쇠, 동전 등) 또한 마찬가지로 꺼내야 하므로 미리 통과시킬 짐에 넣어두면 편리하다. 짐을 모두 올려놓은 뒤 문형탐지기

를 통과하면 검색요원의 검색을 받는다. 보안검색 중 반입이 금지된 물품이 발견될 경우 버리거나 항공사 체크인카운터로 되돌아가 위탁수하물로 처리해야 한다. 마시던 음료수는 국제선 이용 시 100ml 이하 용기에 한해 투명 지퍼백(1리터)에 담아야 반입이 가능하므로 참고하자. 보안검색대를 통과했다면 짐을 챙겨 바로 앞의 출국심사대로 이동한다. 여권과 탑승권을 제시하면 되며 모자나 선글라스를 착용했다면 벗도록 한다.

신속, 편리한 자동출입국심사 서비스

여권과 지문인식으로 출입국심사를 대신하는 자동출입국심사 서비스를 이용할 수 있다. 2017년 3월부터는 등록절차가 폐지되어 사전등록하지 않아도 이용할 수 있다. 만 19세 이상의 국민은 자동출입국심사를 이용할 수 있으며, 여권을 판독기에 인식시킨 후 지문인식기에 등록한 손가락을 올려 인식시킨다. 심사완료 메시지가 나타나면 출구로 빠져나가면 된다. 제외 대상은 만 7~18세 이하, 인적사항이 변경된 국민, 주민등록증 발급일이 30년이 지난 경우, 등록 외국인이다.

면세점 이용하기

출국장을 통과하였으면 면세구역으로 이동하여 면세품쇼핑을 할 수 있다. 한국인이 구입할 수 있는 면세품 한도액은 US$3,000(약 300만 원)이며, 세금이 면제되는 한도액은 2014년 9월 5일부터 US$600(약 60만 원)로 조정되어 이를 초과할 경우에는 세관에 신고해야 한다. 세금은 구입 총 금액의 20%를 간이세금으로 부과한다.

구분	지점	위치(대표매장)	운영시간	고객센터
롯데면세점	제1여객터미널	탑승동 3층, 면세지역 3층	06:30~21:30(일부 24시간)	032-743-7779
	제2여객터미널	면세지역 3층		
신라면세점	제1여객터미널	면세지역 3층	06:30~21:30(일부 24시간)	1688-1110(대표전화)
	제2여객터미널	면세지역 3층(샤넬)		
신세계면세점	제1여객터미널	면세지역 3층	06:30~21:30	1661-8778(대표전화)
	제2여객터미널	면세지역 3층(구찌)		
SM면세점	제1여객터미널	면세지역 3층	06:30~21:30	1522-0800
	제2여객터미널	면세지역 3층		
시티면세점	제1여객터미널	면세지역 3층	06:30~21:30	032-745-5720
	제2여객터미널	면세지역 3층		

인터넷면세점은 공항면세점보다 더 할인된 가격으로 제품을 판매하고 있으며 각종 쿠폰, 적립금을 이용하면 더욱 저렴하게 구매할 수도 있다. 인터넷으로 구매한 뒤에 공항 내 인도장에서 수령하면 되므로 편리하다.

인터넷 면세점	홈페이지	인터넷 면세점	홈페이지
롯데면세점	www.lottedfs.com	신라면세점	www.shilladfs.com
신라아이파크면세점	www.shillaipark.com	SM면세점	www.smdutyfree.com
JDC면세점	www.jdcdutyfree.com	동화면세점	www.dutyfree24.com
대한항공면세점	www.cyberskyshop.com	신세계면세점	www.ssgdfs.com

구분	제1여객터미널 면세품인도장	제2여객터미널 면세품인도장
서비스	롯데면세점, 신라면세점, 신세계면세점, 에스엠면세점, 시티면세점, 파라다이스면세점	
문의	032-743-2700~18	032-743-6515
찾아가기	3층 면세지역 동편, 4층 면세지역 동/서편 탑승동 3층 121, 122, 115~117번, 2층 119번 게이트 부근	4층 면세지역 252번 게이트 맞은편

면세품 구입 시에는 국가별로 반입이 제한된 물품이나 정해진 수량이 있으므로 확인해야 한다. 이탈리아의 경우는 다음과 같다.

> 담배 200개비(10갑, 1보루) 시가 100개 잎담배 250g 주류 알코올 도수 22% 이하인 와인 또는 그 외 알코올 2리터, 알코올 도수 22% 이상 1리터, 맥주 16리터, 무탄산 4리터 향수 50ML 통화 1만 EUR 이하

탑승동 이동 및 비행기 탑승하기

드디어 여행을 시작하는 마지막 탑승만 남았다. 먼저 항공사카운터에서 발권받은 비행기 티켓에 기재되어 있는 게이트번호와 탑승시간을 확인한다. 적혀있는 탑승시간보다 30분 전까지 지정 탑승구로 이동해야 한다. 탑승동으로 향하기 전 면세점을 이용할 예정이라면 시간을 더 여유 있게 잡아야 한다.

인천공항 1터미널에서 외국항공기를 탈 경우 신규 탑승동까지 이동해야 한다. 출국심사장을 나와 신규 탑승동까지는 셔틀트레인을 타고 이동한다. 셔틀트레인은 여객터미널 중앙의 에스컬레이터를 타고 지하 1층까지 내려가면 이용할 수 있으며 5분 간격으로 무인전동차로 운행한다. 셔틀트레인으로 신규 탑승동까지는 약 20분 소요되며, 하차 후 에스컬레이터를 타고 3층에 도착하면 신규 탑승동으로 이어진다.

셔틀트레인

탑승동에 도착하였으면 탑승시간에 맞춰 해당 게이트로 이동하면 된다. 탑승시간은 공항과 항공사마다 조금씩 다르나, 일반적으로 출발 시간 기준 30분 전에 시작해서 10분 전에 마감한다. 탑승을 시작하면 게이트 앞의 승무원에게 여권과 보딩패스를 보여주고 비행기에 탑승하면 된다.

한눈에 살펴보는 이탈리아 입국과정

이탈리아에 도착하면 간단한 입국과정만 밟으면 드디어 현지 여행이 시작된다. 이탈리아는 대한민국 비자 소지자라면 3개월 이내 단순 관광이 목적일 경우 출입국카드를 작성하지 않아도 된다. 입국심사 시에는 한국에서 출국했다면 'Non EU National(EU외 국가)'쪽에 줄을 서며, 다른 유럽국가에서 들어갈 경우에는 입국수속을 거치지 않는다. 입국심사는 간단한 편으로 대부분 질문 없이 여권만 제시하면 바로 통과된다. 입국심사대를 통과한 뒤 수하물을 찾아 나오면 된다. 세관검사가 있으나 면세 범위를 넘는 경우에만 자진 신고하며, 해당하지 않을 경우 세관신고서를 따로 작성할 필요 없이 그냥 통과하면 된다.

수하물에 문제가 발생했을 경우

이탈리아에 도착했는데 수하물이 도착하지 않았다면 굉장히 당혹스러울 수밖에 없다. 이런 경우는 보통 체크인이 늦어져 수하물을 비행기에 싣지 못한 경우나 환승 시 승객은 탑승했지만 대기시간이 너무 짧아 미처 수하물이 운반되지 않은 경우이다. 또는 수하물이 보안검사로 넘어가거나 파손되어 행선지를 알 수 없는 문제가 발생한 경우 등이다.

수하물에 문제가 생겼다면 해당 항공사카운터를 찾아 직원에게 문의해야 한다. 해당 항공사 수하물 관련 양식을 받아 연락처와 몇 가지 정보를 기재한다. 이때 수하물을 빨리 찾을 수 있도록 수하물 확인증을 제시하는 것이 좋다. 항공사직원이 수하물 위치를 파악해서 알려주는데, 바로 찾을 수도 있지만 수하물이 환승지역에서 못 온 경우라면 며칠을 기다려야 하는 경우도 있다. 이때는 현지에서 연락 가능한 연락처를 정확히 기재해 건네고 여행일정을 시작하면 된다. 수하물이 도착하면 숙소까지 배달해주거나 연락이 오고 보상기준에 따라 조치가 취해진다.

Part
02

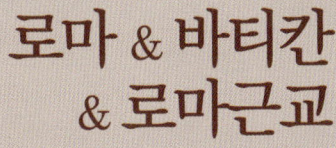

로마 & 바티칸 & 로마근교

로마에서 놓치지 말아야 할 추천 베스트

Chapter01 한눈에 보는 로마&로마근교
고민 없이 즐기는 로마&바티칸 추천 동선
Section01 로마&로마근교 교통편 이용하기

Chapter02 발길 닿는 곳곳마다 유적지인 로마
Section02 로마에서 반드시 둘러봐야 할 명소
Special01 로마에 3박 이상 하는 여행자를 위한
반나절 여행지 4선
Section03 로마에서 먹어봐야 할 것들
Section04 로마에서 놓치면 후회하는 쇼핑거리
Section05 여행자들에게 적당한 로마의 숙소

Chapter03 세계문화유산의 보고, 바티칸
Section06 바티칸여행을 시작하기 전에
Section07 바티칸박물관에서 놓치면 안 되는 것들
Section08 성베드로성당에서 놓치면 안 되는 것들

Chapter03 로마근교 여행
Section09 중세의 아름다움을 느낄 수 있는
오르비에토 & 치비타 디 바뇨레조
Section10 고대로마시기부터 휴양지로 사랑받은 티볼리
Section11 로마의 풍요로움이 시작된 오스티아

ROMA BES

로마에서 놓치지 말아야 할 추천베스트

콜로세오(Colosseo)
로마제국의 번영을 상징하는

모든 이들에게 로마하면 가장 먼저 떠오르는 대표 상징인 콜로세오, 이탈리아의 문화와 역사 그리고 건축의 모든 요소가 스며들어 있는 이곳에서 대로마제국의 이야기를 들어보자.

판테온(Pantheon)
로마건축의 미학

로마인들의 건축기술이 모두 집약된 당대 최고의 건축물이 판테온이다. '대단하다'라는 감탄사보다는 '경이롭다'라는 감탄사가 더 어울리는 곳이다.

바티칸박물관(Musei Vatican)
르네상스미술의 정점

바티칸박물관의 핵심은 르네상스이다. 그 시대 만들어진 수많은 작품을 통해 우리는 이탈리아 역사의 가장 중요했던 한순간을 살펴볼 수 있다.

로마야경(Roma Vista Notturna)
밤이 되면 또 다른 느낌으로 다가오는

로마는 유적이 있어 아름다운 게 아니라 그 유적이 있는 길이 있어 아름답다고 한다. 집시도 소매치기도 퇴근한 새벽녘의 로마는 낮에 느낄 수 없었던 또 다른 로마를 느끼게 해준다.

ROMA BEST
로마에서 놓치지 말아야 할 추천베스트

트레비분수(Fontana di Trevi)
이야기가 전해지는 동전던지기

분수에 동전을 1개 던지면 로마로 다시 돌아오게 되고, 2개를 던지면 사랑이 이루어지고, 3개를 던지면 새로운 사람을 만난다는 재미있는 이야기가 전해진다.

노을녘 풍경
노을에 물든 황금빛의 유적지

이탈리아는 도시별로 건물의 색을 통일시켜 남부는 흰색, 피렌체는 붉은색, 로마는 황갈색 건물이 주를 이룬다. 황금빛 옷으로 갈아입는 해 질 녘은 로마가 가장 아름다운 시간이다.

트라스테베레(Trastevere)
로마 젊음의 거리

나보나광장과 트라스테베레는 로마의 밤을 즐길 수 있는 대표적인 장소로, 나보나광장이 외국인을 위한 공간이라면 트라스테베레는 로마 젊은이들을 위한 공간이다.

로마 교통편

'모든 길은 로마로 통한다.'라는 말처럼 로마에서는 근교도시나 이탈리아의 주요도시로 이동이 편리하다. 이탈리아 중부를 여행할 예정이라면 로마를 기점으로 잡고 둘러보면 된다. 이탈리아의 주요 교통수단은 열차로 주요도시인 피렌체, 베네치아, 밀라노, 나폴리, 바리 등은 고속열차인 유로스타Eurostar를 기준으로, 근교소도시는 저속열차인 레지오날레Regionale를 기준으로 정리하였다. 경비를 절감하려면 유로스타 대신 레지오날레를 이용해도 무방하지만 이동시간이 길다는 점은 감안해야 한다. 요금은 예약시기에 따라 유동적이므로 대략적으로 참고하자.

Chapter 01
한눈에 보는 로마 & 로마근교

기원전 753년 이탈리아의 작은 도시였던 로마는 수많은 어려움을 이겨내고, 지중해 전역을 지배하는 대제국을 이뤘다. 로마제국의 수도이자 중심지 로마는 유럽, 아시아, 아프리카를 지배하는 과정에서 찬란한 문화를 꽃피웠고, 그들의 문화유산은 오늘날까지도 감탄을 자아낸다. 로마제국 멸망 후 중세시대에는 도시국가로서 겨우 명맥만 유지하다 15세기 르네상스시대에 들어와 교황의 힘을 업고 유럽의 중심도시로 다시 태어난다. 가톨릭의 총본산지 로마는 전 유럽에서 흘러들어오는 자금을 바탕으로 화려한 도시로 성장할 수 있었다. 로마는 유럽의 그 어떤 도시도 가지지 못한 매력이 있어 전 세계 여행자들로부터 사랑을 받고 있다.

고민 없이 즐기는 로마&바티칸 추천 동선

로마는 하루를 본 사람과 일주일, 한 달 그리고 일 년을 본 사람이 각기 다르게 기억한다고 한다. 오래 머물수록, 알면 알수록 더 많은 매력이 느껴지는 도시가 로마이다. 일정상 짧게 머물 수밖에 없는 여행자들을 위해 로마&바티칸의 매력을 최대한 느낄 수 있는 로마 필수코스 3일을 소개한다.

Chapter 02 발길 닿는 곳곳마다 유적지인 로마

로마를 제대로 살펴볼 수 있는 2박 3일 필수코스

로마를 방문하는 대부분의 여행자들은 최소 3일을 로마에 투자한다. 하루는 로마제국의 상징인 콜로세오를 비롯한 로마시대 유적을 중심으로, 또 하루는 르네상스와 바로크시대의 유적을 중심으로, 마지막 하루는 바티칸시국 내에 위치한 바티칸박물관과 성베드로성당을 둘러보는 일정인데 이렇게만 둘러봐도 제대로 로마를 여행했다고 할 수 있다.

1 첫째 날. 콜로세오지구 및 베네치아광장

Go!

| 20분 코스 | 30분 코스 | 2~3시간 코스 | 10분 코스 |
| 5분 | 15분 | 10분 | 1분 |

테르미니역  · 산타마리아 마조레성당 · 산피에트로 인 빈콜리성당 · 콜로세오지구 · 콘스탄티누스 개선문

| 1시간 소요 | 30분 코스 | 30분~1시간 코스 | 1시간 코스 | 30분 코스 |
| 10분 | 15분 | 10분 | 20분 | 5분 |

점심식사 | 루찌 · 대전차경기장 · 진실의 입 · 캄피돌리오언덕 · 베네치아광장

| 10분 코스 | | 30분 코스 |
| 10분 | 🚌 (64, 40, H번) 종점하차 20분 or 35분 | 5분 |

일 제수성당 · 공화국광장&산타마리아 델리안젤리 성당 · 테르미니역

2 둘째 날. 스페인광장 및 판테온 지구 관광

Go!

| | 20분 코스 | 30분 코스 | 2~3시간 코스 | 10분 코스 |
| 🚇 20분 | 10분 | 10분 | 15~20분 |

테르미니역 · 포폴로광장(핀초언덕) · 스페인광장 콘도티/코르소거리 · 점심식사 | 레카페 · 트레비분수

115

3 셋째 날. 바티칸박물관 및 성베드로성당 관람

테르미니역 — 바티칸박물관 — 성베드로성당 — 성베드로광장 — 올드브리지(젤라토) — 테르미니역

2시간 만에 돌아보는 로마의 대표 야경추천코스

유럽 내에서도 손꼽히는 로마의 야경은 유럽의 다른 도시들과는 다르게 어두운 조명 아래에서도 도시의 모습을 드러내고 있다. 로마는 2차 세계대전 중에도 전혀 피해를 받지 않아 16~17세기 도시의 모습을 그대로 간직하고 있다.

1 로마 야경 맛보기
(총 소요시간 2시간)

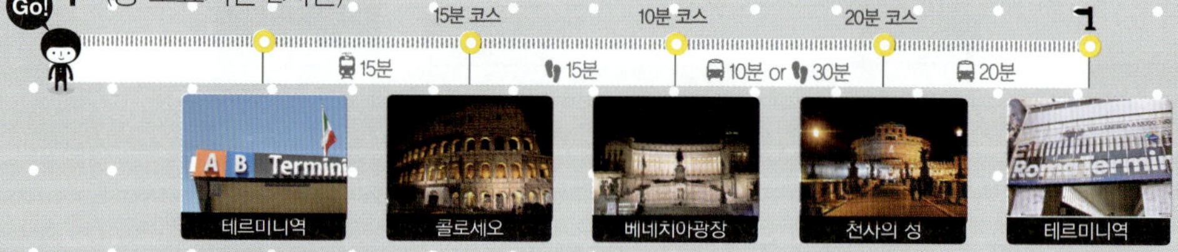

테르미니역 — 콜로세오 — 베네치아광장 — 천사의 성 — 테르미니역

2 북적북적 로마 밤마실
(총 소요시간 2시간)

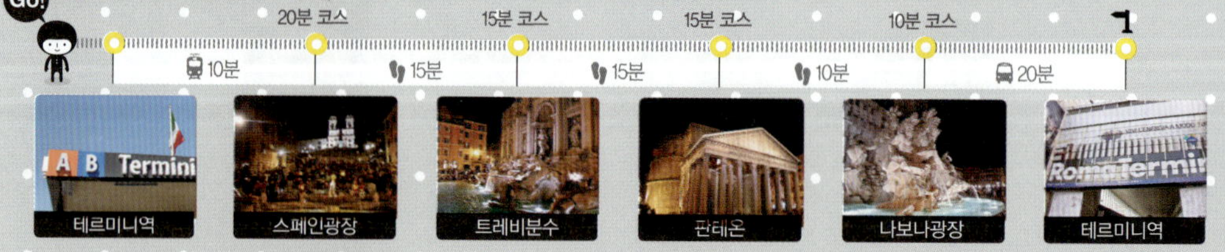

테르미니역 — 스페인광장 — 트레비분수 — 판테온 — 나보나광장 — 테르미니역

Chapter 01 한눈에 보는 로마&로마근교

Section 01
로마&로마근교 교통편 이용하기

세계적인 관광도시 로마는 그 명성답게 전 세계 대부분의 나라에서 항공편으로 쉽게 출입국할 수 있다. 각국의 국적기뿐만 아니라 유럽 내에서는 저가항공사도 많이 취항하므로 관심을 갖는다면 저렴하게 표를 구할 수 있다. 삼면이 바다인 이탈리아는 항공편 외에도 철도나 페리 등을 이용할 수도 있다.

🧳 로마시내로 이동하는 방법

일찍부터 관광도시로 명성이 자자한 로마에는 크게 두 개의 공항이 있다. 모든 국제선과 몇몇 저가항공이 이용하는 로마의 대표 공항인 피우미치노공항 Aeroporto Fiumicino과 라이언에어가 주로 이용하는 참피노공항 Aeroporto Ciampino이다. 레오나르도다빈치 국제공항으로 알려진 피우미치노공항은 로마에서 서쪽으로 약 30km 떨어진 근교도시 피우미치노에 위치하고 있고, 참피노공항은 남쪽으로 약 17km 떨어진 지역에 위치하고 있다. 유럽 내에서 도시 간에 라이언에어를 이용하지 않는 경우에는 대부분 피우미치노공항으로 연결된다. 각 공항에서 로마시내까지는 다양한 교통수단으로 연결되어 있으니 선호하는 교통수단을 이용하면 된다.

🧳 피우미치노국제공항(FCO)에서 로마시내로 이동하기

각 나라를 대표하는 국적기를 포함하여 대부분의 저가항공사들은 로마의 주공항인 피우미치노공항에서 발착한다. 공항에는 총 4개의 터미널이 있으며 항공사별로 이용하는 터미널이 다르다. 우리나라 국적기 대한항공과 아시아나항공은 현재 제3터미널을 이용하고, 이지젯, 부엘링 같은 저가항공사는 제2터미널을 이용한다. 터미널 간의 거리는 멀지 않아 도보로도 충분히 이동할 수 있고, 로마시내와 연결하는 기차역과 버스정류장은 제3터미널에 위치하고 있다. 택시의 경우에는 터미널마다 정해진 택시승차장을 이용하자.

이동수단	시간	요금
레오나르도익스프레스	약 30분	€14
셔틀버스	약 40~60분	€6~8
택시	약 40분	€48

○ 직행열차 레오나르도익스프레스를 이용하여 로마시내로 들어가기

공항에서 테르미니역까지 운행하는 레오나르도익스프레스 Leonardo Express는 로마시내로 들어가는 가장 편리하고 빠른 교통수단이지만 가격이 다소 비싸다. 공항과 기차역이 연결되어 있으므로 출국장을 나와 기차역 표지판만 따라가면 된다. 티켓은 매표소나 자동판매기, 우리나라 편의점과 비슷한 타바키 Tabacchi 등에서 구입할 수 있다.

117

구매한 티켓은 플랫폼 앞 개찰구에서 바코드를 찍어야만 플랫폼 안으로 들어갈 수 있다. 유레일패스 1등석 소지자는 무료, 연속패스는 유레일이 개시되어야 하고, 셀렉트패스는 날짜가 남아야 한다. 시내로 들어가는 막차는 밤 11시 23분이므로 더 늦는다면 버스나 택시를 이용한다.

운행시간 공항 → 테르미니역 06:23~23:23(매 15분마다 출발) 테르미니역 → 공항 05:35~22:35(매 15분마다 출발) **소요시간** 30여 분 **요금** €14(4세 이하 무료) **홈페이지** www.trenitalia.com

● 공항버스를 이용하여 로마시내로 들어가기

피우미치노국제공항에서 시내까지 운행하는 버스회사는 4곳이다. 회사별로 다양한 노선과 시간대로 버스를 운행하고 있으므로 일정에 맞춰 버스를 선택하면 된다. 티켓은 인터넷으로 예매하거나 공항 내 매표소 또는 운전기사에게 직접 구매할 수 있다. 소요시간은 40~60분 정도 걸리며, 자세한 버스 운행시간표는 각 회사 홈페이지에서 확인할 수 있다.

버스회사	운행시간(공항↔테르미니역)	요금	홈페이지
테라비전(Terravision)	공항 05:35~23:00/ 테르미니역 04:40~21:50	편도 €8(인터넷 예매가 €5.80), 왕복 €9, 4세 이하 무료	www.terravision.eu
티에이엠(T.A.M)	공항 08:00~23:30/ 테르미니역 04:30~20:30	€6	www.tambus.it
아트랄(Atral)	공항 06:05~24:40/ 테르미니역 05:10~01:00	편도 €6.90, 왕복 €9.90	www.romeairportbus.com
버스셔틀(Bus Shuttle)	공항 07:15~24:40/ 테르미니역 04:45~20:30	편도 €6, 왕복 €11, 4세 이하 무료	www.sitbusshuttle.com/en

공항버스 타는 곳
입국장 출구 바로 앞쪽에 위치한다. 입국장을 나와 버스 그림이 그려진 표지판을 따라가면 오른쪽으로 얼마가지 않아 버스정류장이 보인다.

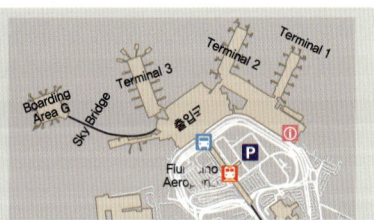

● 택시를 이용하여 로마시내로 들어가기

무거운 짐이 있거나 좀 더 편하게 숙소로 바로 가고 싶을 때 이용하면 편리하다. 공항에서 시내까지는 정액요금 €48로 보통 3명까지 탑승가능하고, 그 이상은 요금이 추가된다. 택시정류장이 아닌 곳에서 호객행위를 하는 택시는 불법이므로 바가지요금을 쓸 수 있으니 주의해야 한다. 승차 전 정규회사택시인지 확인하는 것이 좋으며, 소요시간은 테르미니역까지 40분 정도 걸린다.

🧳 참피노공항(CIA)에서 로마시내로 이동하기

이지젯, 라이언에어와 같은 저가항공을 이용할 경우 참피노공항Aeroporto Ciampico으로 도착한다. 참피노공항에서는 공항버스를 이용하는 것이 가장 편하다. 버스정류장이 입국장 입구 바로 앞에 있으며, 티켓은 공항 내 매표소나 버스 운전기사에게 직접 구입하면 된다. 미리 준비했다면 인터넷으로 예매할 수도 있다. 로마시내까지 45분 정도 걸리며 자세한 버스 운행시간표는 각 버스회사 홈페이지에서 확인할 수 있다. 아트랄Atral 버스의 경우 요금을 내린 대신 공항에서 바로 테르미니역까지 가는 것이 아니라 참피노시내 기차역까지만 운행되므로 그곳에서 기차로 갈아타야 한다.

버스회사	운행시간(공항 ↔ 테르미니역)	요금	홈페이지
테라비전(Terravision)	공항 08:15~23:40/테르미니역 04:30~21:20	편도 €7(인터넷 예매가 €5), 왕복 €9, 4세 이하 무료	www.terravision.eu
아트랄(Atral)	공항 04:00~22:45/테르미니역 04:20~24:00	€2.90 기차와 버스를 함께 이용하는 콤비티켓	www.romeairportbus.com
버스셔틀(Bus Shuttle)	공항 07:45~24:00/테르미니역 04:30~21:30	편도 €6, 왕복 €9	www.sitbusshuttle.com/en

짐이 많아 택시를 이용하고 싶다면 입국장 밖 택시정류장에서 타면 된다. 공항에서 시내까지는 정액요금 €30로 보통 3명까지 탑승가능하고, 그 이상은 요금이 추가된다. 택시를 이용하면 로마시내까지 30분 정도 걸린다.

🧳 열차를 타고 테르미니역으로 도착한 경우

로마여행의 시작과 끝을 장식하는 테르미니역Stazione Centrale di Termini은 로마의 중앙역으로 로마 교통의 중심지이다. 로마로 오가는 기차는 테르미니역을 거치며, 역 주변에 대중교통을 포함하여 숙소나 각종 편의시설이 몰려 있어 이 역을 기점으로 여행을 시작하게 된다. 과거 소매치기가 기승을 부릴 때는 여행자를 공포로 몰아넣는 곳이었지만 지금은 치안이 많이 좋아졌다. 하지만 여전히 여행자들은 주의를 기울여야 하는 곳으로 가급적 낮 시간대에 출도착하는 것이 좋다.

테르미니역에서 4정거장 떨어진 티부르티나역Stazione Tiburtina으로 도착했다면 메트로 B선으로 갈아타야 한다. 가끔 여행자 중에는 테르미니역을 티부르티나역으로 착각해 잘못 내리는 경우가 종종 있으니 주의해야 한다. 참고로 테르미니역 짐보관소는 역 1층 코인Coin매장 근처에 있으며 'Deposito Bagagli' 표지판을 따라가면 된다. 운영시간은 06:00~23:00이며, 가격은 기본 5시간에 €6, 초과 시 시간당 €1, 12시간 이상 초과하면 시간당 €0.50이다.

귀띔 한마디 테르미니역은 자정이 넘으면 문을 닫으므로 역에서 밤을 새는 일은 가급적 피하자.(트랜이탈리아 매표소는 06:00~22:00까지) **홈페이지** www.romatermini.com

치비타베키아항구에서 로마시내로 이동하기

최근들어 크루즈여행이 늘면서 치비타베키아 Civitavecchia 항구를 찾는 여행자도 증가세이다. 크루즈 여행의 시작이자 마지막인 치비타베키아항에서 로마로 이동할 경우 크루즈에서 제공하는 셔틀버스를 타고 치비타베키아역으로 이동한 후 그곳에서 열차 편으로 로마테르미니역까지 이동하면 된다. 소요시간은 1시간 정도 걸린다.

시외버스터미널에서 로마시내로 이동하기

로마의 시외버스정류장은 테르미니역에서 메트로 B선으로 4정거장 떨어진 티부르티나역에 붙어 있다. 최근 버스를 이용하는 유럽 여행자가 많이 늘고 있다. 저렴한 야간버스를 이용하여 숙박까지 해결할 수 있어 가난한 배낭여행자에게는 안성맞춤이나 저렴한 만큼 불편함도 많다. 로마의 경우 테르미니역이 아닌 티부르티나역에서 발착하므로 도착 후에 지하철을 타야하는 것도 기억하자. 시외버스터미널로 도착했다면 터미널과 바로 연결되어 있는 메트로 B선을 타고 테르미니역으로 이동하면 된다.

로마시내에서 공항으로 이동하기

로마시내를 빠져 나가는 방법은 들어오는 방법의 역순이다. 피우미치노국제공항으로 가려면 레오나르도익스프레스를 이용하는데, 버스보다 가격은 비싸지만 출발시간에 맞춰 빠르게 갈 수 있다는 장점이 있다. 공항버스는 저렴하지만 러시아워에는 막힐 수 있다는 점을 염두에 두어야 한다. 따라서 차가 밀리는 시간에는 기차, 그렇지 않을 경우에는 버스를 추천하며, 항상 비상상황에 대비하여 시간을

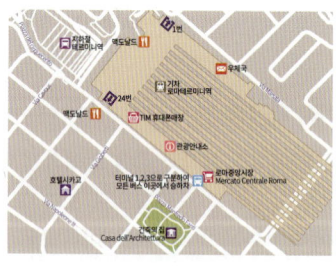

테르미니역 인근의 버스회사 승차장 위치

넉넉히 잡고 이동하는 것이 좋다. 참피노공항은 레오나르도익스프레스가 운행되지 않으므로 공항버스를 이용할 수밖에 없다. 현재 모든 버스회사는 24번 플랫폼 방향에 위치한 로마중앙시장 Mercato Centrale Roma 앞에서 승하차한다.

🧳 로마시내에서 대중교통 이용하기

로마는 지진과 화산활동지대에 위치해 있어 지반이 약하고, 아직도 발굴되지 않은 유적이 많아 지하개발이 더디다. 그래서 메트로도 2019년 현재 A, B, C 총 3개뿐이고 C선은 일부 노선이 개통되었지만 여행자들이 정작 필요한 구간은 아직도 공사중이며, 지하주차장이 없어 주차난도 심각하다. 로마의 메트로는 노선은 많지 않아도 A, B 두 노선이 대부분의 주요관광지와 연결되므로 큰 문제는 없다. 또한 한 지역에 관광지가 몰려 있으므로 걸어서도 충분히 여행할 수 있다.

대중교통 승차권(메트로, 버스, 트램 통합권)과 로마패스(Roma Pass)

로마의 대중교통 승차권은 메트로, 버스, 트램 모두 사용 가능하다. 1회권의 경우 버스에서 버스로, 메트로에서 버스로는 환승이 가능하지만 메트로에서 다시 메트로로 재승차하는 환승은 불가하다. 로마패스는 박물관, 미술관 입장권 및 교통권으로 사용할 수 있는 카드로, 사용기간에 따라 72시간과 48시간 2종류가 있다. 두 카드 모두 로마 시내 대중교통을 무료로 이용할 수 있고, 유적지와 박물관 및 미술관에서 줄을 설 필요 없이 바로 입장이 가능하다. 단, 처음 무료입장이 가능한 개수가 다르다.

종류	요금	유효기간
1회권(BIT)	€1.50	개시 후 100분
24시간권	€7	개시 후 24시간
48시간권	€12.50	개시 후 48시간
72시간권	€16.50	개시 후 72시간

로마패스가 유리한 경우는 로마에서 2일 이상 머물고 콜로세오, 포로 로마노, 팔라티노(3곳 통합권 €12)와 보르게세미술관(€11)을 방문하려는 여행자이다. 72시간권은 처음 2곳만 무료입장이고 3번째부터 50% 할인, 48시간권은 처음 1곳만 무료입장이고 2번째부터 50% 할인가가 적용되므로, 콜로세오나 보르게세미술관 등 입장료가 비싼 곳에 먼저 다녀오는 것이 유리하다! 3곳 이상 갈 예정이라면 추천한다.

종류	로마패스 3일권	로마패스 48시간권
가격	€38.50	€28
혜택	·처음 방문하는 유적지와 박물관 2곳까지 무료입장. 세 번째부터 할인가 적용 ·로마시내 대중교통 무제한 이용(처음 개표한 날부터 3일째 되는 자정까지 유효) ·유적지, 박물관 및 미술관에서 줄을 설 필요가 없으므로 시간절약	·로마패스 연계 박물관/미술관/유적지 중 처음 방문하는 곳 무료입장. 두 번째부터 할인가 적용 ·로마시내 대중교통 무제한 이용(첫 개시 후 48시간 유효) ·유적지, 박물관 및 미술관에서 줄을 설 필요가 없으므로 시간절약
구입처	·로마시내 모든 관광안내소(테르미니역 24번 플랫폼 관광안내소, 레오나르도다빈치 국제공항 C터미널 입국장 안의 관광안내소). ·로마패스를 사용하는 유적지나 박물관 매표소, 시내 일부 타바키(Tabacchi)	
사용 가능한 곳	콜로세오 주변 유적지 3곳 통합권(콜로세오, 포로 로마노, 팔라티노), 보르게세미술관, 빌라줄리아, 카피톨리니미술관, 바르베리니궁전, 로마 현대 미술관, 카라칼라욕장, 아라파치스, 천사의 성 등으로 자세한 사항은 (www.romapass.it)에서 확인 가능	

로마시내 메트로(Metro) 이용하기

로마의 메트로는 A, B, C선 세 개가 있으며, 현재 C선은 일부는 개통되었지만 아직도 공사가 진행 중이다. A선과 B선이 교차하는 곳은 중앙역인 테르미니역 단 한 곳이다. 표를 구매한 뒤 우리나라처럼 개표를 하고 탑승하면 된다. 검표원이 불시에 표를 검사하는 경우도 있으므로 하차할 때까지 표는 잘 보관하는 것이 좋다. 일일권이나 일주일권은 최초 한 번만 개찰한 후 사용하면 된다. 로마여행에서 메트로는 유용한 대중교통수단으로 주요 관광지와 연결되지만, 로마가 넓지 않기 때문에 자주 사용하지는 않는다. 바티칸박물관이나 콜로세오 등 주요 관광지로 이동한 뒤 도보로 주변 관광지를 둘러볼 수 있다.

Part 02 로마&바티칸&로마근교

로마 메트로 노선도

- **M 메트로 A선** (주황색)
- **M 메트로 B선, B1선** (파란색)
- **M 메트로 C선** (초록색)
- **LE 레오나르도익스프레스**

A선 주요역
Battistini – Cornelia – Valle Aurelia(바티칸박물관 성베드로성당) – Baldo degli Ubaldi – Cipro – Ottaviano – Lepanto – Flaminio(포폴로광장) – Spagna(스페인광장, 콘도티거리) – Barberini(트레비분수) – Repubblica(레푸블리카광장, 산타마리아델리안젤리성당) – Termini(로마중앙역, 500인 광장(버스종점)) – Vittorio Emanuele – Manzoni – S. Giovanni(산조반니성당) – Re di Roma – Ponte Lungo – Furio Camillo – Colli Albani – Arco di Travertino – Porta Furba - Quadraro – Numidio Quadrato – Lucio Sestio – Giulio Agricola – Subaugusta – Cinecittà – Anagnina

B선 주요역
Jonio – Conca d'Oro – Libia – S.Agnese Annibaliano – Bologna – Tiburtina – Monti Tiburtini – Quintiliani – Pietralata – Rebibbia – Ponte Mammolo – S.m. del Soccorso – Policlinico – Castro Pretorio – Termini(테르미니 기차역) – Cavour – Colosseo(콜로세오, 콘스탄티누스 개선문) – Circo Massimo(원형경기장, 진실의 입) – Piramide – Garbatella – Basilica S. Paolo – Marconi – EUR Magliana – EUR Palasport – EUR Fermi – Laurentina

C선 주요역
Pigneto – Teano – Lodi – Malatesta – Gardenie – Mirti – Centocelle – Alessandrino

LE 레오나르도익스프레스
Piazza della Rovere – 로마피우미치노공항(피우미치노국제공항)

메트로 자동판매기 이용하기

메트로를 이용하려면 먼저 티켓을 구입해야 한다. 역 내에 설치된 자동판매기에서 승차권을 구입하면 된다.

❶ 메트로역 내에는 여러 대의 자동판매기가 설치되어 있다. 혹시 표를 살 때 도움을 주고 돈을 달라고 하는 집시가 있을지 모르니 주의하자.

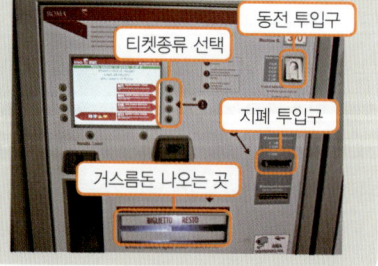

- 동전 투입구
- 티켓종류 선택
- 지폐 투입구
- 거스름돈 나오는 곳

❷ 승차권의 종류를 선택하는 화면이다. 구매하고자 하는 승차권의 종류 BIT(1회권), BIG(1일권), CIS(7일권), BTI(3일권) 중 선택한다. 터치스크린이 아니므로 화면 오른쪽에 있는 버튼을 눌러야 한다.
❸ 매수를 늘리려면 오른쪽 동그라미 버튼을 누른다. 매수를 선택했으면 동전을 투입하고 레버를 위로 올려야 한다. 지폐는 거스름돈이 €4 이상이면 투입해도 바로 반환되므로 작은 단위 지폐를 사용하는 것이 좋다.

로마에서 시내버스 이용하기

로마는 버스가 발달하여 주요 관광지를 다닐 때 어렵지 않게 이용할 수 있다. 다만 안내방송을 따로 해주지 않아 지도를 보거나 현지인에게 물어서 위치를 확인해야 한다. 승차권은 메트로와 동일하며, 메트로 역 발권기나 타바키Tabacchi에서 구매할 수 있다. 버스에 오르면 노란색 개찰기에 승차권을 넣어 개찰해야 하며, 하차 시에는 벨부터 누른다. 티켓이 개찰되지 않으면 불시검문 시 벌금을 내야 하므로 주의하자. 주간버스는 05:30~24:00까지 운행하며, 24:30~05:30까지는 야간버스가 운행한다. 야간버스 주요 정거장은 테르미니역 옆 500인의 광장Piazza dei Cinquecento과 베네치아광장Piazza Venezia에 위치해 있으며, 배차간격은 30분이다.

택시 이용하기

로마의 택시요금은 시간대로 지역에 따라 세분화되어 있다. 지역은 1~4존까지 구분되지만 대부분의 관광지는 1존이므로 택시기사가 2~4존을 누르면 꼭! 경고해야 한다. 존이 늘어나면 요금이 비싸진다. 요금은 평일 기준 6~22시 €3, 22시 이후는 €6.50이고, 주말과 휴일에는 6~22시 €4.50, 22시 이후에는 €6.50이다. 추가요금은 1km당(1존의 경우) €1.10이며 시간과 미터수가 병산된다. 1인당 캐리어 한 개는 무료이며 추가는 1개당 €1이다. 콜택시를 부를 경우 출발지점부터 요금이 계산되므로 요금이 다를 수 있다. 시내에서 공항까지는 정액제로 피우미치노국제공항은 €48, 참피노공항은 €30이고, 로마시내에서 이동할 때는 약 €10~15 정도를 생각하면 된다.

추천 앱 잇택시(it Taxi)

이탈리아를 여행하는 여행자들에게 유용한 다양한 앱들이 생겨나고 있다. 이탈리아는 우리나라처럼 아무 곳에서나 택시를 잡는 것이 아니라 정해진 곳에서 대기 중인 택시를 타거나 전화로 콜택시를 부를 수밖에 없었다. 하지만 이제는 앱을 이용해서 택시를 부를 수 있는데 구글맵과 자동으로 연동되므로 앱을 다운받은 후 간단한 정보만 입력해두면 언제든지 택시를 부를 수 있다. 저녁이나 외진 지역에서 교통편을 이용하기 힘들 때 이용하면 유용하다. 앱스토어에서 it taxi로 검색하면 된다.

🧳 트램 이용하기

주로 로마 외곽 지역을 운행하므로 여행자들은 거의 이용할 일이 없다. 하지만 트라스테베레Trastevere 지역으로 갈 때는 유용하다. 승차권은 버스, 메트로와 동일하며 탑승한 뒤에 티켓을 개찰하면 된다.

🧳 시티투어버스 이용하기

시내버스와 같이 다른 불필요한 곳에 정차하지 않고 주요 관광지에만 정차하므로 관광지를 찾아다니기에 편리하다. 원하는 곳에 내려 천천히 둘러본 후 내렸던 정류장에서 다음 버스를 기다려 타면 된다. 특히 시티투어버스 2층에 앉아 로마의 도로를 달리는 느낌은 여행자로서 누릴 수 있는 하나의 즐거움이다.

○ 로마의 대표적 관광지를 순회하는 110번 오픈버스와 고고학버스

110번 오픈버스는 배차간격이 짧아 하루 동안 많은 관광지를 둘러보기 원하는 여행자에게 유용하다. 고고학버스는 아피아가도Via Appia를 따라 로마의 주요 고고학유적지를 돌아볼 수 있고 카타콤베를 가려는 경우 유용하다. 또한 미리 홈페이지에서 예약을 하면 프로모션 등을 통해 25%까지 할인도 받을 수 있으며, 연계된 박물관 입장료도 할인받을 수 있다.

종류	구분	내용
110번 오픈버스	운행시간	08:30~20:30(배차간격 15분)
	요금	24시간 이용권 : €20, 가족요금(성인 2명, 어린이 6~17세 2명) 1일 이용권 : €50
	운행구간	테르미니(Termini) → 콜로세오(Colosseo) → 대전차경기장(Circo Massimo) → 진실의 입(Bocca della Verità) → 베네치아광장(Piazza Venezia) → 성베드로광장(Piazza San Pietro) → 트레비분수(Fontana di Trevi) → 바르베리니(Barberini) → 테르미니(Termini)
고고학버스 (Archeobus)	운행시간	09:00~12:30, 13:30~16:30(배차간격 30분)
	요금	1일 이용권 : €20, 가족요금(성인 2명, 어린이 6~17세 2명) 1일 이용권 : €50
	운행구간	테르미니종점(Stazione Termini) → 콜로세오(Colosseo) → 카라칼라욕장(Terme di Caracalla) → 세바스티아노성문(Porta di San Sebastiano) → 고대아피아공원(Sede Parco Regionale Appia Antica) → 카파렐라 공원(Valle della Caffarella) → 산칼리스토 카타콤베(Catacombe di San Callisto) → 산세바스티아노 카타콤베(Catacombe di San Sebastiano) → 체칠리아메텔라의 무덤(Cecilia Metella) → 성 우르바노성당(Chiesa di Sant'Urbano) → 보베고고학지구(Capo di Bove) → 고대 목욕장(Stadio delle Terme) → 진실의 입(Bocca della Verità) → 베네치아광장(Piazza Venezia) → 테르미니역(Termini)
통합권(오픈버스+고고학버스)	요금	48시간 이용권 : €30, 가족요금(성인 2명, 어린이 6~17세 2명) 48시간 이용권 : €70
홈페이지		www.trambusopen.com

○ 시내관광버스 시티사이트싱 로마(City Sightseeing Roma)

영국의 City Sightseeing Worldwide 회사에서 운영하는 시내관광버스로 로마뿐만 아니라 피렌체, 나폴리, 피사 등을 비롯하여 런던, 파리, 뉴욕, 싱가포르 등 전 세계 70여 개의 도시에서 운행되고 있다. 버스가 로마의 주요 유적지를 경유하므로 잘만 이용한다면 유용하게 관광할 수 있다.

운행시간	터미널 A(Via Marsala 7) 09:00~19:30 / 배차간격 15~20분 / 소요시간 100분
요금	1일 무제한 이용권 : €28, 어린이(5~15세) : €14 2일 무제한 이용권 : €31, 어린이(5~15세) : €15 3일 무제한 이용권 : €35, 어린이(5~15세) : €17
운행구간	비아마르살라(Via Marsala) → 산타마리아 마조레성당(Santa Maria Maggiore) → 콜로세오(Colosseo) → 대전차경기장(Circo Massimo) → 베네치아광장(Piazza Venezia) → 바티칸(Vaticano) → 트레비분수(Fontana di Trevi) → 바르베리니광장(Piazza Barberini)
홈페이지	www.city-sightseeing.it(홈페이지에서 예약 시 할인)

로마에서 근교도시로 이동하기

로마에서 4일 이상을 머무를 경우 중부 이탈리아의 매력을 가지고 있는 로마의 근교여행을 계획해 보아도 좋다. 다음 표는 로마 근교도시의 출발역과 대략적인 소요시간과 요금을 표로 정리한 것이다.

근교도시 이동	교통수단	소요시간(대략)	요금(편도)
로마 → 오르비에토 ▶P.199	레지오날레	1시간 20분	€8.25
	인터시티	1시간	€17.50
로마 → 티볼리 ▶P.205	시외버스	30~40분	€5.20~8.20
로마 → 오스티아 ▶P.209	국철	1시간	€1.50

교통파업 쇼페로(Sciopero)

로마는 대중교통파업이 자주 일어나는 편인데, 이로 인해 여행에 지장이 생길 수 있으므로 미리 정보를 알아둘 필요가 있다. 로마의 파업은 대중교통수단 전체가 파업하는 나지오날레(Sciopero Nazionale)와 일부 지역에서만 파업하는 로칼레(Sciopero Locale)가 있다. 어느 파업이든 출퇴근시간(06:00~08:00, 17:00~)에는 운행되므로 그 시간대에는 대중교통을 이용할 수 있다. 쇼페로 나지오날레는 반드시 사전에 공지가 올라오고 쇼페로 로칼레는 수시로 일어나지만 대부분 낮이나 저녁 중 한시적으로만 하기 때문에 여행에 큰 지장은 없다.

교통파업 정보는 역 주변과 매표소 근처 등 도시 곳곳에 파업(Sciopero)이라고 적힌 포스터가 다닥다닥 붙어있고, 큼지막하게 날짜와 시간이 표시되어 있으므로 이탈리어를 몰라도 미루어 짐작할 수 있다. 또한 온라인으로 파업정보를 제공하는데, 로마 공공정보(www.Romatoday.it/tag/scioperi)와 로마교통부(www.atac.Roma.it)에서 파업정보를 확인할 수 있다.

치비타

티볼리

오스티아

Chapter 02
발길 닿는 곳곳마다 유적지인 로마

'과거를 위해 미래를 포기한 도시, 로마'
로마는 과거를 위해 미래를 포기한 도시라고 한다. 발전보다는 보존이라는 길을 택한 이 오래된 도시를 거닐다 보면 마치 과거로 돌아간 기분이 든다. 우리가 지금 보고 있는 로마는 백 년 전에도 이 모습이었을 것이며 백년이 지나도 이 모습 그대로일 것이다.
이천년 전에는 율리우스카이사르가, 오백년 전에는 미켈란젤로가 걸었던 그 길 위에서 그들의 흔적을 찾는 시간여행을 시작해보자.

Section 02
로마에서 반드시 둘러봐야 할 명소

2천 년 전 로마시대에 만든 유적과 500년 전 바로크시대에 만든 도로가 어우러져 있는 로마는 도시 전체가 야외박물관이다. 헤매도 나오고 안 헤매도 나오는 것이 유적이므로 로마에서만큼은 맹목적으로 관광지만 찾아다니기보다는 길과 주변이 어우러진 공간 전체를 즐겨보자.

한여름 눈이 내리는 기적, 산타마리아 마조레성당 Basilica di Santa Maria Maggiore

성모마리아를 위해 지은 성당 중 세계에서 가장 큰 성당으로 로마를 대표하는 4대 성당 중 하나이다. 4세기경 로마의 귀족 조반니Giovanni 부부와 교황 리베리오Liberio 꿈에 동시에 발현한 성모마리아가 한여름이었음에도 다음날 아침 눈이 내리는 곳에 성당을 지으라 계시하여 세워졌다. 이를 기념하여 매년 8월 5일이면 눈 대신 하얀 꽃잎을 휘날린다. 로마의 성당 중 초기 기독교건축양식을 유지하고 있는 몇 안 되는 성당이며, 예수가 태어났다는 마구간 구유(말 먹이통)가 보관되어 있다. 또한 콜럼버스가 신대륙에서 가져온 황금으로 치장했던 천장이 잘 보존되어 있다. 현재 로마를 만드는 데 가장 큰 공헌을 한 바로크시대 대표 조각가이자 건축가인 잔로렌조 베르니니Gian Lorenzo Bernini의 무덤도 안치되어 있다. 테르미니역에서도 가까우므로 꼭 한 번 들러보길 권한다.

크리스토퍼 콜럼버스가 신대륙을 발견한 후 가져온 황금으로 치장한 천장

예수가 태어난 마구간 구유

잔로렌조 베르니니의 무덤

주소 Piazza di S. Maria Maggiroe, 42, 00185 Roma **문의** (+39)06-6988-6800 **운영시간** 07:00~19:00, 로지아(예배당 09:30~18:30) **휴관** 1/1, 12/25 **입장료** 무료, 로지아 €4 **찾아가기** 테르미니역 24번 플랫폼 출구를 등지고 보이는 다이엘레 마닌길(Via D. Manin)을 따라 직진하면 도보로 5분 거리에 위치한다. **귀띔 한마디** 초기 성당양식으로 되어 있기 때문에 실내가 상당히 어둡다. 위대한 작품에 정신이 팔려있을 때 소매치기 당할 수 있으니 주의하자.

베드로사도를 묶었던 쇠사슬이 있는
산피에트로 인 빈콜리성당 Basilica di San Pietro in Vincoli

미켈란젤로의 모세상

예수가 가장 사랑한 제자 베드로를 기념하여 5세기에 세어진 성당이다. 베드로사도가 로마에서 기독교를 전파하다 붙잡혀 감옥에 갇혔을 때 그를 묶었던 쇠사슬이 지금까지 보관되어 있다. 성당 정면 지하에 전시되어 있으며, 그 오른쪽에는 르네상스시대 교황 율리우스2세의 무덤이 있다. 묘지중앙에는 미켈란젤로의 대표걸작으로 손꼽히는 모세상이 있는데, 사실적인 표현에 미켈란젤로 스스로도 감탄하여 조각상을 보며 왜 말을 하지 않느냐며 무릎을 쳤다는 일화가 전해진다. 모세가 시나이산에서 십계

베드로사도를 묶었던 쇠사슬

를 받아 온 장면을 조각한 것으로 모세의 옆구리에 있는 것이 십계명이 새겨진 석판이다. 이 작품을 보기 위해 지금도 많은 관광객이 방문하고 있다.

주소 Piazza di San Pietro in Vincoli 4a, 00184 Roma **문의** (+39)06-488-2865 **운영시간** 4~9월 08:00~12:30, 15:30~19:00, 10~3월 08:00~12:30, 15:30~18:00 **휴관** 1/1, 12/25 **입장료** 무료 **찾아가기** 메트로 B선 카보우르(Cavour)역에서 하차하여 내리막길로 20m 정도 내려가면 왼편에 올라가는 계단이 보이는데 그 계단을 끝까지 올라가면 보인다. **귀띔 한마디** 모세상을 자세히 보기 위해 전용 조명을 키려면 근처에 있는 동전 투입기에 €1를 넣어야 한다.

로마제국 위대함의 상징인
콜로세오 Colosseo

서기 54년 황제에 오른 네로는 우리에게 로마제국 역사상 가장 포악한 인물로 알려져 있지만 사실 집권 초기 10년 동안은 누구보다도 정치를 잘했으며, 시민들에게도 인기가 높았다. 로마의 대화재로 도시 전체의 90%가 소실되었을 때도 시민들을 위해 공원과 호수까지 재건하려고 계획하였다. 하지만 대화재 이후 네로황제는 지나친 사치를 일삼았으며, 점점 폭군으로 변해갔고 시민들의 지지도 잃게 되었다. 결국 자살로 생을 마감하였고, 원로원에서는 그를 담나티오 메모리아에 Damnatio Memoriae라는 기록말살형에 처한다.

뒤를 이은 황제 베스파시아누스 Titus Flavius Vespasianus는 텅 빈 국고를 채우기 위해 새로운 세금정책을 발표하였고, 이로 인해 생길 수 있는 시민들의 불만을 억제하려고 콜로세오를 짓게

하였다. 서기 80년에 완성된 콜로세오는 이전 그리스 양식의 반원형극장 2개를 붙여 놓은 듯한 모습으로 설계되어 처음에는 암피오테아트로^{Ampio Teatro}(원형투기장, 원형극장)라 불렸다. 지금 우리에게 알려진 콜로세오라는 이름은 네로황제가 자신을 본떠 세웠다는 태양신의 거상(콜로수스) 앞에 만들어졌다 하여 콜로수스^{Colossus}에서 따온 것이라 전해진다. 세계 7대 불가사의로 선정된 콜로세오는 오늘날에도 이탈리아를 대표하는 최고의 기념비이자 전 세계에서 가장 유명한 건축물 중의 하나로 손꼽힌다.

검투사의 삶을 그린 영화 글레디에이터^{Gladiator}나 미드 스파르타쿠스^{Spartacus}를 보면 여기서 수많은 검투사와 노예가 살아남기 위해 혹은 영광을 위해 싸우던 모습을 상상해볼 수 있다. 콜로세오 안에 서면 2천 년 전 그들의 열정이 생생히 전해지는 듯하다.

주소 Piazza del Colosseo, 1 00184 Roma **문의** (+39)06-3996-7700 **홈페이지** www.il-colosseo.it **운영시간** 2월 중순~3월 중순 08:30~17:00, 3월 하순 08:30~17:30, 4~8월 08:30~19:15, 9월 08:30~19:00, 10월 08:30~18:30, 11월~2월 중순 08:30~16:30(콜로세오지구인 콜로세오, 포로 로마노, 팔라티노언덕은 모두 마감 1시간 전까지 입장 가능하다. **휴관** 1/1, 12/25 **입장료** €12(콜로세오+포로 로마노+팔라티노언덕 통합권) 2일간 유효하며, 한 번 들어간 유적지는 재입장할 수 없다. **찾아가기** 메트로를 이용할 경우 B선 콜로세오(Colosseo)역에서 하차하고, 버스를 이용할 경우에는 500인 광장에서 175번 타고 콜로세오역에서 하차한다. **귀띔 한마디** 현재 이탈리아는 관광객이 포화상태에 이르러 예약을 하지 않으면 대기시간이 너무 길어지므로 가급적이면 예약부터 하는 것을 추천한다.(예약비 €4)

콜로세오 베스트 포토존

포로 로마노를 등지고 콜로세오를 바라보면 정 가운데를 기준으로 복원된 왼쪽과 복원이 되지 않은 오른쪽을 한 장의 사진에 비교되도록 담을 수 있다.

왜곡된 역사가 만들어낸 걸작
콘스탄티누스 개선문 Arco di Constantino

콜로세오를 바라보면 자연스럽게 눈에 들어오는 콘스탄티누스 개선문은 로마에 현존하는 가장 큰 개선문(높이 21m, 너비 25m)이다. 4세기 초 콘스탄티누스가 밀비오 다리^{Ponte di Milvio}에서 당시 로마의 지도자였던 막센티우스와의 전투에서 승리하여 로마제국의 지도자가 된

것을 기념하여 만든 개선문이다. 사실 '밀비오 다리의 전투'에서 원로원은 군사적 우위에 있던 로마의 지도자 막센티우스를 위한 개선식과 개선문을 준비하고 있었다고 한다. 그러나 생각지도 않게 콘스탄티누스가 전쟁에서 승리하자 개선문을 새롭게 만들기에 시간이 부족하여 원로원들은 이미 포로 로마노 안에 만들어져 있던 개선문 3개를 부수고 다시 합쳐 지금의 콘스탄티누스 개선문을 만들었다. 따라서 정면과 상부 옆면의 부조가 다르게 만들어져 있는 것을 눈으로 확인할 수 있다. 나폴레옹도 이를 보고 반해서 본떠 만든 것이 파리 샹젤리제거리의 개선문과 루브르박물관의 카루젤개선문이다.

주소 Via di San Gregorio, 00186 Roma **문의** (+39)06-3996-7700 **홈페이지** www.il-colosseo.it **입장료** 무료 **찾아가기** 메트로 B선 콜로세오역에서 하차하거나 버스로 500인 광장에서 175번을 타고 콜로세오역에서 하차한다. **귀띔 한마디** 다른 조각상을 떼다가 깎아 만들어서인지 가까이서 보면 위에 있는 조각들이 똑같은 인물임에도 불구하고 각각 다른 생김새를 하고 있는 재미있는 모습을 볼 수 있다.

로마역사의 시작과 끝을 함께한,
포로 로마노 Foro Romano

로마의 심장이라 불리는 포로 로마노는 곧 로마의 역사라 해도 과언이 아니다. 로마를 건국한 로물루스Romulus에 의해 로마인들은 현재의 7개 언덕에 처음 정착했다. 포로 로마노는 그들이 함께 모여 상거래와 회의를 하던 공간으로 사회시설들이 건설되면서 로마의 중심지로 발전했다. 처음에는 로마시민들을 위한 공간이었지만 제정시대 이후에는 황제를 위한 기념비와 신전이 세워지면서 황제를 위한 공간처럼 바뀌게 된다.

하지만 서로마제국의 멸망과 함께 버려지고 테베레강Flume Tevere의 범람으로 토사에 묻혔다가 르네상스시대에는 새롭게 로마를 재건하면서 채석장으로 전락했다. 뿐만 아니라 1933년 무솔리니Benito Mussolini는 아프리카점령을 기념하는 개선식행사를 위해 콜로세오에서 베네치아광장으로 이어지는 일직선도로를 건설하면서 포로 로마노는 반으로 갈라졌다. 이처럼 수많은 아픔을 겪은 포로 로마노지만 율리우스카이사르의 무덤과 수많은 황제 기념비 그리고 당대를 살았던 로마인들의 삶을 간접적으로나마 느껴볼 수 있다.

주소 Via della Salara Vecchia, 5/6, 00186 Roma **문의** (+39)06-3996-7700 **홈페이지** www.il-colosseo.it **운영시간** 2월 중순~3월 중순 08:30~17:00, 3월 하순 08:30~17:30, 4~8월 08:30~19:15, 9월 08:30~19:00, 10월 08:30~18:30, 11~2월 중순 08:30~16:30(콜로세오지구인 콜로세오, 포로 로마노, 팔라티노언덕은 모두 마감시간 1시간 전까지만 입장가능하다.) **휴관** 1/1, 12/25 **입장료** €12(콜로세오+포로 로마노+팔라티노언덕 통합권) 2일간 유효, 한 번 들어간 유적지는 재입장 불가. **찾아가기** 메트로 B선 콜로세오역에서 하차 또는 500인 광장에서 버스 175번을 타고 콜로세오역에서 하차한다. **귀띔 한마디** 포로 로마노 입구는 원래 3개였지만 유료화되면서 하나의 입구만 사용한다. 콘스탄티누스 개선문에서 대전차경기장 쪽으로 걸어가면 들어가는 입구가 보인다.

로마의 역사가 시작된
팔라티노언덕 Monte Palatino

팔라티노언덕은 로물루스가 로마를 세운 곳으로, 로마가 시작된 곳이다. 경사가 완만하고 산 정상이 평평해서 일찍부터 거주지로 사용되었는데, 로마제정시대로 들어오면서 황제들은 로마의 창시자인 로물루스의 정통성을 이어받고자 이곳에 궁전을 지었다. 이에 귀족들도 거주지를 따라 옮기면서 자연스럽게 팔라티노언덕은 로마의 부촌으로 자리 잡았다.

팔라티노언덕 뒤편의 탁 트인 전망대에서 바라보는 대전차경기장과 포로 로마노는 여행자의 마음을 시원하게 만들어 준다. 팔라티노언덕을 걸으며 그 시대의 영화로웠던 모습을 그려보자.

주소 Via dei Fori Imperiali, 00186 Roma **문의** (+39)06-3996-7700 **홈페이지** www.il-colosseo.it **운영시간** 2월 중순~3월 중순 08:30~17:00, 3월 하순 08:30~17:30, 4~8월 08:30~19:15, 9월 08:30~19:00, 10월 08:30~18:30, 11월~2월 중순 08:30~16:30(콜로세오지구인 콜로세오, 포로 로마노, 팔라티노언덕은 모두 종료시간 1시간 전까지만 입장 가능하다. **휴관** 1/1, 12/25 **입장료** €12(콜로세오+포로 로마노+팔라티노언덕 통합권) 2일간 유효하며, 한 번 들어간 유적지는 재입장이 불가능하다. **찾아가기** 메트로 B선 콜로세오(Colosseo)역에서 하차 후 오른편에 있는 콘스탄티누스 개선문을 지나 정면(Via di San Gregorio)으로 걸어서 3분 거리이다. **귀띔 한마디** 규모가 크기 때문에 여행일정을 짤 때 충분히 시간을 할당하는 것이 좋다.

세계적인 명작 〈벤허〉의 실제 배경지
대전차경기장 Circo Massimo

영화 〈벤허〉의 배경지였던 곳으로 한번에 25만 명 이상도 수용 가능한 로마제국 최대의 대전차경기장이었다. 영화처럼 실제 로마시대에 가장 인기가 있었던 경기는 대전차경기였다. 다만 운영비가 많이 들어 중소도시에서는 경기를 진행할 수 없었으므로 그 흔적은 로마와 같은 대도시에서만 찾아볼 수 있다.

대전차경기장은 기원전 4세기경 세워져 기원후 549년까지 천 년 동안 이곳에서 대전차경기가 진행되었다. 그 후 로마제국이 멸망하면서 버려지고, 테베레강의 범람으로 인해 모래에 묻혔다. 포로 로마노처럼 르네상스 시대에는 채석장으로 사용되면서 지금은 거의 터만 남아 로마시민들의 공원으로 사용되고 있다.

주소 Via del Circo Massimo, 00186 Roma **문의** (+39)06-3996-7700 **입장료** 무료 **찾아가기** 메트로 B선 치르코마시모(Circo Massimo)역에서 도보 1분 거리이다. **귀띔 한마디** 현재는 로마의 주요행사가 개최되므로 가끔 특별한 이벤트를 경험할 수도 있다.

영화 〈로마의 휴일〉이 만들어낸 유명 관광지, 산타마리아 인 코스메딘성당과 진실의 입
Basilica di Santa Maria in Cosmedin & Bocca della Verita

발렌타인데이의 유래가 된 발렌티노성인 San Valentino 의 유골이 모셔진 성당이다. 3세기경 로마에서 활동했던 사제이자 의사였던 발렌티노성인은 기독교인이라는 이유로 감옥에 갇혔을 때 한 관리의 눈먼 양녀의 눈을 뜨게 하는 기적을 보인다. 이로 관리가족 모두는 기독교로 개종하였고, 이 사건으로 화가 난 황제의 명에 의해 성인은 처형당한다. 발렌티노성인의 축일 2월 14일이 연인들의 기념일이 된 것은 14세기경 연인들이 이 날 서로 축하카드를 주고받는 풍습이 성행하면서부터이다. 또한 계절적으로 이 시기에 새가 짝짓기를 시작한다는 데서 유래되어 지금까지도 수많은 연인이 사랑을 고백하는 날로 여기고 있다.

산타마리아 인 코스메딘성당의 한쪽 벽면을 장식한 지름 1.5m 크기의 진실의 입은 원래 로마시대 테베레강 주변에 있던 어시장의 하수도 뚜껑이었다고 한다. 중세시대부터 사람들을 심문할 때 구멍 안에 손을 넣게 하고 진실을 말하지 않으면 손이 잘려도 좋다고 서약한 데서 '진실의 입'이라는 이름이 붙었다. 실제로 구멍 뒤편에 집행관이 진실을 말하는 자라도 마음에 들지 않는 사람이거나 정치범의 경우 도끼로 손을 자르기도 했다. 현재는 오드리헵번 주연의 〈로마의 휴일 Roman Holiday, 1953〉의 촬영장소로 기억되면서, 영화 속 한 장면처럼 진실의 입에 손을 넣고 사진 한 장 남기는 곳이 되었다.

주소 Piazza della Bocca della Verita, 18, 00186 Roma **문의** (+39)06-678-1419 **운영시간** 산타마리아 인 코스메딘성당 09:00~13:00, 14:30~18:00, 진실의 입 09:30~17:00, 5시 전에 문을 닫는 경우가 많으며, 마감 20분 전에 도착해야 낭패를 보지 않는다. **입장료 성당** 무료 **찾아가기** 500인 광장에서 170번을 타고 보카 델라 베리타광장(Piazza della Bocca della Verita)정류장에 하차하면 바로 보인다. 대전차경기장부터는 도보로 10분 거리이다.

미켈란젤로가 로마에 남긴 걸작 View Point
캄피돌리오광장&카피톨리노박물관 Piazza del Campidoglio&Museo Capitolini

카피톨리노언덕은 로마의 역사가 시작된 7개 언덕 중 하나로, 정치와 종교적으로 로마인들에게 중요한 곳이다. 지금의 Capital(수도)의 어원이 되기도 한 이 언덕에 미켈란젤로가 설계한 광장이 있다. 광장이 조성되기 전에는 광장 정면의 세나토리오궁전 Palazzo Senatorio 과 오른쪽편에 콘세르바토리궁전 Palazzo dei Conservatori 만 있었는데, 미켈란젤로에 의해 콘세르바토리궁전 맞은편에 누오보궁전Palazzo Nuovo이 대칭되도록 지어졌다. 현재 세나토리오궁전은 시청사로 사용되며, 좌우의 궁전은 박물관으로 이용되고 있다.

카피톨리노언덕을 오르기 위해 만들어진 코르도나타Cordonata 돌계단을 눈여겨보자. 이는 착시효과를 이용해 만든 계단으로 미켈란젤로가 설계했다. 일반적으로 높은 계단을 밑에서 위로 바라보면 좌우의 폭이 좁아지는 것처럼 보이는데, 이 계단은 미켈란젤로가 밑에서 위로 갈수록 계단의 좌우 폭을 넓게 만들어 실제로 밑에서 위로 올려봤을 때 일자로 보이게 설계해 유명하다. 계단 끝에는 포로 로마노에서 옮겨온 제우스의 쌍둥이 아들 카스토르와 폴룩스의 조각상이 있으며 광장 가운데에는 로마시대 가장 뛰어난 황제 중 한 명이었던 마르쿠스아우렐리우스Marcus Aurelius의 청동상이 우뚝 서 있다. 원래는 산조반니라테라노성당 앞에 놓여 있었으나 기독교를 공인한 콘스탄티누스의 상으로 여겨 파괴되지 않았고, 현재 로마에 있는 유일한 황제 청동상이다. 1981년까지 진품이 놓여 있었지만 현재는 청동상의 부식을 막기 위해 복제품이 놓여 있다.

코르도나타 돌계단

전 세계에서 가장 오래되었으며 최초로 대중에게 공개된 미술관인 카피톨리노박물관은 캄피돌리오광장의 콘세르바토리궁전과 누오보궁전을 합쳐서 만들었다. 두 건물은 지하통로로 이어져있으며, 1471년 교황 식스투스4세가 전리품이나 청동조각상을 시에 기부하면서 세워졌다. 그때부터 18세기까지 수집된 예술작품들이 주요 소장품으로 특히 고대로마시대의 조각품이 주를 이룬다.

주소 Piazza del Campidoglio, 00186 Roma(베네치아광장 근처) **문의** (+39)06-8205-9127 **홈페이지** www.museicapitolini.org(박물관) **운영시간** 박물관 화~일요일 09:00~20:00 **휴관** 매주 월요일, 1/1, 5/1, 12/25 **입장료** 박물관 €16(ISIC 국제학생증 소지자 €14), 특별전 진행시 추가 입장료 지불, 비디오가이드 €6(이탈리아어, 영어, 프랑스어, 스페인어, 독일어) **찾아가기** 500인 광장에서 40번 또는 64번 버스를 타고 베네치아광장에서 하차한 후 통일기념관을 바라보고 오른쪽 길을 통해 가다보면 왼편에 보인다. 박물관은 캄피돌리오광장 내 위치한다. **귀띔 한마디** 캄피돌리오광장에서 시청사를 바라보고 오른편에 난 길로 가다보면 포로 로마노가 한눈에 보이는 전망대가 있다.

로마 교통의 중심지, View Point
베네치아광장과 베네치아궁전박물관
Piazza Venezia & Museo Nazionale del Palazzo di Venezia

로마교통의 중심지 베네치아광장 중앙에는 르네상스식 건물이 마주보고 있는데 왼쪽의 갈색 건물이 베네치아궁전이다. 과거 베네치아공화국에서 대사관으로 사용하기 위해 지은 건물

로, 이 건물이 지어지면서부터 이곳을 베네치아광장이라 부르게 되었다. 나폴레옹에 의해 베네치아공화국이 멸망하면서 버려졌고, 제2차 세계대전 당시에는 여기 2층 발코니에서 무솔리니가 이탈리아의 참전을 선포하기도 하였다. 베네치아광장 한쪽에 우뚝 서있는 기둥은 로마제국의 영토를 최대로 확장한 트라야누스 황제가 세운 트라야누스기둥으로 로마사 연구에 귀중한 자료이다.

현재는 베네치아궁전박물관으로 사용되며 궁전의 최초 소유자였던 베네치아 바르보Barbo가 문이 수집한 작품들을 중심으로 전시하고 있다. 이탈리아에서 수집된 작품들을 지역별로 구분전시하고 있기 때문에 독특한 지역색을 비교해볼 수 있다. 또한 베네치아 대사관으로 사용될 당시 아시아 국가로부터 받은 선물들을 모아놓은 방도 인상적이다.

주소 Piazza Venezia, 00186 Roma(광장), Via del Plebiscito, 118, 00186 Roma(박물관) **문의** (+39)06-6999-4388(박물관) **홈페이지** museopalazzovenezia.beniculturali.it(박물관) **운영시간** 박물관 화~일, 08:30~19:30 **휴관** 박물관 매주 월요일, 1/1, 12/25 **입장료** 박물관 €10 **찾아가기** 500인의 광장에서 40번, 64번, H번 등 많은 버스가 이곳을 지나친다. **귀띔 한마디** 베네치아광장은 로마시내 교통의 중심지로 자주 지나치게 되므로 로마시내 여행 시 이곳을 기점으로 하면 보다 쉽게 다닐 수 있다. 박물관에서는 원래 소장하고 있는 작품 이외에도 다양한 이벤트와 전시를 진행하므로 홈페이지를 참고하자.

이탈리아를 통일한 View Point
비토리오 에마누엘레2세 통일기념관 Vittoriano

수많은 인파와 자동차로 북적이는 베네치아광장에서 가장 눈에 잘 띄는 타자기 모양의 흰색 대리석 건물로 공식적인 명칭은 조국의 제단Altare della Patria이다. 이 건물은 로마제국이 멸망한 후에 1500년 동안 분열되었던 이탈리아의 통일을 기념하기 위해 세운 것이다. 기념관 한가운데 자리한 청동기마상은 이탈리아의 통일을 이끈 비토리오 에마누엘레2세이다. 제단 내부에는 1차 세계대전 당시 전사한 무명용사의 무덤이 있다. 용사들을 기리는 추모탑에는 절대로 앉으면 안 되므로 주의하자.

주소 Piazza Venezia, 00186 Roma **문의** (+39)06-699-1718 **운영시간** 화~일요일 10:00~16:00 **휴관** 월요일, 1/1, 5/1, 12/25 **입장료** 무료 **찾아가기** 500인 광장에서 40번 또는 64번 버스를 타고 베네치아광장에서 하차하면 보인다. **귀띔 한마디** 건물 뒤 유리로 만든 리프트(Roma dal Cielo)를 타고 꼭대기까지 올라가면 한눈에 로마시내를 볼 수 있다.(운영시간 월~목요일 09:30~18:30, 금~일요일 09:30~19:30, 요금 €10)

📷 로마의 숨겨진 보석 같은 미술관
도리아 팜필리미술관 Galleria Doria Pamphilj

16세기 팜필리가문이 수집한 400여 점의 회화작품을 소장한 미술관이다. 그 중에는 역대 최고의 초상화가라고 불리는 스페인 궁정화가 벨라스케스Diego Velàzquez의 걸작「교황 이노센트10세의 초상」도 있다. 벨라스케스가 로마에 방문했을 때 교황을 알현하고 당시 교황의 모습을 꾸밈없이 사실적으로 표현한 바로크 특유의 초상화이다. 후에 그의 작품은 19세기 사실주의 화가와 프랑스 인상주의 화가에게 큰 영감을 주었으며 수많은 유명화가가 이 작품에 찬사를 보냈다. 그 외 주요작품으로는 티치아노의「유디트와 홀로페르네스」, 카라바조의「참회하는 막달라마리아」 등이 있으니 르네상스와 바로크 회화에 관심이 있다면 들러보자.

교황 이노센트10세의 초상

주소 Via del Corso, 305, 00186 Roma **문의** (+39)06-679-7323 **홈페이지** www.doriapamphilj.it **운영시간** 09:00~19:00(매표소 마감 18:00) **휴관** 1/1, 부활절, 12/25 **입장료** 성인 €12, 학생 또는 만 65세 이상 €8(영어 오디오 가이드 포함) **찾아가기** 통일기념관을 등지고 직직하면 보이는 코르소거리(Via del Corso) 초입에 위치해있다.

📷 바로크건축의 시작을 알린
일 제수성당 Chiesa di Il Gesù

기독교미술의 중심이 되는 것은 사실 건축이라고 볼 수 있다. 17세기에 꽃피게 된 바로크 교회건축의 원형은 16세기 후반 로마에 만들어진 일 제수성당이다. 1516년에 있었던 루터의 종교개혁에 맞서 반종교개혁 선봉에 서있던 예수회는 그들의 이상을 표현하기 위해 일 제수성당을 만들었다. 성당으로 들어서면 넓게 펼쳐진 공간 속에 화려하게 장식된 조각들과 함께 가장 먼저 눈에 들어오는 것은 천장화이다. 르네상스

시대를 거치면서 여러 영역을 침범하는 미술작품들이 만들어지기 시작했는데 일 제수성당의 천장화는 그런 부분에서 성당 천장화의 백미라 할 수 있다. 보다 쉽게 관람할 수 있도록 바닥에 거울을 설치하였으므로 이를 활용하면 좀 더 편하게 살펴볼 수 있다.

주소 Via degli Astalli, 16, 00186 Roma **문의** (+39)06-69-7001 **운영시간** 07:00~12:30, 16:00~19:45 **입장료** 무료 **찾아가기** 통일기념관을 등지고 왼편으로 난 플레비시토길(Via del Plebiscito)을 따라 도보 5분 거리이다. **귀띔 한마디** 사순절(예수 부활 전 40일 동안의 제사기간)을 제외한 오후 5시 반이면 성당 왼편 이냐시오성인의 무덤이 있는 제단에서 웅장한 합창연주를 들을 수 있다. 기회가 되면 시간에 맞춰 들러봐도 좋다.

이탈리아 통일을 기념하는
공화국광장 Piazza della Repubblica

1861년 마지막까지 독립을 유지하던 로마가 1870년에 통일 이탈리아로 귀속되면서 이탈리아의 완전한 통일을 기념하여 조성된 광장이다. 광장 가운데 있는 분수는 원래 로마시대 수로시설의 샘터였는데 교황 비오9세(Pius IX)가 광장으로 꾸미면서 1888년에 완공한 것이다. 그 후 1901년 조각가 마리오루텔리(Mario Rutelli)가 물의 정령 나이아드(Naiade)를 광장 중앙에 조각하여 덧붙였다. 중앙을 둘러싸고 있는 4개의 조각은 호수의 요정(백조), 강의 요정(하천의 괴물), 바다의 요정(해마), 지하수의 요정(용)을 표현한 것이다.

주소 Piazza della Repubblica, 00185 Roma **입장료** 무료 **찾아가기** 메트로 레푸블리카(Rebubblica) 역에서 하차한다.

〈성녀 테레사의 환희〉를 만나는
산타마리아 델라 비토리아성당 Chiesa Santa Maria della Vittoria

로마의 유명가문 보르게세가의 지원으로 1625년 카를로마데르노(Carlo Maderno)와 바티스타소리아(Battista Soria)가 건축한 성당이다. 이 성당이 유명해진 이유는 17세기 바로크양식의 화려함과 잔로렌조 베르니니가 조각한 「성녀 테레사의 환희(Estasi di Santa Teresa)」가 있기 때문이다. 스페인 아빌라 출신의 테레사가 천사의 화살에 찔려 신체적 고통을 느끼면서도 영적인 사랑에 도취된 모습을 표현하고 있다. 조각상 양옆에는 기둥을 세워 극장 무대처럼 만들고, 빛의 효과를 극대화하기 위해 조각상 뒷면 위에 창을 만들어 햇빛이 석상을 비추게 하여 성녀의 모습을 더욱 극적으로 표현한 것이 인상적이다. 이 작품은 성녀를 너무 에로틱하게 표현하였다 하여 비판의 대상이 되기도 했지만 그 시대 만들어진 최고의 작품 중 하나인 것은 분명하다.

주소 Via 20 Settembre, 17, 00187 Roma **문의** (+39)06-4274-0571 **운영시간** 07:00~12:00, 15:30~19:00 **입장료** 무료 **찾아가기** 메트로 레푸블리카(Rebubblica) 역에서 하차 후 바로 보이는 산타마리아 델리 안젤리성당을 보고 왼쪽 길을 따라간다.

기독교 승리의 상징
산타마리아 델리 안젤리성당 Basilica di Santa Maria degli Angeli

로마시대에 가장 심하게 기독교를 탄압했던 디오클레티아누스 Diocletianus황제는 분열된 로마제국을 통일하고 자신의 업적을 기리기 위해 306년 그 당시 최대의 공중목욕탕을 건설하였다. 이후 로마제국이 멸망하고 기독교인들이 수많은 박해에도 끝내 살아남은 것을 기념하기 위해 과거 목욕탕 자리에 성당을 지었다. 목욕탕 벽을 성당의 전면에 그대로 사용하여 일반적인 성당과는 사뭇 다른 외관을 가지고 있다. 미켈란젤로의 설계를 바탕으로 처음 지어졌고, 1749년 건축가 반비텔리 Luigi

성당 바닥을 장식하고 있는 해시계

Vanvitelli의 설계로 새롭게 리모델링하여 현재의 모습이 되었다. 당시 내부에는 수많은 벽화와 조각 등 예술작품이 전시되면서 로마에서 가장 현대적인 성당이었다.

주소 Via Cernaia, 9 00185 Roma **문의** (+39)06-488-0812 **홈페이지** www.santamariadegliangeliroma.it **운영시간** 월~토요일 07:00~18:30, 일요일 07:00~19:30 **입장료** 무료 **찾아가기** 메트로 레푸블리카(Rebubblica)역 하차 후 광장을 지나면 바로 보인다.

로마의 북쪽 경계
포폴로광장 Piazza del Popolo

로마시내를 둘러싸고 있는 성벽 북문에 위치한 광장으로 유럽에서 바티칸을 찾아오는 성지순례객을 맞기 위해 만들어졌다. 자연스레 많은 사람이 오가는 포폴로광장 주변은 시민들의 거주지와 상업지가 들어서고, 르네상스와 함께 시민들의 권리가 증대되면서 이곳에 시민들이 모여 집회를 열면서 시민광장(포폴로광장)이라 부르게 되었다.

광장에서 남쪽으로 가지런히 뻗은 3개의 도로를 사이에 두고 쌍둥이성당(산타마리아 미라콜리 Santa Maria Miracoli, 산타마리아 몬테산토 Santa Maria Montesanto)이 자리하고 있다. 그 한 가운데 실이 지금도 로마의 중추도로 중의 하나인 코르소거리 Via del Corso이다. 광장 정 가운데 세워져 있는 오벨리스크는 로마의 초대 황제 아우구스투스가 이집트 정복을 기념하여 가져온 것으로, 원래는 대전차경기장 안에 있

었으나 광장을 조성하면서 옮겨왔다. 포폴로광장에서 쌍둥이성당을 바라보고 왼편을 보면 언덕으로 오르는 계단이 있다. 이 계단을 오르면 포폴로광장이 한눈에 들어오는 핀초 Pincio언덕이 나오고 보르게세공원으로 이어진다.

주소 Piazza del Popolo, 00118 Roma **찾아가기** 메트로 A선 플라미노(Flamino)역에서 포폴로광장 방면 출구로 나가면 보인다.

유명 예술가들의 작품으로 내부가 장식된
산타마리아 델 포폴로성당 Basilica di Santa Maria del Popolo

네로황제의 무덤이 있던 자리에 1472년에 식스투스4세Sixtus IV의 의뢰로 지어진 성당이다. 이후 잔로렌조 베르니니에 의해 다시 재건되어 현재의 모습을 갖게 되었다. 성당 외관이나 규모로 보면 별다른 특징을 찾을 수 없지만 성당 내부만큼은 로마에서도 최고의 성당 중 하나로 뽑힐 만큼 유명 예술가들의 작품으로 장식되어 있다. 그 중 라파엘로의 가장 큰 후원자였던 아고스티노키지Agostino Chigi를 위해 라파엘로가 만든 키지예배당과 카라바조의 작품인「성바오로의 개종」,「성베드로의 순교」는 놓칠 수 없는 작품이다.

주소 Piazza del Popolo, 00118 Roma **문의** (+39)06-361-0836 **운영시간** 월~토요일 07:00~12:00, 16:00~19:00, 일요일 08:00~13:30, 16:30~19:15 **입장료** 무료 **찾아가기** 메트로 A선 플라미노(Flamino)역에서 포폴로광장 방면으로 나와, 포폴로 문을 바라보고 오른쪽에 있다.

십자가에 거꾸로 매달리는 베드로성인

영화의 명작 <로마의 휴일>의 주무대였던 View Point
스페인광장 Piazza di Spagna

영화 <로마의 휴일>에서 오드리헵번이 계단에서 젤라토를 먹던 장면 하나가 스페인광장을 로마에서 가장 유명한 관광지 중 하나로 만들었다. 스페인광장은 16세기 로마시내에서 가장 뒤늦게 개발되었는데, 원래는 근처 코르소거리를 지나던 마차가 쉬어가던 휴게소 같은 곳이었다. 이곳에 스페인이 대사관을 세우고 광장을 조성하면서 스페인광장이라는 이름이 붙게 되었다. 광장 가운데에는 잔로렌조 베르니니의 아버지 피에트로 베르니니가 만든 조각배 분수인 바르카차Barcaccia가 있다.

계단 뒤편에는 16세기 프랑스인이 지은 성삼위일체성당Chiesa della Trinita dei Monti이 있으며, 내부에는 미켈란젤로의 제자이며「최후의 심판」수정 작업을 한 다니엘레 다 볼테라Daniele da Voltera의 그림도 전시하고 있다. 이 건물은 현재도 프랑스 소유이다. 아래에서 올려다보는 스페인광장도 멋지지만, 성삼위일체성당에서 바라보는 전경도 멋있다. 또한 시간이 된다면 보르게세공원에 나있는 길을 따라 핀초언덕까지 걸어보도록 하자. 로마의 경치를 보며 산책하는 것도 꽤나 낭만적이다.

스페인광장 정면으로 나있는 콘도티거리Via di Condotti는 현재 세계적인 명품 불가리와 펜디 등의 본점이 위치한 이탈리아를 대표하는 쇼핑거리이다. 또한 오랜 전통을 이어가는 개인상점도 많아 로마에서 쇼핑을 원하는 여행자라면 절대 빼 놓을 수 없는 곳이다.

주소 Piazza di spagna, 00187 Roma **찾아가기** 메트로 A선 스파냐(Spagna)역 하차 후 출구를 나와 왼쪽을 보면 바로 보인다. **귀띔 한마디** 2019년 8월부터 더 이상 계단에 앉지 못하도록 새 규칙이 시행됐다. 앉거나 누울 경우 벌금이 부과되므로 주의하자.

로마의 대표 명소
트레비분수 Fontana di Trevi

르네상스시대에 들어선 후 재건과정에 수로복원과 함께 수많은 분수를 세우면서 로마는 물의 도시로 거듭난다. 그 중 가장 유명한 분수가 트레비분수이다. 분수 중앙에는 바다의 신 넵투누스, 좌우에는 풍요와 건강을 상징하는 여신상 그리고 앞에는 사나운 바다와 평화로운 바다, 양면성을 보여주는 말과 반인반어였던 넵투누스의 아들 트리톤의 조각상이 있다. 트레비분수의 원천은 처녀수로 Aqvam Virginem 인데, 이 수로는 아우구스투스의 오른팔이었던 마르쿠스 아그리파 Marcus Vipsanius Agrippa 가 더위에 지친 로마병사들을 위해 샘을 찾던 중 한 처녀가 알려준 곳을 팠더니 물이 나왔다는 이야기에서 유래되어 붙여진 이름이다.

트레비분수가 이만큼 유명한 관광지가 된 것은 역사적인 배경 외에도 동전던지기가 있었다. 분수에 동전을 한 개 던지면 다시 로마에 오게 되고, 두 개를 던지면 사랑이 이루어지고, 세 개를 던지면 새로운 사랑을 찾을 수 있게 된다는 이야기가 전해진다. 때문에 수많은 관광객이 분수에 동전을 던지는데, 그 액수가 1년에 10억에 이른다고 한다. 분수의 동전은 새벽 4시경 교황청 산하기구인 카리타스 Caritas 에서 수거해 가는데, 에이즈환자나 가난한 사람들을 돕는 데 사용한다.

주소 Piazza di Trevi, 00187 Roma **찾아가기** 메트로 A선 바르베리니(Barberini)역에서 하차하여 왼쪽 출구로 나와 내려가는 길로 계속 내려가면 오거리가 나온다. 거기서 좌회전하면 터널이 보이고 터널로 들어가기 직전 오른쪽에 보이는 골목으로 들어서면 트레비분수가 보인다. 역에서부터 도보로 5분 거리이다. **귀띔 한마디** 트레비분수의 창문을 자세히 살펴보면 창문이 아니라 그림이다.

신의 설계로 만들어졌다는
판테온 Pantheon

로마시내에서 현재까지 원형을 간직하고 있는 로마시대 건축물은 콜로세오와 판테온 2개뿐이다. '모든 신들'이라는 의미의 그리스어에서 유래한 판테온은 신전으로 로마장군 아그리파에 의해 만들어졌다. 아그리파는 평민출신으로 율리우스카이사르의 눈에 들면서 아우구스투스 오른팔이 되었고, 아우구스투스는 아그리파의 훌륭한 전술로 라이벌 안토니우스와 클레오파트라를

라파엘로의 무덤

물리치고 초대 황제자리에 올랐다. 당연히 아그리파도 2인자 자리에 올랐지만 자신의 부와 명예는 가문이 아니라 운이 좋았다라고 생각하여 전 재산을 시민에게 환원하고자 사회기반시설과 복지시설을 만드는데 사용했다.

판테온(BC 27년)은 모든 로마시민이 함께 하는 공간으로 다른 신전과 달리 신을 조각한 석상을 두지 않았다. 이는 이 위대한 건축물을 오늘날까지도 세상에 남게 한 이유가 되었다. 실제 로마제국 멸망 후 기독교세력은 약 200년 동안 로마제국시대의 건축물을 종교적인 이유로 파괴하였다. 판테온 또한 신전이었지만 기독교세력은 신의 석상이 없었으므로 아름다운 이 건축물을 파괴하기보다는 성당으로 개조하였고, 지금도 매주 일요일에는 미사를 진행하고 있다.

지름 43.3m의 판테온 돔형지붕은 천 년이 지나서도 미켈란젤로와 라파엘로 등 수많은 예술가가 '천사들의 작품'이라 극찬했을 만큼 시대와 공간을 초월한 건축물이었다. 실제 판테온을 뛰어넘는 돔 형태 건축물, 피렌체두오모가 만들어지기까지 천 년이 넘는 시간이 필요했다. 판테온의 창문이라 불리는 오쿨루스Oculus(돔 가운데 있는 구멍)는 이를 통해 들어온 빛이 판테온 실내를 더욱 경이롭고 웅장하게 보이게 한다. 로마건축의 위대함을 다시금 느낄 수 있는 실내에는 비토리오에마누엘2세, 아들 움베르토1세와 그의 아내 그리고 르네상스가 사랑한 라파엘로의 무덤이 있다.

주소 Piazza della Rotonda, 00186 Roma **문의** (+39)06-6830-0230 **운영시간** 매주 월~토요일 08:30~19:30, 일요일 09:00~18:00(수시로 행사가 있을 때마다 입장이 통제된다.) **입장료** 무료 **찾아가기** 500인 광장에서 40, 64번 버스를 타고 내려서 바로 보이는 서점을 끼고 왼쪽 골목으로 들어가면 보인다. 걸어서 5분 정도 소요 거리이다. **귀띔 한마디** 근처에 로마의 유명 카페 타짜도르, 카페 에우스타키오와 젤라토가게 지올리띠와 그롬이 위치해 있으니 놓치지 말자.

르네상스 거장들의 작품을 만나는
산타마리아 소프라 미네르바성당 Basilica di Santa Maira Sopra Minerva

산타마리아 소프라 미네르바성당은 로마에서 찾아보기 힘든 고딕양식의 성당이다. 고대로마시대에 만들어진 미네르바신전이 있던 자리에 세워졌다. 절제된 르네상스양식의 외관과 화려한 고딕양식으로 장식된 실내가 대비되며 강한 인상을 남긴다. 내부를 장식하고 있는 작품들은 대부분 르네상스시대의 거장들에 의해 만들어졌으며, 그 중 미켈란젤로의 '십자가를 쥔 그리스도(Cristo della Minerva)'는 놓치지 않길 바란다. 성당 앞 광장에 보면 오벨리스크를 등에 받치고 있는 코끼리 상은 베르니니의 제자인 페라타Ferrata의 작품이다.

주소 Piazza della Minerva, 42, 00186 Roma **문의** (+39)06-679-3926 **운영시간** 08:00~19:00 **입장료** 무료 **찾아가기** 판테온을 정면으로 바라보고 왼쪽 길로 직진하면 코끼리 모양의 오벨리스크가 앞에 놓인 성당이 있다. 판테온에서 도보 3분 거리이다.

미켈란젤로의 「십자가를 쥔 그리스도」

바로크미술의 정취가 돋보이는
산티냐치오성당 Chiesa di Sant'ignazio di Loyola

종교개혁으로 어려움을 겪던 가톨릭이 그들의 권위를 되살리려고 노력했는데, 그 선봉에 있던 조직이 예수회였다. 그 예수회 창시자인 로욜라의 이냐시오Ignacio de Loyola를 위해 만든 성당으로 규모는 작지만 실내장식의 화려함은 어디에 내놔도 빠지지 않는다. 바로크시대 미술의 극치를 볼 수 있는 성당으로 특히 1685년 안드레아포초Andrea Pozzo가 그린 천장화가 유명하다. 천장화가 일그러져 보이지만 성당 바닥에 있는 지정된 포인트에서 천장을 바라보면 모든 일그러짐이 사라지고 화려하게 승천하는 모습을 확인할 수 있다.

주소 Via del Caravita, 8a, 00186 Roma **문의** (+39)06-679-4406 **운영시간** 평일 08:00~18:00, 공휴일 11:30~18:00 **입장료** 무료 **찾아가기** 판테온을 바라보고 왼편에 나있는 세미나리오길 (Via del Seminario)를 따라 도보 3분 거리이다.

프랑스인을 위한 성당,
산루이지 데이 프란체시성당 Chiesa di San Luigi dei Francesi

산루이지 네이 프란체시성당은 프랑스인을 위한 성당으로, 1589년 십자군전쟁을 2번이나 이끌었던 프랑스 왕 루이9세에게 봉헌된 성당이다. 루이9세는 십자군원정을 시도하다 죽음을 맞이한 왕으로, 교황청에서는 그의 공헌을 인정하여 성인의 반열에 올려주었다.
성당 중앙제단 왼쪽을 장식하고 있는 카라바조의 3점의 작품은 그를 세상에 알린 작품으로 성

경 마태오복음의 저자인 성마태오와 관련된 일화를 그렸다. 왼쪽부터 마태오가 하느님을 처음 만나는 모습, 천사의 도움을 받아 성경을 쓰고 있는 모습 그리고 마지막은 마태오의 순교를 그리고 있다. 바로크를 대표하는 미술가 카라바조의 작품을 3점씩이나 소장하고 있는 유일한 성당으로 미술에 관심 있는 여행자라면 놓치지 말자.

주소 Piazza di San Luigi dei Francesi, 00186 Roma **문의** (+39)06-68-8271 **운영시간** 10:00~12:30, 16:00~19:00 **휴관** 목요일 12:30 이후 **입장료** 무료 **찾아가기** 나보나광장에서 판테온으로 가는 길목인 주스티니아니길(Via Giustiniani)에 위치한다. **귀띔 한마디** 카라바조의 3연작을 보기 위해서는 €1를 설치되어 있는 기계에 넣어야 불을 켜준다.

로마시민들의 만남의 광장,
나보나광장과 산타네제 인 아고네성당
Piazza Navona & Chiesa di Sant'agnese in Agone

나보나광장은 긴 타원형으로 서기 86년 도미티아누스황제에 의해 로마 최초의 대전차경기장으로 지어졌으나 17세기 인노켄티우스10세 교황의 명에 따라 광장으로 조성되었다. 광장 안 분수는 가운데 피우미분수를 비롯하여 남쪽 모로분수, 북쪽 포세이돈분수가 있는데, 당대 최고의 거장이던 잔로렌조 베르니니에 의해 만들어졌다. 광장 한가운데 우뚝 선 산타네제 인 아고네성당 Chiesa di Sant'agnese in Agone 은 또 한 명의 거장 보로미니에 의해 만들어졌다. 성당에는 이곳 광장에서 순교한 성녀 아네스의 시신이 보관되어 있어 유명하다.

영화 〈천사와 악마〉를 촬영한 곳으로도 유명한 나보나광장에서 거리예술가들을 빼놓을 수 없다. 이곳에 회화 노점상이 많은 이유는 16~17세기부터 로마에서 가장 빈민촌이었던 나보나광장에 가난한 예술가들이 모여 살면서 그들 작품들이 주로 이곳에서 거래되었기 때문이다. 바로크시대 거장 카라바조 Caravaggio도 이 근방에 살았으며, 그 전통이 오늘날까지 이어져 나보나광장에서 그림을 사고파는 모습을 심심치 않게 볼 수 있다.

주소 Piazza Navona, 00186 Roma **문의** (+39)06-6794406(성당) **입장료** 무료 **운영시간** 월~토요일 09:30~12:30, 16:00~19:00, 일요일 10:00~13:00, 16:00~20:00(성당) **찾아가기** 500인 광장에서 40, 64번 버스를 타고 나보나(Navona)역에서 하차 후 내린 방향 안쪽으로 들어가면 보인다. 버스정류장에서 도보로 3분 거리이다. **귀띔 한마디** 겨울철 크리스마스시즌에는 이곳에 야시장이 일시적으로 선다.

피우미분수(위 사진), 모로분수(아래 사진)

Chapter 02 발길 닿는 곳곳마다 유적지인 로마

바티칸의 어두운 역사가 숨겨져 있는
천사의 성 Castel Sant'Angelo

590년 교황 그레고리우스Gregorius는 로마에 창궐한 흑사병을 없애려고 기도행렬을 하던 중 테베레강 건너편 하드리아누스Hadrianus황제의 무덤 터 위에서 천사미카엘이 칼집에 칼을 꽂는 환영을 보게 된다. 그 뒤 거짓말처럼 흑사병이 사라졌고, 이를 기념해 성 위에 미카엘천사의 상을 세우면서 천사의 성이라 부르게 된다. 원래는 원통모양의 성만 있었지만 후에 바티칸이 지금의 자리로 옮기면서 교황의 피신처로 사용하고자 성벽을 둘러쌌다. 이 성벽은 미켈란젤로가 건축가로서 만든 첫 번째 작품이기도 하다.

천사의 성 앞 '천사의 다리'는 17세기 베르니니의 공방에서 제작한 것으로 조각마다 예수와 관련된 각각의 성물을 들고 있는 천사의 모습을 형상화했는데, 보존을 위해 전부 복제품으로 바꿔놓았다. 천사의 성은 현재 박물관으로 운영되며, 르네상스시대 교황의 방부터 무기전시실, 지하감옥 외 새로운 유물들을 전시하고 있다.

주소 Lungotevere Castello, 50, 00193 Roma **문의** (+39)06-681-9111 **운영시간** 09:00~19:30 **휴관** 1/1, 12/25 **입장료** 박물관 €14(특별전 진행 시 변동), 매월 첫 번째 일요일 무료입장 **찾아가기** 500인 광장에서 40번 버스를 타고 종점에서 내리면 천사의 성이 보인다. 종점에서 걸어서 3분 거리이다. **귀띔 한마디** 8월 한 달간은 바티칸에서 천사의 성으로 들어가는 비밀통로를 개방한다.

로마의 전경이 한눈에 내려다보이는
자니콜로언덕 Monte Gianicolo

로마역사의 한 페이지를 장식했던 곳으로 로마시 외곽에 위치한 언덕이다. 찾아가기 쉽지 않아 여행자의 발길은 많지 않지만 유럽관광객이나 현지인들이 많이 찾는 트라스테베레Trastevere지구에 위치하여 저녁이면 수많은 이탈리아 젊은이가 모여든다. 언덕 위 광장 가운데 위치하고 있는 청동상은 1860년 이탈리아 통일운동에서 가장 큰 공을 세운 쥬세페 가리발디Giuseppe Garibaldi로 1860년 시작된 통일운동은 1871년 가리발디에 의해 로마가 통일되면서 완성된다. 당시 가리발디는 로마를 점령하기 위해 이곳에서 '로마냐 죽음이냐'를 외치고 로미로 진격했다고 한다. 로마시내를 한눈에 바라볼 수 있는 장소로 해가 질 무렵 이곳에서 바라본 로마의 모습은 평생 잊지 못할 것이다.

주소 Piazza Gianicolo 00165 Roma **찾아가기** 500인의 광장에서 H번 버스를 타고 트라스테베레지구(Pubblica Istruzione)에서 하차한 후 그 자리에서 115번 버스로 환승하여 가리발디광장(P.le Garibaldi G.)역에서 내린다.

Special 01

로마에서 3박 이상 하는 여행자를 위한 반나절 여행지 4선

로마에 3박 이상을 머무른다면 로마 필수 관광명소를 벗어나 색다른 여행지를 찾아 떠나보자. 로마에서 여유 있는 일정을 가진 여행객들에게 소개하는 반나절 코스로, 유적이 가득한 로마시내를 벗어나 또 다른 매력의 여행지를 소개하고자 한다. 쇼핑, 미술, 휴식 등 개인의 취향을 고려하여 일정에 포함시킨다면 보다 알찬 로마여행이 될 것이다.

이탈리아 로컬브랜드가 모여 있는 아웃렛 카스텔로마노 Castel Romano

로마 외곽에 위치한 아웃렛으로 우리가 알고 있는 세계적 유명브랜드보다는 이탈리아에서 대중적인 사랑을 받는 로컬브랜드가 중심을 이룬다. 또한 새롭게 확장공사를 하면서 더욱 다양한 매장이 입점하여 생각지도 않은 좋은 제품을 저렴한 가격에 구입할 수도 있다. 테르미니역 앞에서 아웃렛까지 가는 셔틀버스를 운행하고 있으므로 어렵지 않게 다녀올 수 있다. 로마에서 일정이 넉넉하고 쇼핑할 만한 곳을 찾는다면 추천한다.

주소 Via Ponte di Piscina Cupa 64, 00128 Roma **문의** (+39)06-505-0050 **홈페이지** www.mcarthurglen.it/castelromano **운영시간** 월~금요일 10:00~20:00, 토·일요일 10:00~21:00 **휴무** 1/1, 12/25~26 **입점 브랜드** 버버리, 살바토레페라가모, 마이클코어스, 휴고보스, 에트로, 미쏘니, 훌라, 발디니니, 캠퍼, 시슬리, 스테파넬, 쌤소나이트, 디젤 등 200여 개 브랜드 **귀띔 한마디** 이탈리아 전역에 매장을 가지고 있는 대형 프리미엄 아웃렛인 맥아더글렌의 체인점이다. 주로 현지인을 대상으로 하며 중저가 브랜드가 주를 이뤄 명품이 목적이라면 추천하지 않는다.

카스텔로마노로 이동하는 방법

테르미니역 24번 출구로 나와 중앙시장(Mercato Centrale Roma) 앞에 위치한 정류장에서 탑승한다. 티켓은 버스정류장 앞(Via Giolitti 48)에서 직원에게 직접 구입하는데, 요금은 왕복 €15이다. 이동시간은 약 40~50분 걸리고, 바로 가는 경우도 있지만 다른 지역을 거쳐 가는 경우도 있다.

버스시간 테르미니역 출발 09:30, 09:55, 11:30, 12:30, 14:30 **카스텔로마노 출발** 11:30, 13:30, 15:30, 17:30, 18:30, 19:45, 20:05

로마의 번잡함을 씻어주는
보르게세공원 및 주변 볼거리

번잡한 로마시내를 벗어나 여유와 편안함을 느낄 수 있는 보르게세공원을 둘러본 뒤 로마 최고의 보르게세미술관으로 향하자. 보르게세미술관에서는 르네상스의 뒤를 이어 탄생한 로마 바로크의 화려함에 취하게 된다. 일정의 마무리로 영화 〈달콤한 인생, La Dolce Vita〉의 촬영지이자 로마에서 가장 부유한 동네인 베네토거리에서 분위기 있는 카페에 앉아 카푸치노 한잔을 즐겨도 좋다.

보르게세공원 Villa Borghese

보르게세미술관이 있는 공원으로 17세기 보르게세가 추기경으로 임명된 것을 기념하여 조성한 개인정원이다. 1902년에 국유화되면서 일반인에게 공개하고 있다. 유럽 최고의 관광도시인 로마의 번잡함을 피해 하루 정도 여유로운 여행을 하고자 하는 이들에게 최고의 장소가 될 것이다. 로마인들에게 가장 사랑받는 공원으로 주말이 되면 수많은 가족이나 연인끼리 피크닉을 즐기는 모습을 흔히 볼 수 있다.

찾아가기 메트로 A선 플라미노(Flaminio)역에서 포폴로광장 방향으로 나가거나 바르베리니(Barberini)역에서 하차하여 베네토거리(Via Veneto)를 따라 도보 15~20분 거리이다. 귀띔 한마디 자전거를 타고 보르게세공원을 돌아본다면 보르게세공원의 매력을 두 배로 만끽할 수 있다. 자전거대여료는 1시간에 약 €3이며 여권을 지참해야 한다.

보르게세미술관 Galleria Borghese

로마를 대표하는 최고의 미술관으로 규모는 작지만 소장품의 가치는 이탈리아 내에서도 최고로 꼽히는 미술관이다. 교황 바오로5세(Papa Paolo V)의 조카 시피오네보르게세(Scipione Borghese) 추기경이 1613년에 만든 저택으로 생전 그가 수집했던 작품들을 전시하고 있다. 시피오네추기경의 작품수집에 대한 열정은 상상을 초월하여 갖고 싶은 작품이 있으면 수단과 방법을 가리지 않았다고 한다. 특히 동시대의 거장 베르니니와 카라바조의 작품을 사랑했기에 현재 카라바조의 작품을 가장 많이 보유한 미술관이기도 하다. 1891년에 보르게세가문이 파산하면서 저택과 소장품을 모두 이탈리아정부에서 사들여 지금은 일반인에게 공개하고 있다.

보르게세미술관은 유럽 내에서 손꼽히는 미술관으로 유럽인들에게는 로마관광의 필수코스 중 한 곳이다. 겨울철 비수기에는 현장에서 티켓 구매도 가능하지만 가급적이면 예약을 하고 방문하는 것이 좋다. 예약은 홈페이지와 전화로 가능하며 홈페이지예약은 수수료가 있으므로 전화예약을 추천한다. 전화를 걸면 먼저 언어부터 선택하는데 1번은 이탈리아어, 2번은 영어이다. 그 다음 개인은 1번, 단체는 2번을 누르고 상담원 연결을 기다린다. 상담원과 연결되면 원하는 날짜와 시간대(9시, 11시, 13시, 15시, 17시)를 선택하면 예약번호를 알려준다(운영시간 월~금 09:00~18:00, 토요일

09:00~13:00). 이 예약번호는 매표소에서 확인하므로 메모해두는 것이 좋다. 입장시간과 관람시간이 정해져 있으므로 반드시 입장시간 30분전까지 매표소에 도착해 입장권을 받고 확인하는 것이 좋다.

주소 Piazza Scipione Borghese 5 **문의** (+39)063-2810 **예약사이트** www.gebart.it **운영시간** 화~일요일 08:30~18:30(9시부터 2시간 간격으로 입장), 목요일 08:30~20:30 **휴관** 매주 월요일, 1/1, 12/25 **입장료** €20+예약비 €2(홈페이지 예약 시 €2 추가), 오디오가이드 €5(영어 외 4개 국어) **찾아가기** 메트로 A선 바르베리니(Barberini)역에서 하차하여 베네토거리(Via Veneto)를 따라 도보 15~20분 또는 베네토거리에서 116번 버스를 타고 보르게세미술관 입구에서 하차한다. **귀띔 한마디** 특별이벤트로 목요일은 마지막 입장시간이 19시에도 열린다. 금요일은 특별입장으로 3시간 관람으로 19시에 입장해서 22시에 종료되는 이벤트도 있다.

보르게세미술관 소장작품 설명

보르게세는 바로크미술의 정수를 보여주는 미술관이다. 로마의 바로크시대를 이끌었던 두 명의 대가 카라바조와 조각가 베르니니의 주요 작품들을 감상할 수 있다. 두 예술가의 작품을 중심으로 살펴보도록 하자.

잔로렌조 베르니니(Gian Lorenzo Bernini, 1598~1680)

베르니니는 미켈란젤로 이후 최고의 조각가로 칭송받았던 바로크시대 거장이다. 82세까지 장수한 베르니니는 로마 전체가 그의 갤러리라 말해도 될 정도로 많은 작품을 남겼다. 대표작으로는 성베드로성당의 내부 장식과 성베드로광장, 나보나광장의 분수 등인데, 사실 그의 진면목은 바로 보르게세미술관에서 나타난다. 그의 작품에서 보이는 매우 사실적이고 세밀한 표현과, 우아하면서도 역동적인 움직임과 생명력은 보는 이로 하여금 경탄을 자아낸다.

아폴로와 다프네(Apollo e Dafne)

큐피드의 화살을 맞은 아폴로가 강의 신 페네이오스의 딸 다프네를 사랑하여 그녀를 쫓지만, 그를 사랑하지 않았던 다프네는 차라리 나무가 되기를 간청하여 결국 월계수 나무로 변해버리는 순간을 표현한 작품이다. 머리칼과 가녀린 손가락의 표현이 뛰어나며, 나무로 변해가는 그녀의 다리 또한 매우 섬세하다.

페르세포네의 납치(Ratto di Proserpina)

지하의 신 하데스가 대지의 신 데메테르의 딸 페르세포네의 아름다움에 반해 그녀를 납치하는 장면을 묘사한 작품으로, 하데스의 근육과 페르세포네의 연약한 살결 대비가 돋보인다. 특히 페르세포네를 좀 더 자세히 살펴보면, 하데스의 손에 우악스럽게 눌린 그녀의 허벅지와 겁에 질린 그녀의 표정이 매우 생생하다.

다윗(Davide)

이전 시대의 다윗상과 달리 상당한 역동성을 보이며, 공간 밖에 무엇이 있을지 상상력을 돋운다. 단순히 돌을 들고 서 있는 모습이 아닌, 있는 힘껏 던지려고 몸을 비트는 대각선 구도를 취해 역동적인 움직임을 잘 표현하였다.

미켈란젤로 메리시 다 카라바조(Michelangelo Merisi da Caravaggio, 1571~1610)

카라바조는 강렬한 명암대비와 과감한 구도, 연극적 구성과 세밀한 묘사로 사실적이고 극적인 바로크 화풍의 가장 중심에 있는 대표화가이다. 그는 성인을 빈민과 부랑자를 모델로, 마리아는 창녀를 모델로 그렸고, 신성한 종교적 사건을 일반인의 평범한 모습으로 표현하는 등 불경스럽고 지나치게 사실적이었기 때문에 작품마다 늘 논란에 휩싸였다. 괴팍한 성격으로 살인까지 저질러 도피생활 중 39세의 젊은 나이로 객사했지만 그의 대담하고 뛰어난 실력은 수많은 추종자, 일명 카라바지스티(Caravaggisti)를 낳았다.

과일 바구니를 든 소년(Fanciullo con canestro di frutta)

카라바조의 친구인 시칠리아의 화가 마리오민니티(Mario Minniti)를 그린 작품이다. 노출된 어깨와 발그레한 볼, 유혹적인 눈빛에서 에로티시즘이 짙게 묻어 있다. 또한 그의 다른 작품에서는 대개 시들거나 썩은 과일을 표현했으나 이 작품만은 싱싱하고 풍성하게 그려 넣어 관능적인 이미지를 더해준다.

병든 바쿠스(Bacchino Malato)

술의 신 바쿠스를 표현하였는데, 병든 바쿠스라는 작품명은 누렇고 푸르스름하게 병색이 깃든 얼굴에서 비롯되었다. 당시 카라바조는 병에 걸려 극빈자 병원에 입원한 적이 있어, 자신의 병든 얼굴을 자화상으로 그린 것이라는 뒷야기도 있다.

골리앗의 머리를 든 다윗(Davide con la testa di Golia)

카라바조의 마지막 작품으로 추정되는 그림이다. 골리앗의 머리를 든 영웅 다윗의 모습을 그렸는데, 잘린 골리앗의 얼굴이 카라바조 자신의 자화상이라는 설이 있다. 다윗의 표정을 보면 승리자의 당당함과 기쁨을 찾아볼 수 없고 오히려 골리앗을 혐오스러워 하면서도 측은하게 바라보고 있다. 이는 카라바조가 험난하고 힘들었던 자신의 인생을 애처롭게 바라보는 표정이라 해석해볼 수 있다.

안토니오 카노바(Antonio Canova, 1757~1822)의 파올리나 보르게세(Paolina Borghese)

작품 속 여성은 보르게세가문과 결혼한 나폴레옹 여동생 파올리나 보나파르트 보르게세이다. 이 작품은 신고전주의양식으로, 기존의 바로크양식의 화려함을 배제하고, 다시 그리스로마양식으로 돌아간 우아하면서 절제 있는 모습이 특징이다. 마치 여신처럼 조각된 그녀의 아름다움이 돋보이며, 비스듬히 누운 소파의 푹신한 질감이 섬세하다. 나폴레옹이 로마의 예술품을 약탈할 때도 그의 여동생 때문에 보르게세가문의 것은 그대로 남겨두어 이 미술관의 위상이 높아졌다.

티치아노 베셀리오(Tiziano Vecellio)의 성애와 속애(Amor Sacro e Amor Profano)

베네치아 화파의 대가 티치아노의 진한 색채와 감성적 표현이 아름다운 작품이다. 그림 속에는 상징적 의미가 상당 부분 그려져 있는 작품으로, 그 해석에는 여러 설이 있지만 한 가지 공통된 의견은 신성한 사랑과 속된 사랑, 두 가지 사랑의 보완적 균형과 조화를 주제로 한다는 것이다.

베네토거리 Via Veneto

1950년대 이탈리아 영화〈달콤한 인생〉의 촬영지로 유명해지면서 여행자들에게 알려지게 된 거리로 현재 미국대사관을 비롯해 유명 호텔 및 레스토랑으로 가득 차 있다. 정통 이탈리아 요리와 함께 최상의 서비스를 자랑하는 유명 레스토랑은 그 명성만큼 가격이 굉장히 높아 다소 부담스러울 수 있다. 로마에서 정통 이탈리아 요리를 맛보고 싶거나 고급스러운 분위기를 즐기고 싶은 신혼여행자나 특별한 커플여행자들에게 추천한다.

베네토거리가 시작하는 곳에 베르니니가 만든 조개에 꿀벌 세 마리가 조각된 분수가 있는데, 바로크시대에 로마의 중심 가문인 바르베리니가문을 상징한다. 바르베리니광장의 가운데 있는 트리톤분수 또한 베르니니의 작품이다.

찾아가기 메트로 A선 바르베리니(Barberini)역에서 하차하면 거리가 시작된다. **귀띔 한마디** 로마에서 가장 귀족적인 분위기를 자아내는 곳이다. 이곳에서 우아하게 커피 한잔 즐겨보는 것도 좋다.

해골사원 Chiesa di Santa Maria della Concezione

1631년 프란체스코수도회의 종파인 카푸친수도회 출신 안토니오 바르베리니 추기경에 의해 만들어진 성당이다. 지하토굴에서 발견된 카푸친수도회 수도사들의 유골을 장식하였다. 성당 내부에 있는 한 예배당에는 그들이 우리에게 남긴 메시지가 있다. '너희가 지금 보고 있는 나의 모습은 너희의 미래이고, 지금 있는 너의 모습은 나의 과거이다.' 인간의 삶에 대한 중요성을 느끼게 해주는 메시지이다.

주소 Via Vittorio Veneto, 27, 00187 Roma **문의** (+39)06-487-1185 **홈페이지** http://www.cappucciniviaveneto.it **운영시간** 월~일요일 07:00~13:00, 15:00~18:00(마지막 입장 18:30까지) **휴관** 12/25 **입장료** €6(박물관+무덤) **찾아가기** 메트로 A선 바르베리니(Barberini)역에서 하차하여 바르베리니광장에서 베네토거리를 따라 도보 3분 거리이다. **귀뜀 한마디** 성당 내 행사가 있을 경우 문을 닫는다.

국립미술관/바르베리니궁전 Galleria Nazionale d'Arte Antica in Palazzo Barberni

바르베리니가문 출신의 우르바노8세가 교황 취임 후 가문을 위해 만든 궁전이다. 20세기 들어와 바르베리니궁전이 국가의 소유가 되면서 국립미술관으로 사용하고 있다. 미술관에는 과거 바르베리니가문에서 수집한 작품들을 전시하고 있다. 로마에 있는 미술관 중 소장가치가 높은 미술관 중 하나로서 르네상스와 바로크시대를 대표하는 미술가들의 작품이 전시되어 있다. 유명한 작품으로는 카라바조의 「홀로페르네스의 목을 치는 유디트(Judith Beheading Holofernes)」 라파엘로의 「라 포르나리나(La Fornarina)」 등이 있다.

주소 Via delle Quattro Fontane, 13, 00184 Roma **문의** (+39)063-2810 **홈페이지** http://www.barberinicorsini.org **운영시간** 화~일요일 08:30~19:00 (매표마감 18시) **휴관** 매주 월요일, 1/1, 12/25 **입장료** 바르베리니궁전+코르시니갤러리 통합권 €12, 오디오가이드 €3 **찾아가기** 메트로 A선 바르베리니(Barberini)역에서 하차한다.

라파엘로의 「라 포르나리나」

산카를로 알레 콰트로 폰타네성당
Chiesa di San Carlo alle Quattro Fontane

16세기 로마 도시개발이 이뤄지면서 성지순례객을 위해 지금의 포폴로광장에서 산타마리아 마조레성당까지 새롭게 직선 도로를 만들었다. 그 길을 조성하는 과정에 바로크시대 대표 건축가 중 한 명인 보로미니에 의해 설계된 성당이다. 성당주변 교차로에는 모퉁이마다 자리한 분수 4개가 인상적이다.

주소 Via del Quirinale, 23, 00187 Roma **문의** (+39)06-488-3261 **홈페이지** galleriaBarberini.beniculturalit.it **운영시간** 월~금요일 10:00~13:00, 15:00~18:00, 토요일 10:00~13:00, 일요일 12:00~13:00 **찾아가기** 메트로 A선 바르베리니(Barnerini)역 콰트로 폰타네길(Via delle Quattro Fontane) 방향 출구로 나와 도보로 5분 거리이다. **귀뜀 한마디** 미사시간은 매주 일요일 11:00이다.

로마의 밤이 더욱 즐거워지는 트라스테베레지구

테베레강 서쪽 지역으로 로마 구시가지 밖에 새롭게 만들어진 트라스테베레 지구는, 로마제국시대에는 박해받던 기독교인들이 머물렀던 거주지로 빈민가에 속했었지만 현재는 연예인을 비롯하여 유명인사들이 머무는 로마에서 가장 부유한 동네 중 하나이다. 거리 곳곳의 오래된 성당을 방문하고, 노천카페에 앉아 그동안의 여행을 정리하며 여유를 즐기기에 좋다. 해가 지면 또 다른 모습을 보여주는 트라스테베레 지구는 로마의 밤을 즐기기에 제격인 곳이다.

산타마리아 인 트라스테베레성당 Basilica di Santa Maria in Trastevere

로마제국시기 기독교가 박해를 당할 때 성모마리아를 위해 최초로 건설된 성당으로 현재 로마에서 가장 오래되었다. 로마에 있는 몇 안 되는 초기 기독교 건축양식인 바실리카양식을 보존하고 있으며 내부는 12세기 비잔틴양식의 모자이크화로 장식되어 있다. 로마에 있는 300여 채의 성당 중 중요한 의미를 갖고 있는 성당으로 1377년 아비뇽 유수사건(Avignonese Captivity) 후 로마로 다시 돌아온 교황청이 있던 곳이기도 했다. 성당 앞에 있는 분수는 카를로 마데르노의 작품으로 17세기에 만들어진 작품이다.

주소 Piazza di Santa Ceceilia, 00153 Roma **문의** (+39)06-589-9289 **운영시간** 09:30~12:30, 16:00~18:30 **찾아가기** 500인의 광장에서 출발하는 H번 버스에서 가리발디다리(Ponte Garibal di)를 건너 벨리광장(Piazza Belli)에 하차해 룬가레타길(Via della Lungaretta)을 따라 걸어서 5분 거리이다.

산타체칠리아 인 트라스테베레성당 Basilica di Santa Cecilia in Trastevere

음악의 수호성인인 체칠리아성녀에게 봉헌된 성당으로 기독교 박해가 가장 심했던 3세기경에 건설되었지만 기존의 모습은 거의 남아 있지 않고 822년 교황 파스칼1세(Paschalis I)에 의해 재건되었다. 16세기에 로마시내에 너무 많은 성당이 만들어지면서 신자를 모으기 위해 성당도 마케팅이 필요했고, 이러한 마케팅 수단으로 예수와 관련된 성물이나 성인의 유해를 모시기 시작했다. 이 성당에서도 로마근교에 있는 칼리스토 카타콤베(Catacombe di Callisto)에 안치되어 있던 체칠리아성녀의 시신을 옮겨와 그때부터 산타체칠리아 인 트라스테베레성당이라 불리게 되었다.

주소 Piazza di Santa Cecilia, 22, 00153 Roma **문의** (+39)06-581-4802 **운영시간** 07:30~12:30, 15:30~19:30 **찾아가기** 500인 광장에서 H번 버스를 타고 테베레강을 건너자마자 내린 후 왼쪽 길을 따라 걷다가 골목으로 들어가서 이정표를 확인하며 길에서 5분 거리이다.

트라스테베레 유흥지구 Transtevere

로마에서 늦은 밤까지 불이 꺼지지 않는 지역은 나보나광장 주변과 트라스테베레 지역 두 곳뿐이다. 나보나광장이 여행자를 위한 공간이라면 이곳은 현지인을 위한 유흥지구로 주말에나 밤이 되면 다양한 거리공연이 펼쳐져 로마의 밤을 더욱 즐겁게 만든다. 관광지에 지친 여행자들이 하루 정도 여유 있게 술 한잔하기에 그만인 곳이니 한 번 들러보길 권한다. 숙소가 테르미니역 주변이라면 숙소의 주소를 메모한 후 돌아오는 길에는 택시를 타는 것이 편하다.

트라스테베레 야시장

여름철 저녁(6월 중순~8월 말)이면 테베레강변을 따라 야시장이 서는데 보통 해가 질 때부터 새벽 1~3시까지 문을 연다. 이 야시장은 여름철에만 볼 수 있는데, 겨울철에는 비가 자주 와 테베레강 수위가 높아져 물에 잠기는 경우가 많기 때문이다.
홈페이지 www.lungoiltevereroma.it

신에게 다가가기 위한 또 하나의 방법
기독교 성지순례코스

로마는 기독교역사를 빼놓고는 이야기할 수 없다. 그 중 초기 기독교 박해에 대한 대표적인 유적지인 카타콤베와 박해가 끝난 후 번영의 시작을 알리는 전 세계 최초의 성당인 산조반니 인 라테라노 성당을 함께 둘러보며 초기 기독교 역사에 대한 이해를 넓혀보도록 하자.

기독교인들의 성지순례지, 카타콤베 (Le catacombe)

로마시대 최초의 성문법인 12표법에 따라 어떠한 로마시민도 시내에 무덤을 만들지 못했다. 따라서 로마가도 주변에 무덤을 만들었고 이 터를 카타콤베라고 불렀다. 로마제국 멸망 후에 버려진 무덤 터에 기독교인들이 박해를 피해 거주하기 시작했고, 박해로 희생된 순교자들이 카타콤베에 묻히면서 이곳이 순례지처럼 인식되었다.

더 이상 박해가 사라지고 순교자도 나타나지 않자 카타콤베에 숨어살 이유도 없었지만 기독교인들 사이에는 성인이나 순교자 옆에 묻히면 그들이 천국으로 안내할 것이라 믿으면서 카타콤베에 묻히길 원했다. 이 때문에 카타콤베는 크게 확장되어 총 연장 길이가 100km 이상 되는 거대한 공동묘지가 되었다. 이후 성당마다 성인이나 유명한 순교자의 시신을 성당에 안치하는 것이 유행하면서 카타콤베에 묻혀있던 시신들이 이장되고, 더 이상 천국으로 가는 안내자가 사라진 카타콤베는 사람들 기억 속에서 잊혀졌다. 시간이 흘러 교황청에서 카타콤베를 순교지로 지정하면서 다시 세상에 알려졌고 지금은 기독교인들의 성지순례 필수코스가 되었다.

산조반니 인 라테라노성당 Basilica di S.Giovanni in Laterano

밀라노칙령으로 자유를 얻게 된 교황청은 콘스탄티누스황제에게 성당을 지을 수 있게 해달라고 요청해 4개의 성당을 짓게 된다. 그 중 3개는 예루살렘에 있고, 나머지 하나가 바로 이 성당이다. 전 세계 최초의 성당이자 교황청이었던 이곳은 원래 콘스탄티누스가 로마의 세력가였던 라테라노가문의 여자와 결혼하면서 결혼지참금으로 받은 궁전이었다. 이를 콘스탄티누스가 교황청에 기증하고 성당으로 개조하여 1305년 아비뇽유수사건이 있을 때까지 사용하였다.

지금도 이곳은 로마의 주교좌성당으로 이탈리아에서 가장 중요한 성당이다.

성당 내에는 베드로사도와 바오르사도의 두개골이 안치되어 있으며, 예수가 12제자와 함께 최후의 만찬에 사용했던 테이블을 보존하고 있다.

주소 Piazza S.Giovanni in Laterano, 4, 00184 Roma **문의** (+39)06-6988-6452 **운영시간** 07:00~18:30 **찾아가기** 메트로 A선 산조반니역(San Giovanni)에서 P.le. San Giovanni 방향 출구로 나가 도보 3분 거리이다. **귀띔 한마디** 미사 시간은 평일 08:00, 09:00,10:00, 11:00, 12:00, 17:00, 일요일 07:00, 08:00, 09:00, 10:00, 11:00, 12:00, 16:30, 17:00, 18:00이다.

산타스칼라성당 Chiesa Santa Scala

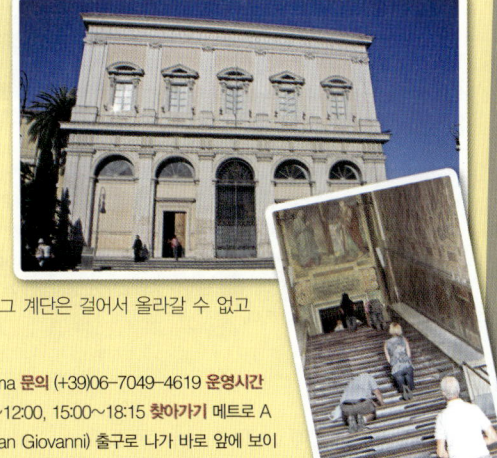

기독교를 공인한 콘스탄티누스의 어머니였던 헬레나성녀St.Helena는 4세기 초 이스라엘 예루살렘으로 성지순례를 떠난다. 그곳에서 그때 남아있던 예수와 관련된 유물들을 전부 가지고 로마로 돌아오는데, 그 중 예수가 본디오빌라도 앞에서 무릎을 꿇고 재판을 받은 28개의 계단을 통째로 가지고 와 이곳에 안치하였다. 지금도 그 계단에는 예수의 피가 남아있다고 해서 수많은 성지순례객이 찾아온다. 그 계단은 걸어서 올라갈 수 없고 반드시 무릎을 꿇고 기도를 해야 오를 수 있다.

주소 Piazza S.Giovanni in Laterano, 14, 00184 Roma **문의** (+39)06-7049-4619 **운영시간** 4~9월 06:15~12:00, 15:30~18:45, 10~3월 06:15~12:00, 15:00~18:15 **찾아가기** 메트로 A 선 산조반니(San Giovanni)역에서 산조반니광장(P.de.San Giovanni) 출구로 나가 바로 앞에 보이는 성벽 문을 지나 도보 5분 거리이다. 라테라노성당을 등지고 왼편에서 보인다. **귀띔 한마디** 로마에서 유일하게 고행 속에서 기도를 드리는 성스러운 곳이다. 가톨릭신자라면 반드시 거치는 성지이다.

예루살렘 성십자가성당 Basilica di Santa Croce in Gerusalemme

로마 7대 성당 중의 하나로 3세기 초 세베루스 황제가 만든 황실별장 세쏘리움Sessorium이 있던 곳에 만들어진 성당이다. 처음에는 바실리카 세쏘리움이라 불렀으나 예수가 등에 졌다고 하는 십자가가 이곳에 보관되면서부터 지금의 이름을 갖게 되었다. 헬레나성녀가 예루살렘에서 가져온 예수와 관련된 성물 중에 예수가 묶였던 십자가조각과 예수의 성흔이 담긴 옷들이 보관되어 있다.

주소 Piazza di Santa Croce in Gerusalemme, 12 **문의** (+39)06-701-4769 **운영시간** 07:00~12:45, 14:00~19:00 **찾아가기** 산조반니 인 라테라노성당 앞 광장에서 왼쪽으로 난 카를로펠리체거리(Viale Carlo Felice)를 따라 도보 5분 거리이다. **귀띔 한마디** 성당 옆에는 검투사경기가 벌어지던 원형경기장이 남아있는데 현재는 보수 중이다.

쿼바디스성당 Chiesa di Quo Vadis

로마에 기독교를 전하기 위해 왔던 베드로가 로마 내에서 박해가 심해지자 이를 피해 성문 밖으로 도망칠 때 십자가를 메고 성안으로 들어가는 예수를 발견한다. 깜짝 놀란 베드로가 예수에게 'Quo vadis domine?(주여 어디로 가시나이까?)'라고 묻자 예수는 '내가 너를 대신하여 십자가에 다시 한 번 매달리기 위해 들어간다.'라고 대답한다. 이에 베드로는 회개하고 눈물을 흘리며 성안으로 발길을 돌렸다는 이야기를 기념하기 위해 만들어진 성당이다.

주소 Via Appia Antica 51, 00179 Roma **운영시간 비수기** 월~금요일 08:00~12:30, 14:30~18:45, 일요일, 공휴일 08:30~12:30, 14:30~18:45 **성수기** 월~일요일, 공휴일 08:00~19:45 **찾아가기** 산조반니(San Giovanni)역에서 218번 버스를 타고 아피아안티카(Appia Antica)역에서 하차하면 보인다. **귀띔 한마디** 성당 안에는 당시 예수가 서 있던 자리에 새겨진 발자국이 있다.

예수의 발자국

산칼리스토 카타콤베 Le Catacombe di San Calisto

칼리스토 카타콤베는 교황 칼리스토가 취임하기 전에 근무했던 곳으로, 이를 기념하여 칼리스토 카타콤베라고 부르게 되었다. 이곳에는 총 13명의 교황과 음악의 수호성인인 체칠리아성녀의 무덤이 있다. 체칠리아성녀는 로마 명문귀족 출신이었는데, 기독교 복음을 전하던 중 로마군에게 붙잡혔다. 그녀는 목욕탕에 가두고 불을 때 뜨거운 증기로 데워 죽이는 형벌에 처해지는데, 하루가 지나도 상처 하나 입지 않고 그 안에서 성가를 불렀다고 한다. 결국 참수형에 처해진 그녀는 죽는 순간까지 성가를 부르며 생을 마감하면서 음악의 수호성인이 되었다.
그녀의 시신은 이곳에 16세기까지 보관되다가 트라스테베레에 있는 산타체칠리아 인 트라스테베레로 옮겨졌다.

주소 Via Appia Antica, 110/126 00179 Roma **문의** (+39)06-513-0151 **홈페이지** www.catacombe.roma.it **운영시간** 09:00~12:00, 14:00~17:00 **휴관** 매주 수요일, 1/1, 12/25, 부활절, 1월 30일~2월 26일 **입장료** 성인 €8, 7세~15세 €5 **찾아가기** 산조반니역(San Giovanni)에서 218번 버스를 타고 아피아안티카 역(Appia Antica)에서 하차한다. **귀띔 한마디** 카타콤베는 개별입장이 불가하고 반드시 무료가이드가 동행해야 들어갈 수 있다. 어느 정도 인원이 모이면 출발하는데, 가이드는 영어, 이탈리아어, 프랑스어, 독일어 등을 구사할 수 있다.

산세바스티아노 카타콤베 Le Catacombe di San Sebastiano

중세시대 흑사병의 수호성인이자 성서 속에서 가장 최초의 순교자였던 세바스티아노성인의 유해가 묻힌 곳으로 성인의 이름을 따서 세바스티아노 카타콤베라고 부르고 있다. 옆에 있는 성당은 로마의 7대 성당 중 하나인 산세바스티아노성당이다.

주소 Via Appia Antica, 136 00179 Roma **문의** (+39)06-785-0350 **홈페이지** www.catacombe.org **운영시간** 09:00~12:00, 14:30~17:00 **휴관** 매주 일요일 **입장료** €8 **찾아가기** Circo Massimo 역에서 118번 버스를 타고 Appia Antica(S.Sebastiano)에서 하차한다.

카라칼라욕장 Terme di Caracalla

3세기 초 로마제국의 황제였던 카라칼라황제에 의해 만들어진 공중목욕탕으로 동시에 수용할 수 있는 인원이 1,500명 이상인 거대 목욕탕이다. 로마 외곽에 위치하여 14세기까지는 거의 원형을 간직하고 있었지만 14세기 이후 로마가 새롭게 재건축되는 과정에서 채석장으로 사용되면서 현재의 모습만이 남게 되었다.

주소 Via Antonina, 52 00179 Roma **문의** (+39)06-6988-6452 **홈페이지** www.catacombe.roma.it **운영시간** 월요일 09:00~13:00, 화~일요일 09:00~15:30, 여름철 월~일요일 09:00~18:00 **휴관** 1/1, 12/25 **입장료** 성인 €8, 학생 €4 **찾아가기** 메트로 B선 치르코 마시모(Circo Massimo)역에서 도보로 10분 거리에 있다. **귀띔 한마디** 이탈리아에서는 매년 여름 2곳의 유적지에서 야외오페라를 공연하는데 한 곳은 베로나의 아레나이고, 다른 하나가 이곳이다. 여름에 방문하는 여행자라면 한 번쯤 이탈리아의 오페라를 경험해보는 것도 좋은 추억이 될 것이다.

Section 03
로마에서 먹어봐야 할 것들

로마에 왔으면 꼭 맛봐야 할 음식 중의 하나가 카르보나라파스타이다. 로마에서 카르보나라가 시작되었기 때문에 저렴한 가격에 정통 카르보나라를 맛볼 수 있다. 파스타의 본고장 로마에서 파스타를 먹은 뒤 이탈리아의 대표 디저트인 티라미수와 커피 한잔의 여유를 느껴보는 것은 어떨까?

로마에서 즐기는 전통 남부 피자
피자레 PizzaRé

마치 시간이 멈춰버려 변하지 않을 같은 도시 로마도 경기불황의 여파로 안주하고 노력하지 않는 레스토랑들은 하루아침에 사라지고 있다. 이런 로마에서 30년 가까이 한 자리에서 현지인과 관광객들에게 꾸준한 사랑을 받고 있는 피자집이 있다. 바로 남부피자 전문점 피자레인데, 피자의 본고장인 나폴리에서 직접 가져온 화덕과 주방장이 직접 운영하는 30년 전통의 피자맛집으로 빨간피자와 하얀피자 등 다양한 피자를 제공한다.

뿐만 아니라 남부의 전통음식인 모차렐라치즈를 이용한 음식과 다양한 튀김류까지 색다른 남부의 맛을 즐길 수 있다. 가격 또한 저렴해서 스페인광장 주변에서 이만한 맛에 이정도 가격의 집은 찾기 어려울 것이다. 물론 저자가 처음 이 가게를 접한 10년 전에 비해 맛이 조금은 떨어진 듯한 느낌이지만 그래도 충분히 매력이 있기에 남부 음식을 원한다면 추천한다.

주소 Via di Ripetta 14, 00186 Roma **문의** (+39)06-321-1468 **홈페이지** www.pizzare.it **운영시간** 월~일요일 12:00~23:30 **가격** 피자 €8~13, 맥주 €2.5~6 **찾아가기** 포폴로 광장에서 리페타 길 via di ripetta 길로 들어서서 20미터 가면 왼쪽에 위치한다. **주변관광지** 포폴로광장

크림파스타의 원조를 만날 수 있는 곳,
일 베로 알프레도 Il Vero Alfredo

크림파스타의 원조격인 레스토랑으로 이탈리아 최고의 카르보나라를 즐길 수 있다. 대표메뉴인 알프레도 페투치니 파스타 Maestosissime Fettuccine all'Alfredo를 시키면 요리사가 음식을 직접 가져다주면서 먹기 좋게 섞어주는 가벼운 퍼포먼스를 보여준다. 실내를 빼곡하게 채운 유명 인사들의 사진과 깔끔하게 차려입은 종업원들이 있어 고급스러운 분위기를 더한다. 물론 그에 걸맞게 가격대도 다소 높은 편이다. 파마산치즈 Parmesan Cheese와 버터의 고소함이 매력이지만 느끼한 음식을 좋아하지 않는다면 다른 메뉴 또한 훌륭하므로 전통 있는 레스토랑에서의 식사를 원한다면 괜찮은 선택이 된다.

주소 Piazza Augusto Imperatore, 30, 00186 Roma **문의** (+39)06-687-8734 **홈페이지** www.alfredo-roma.it **운영시간** 월~토요일 12:30~15:00, 19:30~23:45 **휴무** 매주 일요일 **가격** 파스타 €15~, 세콘도피아티 €20~, 음료 €4 **찾아가기** 베네치아광장에서 포폴로광장(Piazza del Popolo)으로 이어지는 코르소거리(Via del Corso) 중간 부분에 위치한 아우구스투스 영묘 근처이다. **주변 관광지** 스페인광장, 코르소거리

이탈리아 메뉴 읽는 법

이탈리아여행 중 메뉴판에 공통적으로 사용되는 몇 가지 단어 정도만 이해하고 있어도 음식을 주문하는 데 상당한 도움이 된다. 특히 대부분의 이탈리아 식당은 입구에 메뉴와 가격표를 붙여놓기 때문에 밖에 붙어 있는 메뉴판을 잘 살펴보면 먹고 싶은 음식을 제대로 고를 수 있다.

Antipasto(안티파스토) 단어 뜻 그대로 파스타 선에 먹는 가벼운 전채요리를 뜻한다. 토마토와 치즈로 만든 카프레세 등이 속한다.
Formaggio(포르마조) 치즈를 뜻하며, 전채요리나 디저트 대용으로 나오는 요리
Contorno(콘토르노) 주 요리에 딸려 나오는 야채 등을 말한다. 주로 간단한 샐러드나 감자튀김이 이에 속한다.
Primo Piatto(프리미피아토) 첫 번째 접시를 뜻하며, 각종 파스타나 리소토 등이 이에 속한다.
Secondo Piatto(세콘도피아토) 두 번째 접시라는 뜻으로 프리미피아토를 먹으면 나오는 메인 메뉴이다. 보통 생선이나 육류로 만든 요리이다.
Vino(비노) 요리와 함께하는 와인이다. 와인이 익숙하지 않다면 무난한 하우스와인(vino della casa)을 주문한다.
Dolce(돌체) 티라미수나 과일 마체도니아(Macedonia) 같은 디저트 요리를 말한다.

이탈리아 전통의 가정식요리를 원한다면,
쿨데삭 Cul de Sac

1968년에 문을 연 로마에서 오래된 와인바 중 한 곳으로 외지인보다는 현지인들이 즐겨 찾는 곳이다. 3,000여 종의 와인을 구비한 곳이라 들어서면 마치 사전 같은 와인리스트를 건넨다. 와인과 어울리는 요리도 팔고 있으므로 식사도 함께 즐길 수 있다. 이색적인 메뉴로 소의 내장을 토마토소스에 볶은 트리파 알라 로마나Trippa alla Romana와 이탈리아식 소꼬리찜인 코다 알라 바키나라Coda alla Vaccinara 등이 있다. 이외에도 대중적인 요리 카르보나라, 라자냐Lasagna 등도 맛볼 수 있다. 쉽게 접할 수 있는 파스타나 피자 말고 로마의 전통요리를 먹어보고 싶다면 도전해보자.

주소 Piazza Pasquino, 73, 00186 Roma **문의** (+39)06-6880-1094 **운영시간** 12:00~16:00, 18:00~24:30(연중무휴) **가격** 라자냐 €9.90, 인볼티니(Involtini) €10, 코다(Coda) €11.90, 와인 €4.90, 메시포테이토 €5 **찾아가기** 나보나광장의 무어인의 분수를 바라보고 브라질대사관 쪽으로 난 우측 길로 접어들어 직진하면 보인다. **주변 관광지** 나보나광장

보기 좋은 피자가 먹기에도 좋다!
칸티나 에 쿠치나 Cantina E Cucina

예쁘게 꾸민 음식에 한 번, 맛에 두 번 감동받는 집이다. 구시가지에 위치하며, 오랜 전통만큼 아기자기한 실내디자인이 이탈리아레스토랑 분위기를 물씬 풍긴다. 모든 메뉴가 대체로 맛있는 편인데, 피자를 좋아한다면 버섯을 듬뿍 올린 보스카이올라 피자Pizza Boscaiola를 추천한다. 자릿세를 받지 않으며, 영어에 능숙한 종업원이 있어 주문에 어려움은 없다. 하우스와인도 판매하고 있으므로 느끼한 맛을 잡고 싶다면 음식과 함께 한잔 곁들여도 좋다.

주소 Via del Governo Vecchio, 87, 00186 Roma **문의** (+39)06-689-2574 **홈페이지** www.cantinaecucina.it **운영시간** 11:00~01:00(연중무휴) **가격** 피자 €8.50~, 파스타 €9~, 음료 €3.50~ **찾아가기** 나보나광장의 무어인의 분수(Fontana dei Moro)를 바라보고 브라질대사관 쪽으로 난 우측 길로 들어가서 만나는 고베르노 베치오길(Via del Governo Vecchio)에 위치한다. 나보나광장부터 도보로 3분 거리이다. **주변 관광지** 나보나광장

로마스러운 느낌이 물씬 풍기는
트라토리아 알 테타렐로 Trattoria Al Tettarello

젊은이들에게 가장 핫한 몬티지구에 위치한 레스토랑이지만 분위기만큼은 19세기 로마의 감성을 그대로 유지하고 있는 개성 강한 식당이다. 입구부터 오래된 간판을 그대로 사용하고 있어 정감이 느껴지고 내부 인테리어도 낡은 테이블과 의자 그리고 오래된 생활소품들로 장식되어 있다.

데타렐로의 가장 큰 매력은 가격으로 유명 관광지와 달리 현지인들이 많이 모이는 곳에 위치하고 있어 대부분의 메뉴가 매우 저렴하다. 게다가 양도 푸짐하여 한 끼 든든하게 먹기 안성맞춤이다. 다양한 종류의 파스타와 다양한 로컬음식을 판매하는데 피자도 화덕에서 구워내 맛있다.

주소 Via dei Capocci, 4, 00184 Roma **문의** (+39)06-474-2130 **운영시간** 월~토요일 18:00~23:30, 일요일 12:30~15:00, 18:00~23:30 **가격** 피자 €7~12, 파스타 €8~ **찾아가기** 지하철 B선 카부르(Cavour)역에서 몬티지구로 들어가는 계단을 따라 내려가서 도보 3분거리에 위치한다. **주변 관광지** 콜로세움지구

착한 가격과 맛으로 승부하는
카를로멘타 Carlo Menta

테베레강 서쪽 트라스테베레지구에 위치한 유명 맛집이다. 트라스테베레는 유명 관광지가 아니라 로마의 서민층이 모여 사는 곳이다. 그래서 이곳에는 맛이 있으면서도 저렴한 식당이 많다. 그 중 카를로멘타는 피자 가격이 €2로 믿기지 않을 만큼 저렴하다. 착한 가격도 가격이지만 먹어보면 놀랄 만큼 맛도 허술하지 않다. 특히 라자냐와 어린 새우로 만든 감베리파스타 Gamberi Pasta가 유명하다. 점심에는 €10, 저녁에는 €13로 제공되는 세트메뉴 또한 눈여겨 볼만하다.

주소 Via della Lungaretta, 101, 00153 Roma **문의** (+39)06-580-3733 **운영시간** 주중, 일요일 12:00~23:20, 금~토요일 12:00~24:00 **가격** 파스타 €5~, 피자 €2~, 자릿세 €1.50 **찾아가기** 테르미니 역에서 H번 버스를 타고 가리발디다리를 건너 벨리광장(Piazza Belli)에 하차 후 룬가레타길(Via della Lungaretta)을 따라 도보 3분거리이다.

화덕으로 구어 내는 전통피자집,
루찌 Trattoria Luzzi

콜로세오와 그 주변 관광 후 점심 먹기에 좋은 곳이다. 콜로세오와 포로 로마노 유적지와 거리상으로 가까운 대부분의 음식점이 가격대가 높은 편이나 이곳은 상대적으로 가격이 저렴해 배낭여행객들에게 추천하는 곳이다. 화덕에 직접 피자를 만드는 몇 안 되는 피자집으로 가격대비 만족도가 높지만 유독 동양인들에게는 불친절하다는 소문도 있다. 이 음식점이 위치한 산조반니 인 라테라노길은 게이 거리로도 알려져 있다.

주소 Via di San Giovanni In Laterano, 88, 00184 Roma **문의** (+39)06 -709-6332 **운영시간** 10:00~22:00(연중무휴) **가격** 피자, 파스타 €6~10 **찾아가기** 콜로세오에서 포로 로마노 반대쪽 산조반니 인 라테라노길(Via di San Giovanni in Laterano)을 따라 도보 3분 거리, 우측에 위치한다. **주변 관광지** 콜로세오

피자올림픽 우승자의 솜씨를 맛볼 수 있는
피제리아 에우로파 Pizzeria Europa

저렴한 가격으로 다양한 피자를 맛볼 수 있는 조각피자집이다. 이 집 주인은 로마의 명문요리학교 아타볼라 콘로세프 A Tavola Con Lo Chef 의 교수이며, 피자올림픽에서도 우승한 경력이 있는 실력파이다. 진열된 피자 중에 원하는 피자종류와 먹고 싶은 양을 요구하면 그 만큼만 잘라 무게를 재서 팔기 때문에 피자 한 판이 부담스럽거나 간단하게 끼니를 때우려 할 때 좋다. 다만 소문난 집이라 점심 피크시간을 피하지 않으면 줄을 서서 오래 기다려야 한다.

주소 Via Merulana 28, 00185 Roma **문의** (+39)06-6450-1196 **운영시간** 09:00~21:00 **휴무** 매주 일요일 **가격** 보통 1인 약 €5~ **찾아가기** 산타마리아 마조레성당을 등지고 정면 두 갈래 길 중 오른쪽 길로 들어서면 왼쪽에 위치 **주변 관광지** 산타마리아 마조레성당

Chapter 02 발길 닿는 곳곳마다 유적지인 로마

특별한 파스타를 즐기고 싶다면,
타겟 Target

테르미니역 주변에서 최고의 서비스와 좋은 가격으로 소문난 레스토랑이다. 특히 이곳은 역 주변의 다른 레스토랑과 달리 여행자들을 위한 곳이 아닌 현지인을 대상으로 영업하는 곳이라 종업원들의 서비스와 맛이 가격대비 매우 훌륭하다. 신선한 해산물요리가 인기메뉴인데 특히 랍스터파스타 Tagliolini all'Astice, 랍스터리소토 등 랍스터 관련 요리가 유명하다. 전채요리로 문어샐러드 Mattonella di Polpo Con Patate 가 좋으며, 피자보다는 파스타가 맛있다. 매주 금요일과 토요일 밤에는 라이브음악과 피아노 연주도 들을 수 있으며, 우리나라 신혼여행자들 사이에도 인기가 높은 집이다.

주소 Via Torino, 33, 00185 Roma **문의** (+39)06-474-0066 **홈페이지** www.targetrestaurant.it **운영시간** 월~일요일 12:00~15:30, 19:00~24:30(일요일은 저녁에만 문을 연다.) **가격** 메인메뉴인 피자 한 판이나 파스타와 음료를 하나 시키면 자릿세와 서비스 차지를 포함해서 약 €25 정도이다. **찾아가기** 공화국광장에서 정면에 보이는 대로 나치오날레길(Via Nazionale)로 들어서서 오른쪽에 보이는 첫 번째 골목으로 들어가면 바로 보인다. **주변 관광지** 공화국광장

한국음식이 그리워질 때,
가인 GAINN

테르미니역 주변에 위치한 한인식당으로 현재 로마에 있는 한인식당 중 가장 깔끔한 실내인테리어와 음식 맛이 정갈하기로 소문난 곳이다. 장기로 여행 중이거나 유럽을 거쳐 로마로 들어온 경우 심신이 피로할 때 한국음식은 새로운 활력을 불어넣는 에너지가 된다. 한국에서나 맛볼 수 있던 김치찌개부터 보쌈, 삼겹살, 냉면 등까지 메뉴 종류도 다양하고, 어느 것을 주문해도 다들 먹을 만하다. 대부분의 숙소가 몰려있는 테르미니역에서 가까워 찾아가기도 쉬운 편이다. 친절한 사장님의 인사와 함께 맛있는 한식을 맛볼 수 있는 곳으로 한식이 그리워진 여행자에게는 반가운 레스토랑이다.

주소 Via dei Mille, 18, 00185 Roma **문의** (+39)06-4436-0160 **운영시간** 11:30~15:00, 18:00~22:00 **휴무** 매주 일요일 **가격** €16~ **찾아가기** 테르미니역 근처 500인 광장에서 역을 바라보고 왼쪽으로 100m 가면 인디펜덴차광장(Piazza Indipendenza)이 나온다. 광장에 접하고 있는 밀레길(Via dei Mille)로 들어가면 왼편에 위치한다.

로마에서 가장 큰 한식당, 이조 Ristorante Coreana

로마의 최대 유흥지구인 트라스테베레지역에 위치한 한식당이다. 로마에서 가장 큰 규모만큼이나 다양한 메뉴를 갖추었는데 구이류부터 찌개류까지 한국의 식당에서 만날 수 있는 대부분의 음식을 판매한다. 식당 내부는 두 구역으로 나누어져 있는데, 한 쪽은 일반손님을 위한 곳이고 다른 한쪽은 단체손님을 위한 곳이다. 단체손님이 겹쳤을 경우 음식이 다소 늦게 나올 수 있고, 대중교통을 이용해 찾아가기도 다소 번거로운 편이다. 테르미니역 주변에 머무는 여행자라면 복잡한 대중교통보다는 택시를 이용하는 것이 편하다.

주소 Via Roma Libera, 26, 00153 Roma **문의** (+39)06-5831-0269 **운영시간** 12:30~15:00, 17:30~23:00 **휴무** 매주 화요일 **가격** €13~ **찾아가기** 500인 광장에서 H번 버스를 타고 테베레강 다리를 건넌 후 두 번째 정거장에서 하차 후 정면에 보이는 길을 따라 걸어가다가 오른편으로 나오는 첫 번째 골목으로 우회전한 후 10m 정도 걸어가면 왼쪽으로 보인다. **주변 관광지** 트라스테베레 지구

130년 전통의 젤라토, 파시 G.Fassi

1881년 문을 연 이래 오랜 전통을 이어오는 로마를 대표하는 젤라토가게로 테르미니역 근처에 위치해 있어 접근성이 좋다. 국내에도 빨라쪼델프레도 Palazzo del Freddo라는 브랜드로 서울을 비롯한 전국에 분점을 두고 있지만 한국에 있는 분점과는 맛의 차원이 다르다. 가격대비 양도 푸짐하며, 실내가 넓어 앉아 먹을 수도 있다. 비수기에는 요일별로 다양한 할인행사가 진행되므로 겨울에 방문한다면 더욱 저렴하게 젤라토를 맛볼 수 있다. 특히 이 집에서는 쌀로 만든 리소Riso맛과 피스타치오맛을 추천한다.

주소 Via Principe eugenio, 65, 00185 Roma **문의** (+39)06-446-4740 **홈페이지** www.palazzodelfreddo.it **운영시간** 12:30~23:00 **휴무** 매주 월요일 **가격** €1.80~ **찾아가기** 비토리오 에마누엘레2세 공원에서 2블록 지나 Moscatello Hotel 옆에 위치한다.

바티칸여행의 필수코스, 올드브리지 Old Bridge

과거 교황이 즐겨 찾던 젤라토가게로 알려지면서 바티칸 주변에서 가장 인기 있는 젤라토가게이다. 규모가 작아 실내에는 먹을 수 있는 공간도 없지만, 가격에 비해 양도 많고 친절한 점원들이 한국말로 농담을 건네기도 한다. 가게 앞은 항상 많은 사람으로 장사진을 이루며 성수기에는 10~20분 정도 기다리는 것이 기본이다. 딸기맛이 인기메뉴이며 색다른 맛을 먹어보고 싶다면 리코타 치즈맛Ricotta Cheese을 추천한다. 바티칸을 방문하는 사람이라면 꼭 한번 방문해보도록 하자.

주소 Viale dei Bastioni di Michelangelo 5, 00192 Roma **문의** (+39)328-411-9478 **홈페이지** gelateriaoldbridge.com **운영시간** 09:00~02:00, 일요일 09:30~14:00(연중무휴) **가격** €1.50~ **찾아가기** 베드로성당과 바티칸박물관을 잇는 담장을 따라 걸어서 3분 거리이다. **주변 관광지** 바티칸

이탈리아를 대표하는 젤라테리아
지올리티 GIOLITTI

1900년부터 시작한 오랜 전통의 아이스크림가게로 상큼한 과일맛 젤라토와 젤라토 위에 토핑한 생크림이 인기이다. 천연과일로 직접 만든 젤라토를 한 입 베어 물면 진짜 과일을 베어 문 듯한 기분이다. 여름철에만 나오는 수박맛이 일품이며, 피스타치오맛도 권할 만하다. 국내 여행자들에게 유명한 3대 젤라토가게 중 가격은 가장 비싸지만 접근성이 좋다. 가게 입구 옆 계산대에서 먼저 주문을 하고 영수증을 받아 주문대에서 젤라토 맛을 고르면 된다. 영수증을 받는 순서로 주문이 들어가므로 가만히 서있으면 몇 시간을 기다려야 할지 모르니 능동적으로 주문해야 한다. 다른 가게에서는 생크림을 추가할 경우 추가비용을 받지만 이곳은 무료이다.

주소 Via Uffici del Vicario, 40, 00162 Roma **홈페이지** www.giolitti.it **운영시간** 07:00~01:30(연중무휴) **문의** (+39)06-699-1234 **가격** €2.50~ **찾아가기** 판테온을 등지고 정면으로 보이는 두 갈래 길 중 오른쪽 길로 들어가 직진하다가 건물에서 막히는 길목에서 오른쪽으로 들어가면 보인다. **주변 관광지** 판테온

유명한 이탈리아 젤라토 체인점,
그롬 Grom

10여 년 전 이탈리아 북부 피에몬테주 토리노에서 처음 문을 연 후 로마 외에도 피렌체, 베네치아 등 이탈리아 주요도시에 체인을 운영하고 있으며, 도쿄나 뉴욕, 파리 등에서도 만날 수 있는 세계적인 프랜차이즈 업체이다. 이탈리아에서는 제일 큰 규모로 운영하며, 각지에서 올라온 신선한 유기농 과일과 재료만을 사용한다. 세계적인 명성답게 그롬만 찾는 마니아층이 있을 만큼 맛 또한 훌륭하다. 로마시내에는 나보나광장과 판테온 근처에서 만날 수 있다.

주소 Via agonale 33, 00186 Roma **문의** (+39)06-6880-7297 **홈페이지** www.grom.it **운영시간** 월~목요일 11:00~12:30, 금~토요일 11:00~01:30, 일요일 10:00~12:30(연중무휴) **가격** €2.50~ **찾아가기** 나보나광장에서 산타녜제 인 아고네성당을 왼편에 두고 걸어서 1분 거리에 있다. **주변 관광지** 나보나광장

전통 수제초콜릿 젤라토, 벵키 Venchi

벵키는 전 세계 55개국에 7,500여 개 지점을 보유하고 있는 이탈리아 초콜릿브랜드이다. 130년 전통의 수제 초콜릿으로 이름을 알리기 시작해 현재는 쫀득쫀득한 젤라토를 포함하여 초콜릿이 들어가는 다양한 상품으로 인기를 끌고 있다. 초콜릿 전문점답게 고급스러운 느낌의 다크초콜릿 맛 젤라토가 이 집의 인기메뉴이다. 선물용포장도 가능하므로 초콜릿을 선물하고 싶다면 다크초콜릿이나 헤이즐넛초콜릿, 아몬드초콜릿을 추천한다.

주소 Via della Croce, 25/26, 00186 Roma **문의** (+39)06-6979-7790 **홈페이지** www.venchi.com **운영시간** 월~금요일 10:30~12:00, 토~일요일 10:30~12:30(연중무휴) **가격** €2.50~ **찾아가기** 스페인계단을 등지고 보이는 코도티거리(via condotti)에서 우측으로 두 번째 골목인 크로체길(Via della croce) 왼편에 위치하며, 도보로 5분 거리이다. **주변 관광지** 스페인계단

마치 우유처럼 부드러운 젤라토 꼬메 일 라테 Come il Latte

로마는 아무리 과거를 위해 미래를 포기했다 하더라도 새로운 아이템과 식당들이 꾸준히 생겨나고 있다. 그로인해 전통적인 음식점까지 위협하는 가게들이 등장하는데 현재 로마에서 가장 핫한 젤라테리아가 꼬메 일 라테이다. 구글 및 트립어드바이저에서 최고의 평가를 받고 있으며, 유지방을 이용한 다양한 젤라토를 판매하는데 가격이 너무 저렴하고 양까지 넉넉하다. 특히 젤라토를 담기 전에 넣어주는 초콜릿과 마지막에 올려주는 생크림까지 어느 것 하나 아쉬움이 없는 최고의 젤라테리아이다. 처음에 가면 젤라토만 고르는 게 아니라 초콜릿과 생크림까지 골라야 하므로 주문이 번거로울 수 있지만 종업원들이 친절하게 응대하므로 천천히 자신만의 젤라토를 만들어보자.

주소 Via Silvio Spaventa, 24/26, 00187 Roma **문의** (+39)06-474-2130 **홈페이지** www.comeillatte.it **운영시간** 일~목요일 12:00~24:00, 금~토요일 12:00~01:00 **가격** 젤라토 €2~ **찾아가기** 지하철 A선 레푸블리카(Republica)역에서 나와 9월 20일 길(Via Venti Settembre)로 들어서 약 100m 간 후 아우렐리아나길(Via Aureliana)로 좌회전 그리고 두 번째 사거리에서 우회전하면 보인다. **주변관광지** 테르미니역, 공화국광장

티라미수의 왕이라 불리는
폼피 Pompi

티라미수Tiramisu가 프랑스 디저트라고 생각했다면 큰 오산이다. 티라미수는 18세기부터 이탈리아 가정에서 디저트로 애용했으며, 현재까지도 이탈리아 사람들이 즐기는 인기 디저트이다. 이탈리아어로 Tirare는 '끌어올리다', Mi는 '나를', Su는 '위로'라는 말로 이를 번역하면 '나를 위로 끌어올리다'가 되므로 '기분이 좋아지다'라는 뜻을 내포한다. 본점은 지하철역(Re di Roma)에 위치하며, 여러 지점이 로마지역 내에 있어 접근성도 좋다. 여행자들이 찾아가기에는 스페인광장 근처가 편리하며, 기본 티라미수Classico 외에도 한국에서는 쉽게 접할 수 없는 딸기Fragola, 피스타치오Pistacchio, 바나나&초콜릿Banana e Cioccolato 등 다양한 티라미수를 맛볼 수 있다.

스페인광장점 주소 Via della Croce, 82, 00186 Roma **문의** (+39)06-6994-1752 **운영시간** 10:00~22:30(연중무휴) **가격** €4 **찾아가기** 메트로 A선 스파냐(Spagna)역 근처로 스페인계단을 등지고 코르소거리 우측 두 번째 골목 크로체길(Via della Croce)을 따라 도보 2분 거리 **주변 관광지** 스페인광장
본점 주소 Via Albalonga, 7, 00183 Roma **문의** (+39)06-700-0418 **홈페이지** www.barpompi.it **운영시간** 07:00~01:30(매주 월요일 휴무) **가격** €4 **찾아가기** 메트로 A선 로마(Re di Roma)역 근처 라테라노성당과 가깝다. **주변 관광지** 산조반니 라테라노성당

250년 전통의 로마 대표카페
안티코 카페그레코 Antico Caffè Greco

1760년 개점한 카페로 로마에서 가장 오랜 역사를 지녔으며 '세계에서 가장 아름다운 카페 베스트 10'에도 선정된 바 있다. 커피의 맛도 훌륭하지만 괴테Goethe, 스탕달Stendhal 등 당대 최고 문인들의 사교장으로 활용되면서 당시 문호들의 작품이 곳곳에 전시되어 있다. 엄청난 자릿세 때문에 대부분 바 주변에 서서 마시는데 계산대에서 먼저 주문을 한 뒤, 점원에게 영수증을 제시하면 주문한 음료를 바로 만들어 준다.

주소 Via dei Condotti, 86, 00186 Roma **문의** (+39)06-679-1700 **홈페이지** www.anticocaffegreco.eu **운영시간** 08:00~20:30(연중무휴) **가격** 에스프레소 €1.30, 카푸치노 €2, 카페프레도 €2 **찾아가기** 스페인계단을 등지고 콘도티길(Condotti)을 따라 도보 3분 거리로 불가리매장 맞은편에 위치한다. **주변 관광지** 스페인광장

로마에서 가장 인기 있는 커피숍,
타짜도로 Tazza D'Oro

트레비분수에서 판테온으로 가는 길에 위치한 로마를 대표하는 커피숍 중 한 곳이다. 위치도 좋고 맛도 훌륭하여 항상 현지인들과 여행자들로 붐비며, 에스프레소 위

에 생크림을 올려 먹는 에스프레소 콘 판나Espresso con Panna와 여름철에만 나오는 그라니타 콘 판나Granita con Panna가 대표메뉴이다. 이 집은 테이블 없이 바Bar에서 서서 커피를 마시는 분위기이다. 타짜도르에서는 이 집만의 로스팅기법으로 볶은 원두도 판매하는데, 포장부터가 로마스러움이 가득 묻어 있어 커피를 좋아하거나 선물용 제품을 찾는다면 구매해도 좋다.

주소 Via degli Orfani, 84, 00186 Roma **문의** (+39)06-678-9792 **홈페이지** www.tazzadorocoffeeshop.com **운영시간** 07:30~01:00 **휴무** 매주 일요일 **가격** 에스프레소 €0.90, 카푸치노 €1.10, 그라니타 €2.50 **찾아가기** 판테온을 등지고 서면 1시 방향으로 타짜도르가 보인다.

아는 사람만 아는 마약커피, 카페 에우스타키오 Sant'Eustachio IL Caffe

산에우스타키오성당이 근처에 있어 카페 에우스타키오라 이름을 붙였다. 아는 사람만 아는 진짜 커피맛집으로, 마약커피라고 소문이 날 만큼 한 번 마시면 그 맛에 반해 헤어나기 힘들다. 특히 이 집은 에스프레소가 유별난데, 카페를 만들 때부터 에스프레소에 설탕을 넣어주어 쌉쌀함과 달콤함의 조화가 오묘하다. 물론 에스프레소만의 깊은 커피맛을 원한다면 주문할 때 요구하면 된다. 초콜릿, 커피술, 모카포트 등 다양한 커피관련 상품도 판매하는데 특히 커피콩 초콜릿은 현재 로마를 상징하는 기념선물로 추천할 만큼 맛도 가격도 적당한 상품이다.

주소 Piazza di Sant'eustachio, 82, 00186 Roma **문의** (+39)06-6880-2048 **홈페이지** www.santeustachioilcaffe.it **운영시간** 일~목요일 08:30~01:00, 금요일 08:30~01:30, 토요일 08:30~02:00(연중무휴) **가격** 카에스프레소 €1 카푸치노 €1.50, 커피콩 초콜릿 €4~ **찾아가기** 판테온을 바라보고 1시 방향으로 난 길을 따라 걷다보면 나오는 산에우스타키오광장(Piazza Sant'Eustachio) 근처에 위치한다. **주변 관광지** 판테온

박물관 같은 카페, 카페 카노바타돌리니 Caffè Canova Tadolini

과거 이탈리아 조각가 안토니오 카노바Antonio Canova의 공방이었던 곳을 개조하여 만든 카페테리아이다. 카노바와 그의 제자 아다모 타돌리니Adamo Tadolini의 이름을 합쳐 카노바타돌리니라는 이름을 붙였다. 카페테리아 안에는 많은 조각상이 전시되어 있어 마치 박물관에서 비밀리에 커피 한잔을 마시는 기분이다. 이 집은 커피 외에도 간단한 음식들을 주문할 수 있으며, 음료를 주문하면 쿠키를 함께 내준다. 음료의

가격이 비싸지는 않지만 자릿세가 높은 것이 흠이므로 서서 마시는 것도 고려해보자.

주소 Via del Babuino, 150/a, 00186 Roma **문의** (+39)06-3211-0702 **홈페이지** www.canovatadolini.com **운영시간** 08:00~24:00(연중무휴) **가격** 카푸치노 €4~(자릿세포함) **찾아가기** 스페인광장에서 포폴로광장으로 가는 바부이노길(Via del Babuino)로 가다보면 왼편에 위치한다. **주변 관광지** 포폴로광장, 스페인광장

빈티지한 느낌이 묻어나는
아날렘마 Analemma

빈티지한 느낌의 예쁜 인테리어 소품으로 넘쳐나는 카페이다. 주로 커피만 마시고 나가는 이탈리아 커피숍과 달리 한국의 커피숍처럼 앉아서 여유롭게 시간을 보낼 수 있다. 커피숍 주변에는 세련된 디자이너 옷가게부터 구제상품, 골동품 등을 판매하는 상점들이 골목골목에 자리하고 있으므로 커피를 마시기 전이나 마신 후 구경하는 재미가 쏠쏠하다. 이 집에서는 커피 외에도 맥주나 간단한 음식들을 주문할 수 있으며, 가격도 저렴한 편이다. 색다른 느낌의 로마를 만나고 싶거나 현지인처럼 하루를 보내고 싶다면 추천한다.

주소 Via Leonina, 77, 00184 Roma **문의** (+39)06-481-8479 **운영시간** 10:00~02:00 **휴무** 매주 월요일 **가격** 음료 €2~ **찾아가기** 메트로 B선 카보르(Cavour)역에서 하차하여 레오니나길(Via Leonina)을 따라 도보 2분 거리

아이리시펍 느낌의
마르코니 Birreria Marconi

배낭여행자들의 숙소가 몰려있는 테르미니역 근처에 위치해 있어 가볍게 맥주나 와인 한잔 즐기기에 좋다. 종업원들도 친절하며 동양인들에게 많이 알려진 곳이라 심심치 않게 한국인을 만날 수 있다. 펍Pub이지만 식사도 가능하며, 안주 종류도 대체로 훌륭한 편이다. 추천메뉴는 단연 기네스생맥주로 목넘김이 부드럽고 맛있다.

주소 Via Santa Prassede, 9, 00185 Roma **문의** (+39)06-474-5186 **운영시간** 12:00~01:00(연중무휴) **가격** 250cc 맥주 €3.50~, 500cc 맥주 €5.50~, 와인 한 잔 €3~ **찾아가기** 산타마리아 마조레성당을 등지고 서서 2시 방향의 산타프라세데길(Via Santa Prassede)로 들어서면 바로 보인다. **귀띔 한마디** 이 집은 한국인이 많이 찾는 집답게 한국어 메뉴판도 따로 비치하고 있다. **주변 관광지** 산타마리아 마조레성당

Section 04
로마에서 놓치면 후회하는 쇼핑거리

'이탈리아쇼핑의 핵심은 명품이다'라는 고정관념은 버려도 좋다. 오랜 역사를 가진 도시인만큼 로마에서 그 시대를 함께한 수많은 상점과 물건이 넘쳐난다. 수백 년을 이어가며 장인정신을 고집하는 다양한 상점에서 이탈리아쇼핑의 참맛을 느낄 수 있다.

오랜 역사와 명성의
산타마리아 노벨라약국 Santa Maria Novella

1호점(상), 2호점(하)

세계에서 가장 오랜 역사를 자랑하는 산타마리아 노벨라약국은 1221년 도미니코수도사들에 의해 시작되어 현재까지 효과를 세계적으로 인정받으며 인기를 끌고 있다. 피렌체에 본점이 있으며, 로마에 있는 곳들은 분점이다. 한국에서 판매하는 가격의 1/3 정도로 구매할 수 있으며, €155 이상 구매 시에는 세금환급도 가능하다. 로마의 분점 모두 한국인직원이 근무할 때도 있어 운이 좋으면 편하게 쇼핑할 수 있다. 두 지점의 휴무일이 다르므로 휴무일을 잘 체크하여 헛걸음치지 않도록 하자.

로마 1호점 주소 Corso del Rinascimento, 47, 00186 Roma **문의** (+39)06-687-2446 **홈페이지** www.smnovella.com **운영시간** 10:00~19:30 **휴무** 매주 일요일 **가격** 카렌듈라크림 €25, 이드랄리아크림 €60, 장미수 토닉(Acqua di Rose) €25, 아몬드비누(Sapone Alla Mandorla) €10 **찾아가기** 나보나광장에서 산타녜제 인 아고네성당을 왼편에 두고 오른쪽으로 나가면 보이는 리나시멘토 거리(Corso del Rinascimento)에 위치한다. **주변 관광지** 나보나광장

로마 2호점 주소 Via delle Carrozze 87, 00187 Roma **문의** (+39)06-678-0734 **운영시간** 10:00~19:30 **휴무** 매주 월요일 **찾아가기** 메트로 A선 스파냐(Spagna)역에서 하차 후 스페인계단을 등지고 정면으로 보이는 콘도티거리 오른쪽 길인 카로체길로(Via delle Carrozze) 들어서서 직진 3분 거리, 왼편에 위치한다. **주변 관광지** 스페인광장

유명 가죽장갑 브랜드, 세르모네타 Sermoneta

이탈리아의 수많은 가죽장갑 브랜드 중 가장 유명한 곳으로 이탈리아 중부에서 나오는 최고급 소가죽으로 만든다. 매년 새로운 디자인의 제품을 선보이고 있어 이탈리아 내에서도 많은 사랑을 받고 있다. 한국에도 몇몇 유명백화점에 입점되어 있지만 여기서 구매하는 것이 훨씬 저렴하며 다양한 제품 중에서 선택할 수 있다.

주소 Piazza di Spagna, 61, 00187 Roma **문의** (+39)06-687-2446 **홈페이지** www.sermonetagloves.com **운영시간** 09:30~19:30 **휴무** 공휴일 **가격** €35~ **찾아가기** 스페인광장 계단을 등지고 왼편으로 도보 1분 거리이다. **주변 관광지** 스페인광장

스페인광장 내 명품거리, 콘도티거리 파헤치기!

로마에서 출시된 따끈따끈한 신상을 만나고 싶다면 콘도티거리로 향하자. 스페인광장과 일직선으로 이어진 거리는 불가리(BVLGARI)가 이곳에 문을 열면서 명품거리로 조성되어, 불가리 본점과 알마니, 페레가모 등을 비롯해 로마의 모든 명품숍이 밀집해 있다. 로마에서 명품쇼핑은 콘도티거리, 대중 브랜드 쇼핑은 코르소거리(Via del Corso)을 추천한다.

로마 최대의 와인숍, 트리마니 Enoteca Trimani

로마 최대의 와인숍으로 이탈리아를 대표하는 유명와인들을 모두 한곳에서 접할 수 있는 최고의 장소이다. 관광객들을 위해 다양한 시음회를 진행하며, 저녁식사가 가능한 공간까지 마련되어 있다. 와인에 관심이 있다면 종업원과 상담하면서 좋은 가격과 좋은 품질의 와인을 추천받을 수도 있다. 마트에서 구입할 수 있는 일반적인 와인이 아닌 조금 특별한 와인을 찾는다면 방문해 볼 만하다.

주소 Via Goito, 20, 00185 Roma **문의** (+39)06-446-9661 **홈페이지** www.trimani.com **운영시간** 09:00~20:00 **휴무** 매주 일요일 **가격** €10~50 **찾아가기** 500인의 광장에서 테르미니역을 바라보고 왼편으로 나있는 큰 도로 니콜라엔리코거리(Viale de Nicola Enrico)를 따라 100m 정도 걸으면 작은 광장이 나온다. 거기서 코나드(Conad) 슈퍼마켓을 끼고 왼쪽 고이토길(Via Goito)을 따라 50m 정도 가면 오른쪽에 위치한다.

선물용 기념품을 한 번에 해결할 수 있는 라파엘라 Raffaella

이탈리아를 찾는 우리나라 여행자들이 기념품 리스트에 빠트리지 않는 발사믹식초와 올리브유 등을 저렴하게 구입할 수 있는 곳이다.

연도나 품질에 따라 다양한 가격대의 물건이 구비되어 있다. 고급와인부터 스파게티 면까지 이탈리아와 관련된 상품과 기념품들을 한데 모아 팔고 있으므로 귀국할 때 지인들을 위한 선물이 고민되는 여행자라면 가벼운 마음으로 방문해보자.

주소 Piazza della Minerva, 78, 00186 Roma **문의** (+39)06-687-8308 **운영시간** 11:30~20:30(연중무휴) **가격** 발사믹식초 €6~, 올리브유 €6~ **찾아가기** 판테온을 바라보고 왼편에 난 길로 걸어서 3분 거리로 미네르바성당 맞은편에 위치한다. **주변 관광지** 판테온

수공예로 만드는 세상에 단 하나뿐인 시계, 세라미카라쿠 Ceramica Raku

도자기시계를 판매하는 곳으로 디자인부터 제작까지 모든 과정이 수공예로 이루어져 의미가 더욱 깊다. 대형 벽걸이시계부터 탁상용시계, 별자리시계까지 다양한 종류가 구비되어 있다. 독특하면서도 어디에나 잘 어울리는 무난한 디자인으로 특별한 지인에게 선물하기에 좋다.

주소 Via dei Pastini, 20 **문의** (+39)06-678-7682 **홈페이지** www.raku.it **운영시간** 10:30~20:00(연중무휴) **가격** €25~135 **찾아가기** 판테온을 등지고 3시 방향으로 난 길로 가면 두 갈래의 길 중 오른쪽 길로 들어가 도보로 3분 거리 왼쪽에 위치한다. **주변 관광지** 판테온

동화 속 피노키오를 만날 수 있는 곳, 바르토루치 Bartolucci

이탈리아 태생의 피노키오. 매장을 가득 채운 다양한 피노키오 기념품이 눈을 즐겁게 해준다. 예쁜 외관에 가던 발걸음을 붙잡히는 이곳에선 마치 동화 속 제페토Geppetto 할아버지가 돌아와 손수 피노키오를 깎고 있는 듯한 장면을 볼 수 있다. 나무로 만든 장난감부터 열쇠고리, 시계, 피노키오 목각인형까지 다양한 종류의 핸드메이드 제품이 주를 이룬다. 가격은 종류와 크기에 따라 천차만별이다. 아기자기한 것을 좋아하는 사람이라면 꼭 구매하지 않더라도 눈요기하기에 좋다.

주소 Via dei Pastini, 96/98, 00186 Roma **문의** (+39)06-6919-0894 **홈페이지** www.bartolucci.com **운영시간** 10:00~21:30(연중무휴) **가격** €2~ **찾아가기** 판테온을 등지고 3시 방향으로 난 길로 가면 두 갈래의 길 중 오른쪽 길로 들어가 도보로 3분 거리 오른쪽에 위치한다. **주변 관광지** 판테온

로마 패션리더들의 집결지,
메르카토몬티 빈티지마켓 Mercato Monti Urban Market

젊은 디자이너들과 로마의 편집샵 주인들이 모여 만든 마켓으로 옷과 액세서리, 인테리어소품 등의 다양한 상품을 판매한다. 대규모가 아니라 창고에서 소규모로 열리므로 큰 기대는 하지 말고 가자. 테르미니역에서 멀지 않아 접근성도 좋고, 로마에서 색다른 재미를 찾고 싶은 여행자라면 추천할 만하다. 상설마켓이 아니므로 열리는 일정은 공식홈페이지를 통해 확인해야 하며, 매월 초 그 달의 오픈 일정이 공지된다. 빈티지마켓이라도 저렴함 물건들만 있는 것이 아니라 유명 디자이너가 직접 제작한 상품들도 있어 가격대가 조금 있는 편이다.

주소 Via Leonina, 46, 00184 Roma **홈페이지** www.mercatomonti.com **운영시간** 10:00~20:00(매주 일요일, 토요일에 열리는 날도 있다.) **가격** 수제노트 €10~ 안경, 선글라스 €35~ **찾아가기** 테르미니역에서 카부르길(Via Cavour)을 따라 10분 정도 걸어 내려오면 보이는 메트로카부르역에서 오른쪽 보이는 계단으로 내려가면 역 입구가 보인다. 그 역을 등지고 서서 왼쪽의 팔라티노호텔(Palatino Hotel) 주차장에 위치한다. **귀띔 한마디** 온/오프라인 모두 운영하는 주인은 온라인 가격보다 약간 더 싸게 내놓기도 한다.

로마에서 가장 큰 벼룩시장,
포르타포르테세 Porta Portese

로마에서 가장 규모가 큰 벼룩시장으로 옷, 골동품, 공예품, 그림 등 다양한 물건을 팔고 있다. 잃어버린 물건이 있으면 여기서 찾아보라는 말이 있을 정도로 장물도 매매되는 시장으로 알려져 있다. 1km 정도에 달하는 거리에 다양한 물건을 파는 상점들이 늘어서 있으며, 시장 양옆으로 장터가 이어지므로 꼼꼼히 둘러보려면 많은 시간이 소요된다. 관광객들이 눈여겨볼 만한 골동품뿐만 아니라 저렴한 생필품도 팔고 있어 시장이 서면 현지인들까지 가세해 엄청난 인파로 북적거린다. 도난품 구경하러 왔다 도난당하는 일이 없도록 소매치기를 조심해야 한다.

주소 Via di Porta Portese, 00153 Roma **운영시간** 07:00~13:30(매주 일요일) **찾아가기** 테르미니역 옆 버스 승강장에서 H번이나 8번 버스를 타고 테베레강을 건너 세 번째 정거장인 이폴리토니에보광장(Piazza Ippolito Nievo)에서 하차하면 된다. **귀띔 한마디** 포르타포르테세를 방문했다면 인근에 있는 트라스테베레지구도 함께 둘러보자.

Chapter 02 발길 닿는 곳곳마다 유적지인 로마

Section 05
여행자들에게 적당한 로마의 숙소

대부분의 숙소는 테르미니역 근처에 몰려있다. 호스텔은 성수기와 비수기의 가격 차이가 큰 편이다. 식비를 아끼고 싶다면 한식을 제공하는 한인민박집을 이용하는 것도 경비를 절약할 수 있는 좋은 방법이다. 비수기라면 예약은 선택사항이지만 성수기에 접어들면 자리가 일찍 차는 경우가 많으니 미리 예약을 하는 것이 좋다.

시내 접근성이 좋은
우나호텔 로마 UNA Hotel Roma

테르미니역에서 도보로 3분 거리에 있어 접근성이 좋은 4성급 호텔이다. 낡은 호텔을 통째로 인수하여 리모델링을 통해 새롭게 단장한 우나호텔 로마는 200여 개의 객실 외에도 5개의 회의실, 레스토랑과 바 등의 부대시설을 갖추고 있다. 객실은 대체로 좁은 편이지만 침대는 킹사이즈를 구비하여 널찍해서 숙면을 취하는 데 무리는 없다.

객실마다 미니바와 무료인터넷이 제공되며, 욕실용품, 헤어드라이어, TV 등이 구비되어 있다. 또한 뷔페식으로 조식이 제공되며, 다국어가 가능한 직원이 있어 로마여행에 필요한 추가적 정보도 구할 수 있다. 이탈리아 내 여러 체인점이 있어 어느 지역을 가도 믿고 숙박할 수 있으며, 2차례 이상 우나호텔에 숙박 시 할인혜택이 있다.

주소 Via Giovanni Amendola, 57, 00185 Roma **문의** (+39)06-64-9371 **홈페이지** www.unahotels.it **체크인/아웃시간** 14:00/12:00 **객실요금** 싱글룸 €138~, 더블룸 €168~(시티택스 1인당 €6) **찾아가기** 테르미니역 24번 플랫폼 쪽 출구로 나와 우회전 후 정면에 있는 다니엘 레마린길(Via Daniele Manin)로 직진하면 우측에 보인다. **귀띔 한마디** 필로서비스(Pillow Service)를 제공하므로 선호하는 베개를 프런트에 요청할 수 있다.

우리나라 허니문의 사랑을 독차지하는
로얄산티나 Best Western Royal Santina

이름이 산티나라고 해서 발음처럼 저렴할 것이라고 생각하면 오산이다. 베스트웨스턴호텔 체인으로 우리나라 사람들을 비롯한 동양인들이 많이 찾는 4성급 호텔이다. 새롭게 리모델링하여 실내디자인은 모던하고 깔끔하면서도 청결도와 위치까지 좋은 편이라 신혼여행객에게 특히 인기가 높다. 객실마다 미니바와 티메이커가 제공되며, 욕실용품, 헤어드라이어, 위성TV 등이 구비되어 있다.

호텔 내 공공장소에서는 무선인터넷과 전 객실에서 와이파이를 무료로 사용할 수 있다. 또한 뷔페식으로 조식이 제공되는데 다른 호텔에 비해 일찍부터 제공하므로 투어신청 여행자라도 식사를 하고 출발할 수 있다. 테르미니역 바로 맞은편에 위치하고 있어 짐이 많아도 크게 걱정하지 않아도 된다.

주소 Via Marsala, 22, 00185 Roma **문의** (+39)06-44-8751 **홈페이지** www.hotelroyalsantina.com **체크인/아웃시간** 14:00/12:00 **객실요금** 싱글룸 €190~, 더블룸 €209~(시티택스 1인당 €3) **찾아가기** 테르미니역 1번 플랫폼 쪽 출구로 나와 왼편으로 도보 5분 거리에 위치한다. **귀띔 한마디** 가격대비 시설은 깨끗하고 훌륭하지만 방이 너무 비좁다.

백패커들의 천국,
옐로우스퀘어 YellowSquare

2011년 로마 호스텔 관련 부분 시상식에서 1등을 거머쥔 호스텔이다. 1층에 펍을 운영하고 있어 자유로운 분위기를 찾는 여행자들에게 인기가 높다. 성수기, 비성수기에 따라 가격차가 많으므로 예약 전 홈페이지에서 가격을 확인하는 것이 중요하다. 객실은 여성전용과 수용인원에 따라 다양한 도미토리와, 제공하는 서비스와 룸 구성 별로 3종류의 개인룸이 있다. 라운지에서는 보드게임과 TV

등을 시청할 수 있으며, 무료와이파이도 지원한다. 조식이 포함되어 있지 않지만 호스텔 내의 바에서 간단하게 식사를 할 수 있다. 테르미니역에서 도보로 10~15분 정도 떨어져 있으며, 짐 보관은 무료이지만 열쇠 보증금을 내야 하므로 참고하자.

주소 Via Palestro, 44, 00185 Roma **문의** (+39)06-4938-2682 **홈페이지** www.the-yellow.com **체크인/아웃시간** 13:00/10:00 **객실요금** 도미토리 €30~35, 개인룸 €90~130 **찾아가기** 테르미니역 1번 플랫폼 출구에서 마르살라길(Via Marsala) 쪽으로 나와 길을 건넌 뒤, 정면 계속 걸어 마르게라길(Via Marghera)까지 4블록 걸어 내려간다. 그 다음 팔레스트로길(Via Palestro)에서 좌회전하여 한 블럭 반 정도 걸어 내려가면 오른쪽에 있다. **귀띔 한마디** the Arcade에서 새벽까지 다양한 이벤트와 파티가 진행된다.

테르미니역 도보 10분거리에 위치한
포시즌스호스텔 Fourseasons Hostel

테르미니역에서 300m 거리에 위치한 숙소로 그다지 유명하지 않지만 전체적인 평가는 나쁘지 않은 편이다. 내부는 항상 깔끔하게 잘 정돈된 느낌을 준다. 전 객실에 에어콘/난방시설, 무료와이파이, 개인사물함, TV와 디지털서비스, 헤어드라이기, 핫샤워, 미니냉장고 등의 시설을 갖추고 있다.

호스텔 인근에는 ATM기, 우체국, 식료품점, 약국 및 기념품점, 술집, 바 등이 몰려 있다. 조식을 제공하지 않지만 인근에서 어렵지 않게 해결할 수 있다. 개인 로커가 구비되어 있으나 자물쇠는 개인 것을 이용해야 한다. 체크아웃 후에도 무료로 짐 보관 서비스를 제공한다. 호스텔은 객실인원, 여성전용/혼성, 화장실 여부 등의 유형에 따라 가격이 조금씩 다르다.

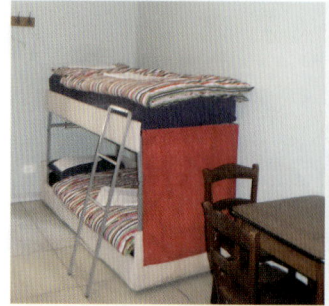  

주소 Via Carlo Cattaneo, 23, 00185 Roma **문의** (+39)06-9934-5100 **홈페이지** www.FourseasonsHostelRome.com **체크인/아웃시간** 15:00/10:30 **객실요금** 도미토리 €25~35(성수기와 비수기에 따라 차이가 있다.) **찾아가기** 테르미니역 24번 플랫폼 출구로 나온 뒤 왼쪽으로 난 지올리티길(Via G.Giolitti)을 따라 걷다가 오른편의 카타네오길(Via C.Cattaneo)로 접어들어 직진하면 왼편에 보인다. 테르미니역에서 5분 거리에 있다. **귀띔 한마디** 호스텔에서 콜로세오, 스페인광장, 트레비분수, 바티칸박물관 등이 버스로 15~20분 거리에 있다.

로마의 역사만큼 전통 있는
까사미아민박

다양한 숙박시설 중 유럽, 특히 로마에서는 민박시설이 상대적으로 인기가 높다. 그래서 로마에는 많은 민박시설이 있는데, 경쟁에 밀려 사라지는 민박도 많고 새롭게 생겨나는 민박 또한 많다. 이러한 로마에서 오랜 기간 꾸준히 인기를 모으고 있는 곳이 까사미아 한인민박집이다.

2008년 오픈한 까사미아는 여사장이 직접 운영하는데, 그녀는 여행자에게 있어 든든한 아침식사가 무엇보다 중요하다는 생각을 가지고 있다. 항상 부족하지 않게 맛있는 요리를 제공하며 각종 투어 및 다양한 정보도 제공하고 있어 여행자로서 만족도가 높다. 남녀 도미토리를 비롯해 2인실, 가족실 등을 운영하며 모두 1층 침대로만 구성되어 있다.

문의 (+39)331-208-4301 / 070-7423-5775(카톡ID : casamiabnb) **홈페이지** www.romacasamia.com **체크인/아웃시간** 14:00/10:00(짐보관은 ~18:00) **객실요금** 도미토리 €30, 커플룸 €100, 가족룸(3인실) €140(1인 추가 €30)

드디어 로마에 상륙한 거대 체인호스텔
제네레이터 로마 Generator Roma

이미 스페인과 유럽 몇몇 도시에서 배낭여행자에게 호스텔의 새로운 지평을 열어준 대형 체인호스텔로 2016년 드디어 로마에도 오픈하였다. 테르미니역에서 도보 10분 거리에 위치한 제네레이터 로마는 과거 호텔건물을 인수하여 새롭게 호스텔로 리모델링하였다. 제네레이터 체인의 특징 중 하나는 화려하고 고급스러운 분위기의 로비와 깔끔하고 편리한 부대시설인데, 로마의 체인호스텔 또한 그렇다.

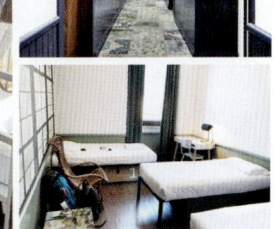

제네레이터호스텔은 1인실, 2인실, 3인실 등 개인룸과 여성전용 도미토리, 남녀혼숙 도미토리가 있고 6인실, 8인실 10인실 등 다양한 룸타입을 갖추고 있다. 또한 호스텔 바로 앞에서는 로마에서 가장 큰 재래시장이 열리므로 저렴하게 여러 상품을 살 수 있는 장점이 있다. 다만 숙소의 위치가 아랍인 거주지역이다보니 위험할 수 있고 밤에는 주변 거리가 어두운 편이라 불안할 수 있다.

주소 Via Principe Amedeo, 257, 00185 Roma **문의** (+39)06-492-330 **홈페이지** generatorhostels.com **체크인/아웃시간** 14:00~10:00 **객실요금** 도미토리 €25~, 더블룸 €81~ **찾아가기** 테르미니역 24번 플랫폼 출구로 나온 뒤 바로 보이는 맥도널드를 끼고 정면에 보이는 길로 들어선다. 두 번째 사거리에서 좌회전 후 약 7분 걸으면 왼쪽으로 위치한다.

Chapter 03
세계문화유산의 보고, 바티칸

세상에서 가장 작은 나라지만 영향력은 결코 작지 않은 나라, 전 세계 가톨릭의 중심지이자 가톨릭의 수장 교황이 있는 나라, 종교뿐만 아니라 문화예술로도 찬사와 경외가 끊이지 않는 곳이 바로 바티칸시국이다.

Città del Vaticano
바티칸

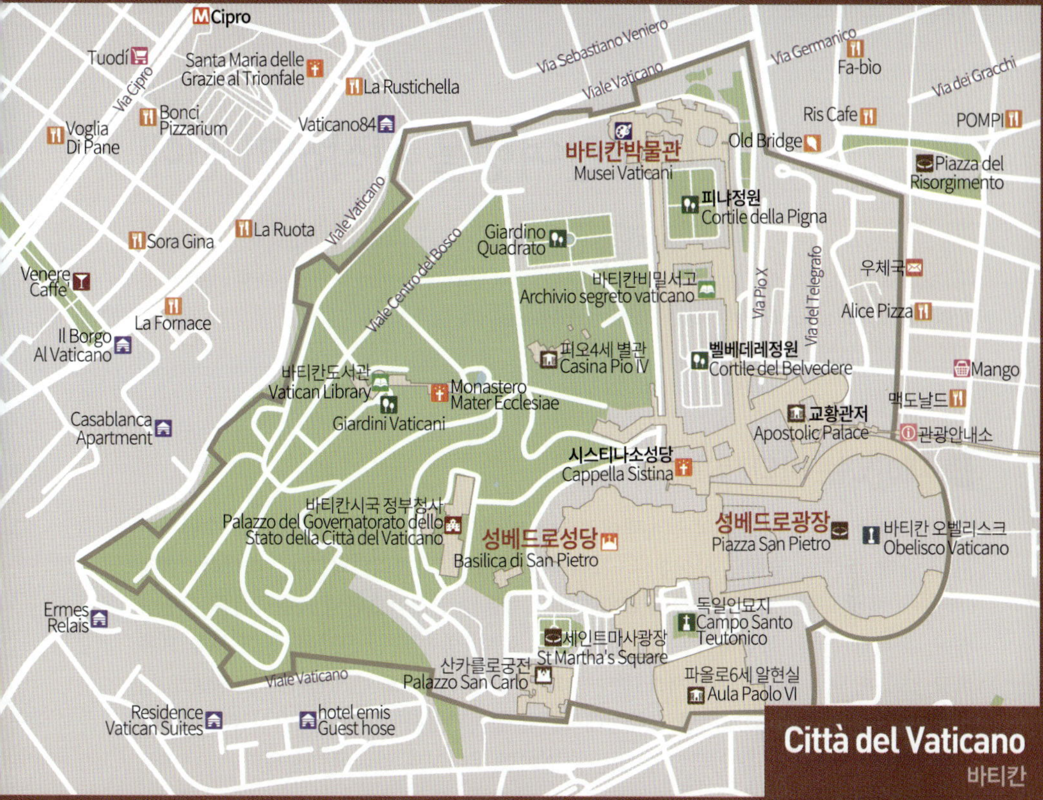

바티칸시국 정보

도시형국가이지만 입법, 사법, 행정, 경제, 외교, 군사 등에서 독자적인 권한을 행사한다. 경복궁보다 조금 더 큰 영토에 천 명이 안 되는 시민이 있다. 시민 구성은 성직자들과 스위스근위병이 대부분이다. 이들 중 절반 이상이 이중국적을 소유하고 있으며, 80% 정도가 가톨릭신자이다. 경제적으로는 종교색체가 강해 비영리활동을 하므로, 전 세계 가톨릭신자들이 보내오는 봉헌금이 재정의 전부를 차지하고 있다.

면적	0.44㎢(경복궁의 약 1.3배)
인구	약 900명
언어	라틴어, 이탈리아어, 프랑스어, 영어
종교	가톨릭
통화	유로(€)
홈페이지	www.vaticanstate.va

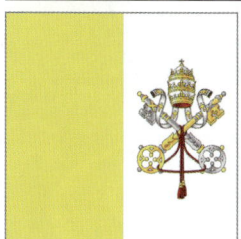

바티칸시국을 상징하는 국기

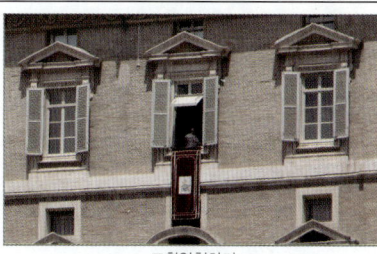

교황알현하기

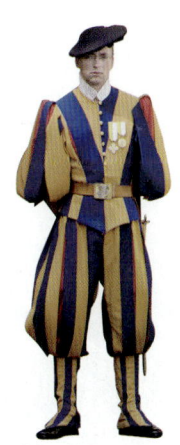

교황을 호위하는 스위스근위병

Section 06
바티칸여행을 시작하기 전에

우리나라 경복궁 1.3배 크기의 세상에서 가장 작은 나라 바티칸은 매년 수많은 관광객이 찾아 든다. 교황의 거주지를 포함한 대부분의 바티칸은 여행자들에게는 개방되어 있지 않아, 여행객은 바티칸박물관 및 성베드로성당과 광장 주변만 구경할 수 있다.

 재미있는 바티칸이야기

로마는 약 천 년 동안 교황의 직속령이었으나 19세기 이탈리아가 통일국가를 수립하면서 로마에 대한 영향력을 상실한다. 그러다가 1929년 무솔리니와 맺은 라테라노협정 Lateran Concordat에 의해 로마 교황청 주변지역의 자치권을 인정받으면서 독립국가를 수립하였다. 바티칸시국은 독립국가인 만큼 독자적인 화폐, 방송국, 통신시설, 군대 등을 보유하고 있으며, 국가원수인 프란체스코Francesco교황 등 정부각료도 존재한다. 외교활동도 적극적이라 우리나라에는 1974년 교황청대사관이 설치되었다. 현재 바티칸시국의 비자는 따로 없으며, 이탈리아를 입국할 수 있는 요건이면 무비자로 입국이 가능하다.

르네상스시대부터 문화예술에 관심이 많았던 교황들 덕분에 당대 최고 예술가들은 바티칸을 중심으로 그들의 예술활동을 펼친다. 이에 르네상스와 바로크시대의 위대한 작품들이 엄청난 규모로 이곳에 모일 수 있었다. 특히 르네상스시대 천재예술가라 불리는 라파엘로와 미켈란젤로, 바로크 거장 베르니니 등의 작품을 한곳에서 만날 수 있다는 것은 행운이다. 당시 이곳에서 종교적 신념과 예술에 대한 집념으로 완성했을 대작들은 수세기가 지난 지금까지도 생생하게 전해지는 그들의 숨결에서 예술의 영원함을 느낄 수 있다.

Chapter 03 세계문화유산의 보고, 바티칸

효율적으로 돌아보는 바티칸 추천 동선

바티칸박물관은 입구와 검색대, 매표소를 차례로 지나 에스컬레이터를 타고 올라가면 바로 전시가 시작된다. 먼저 우측에 위치한 피나코테카관을 방문하면 비잔틴시대부터 르네상스를 거쳐 바로크까지 이어지는 미술의 흐름을 한눈에 파악할 수 있다. 다시 원위치로 돌아와 좌측으로 들어가서 솔방울정원을 시작으로 조각관을 지나 마지막 지도의 방까지 둘러보면 된다. 하나의 동선으로 연결되어 있어 직진만 하면 길을 잃을 걱정이 없다.

지도의 방이 끝나는 지점에서 왼편으로 이동하면 르네상스의 거장 라파엘로의 방과 현대관을 지나, 바티칸박물관의 하이라이트 「천지창조」가 있는 시스티나예배당으로 이어진다. 시간적 여유가 없다면 지도의 방 끝 정면에 보이는 계단으로 이동하면 바로 시스티나예배당으로 이어진다.

Section 07
바티칸박물관에서 놓치면 안 되는 것들

역대 교황의 거주지였던 바티칸 궁을 개조하여 만든 바티칸박물관은 역대 교황들에 의해 수집된 어마어마한 양의 작품으로 장식되어 있다. 이곳에서 우리는 지금도 생생하게 살아 숨 쉬는 교회와 예술의 역사를 확인할 수 있을 것이다.

바티칸박물관 입장 전 주의사항

가톨릭뿐만 아니라 인간 전체의 역사가 어우러져 있는 이곳은 바티칸 자체가 세계문화유산으로 지정되었을 정도로 문화의 보고이다. 르네상스를 중심으로 피어났던 찬란한 문화의 꽃과 위대한 거장들의 열정, 신념 그리고 도전 정신이 우리의 가슴을 뜨겁게 만든다. 바티칸을 방문할 때는 다음 사항에 유의하여 입장 전부터 제재를 당하는 일이 없도록 하자.

복장
박물관은 복장규제가 없지만 박물관을 둘러본 후 베드로성당 입장 시에는 무릎 위 미니스커트나 반바지, 민소매 옷, 맨발에 슬리퍼 복장으로는 입장이 불가하다. 가릴 수 있는 카디건이나 천을 준비해가도록 한다.

소지품
큰 가방, 카메라삼각대, 장우산 등 작품에 해가 될 만한 물건은 반입금지 품목이다. 물품보관소가 있으므로 이러한 소지품들은 맡겨두고 입장하면 된다. 물품을 맡겼을 때 주는 택은 잘 보관해야 관람 후 물품을 찾을 수 있다.

사진촬영
전체적으로 시스티나예배당을 제외하고는 사진촬영이 가능하다. 하지만 플래시(Flashlight) 사용은 금지되므로 플래시가 자동으로 설정되어 있는지 확인하여, 자동이면 수동설정으로 플래시가 터지지 않도록 변경해둬야 한다.

주소 Viale Vaticano, 100, 00165 Roma **문의** (+39)06-6988-4676 **홈페이지** www.museivaticani.va **운영시간** 월~토요일 09:00~18:00(입장시간은 16:00까지), 매월 마지막 일요일 09:00~14:00(입장시간은 12:30까지) **휴관** 매주 일요일(매월 마지막 주 제외), 1/1, 1/6, 2/11, 3/19, 부활절, 부활절 다음 월요일, 일요일, 5/1, 6/29, 8/14, 8/15, 11/1, 12/8, 12/25, 12/26 **입장료** 성인 €17, 학생 €8(ISIC 국제학생증 소지자), 미취학 어린이 무료, 매월 마지막 주 일요일 무료/오디오가이드 €7(한국어, 영어 외 7개국, 신분증지참) **찾아가기** 메트로 A선 오타비아노(Ottaviano)역에서 하차하여 오타비아노거리(Via Ottaviano) 방향 출구로 나가 바티칸박물관 표지판을 따라가면 높은 담장이 보인다. 담장을 따라 오른쪽으로 가면 입구가 나온다. 역에서 도보로 10분거리에 있다. **귀띔 한마디** 오전 9시에 개장하지만 많은 사람이 미리 와서 기다리므로 좀 더 이른 시간에 가야 편안하게 입장할 수 있다.

Chapter 03 세계문화유산의 보고, 바티칸

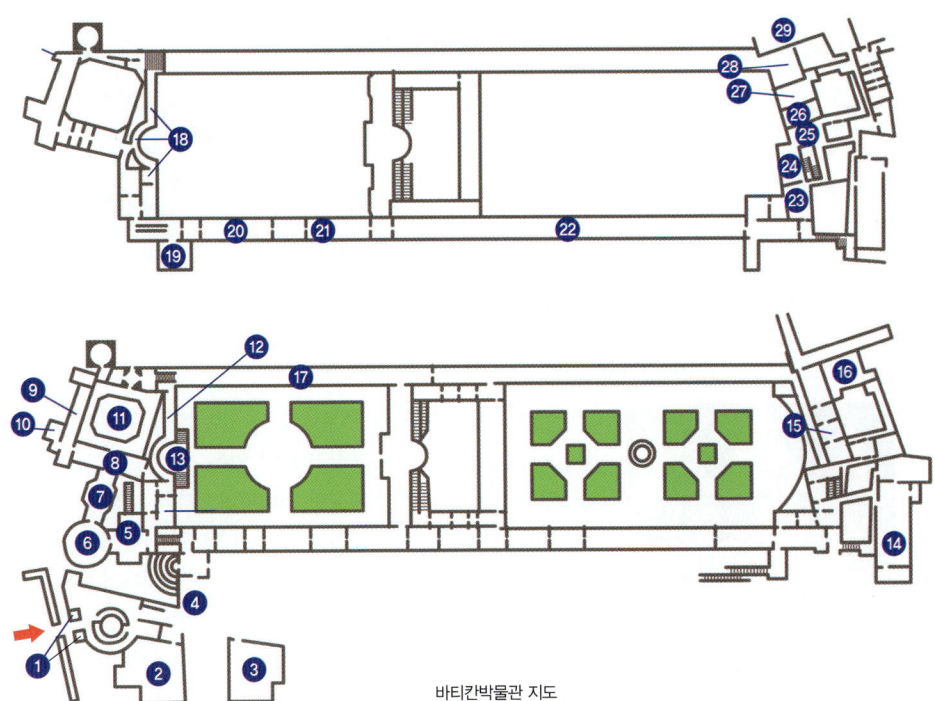

바티칸박물관 지도

번호	내용		번호	내용		번호	내용	
1	Entrata	입구	11	Cortile Ottagono	팔각정원	21	Galleria degli Arazzi	아라치의 방
2	Museo Pio Clementino	피오 클레멘티노 박물관	12	Museo Gregoriano Egizio	이집트 미술관	22	Galleria delle Carte Geografiche	지도의 방
3	Pinacoteca	피나코테카	13	Cortile della Pigna	솔방울정원	23	Sala Sobieski	소비에스키의 방
4	Ristorante	식당코너	14	Cappella Sistina	시스티나예배당	24	Sala dell'Immacolata	성모마리아의 방
5	Sala delle Croce Greca	그리스도 십자가의 방	15	Appartamento Borgia	보르자의 아파트	25	Stanza dell'Incendio di Borgo	보르고화재의 방
6	Sala Rotonda	원형의 방	16	Collezione d'Arte Religiosa Moderna	현대관	26	Stanza della Segnatura	서명의 방
7	Sala delle Muse	뮤즈들의 방	17	Museo Chiaramonti	키아라몬티 미술관	27	Stanza di Eliodoro	엘리오도르의 방
8	Sala degli Animali	동물의 방	18	Collezione dei Vasi	화병 박물관	28	Sala di Costantino	콘스탄티누스대제의 방
9	Galleria delle Statue	흉상의 방	19	Sala della Biga	비가의 방	29	Loggia di Raffaello	라파엘로의 회랑
10	Gabinetto delle Maschere	가면 전시실	20	Galleria dei Candelabri	촛대의 방			

③ 피나코테카 → ⑬ 솔방울정원 → ⑪ 팔각정원(라오콘, 아폴론) → ⑧ 동물의 방 → ⑦ 뮤즈들의 방(토르소) → ⑥ 원형의 방(네로의 욕조, 헤라클레스 청동상) → ⑤ 그리스도 십자가의 방 → ⑳ 촛대의 방 → 아라치의 방 → ㉓ 소비에스키의 방 → ㉔ 성모마리아의 방 → ㉙ 라파엘로의 방(콘스탄티누스대제의 방) → ㉗ 엘리오도르의 방 → ㉖ 서명의 방(아테네학당) → ㉕ 보르고화재의 방 → ⑭ 시스티나예배당 (천지창조, 최후의 심판)

회화미술관 피나코테카 Pinacoteca

이탈리아미술의 발자취를 따라가는 회화미술관

역사상 동시대 사람들로부터 유일하게 찬양 받았던 예술이자 과거의 아름다움을 부흥시키고 미래의 다양한 가능성을 연 르네상스. 피나코테카에서는 모든 회화적 기법을 완성시킨 천재예술가들의 시대를 중심으로 중세 비잔틴부터 아름다움의 본질이 새롭게 해석되었던 바로크시대까지 시대와 화풍별로 구분하여 전시하고 있다.

조토의 「삼단제단화(Stefaneschi Triptych)」

삼단제단화의 앞면 중앙 부분에 앉아 있는 사람은 베드로성인이고, 그 밑에 무릎을 꿇고 앉아 있는 사람은 이 그림을 조토Giotto di Bondone에게 의뢰했던 스테파네스키 추기경이다. 추기경이 바치고 있는 왕관을 자세히 살펴보면 삼단제단화의 전체적인 모양과 유사한 것을 알 수 있다. 즉, 추기경은 왕관을 바침으로써 이 삼단제단화를 베드로에게 봉헌하고 있음을 드러내고 있다. 제단화 뒷면은 왼쪽은 십자가에 거꾸로 매달려 순교하는 베드로성인의 모습이, 오른쪽에는 바울사도가 참수형으로 순교하는 모습이 그려져 있다.

멜로초 다 포를리의 「음악천사(Angelo che Suona)」

르네상스시대에 널리 쓰인 프레스코화Fresco로 아름다운 색감이 돋보인다. 멜로초 다 포를리Melozzo da Forli의 「음악천사」는 특히 아래에서 위를 올려다보는 것 같은 원근법과 단축법을 사용하여 천상세계를 올려다보는 느낌이 들게 한다.

라파엘로의 「예수 그리스도 변모(Trasfigurazione)」

천재 라파엘로Raffaello Sanzio가 37세 나이에 요절하면서 미완성으로 남긴 유작이었으나 그의 제자 로마노Giulio Romano가 완성했다. 상단과 하단부는 각각 마태복음의 내용을 담고 있는데, 상단부는 예수가 제자들을 데리고 산에 올라가 자신이 하느님의 아들임을 보여주는 기적을, 하단부는 예수가 귀신 들린 소년을 치유하는 내용을 담고 있다. 귀신 들린 소년의 몸을 보면 건장한 성인남성의 근육을 갖고 있는데, 이는 라파엘로가 스승 미켈란젤로의 영향이 있었음을 나타낸다. 또한 소년의 뒤집힌 눈을 자세히 보면 예수를 바라보고 있다. 여기서 당시 열병에 시달리던 라파엘로가 예수에게 자신의 병도 낫게 해주기를 바라는 열망을 읽을 수 있다.

📷 레오나르도 다빈치의 「성히에로니무스(제롬, S. Girolamo)」

로마에 있는 레오나르도다빈치Leonardo da Vinci의 유일한 작품이다. 제롬은 당시 동굴에 오랜 시간 머물면서 최초로 라틴어 성서를 완성한 인물이다. 세속적인 욕망에 시달릴 때마다 돌멩이로 자신의 왼쪽 가슴을 쳤다고 전해지는데, 인체구조를 과학적으로 연구한 다빈치는 그런 제롬의 오른팔 근육이 매우 발달했을 것이라고 생각했고 이를 아주 섬세하게 표현하였다.

📷 오라치오 젠틸레스키의 「유디트와 홀로페르네스(Giuditta e l'ancella con la testa di Oloferne)」

유디트의 이야기는 많은 화가의 작품 속에 소재로 등장한다. 오라치오 젠틸레스키Orazio Gentileschi는 아름다운 유대인 과부였던 유디트가 자신의 마을에 침입한 적장 홀로페르네스를 유혹하여 그가 술에 취해 잠든 틈을 타 그의 목을 베어 나라를 구했다는 내용을 표현하였다. 오라치오의 딸이자 바로크미술에 큰 발자취를 남긴 아르테미시아 젠틸레스키Artemisia Genrileschi 또한 여성의 인권신장을 위해 자주 그렸던 작품이기도 하다.

📷 카라바조의 「그리스도의 매장(Deposizione dalla Croce)」

카라바조 초상화

십자가에서 죽은 예수를 끌어내리는 성인들의 모습이 그려진 이 그림에는 많은 뒷이야기가 있다. 카라바조Michelangelo da Caravaggio는 주로 빈민들을 데려다가 성인의 모델로 삼아 가톨릭 관계자로부터 미움을 샀었는데, 이 그림에서도 예수의 다리를 들고 있는 니고데모성인St. Nicodemus에게서 코가 빨개진 술주정뱅이의 모습을 찾아 볼 수 있다. 더욱 재미있는 것은 예수의 얼굴을 카라바조 자신의 얼굴로 그렸다는 점이다.

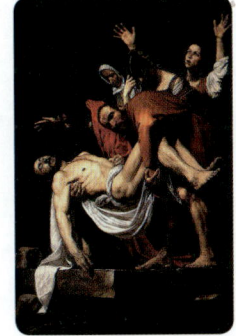

📷 귀도레니의 「베드로성인의 십자가형(Crocefissione di S. Pietro)」

귀도레니Guido Reni는 빛을 이용하여 세밀하고 사실적인 묘사에 능했던 바로크시대의 대표적 화가이다. 베드로는 로마에서 복음을 전하다 로마군에게 붙잡혀 처형을 당하는데, 자기는 위대한 사람이 아니므로 예수와 같은 방식으로 죽을 수 없다하여 십자가에 거꾸로 매달리는 형을 자처한다. 처형의 순간 죽음의 공포로 인하여 다리에 못을 박으려는 것을 저지하려는 몸동작과 거꾸로 매달린 베드로의 창백한 다리와 피가 쏠려 붉어진 머리가 너무나도 사실적으로 표현되어 있다.

솔방울모양의 조각이 있는
피냐정원 Cortile della Pigna

높이 4미터의 거대한 청동 솔방울조각이 있어 솔방울정원(피냐정원)이라고 부른다. 이 정원을 중심으로 둘러싸고 있는 건물들이 모두 박물관인데 처음에는 각각 7개의 박물관으로 구분되어 있던 것을 여러 차례 공사를 통해 현재의 모습을 갖추게 되었다. 확 트인 정원의 아름다운 풍경으로 많은 여행자에게 사랑받는 곳이다. 정원 중앙에 위치한 아르놀도 포모도로^{Arnaldo Pomodoro}의 「천체 안의 천체(Sfera con Sfera)」라는 작품은 바티칸에 소장되어 있는 유일한 현대 조형물이다.

라오콘과 아폴론을 만나는
벨베데레정원 Cortile del Belvedere

15세기 대표적인 건축가 도나토 브라만테^{Donato Bramante}가 설계한 전망이 아름다운 팔각형의 정원이다. 이 정원에는 트로이신화를 바탕으로 만들어진 고전 조각의 걸작 라오콘군상(Gruppo del Laocoonte)이 있다. 신들이 보낸 두 마리의 뱀에게 물린 라오콘과 그의 두 아들이 죽어가는 순간을 표현하고 있다. 고통에 뒤틀린 라오콘의 몸을 보면, 뱀에게 물린 오른쪽 근육이 매우 사실적으로 표현되어 있다. 이 작품은 미켈란젤로가 극찬하였으며 1506년 당시 교황이었던 율리우스2세가 이 작품을

아폴로(좌)와 라오콘군상(우)

대중들에게 공개한 것이 바티칸박물관의 기원이 되었다. 또한 황금비율(1:1.618)에 입각하여 만들어진 태양신 아폴론의 아름다운 신체는 완벽한 균형미를 보여주고 있다.

동물조각상이 모여 있는
동물의 방 Sala degli Animali

고대로마시대부터 현재까지 만들어진 동물을 주제로 한 조각품들이 전시되어 있다. 그 중 로마시대의 조각들이 특히 눈에 띄는데, 로마시대 때는 사냥이 활발하게 이루어지면서 당시 생활상에 동물들이 자주 등장하였고 이는 자연스럽게 예술에도 나타나게 되었

다. 섬세함의 극치를 느낄 수 있는 수많은 걸작으로 가
득 차 있는 동물의 방을 거닐면 로마시대 화려했던 생
활상을 느껴 볼 수 있다.

음악의 신을 만나는
뮤즈여신의 방과 벨베데레의 토르소 Sala delle Muse Torso del Belvedere

1784년에 로마 근교도시 카시오^{Cassio}에 있는 귀족의 별장에서 발견된 유물들을 중심으로 전시하고 있는 방이다. 다양한 스타일의 조각품 외에도 음악의 신인 뮤즈여신이 그려진 프레스코화와 벨베데레의 토르소가 이 방의 하이라이트라고 할 수 있다. 수많은 조각가에게 시련과 영감을 함께 준 토르소는 바티칸이 갖고 있는 작품 중에서도 특히 가치가 높게 평가된다.

토르소란 이탈리아어로 몸체를 뜻하는데, 이곳의 몸체를 제외한 다른 부분이 소실된 조각상들을 토르소라 부른다. 발견 당시 교황은 이 조각의 완성된 모습을 보고자 미켈란젤로에게 복원을 의뢰했지만 이것만으로도 완벽해 더 이상 손댈 것이 없다고 거절한 일화가 있다. 역동적인 근육이 돋보이는 것으로 보아 이 작품의 모델은 헤라클레스나 아이아스장군이라고 추정하지만 아직까지 밝혀진 것은 없다.

네로황제의 욕조가 있는
원형의 방 Sala delle Rotonda

중앙에 약 5m의 거대한 욕조가 있는 원형의 방은 1779년 박물관을 새로 만들 때 판테온에서 아이디어를 받아 만들었다. 욕조바닥의 지름 약 13m의 거대한 원형 모자이크타일은 실제 로마시대 목욕탕바닥을 장식했던 타일을 그대로 뜯어온 것이고, 거대한 욕조는 네로황제의 궁전터에서 발견된 것으로 네로황제욕조로

알려져 있다. 황제의 위엄을 상징하듯 욕조는 네 마리의 사자상이 힘겹게 받치고 있는데, 이 욕조에는 배수구가 따로 없어 노예들이 물을 퍼 날랐었다고 한다. 욕조 주위로는 그리스로마신화에 등장하는 헤라, 헤라클레스 등의 신상들이 둘러 서있고, 바닥에는 반인반마 켄타우로스Kentauros에 관한 이야기가 모자이크타일로 그려져 있다.

기독교 공인에 공헌한 헬레나성녀의 석관이 있는
그리스십자가의 방 Sala delle Croce Greca

가로와 세로의 길이가 같은 그리스십자가 모양의 형태를 가진 방이다. 양쪽의 두 석관은 기독교를 공인했던 콘스탄티누스대제의 어머니 헬레나성녀와 그의 딸 콘스탄티나의 석관이다. 석관에 양각으로 새겨진 조각들은 작지만 정교하고 섬세하게 표현되어 있다. 두 석관 사이에는 펜스로 보호되고 있는 대리석모자이크가 눈에 띈다. 아테나(미네르바Minerva)와 이시스Isis여신의 얼굴을 아름다운 문양이 둘러싸고 있는데, 이를 표현한 대리석들은 인위적으로 채색한 것이 아니라 모두 자연 그대로의 천연대리석이라고 한다. 이 대리석모자이크는 여성의 건강을 기원하는 의미를 갖고 있다고 한다.

무덤 속 어둠을 밝히던 유물들이 모인
촛대의 방 Galleria dei Candelabri

바티칸박물관이 처음 지어질 당시 가장 마지막에 장식된 방으로 과거 무덤을 장식했던 유물을 중심으로 전시하고 있다. 무덤 속 어둠을 밝히기 위해 놓여있던 여러 종류의 촛대가 전시의 주를 이루고 있어 촛대의 방이라 부르게 되었다. 무덤 안에 있던 장식품들이라 다른 전시실에 비해 작품 크기는 작지만 종류가 아주 다양하고 많다. 촛대의 방은 걸으면서 보다보면 진열된 작품에 정신이 팔려 아름다운 천장화를 놓칠 수도 있다. 가끔 고개를 젖혀 성서이야기를 아름답게 표현한 프레스코천장화도 놓치지 말자.

직물로 짠 그림, 태피스트리 작품이 있는
아라치의 회랑 Galleria degli Arazzi

회화적인 무늬를 넣어 벽을 장식하거나 한기를 막는 데 이용되는 거대한 벽걸이용 카펫을 아라치Arazzi 또는 태피스트리Tapistry라고 한다. 우수한 양탄자 제조기술을 갖고 있던 벨기에 장인들에 의해 만들어진 것으로 왼편에는 예수의 일생을 오른편에는 교황 우르바누스8세Urbanus VIII의 업적을 표현하고 있다. 고개를 젖혀 천장을 보면 입체적으로 표현되어 있어 얼핏 조각처럼도 보이지만 모두 그림들이다. 아치의 회랑은 카펫의 변형을 막기 위해 다른 곳보다는 조명이 조금 어둡게 설치되어 있다.

그리스도의 부활(Resurrezione di Cristo)

🎥 지도의 회랑 Galleria delle Carte Geografiche
르네상스시대 유럽의 발전된 문명을 느낄 수 있는

1572년에 교황의 자리에 오른 그레고리우스13세Gregorius XIII 재위기간에 만들어진 회랑으로, 다리가 불편했던 교황이 로마 밖으로 나가보기 어렵게 되자 그를 위해 이탈리아의 주요 지역들의 지도를 만들었다고 한다. 회랑에 들어서는 순간부터 회랑 오른쪽은 이탈리아 동부, 왼쪽은 이탈리아 서부 지역의 주요 도시 지도를 볼 수 있다. 16세기에 만들어진 것이라 믿기 어려울 만큼 높은 정확도를 갖고 있기에 그 가치가 더 높이 평

가된다. 색다른 것은 지도를 자세히 들여다보면 전쟁이나 축제가 열리는 모습도 그려져 있는데, 각각의 지역에서 일어난 특별한 사건을 시대에 상관없이 표현해 놓은 것이다.

🎥 라파엘로의 방 Stanze di Raffaello
로마가 사랑하고 로마를 사랑했던 라파엘로의 위대한 걸작

교황 율리우스2세Julius II가 당시 베드로성당의 건축가인 브라만테의 추천을 받아 젊은 나이의 라파엘로에게 교황의 방 한 부분에 그림을 의뢰하였는데, 그가 그린 작품이 너무나도 훌륭해서 나머지 모든 방까지 전부 의뢰하면서 현재의 방이 완성되었다. 아쉽게도 짧은 삶을 살다간 라파엘로는 모든 방의 그림을 완성하지는 못했지만 '서명의 방'이라 불리는 교황의 개인서재와 '엘리오도르의 방'만은 그의 손에 의해 완성되었

다. 이곳에는 라파엘로의 위대함을 세상에 길이 남길 걸작들이 잘 보존되어 있다.

라파엘로에 의해 완성되지 못한 방들은 라파엘로의 뒤를 이어 그의 제자들에 의해 미완성 부분이 채웠는데 라파엘로가 완성한 방과는 확연한 색감의 차이가 느껴진다. 미켈란젤로의 천지창조와 함께 바티칸박물관의 자랑인 라파엘로 방에서 르네상스의 위대함을 함께 느껴보자.

📷 콘스탄티누스대제의 방(Sala di Costantino)

콘스탄티누스대제가 313년 최초로 기독교를 공인한 역사적 배경을 그림으로 표현하였다. 당시 콘스탄티누스는 막센티우스Maxentius와의 전투에서 전날 밤 예수의 환영을 보고 예수의 상징을 방패에 매달고 싸워 이겼다고 한다. 이를 계기로 콘스탄티누스는 300년 동안 박해 받았던 기독교를 완전히 공인하였다. 천장을 올려다보면 이교도의 석상이 바닥에 깨어져 있고 그 자리를 십자가가 차지하고 있는 장면도 보인다.

📷 엘리오도르의 방(Stanza di Eliodoro)

감옥에 갇힌 베드로를 천사가 구출하고 있는 사도행전 12장의 이야기를 그린 작품이다. 오른쪽 창문 위를 올려다보면 라파엘로의 천재성이 두드러지는 작품을 감상할 수 있다. 어둠 속에서 천사의 빛을 강조하기 위해 강렬한 명암대비법을 사용한 것이 특징인데, 이는 라파엘로 사후 바로크시대에서야 나타나는 특징임에도 몇 십 년이나 앞서 사용했던 라파엘로의 천재성이 그대로 드러난다.

📷 서명의 방(Stanza della Segnatura)

라파엘로가 그린 프레스코화가 사방에 걸려있는데, 각각 신학, 법학, 철학, 예술을 나타내고 있다. 이 중 가장 유명한 작품인 「아테네학당(School of Athens)」은 '철학'에 해당한다. 제각기 다른 행동을 하고 있는 총 50명이 넘는 인물들의 역동적인 몸짓이 완벽한 조화를 이루도록 정교하게 원근법으로 표현했다. 라파엘로의 천재적인 구도와 조화로움에서 아름다움을 느낄 수 있다. 또한 몇몇의 인물은 당대 유명인의 얼굴을 담고 있다. 대표적으로 중앙에 하늘을 가리키고 있는 플라톤은 레오나르도다빈치의 얼굴을, 탁자에 턱을 괴고 무언가를 쓰고 있는 철학자 헤라클레이토스는 미켈란젤로의 얼굴을 하고 있다. 또한 라파엘로와 그의 연인의 얼굴도 숨겨져 있으니 천천히 살펴보면서 우리와 시선이 마주치는 인물이 누구인지 찾아보자.

Chapter 03 세계문화유산의 보고, 바티칸

📷 보르고화재의 방(Stanza dell'Incendio di Borgo)

보르고화재의 방 역시 라파엘로의 제자들에 의해 완성되었는데, 보르고에 화재가 났을 때 교황 레오 4세가 신앙의 힘으로 불을 진압했던 사건을 그림으로 담고 있다. 이 그림은 당시의 성당 모습을 보여주는 귀중한 자료가 된다. 이 방에는 이외에도 신성 로마제국이 탄생하게 되는 대관식을 그린 「샤를마뉴대제의 대관」과 교황 레오10세가 오스티아에서 사라센을 물리치는 기적을 그린 「오스티아의 전투」, 샤를마뉴대제의 대관식 직전 신의 음성을 듣고 전임교황 추종자들의 음해를 밝힌 「레오3세의 결백증명」을 볼 수 있다.

■ 콘클라베가 거행되는
📷 시스티나예배당 Cappella Sistina

이 공간에 들어서는 순간 온 천장과 벽면을 뒤덮은 프레스코화에 압도당한다. 미켈란젤로의 작품뿐만 아니라 양쪽 벽면에도 르네상스 거장들의 작품이 있다. 또한 이곳에서는 교황을 선출하는 콘클라베 Conclave가 거행된다. 콘클라베는 이탈리아어로 '열쇠로 문을 걸어 잠근다.'라고 해서 비밀회의라는 뜻도 있다. 교황직은 종신제이기 때문에 교황의 서거 또는 사임 후 새로운 교황을 선출하는데, 추기경들이 이곳에 모여 문을 걸어 잠근 뒤 과반수의 득표로 선출될 때까지 투표를 진행한다. 결과는 굴뚝에서 나오는 연기의 색깔을 보고 알 수 있는데 검은색은 결정되지 않음을, 흰색은 새로운 교황이 선출되었음을 알린다.

📷 미켈란젤로의 천장화(Volta), 「천지창조」

르네상스시대 3대 천재라 불리는 미켈란젤로의 역작으로 당시 조각가로 명성을 알렸던 그가 회화에서도 시대의 한 획을 긋게 되는 계기가 되었다. 당시 교황 율리우스2세는 예수의 12제자를 그려달라고 요청했으나 미켈란젤로가 주제를 바꿔 지금의 그림을 그렸다. 미켈란젤로는 대가로서의 열정과 집념, 돋보이는 창의성으로 하나의 대서사시를 이뤄놓았다. 천장에 가득한 400명에 가까운 인물의 역동적인 움직임과 그 사실적인 묘사는 사람들로 하여금 그림이 아닌 조각으로 착각하게 만들었다는 이야기도 전해진다.

이 작업을 위해 미켈란젤로는 4년간 혼자 작업대 위 좁은 공간에 누워 떨어지는 물감과 석회가루를 그대로 맞아 한쪽 눈에 이상이 생겼고, 하루 평균 16시간 팔을 들고 작업하였기에 척추와 팔도 굳어지는 육체적 고통을 평생 안고 살게 되었다. 지난 1994년 천장화가 색감복원을 마치고 공개되었을 때 교황 요한바오로2세는 '인간의 몸으로 만들어진 신학의 거룩한 성소'라고 말하였다. 이제 작품에 바친 한 예술가의 생애를 기억하며 그림을 감상해 보자.

천장화는 크게 네 부분으로 나눌 수 있다. 예수 이전의 예언자와 무녀들, 예수의 조상들, 다윗과 골리앗, 유디트와 홀로페스네스 등이 등장하는 이스라엘 구원 이야기, 우리가 잘 알고 있는 창세기가 그것인데, 다음 그림은 창세기 그림을 설명하고 있다.

- 빛과 어둠을 가르심
- 해와 달을 만드심
- 물을 갈라 육지와 바다를 만드심
- 아담의 창조 : 하느님이 아담에게 숨을 불어넣기 직전의 순간으로 성서에는 하느님이 아담의 콧구멍을 통해 생명을 주었다 쓰여 있으나 그림에서는 손가락이 서로 만나는 모습으로 나타난다. 자세히 관찰해보면 하느님 손가락은 힘 있고 생기 있는 반면 아직 생명을 얻지 못한 아담의 손가락은 축 늘어져 있다. 또 하나 하느님 허리 우측을 보면 곧 탄생할 이브가 미리 나타나 있다.
- 이브의 탄생 : 자고 있는 아담에게서 이브가 탄생하고 있다.
- 에덴동산에서 선악과를 먹고 추방 당함 : 그림의 왼편에는 뱀의 꼬임에 넘어가 선악과를 따먹는 아담과 이브가, 오른편에는 이 사건으로 에덴동산에서 추방당하는 그들이 그려져 있다.
- 노아의 제물 : 이야기의 순서가 뒤바뀐 부분으로, 사실 8번의 대홍수가 먼저 일어난 후의 사건이다. 살아남은 노아가 하느님께 제물을 바치는 이 장면은, 대홍수의 규모가 큰 관계로 작은 구획인 이곳에 먼저 그려지게 되었다.
- 대홍수
- 술 취한 노아

📷 미켈란젤로의 「최후의 심판(Il Giudizio Universale)」

61세 노년의 미켈란젤로가 6년간에 걸쳐 완성한 대작이다. 최후의 심판은 천사들이 나팔을 불면 무덤이 열리고 죽은 자들이 나와 선과 악을 저울지어 심판받는다는 내용을 담고 있다. 이러한 주제는 1517년 종교개혁이 일어날 만큼 타락한 기독교사회와 혼란스러운 시대에 경종을 울리고자 교황 바오로3세에 의해 결정되었다. 그림은 위에서부터 총 세부분으로 나뉘어 천국, 연옥, 지옥으로 나뉘는데 천국의 심판자 예수는 단호하고 엄격한 모습을 하고 있다. 예수의 오른편 성모마리아는 예수에게 사람들의 죄를 사하도록 기도하는 전통적인 모습이 아니라 다소 소극적인 모습으로 그려져 당시 부정부패의 심각성을 암시하고 있다. 가운데 연옥에는 나팔을 부는 천사들이 두 개의 책자를 들고 있는데, 천국을 향하는 책보다 지옥을 향하는 책의 크기가 큰 것 역시 당시 사회를 비판하고 있는 것이다. 이 작품이 공개되었을 때 미켈란젤로의 탁월한 상상력과 구성력에 찬사가 쏟아졌지만, 제단 바로 뒤 벽면임에도 인물들이 전라로 등장하는 점은 끝없는 비판거리가 되었다. 결국 1563년 결정된 수정작업에서 미켈란젤로의 제자 볼테라가 최소한의 부분들을 수정하였다.

목숨으로 교황을 지켜낸 스위스근위대

노랑, 빨강, 파랑의 줄무늬 제복을 입은 잘생긴 청년들이 바티칸시국의 경계근무를 서는 스위스근위대이다. 1526년 당시 교황 클레멘스7세는 신성로마제국과의 전쟁을 대비해 자신을 보호할 목적으로 가장 용맹한 스위스용병을 고용하였다. 이 전쟁에서 마지막까지 목숨을 바쳐 교황의 목숨을 지켜냈던 스위스용병의 용기와 의리에 감동하여 교황청은 그 계약을 500년 넘게 지금까지 이어오고 있다. 지금도 오직 스위스 국적의 젊고 건장한 남자만이 지원할 수 있는 하나의 명예직으로 스위스 내에서도 선망받는 직업이다.

Section 08
성베드로성당에서 놓치면 안 되는 것들

전 세계 가톨릭의 중심에 위치한 위대함에 더 큰 위대함을 간직한 성스러운 성베드로성당은 '너는 베드로라, 반석 위에 너의 교회를 세우리라.'라는 성경의 내용대로 베드로(반석이라는 의미)사도의 무덤 위에 세워졌다. 가톨릭의 성소이자 전 세계 성당의 총본산인 이곳에서 가톨릭의 모든 것을 느껴볼 수 있다.

베드로사도의 무덤 위에 세워진
성베드로성당 Basilica di San Pietro

기독교박해 때 순교한 베드로사도의 무덤이 있던 곳에 4세기경 콘스탄티누스대제가 세운 것이 시초이다. 이후 르네상스시대에 들어서 율리우스2세 교황에 의해 재건되면서, 르네상스시대의 대표적인 건축가 브라만테가 설계를 맡아 시작한 이후 120년 동안 당대 최고의 건축가와 예술가들이 참여하였다. 르네상스에서 바로크시대로 넘어가는 시기였으므로, 르네상스 건축기술을 바탕으로 바로크의 화려한 장식이 어우러져 조화를 이룬다. 대표적 볼거리는 르네상스의 거장 미켈란젤로가 설계한 돔과 「피에타」조각상, 바로크의 거장 베르니니가 만든 「발다키노」가 있다.

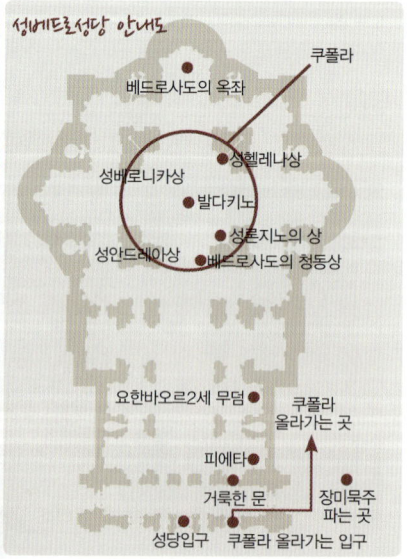

성당의 개축으로 인한 재정악화로 종교개혁이 일어날 만큼 대규모로 지어졌고, 생애에 완성하지 못할 작업임에도 혼신을 다했던 많은 예술가의 신념과 노력에 대해 경건한 마음을 갖고 천천히 성당 안을 둘러보도록 하자.

주소 Piazza San Pietro, 00120 Città del Vaticano **문의** (+39)06-6998-1662, (+39)06-6988-3831 **운영시간** 07:00~19:00(10~3월 07:00~18:00) **미사시간** 일요일 09:00, 10:30, 11:30, 12:10, 13:00, 16:00, 17:45 **입장료** 무료 **찾아가기** 메트로 A선 오타비아노(Otttaviano)역에서 하차해 오타비아노거리(Via Ottaviano) 쪽 출구로 나가 바티칸 표지판을 따라가면 높은 담장이 보이는 리소르지멘토광장(Piazza del Risorgimento)이 나타난다. 여기서 정면의 찻길을 건너 바티칸시국 담장을 오른쪽에 두고 직진하면 성당으로 들어가는 광장이 보인다. **귀띔 한마디** 복장규정이 있어 무릎 위로 올라가는 반바지나 민소매 착용은 안 된다.

베드로사도가 로마 선교활동을 하며 앉았던 나뭇조각
베드로사도의 옥좌 Cathedra San Pietro

성당 가장 안쪽 베르니니의 청동기둥 너머에 자리한 옥좌로 베드로사도가 로마에서 선교활동을 할 때 앉았다고 추정되는 나뭇조각을 모아 금동을 입혀 제작한 것으로 베르니니가 만들었다. 옥좌 위 원통형 창문을 보면 성경에서 옥합이라 표현하고, 우리에게 설화석고로 알려진 돌로 장식된 성령을 상징하는 비둘기가 햇빛에 은은하게 비쳐 더욱 성스럽게 느껴진다.

거장 베르니니의 최후의 작품
교황 알렉산드로7세 무덤 Tomba di Alessandro 7

바로크의 거장 잔로렌초 베르니니의 마지막 작품으로 자신의 열렬한 후원자였던 알렉산드로7세 교황이 서거하자 81세의 나이에도 불구하고 교황의 무덤을 만들게 해달라고 직접 요청하여 지금의 작품이 만들어지게 되었다. 단단한 붉은 대리석을 깎아 마치 진짜 천처럼 접혀진 주름까지 세세하게 묘사한 그의 작품성은 나이를 초월한 거장으로서의 면모를 충분히 보여준다. 모래시계를 들고 있는 해골은 불가항력인 시간과 죽음을 의미하고, 오른쪽 여성의 발 아래 지구본은 로마교회를 부정하고 성공회로 독립한 영국교회와 분쟁을 무산시키려는 의미로 영국 땅을 밟고 있다고 한다.

교황의 제단,
발다키노 Baldacchino

성당의 상징이 되는 제단으로, 특히 이 발다키노는 오직 교황만이 미사를 집전할 수 있는 교황의 제단이다. 교황 우르바누스8세^{Urbanus VIII}의 명으로 만들어져 그의 가문 바르베리니^{Barberini} 가의 꿀벌 문장이 새겨져 있다.
이 작품 역시 베르니니가 설계하였으며 거대한 크기임에도 꼼꼼하게 장식된 화려한 세부 조각은 매우 섬세하다. 하지만 이 작품을 만들면서 부족한 청동을 채우려고 판테온의 청동을 뜯어왔기 때문에 당시 로마인들은 '야만인도 하지 않는 짓을 베르니니가 한다.'라고 조롱했다고 한다.

순례객들의 염원이 깃든
베드로사도의 청동상 Statua Bronzea di San Pietro

12세기 아르놀포 디 캄피오^{Arnolfo di Cambio}의 작품이다. 중세시대 베드로성당은 성지순례를 떠났던 순례객들이 마지막으로 방문하던 종착지였다. 순례를 마치기 위해 로마를 찾아 온 순례객들은 마지막으로 베드로사도의 오른발에 입맞춤을 하는 것으로 성지순례를 마쳤다고 한다. 현재는 입맞춤을 금지하고 있으며, 손을 대는 것만 허용하니 주의하자. 다소 눈에 띄지 않는 곳에 있지만 언제나 그 앞에는 많은 관람객이 줄을 서서 어렵지 않게 찾을 수 있다. 수백 년 동안 순례객들의 입맞춤으로 인하여 성인의 오른쪽 발은 항상 반질반질 윤기가 흐른다.

성당을 더욱 신비롭게 만드는
쿠폴라 La Cupola

교황의 제단 발다키노 위에는 미켈란젤로가 설계했으나 그의 생애동안에는 완성하지 못하고 그의 제자들이 뒤를 이어 완성한 쿠폴라가 있다. 르네상스 시대의 성당건축은 중앙집중식 설계로 그 중심부에 바로 돔이 위치한다. 돔을 통해 쏟아지는 햇살은 성베드로성당을 더욱 웅장하고 신비롭게 만든다. 돔 내부에는 4대 복음서를 쓴 마테오, 마가, 누가, 요한의 원형 초상화가 모자이크로 표현되어 있다.

돔 꼭대기 전망대는 엘리베이터나 계단(537개)을 통해 오를 수 있으며 로마시 내뿐만 아니라 바티칸시국 금지구역과 정원까지 한눈에 내려다볼 수 있다. 쿠폴라로 오르려면 보안검색대를 지나 성베드로성당의 세 입구 중 가장 오른쪽에 있는 입구로 들어가야 한다. 'Ingresso Cupola'라고 써진 표지판을 따라가도록 하자.

입장료 계단 €5, 엘리베이터 €7(엘리베이터를 이용해도 도중에 내려서 걸어 올라가야 한다.) **운영시간** 08:00~18:00(10~3월 08:00~17:00)

신의 손길로 영혼이 깃든
피에타 La Pieta

피에타는 '신이여 자비를 베푸소서'라는 의미로, 죽은 예수를 성모마리아가 안고 있는 모습을 말한다. 죽은 아들이 구원자이기에 그 슬픔을 온회히게 승화하는 어머니 성모의 처연한 표정과, 고통 속에 죽었으나 어머니 품 안에서는 편안하게 잠든 듯한 예수의 표정이 위대한 감동을 불러일으킨다. 또한 안정감 있는 삼각형구도와 유려하게 떨어지는 옷감의 형태가 섬세하다. 당시 20대였던 미켈란젤로는, 이 작품

피에타에 남긴 미켈란젤로 서명

이 처음 공개되었을 때 사람들이 그의 작품임을 몰라주자 성모의 띠에 이름을 새겼다. 그러나 신앙심이 깊었던 그는 천지를 창조한 하느님도 세상 어디에도 서명을 남기지 않았는데, 자신은 한낱 자존심으로 이를 훼손했다며 다시는 자신의 작품에 서명을 남기지 않았다는 일화가 있다. 이 작품은 그의 서명이 들어간 유일한 작품이다.

25년마다 한 번만 열리는
거룩한 문 Porta Santa

대성당으로 들어갈 수 있는 5개의 청동문 중 옛 성당의 문을 그대로 가져온 것으로 거룩한 문이라고 부른다. 이 문에는 1950년 콘소르티^{Vico Consorti}가 조각한 베드로와 바울의 순교 장면이 새겨져 있다. 처음에는 100년에 한 번씩 열리던 이 문은 교황 요한바오로2세에 의해 25년(Jubilee years)에 한 번씩 1년 동안 열고 있으며, 이 문을 지나 고해성사를 하면 죄를 사면 받는다고 한다. 최근 마지막으로 열린 것은 현 프란체스코 교황이 2015년 12월 8일 특별희년으로 지정하여 1년간 개방하였다가 2016년 11월 20일 자비의 특별희년 종료 미사를 끝으로 굳게 닫혔다.

장미묵주 파는 곳

성베드로성당의 오른쪽 입구인 쿠폴라 오르는 곳으로 들어가기 전 기념품 가게에서 성물을 구매할 수 있다. 교황청에서 직접 축성 내린 성물이므로 의미가 깊어 신자들에게 선물하기에 매우 좋다. 눈길을 끄는 것은 신경숙 소설 〈엄마를 부탁해〉에 나온 장미묵주로 가격은 €80이다. 한국인 수녀님이 봉사하고 있어 수월하게 고를 수 있다.

Chapter 03 세계문화유산의 보고, 바티칸

두 팔을 벌려 세상을 감싸 안은
성베드로광장 Piazza San Pietro

베르니니가 설계한 광장으로, 장대하고 화려한 바로크양식의 특징이 생생하게 드러나는데 이는 광장을 둘러싼 284개의 원기둥에 숨겨져 있다. 쿠폴라에 올라 광장을 바라보면 성베드로성당이 두 팔을 벌려 광장의 사람들을 감싸 안는 모습을 하고 있는데, 혹자는 광장에서 바깥으로 쭉 뻗어진 길까지 포함하여 이를 베드로가 예수에게서 받았다는 '천국의 열쇠' 형상이라고도 한다.

주소 Piazza San Pietro, 00120 Città del Vaticano **입장료** 무료 **찾아가기** 성베드로성당 앞에 있다. **귀띔 한마디** 오벨리스크 주변 바닥에 타원형 표식이 있다. 이곳에 서면 4열로 늘어선 모든 기둥이 완벽하게 하나로 겹쳐 보이는 신기한 광경을 볼 수 있다.

교황 알현하기

미사시간 월~토요일 09:00, 10:00, 11:00, 12:00, 17:00, 일 09:00, 10:30, 11:30, 12:15, 13:00, 16:00, 17:30
교황알현 매주 수요일 10:00~11:30 성베드로광장에서 교황을 알현할 수 있다.
교황축사 매주 일요일 12:00 교황이 머무는 사도 궁전 맨 위층 창문에서 교황의 축사를 볼 수 있다. 정확한 날짜는 홈페이지(w2.vatican.va)에 접속한 후 언어는 English를 선택하고, 하단 왼쪽 메뉴에서 'Prefecture of the Papal household'를 클릭하여 확인할 수 있다.

197

Chapter 04
로마근교 여행

오르비에토,
치비타 디 바뇨레조,
티볼리, 오스티아

역사의 도시 로마에 마음을 빼앗겨 다른 도시로 발길을 돌리기 어려운 여행객이라면 주저 말고 로마의 근교도시로 떠나보자. 중부 이탈리아는 많은 여행객이 찾는 여행지는 아니지만 하나하나가 고유의 색깔을 지니고 있다.

Chapter 04 로마근교 여행

Section 09

중세의 아름다움을 느낄 수 있는
오르비에토&치비타 디 바뇨레조

중세의 아름다움을 간직하기 위하여 스스로 시간을 멈춘 중세의 도시 오르비에토와 시간의 흐름 속에 버려진 중세도시 치비타 디 바뇨레조는 이탈리아 여행객들에게 꾸미지 않은 중세의 아름다움을 있는 그대로 느끼게 해 준다.

🧳 오르비에토와 치비타 디 바뇨레조여행을 시작하기 전

이탈리아에서 가장 오래된 도시 오르비에토Orvieto는 로마제국이 시작되기 이전의 토착세력인 에트루리아인들에 의해 만들어진 고대도시이다. 해발 300m 고지대에 형성된 오르비에토는 중세시대 교황의 거주지로 사용되면서 발전하게 된다. 시간이 멈춰버린 중세도시의 모습을 간직하고 있는 이곳은 급변하는 시대의 흐름을 버리고 오히려 과거를 돌이켜 보며 전통을 이어 가며 살고 있다. 바쁜 일상생활에 익숙해졌어도 이곳에 서면 자연스레 그들의 여유로움에 스며들어 멈춰버린 시간 속에서 하루를 보낼 수 있다.

Orvieto
오르비에토

🧳 오르비에토로 들어가기와 오르비에토 내에서 이동하기

오르비에토까지는 로마 테르미니역에서 기차를 이용하는 것이 가장 편하다. 레지오날레는 편도 €8.25로 1시간 20분 정도가 소요되고, 인터시티로는 편도 €17.50로 1시간이 소요된다. 가격에 비해 시간차이가 크게 나지 않으므로 레지오날레를 이용하는 것이 좋다. 테르미니역에서 출발하는 레지오날레 열차는 새로 생긴 1-2 Est. 플랫폼을 이용하게 되는데 플랫폼 간의 거리가 멀어 출발시간에 맞추어 촉박하게 도착하면 놓치기 십상이니 주의하자.

오르비에토 기차역

오르비에토 푸니콜라레 정류장

| 로마 → 오르비에토 | 06:03~23:00(1시간~1시간 30분 간격) |
| 오르비에토 → 로마 | 04:30~23:25(1시간~1시간 30분 간격) |

구분	운행시간	요금
푸니콜라레	주중 07:15~20:30(10분 간격)	편도 €1.50
	주말 08:00~20:30(10분 간격)	
1번 버스	기차역-카엔광장-구시가지	€1

오르비에토 관광안내소

오르비에토는 산 위에 마을이 위치해 있어 시내까지 가려면 등산열차인 푸니콜라레Funicolare를 타고 올라가거나 1번 버스를 타고 이동해야 한다. 푸니콜라레는 기차역 바로 앞 정거장에서 타며, 약 5분 정도 타고 올라가면 마을 입구인 카엔광장Piazza Cahen에 도착할 수 있다. 여기서 마을 중심인 두오모광장Piazza Duomo까지 가려면 푸니콜라레 역 앞에서 버스로 5분 정도 소요되며, 푸니콜라레 티켓이 있으면 무료로 버스를 이용할 수 있다. 마을구경을 하면서 천천히 걸어갈 수도 있는데 15분 정도 걸린다. 오르비에토여행을 시작하기 전에 푸니콜라레 정류장 옆에 위치한 관광안내소에서 정보와 지도를 얻을 수 있다.

🧳 치비타 디 바뇨레조로 이동하기

오르비에토-바뇨레조 코트랄버스

치비타 디 바뇨레조Civita di Bagnoregio까지는 로마에서 바로 가는 버스나 기차가 따로 없다. 오르비에토의 카엔광장Piazza Cahen이나 기차역 앞에서 출발하는 코트랄Cotral사의 버스를 타고 1시간가량을 달려 바뇨레조로 이동한 후, 다시 치비타Civita 입구까지 가는 작은 셔틀버스를 타거나 도보로 30~40분 이동해야 한다. 다만 바뇨레조에 도착하는 시간과 치비타로 들어가는 버스 시간이 잘 맞지 않으므로 도보로 이동해야 하는 경우가 더 많다.

코트랄 버스티켓은 푸니콜라레역을 등지고 카부르Cavour거리에 있는 타바키에서 구입할 수 있으며,

셔틀버스티켓은 버스 안에서 구입하면 된다. 오르비에토에서 치비타 디 바뇨레조로 들어가는 버스는 배차가 많지 않아 버스시간을 미리 확인하고 가는 것이 좋다. 치비타 디 바뇨레조에서 오르비에토로 돌아오는 막차는 17시 25분 차로 버스 시간을 미리 확인해야 한다.

버스티켓 사는 곳		카엔광장의 푸니콜라레 역을 등지고 왼편에 보이는 카부르(Cavour)거리에 있는 타바키
요금		편도 €2.20(돌아갈 티켓도 함께 구입하는 것이 좋다.)
버스 타는 곳	갈 때	• 카엔광장의 푸니콜라레 역을 등지고 보이는 주차장의 오른편 • 기차역 앞
	돌아올 때	내린 곳에서 똑같이 타면 된다.

〈오르비에토-바뇨레조 버스 시간표〉

오르비에토 → 바뇨레조	
오르비에토 카엔광장	06:20, 07:25A, 07:50A, 12:40, 13:55A, 15:45, 17:40, 18:20
오르비에토역	06:30, 07:35A, 08:00A, 12:55, 14:05A, 15:55, 17:50, 18:30
바뇨레조	07:15, 08:05A, 08:45A, 13:40, 15:05A, 16:35, 18:50, 19:15
바뇨레조 → 오르비에토	
바뇨레조	05:30, 06:35A, 06:50, 09:55, 10:10, 13:00, 13:35A, 14:25, 16:40A, 17:25
오르비에토역	06:05, 07:05A, 07:40, 10:35, 11:05, 13:35, 14:00A, 15:10, 17:10A, 18:05
오르비에토 카엔광장	06:15, 07:15A, 07:50, 10:45, 11:15, 13:45, 15:20, 17:20A, 18:20

*A : 9월부터 6월까지 학교가 운영하는 기간만 운행하며, 일요일에는 운행하지 않는다. 시즌에 따라 변경되는 경우가 많으니 오르비에토에 도착하면 관광안내소(www.civitadibagnoregio.it)에서 버스시간표를 확인하도록 하자.

🧳 오르비에토&치비타 디 바뇨레조 추천 동선

이탈리아에서 가장 오랜 역사를 지닌 오르비에토에는 에트루리아인들의 흔적과 중세시대에 발전했던 그들의 문명이 선명하게 남아 있다. 그 어떤 것 하나 놓치기 아까운 관광지들이라 느긋하게 구경한다면 오르비에토만 다녀오기에도 벅차다. 슬로시티 Slow City의 본고장인 오르비에토에서 만큼은 천천히 거닐며 여유를 흠뻑 느껴보는 것이 좋다. 그러나 이탈리아 한 곳이라도 더 보고 싶다면 당일치기 코스 중간에 치비타까지 다녀올 수 있다.

오르비에토&치비타 디 바뇨레조 당일치기 코스

Go!

		4시간 코스	4시간 코스	
	🚆 1시간 20분	선택_12:40 치비타 디 바뇨레조행 40분~1시간	17:25 오르비에토행 40분~1시간	🚆 1시간 20분

| 로마에서 출발 07:28 | 오르비에토 도착 08:43 | 치비타 디 바뇨레조 도착 | 오르비에토
오전에 오르비에토를 구경할 시간이 부족했다면 더 구경하거나 로마로 돌아가는 기차 탑승 | 로마 |

볼세나 성체기적을 기념해 지은
오르비에토 두오모 Orvieto Duomo

작고 소박한 도시 오르비에토에 홀로 웅장하게 서 있는 두오모는 단연 압도적이다. 경제적 지원이 부진한 상태로 공사가 진행되어 완공까지는 약 300년이나 걸리면서 다양한 건축양식이 혼합되어 오르비에토 두오모만의 독특한 형태를 지니게 되었다. 전체적인 모습은 로마네스크양식이지만, 정면은 고딕양식으로 지어져 화려함이 특징이다.

이 두오모는 1263년 '볼세나Bolsena의 성체기적'을 기리기 위해 만들어진 것이다. 성당 미사에는 성체성사라 하여 빵과 포도주를 먹는 의식이 있는데, 빵은 예수의 살, 포도주는 예수의 피라 여긴다. 이 의식에 대해 의심을 갖던 프라하의 베드로사제가 어느 날 미사 중에 실제로 빵과 와인이 피와 살로 변하는 기적을 경험하는데 당시 빵을 덮은 흰 천에 그 피가 묻었고, 그 천을 성체포라 하여 오르비

에토 두오모에 보관중이다. 또한 성당 내부에는 르네상스 초기 미술가인 루카시뇨렐리Luca Signorelli가 그린 「최후의 심판」이 있는데 이 또한 인상적이다.

주소 Piazza del Duomo, 26, 05018, Orvieto Terni **문의** (+39)0763-34-1167 **운영시간** 11~2월 09:30~13:00, 14:30~17:00 3월, 10월 09:30~18:00, 4~9월 09:30~19:30 **입장료** 무료(산브리치오예배당 €5) **찾아가기** 오르비에토 두오모 광장 내 위치한다. 푸니콜라레역에서 출발하는 1번 버스에서 내리면 바로 보인다.

르네상스초기의 걸작들을 만날 수 있는
오페라 델 두오모박물관 Museo Opera del Duomo

15세기 르네상스 물결을 가장 빨리 받아 들였던 지역 중의 한 곳인 오르비에토는 이탈리아 내에서도 특히 초기 르네상스의 걸작을 많이 보유하고 있는 도시이다. 그 시기에 남겨진 유물들을 모아 만든 박물관으로 미켈란젤로나 라파엘로가 등장하기 이전 시대에 활동했던 대가들의 작품을 만날 수 있다. 미술의 기술적인 부분이 아직 완성되지 않았던 시기의 작품이 주로 전시되어 있기 때문에 여행객들에게는

많은 감동을 주기 어려울 수도 있지만, 미술에 관심이 있다면 한 번쯤 가볼 만하다.

주소 Piazza Duomo, 05018, Orvieto Terni **문의** (+39)0763-343-592 **홈페이지** www.opsm.it **운영시간** 11~2월 10:00~13:00, 14:00~17:00, 3, 10월 10:00~17:00, 4~9월 09:30~19:00 **휴관** 10~3월까지 매주 화요일 **입장료** 통합권 €5(두오모, 박물관, 산브리치오예배당) **찾아가기** 푸니콜라레 정류장에서 출발하는 1번 버스를 타고 내리면 바로 보이는 두오모 오른편 건물이다.

이중 나선형계단으로 만들어진
산파트라치오의 우물 Pozzo di San Patrazio

중세시대에는 도시를 이민족으로부터 보호하기 위해 지하에 땅을 뚫어 요새화하였다. 후에 1527년 프랑스가 침공했을 때 이곳으로 피신 온 교황 클레멘스7세에 의해 만들어진 우물로 깊이가 60m 이상 되고, 우물 안으로 내려가는 나선형 계단 248개가 상행과 하행 구분하여 이중구조로 설치되어 있다. 다른 관광명소 같은 경우 시내 중심부에 몰려 있으나 산파트라치오의 우물은 푸니콜라레역 바로 옆에 위치해 있으므로 시내로 들어가기 전 구경하거나 시내구경을 마친 후 푸니콜라레를 타기 전에 구경하면 동선을 줄일 수 있다.

주소 Viale San Gallo, 18038, Orvieto Terni **문의** (+39)0763-34-3768 **홈페이지** www.comune.orvieto.tr.it **운영시간** 1~2월, 11~12월 10:00~16:45, 3~4월, 9~10월 09:00~18:45, 5~8월 09:00~19:45 **휴관** 1/1, 12/25 **입장료** €5(학생 €3.50, 국제학생증 할인가능) **찾아가기** 푸니콜라레 정류장을 등지고 오른편에 있으며, 도보로 3분 거리이다. **귀띔 한마디** 입장료에 비해 큰 볼거리는 없는 편이다.

미로처럼 숨겨진
지하도시 Orvieto Sotterranea

고대시대 토착세력이었던 에트루리아인에 의해 만들어진 지하도시로 아직까지도 정확한 크기를 파악하지 못할 만큼 큰 규모이다. 내부에는 당시 살았던 사람들의 생활상을 볼 수 있는데, 일찍부터 물의 중요성을 깨달아 만든 우물과 죽은 이들이 묻히는 무덤 터가 인상적이다.

지하도시는 깊고 복잡해서 가이드투어로만 입장할 수 있으며, 티켓판매소는 두오모를 등지고 정면에 보이는 건물에 위치한다. 입장시간(11:00, 12:15, 16:00, 17:15)이 정해져 있으므로 방문할 예정이라면 미리 표를 끊고 다른 곳부터 둘러본 후 시간에 맞춰 돌아오는 것이 좋다. 가이드투어는 영어, 이탈리아어, 일본어 중 선택할 수 있으며, 소요시간은 약 1시간 정도이다.

주소 Piazza del Duomo 23, 05018, Orvieto Terni **문의** (+39)0763-34-4891 **홈페이지** www.orvietounderground.it **운영시간** 10:00~12:30, 15:30~17:30 **휴관** 12/25 **입장료** €6(학생 €5) **찾아가기** 두오모를 등지고 10시 방향으로 보이는 건물이다. **귀띔 한마디** 티켓판매소 옆에 관광안내소도 같이 있으므로 방문하여 여행에 필요한 정보를 구하자.

천공의 도시, 치비타 디 바뇨레조 마을

2500년 전 에트루리아인들에 의해 만들어진 이 도시는 사람이 거주하기 힘든 자연환경으로 마을사람들이 하나둘 떠나면서 현재는 겨우 열다섯 가구만이 살고 있다. 풍화에 약한 응회암지대에 지어져 지반침식으로 도시 자체가 무너질 위기에 놓였기 때문이다. 다행히 2004년부터 고원주변을 보수하여 더 이상의 붕괴는 막고 있다. 또한 애니메이션 〈천공의 성 라퓨타〉의 배경으로 유명세를 타면서 현재는 관광사업도 활발해졌다. 바뇨레조Bagnoregio에 도착하여 치비타 디 바뇨레조Civita di Bagnoregio로 걸어 들어가다 보면 마을을 한눈에 볼 수 있는 전망대인 벨베데레Belvedere와 마을로 들어가는 다리가 있다. 벨베데레에서 바라보는 마을의 모습이 장관이니 먼저 전망대를 들렸다가 다리를 건너 마을로 들어가도록 하자. 마을로 들어가 조금 걷다 보면 로마네스크양식의 산도나토교회Chiesa di San Donato를 마주하게 되는데 그 광장을 중심으로 주변의 골목골목을 돌아보면 된다. 마을이 크지 않아 돌아보는 데 30분밖에 걸리지 않으니 느긋하게 주변경관을 둘러보며 구경해도 된다.

아기자기한 느낌의 치비타 마을

전망대에서 바라본 치비타 마을 전경

Chapter 04 로마근교 여행

Section **10**
아름다운 고대 별장을 만나는 티볼리

빌라아드리아나와 빌라데스테는 티볼리라는 작은 마을에서 상상할 수 없는 규모와 과학적인 설비를 갖춘 당대 최고의 걸작이다. 이처럼 고대로마시대 때부터 황제들과 귀족들의 별장이 세워졌던 티볼리는 중세시대를 거쳐 현재까지도 로마사람들에게 휴양지로 각광받고 있다.

🧳 티볼리여행을 시작하기 전

티볼리는 고대 그리스신화에 나오는 카틸루스^{Catilus}의 삼형제 중 한 명인 티부르투스^{Tiburtus}가 학살을 피해 이탈리아 땅으로 건너와 기원전 13세기경에 세운 도시로, 과거에는 그의 이름을 따서 티부르^{Tibur}라고 불렀다. 로마제국시대에는 황제들과 귀족들이 휴식을 취하는 휴양지로 바뀌면서 그 당시 수많은 별장이 세워졌고, 당시 하드리아누스황제에 의해 만들어진 빌라아드리아나^{Villa Adriana}가 지금도 남아 있다. 르네상스시대에 들어오면서

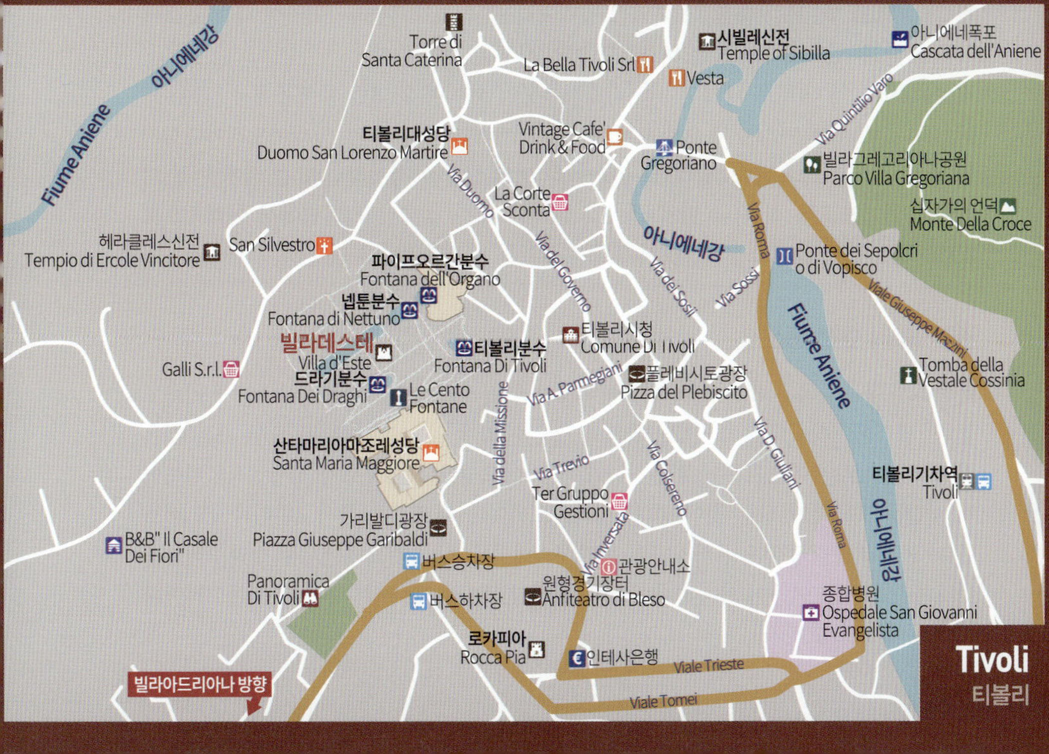

부터는 귀족들의 별장이 세워지기 시작했는데 그 중 가장 유명한 별장은 유네스코 세계 문화유산으로 지정된 빌라데스테Villa d'Este로 지금도 보존 상태가 매우 좋다. 티볼리는 로마에서 1시간 정도 떨어져 있는 지역으로 반나절 동안 다녀오기에 매우 좋아 바쁜 일정으로 여행에 지친 배낭여행자들에게 휴식처가 되는 관광지이다.

티볼리 들어가기

티볼리에 가기 위해서는 테르미니역Stazione Termini에서 메트로 B선을 이용, 폰테맘몰로Ponte Mammolo역에서 하차하여 코트랄Cotral 버스로 갈아타야 한다. 버스표는 메트로에서 내려 에스컬레이터를 타고 한 층을 더 내려가 빌리에티Biglietti라고 적힌 타바키Tabacchi나 매표소에서 구매할 수 있으며 돌아오는 버스표도 미리 사두는 것이 좋다.

티켓을 사고 역 외부로 나가면 시외버스정류장이 보이며 2, 3번 플랫폼에서 [Tivoli-Via Tiburtina]행 버스를 탑승하면 된다. 빌라데스테까지는 40분, 빌라아드리아나까지는 30분 정도가 소요된다. 빌라아드리아나를 먼저 들를 예정이라면 탑승 시에 버스 기사에게 물어보도록 하자. 로마로 돌아갈 때에는 내린 정류장 건너편에서 아래쪽으로 200m 정도 떨어진 버스정류장에서 똑같은 코트랄 버스를 탑승하면 된다.

티볼리 추천 동선

빡빡하게 돌아다니는 것을 싫어하는 여행자라면 빌라데스테와 티볼리시내만 둘러봐도 좋다. 빌라아드리아나는 빌라데스테에서 조금 거리가 있으므로 두 곳 모두 가는 것은 일정이 여유로운 여행자들에게 추천한다. 빌라아드리아나는 규모가 상당히 큰 편이어서 시간을 넉넉하게 잡는 것이 좋다. 빌라아드리아나 매표소 앞에서 4번이나 4X 버스를 타고 가리발디광장에서 하차하면 빌라데스테이다. 빌라데스테에서는 빌라그레고리아나까지 도보로 이동이 가능하다. 빌라데스테만 돌아보기 아쉽다면 빌라그레고리아나도 방문해 보도록 하자.

Chapter 04 로마근교 여행

물의 오로라로 가득 찬 꿈의 별장
빌라데스테 Villa d'Este

빌라데스테는 르네상스시대에 로마의 유력가문 에스테가에 의해 만들어진 별장이다. 16세기에 30살의 젊은 나이로 추기경 자리에 오른 이폴리토 데스테2세Ippolito (II) d'Este는 교황 선출과정에서 가장 강력한 후보였지만 낙선 후 티볼리로 추방된다. 티볼리에서 재기를 노리던 그는 이곳의 유명인사들을 위해 사교장으로 지금의 별장을 지었다. 당시 유명 건축가와 예술가들이 총동원되어 만들어졌으며, 수백 개의 분수와 예술작품이 곳곳에 가득하다. 유럽에서 가장 아름다운 별장으로 꼽히며, 유럽의 정원사에도 많은 영향을 미쳤다. 이후로도 오랫동안 교황들과 귀족들을 위한 휴양지로 사용되다가 에스테가문의 몰락과 함께 버려졌고, 현재는 정부에서 직접 관리하고 있으며 유네스코 세계문화유산으로 지정되면서 옛 모습을 찾아가고 있다.

주소 Piazza Trento, 5, 00019 Tivoli **문의** (+39)0774-31-2070 **홈페이지** www.villadestetivoli.info **운영시간** 화~일요일 08:30~18:30(19:30까지 퇴장), 겨울철 08:30~16:00(17:00까지 퇴장) **휴관** 매주 월요일, 1/1, 5/1, 12/25 **입장료** 성인 €12, 학생 €8 **찾아가기** 버스에서 하차한 뒤, 도로를 바라보고 10시 방향으로 보이는 광장에서 도보 5분 거리이다. **귀띔 한마디** 7월 초에서 10월 중순까지 매주 금요일과 토요일에 야간개장을 한다. 저녁 8시 30분부터 자정까지 열리며 마지막 입장시간은 11시까지이다. 야간개장은 홈페이지를 통해 공지되니 확인해보자.

현지인들의 휴식처로 제공된 공원,
빌라그레고리아나 Villa Gregoriana

19세기 교황 그레고리우스 16세는 티볼리에 흐르는 아니에네강Fiume Aniene의 범람으로 도시가 큰 피해를 입자 이를 방지하기 위해 댐을 건설하였다. 그리고 주변지역을 공원으로 조성하여 개인 별장으로 사용하였는데, 현재는 일반인들의 휴식처로 제공하고 있다. 공원의 규모가 꽤 크며 몇 개의 산책코스가 조성되어 있다. 산책로를 따라 걷다보면 곳곳에 폭포와 동굴이 있어 마치 공원보다는 숲에 온 느낌이다. 주말이면 현지인들도 휴가를 즐기러 많이 찾는 곳이다.

주소 Largo Sant'angelo, 19 00019 Tivoli 문의 (+39)0774-31-8296 홈페이지 www.villagregoriana.it 운영시간 3월, 11~12월 10:00~16:00, 4~10월 10:00~18:30(폐장 1시간 전까지 입장 가능) 휴관 매주 월요일 입장료 성인 €8, 학생 €6 찾아가기 티볼리역에서 주세페 마치니길(Via le Giuseppe Mazzini)을 따라 도보 10분 거리이다.

세월을 이기지 못한 황제의 별장, 빌라아드리아나 Villa Adriana

로마제국시대에 가장 훌륭한 황제 중 한 명이었던 하드리아누스는 굉장히 역동적인 황제로 수도 로마에만 머물지 않고 전 로마의 도시를 돌아다니며 제국의 번영과 안정을 꾀했다. 나이가 들면서 생을 마칠 수 있는 자신만의 별장을 로마근교 티볼리에 건설해야겠다고 생각하고, 지중해 전역을 돌아다니며 보았던 것을 회상하며 이 별장을 스스로 설계하였다.

빌라아드리아나는 엄청 큰 부지에 만들어진 별장으로 당시 황제의 권위를 제대로 느낄 수 있는 곳이다. 빠르게 걸어도 족히 2시간은 소요될 만큼 큰 별장이다. 아쉽게도 세월이 지나면서 많이 무너지고 중세시대 채석장으로 사용되면서 지금은 흔적들만 남아있다.

주소 Largo Marguerite Yourcenar, 1, 00019 Tivolli 문의 (+39)0774-38-2733 홈페이지 www.villaadriana.beniculturali.it 운영시간 09:00~18:00(19:30까지 퇴장) 휴관 1/1, 12/25 입장료 성인 €12, 학생 €8(오디오 가이드 €5) 찾아가기 티볼리행 버스를 타고 가다 빌라아드리아나역에서 하차하여 도보 20분, 빌라데스테에서 갈 경우 가리발디광장에서 4번이나 4X버스 타고 빌라아드리아나 앞에서 하차한다. 귀띔 한마디 매주 첫 번째 일요일 무료입장

Chapter 04 로마근교 여행

Section 11
로마의 풍요로움이 시작된 오스티아

자연의 힘에 굴복하여 지금은 작은 도시로 전락했지만 오스티아는 한때 로마시대의 가장 풍요로운 도시 중 한 곳이었다. 오스티아의 유적과 아름다운 해안도시가 함께 어우러져 있어, 바쁜 여행에 지쳐 있는 여행자에게도 좋은 휴식처가 될 것이다.

🧳 오스티아여행을 시작하기 전

'로마의 풍요로움은 오스티아에서 시작했다'라는 말이 있을 정도로 고대로마시대에는 지중해 전역에서 로마로 들어가는 모든 물품이 이곳으로 옮겨졌고, 그로부터 로마의 풍요로움을 만들어 냈다. 로마와 함께 가장 번성했던 도시 중의 하나인 오스티아는 로마와 달리 전쟁으로부터의 피해가 적어 지금도 가장 보존이 잘된 로마유적지 가운데 한 곳이다. 광활한 벌판을 가득 채운 유적지 사이를 거닐다 보면 시간을 거슬러 어느새 로마시대로의 시간여행을 시작할 수 있다.

🧳 오스티아 들어가기와 추천 동선

로마 테르미니역에서 메트로 B선을 타고 에우로말랴나EUR Magliana역이나 피라미데Piramide역으로 가서, 오스티아안티카Ostia Antica로 가는 국철로 환승한다. 오스티아안티카는 한 바퀴 둘러보는 데 보통 2시간 정도면 충분하므로 천천히 옛 항구마을의 정취를 느껴보자. 오스티아안티카에서 오스티아해변까지는 국철을 이용하여 쉽게 이동할 수 있다. 오스티아해변도 2~3시간 정도 코스로 여행 중에 망중한을 즐기기에 좋은 곳이다. 로마로 돌아올 때는 찾아가는 것과 역순으로 국철과 메트로를 이용하면 된다. 오스티아해변에서 로마까지는 30분 정도 소요된다.

옛 항구도시의 정취가 잘 보존된 과거로의 시간여행, 오스티아안티카 Ostia Antica

고대 항구도시 오스티아안티카는 로마로 흘러들어오는 수많은 물자를 원활하게 공급하기 위해 만들어진 곳이다. 로마를 가로지르는 테베레강이 바다로 빠져나가는 지리적 요충지에 만들어졌다. 그러나 시간이 지나면서 퇴적물이 쌓여 바다에서 약 3km까지 떨어지게 되었고, 더 이상 항구로서의 역할을 할 수 없게 되자 버려졌다.

그러나 이것이 축복이 되어, 르네상스시대 이탈리아 전역에 건축 붐이 일어났을 때에도 채석장으로 사용되는 화를 면할 수 있어 현재까지도 유적이 잘 보존될 수 있었다. 로마에서 국철을 타면 쉽게 이동할 수 있기에 로마유적에 관심이 있는 여행자라면 한 번 방문해봐야 할 곳이다.

주소 Scavi di Ostia-Via dei Romagnoli 717, 00119 Ostia **문의** (+39)06-565-7308 **홈페이지** www.ostiaantica.net **운영시간** 1~2, 11~12월 08:30~16:00, 3월 마지막 주 일요일~10월 08:30~18:00, 10월 마지막 주 일요일~11/1 08:30~17:00 **입장료** €12 **찾아가기** 오스티아안티카 역에서 나와 바로 보이는 육교를 건너 도보 10분 거리이다.

Chapter 04 로마근교 여행

여행 중에 느끼는 망중한,
오스티아해변 Lido di Ostia

오스티아안티카를 둘러보고 시간이 남는다면 로마의 근교 해변인 오스티아해변으로 가보도록 하자. 오스티아해변은 로마 주민들이 즐겨 찾는 해변이기도 하다. 오스티아해변은 물이 그다지 깨끗한 편은 아니지만, 수영장이나 선베드 Sunbed 같은 부대시설을 잘 갖추어 놓은 유료 해변 같은 경우에는 여름철에 물놀이를 즐기기에 좋다. 로마에서 멀지 않은 곳이지만 해변 도시다운 또 다른 느낌을 자아낸다.

해변을 바라보고 오른쪽으로 15분 거리에는 무료로 이용할 수 있는 해변이, 왼쪽으로는 따로 입장료를 내고 파라솔이나 탈의실 등 부대시설을 이용할 수 있는 유료 해변이 펼쳐져 있다.

찾아가기 오스티아안티카역에서 2정거장 떨어진 리도첸트로(Lido Centro)역에서 내리면 된다. 역을 나와 10분 거리에 해변이 있다. **귀띔 한마디** 시내 중심부에 관광안내소가 있다.

Part
03

피렌체 &
피렌체근교 여행

피렌체에서 놓치지 말아야 할 추천 베스트
Chapter01 한눈에 보는 피렌체&피렌체근교
고민 없이 즐기는 피렌체&피렌체근교 추천 동선
Section01 피렌체&피렌체근교 교통편 이용하기

Chapter02 연인들의 성지, 낭만이 함께하는 피렌체
Section02 피렌체에서 반드시 둘러봐야 할 명소
Special02 우피치미술관의 소장작품 이해하기
Section03 피렌체에서 먹어봐야 할 것들
Section04 피렌체에서 놓치면 후회하는 쇼핑거리
Special03 피렌체의 명품아웃렛 공략하기
Section05 여행자들에게 적당한 피렌체의 숙소

Chapter03 피렌체근교 여행
Section06 사탑으로 유명한 피사
Section07 성벽의 도시 루카
Section08 중세마을의 아기자기한 풍경 아레초
Section09 알록달록한 해안가 절벽마을 친퀘테레
Section10 한없이 펼쳐진 평원이 주는 여유 아시시
Section11 고유의 문화와 전통을 자랑하는 시에나
Section12 아름다운 탑의 도시, 산지미냐노
Special04 와인에 한 번, 풍경에 두 번 취하는 몬탈치노

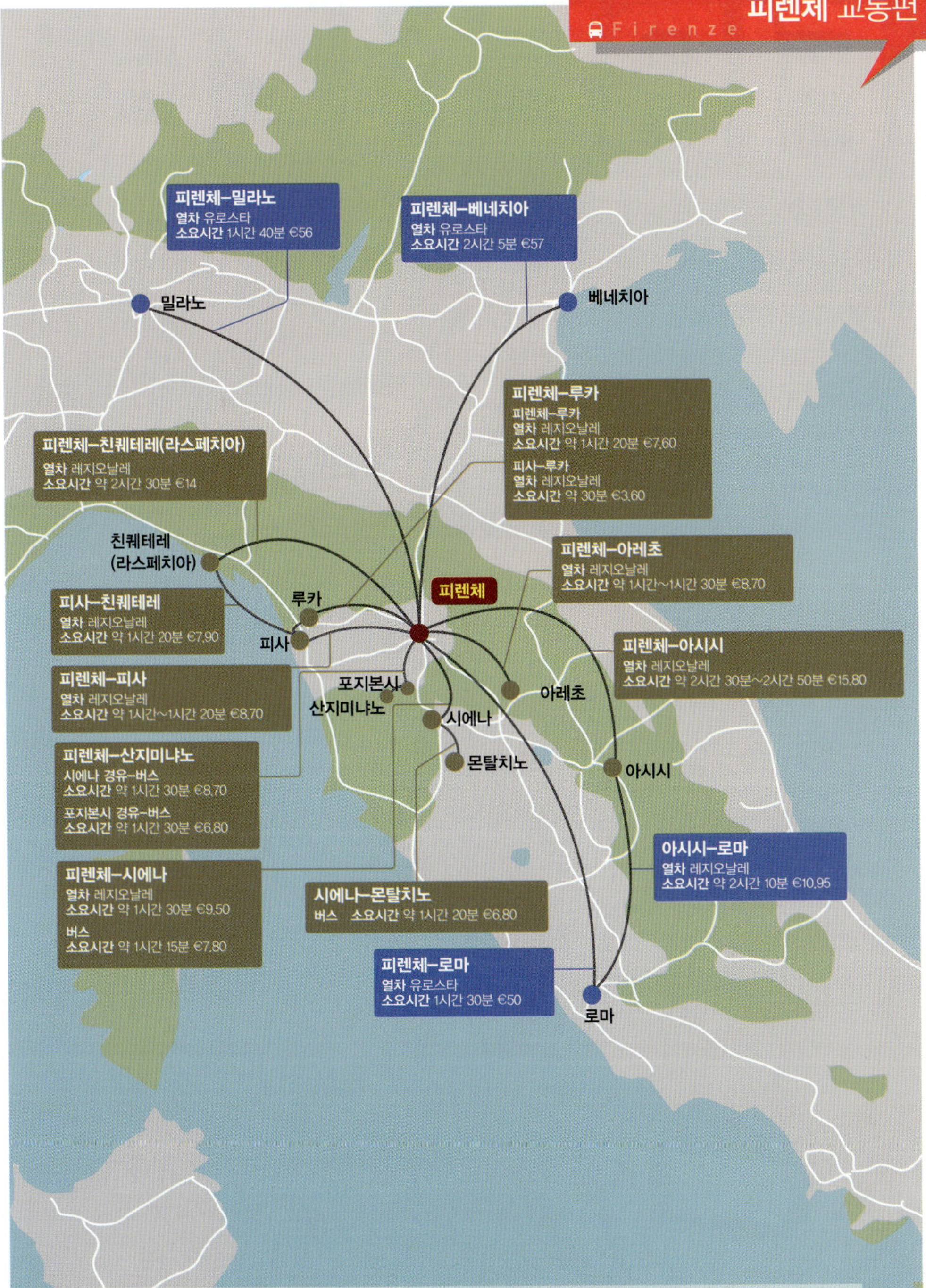

피렌체 교통편
Firenze

피렌체-밀라노
열차 유로스타
소요시간 1시간 40분 €56

피렌체-베네치아
열차 유로스타
소요시간 2시간 5분 €57

피렌체-루카
열차 레지오날레
소요시간 약 1시간 20분 €7.60

피사-루카
열차 레지오날레
소요시간 약 30분 €3.60

피렌체-친퀘테레(라스페치아)
열차 레지오날레
소요시간 약 2시간 30분 €14

피렌체-아레초
열차 레지오날레
소요시간 약 1시간~1시간 30분 €8.70

피사-친퀘테레
열차 레지오날레
소요시간 약 1시간 20분 €7.90

피렌체-아시시
열차 레지오날레
소요시간 약 2시간 30분~2시간 50분 €15.80

피렌체-피사
열차 레지오날레
소요시간 약 1시간~1시간 20분 €8.70

피렌체-산지미냐노
시에나 경유-버스
소요시간 약 1시간 30분 €8.70
포지본시 경유-버스
소요시간 약 1시간 30분 €6.80

아시시-로마
열차 레지오날레
소요시간 약 2시간 10분 €10.95

피렌체-시에나
열차 레지오날레
소요시간 약 1시간 30분 €9.50
버스
소요시간 약 1시간 15분 €7.80

시에나-몬탈치노
버스 소요시간 약 1시간 20분 €6.80

피렌체-로마
열차 유로스타
소요시간 1시간 30분 €50

이동은 열차를 이용하는데, 이탈리아 주요도시인 로마, 베네치아 같은 대도시는 유로스타(Eurostar)를 기준으로, 근교소도시는 레지오날레(Regionale)를 기준으로 정리하였다. 경비를 절감하려면 유로스타 대신에 레지오날레를 이용해도 무방하지만 소요시간이 더 길다. 요금은 예약시기에 따라 유동적이므로 대략적으로 참고하자.

FIRENZE

피렌체에서 놓치지 말아야 할 추천베스트

미켈란젤로광장(Piazzale Michelangelo)
미켈란젤로언덕에서 바라보는 석양과 야경

미켈란젤로언덕에서 바라보는 피렌체는 언제나 아름답지만 특히 해 질 무렵 피렌체는 잊을 수 없는 감동을 선사한다. 선 홍빛으로 물드는 노을은 황홀함 그 자체이다! 미켈란젤로언덕은 피렌체에서 가장 아름다운 야경을 볼 수 있는 곳이다.

두오모(Firenze Duomo)
영원한 사랑을 약속하는 장소 두오모

영화 〈냉정과 열정사이〉에서 준세이와 아오이가 10년 만에 쿠폴라에서 재회하던 장면처럼, 영화 주제곡을 들으며 연인들의 성지 쿠폴라에 오른다면 마치 영화 속 주인공이 된 듯한 느낌마저 든다.

우피치미술관(Galleria degli Uffizi)
르네상스미술의 보고, 우피치미술관

런던 내셔널갤러리, 마드리드 프라도미술관과 더불어 유럽 3대 미술관으로 꼽히는 우피치미술관은 세계에서 가장 많은 르네상스시대 미술작품을 소장하고 있다. 13세기 비잔틴부터 18세기 바로크양식까지 약 2,500여 점의 미술품이 전시되어 있으며, 보티첼리와 다빈치, 미켈란젤로, 라파엘로 등 르네상스를 이끌었던 대가들의 걸작을 감상할 수 있다.

아웃렛(Outlet)
피렌체에서 쇼핑 즐기기, 명품아웃렛

피렌체 주변에 위치한 프라다스페이스, 더몰, 바르베리노 등의 명품아웃렛은 한국보다 40~80% 저렴한 매력적인 가격으로 여행자를 유혹한다.

티본스테이크(T-Bone Steak)
맛의 고장 피렌체에서 즐기는 저녁 만찬

피렌체는 이탈리아 어느 도시보다 뛰어난 음식 맛을 자랑한다. 프랑스요리의 원조인 토스카나요리는 풍부한 자연의 산물과 중세시대부터 경제적 부를 바탕으로 다양한 음식문화가 발달하였다. 피렌체에서 맛보는 티본스테이크는 여행의 행복지수를 더욱 높여준다.

와인(Vino)
토스카나의 풍경에 취해, 와인에 취해

에트루리아인들의 삶의 터전 토스카나주는 이탈리아와인의 본고장이자 이탈리아와인의 자존심이다. 전 세계적으로 사랑받는 키안티와 키안티 클라시코, 브루넬로 디 몬탈치노를 비롯해 여행자의 마음을 감미롭게 사로잡는 와인이 가득하다.

Chapter 01
한눈에 보는 피렌체&피렌체근교

로마제국 멸망 후 중세 암흑기 이탈리아인들은 로마제국의 영광을 기억하며 화려한 부활을 꿈꾸었다. 이들에게 지중해는 이슬람과의 교역을 통해 부를 가져다주었고, 이러한 부를 바탕으로 이탈리아는 피렌체를 중심으로 재도약하게 된다. 피렌체 메디치가문의 적극적인 예술부흥운동으로 시작된 르네상스는 이탈리아뿐만 아니라 유럽 전체에 강력한 영향을 미쳤다. 르네상스시대에 꽃피운 찬란한 문화는 오늘날까지도 고스란히 남아 피렌체를 세상에서 가장 문화적인 도시로 기억하게 한다.

고민 없이 즐기는 피렌체&피렌체근교 추천 동선

피렌체의 매력이 여행자들 사이에 알려지기 전에는 단지 베네치아에서 로마로 가는 길에 잠시 들러보는 도시였지만, 현재는 2~3박을 하는 여행자가 점점 늘고 있다. 대부분의 여행자가 피렌체 구경에 반나절에서 하루 정도를 투자하고, 다음 날 근교도시나 명품아웃렛을 찾는다. 피렌체는 대도시이지만 실제로 관광지구는 매우 좁기 때문에 도보로 여행이 가능할 뿐 아니라 미술관이나 박물관에 입장하지 않는다면 반나절이면 충분하다. 하지만 시간적 여유가 된다면 우피치미술관을 포함한 하루일정을 추천한다.

피렌체 일일 필수코스

피렌체여행의 중심은 두오모광장과 그 주변이다. 두오모광장 주변으로 주요 관광지가 몰려 있으므로 여행 취향과 일정에 따라 주변 관광지를 선택하면 된다. 일정 중에 한 끼 식사 정도는 피렌체의 대표요리인 티본스테이크를 추천한다. 피렌체는 노을 지는 전경이 특히 아름다우므로 해지는 시간에 맞춰 미켈란젤로광장 언덕에 올라 야경까지 감상한다면 더할 나위 없이 좋은 코스가 된다.

휴관일 확인하기!
두오모의 쿠폴라는 일요일이 휴무이고, 우피치미술관, 아카데미아미술관 등 주요 미술관은 월요일이 휴관이므로 여행계획을 짤 때 참고해야 한다. 또한 미술관이 월요일 휴관이라 일요일에는 사람이 많이 몰리는 것도 기억해야 한다.

피렌체야경 추천코스

피렌체는 다른 도시와 달리 영어도 어느 정도 통하는 곳이라 밤까지 여행자와 현지인들이 어우러져 매우 활기차게 움직인다. 피렌체야경의 핵심은 미켈란젤로언덕으로 두오모광장부터 미켈란젤로언덕까지, 시간적 여유가 있다면 피티궁전Palazzo Pitti을 지나 산타트리니타Santa Trinita다리까지 다녀와도 좋다. 치안은 좋은 편이니 가벼운 마음으로 피렌체의 밤거리를 한껏 누려보자. 도시 곳곳에서 펼쳐지는 거리공연은 피렌체의 밤을 더욱 아름답게 만들지만 방심은 금물이며, 귀중품은 숙소에 놓고 다니는 것이 좋다.

두오모 주변 통합입장권(Duomo card Single Ticket)

예전에는 두오모 쿠폴라나 종탑 등 입장권을 따로따로 판매했지만 현재는 두오모 쿠폴라와 종탑을 포함한 5곳의 통합입장권(72시간 유효)을 €18에 판매하고 있다. 두오모카드를 처음 사용한 이후 72시간 동안 사용할 수 있으며(오후 1시에 처음 입장했다면 다음 날 오후 1시까지 유효). 중복입장 불가, 사전 지정날짜로 부터 6일간 유효하다. 두오모카드 구입 후 6일차 자정 전까지만 사용할 수 있다.

홈페이지	www.ilgrandemuseodelduomo.it
사용 가능한 곳	쿠폴라, 산조반니세례당, 조토의 종탑, 산타레파라타예배당, 스토리코 두오모델박물관
구입처	그림에 표시된 매표소에서 구입할 수 있다. 단 쿠폴라입구에서는 카드를 팔지 않으므로 매표소에서 두오모카드를 먼저 구입한 후 쿠폴라로 오르는 줄에 서야한다는 점을 기억하자.

Chapter 01 한눈에 보는 피렌체&피렌체근교

Section 01
피렌체&피렌체근교 교통편 이용하기

피렌체는 다른 도시에 비해 근교여행을 즐기는 여행자가 많은 편이다. 피렌체의 근교도시 대부분은 산타마리아 노벨라역에서 발착하는 기차나 시타버스정류장에서 출발하는 시외버스를 이용하게 된다. 피렌체 도심여행은 대부분의 관광지가 한곳에 몰려 있어 도보로도 충분히 둘러볼 수 있다.

🧳 공항이나 기차역에서 피렌체시내로 이동하기

피렌체에서 약 5km 떨어진 아메리고베스푸치공항 Aeroporto Amerigo Vespucci 은 페레톨라공항 Peretola Aeroporto 이라고도 부른다. 입국심사를 마치고 공항을 나오면 바로 보이는 셔틀버스를 타고 피렌체시내까지 바로 이동할 수 있다. 요금 €6 티켓은 운전기사에게 구매할 수 있으며 버스는 산타마리아 노벨라역 Stazione Santa Maria Novella 앞에 정차한다. 반대로 피렌체시내에서 공항으로 갈 때는 시타버스터미널 Sita Bus Terminal 에서 발착하는 셔틀버스를 이용하면 된다. 택시를 이용할 계획이라면 소요시간은 15~20분, 요금은 약 €22~26(짐 추가 개당 €1) 정도를 예상하면 된다. 산타마리아 노벨라역은 이탈리아 주요도시와 근교도시를 연결하는 피렌체 중심역으로 시내에서 5~10분 거리에 위치하며, 피렌체 외부에서 이 역으로 도착한 경우 16번 플랫폼 출구로 나와 오른쪽으로 난 길을 따라 걷다보면 피렌체의 중심 두오모광장이 보인다.

산타마리아 노벨라역 짐 보관소

짐 보관소	위치	16번 플랫폼 오른편
	운영시간	06:00~23:00
	요금	5시간 (€6), 초과 시 1시간당 €0.90, 12시간 초과 시 1시간당 €0.40

피렌체시내에서 대중교통 이용하기

피렌체도심에서 대부분의 관광지는 도보로 이동할 수 있지만 미켈란젤로광장은 조금 거리가 있다. 물론 걸어서도 갈 수 있지만 걷는 것이 힘들다면 시내버스를 이용하면 된다. 단 버스노선이 돌아가므로 버스를 이용하나 도보의 소요시간은 비슷하다고 보면 된다.

피렌체 내에서 굳이 버스를 타야 하는 경우는 미켈란젤로광장이나 근교의 피에솔레로 나갈 때이다. 버스정류장은 산타마리아 노벨라역을 나와 우측에 있다. 버스표는 T표시가 있는 타바키 Tabacchi에서 구매하면 €1.20로 저렴하고, 승차하여 버스기사에게 구입하면 €2.50를 내야 한다. 미켈란젤로광장으로 가는 12번과 13번 버스의 주요노선은 비슷하지만 방향이 다르므로, 역에서 갈 때는 12번, 올 때는 13번 버스를 이용하면 시간을 절약할 수 있다. 공사 중에는 운행노선이 변경될 수 있으므로 승차 전 체크해보는 것이 좋다.

목적지	번호	운행시간	운행노선
미켈란젤로 광장	12번	06:20~24:00	Stazione FS. S.M.N → P.ta al prato → Porta Romana → **Michelangelo*** → Ferrucci → Ponte alle Grazie → Beccaria → Stazione Campo Marte → Ponte Rosso → Indipendenza → Stazione FS. S.M.N
	13번	06:00~23:25	Rotonda Barbetti → Fratelli Rosselli → Leone X Lorenzo Il Magnifico → Venti Settembre → Ponte Rosso 01 → Leonardo Da Vinci → Leonardo Da Vinci 03 → Della Robbia → Della Robbia 03 → Masaccio La Farina → Mazzini 02 → Segni → Gramsci Porta Alla Croce → Giovine Italia → Pecori Giraldi → Ferrucci 03 → Pietro Tacca → Michelangelo 05 → Camping → **Il David*** **Il David*** → San Miniato Al Monte 02 → Erta Canina → Galilei 06 → Forte Belvedere → Galilei 02 → Machiavelli 04 → Michele Di Lando → Petrarca → Casone → Piazza Tasso → Aleardi → Cinema Universale → Cinema Universale → Sant'Onofrio→Rotonda Barbetti

*는 미켈란젤로광장 하차 역

피렌체에서 근교도시로 이동하기

주로 더몰아웃렛이나 피렌체근교도시로 가는 시외버스를 이용할 경우에는 산타마리아 노벨라역 바로 옆에 위치한 시타버스터미널 Sita Bus Terminal을 이용한다. 기차를 이용할 경우에는 산타마리아 노벨라역에서 승하차하면 된다. 다음 표는 피렌체근교도시로 가는 대략적인 소요시간과 요금을 표로 정리한 것이다.

Chapter 01 한눈에 보는 피렌체&피렌체근교

근교도시 이동	소요시간 (대략)	요금 (편도)	근교도시 이동	소요시간 (대략)	요금 (편도)
피렌체 → 피사 P.267	60~80분	€8.70	피렌체 → 아시시 P.286	150~170분	€15.80
피사 → 루카	30분	€3.60	로마 → 아시시	130분	€10.95
피사 → 친퀘테레(라스페치아)	80분	€7.90	피렌체 → 시에나(기차) P.294	90분	€9.50
피렌체 → 루카 P.271	80분	€7.60	피렌체 → 시에나(버스)	75분	€7.80
피렌체 → 아레초 P.276	60~90분	€8.70	피렌체 → 포지본시 → 산지미냐노 P.297	90분	€6.80
피렌체 → 친퀘테레(라스페치아) P.281	150분	€14	시에나 → 포지본시 → 산지미냐노	80분	€6
* 2019년 12월 기준 대략적인 소요시간과 요금			시에나 → 몬탈치노 P.300	70분	€6.80

산타마리아 노벨라(중앙)역 관광안내소 **문의** (+39)055-21-2245 **운영시간** 월~토요일 08:30~19:00, 일/공휴일 08:00~14:00

피렌체여행에 피렌체카드(Firenze card)가 도움이 될까?

피렌체 카드는 €72에 3일(72시간) 동안 76곳의 박물관이나 미술관을 각 1회에 한해 입장할 수 있는 카드이다. 여기에 €5를 추가하여 카드를 구매하면, 박물관은 물론 대중교통까지도 무제한으로 탑승이 가능하다. 우피치미술관, 아카데미아미술관, 피티궁전 등 입장료가 비싼 곳들을 포함하여 3일 동안 많은 박물관 및 미술관 위주로 여행할 계획이라면 구입하는 것도 나쁘지 않다. 또한 많은 사람으로 붐비는 박물관이나 미술관이라도 따로 표를 끊을 필요 없이 바로 입장이 가능하므로 대시간을 줄일 수 있어 도움이 된다(일부 박물관은 다시 티켓으로 교환해야 하는 경우도 간혹 있음).

홈페이지	www.firenzecard.it
구입처	관광안내소, 산타마리아 노벨라성당, 피티궁전, 베키오궁전, 스테파노베르디니박물관, 브란카치예배당, 바르젤로 국립박물관, 우피치미술관(온라인에서도 구입이 가능하다.), 노벤첸토박물관, 스트로치저택, 두오모 티켓오피스
사용 가능한 곳	메디치 리카르디궁전, 베키오궁전(탑 포함), 산타마리아 노벨라성당, 두오모 오페라박물관, 산조반니세례당, 조토의 종탑, 쿠폴라, 산타크로체성당, 바르디니박물관, 브란카치예배당, 메디치예배당, 우피치미술관, 아카데미아미술관, 중세저택박물관, 마르코박물관, 바르젤로국립박물관, 현대미술관, 피티궁전, 단테생가, 갈릴레오박물관 등 약 72곳

피사

아시시

친퀘테레

Chapter 02
연인들의 성지, 낭만이 함께하는 피렌체

율리우스카이사르가 보라색 꽃이 만발한 아르노강변을 보고 '꽃 피는 마을'이란 뜻의 플로렌티아(Florentia)라 부른 데서 유래된 피렌체는 '꽃의 도시'라는 이름에 걸맞게 도시 곳곳에 아름다움이 묻어있다. 피렌체는 토스카나주의 주도이며, 대문호 단테와 정치학자 마키아벨리를 비롯한 예술의 거장 미켈란젤로와 라파엘로가 르네상스를 꽃피운 역사적인 도시이다. 단테가 베아트리체를 보고 한눈에 사랑에 빠진 도시, 영화 〈냉정과 열정사이〉에서 준세이와 아오이가 두오모에 올라 재회하던 곳, 이탈리아 피렌체에는 사랑이 피어난다.

Chapter 02 연인들의 성지, 낭만이 함께하는 피렌체

Section 02
피렌체에서 반드시 둘러봐야 할 명소

피렌체를 여행하다 보면 어디서나 두오모를 보게 된다. 두오모광장에서 주요 관광지들이 도보 20~30분 내에 위치하므로 두오모를 기점으로 둘러보면 된다. 피렌체 어디에서나 보이는 두오모가 있으므로 길 잃을 걱정 따위는 접어두고 가벼운 발걸음으로 여행을 시작하자.

📷 피렌체 여행의 시작점,
산타마리아 노벨라역 Stazione Santa Maria Novella

피렌체의 중심역으로 산타마리아 노벨라성당에서 이름을 따온 것이다. 1932년 건축디자이너 조반니미켈루치Giovanni Michelucci가 설계하였으며, 당시 무솔리니정권의 영향으로 실용성과 조화로움이 강조된 건물이다. 20세기 세계건축의 중심지였던 이탈리아 모더니즘을 대표하는 건축물로 이후 유럽의 역건물 건축에 많은 영향을 끼쳤다.

역 광장과 유태인 추모비문

이탈리아 여러 도시를 오가는 열차들과 연결되며, 피렌체근교여행지도 대부분 이곳에서 열차가 출발한다. 8번 플랫폼 인근에는 이탈리아에 거주하던 유대인들이 나치 수용소로 강제이송된 것을 추모하는 기념비가 있어, 유럽의 아픈 역사를 상기시킨다.

주소 Piazza Santa Maria Novella

📷 마사초의 「성삼위일체」가 있는
산타마리아 노벨라성당 Basilica di Santa Maria Novella

9세기경 성당 터에 도미니코수도회가 새롭게 재건한 성당으로 성모마리아의 새로운 성당이다. 하여 노벨라(New)를 붙여 산타마리아 노벨라성당이라 불렀다. 1246년 당시 유행하던 로마네스크와 고딕양식으로 지어졌으며, 성당 전체를 거대한 돌로 둘러싸 웅장하고, 내부는 스테인드글라스 장식으로 화려함을 더했다. 성당 내부의 소성당들은 당시 유력가문들을 위해 만들어진 것으로 르네상스초기 그림들로 장식되어 있다.

이곳에서 놓치지 말아야 할 주요 작품이 바로 마사초Masaccio의 「성삼위일체(Holy Trinity)」이다. 르네상스 회화의 중심이었던 원근법이 처음 시도된 작품으로, 그림 속 인물과 배경이 정확한 비율로 그려져 현실감과 입체감이 살아 있다. 이 작품의 탄생으로 르네상스미술이 시작됐다 해도 과언이 아닐 정도로 혁명과도 같은 작품이다.

주소 Piazza di Santa Maria Novella, 18 **문의** (+39) 055-21-9257 **홈페이지** www.chiesasantamarianovella.it **운영시간** 아래 표 참조 **입장료** €7.50(65세 이상, 18세 이하 학생, 단체 €5) **찾아가기** 산타마리아 노벨라역 16번 플랫폼 출구로 나오면 우측에 위치한다.

기간	월~목요일	금요일	토요일 및 교회력 휴일 전날	일요일 및 교회력 휴일
10~3월	09:00~17:30	11:00~17:30	09:00~17:30	13:00~17:30
4~6월	09:00~19:00	11:00~19:00	09:00~17:30	13:00~17:30
7~8월	09:00~19:00	11:00~19:00	09:00~18:30	12:00~18:30
9월	09:00~19:00	11:00~19:00	09:00~17:30	12:00~17:30

마사초(Masaccio)의 원근법

15세기 원근법은 피렌체두오모를 설계한 건축가 브루넬레스키(Brunelleschi)에 의해 처음 고안된 기법으로, 한 공간 속에서 가까이 있는 것은 크고 멀어질수록 점점 작아지다 결국 점이 된다는 원칙이다. 이 원근법은 천재적인 미술가 마사초를 통해 회화에 적용되면서 평면 그림 속에 사실적인 입체감이 표현될 수 있는 시대가 열리게 되었다. 원근법을 이용한 최초의 그림은 산타마리아 노벨라성당에 있는 「성삼위일체」로 마치 벽면에 구멍이 뚫린 듯한 착각까지 불러일으킨다. 이후 원근법은 르네상스 화가들에게 가장 중요한 요소로 자리 잡게 되었다.

미완의 아름다움, 산로렌초성당 Basilica di San Lorenzo

피렌체에서 가장 오래된 성당 중 하나로 한때 피렌체 주교좌성당으로 사용될 만큼 교구의 중심이었고, 15세기부터는 메디치가문의 전용 성당으로 사용되었다. 11세기 세워진 성당은 처음에는 로마네스크양식이었으나 메디치가에서 당대 피렌체 최고의 건축가 브루넬레스키를 고용하여 새롭게 재건하였다. 브루넬레스키는 전형적인 르네상스 성당 방식대로 좌우 벽면을 돌로 둘러싸서 웅장함을 표현하였고, 실내는 2열 기둥의 전통적인 바실리카양식을 결합하였다. 또한 작은 돔으로 피렌체두오모의 돔을 만들기 전 실험해보기도 하였다. 그러나 아쉽게도 성당 전면부는 그의 죽음과 함께 지금까지 미완의 건축물로 남아있다.

후에 이 성당은 메디치가문의 무덤으로 사용되었는데, 미켈란젤로를 비롯한 르네상스시대 거장들이 장식한 무덤과 실내가 인상적이다. 또한 중앙정원을 둘러싼 공회당 2층 부분에는 코시모데메디치 Cosimo de' Medici의 주문으로 미켈란젤로가 설계한 라우렌치아나 Laurenziana 도서관이 있다. 도서관에는 메디치가가 수집한 고대 사본들이 보관되어 있다.

미켈란젤로가 만든 메디치가 무덤장식

주소 Piazza San Lorenzo 9 문의 (+39)055-21-9257 홈페이지 www.operamedicealaurenziana.org 운영시간 월~토요일 10:00~17:00, 일요일 13:30~17:30 휴관 11~2월 매주 일요일 입장료 성당 €6, 성당 + 라우렌치나도서관 €8.5 찾아가기 두오모광장에서 보르고 산로렌초(Borgo San Lorenzo)길을 따라 직진하다보면 왼편에 위치한다.

📷 메디치가문의 무덤으로 사용된 메디치예배당(Cappelle Medicee)

메디치가문의 전용무덤으로 메디치 코시모1세 Cosimo I부터 마지막 후손 안나마리아루이사 Anna Maria Luisa가 죽은 1743년까지 총 50여 명의 유골이 안치되어 있다. 크게 3부분으로 나뉘는데, 가장 유명한 곳은 교황 레오10세의 명에 따라 미켈란젤로에 의해 설계된 새로운 성소 Sagrestia Nuova이다. 이곳에는 메디치가의 가장 위대한 인물이며 든든한 르네상스 후원자였던 로렌초일마니피코 Lorenzo il Magnifico를 비롯하여 레오10세의 동생과 조카의 무덤장식을 미켈란젤로가 만든 것으로 유명하다.

주소 Piazza Madonna degli Aldobrandini 6 문의 (+39)055-238-8602 홈페이지 www.cappellemedicee.it 운영시간 4/1~11/10 08:15~16:50, 11/11~3/31 08:15~13:50 휴관 1, 3, 5주 월요일, 2, 4주 일요일 입장료 €9 찾아가기 산로렌초성당 뒤편에 위치한다.

📷 메디치가문의 궁전, 메디치 리카르디궁전 Palazzo Medici Riccardi

피렌체 르네상스에 가장 큰 공헌을 한 코시모의 주문으로 미켈로초디바르톨로메오 Michelozzo di Bartolommeo가 만든 건축물이다. 약 200년 동안 메디치가의 궁전으로 사용되었으며, 이후 리카르디 Riccardi가문이 소유하면서 현재의 이름이 붙었다. 총 3개 층으로 구성된 궁전은 층마다 다른 양식으로 지어졌지만 조잡하지 않고 오히려 잘 정돈된 듯한 느낌을 준다. 이 건물은 경쟁 가

문에게도 많은 영감을 줘 피렌체시내 곳곳에서 이와 비슷한 건축물을 흔히 만날 수 있다.

현재 이 궁전은 피렌체관광청에서 직접 관리하며, 관광객에게는 궁전의 일부만 공개하고 있다. 메디치가문의 초상화와 벽화 등의 작품감상과 함께 고풍스런 가구로 꾸며진 실내를 둘러볼 수 있다.

주소 Via Cavour, 3 **문의** (+39)055-276-0340 **홈페이지** www.palazzomedici.it **운영시간** 09:00~19:00 **휴관** 매주 수요일, 1/1, 5/1, 12/25 **입장료** €7 **찾아가기** 두오모광장에서 마테리길(Via dei Martelli)을 따라 도보 5분 거리이다.

피렌체의 상징 두오모의
산타마리아 델 피오레성당 Basilica di Santa Maria del Fiore

쿠폴라에 오르면 천장화를 가까이 볼 수 있다.

영화 〈냉정과 열정사이〉로 인해 우리나라 여행자들 사이에도 유명해진 성당이다. 이탈리아에서는 주교좌성당을 두오모라 부르는데, 두오모는 라틴어 도무스 Domus dei에서 기원한 말로 '하느님의 집'이라는 뜻이고, 산타마리아델피오레는 '꽃다운 성모마리아'라는 뜻을 가지고 있다. 1296년 원래 이곳에 있던 산타레파라타성당 Santa Reparata이 붕괴 위험에 놓이자 아르놀포디캄비오 Arnolfo di Cambio가 성당 재건축의 총책임을 맡는다.

그러나 지붕에 얹을 돔의 묘안을 찾지 못했고, 1420년에야 필리포 브루넬레스키가 8각형 돔으로 건조 계획을 세우면서 현재의 모습을 갖출 수 있게 되었다. 돔 안쪽은 조르조바사리 Giorgio Vasari가 그린 대형 프레스코화(회반죽벽에 그리는 벽화기법)로 장식되어 있는데 최후의 심판을 주제로 인간세상의 모든 것을 5단계로 표현하였다.

미사와 시민의 공간으로 만들어졌기 때문에 실용적 설계로 불필요한 장식을 하지 않아 외관은 화려하지만 내부는 소박한 편이다. 르네상스 건축의 시작을 알리는 건축물로, 성베드로성당에 미켈란젤로가 설계한 돔 이전에는 세상에서 가장 높은 건물이었으며, 이후 건축에 많은 영향을 미친 피렌체를 대표하는 건축물이다.

주소 Piazza del Duomo **문의** (+39)055-21-5380 **홈페이지** www.museumflorence.com/ko(한국어) **운영시간** 평일 10:00~17:00, 목요일 5월, 10월 10:00~16:00, 7~9월 10:00~17:00, 1~4월, 11월, 12월 10:00~16:30 토요일 10:00~16:45, 공휴일과 일요일 13:30~16:45, 성주간(성목요일 12:30~16:30, 성금요일 11:00~16:45, 성토요일 11:00~16:45, 관람일과 시간은 종교 행사에 따라 변동 있음) **휴관** 1/1, 1/6, 부활절, 12/25 **입장료** 무료 **찾아가기** 두오모광장 내 위치한다. **귀띔 한마디** 두오모성당과 쿠폴라에 오르는 입구가 각각 다른데, 성당은 정면에서 오른쪽 입구로 입장한다.

📷 피렌체시내가 한눈에 펼쳐지는
쿠폴라 Cupola

브루넬레스키가 새로운 지붕설계를 제안했을 때, 모두가 완성될 수 없을 것이라 생각했지만 예상을 뒤엎고 최고의 걸작이 탄생하였다. 빨간 타일로 가득 덮인 지름 42m의 지붕을 기둥 하나 세우지 않고 만들었다는 것은 당시에는 가히 기적과도 같았다. 이보다 더 큰 쿠폴라가 만들어지기까지 100년이라는 시간이 걸렸고, 이는 하늘이 내린 또 다른 천재 미켈란젤로가 등장했기 때문에 가능했다고 말한다.

브루넬레스키는 이 지붕을 만들기 위해 내벽과 외벽을 분리하여 건설하였고 그 사이에 계단을 만들어서, 관광객들은 이 계단을 통해 쿠폴라 꼭대기까지 오를 수 있다. 463개의 계단을 올라 꼭대기에서 바라보는 피렌체의 모습은 여행자들에게는 잊지 못할 기억을 선사한다.

운영시간 월~금요일 08:30~19:00, 토요일 08:30~17:40(마지막 입장 - 마감 40분 전까지) **휴관** 일요일, 1/1, 1/6, 성주간(부활절 한 주전 목~토요일까지 3일간), 부활절, 6/24, 8/15, 9/8, 11/1, 12/8, 12/25, 12/26 **입장료** 통합권 €18 **귀띔 한마디** 두오모성당 북쪽에 만돌라문으로 입장한다.

📷 두오모 지붕이 보이는
조토의 종탑 Campanile di Giotto

1302년 두오모의 최초 설계자였던 아르놀포디캄비오가 죽은 후 약 30년간 별다른 진척이 없다가 르네상스미술의 아버지라 부르는 조토디본도네 Giotto di Bondone가 67세의 나이로 종탑설계를 맡으면서 피렌체 건축예술은 다시 활기를 되찾는다. 조토는 생의 마지막 작품으로 종탑을 건설을 시작했지만, 아쉽게도 생전에 완성하지 못하고 그가 세상을 떠난 지 22년 후인 1359년 그의 제자 안드레아피사노 Andrea Pisano와 탈렌티 Francesco Talenti에 의해 완공되었다.

높이 약 85m의 이 거대한 종탑은 이탈리아 유명대리석으로 화려하게 치장되었고 고딕양식의 웅장함도 함께 갖춘 시대의 걸작으로 꼽힌다. 종탑의 아랫부분을 장식하는 육각부조는 조토의 작품들로 '인류역사의 반복'과 '인간 노동의 가치'를 표현하고 있

종탑 아랫부분의 육각부조

다. 총 414개의 계단을 걸어 오르면 붉은색 지붕으로 뒤덮인 피렌체시내와 두오모전경이 한편의 예술작품처럼 아름답게 펼쳐진다.

주소 Piazza Duomo **문의** (+39)055-230-2885 **홈페이지** www.museumflorence.com/ko(한국어) **운영시간** 08:30~18:50, 1월 6일(주현절) 08:30~14:00(마지막 입장 – 마감 40분 전까지) **휴관** 1/1, 부활절, 12/25 **입장료** 통합권 €18 **찾아가기** 두오모를 등지고 왼편에 위치한다.

쿠폴라에 오를까, 종탑에 오를까?

두오모 통합입장권이 나오면서 쿠폴라와 종탑 두 곳 모두를 오르나 한 곳만 선택해 오르나 입장료는 똑같다. 쿠폴라 계단의 수는 463개, 조토의 종탑은 414개로 체력적으로 부치는 여행자라면 쿠폴라와 조토의 종탑 사이에 갈등하게 된다. 쿠폴라와 종탑의 매력은 서로 다른데, 쿠폴라는 피렌체에서 가장 높은 건축물로 피렌체시내를 한눈에 조망할 수 있고, 종탑에서는 아름다운 두오모를 제대로 감상할 수 있다는 장점이 있다. 또한 종탑에는 중간에 쉴 수 있는 곳이 있어 쿠폴라보다 오르기는 쉽지만 철조망이 쳐져 있어 사진 찍기에는 종탑보다 쿠폴라가 좋다.

피렌체에서 가장 오래된 건물,
산조반니세례당 Battistero di San Giovanni

피렌체의 수호성인인 세례자요한 John the Baptist을 위해 만든 세례당으로 피렌체두오모에 속한 건물이다. 11~12세기에 걸쳐 피렌체스타일의 로마네스크양식을 이용하여 만들어졌으며, 겉모습은 단조롭지만 실내장식은 매우 화려하다. 이 세례당은 총 3개의 문이 있는데 남문은 안드레아피사노 Andrea Pisano가 북문과 동문은 로렌초기베르티 Lorenzo Ghiberti가 설계하였다. 이 중 '천국의 문'이라 불리는 동문은 구약성서에 나오는 총 10가지의 이야기로

꾸며져 있는데, 처음 공개되었을 때 미켈란젤로가 '진정 천국의 문답다.'라고 극찬한 것으로 전해진다.

현재의 동문은 복제품으로 원본은 두오모박물관에 소장되어 있다. 19세기까지는 이 세례당에서 피렌체시민 누구라도 세례를 받을 수 있었으며, 우리가 알고 있는 대문호 단테Alighieri Dante를 비롯한 르네상스시대 유명인들도 여기서 세례를 받았다. 2차 세계대전 이후 더 이상 사용되지 않다가 현재 관광객들에게 공개되고 있다.

천국의 문 중 일부

주소 Piazza del Duomo **홈페이지** www.museumflorence.com/ko(한국어) **운영시간** 08:15~10:15, 11:15~19:00, 일요일 및 매달 첫째 주 토요일 08:30~14:00, 성주간(성목~성토요일) 08:30~19:00(마감 30분 전까지 입장) **휴관** 1/1, 부활절, 12/25 **입장료** 통합권 €18 **찾아가기** 두오모 입구 정면에 위치한다. **귀띔 한마디** 6월 24일 무료입장

📷 두오모를 장식했던 진품들이 모인
두오모 오페라박물관 Museo dell' Opera di Santa Maria del Fiore

두오모를 장식하던 예술품들을 보존하기 위해 만든 박물관으로 실제 성당과 주변을 장식하고 있는 것은 대부분 모조품이며 진품은 모두 이곳에 보관되어 있다. 박물관의 규모는 작지만 르네상스가 시작된 피렌체의 두오모를 아름답게 장식했던 진품들이 모여 있는 곳으로 작품마다 가치가 상상 그 이상이다.

천국의 문

미켈란젤로의 「반디니의 피에타」

산조반니세례당 동문인 천국의 문을 비롯하여 미켈란젤로와 함께 르네상스를 이끌었던 조각가 도나텔로Donatello의 유작 「막달라마리아(Maddalena)」, 미켈란젤로의 조각품 「반디니의 피에타(Pieta di Bandini)」 외에도 유명한 작품들이 전시되어 있다.

주소 Via della Canonica,1 **문의** (+39)055-230-2885 **홈페이지** www.museumflorence.com/ko(한국어) **운영시간** 월~토요일 09:00~19:30, 일요일 09:00~13:30 **휴관** 1/1, 1/6, 부활절, 12/25 **입장료** 통합권 €18 **찾아가기** 두오모 입구를 바라보고 왼쪽으로 나있는 길을 따라 걷다보면 왼편에 보이는 노란색 건물이다.

📷 세상에서 가장 아름다운 갤러리를 가진
우피치미술관 Galleria degli Uffizi

피렌체는 한때 큰 번영과 영화를 누리며 이탈리아의 르네상스 부흥지로 화려한 예술문화를 꽃피웠다. 그 중심에는 토스카나 지방의 권력을 장악했던 메디치가문이 있었다. 그들은 대대로 예술을 사랑했던 인물로 당시대를 대표하던 수많은

대가를 후원하였으며, 뛰어난 예술작품들을 수집하였다. 우피치는 오피스Office로 집무실을 뜻하며 메디치가의 이 공무집행실을 마지막 상속녀였던 안나마리아루이자Anna Maria Luisa de Medici가 국가에 기증하면서 현재의 미술관이 탄생하게 되었다. 메디치가문이 수집했던 예술품을 중심으로 전시하고 있는데, 이 미술관을 관람하다보면 그들의 격조 높은 예술적 안목을 확인할 수 있다. 중세시대와는 완전히 다른 새로운 시각의 르네상스문화가 우피치의 핵심이므로 그 창조적이고 천재적인 감각의 작품들을 다양하게 만나보자.

주소 Piazzale degli Uffizi 6 **문의** (+39)055-238-8651 **홈페이지** www.uffizi.it **운영시간** 08:15~18:50 여름철 08:15~22:00, 비정기적 진행 **휴관** 월요일, 1/1, 5/1, 12/25 **입장료** 11~2월 €12, 3~10월 €20 + 예약비 €4, 매달 첫째주 일요일 무료(18세 이하 무료, 여권 필요) **찾아가기** 시뇨리아광장 뒤편에 위치한다. **귀띔 한마디** 예약하지 못했을 경우 성수기에는 최소 1시간 이상 기다려야 하며, 인터넷으로 미리 예약했더라도 일찍 서두르는 것이 좋다. 입장할 때는 큰 가방이나 우산 등은 소지할 수 없으며, 가벼운 복장으로 둘러보는 것이 좋다.

르네상스의 가장 큰 조력자, 메디치가문

코시모데메디치 초상화

르네상스를 말할 때 빠질 수 없는 것이 바로 메디치가문(Medichi Famiglia)이다. 이들이 없었다면 분명 피렌체에서 지금의 화려한 문명을 꽃피울 수 없었을 것이기 때문이다. 상인 가문이었던 메디치가를 피렌체의 명문가문으로 만들고 르네상스의 씨앗을 심어준 사람은 바로 메디치가의 핵심인물, 코시모데메디치(Cosimo de Medici)이다. 14세기를 지나면서 이탈리아에 새롭게 형성된 신흥 상인세력들 중 하나였던 메디치가의 코시모데메디치는 시민을 위한 일을 많이 행하였다. 또한 피렌체를 전 세계에서 가장 아름다운 도시로 꾸미고자 수많은 예술가을 초빙하고 양성하였다. 그 뒤를 이어 메디치가를 이끈 로렌초데메디치(Lorenzo de Medici) 시대에 들어서 그들의 문화는 피렌체를 벗어나 이탈리아 전역으로 퍼져나갈 정도로 절정을 맞았다. 우리는 지금 그들에 의해 만들어진 이탈리아를 보고 있다고 해도 과언이 아니다.

이렇게 피렌체라는 작은 도시의 한 가문에 의해 시작된 문화예술의 부흥은 곧 전 유럽을 바꿀 만큼 대단한 업적이 되었다. 그 어떤 시대보다도 화려한 문명을 만들어 낸 그들의 업적은 메디치가를 유럽에서 가장 위대한 가문으로 만들어 놓았다. 메디치가는 몇 대를 이어가면서 끊임없이 예술진흥에 힘썼고 마지막 순간까지 피렌체를 진정 사랑했던 이들이었다. 코시모데메디치는 위선으로 가려져 있던 독재자라 할 수 있지만 그가 펼친 정치는 결코 자신과 가문만을 위한 것이 아니라 피렌체를 위한 것으로 평가되어, 독재자였음에도 불구하고 위대한 위인으로 남아 '착한 독재자'라는 평이 뒤따른다.

메디치가의 문장

Special 02 우피치미술관의 소장작품 이해하기

우피치미술관은 그 명성에 비해 규모는 그다지 크지 않다. ㄷ자 모양의 3층 건물로 주요 작품들은 2~3층에 전시되어 있다. 2층에서 주목할 작품은 카라바조의 작품이며, 피렌체 르네상스의 대표작들은 대부분 3층에 전시되어 있다. 유명작품으로 가득 찬 3층을 효율적으로 보려면 무료로 얻을 수 있는 안내서를 참고하여 보고 싶은 작품 위주로 여유롭게 관람하는 것이 좋다.

우피치미술관 전경

보티첼리의 비너스의 탄생 La Nascita di Venere

우피치미술관 소장품 중 최대 걸작으로 칭송받는 이 그림은 산드로보티첼리(Sandro Botticelli)의 절정기에 그려진 작품으로 메디치가의 젊은 로렌초 디피에르프란체스코(Lorenzo di Pierfrancesco)를 위해 신화를 주제로 그렸다. 대지의 여신 가이아의 아들이자 남편인 우라노스가 자신의 아들들을 자신의 몸속 가장 깊숙한 곳에 가두자 우라노스를 없애도록 막내인 크로노스를 설득하였다. 크로노스는 가이아의 음부 속에 숨어 있다 자신의 아버지 우라노스가 가이아에게 접근할 때 낫으로 거세하여 그 남근을 바다에 던져버렸다. 그러자 남근 주위로 흰 거품이 만들어졌고, 그 거품 속에서 비너스가 탄생하였다는 그리스신화를 바탕으로 완성된 작품이다.

보티첼리는 자신만의 상상력을 작품으로 표현했는데, 사랑과 미의 여신 비너스가 거품 위 조개를 타고 바다 위에 서 있다. 왼쪽에는 서풍의 신 제피로스와 그의 연인 클로리스가 있는데, 제피로스는 비너스를 향해 바람을 불고 있다. 오른쪽에는 계절의 여신 호라이가 몸에 걸칠 옷을 들고 비너스를 맞이하고, 비너스는 방금 꿈에서 깨어난 듯한 표정을 짓고 있다. 고대 로마 이후 처음으로 실물크기의 여성 누드화가 등장한 것이며, 원근법이나 해부학적 접근이 아닌 이상적 아름다움을 표현한 것으로 비너스를 10등신으로 표현하여 비례감은 다소 떨어지지만 보다 매혹적인 아름다움이 느껴진다. 전체적인 곡선과 선명한 색채, 장식적인 표현으로 그림을 꾸미고, 구도의 균형을 맞춘 보티첼리 그림의 특징이 모두 잘 드러난 작품으로 평가받는다.

보티첼리의 프리마베라 Primavera

프리마베라는 봄이라는 의미로, 작품 중앙에 위치한 비너스와 사랑의 신 큐피드를 부각하여 '비너스의 정원, 곧 사랑의 정원에 찾아온 봄'이라고 이야기를 구성해볼 수 있다. 보티첼리의 초기 작품으로 그가 신화를 주제로 그린 최초의 그림이기도 하다. 미의 여신 비너스와 사랑의 신 큐피드 외에도 그림의 오른쪽에는 꽃으로 장식된 옷을 입은 봄의 여신과 꽃의 여신 플

로라 그리고 바람의 신이 등장한다. 왼쪽에는 신들의 사자 헤르메스가 보이고, 그 옆으로 각각 아름다움과 욕망, 만족을 의미하는 세 명의 여신이 속살이 선명하게 비치는 얇은 옷을 걸친 채 우아한 몸짓으로 꽃이 흐드러진 정원에서 유희를 즐기고 있다.

진정한 르네상스 미술가 보티첼리

14세기 초 르네상스 미술가들은 마사초가 미술에 처음 도입한 원근법에 열광하였는데, 원근법에만 몰두하다 보니 정작 미술에 있어 가장 중요한 조화가 사라지고 어색한 그림들이 그려졌다. 이때 혜성처럼 등장한 인물이 바로 보티첼리(본명 알렉산드로 디마리아노필리페피, Alessandro di Mariano Filipepi)로 15세기 중반 그가 그린 「비너스의 탄생」이라는 작품은 세상을 놀라게 하였다. 과거 수많은 미술가가 고민했던 원근법과 조화로움이 한데 어우러진 그야말로 혁명과도 같은 그림이었기 때문이다. 또한 그는 그때까지 미술은 종교적이어야 한다는 고정적인 틀을 깨고 신화를 주제로 그림을 그린 진정한 르네상스인이기도 했다. 그에 의한 미술의 발전은 후에 등장한 레오나르도다빈치에 의해 정형화되었고 르네상스미술의 틀이 되었다.

보티첼리가 자신의 얼굴을 그려넣은 작품 「동방박사의 경배(Adoration of the Magi)」 중 일부

치마부에의 **옥좌의 마리아 Maesta**

이탈리아를 대표하는 피렌체화파의 시조이자 조토의 스승인 치마부에(Cimabue)의 작품이다. 본명은 첸니디페피(Cenni di Pepi)로 이탈리아 전역에 막대한 영향을 미쳤던 인물이다. 그의 작품 「옥좌의 마리아」는 목판에 템페라(색채를 내는 안료에 달걀노른자 등을 고착제로 쓴 물감이나 이를 이용해 그린 그림)로 그린 것으로 중세시대의 특징이 여전히 남아있다. 중요한 인물을 한가운데 가장 크게 그리고 주변 인물들은 상대적으로 작게 표현하였으며, 성모마리아 머리 뒤로 후광이 비치며 성인임을 상징하고 있다. 하지만 여타의 중세작품과 비교했을 때 인물들의 동작에 현실감이 느껴져 중세미술이 르네상스로 넘어가던 과도기적 모습을 엿볼 수 있다.

파올로우첼로의 **산로마노전투 Battagla di San Romano**

파올로우첼로(Paolo Uccello)는 중세후기의 고딕양식과 르네상스양식을 연결해주던 예술가로 평가받는다. 본명은 파올로디디노(Paolo di Dono)이나 취미로 새를 기르면서 새를 뜻하는 우첼로라 불렸다. 그의 작품 「산 로마노 전투」는 3편의 연작으로, 상권을 두고 발발했던 피렌체와 시에나의 전쟁을 묘사하였으며 원근법에 대한 조예를 눈여겨 볼만하다. 그 중 우피치미술관에 소장된 작품은 제2막 〈베르나르디노디치아르다가 창에 찔리다〉라는 부제가 붙어있다. 제막 〈니콜로 다톨렌티노가 피렌체군을 이끌다〉는 내셔널갤러리, 제3막 〈미켈레토 다 코티뇰라가 구원병을 이끌다〉는 루브르박물관에 각각 소장되어 있다.

프라안젤리코의 **성모의 대관식 Incoronazione della Vergine**

프라안젤리코(Fra Angelico)는 그림 작업을 기도로 삼았던 화가이다. 그래서 작품활동 시에는 무릎을 꿇고 성화를 그렸고, 십자가에 못 박힌 그리스도를 그릴 때에는 눈물을 흘렸다고 전해진다. 르네상스의 태동을 알리는 이 작품에서도 그의 깊은 신앙심이 드러나는데, 황금빛으로 강조하여 성스럽고 신비로운 천상의 화려함이 시선을 사로잡는다. 대관식을 통해 '교회의 어머니'라는 임무를 맡게 된 성모의 겸허한 모습을 감상하면서 그림을 그릴 당시 화가의 경건했던 마음가짐을 상상해보자.

피에로 델라 프란체스카의 **우르비노공작 부부의 초상화** Ritratto di Battista Sforza e Federico da Montefeltro

우르비노의 페데리코다 몬테펠트로(Federico da Montefeltro)공작과 그의 아내 초상화로 몬테펠트로공작은 많은 부를 축적한 뒤 르네상스를 대표하는 두칼레궁전(Palazzo Ducale)을 세우고 교육과 문화, 예술을 크게 후원하며 우르비노지역의 번영을 뒷받침한 인물이었다. 그의 안면부 오른쪽에는 큰 흉터가 있어서 이 결점을 감추고자 피에로 델라 프란체스카(Piero della Francesca)는 정면이 아닌 측면 형식의 초상화를 궁리해 내었다. 프란체스카는 그의 주름, 볼 사마귀 등을 있는 그대로 사실적으로 묘사하여 르네상스의 사실주의적인 특징을 담았고, 붉은 의상과 모자로 군주의 지위를 표현하였다. 또한 공작부인의 얼굴빛이 지나치게 창백한데, 이는 죽은 이의 얼굴을 석고 따위로 형을 떠서 만든 데스마스크(Death Mask)를 보고 그렸기 때문이라는 섬뜩한 내막이 있다.

레오나르도다빈치의 **수태고지 Annunciazione**

직업만 50여 가지가 넘을 만큼 다재다능했던 르네상스시대의 천재 레오나르도다빈치가 23세 때 그린 초기 걸작이다. 천사가 성모에게 성령의 잉태를 알리는 누가복음 구절 「수태고지」의 이야기를 수많은 화가가 그림의 주제로 삼았지만, 다빈치가 완성한 이 작품이야 말로 그의 천재적인 재능이 여실히 나타난다. 그는 그림을 그리기 위해 회화적 기법뿐만 아니라 다른 학문까지 연구하고 관찰했는데, 그림 속 인체비율과 사물의 원근이 정면에서 보면 어색함이 있지만 45도 아래에서 사선으로 올려다보면 완벽하게 맞아 떨어진다. 이는 당시 이 작품이 걸릴 장소를 고려하여 감상자의 시선까지 계산한 것이라 한다. 또한 천사가 방금 지상에 도착하여 날개가 살짝 들려있는 등 아주 세부적인 표현에도 그의 섬세함이 잘 드러난다.

미켈란젤로의 **톤도 도니 Tondo Doni**

미켈란젤로부오나로티(Michelangelo Buonarroti)의 현존하는 유일한 회화작품으로 작품명은 「성가족과 세례요한」 또는 「톤도 도니」라고 불린다. 피렌체의 거상 아뇰로도니(Agnolo Doni)와 그의 부인이 첫 아기 출산을 기념하기 위해 의뢰한 작품이다. 톤도는 둥근 메달을 뜻하고 도니는 작품 의뢰자의 이름에서 따온 것이다. 미켈란젤로는 그림보다는 조각에서 역동적인 동작과 인체의 사실적인 근육 표현이 인상적이었는데 이 작품은 회화임에도 불구하고 마치 조각 같은 그의 특징이 나타난다. 또한 전통적인 성가족 그림의 일반적인 구도와 인물 묘사와는 전혀 다른 대담성을 볼 수 있는데, 몸을 뒤틀어 아기예수를 자신의 어깨 위에 올려놓은 채 고개를 돌리고 있는 성모의 자세는 선명한 근육의 움직임을 보여주기 위해 미켈란젤로가 자주 사용했던 표현 방식이기도 하다.

라파엘로의 **검은방울새의 성모 Madonna del Cardellino**

최고의 성모화가라 불리는 라파엘로산치오(Raffaello Sanzio)의 작품으로 성모와 아기예수 그리고 아기요한이 등장한다. 검은방울새는 가시 틈새에 살기 때문에 예수가 고난 받을 때 썼던 가시면류관과 연결지어 예수의 고난을 상징한다. 조화로운 구도가 가장 큰 특징인 화가답게 예수와 요한을 다정하게 쳐다보며 어루만지는 성모의 따스한 눈빛이 인상적으로 드러나도록 구도를 잡고 있다. 이 아름다운 구도와 함께 인물 간의 행복하고 평화로운 정서적 유대감에 초점을 맞추어 감상해보자.

티치아노의 **우르비노의 비너스 Venere di Urbino**

파리 오르세미술관 에두아르마네(Edouard Manet)의 「올랭피아(Olympia)」 원형인 그림이다. 여인의 발가벗은 몸의 우아한 곡선이 매혹적이며, 정면을 응시하는 그녀는 마치 이 그림을 관람하는 모든 이들을 유혹하려는 듯 도발적인 시선으로 정면을 바라보고 있는데 그 모습이 매우 고혹적이다. 많은 논란과 비판을 받았던 작품이지만 이 현실적이고 관능적인 초상화로 인하여 티치아노베첼리오(Tiziano Vecellio)는 수많은 여인의 누드 초상화를 의뢰받았다고 한다.

파르미자니노의 **목이 긴 성모 Madonna dal Collo Lungo**

구도와 양식에서 완벽하게 절정을 맞이한 르네상스는 천재들의 수법(Manner)을 따라하는 수많은 모방자를 낳았고, 이 시대를 가리켜 매너리즘(Manierismo)시기라고 부른다. 그들 중 일부는 터무니없이 기발한 착상으로 변화를 꾀하였는데 이 작품이 바로 파르미자니노(Parmigianino)의 대표작품이다. 지나치게 우아함을 추구하여 성모의 목은 길어졌으며, 아기예수의 몸 또한 너무 늘어져 비례가 왜곡되면서 기묘한 분위기를 자아낸다.

카라바조의 **바쿠스 Bacco**

미켈란젤로메르시다 카라바조(Michelangelo Mersi da Caravaggio)의 초기작품으로 그의 후원자 프란체스코델몬테(Francesco Maria del Monte) 추기경이 그의 친구 페르디난도데메디치(Ferdinando de Medici)에게 선물하려고 의뢰한 그림이다. 바쿠스는 그리스신화에서는 디오니소스(Dionysos)라고도 불리는 술의 신이다. 카라바조는 바쿠스를 이상적인 신의 모습이 아닌 어린 미소년의 모습을 통해 세속적이고 다소 에로틱한 분위기로 묘사하였다.

카라바조의 **메두사의 머리 La Testa della Medusa**

로마신화에서 메두사는 자신의 눈을 보는 사람들은 모두 돌로 변하게 하는 괴물로, 영웅 페르세우스(Perseus)는 직접 시선이 마주치는 것을 피해 방패에 비친 메두사의 머리를 잘랐다. 카라바조는 그 순간 충격에 휩싸여 비명을 지르는 메두사의 입과 찡그린 눈썹을 통해 잘린 머리의 격앙된 표정을 섬세하게 그려냈다. 이 그림은 의식용 방패에 그려진 것인데 기법적으로 메두사의 머리가 돌출되도록 표현되었다.

젠틸레스키의 **유디트 Giuditta che decapita Oloferne**

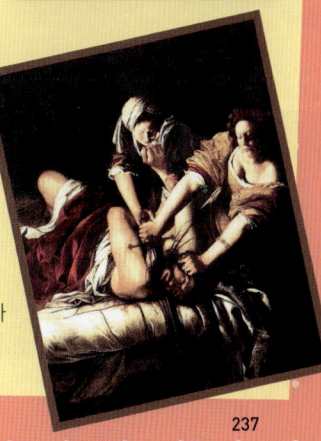

바로크시대 대표적 여류화가 아르테미시아젠틸레스키의 그림이다. 구약성서에 나오는 유디트의 일화를 소재로 그렸다. 아름다운 과부였던 유디트는 자신의 마을을 침략한 적장 홀로페르네스(Holofernes)를 유혹해 함께 술을 마시고, 그가 술에 취해 잠든 틈을 타 그의 목을 베어 승리를 이끌었다. 성과 죽음이 어우러진 유디트의 이야기는 기발한 상상력을 발휘하기 좋은 소재라 많은 화가들이 즐겨 그린 주제이다. 젠틸레스키는 자신을 성폭행했던 스승의 얼굴을 홀로페르네스로 묘사하고 자신을 유디트에 투영하여 강인하고 용기 있는 여성의 힘을 표현하였다.

미켈란젤로의 걸작 다비드상을 만나는
아카데미아미술관 Galleria dell'Accademia

피렌체의 유서 깊은 미술관이자 박물관으로 피렌체 르네상스의 시작을 알린 코시모데메디치가 세운 유럽 최초의 미술학교였다. 1873년 시뇨리아광장Piazza della Signoria에 있던 미켈란젤로의 걸작 다비드상Davide을 이곳으로 옮겨오면서 미술관으로 탈바꿈하였다. 아카데미아미술관에는 다비드상 외에도 교황 율리우스2세Julius II의 무덤장식을 위해 미켈란젤로가 만들었던 미완의 조각품 4점, 노예시리즈와 예술가들의 드로잉과 조각품도 함께 볼 수 있다. 피렌체에서 우피치미술관과 함께 예술을 사랑하는 여행자들의 발길이 가장 많이 닿는 곳이다.

주소 Via Bettino Ricasoli, 58-60 **문의** (+39)055-29-4833 **홈페이지** www.accademia.firenze.it **운영시간** 화~일요일 08:15~18:50 **휴관** 매주 월요일, 1/1, 5/1, 12/25 **입장료** €12(+예약 수수료 €4) **찾아가기** 두오모광장에서 리카솔리길(Via Ricasoli)을 따라 도보 5분 거리이다. **귀띔 한마디** 항상 대기줄이 길게 늘어서는 곳이므로 홈페이지를 통해 예약하고 방문하는 것이 좋다.

영화 <냉정과 열정사이>의 주요무대,
산티시마 안눈치아타광장 Piazza della Santissima Annunziata

영화 <냉정과 열정사이>에서 준세이와 아오이가 서로를 바라보는 장면이 아련히 떠오르는 이곳은 영화 팬들에게 필수 관광코스로 자리 잡은 명소이다. 이 광장에 위치한 안눈치아타성당은 1250년에 지어진 피렌체에서 가장 오래된 성당 중 하나로 겉으로 보이는 수수함과 달리 실내는 바로크시대를 거치면서 재단장하여 매우 화려하다.
주변에 긴 회랑으로 늘어서 있는 건물은 안눈치아타성당의 부속건물로 브루넬레스키가 이 광장을 꾸미면서 함께 만든 유럽 최초의 어린이 복지시설, 시립고아원Ospedale degli Innocenti이다. 르네상스시대는 화려한 문화예술의 부흥기인 한편 흑사병으로 수많은 사람이 목숨을 잃었던 시기로, 당시 고아들을 보살피기 위해 만들어졌다. 광장 한가운데 위치한 청동상은 메디치가의 일원이었던 페르디난도1세Ferdinando I이다.

주소 Piazza della Santissima Annunziata **찾아가기** 두오모광장에서 세르비길(Via dei Servi)을 따라 도보 5분 거리이다. 또는 아카데미아미술관에서 케사레바티스티길(Via Cesare Battisti)을 따라 도보 3분 거리이다.

📷 시뇨리아광장 Piazza della Signoria
피렌체역사가 살아 숨 쉬는

피렌체는 르네상스의 시작이라는 화려한 면도 있지만 한편으로 다른 어떤 도시보다 분쟁이 치열했던 곳으로 수많은 음모가 함께했던 곳이다. 그래서 궁전을 봐도 예술적인 면보다는 실제 방어적인 요소를 중시하여 마치 요새와 같이 지어졌다. 궁전 주변에는 피렌체의 르네상스를 이끌었던 수많은 예술가의 작품이 전시되어 있는데, 대부분 파손을 방지하기 위해 모작으로 대체되었지만 그 모작의 가치 또한 상당하므로 조각상마다 센서감지기가 설치되어 있다.

시뇨리아광장은 현재를 사는 피렌체인들에게도 상징적인 장소로 그들의 사상을 잘 이해할 수 있는 곳이다. 광장 한편 샤넬 매장 앞에는 지하에 묻힌 로마제국의 유적을 설명하는 동판이 설치되어 있다. 광장 지하에 고대 로마제국의 반원형경기장을 비롯한 수많은 유적이 묻혀 있는 것을 알았지만 피렌체는 이 유적을 발굴해야 할지 현재까지 이어져 온 것을 보존해야 할지 오랜 시간 고민하였다. 결국 르네상스를 꽃피운 피렌체에 더 가치를 두어 로마제국의 유적은 그대로 묻어두기로 결정하였다. 이는 르네상스가 피렌체인들에게 있어 어떤 가치와 시대적 유물인지를 알 수 있게 하는 부분이다.

주소 Piazza della Signoria **찾아가기** 두오모광장에서 칼차이우올리길(Via del Calzaiuoli)을 따라 도보 5분 거리이다.

📷 베키오궁전 Palazzo Vecchio
르네상스의 역사가 담긴

본래 명칭은 시뇨리아궁전Palazzo Signoria으로 1층부터 2층까지의 높이가 상당히 높고 각 층의 창문은 상대적으로 작게 만들었으며 옥상은 마치 성벽을 연상시킨다. 아무래도 궁전을 지을 당시 피렌체는 지금과 같은 예술의 도시가 아니라 여러 가문 간의 처절한 분쟁이 발생하던 시기였으므로 코시모데메디치는 신변보호를 위해 궁전을 요새처럼 지었을 것이다.
베키오궁전은 메디치가와 함께 피렌체의 역사를 함께했던

곳으로 「군주론」을 집필한 사상가 마키아벨리Niccolò Machiavelli가 집무를 보기도 하였으며, 사보나롤라Savonarola에 의해 종교개혁이 감행되기도 했던 곳이다. 피렌체의 화려한 예술 뒤에 숨은 역사의 진실을 고스란히 간직한 이곳은 역사만큼이나 많은 예술가의 손을 거치면서 현재는 피렌체에서 빼놓을 수 없는 유명 관광지가 되었다. 미켈란젤로와 레오나르도다빈치가 각자의 예술적 능력을 경합한 회의실은 아직도 그들의 숨결이 남아 있는 듯하다.

주소 Piazza della Signoria **문의** (+39)055-276-8325 **홈페이지** museicivicifiorentini.comune.fi.it/en/palazzovecchio **운영시간** 박물관 10~3월 월~수요일, 금~일요일 09:00~19:00 목요일 09:00~14:00, 4~9월 월~수요일, 금~일요일 09:00~24:00, 목요일 09:00~14:00 탑 10~3월 월~수요일, 금~일요일 10:00~17:00, 목요일 10:00~14:00, 4~9월 월~수요일, 금~일요일 09:00~21:00, 목요일 09:00~14:00 **휴관** 12/25 **입장료** 박물관 €12.50 탑 €12.50 고고학박물관 €4 박물관+탑 €17.50 박물관+고고학박물관 €16 박물관+탑+고고학박물관 €19.50 **찾아가기** 시뇨리아광장 내에 위치한다. **귀띔 한마디** 베키오궁전의 탑은 피렌체 시내를 한눈에 조망할 수 있는 또 다른 장소이기도 하다. 여름에는 야간개장도 운영하니 참고하자.

시민을 위한 시민에 의한 공간, 공화국광장 Piazza Repubblica

로마시대부터 피렌체시들의 생활중심지였던 신전과 공회당이 포함된 포로 로마노Foro Romano가 이곳을 중심으로 발달했었다. 이후 16세기 베키오다리 주변으로 상권이 이동하며 새로운 시장이 형성될 때까지 피렌체의 주요 시장이 열렸던 곳이다. 또한 르네상스시대에는 예술가가 모여드는 만남의 장소가 되기도 하였다.

1861년에 로마를 제외한 이탈리아 전역이 통일되었을 때 이탈리아정부가 이곳에 세워지면서 과거 빈민가와 유대인의 거주지 등을 철거하고 새롭게 현재의 모습으로 조성하였다. 이곳은 시민을 위한, 시민에 의한 공간이어야 한다는 이유로 시민광장이라 불렸고, 지금도 그렇게 부르고 있다.

주소 Piazza Repubblica **찾아가기** 두오모광장에서 로마길(Via Roma)을 따라 도보 3분 거리이다.

초기 르네상스를 주도한 대가들의 작품을 만나는
바르젤로국립박물관 Museo Nazionale del Bargello

바르젤로박물관은 과거 중세시대에는 피렌체의 도시방어를 위해 고용된 용병대장이 머물던 군인막사이자 감옥이었다. 이후 1859년까지 피렌체 경찰본부로 사용되다가 현재는 박물관으로 이용되고 있다. 과거 이러한 이유로 다른 박물관이나 미술관과는 달리 창문이 작고, 1층과 2층의 높이가 크게 차이가 나게 지어져 있다.

19세기부터 박물관으로 사용되면서 피렌체출신의 예술가들의 작품이 전시되는데, 미켈란젤로가 대리석으로 조각한 바쿠스, 안드레아델베르키오 Andrea del Verrocchio 의 「다비드(David)」 등을 비롯해 초기 르네상스를 주도했던 대가들의 작품을 만날 수 있다. 이외에도 각종 공예품이나 무기장신구 등도 전시되어 있다.

베르키오의 「David」

주소 Via del Proconsolo 4 문의 (+39)055-238-8606 홈페이지 www.polomuseale.firenze.it 운영시간 08:15~17:00 휴관 1, 3, 5째 주 일요일, 2, 4째 주 월요일, 1/1, 5/1, 12/25 입장료 €4 찾아가기 시뇨리아광장에서 도보 5분 거리이다.

피렌체를 빛낸 예술가들이 잠들어 있는
산타크로체성당 Basilica di Santa Croce

프란체스코수도회에서 아르놀포디캄비오 Arnolfo di Cambio 에게 의뢰하여 1294년부터 건설하기 시작한 성당으로 두오모에서 멀지 않은 곳에 위치하고 있다. 성당은 전체적으로 고딕양식으로 지어졌으며 그 자체로는 크게 화려하지는 않다. 하지만 성당 내부에는 미켈란젤로의 가묘와 갈릴레오, 단테, 마키아벨리 등 중세 피렌체를 빛낸 수많은 유명인사의 무덤과 기념비가 자리하고 있으며, 무덤마다 호화로운 장식으로 꾸며져 있다.

미켈란젤로의 무덤

1966년에 아르노강이 범람하면서 많은 무덤들이 훼손되었고, 현재는 훼손된 무덤을 관리하기 위해 안쪽에 따로 안치하여 보존하고 있다. 성당 내에는 무덤 외에도 조토, 치마부에, 도나텔로, 라파엘로와 같은 예술가들의 프레스코화나 조각품들도 살펴볼 수 있다.

주소 Piazza Santa Croce **문의** (+39)055-246-6105 **홈페이지** www.santacroceopera.it **운영시간** 월~토요일 09:30~17:30, 일, 공휴일 14:00~17:30 **휴관** 1/1, 부활절, 6/13, 10/4, 12/25, 12/26 **입장료** €8 **찾아가기** 시뇨리아광장에서 곤디길(Via dei Gondi)을 따라 도보 10분 거리이다.

전쟁마저도 피해간 '오래된 다리', 베키오다리 Ponte Vecchio

피렌체를 대표하는 관광명소 중의 하나로 처음에는 목조다리로 지어졌으나 세월의 풍파를 이기지 못하고 무너지면서 1117년에 석조다리로 재건되었다. 그 이후에도 여러 차례 붕괴와 보수가 반복되다 1345년에 만들어진 다리가 현재까지 보존되어 왔다. 2차 세계대전 당시 연합군의 폭격으로 피렌체의 모든 다리가 붕괴되었지만 신의 축복이라 할 만큼 유일하게 이 다리만은 폭격을 피하였다.

베키오궁전과 피티궁전을 잇는 다리의 회랑은 코시모데메디치가 조르조바사리Giorgio Vasari를 고용하여 만든 것으로 건설자 이름을 따서 바사리의 회랑이라 한다. 이 회랑이 건설될 당시 다리에는 정육점과 가축시장이 형성되면서 점점 악취가 심해지자 메디치는 그들을 강제 이주시키고 금속세공업자들을 들어오게 하여 보석을 가공하게 하였다. 피렌체의 금속세공기술은 전 세계적으로 인정받는 전통산업으로 이곳에서 판매되는 귀금속 가격은 상상을 초월한다. 여행자들에게는 그림의 떡이지만 피렌체 금속세공업자들의 역사와 전통이 숨 쉬는 곳이므로 가볍게 둘러보자.

주소 Ponte Vecchio **찾아가기** 시뇨리아광장에서 베키오궁전 방향 우피치광장길(Piazzale degli Uffizi)을 따라 도보 5분 거리

르네상스 궁전의 백미, 피티궁전 Palazzo Pitti

메디치가의 경쟁자였던 금융업자 루카 피티Luca Pitti가 브루넬레스키를 고용하여 만든 궁전으로 르네상스 궁전건축의 백미로 꼽힌다. 1458년에 공사를 시작했지만 피티가문의 재정악화로 잠시

중단되었다가 메디치가에서 인수하면서 완공시켜 메디치가 궁전으로 사용하였다. 18세기 후반 이탈리아를 점령한 나폴레옹도 이 건물의 웅장함에 반해 사택으로 사용할 만큼 궁전의 아름다움은 시공을 초월하여 사랑받았다.

피티궁전은 사보이아Savoia 왕가에서 관리하다가 1919년 비토리오 에마누엘레3세Vittorio Emanuele III가 정부에 기증하면서 박물관이 되었다. 오랜 시간동

안 유력가문의 왕궁이었던 만큼 소장한 예술품의 가치도 매우 높아 우피치미술관과 함께 르네상스 미술의 보고로 꼽힌다. 피티궁전은 크게 미술관과 공원으로 나뉘는데 규모가 매우 커서 반나절 이상으로 일정을 잡아야 제대로 둘러볼 수 있다.

주소 Piazza dèi Pitti **문의** (+39)055-238-8763 **홈페이지** www.uffizi.it/en/pitti-palace **운영시간** **피티궁전** 08:15~18:50(휴관 - 월요일, 1/1, 12/25) **보볼리정원** 11~2월 08:15~16:30, 3월 08:15~17:30, 4~10월 08:15~18:30, 6~8월 08:15~18:50(휴관 - 첫째 주, 마지막 주 월요일, 1/1, 12/25) **입장료** 박물관 통합권(피티궁전 내 4개 박물관) 1/11~2/28 €10, 3~10월 €16 + 예약비 €3, 매달 첫째주 일요일 무료(18세 이하 무료, 여권 필요) **보볼리 정원** 1/11~2/28 €6, 3~10월 €10 + 예약비 €3, 매달 첫째주 일요일 무료(18세 이하 무료, 여권 필요) **찾아가기** 베키오다리를 건너 구이차르디니길(Via Guicciardini)을 따라 도보 5분 거리이다. **귀띔 한마디** 매표소는 중앙 출입구 오른쪽에 위치해 있다.

석양이 아름다운 도시, 피렌체를 한눈에 조망할 수 있는
미켈란젤로광장 Piazzale Michelangelo

새벽녘 물안개가 피어나는 베네치아, 야심한 심야시간에만 볼 수 있는 로마의 환상적인 야경 그리고 이 둘과 함께 이탈리아여행에서 빼먹지 말아야 할 풍경이 피렌체의 석양이다. 붉은 지붕이 인상적인 피렌체는 해 질 무렵이면 지붕뿐만 아니라 세상이 온통 붉은색으로 물드는데, 이러한 경관을 제대로 감상할 수 있는 곳이 바로 미켈란젤로광장이다.

미켈란젤로 탄생 400주년 기념 다비드 상

1869년 피렌체가 새롭게 통일된 이탈리아 수도로 지정되면서 도시 전체를 새롭게 건설하는 과정에 조성된 광장으로 아름다운 피렌체를 제대로 느껴볼 수 있는 곳이다. 1873년 광장 중심에는 미켈란젤로 탄생 400주년을 기념하여 그의 대표적인 걸작 다비드상의 모작이 세워졌다. 피렌체여행이 마지막을 장식하기에는 최적의 장소이다.

주소 Piazzale Michelangelo **찾아가기** 산타마리아 노벨라역에서 12번, 13번 버스를 타고 미켈란젤로 광장(Piazzale Michelangelo)에서 하차한다. **귀띔 한마디** 해 지는 시간은 봄, 가을은 평균 오후 6~7시, 여름철은 오후 8시~9시, 겨울철은 5~6사이다.

피렌체야경을 즐길 수 있는 숨은 명소,
산미니아토 알 몬테성당 Chiesa di San Miniato al Monte

피렌체에서 순교한 첫 번째 기독교인 미니아토는 원래 아르메니아의 왕족이었으나 후에 로마군인이 되었고, 기독교로 개종하면서 더 이상 황제숭배를 거부하자 지금의 시뇨리아 광장에서 잔혹한 고문과 함께 참수형에 처해진다. 이곳에 회자되는 이야기에 따르면 참수형 뒤 바로 자신의 잘린 머리를 들고 아르노강Fiume Arno을 건너 이곳까지 걸어와서 숨을 거뒀다고 한다.

산미니아토 알 몬테성당은 이를 기리기 위해 11세기에 지어졌었다. 당시 유행했던 로마네스크양식으로 만들어진 성당은 성당 자체도 아름답지만 성당으로 오르는 계단은 아직까지도 여행자들에게 잘 알려지지 않은 아름다운 곳이다. 조용히 여유롭게 르네상스의 도시 피렌체를 눈으로 즐기기에 좋은 곳이다.

주소 Viale Galileo Galilei **운영시간** 5~10월 08:00~19:30, 11~4월 08:00~12:00, 15:00~18:00 **찾아가기** 미켈란젤로광장에서 갈릴레오거리(Viale Galileo)를 따라 도보 5분 거리이다. **귀띔 한마디** 피렌체 야경을 즐길 수 있는 성당 외부는 내부보다 늦게 문을 닫는다.

피렌체 현지인들이 사랑하는 야경명소,
피에솔레 Fiesole

피렌체 전경을 한눈에 담을 수 있는 언덕 위의 마을 피에솔레는 영화 〈냉정과 열정사이〉의 도입부 배경으로 나오는 마을이다. 항상 사람들로 붐비는 미켈란젤로언덕과는 다른 포근한 피렌체의 모습을 볼 수 있는데, 실제 현지인들은 이곳의 야경을 미켈란젤로언덕보다 더 낫다고 말한다.

피렌체 중심에서 버스로 20~30분 거리에 위치해 있어 피렌체일정이 다소 여유롭다면 방문해 볼만하다. 해 질 무렵에 맞춘다면 형언할 수 없는 멋진 야경까지 볼 수 있어 더욱 좋다.

산마르코광장 → 피에솔레	평일, 토요일 05:47~01:17, 휴일 06:41~01:17
피에솔레 → 산마르코광장	평일, 토요일 05:30~01:00, 휴일 06:25~01:00

찾아가기 산마르코광장에서 출발하는 7번 버스(편도 €1.50)를 타고 종점인 피에솔레 미노광장(Piazza Mino da Fiesole)역에서 하차한다. 대략 20분 정도 소요된다. **귀띔 한마디** 버스표는 산마르코광장 내 자동발매기나 타바키에서 구입가능하며, 티켓 구입 시 왕복으로 구매하는 것이 편리하다. 7번 버스 운행시간은 위의 표를 참고하자.

Section 03
피렌체에서 먹어봐야 할 것들

고대 로마시대부터 뛰어난 가죽생산지로 이름난 피렌체는 자연스럽게 소고기요리도 함께 발달하였다. 소금과 후추만으로 간을 맞춰 참나무 숯에 구워내 소고기 본연의 맛을 제대로 느낄 수 있는 피렌체식 티본스테이크(Bistecca alla Fiorentina)는 피렌체에서 꼭 맛봐야 할 음식이다.

최상급 고기와 최고의 서비스, 부카마리오 Buca Mario

세계적 권위의 여행잡지 미슐랭 Michelin에 7년 연속으로 소개된 맛집이다. 소고기 숙성과정에 향신료를 첨가하지 않아도 될 정도로 좋은 고기만을 사용한다. 맛집으로 소문난 곳이라 기다려야 하는 것은 기본이고, 그만큼 회전율이 높아 고기의 신선도가 뛰어나다. 저녁시간에만 영업을 하며, 워낙 인기가 많은 곳이므로 예약을 하고 방문하는 것이 좋다. 가격은 다소 높은 편이지만 그에 걸맞게 종업원들의 친절한 서비스는 만족할 만하다. 추천메뉴는 단연 티본스테이크이며, 이색적인 멧돼지 파스타도 도전해볼 만하다.

주소 Piazza Ottabiani 16r **문의** (+39)055-21-4179 **홈페이지** www.bucamario.it **운영시간** 19:00~22:00 **가격** 티본스테이크 1인분 €39, 자릿세 €4 **찾아가기** 산타마리아 노벨라광장에서 성당을 등지고 정면으로 보이는 포시길(Via dei Fossi)을 한 블록 걸으면 왼편에 위치한다. **주변 관광지** 산타마리아 노벨라광장

점심식사만 제공하는 배짱영업, 트라토리아 마리오 Trattoria Mario

점심시간에만 문을 여는 맛집이지만 현지인들에게 인기가 높다. 최근에는 여러 블로거의 입소문을 통해 우리나라 여행자에게도 많이 알려진 곳이다. 항상 많은 사람으로 붐비는 곳이라 합석은 기본이고, 늦게 가면 그나마 자리도 없어 한참을 기다려야 한다. 실내로 들어서면 비좁은 공간에 다닥다닥 테이블이 붙어있다. 메뉴판이 따로 제공되지 않으므로 벽에 붙은 메뉴를 보고 주문해야 하는데, 그날 준비한 재료가 다 팔린 메뉴는 줄이 그어지고 더 이상 해당 메뉴는 주문받지 않는다.

티본스테이크 1kg이면 2명이 먹기에 충분하며, 스테이크 외에 파스타도 맛있다. 주변에 중앙시장과 가죽시장이 위치하므로 식사 후 산책 겸 한 번 둘러보는 것도 좋다. 참고로 시끌벅적하고 정신없는 분위기가 싫다면 이 집은 피하자.

주소 Via Rosina, 2 **문의** (+39)055-21-8550 **홈페이지** www.trattoria-mario.com **운영시간** 12:00~15:30 **휴무** 일요일 및 공휴일 **가격** 티본스테이크 €35, 파스타 €6, 음료수 €2, 자릿세 €0.50 **찾아가기** 로렌초성당에서 보르고라노체길(Borgo la Noce)을 따라 직진하다 로시나길(Via Rosina)로 접어들면 오른쪽 위치 **주변 관광지** 로렌초성당

저렴하고 푸짐한 점심세트가 있는 곳,
지오지지 Zio gigi

3가지 요리가 나오는 점심코스를 €10라는 매력적인 가격에 먹을 수 있는 곳이다. 양은 푸짐하고 가격이 저렴해 현지인들에게도 인기가 좋다. 점심메뉴는 그날그날 바뀌고, 점심세트 외에도 저렴한 가격에 단품메뉴 몇 가지를 판매하고 있다. 또한 티본스테이크 1인분을 €13에 판매하고 있는데, 이 양도 혼자 먹기에는 부담스러울 정도로 충분하다. 혼자서 여행하는 사람들에게는 저렴하게 티본스테이크를 맛볼 수 있는 레스토랑으로 가격이 저렴한 만큼 너무 큰 기대를 하지 않는다면 만족스러운 식사를 할 수 있다.

주소 Via Folco Portinari, 7/r **문의** (+39)055-21-5584 **운영시간** 점심 12:00~14:30, 저녁 19:00~22:30 **가격** 점심세트 €10, 스테이크 1인분 €13, 자릿세 €2 **찾아가기** 두오모광장에서 두오모 뒤편의 오리우올로길(Via dell' Oriuolo)을 따라 걷다가 좌측으로 난 폴코 포르티나리길(Via Folco Portinari)에 위치한다. **주변 관광지** 두오모

동그란 피자는 이제 그만!
구스타피자 Gusta Pizza

여성이 가면 하트, 남성이 가면 동그란 모양으로 피자를 만들어주는 곳이다. 소문난 맛집이라 기다리는 것은 기본이며, 이 집 주변은 외국인이 많이 모이는 곳이다 보니 항상 분위기가 시끌시끌하다. 피자 한 판당 가격은 €4~8이며, 크기는 그다지 크지 않다. 메뉴는 단 7개로 이 집의 인기메뉴는 방울토마토와 루콜라, 파마산치즈, 모차렐라치즈 토핑의 구스타피자이다. 피자의 기본 중의 기본인 마르게리

타피자도 추천하며, 나폴리피자는 앤초비가 토핑으로 올라가므로 선호하지 않는다면 피하는 것이 좋다. 메뉴를 주문하면 번호표를 주는데, 잠시 기다리고 있다가 번호를 부르면 번호표를 가지고 카운터로 가면 된다. 음료수는 카운터에서 계산한 뒤 냉장고에서 직접 가져다 먹으면 된다. 내부가 그리 넓지 않아 합석을 해야 하는 경우도 비일비재하다.

주소 Via Maggio 46r **문의** (+39)055-28-5068 **운영시간** 점심 11:30~15:00, 저녁 19:00~23:00 **휴무** 매주 월요일 **가격** €4.50~ **찾아가기** 피티궁전을 등지고 정면으로 나 있는 길인 스드루촐로데이피티길(Sdrucciolo dei Pitti)을 따라 도보 3분 거리이다. **주변 관광지** 피티궁전 **귀띔 한마디** 테이크아웃도 가능하다.

두오모광장 한복판에서 즐기는
레보테게 디 도나텔로 Le Botteghe di Donatello

인기 있는 음식점으로 두오모광장 내에 위치해 찾기도 쉽다. 실내 분위기는 고풍스러운 레스토랑 느낌을 풍기지만 테라스로 나오면 활기찬 느낌을 받는다. 전반적으로 음식은 맛있는 편이며 목재오븐에 구워낸 화덕피자와 해물파스타를 추천한다. 화이트크림소스가 들어간 파스타도 고소하니 맛있다. 이탈리아 음식답게 우리 입맛에는 조금 짜게 느껴져 아쉽다.

주소 Piazza Duomo, 28r **문의** (+39)055-21-6678 **홈페이지** www.botteghedidonatello.com **운영시간** 12:00~23:00 **가격** 파스타 €12~, 자릿세 €2 **찾아가기** 두오모 정면을 바라보고 바로 왼편으로 난 두오모광장길(Piazza del Duomo)을 따라 도보 3분 거리이다. **주변 관광지** 두오모

발사믹스테이크를 맛보려면
아쿠아 알 두에 Acqua al 2

미국의 샌디에이고와 워싱턴DC까지 분점을 둔 곳으로 가격대비 맛이 훌륭한 집이다. 감각적인 인테리어가 돋보이는 집으로 분위기 있는 저녁식사를 원한다면 방문해보자. 5가지 종류의 파스타가 조금씩 나오는 파스타 코스요리인 아사지프리미Assaggi Primi와 이 집의 대표요리인 발사믹스테이크는 이탈리아에서 색다른 요리를 찾는 여행자들에게 추천할 만하다. 저녁시간에만 문을 여는 곳이므로 헛걸음하는 일이 없도록 하자.

주소 Via della Vigna Vecchia, 40/r **문의** (+39)055-28-4170 **홈페이지** www.acquaal2.it **운영시간** 12:30~15:00, 19:00~01:00(월요일은 저녁에만 영업) **가격** 발사믹스테이크 €19, 자릿세 €1, 부가세 10% 별도 **찾아가기** 바르젤로미술관을 바라보고 오른편으로 난 길인 비냐베키아길(Via della Vigna Vecchia)을 따라 도보 2분 거리이다. **주변 관광지** 바르젤로미술관

이탈리아에서 찾은 중국 요리!
페킹 북경반점 Peking

연일 느끼한 이탈리아요리에 질렸다면 중국음식점을 방문해보는 것도 좋다. 필자가 이탈리아 전체를 통틀어 가장 추천하는 중국 레스토랑으로 모든 요리가 우리 입맛에 맞는다. 우리나라 단체 여행객들이 주로 이용하는 식당이라 한국어로 된 메뉴판이 있다는 것도 장점이다. 또한 일식당도 같이 운영하고 있으니 일식을 즐기고자 해도 괜찮은 선택이 될 수 있다. 피렌체에서 워낙 인기 있는 레스토랑이라 점심시간이나 저녁시간에는 예약을 하지 않으면 자리가 없어 낭패를 볼 수 있으니 피크시간은 피해서 가는 것이 좋다. 이탈리아음식이 잘 맞지 않는 부모님이나 어르신과 함께하는 여행자들에게 추천한다.

주소 Via del Melarancio, 21 **문의** (+39)055-28-2922 **운영시간** 11:30~15:00, 18:00~23:00 **휴무** 매주 화요일 **가격** €10~20 **찾아가기** 두오모광장에서 콘티길(Via dei Conti)을 따라 걷다가 왼쪽으로 들어가서 다시 10시 방향으로 보이는 멜라란치오길(Via del Melarancio)에 위치한다. **주변 관광지** 두오모

불티나는 파니니가게,
이두에 프라텔리니 I Due Fratellini

하루 천 개 이상 팔릴 정도로 불티나는 파니니집이다. 미리 만들어 놓고 판매하는 것이 아니라 주문과 동시에 만드는 신선한 파니니로 가격도 저렴해 가볍게 한 끼를 해결할 수 있다. 한국에도 다양한 재료로 만드는 파니니가 있지만 이곳은 맛의 차원이 다르다. 파니니 외에도 여러 와인도 판매하므로 애주가라면 와인 한잔을 곁들여도 좋다. 주문은 가게 앞 메뉴판을 참고하자. 앉아 먹을 공간이 없으므로 길거리에서 서서 먹어야 한다는 점도 기억하자.

주소 Via dei Cimatori, 38/r **문의** (+39)055-239-6096 **홈페이지** www.iduefratellini.it **운영시간** 09:30~19:30, 7~8월 09:30~17:00 **가격** €3 **찾아가기** 두오모광장에서 시뇨리아광장으로 가는 길인 칼자이올리길(Via dei Calzaioli)을 따라 걷다가 왼편으로 난 치마토리길(Via Dei Cimatori)로 꺾으면 바로 왼편에 위치한다. **주변 관광지** 시뇨리아광장

이탈리아에서 만나는 곱창버거,
네르보네 Nerbone

곱창마니아라면 반드시 들러야 할 곳이다. 중앙시장 내 현지상인들이 이용하던 작은 식당이었지만 여행자들에게 알려지면서 유명해졌다. 사람이 몰리는 점심시간에는 대기하는 시간이 꽤 기니 참고하자.

중앙시장도 구경할 겸 색다른 맛을 찾는 여행자들에게 추천하는 곳으로, 곱창을 좋아하지 않는 사람이라면 곱창버거 Panino con Lampredotto 대신 수육버거 Panino con Bollito를 추천한다. 가게 앞에 좁지만 앉아 먹을 수 있는 공간이 있으며, 자릿세는 없으므로 편하게 먹어도 좋다.

주소 Piazza del Mercato Centrale, 12-red **문의** (+39)055-21-9949 **운영시간** 월~토요일 07:00~14:00 **휴무** 매주 일요일 **가격** 곱창버거(람프레도토) €3.50~, 와인 €1.50~ **찾아가기** 중앙시장 내 위치, 아리엔토길(Via dell'Ariento) 입구의 Stand no.292이다. **주변 관광지** 중앙시장, 가죽시장 **귀띔 한마디** 신용카드결제 불가

랍스타파스타와 남부식 피자를 맛볼 수 있는
치로앤썬 CIRO AND SONS

한국인에게는 잘 알려지지 않은 곳이지만 한 번 가면 계속 찾게 되는 피렌체 맛집으로 랍스타 반 마리가 통째 들어간 랍스타파스타 Spaghetti all'Astice와 피자가 유명하다. 중세시대 고급 레스토랑에라도 들어온 듯한 식당에서는 훌륭한 남부식 피자를 맛볼 수 있는데, 나폴리피자협회의 엄격한 규정을 통과해야만 부여한다는 '베라피자(Vera Pizza)' 칭호도 얻은 곳이다. 4가지 치즈가 들어간 콰트로 포르마지피자 4 Formaggi Pizza와 문어, 오징어, 새우가 들어간 해산물피자를 추천하며 피자, 파스타 외에도 피오렌티나 스테이크 Bistecca alla Fiorentina와 발사믹스테이크도 괜찮은 선택이다. 참고로 서비스차지가 15% 붙는 것이 다소 아쉽다.

주소 Via del Gilglio 28r 50123 **문의** (+39)055-21-289694 **홈페이지** www.ciroandsons.com **운영시간** 12:00~15:00, 18:00~22:30 **휴무** 매주 일요일 **가격** 피자 €7.5~ **랍스타파스타** €19 **발사믹스테이크** €18 **피오렌티나 스테이크** €39 **찾아가기** 두오모광장에서 콘티길(Via dei Conti)을 따라 걷다 왼쪽으로 들어가면 바로 보인다. **귀띔 한마디** 글루텐 프리피자도 주문이 가능하다. **주변 관광지** 산로렌초성당, 두오모, 중앙시장

만인의 파니니집
알 안티코 비나이오 All Antico Vinaio

구글 리뷰가 만여 개가 넘는 피렌체 유명 파니니집이다. 워낙 인기가 많아 한 골목에 3개의 매장이 몰려 있을 정도이다. 줄만 보고 찾을 수 있을 정도로 가게 앞은 늘 장사진이지만, 생각보다 빨리 줄어들어 기다릴 만하다. 이 집의 대표메뉴는 5가지인데 그 중 인페르노L'INFERNO가 매콤한 편이라 우리 입맛에 잘 맞는다. 가격은 일괄 €5로 한 개를 혼자 먹기에 벅찰 정도로 크지만, 빵이 생각보다 딱딱해 호불호가 있다. 허기를 달래기 좋으며 파니니와 함께 하우스와인을 곁들여도 좋다.

주소 Via dei Neri, 65R(74R, 76R), 50122 Firenze **문의** (+39)055-238-2723 **영업시간** 월요일 10:00~22:00, 화~일요일 10:00~22:30 **가격** €5~, 음료 €2~ **홈페이지** www.allanticovinaio.com **찾아가기** 베키오궁전을 끼고 닌나길(Via della Ninna)을 따라 걷다가 건널목을 건너면 바로 보인다. **주변 관광지** 베키오궁전

역사와 전통을 자랑하는 피렌체 커피숍
카페질리 Caffé Gilli

1733년 스위스에서 온 질리Gilli가족이 문을 연 피렌체 최초의 커피숍으로 현 위치에 자리 잡은 것은 1920년대 초이다. 역사와 전통만큼 맛도 훌륭해서 여행자와 현지인 구분 없이 인기가 좋다. 커피뿐만 아니라 티라미수를 비롯한 다양한 디저트도 판매하므로 공화국광장이 보이는 테라스에 앉아 여유롭게 커피를 즐겨도 좋다. 단 자리에 앉아 마실 경우 보통 3~4배까지 자릿세가 포함되니 참고하자.

주소 Roma, 1r, 50123 Firenze **문의** (+39)055-21-3896 **홈페이지** www.gilli.it **운영시간** 07:30~24:00 **가격** 카푸치노 €1.40, 티라미수 €2 **찾아가기** 공화국광장 내 위치한다. **주변 관광지** 공화국광장

큰 통유리창이 매력적인
카페 델 베로네 Caffè del Verone

피렌체의 숨겨진 루프탑카페로 피렌체두오모 전경을 한가롭게 즐기기 좋다. 유럽 최초의 어린이 복지시설이자 브루넬레스키Brunelleschi가 설계한 인노첸티고아원Ospedale

degli Innocenti의 꼭대기층에 위치한다. 실외 테라스석과 실내로 구분되는데, 실내가 통유리창으로 되어 있어 여름철에도 쾌적하게 두오모를 즐길 수 있다. 생긴 지 오래되지 않아 인근의 카페에 비해 한적한 편이지만 맛이나 가성비는 조금 아쉽다. 커피, 주스, 맥주뿐만 아니라 식사도 가능하다.

주소 Museo degli Innocenti, Piazza della Santissima Annunziata, 13, 50121 Firenze **문의** (+39)392-498-2559 **영업시간** 토~목요일 10:00~20:00, 금요일 10:00~22:00 **휴무** 매주 화요일 **찾아가기** 두오모에서 Via Ricasoli을 따라 직진하다가 산티시마 안눈치아타광장(Piazza della Santissima Annunziata)을 만나면 오른쪽으로 보인다. **주변 관광지** 산티시마 안눈치아타광장

명품커피숍
구찌박물관카페 Gucci Museo Caffè

구찌박물관 1층에 마련된 커피숍으로 레스토랑도 함께 운영하고 있다. 명품회사의 커피숍답게 외관부터 내부장식까지 고급스러운 분위기를 연출한다. 레스토랑 음식은 구찌로 디자인된 식기에 나온다는 점이 색다르지만 비싼 가격만큼 맛이 따라주지는 않는다. 식사보다는 가볍게 음료 한잔 즐기기에 좋은 곳이다. 구찌박물관 기념품이나 예술 및 패션분야의 서적도 구매할 수 있다.

주소 Piazza della Signoria, 10 **문의** (+39)055-7592-3302 **홈페이지** www.guccimuseo.com **운영시간** 카페&레스토랑 10:00~20:30, 박물관 10:00~20:00(목요일 10:00~23:00) **가격** 에스프레소 €3~ 아메리카노 €3.50 **박물관입장** €7 **찾아가기** 시뇨리아광장 내 위치한 구찌박물관 1층이다. **주변 관광지** 시뇨리아광장

전망 좋은 테라스에서 즐기는 커피 한잔,
라테라짜 La Terrazza

공화국광장 내 리나센테 La Rinascente 백화점 5층에 자리한 커피숍으로, 규모는 크지 않지만 두오모와 공화국광장이 한눈에 내려다보이는 전망 좋은 카페이다. 탁 트인 공간에서 두오모를 바라보며 마시는 커피는 꽤나 낭만적이다. 단, 야외 옥상테라스에 자리한 커피숍이니만큼 뜨거운 햇볕이 내리쬐는 오후 시간대는 가급적 피하는 것이 좋다.

주소 Piazza della Repubblica, 1/R **문의** (+39)055-28-3612 **운영시간** 월~토요일 09:00~21:00, 일요일 10:30~20:00 **가격** 에스프레소 €3, 카푸치노 €4.50, 칵테일 €9 **찾아가기** 공화국광장 내 위치해 있는 리나센테백화점 5층에 있다. **주변 관광지** 공화국광장

도서관 옥상카페,
오블레이트카페 Caffeteria delle Oblate

도서관 꼭대기 층에 위치한 커피숍으로 두오모가 한눈에 보이는 전망 좋은 카페이다. 날씨가 좋다면 탁 트인 테라스에 앉아 여유로움을 만끽하기에 좋은 곳이다. 오후 시간대에는 주로 젊은 대학생이 많이 찾아오므로 생기가 가득하고, 저녁시간대에는 차분한 분위기를 느낄 수 있다. 조용한 공간에서 두오모를 마주하고 싶은 사람에게 추천할 만한 곳이다. 단 전망은 좋지만 정작 커피 맛은 조금 아쉬운 편이다.

주소 Via dell Oriuolo n.26 **문의** (+39)055-263-9685 **홈페이지** www.caffetteriadelleoblate.it **운영시간** 월요일 14:00~19:00, 화~토요일 09:00~24:00 **휴무** 매주 일요일 **가격** €3~ **찾아가기** 두오모 뒤편 오리우올로길(Via dell Oriuolo)을 따라 도보 5분 거리. **주변 관광지** 두오모

Why not!?
페르케노 Perche no

외국인들에게 특히 인기 있는 젤라토가게로 시내중심부에 있어 찾기도 쉽다. 상호명이 영어로 'Why not'을 뜻하는데, 이 집 젤라토를 먹어보면 절로 수긍이 간다. 대표메뉴는 그라니타와 수박젤라토이다. 여름철 한정 수박그라니타는 우리나라 화채를 연상케 하는데, 당도 높은 수박을 사용하여 설탕을 사용하지 않았음에도 달콤함에 빠져든다. 수박맛 외에도 체리맛 젤라토도 맛이 좋다.

주소 Via dei Tavolini 19r **문의** (+39)055-239-8969 **홈페이지** www.percheno.firenze.it **운영시간** 11:00~23:00, 화요일 12:00~20:00, 토요일 11:00~23:30 **가격** 그라니타 €3~, 젤라토 €2.50~ **찾아가기** 두오모에서 시뇨리아광장 쪽 칼자이올리길(Via dei Calzaioli)을 따라 걷다가 좌측의 타볼리니길(Via dei Tavolini)로 들어가면 바로 보인다. **주변 관광지** 두오모, 시뇨리아광장

피렌체에서 가장 오래된 젤라토가게,
비볼리 Vivoli

1930년에 문을 연 피렌체에서 가장 오래된 젤라토가게로 그 전통 그대로 맛 또한 훌륭하다. 피렌체 최고의 젤라토 집이라 알려져 있지만 찾아가기가 힘든

것이 단점이다. 이 집 젤라토 중에는 참깨맛Sesamo 과 쌀맛Riso을 추천하며, 이 외에도 무화과Fico, 크림Crema맛도 인기가 좋다. 비볼리에서는 젤라토를 오로지 컵으로만 판다. 다른 젤라토가게와 달리 좁지만 실내에 앉을 수 있는 곳이 마련되어 있다.

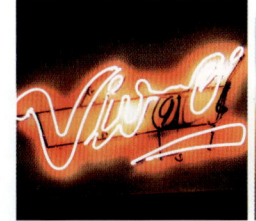

주소 Via Isola delle Stinche, 7r **문의** (+39)055-29-2334 **홈페이지** www.vivoli.it **운영시간** 화~토 07:30~24:00, 일요일 09:30~24:00 **휴무** 매주 월요일 **가격** €2~ **찾아가기** 산타크로체성당을 등지고 앞으로 난 토르타길(Via Torta)을 걷다가 막다른 길에서 오른쪽으로 꺾으면 있다. **주변 관광지** 산타크로체성당

모히토맛 젤라토,
파쎄라 Gelateria della Passera

수제 젤라토집으로 종류는 다양하지 않지만 색다른 맛의 원하는 이들에게 추천할 만하다. 이 집만의 독특한 메뉴인 모히토Mojito젤라토를 추천하지만 아쉽게도 팔지 않을 때도 있으므로 참고하자. 유제품을 좋아한다면 우유의 부드럽고 고소함이 느껴지는 요거트맛을, 상큼한 것을 좋아한다면 레몬맛을 추천한다. €1에 1가지 맛, €2에는 2가지 맛을 한번에 골라 맛볼 수 있다. 250g 이상부터는 포장도 가능하다.

주소 Via Toscanella 15r **문의** (+39)055-29-1882 **홈페이지** www.caffedegliartigiani.it **운영시간** 12:00~24:00 **가격** €2~ **찾아가기** 베키오다리를 건너 피티궁전으로 가는 구이차르디니길(Via dè Guicciardini)을 따라 걷다가 오른쪽으로 꺾어서 도보 3분 거리이다. **주변 관광지** 베키오다리, 피티궁전

시칠리안의 영혼,
카라베 Gelateria Carabè

시칠리아 출신이 차린 가게로 일반 젤라토보다 과일맛이 강하다. 특히 시칠리안의 영혼을 자부한다는 유자맛Cicilian Soul과 과일, 와인 등을 혼합해 얼린 셔벗Sherbet, 그라니타Granita는 꼭 맛봐야 할 메뉴이다. 카라베에서는 젤라토를 만들 때 방부제와 인공색소를 전혀 사용하지 않으며, 대부분의 재료 또한 시칠리아에서 직접 공수한다고 하니 안심하고 먹어도 된다. 주요 관광지가 몰려있는 곳에 인접해 있지 않으므로 아카데미아 미술관을 방문할 계획이라면 일정에 넣어두자.

주소 Via Ricasoli 60/r **문의** (+39)055-28-9476 **홈페이지** www.gelateriacarabe.it **운영시간** 10:00~19:00 **휴무** 매주 금요일 **가격** 젤라토 €2.10~, 그라니타 €2.70~ **찾아가기** 아카데미아미술관을 등지고 왼편으로 보인다. **주변 관광지** 아카데미아미술관

1유로의 젤라토,
라카라이아 La Carraia

€1에 한 가지 맛이지만 저렴하게 젤라토를 즐길 수 있는 곳으로 항상 사람들로 붐빈다. 피렌체 에어비앤비 호스트들이 꼽은 젤라테리아 중 가장 높은 순위를 받은 곳이기도 하다. 주요 관광지와 다소 떨어져 있어 다른 가게보다 가격이 저렴하다는 것이 장점이다. 매장이 협소하다 보니 앉아서 먹을 공간이 없으므로 날씨가 좋다면 가게 바로 앞을 지나는 아르노 강변을 산책하며 젤라토를 즐겨보자. 이 집의 특색 있는 맛은 치즈케이크맛이며 다른 맛들도 대체적으로 맛있는 편이다.

주소 Piazza Nazario Sauro, 25-Red **문의** (+39)055-28-0695 **홈페이지** www.lacarraiagroup.eu **운영시간** 11:00~23:00 **가격** €1~ **찾아가기** 시뇨리아광장에서 베키오다리를 바라보고 강변을 따라 우측으로 걷다가 카라이아다리(Ponte alla Carraia)를 건너면 바로 보인다. **주변 관광지** 베키오다리

산타트리니타다리에서 즐기는,
젤라테리아 산타 트리니타 Gelateria Santa Trinita

이미 오래전부터 우리나라 여행자들에게 입소문이 돌았던 곳이라 언제나 한국인 여행자를 볼 수 있는 젤라토가게이다. 이 집의 가장 큰 매력은 가격으로 피렌체의 여러 젤라테리아 중 상대적으로 가격이 저렴한 편이며, 맛 또한 훌륭하므로 피렌체 여행에서 그냥 지나칠 수 없는 매력적인 가게이다.
엠포리오는 특히 검은 참깨맛(Sesamo Nero)과 제철 과일류 젤라토가 우리나라 여행자들에게 인기가 높다. 산타트리니타다리 Ponte Santa Trinita 근처에 위치하므로 날씨가 좋다면 베키오다리가 한눈에 보이는 산타트리니타다리에 앉아 젤라토를 즐겨보자.

주소 Piazza Frescobaldi, 11-12r **문의** (+39)055-238-1530 **홈페이지** www.gelateriasantatrinita.it **운영시간** 11:00~24:00 **가격** €1.90~ **찾아가기** 피티궁전에서 산타트리니타다리를 건너기 전 바로 왼편에 위치한다. **주변 관광지** 피티궁전, 산타트리니타다리

Chapter 02 연인들의 성지, 낭만이 함께하는 피렌체

Section 04
피렌체에서 놓치면 후회하는 쇼핑거리

피렌체는 쇼핑의 도시이다. 예로부터 가죽생산지로 이름을 알렸던 피렌체는 질 좋은 가죽제품과 가죽 공예로도 유명하며, 산타마리아 노벨라약국의 본점 또한 피렌체에 위치한다. 이 외에도 장인의 도시 피렌체는 여행자들의 지갑을 유혹하는 온갖 것들이 넘쳐난다.

 피렌체에서 가장 사랑받는 쇼핑거리,
가죽시장 Il Mercato di Pelle

피렌체에서 빼놓을 수 없는 쇼핑은 단연 가죽제품이다. 토스카나주는 예로부터 소가죽이 유명했으며, 여기에 르네상스시대부터 이어진 가죽가공기술이 더해져 유럽 내 최고의 가죽제품을 만들고 있다. 과거에는 장인들에 의해 한정적으로 제품이 만들어졌지만 현재는 넘쳐나는 수요 때문에 중국제품이 다수를 차지하게 되면서 품질은 많이 떨어졌다. 하지만 여전히 최고의 소가죽으로 만든 고급제품들을 저렴한 가격에 구입할 수 있는 곳이다.

다양한 종류의 제품이 있으므로 시간을 넉넉히 가지고 둘러본 후 구매하는 것이 좋다. 상인들이 흥정에 대비해 높은 가격을 부르는 경우도 많으므로 흥정을 통해 좋은 가격에 물건을 구입하도록 하자.

주소 Piazza San Lorenzo **운영시간** 09:30~19:30 **찾아가기** 산로렌초성당과 중앙시장 근처에 가판대가 늘어서 있다. **주변 관광지** 산로렌초성당, 중앙시장 **귀띔 한마디** 가죽시장 쇼핑 시에는 소매치기를 조심하자.

 여행에서 빼놓을 수 없는 시장구경,
중앙시장 Il Mercato Centrale

1874년부터 주세페멘고니Giuseppe Mengoni에 의해 만들어진 2층 구조의 실내재래시장이다. 이탈리아뿐만 아니라 유럽에서도 가장 큰 실내마켓 중 하나로 이탈리아의 서민들 생활상을 엿볼 수 있는 곳이다. 시장구경에서 빠지면 서운한 먹거리는 물론 토스카나주의 특산물까지 구매할 수 있으므로 부담 없이 둘러보기에 좋다.

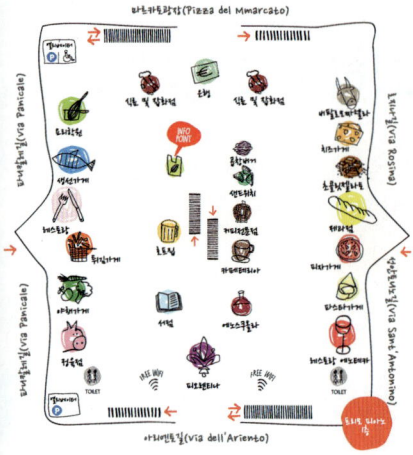

중앙시장 안내도

1층을 모두 둘러본 후에는 중앙시장 2층에 위치한 푸드코트에서 다양한 먹거리 외에도 가볍게 음주를 즐길 수도 있다. 음식점이 많아 1층과 달리 대부분 자정까지 문을 연다.

주소 Piazza del Mercato Centrale **문의** (+39)055-239-9798 **홈페이지** www.mercatocentrale.it **운영시간** 월~금요일 07:00~14:00, 토요일 07:00~17:00 / 2층 푸드코트 09:00~24:00 **휴무** 매주 일요일 **찾아가기** 산타마리아 노벨라역에서 산로렌초거리로 가는 사이에 위치한다.

한국여성들에게 필수코스가 된
산타마리아 노벨라약국 Officina di Santa Maria Novella

오랜 역사를 자랑하는 약국 중의 하나로 1221년 피렌체 도미니코수도사들에 의해 시작됐다. 수도사들이 수도원 내에서 필요한 약재, 향유, 연고 등을 제조했는데 그 제품들의 효능이 탁월해 인기를 끌면서 1612년 정식약국으로 인가되어 오늘에 이른다. 현재까지도 당시 처방을 지키고 있으며 자연에서 얻은 원료만을 사용하는 천연화장품으로 유명하다.

한국보다 반 이상 저렴한 가격에 구매할 수 있어 여행자들의 필수코스로 자리 잡았다. 화장품뿐만 아니라 향수, 헤어, 바디까지 다양한 제품군을 구성하고 있으며 매장에 한국어로 적힌 물품리스트까지 있어 별 어려움 없이 구매할 수 있다.

주소 Via della Scala, 16 **문의** (+39)055-21-6276 **홈페이지** www.smnovella.com **운영시간** 09:30~19:30 **휴무** 1/1, 부활절, 5/1, 12/25, 12/26 **가격** 카렌둘라크림 €26 이드랄리아크림 €60 장미수토닉 €25 아몬드비누 €10 **찾아가기** 산타마리아 노벨라광장에서 성당을 등지고 오른쪽 스칼라길(Via della Scala)을 따라 도보 3분 거리 **주변 관광지** 산타마리아 노벨라성당 **귀띔 한마디** €155 이상 구매 시 세금환급을 받을 수 있으며 별도의 간판이 없고 입구가 작아 자칫 헤맬 수 있으니 주의하자.

산타마리아 노벨라약국, 남들은 뭘 살까?

1. 크레마이드랄리아(Crema Idralia) : 피부보습&보호크림(€60), 한국인들이 가장 많이 구매하는 인기제품이다.
2. 크레마알폴리네(Crema al Polline) : 재생크림(€60), 현지에서 인기를 끄는 제품으로 폴린성분이 재생뿐만 아니라 주름 예방에도 탁월한 효과가 있다.
3. 아쿠아디로제(Acqua di Rose) : 장미향의 리플래시&토닉효과 미용수(250ml €15, 500ml €27), 피부결 정돈, 모공수축, 피부진정 효과가 있으며 은은한 장미향을 풍긴다. 토너로 사용할 수 있으며 민감성 피부에 좋다. 보습감이 있는 토너를 찾는다면 토나코 페르라펠레(Tonico Per La Pelle)를 추천한다.

커피마니아라면 반드시 들러야 할
비알레티 Bialetti

가정용 에스프레소기인 모카포트부터 다양한 주방용품을 판매하고 있는 브랜드로 한국보다 저렴하게 구매할 수 있다. 모카포트는 비싼 에스프레소기 대신 저렴하고 향긋한 커피를 가정에서 즐길 수 있는 커피추출기로 커피를 사랑하는 이탈리아 사람들이라면 집집마다 하나씩 가지고 있는 필수품이다. 사용법도 쉽고 가격대도 저렴해 부담 없이 구매할 수 있다. 1인용에서 10인용까지 다양한 크기와 종류가 있으므로 필요에 맞게 구매할 수 있다.

주소 Piazza della Repubblica, 25 **문의** (+39)055-230-2554 **홈페이지** bialetti.it **운영시간** 월요일 13:00~19:30, 화~토요일 09:30~19:30, 일요일 11:00~19:30 **가격** €19.90~ **찾아가기** 공화국광장 내 위치한다. **주변 관광지** 공화국광장

가죽장갑의 대명사,
마도바 Madova Gloves

피렌체에서 1919년부터 3대에 걸쳐 가죽장갑만을 만들어온 클래식 장갑브랜드로 구찌, 페라가모, 아르마니 등 세계적인 명품과 함께한 경력을 가지고 있다. 장갑은 100% 수작업으로 만들어지며 클래식하면서도 세련된 디자인, 부드러운 질감, 감기는 착용감 그리고 합리적인 가격대로 많은 인기를 끌고 있다. 겨울철 선물용으로 그만이며, 다양한 재질과 색상, 디자인이 구비되어 있으므로 취향에 따라 마음에 드는 장갑을 고를 수 있다.

주소 Via Guicciardini,1R **문의** (+39)055-21-2678 **홈페이지** www.madova.com **운영시간** 월~토요일 10:30~19:00 **휴무** 매주 일요일 **가격** 가죽장갑 €39~ 캐시미어 €48.50~ **찾아가기** 시뇨리아광장에서 베키오다리를 건너면 정면으로 보인다. **주변 관광지** 베키오다리

섬세한 수공예가 돋보이는 문구용품점,
일파피로 Il Papiro

1976년 처음 문을 열어 피렌체의 전통을 이어나가고 있는 고급문구점으로 종이공예기술과 섬세한 일러스트가 돋보이는 종이문구 전문점이다. 이탈리아에만 17곳의 지점이 있으며, 피렌체에서도 심심치 않게 찾아 볼 수 있다. 노트부터 엽서, 만년필, 도장 등 직접 수작업으로 만든 문구들이 구비되어 있다. 모두 수공예품이다 보니 가격은 비싸지만 각기 독특한 문양을 하고 있어 디자이너들에게 인기가 좋고, 눈요기만 하더라도 행복해지는 곳이다.

주소 Piazza del Duomo, 24r **문의** (+39)055-28-1628 **홈페이지** www.ilpapirofirenze.it **운영시간** 월~토요일 10:00~13:00, 14:00~19:00, 일요일 10:00~18:00 **가격** 편지지 €4.50~ 다이어리 €14.50~ **찾아가기** 두오모광장 내 위치한다. **주변 관광지** 두오모

저렴한 천연화장품을 찾는다면
비폴리 Biffoli Shop

한국에도 정식 수입되어 인기를 끌고 있는 천연화장품 엘보라리오 L'erbolario를 저렴하게 구매할 수 있는 곳이다. 비폴리는 한국보다 2~3배 저렴하게 구입할 수 있어 한국뿐만 아니라 중국, 일본 관광객들에게 이미 입소문이 제대로 난 상점이다. 산타마리아 노벨라 화장품의 가격대가 부담스럽다면 이곳이 위안이 된다. 세럼, 핸드크림, 바디로션, 비누, 립밤 등 다양한 인기제품이 구비되어 있다. 두오모로 오르기 위해 줄 서는 곳 주변에 위치해 있다.

주소 Piazza Duomo 13r **문의** (+39)055-238-1272 **운영시간** 월~토요일 09:00~19:30, 일요일 10:00~19:30 **가격** 핸드크림 €7~, 립밤 €5~, 세럼 €18~ **찾아가기** 두오모광장 내 위치한다. **주변 관광지** 두오모

가죽 장인의 손길이 느껴지는
만니나 Mannina

배우 한지혜가 이곳에서 구두 만드는 과정이 방송되면서 우리나라에도 유명세를 탄 곳이다. 1953년 문을 열어 피렌체에서 55년 이상 구두만을 만든 구두장인 만니나할아버지가 운영하는 명품구두점이다. 기성화에서부터 맞춤구두까지 제품 하나하나가 목재 틀로 제작되며, 장인정신으로 정성껏 바느질한 그의 구두는 단지 신발이 아니라 하나의 예술작품으로 평가된다.

주로 정통 클래식화가 많으며 맞춤구두를 제작할 경우 약 한 달 이상 소요되므로 짧게 피렌체에 머무는 경우에는 맞춤구두를 제작하는 것이 힘들다고 볼 수 있다.

주소 Via dèGuicciardini, 16r **문의** (+39)055-28-2895 **홈페이지** www.manninafirenze.com **운영시간** 09:30~19:30, 일요일 10:00~19:00 **가격** 여성화 €120~200, 남성화 €200~, 기성화 €80~, 맞춤구두 €500 **찾아가기** 베키오다리에서 피티궁전으로 가는 구이차르디니길(Via dèGuicciardini)을 따라 도보 3분 거리이며, 오른쪽에 위치한다. **주변 관광지** 피티궁전

이름을 새길 수 있는 가죽공방,
스크립토리움 Scriptorium

뛰어난 품질의 가죽제품을 구매할 수 있을 뿐만 아니라 가죽 표면에 금장으로 이름까지 새길 수 있다는 것이 이색적이다. 아담한 규모의 매장 안에는 다양한 가죽 제품들이 진열되어 있어 눈을 즐겁게 해준다. 가죽시장보다는 가격이 높은 편이지만, 특별한 선물을 찾고 있는 분이라면 방문해볼 만하다. 참고로 스크립토리움에서는 여기서 구매하지 않은 제품이라도 비용을 지불하면 이름을 새겨준다.

주소 Via del Pucci 4 **문의** (+39)055-21-1804 **홈페이지** www.scriptoriumfirenze.com **운영시간** 9~5월 09:30~19:30, 6~8월 10:30~19:30, 일요일 11:30~18:30 **가격** 명함지갑 €33~, 수첩 €25~ **찾아가기** 큰 메인도로로 들어가면 여러 상점이 있는데, 오른편에 위치하고 있다. **주변 관광지** 두오모

Special 03 피렌체의 명품아웃렛 공략하기

피렌체를 방문한 여행자들은 더몰과 프라다스페이스 중 어느 곳을 가야 할지 깊은 고민에 빠진다. 하지만 단순하게 프라다만을 집중 공략할 것이라면 프라다스페이스, 프라다 외에도 다른 브랜드에 관심이 있다면 더몰을 가면 된다. 더몰에도 프라다아웃렛이 입점해 있으며 프라다스페이스만큼 종류는 다양하지 않지만 웬만한 상품은 거의 다 갖추어져 있다.

피렌체를 대표하는 아웃렛, 더몰 The mall

다른 아웃렛에 비해 입점한 매장의 수는 적지만 실속 있는 인기브랜드가 모여 있는 곳으로 일반 매장보다 30~40% 저렴하게 상품을 구입할 수 있다. 더몰의 프라다매장 또한 프라다스페이스 못지않게 기본적인 상품은 모두 갖추고 있으며 라인업도 다양하다. 프라다스페이스보다 북적이지 않아 다소 한적하게 쇼핑할 수 있다.
셔틀버스가 산타마리아 노벨라역과 아웃렛을 바로 연결하며 버스 요금도 다른 아웃렛에 비해 저렴하다.

주소 Via Europa, 8 Leccio Reggello **문의** (+39)055-865-7775 **홈페이지** www.themall.it(한국어지원) **운영시간** 월~일요일 10:00~19:00, 6~8월 09:30~19:30, 12/24, 12/31 특별개장 **휴무** 1/1, 부활절, 12/25, 12/26 **입점 브랜드** 알렉산더맥퀸, 발렌시아가, 보테가베네타, 버버리, 디올, 펜디, 아르마니, 구찌, 로베르토 카발리, 페라가모, 토즈, 입생로랑, 몽클레르, 프라다 등 **귀띔 한마디** 인기 높은 매장부터 공략하거나 효율적인 쇼핑을 원한다면 버스 하차장 옆에 위치한 안내소에서 지도를 받아 가고 싶은 순서대로 동선을 짜자!

프라다 매장

구찌 매장

더몰 찾아가기
산타마리아 노벨라역을 바라보고 왼편의 건물 내에 위차한 시타버스정류장(주소 : Via Santa Caterina da Siena 17)에서 셔틀버스를 탑승한다. 요금은 편도 €70이며 소요시간은 50분이다.

피렌체 → 더몰	08:50 / 09:10 / 09:30 / 10:00 / 10:30 / 11:00 / 11:30 / 12:00 / 13:00 / 13:30 / 14:00 / 14:30 / 15:00 / 15:30 / 16:00 / 17:00 / 18:00
더몰 → 피렌체	09:45 / 10:50 / 12:30 / 13:00 / 13:30 / 14:00 / 14:30 / 15:00 / 15:30 / 16:00 / 16:30 / 17:00 / 17:30 / 18:00 / 18:30 / 19:00 / 19:20

더몰에서 세금 환급받기
더몰에서는 세금환급을 더몰 내에서 바로 받을 수 있다. 한 매장에서 €155 구매 시 세금환급이 가능하며, 환급율은 약 11%이다. 세금환급서류에 여권상 본인 영문이름과 여권번호가 맞는지 확인해야 하며, 여권을 지참해야 한다. 또한 서류에 적는 신용카드는 반드시 카드번호가 양각으로 새겨진 카드여야 한다. 더몰에서 세금환급을 받았다면 공항에서 도장을 받은 뒤 현금발급창구에 줄을 설 필요 없이 세금환급서류만 우체통에 넣으면 된다. 단 유럽에서 나가는 마지막 공항에서 세금환급서류에 도장을 받아야 하며, 그렇지 않을 경우 카드에서 벌금이 빠져나가므로 유의해야한다.

프라다제품을 집중공략할 수 있는

프라다스페이스 Prada Space

창고형 아웃렛으로 프라다공장이라 불릴 정도로 프라다아웃렛 중 최대 규모를 자랑한다. 프라다 외에도 같은 계열사인 미우미우Miu Miu와 질샌더Jil Sander 등의 브랜드도 있으며, 할인율이 평균 30~ 50%로 한국보다는 약 50~70%까지 할인된 가격으로 구매할 수 있다. 프라다아웃렛이니 만큼 다른 아웃렛보다는 프라다의 최신 상품부터 이월 상품까지 다양한 제품군이 있어 프라다만을 집중공략할 예정이었다면 흡족한 쇼핑을 즐길 수 있다. 반대로 다른 명품브랜드가 없다보니 프라다에서 물건을 건지지 못했다면 허탈감은 더욱 커진다.

주소 Strada Regionale, 69 **문의** (+39)055-919-6528 **홈페이지** www.prada.com **운영시간** 10:30~20:00(토요일 09:30~20:00)
입점 브랜드 프라다, 미우미우, 질샌더

프라다스페이스 찾아가기

피렌체 산타마리아 노벨라(Firenze S.M.N)역에서 아레초행 기차를 탄 후 몬테바르키-테라누오바(Montevarchi-Terranuova)역에서 하차한다. 요금은 편도 €6.40, 소요시간은 40~50분 정도 걸린다. 기차에서 내린 후에는 택시나 버스를 타고 프라다스페이스까지 이동해야 한다. 택시는 승합택시와 벤택시로 나뉘는데 승합택시는 대당 €14~18이므로 사람을 모아서 타는 것이 좋다. 아침에 가면 합승이 자연스러우므로 너무 걱정하지 않아도 된다. 혼자라면 벤택시나 버스를 이용하는데 벤택시는 편도 €30이고, 사람이 어느 정도 차야 출발한다. 프라다스페이스까지는 대략 10분 정도 걸린다. 버스는 편도 €1.30로 저렴하지만 운행편수가 많지 않고, 20분 정도 걸리며, 하차 후 걸어야 하므로 버스보다는 택시 이용을 권한다. 쇼핑 후 나가는 택시는 잡기 어려우니 타고 온 택시기사의 명함을 받거나 매장 가이드에게 택시를 불러달라고 요청해야 한다.

프라다스페이스 공략하기!

프라다스페이스 출입문을 들어서면 바로 왼쪽이 남성, 오른쪽이 여성제품이며, 입구부터 미우미우 가방과 지갑, 프라다 가방과 지갑, 마지막이 프라다 의류순이다. 영업시간 전부터 많은 사람이 줄을 서는데 이럴 경우 매장에 들어가기 전 번호표를 미리 뽑아야 한다. 이 번호표는 입장순서가 아니라 매장 내 마음에 드는 물건을 보관할 수 있는 번호표이다. 매장 내 구입하고 싶은 물건이 있을 때 직원에게 번호표를 주고 킵(Keep)이라고 말하면 나중에 계산대에서 번호표로 키핑된 물건을 한꺼번에 계산해준다. 물론 키핑된 물건도 계산대에서 뺄 수 있지만 직원의 따가운 시선을 받을 수 있으니 키핑 전에 한번 더 생각하자! 또한 물건은 꼼꼼하게 하자가 있는지 살펴보고, 문제가 있으면 교환이나 할인을 요청할 수 있다.

프라다스페이스 가격대는 디자인과 재질에 따라 천차만별이지만 대략적인 가격대는 다음과 같다.

여성용 지갑	여성용 장지갑	천가방	가죽가방
€170~190(동전지갑 €110)	€230~250	€270~420	€530~650
남성용 명함지갑	남성용 지갑	남성용 벨트	남성용 가방
€72~110	€125~170	€90~120	€650

프라다스페이스에서 더몰 가기

프라다스페이스에서 만족스러운 쇼핑을 못해 더몰로 가고자 할 경우에는 처음에 하차했던 Montevarchi-Terranuova역으로 다시 돌아가 레지오날레 열차를 타고 Rignano sull'Arno-Reggello역에서 하차하면 된다(소요시간 약 20분. 요금 €3.60). 하차 후에 더몰까지는 택시로 이동해야 하며 역 앞에 택시가 없다면 타바키Tabacchi에 들어가 콜택시 번호를 물어보고 택시를 부르거나 역 주변에 붙어 있는 택시 명함을 보고 전화를 해야 한다. 택시요금은 약 €100이다.

여유롭게 즐기는 쇼핑!
바르베리노 디자이너아웃렛 Barberino Designer Outlet

세계적으로 유명한 맥아더글렌McArthurGlen의 체인으로 피렌체에서 셔틀버스를 타면 쉽게 접근할 수 있다. 피렌체근교 아웃렛으로 더몰이나 프라다스페이스만큼 알려져 있지 않아 여유롭게 쇼핑을 즐길 수 있는 것도 장점이다. 이 곳에도 프라다매장이 입점해 있으며, 다른 아웃렛과 달리 돌체앤가바나Dolce&Gabbana 아웃렛이 있지만 좋은 상품을 기대하기는 어렵다. 물론 운이 좋으면 괜찮은 상품을 저렴한 가격에 구매할 수 있으니 눈을 크게 뜨고 찾아보자. 더몰이 명품 위주라면 이곳은 명품 외에 폴로, 나이키, 아디다스 등 중저가의 대중적인 브랜드도 많이 찾아 볼 수 있다. 매장의 수는 꽤 많지만 이탈리아브랜드나 한국인들에게 생소한 브랜드가 많아 막상 구경할 매장은 한정될 수 있다.

프라다매장

주소 Via Meucci snc, 50031 Barberino di Mugello **문의** (+39)055-84-2161 **홈페이지** www.mcarthurglen.com/it/barberino-designer-outlet **운영시간** 월~일요일 10:00~20:00 **휴무** 1/1, 부활절, 12/25, 12/26 **입점 브랜드** 프라다, D&G, 비알레티, 폴로, 캘빈클라인, 미쏘니, 핀코, 아디다스, 나이키, 라코스테, 팀버랜드, Lee 등

바르베리노 찾아가기

베르베리노 아웃렛 셔틀버스가 산타마리아 노벨라역 부근에서 운행된다. 산타마리아 노벨라역 16번 출구로 나와 오른쪽 대각선 신발가게 바타Bata 앞(Piazza della stazione n.44)에서 탑승한다. 티켓은 버스기사에게 직접 구매하는데, 요금은 왕복 €13이며 소요시간은 40분이다.

피렌체 → 바르베리노	09:30 / 11:30 / 14:00 / 16:00
바르베리노 → 피렌체	13:00 / 15:00 / 18:00 / 20:00

Section 05

여행자들에게 적당한 피렌체의 숙소

피렌체는 많은 여행자가 몰리는 도시답게 호텔부터 호스텔, 한인민박까지 다양한 숙소가 존재한다. 숙소를 선택할 때는 위치나 가격 등의 정보를 꼼꼼히 체크하여 어디에 비중을 둘 것인지부터 결정해야 한다. 역 근방의 숙소들은 거리가 가까운 대신 비싸지만 조금만 벗어나도 저렴한 숙소들을 찾을 수 있다. 피렌체 구시가지는 교통 제한 구역(ZTL)이 많으므로 호텔 예약 시 이 점을 유의해서 잡아야 한다.

모던함과 전통이 어우러진 4성급 호텔
그랜드호텔 미네르바 Grand Hotel Minerva

피렌체의 중심역인 산타마리아 노벨라역 뒤편에 위치한 호텔로 역에서 걸어서 10분 거리에 위치해 있어 다른 어떤 호텔보다도 접근성이 우수하다. 고풍스러우면서도 현대적인 분위기가 섞인 디자인의 실내와 호텔 우측에 인접한 두오모가 보이는 수영장이 인상적이다. 맛있는 조식 뷔페 또한 이 호텔의 강점이며, 공용구역은 물론 객실 내에서 무료로 와이파이를 사용할 수 있다. 짧은 일정으로 피렌체를 둘러보고자 하는 허니문이나 가족여행객들에게 안성맞춤인 호텔이다.

주소 Piazza Santa Maria Novella 16 **문의** (+39)055-2-7520 **홈페이지** www.grandhotelminerva.com **체크인/아웃시간** 14:00/11:00 **객실요금** 더블룸 €130~350, 패밀리룸 €350~550 **찾아가기** 산타마리아 노벨라광장 내 위치한다.

감각적인 숙소를 찾는다면
뉴메로벤티 디자인 레지던시 Numeroventi Design Residency

피렌체의 오래된 저택을 아름답게 리모델링한 숙소로 고택에서 머무는 듯한 특별한 하룻밤을 경험할 수 있다. 객실은 4개로 많지 않지만 각각의 객실 모두 특색 있게 꾸며져 있다. 베키오궁전과 시뇨리아광장 인근이라 구시가지와의 접근성이 좋으며 공용 부엌에서 취사도 가능하다. 직원들도 친절하며 숙소 주변에 맛집, 카페 등 갈 만한 곳들을 정리해 놓은 책자

도 따로 준비되어 있어 여행에 도움이 된다. 가성비는 조금 아쉬운 편이지만 트랜디한 숙소를 찾고 있다면 눈여겨볼 만하다. 부킹닷컴, 에어비앤비 등에서 예약가능하며 오후 7시 이후에 체크인할 경우 추가요금이 있으므로 참고하자. 엘리베이터가 없다는 점과 방음은 다소 아쉬운 점이다.

주소 Palazzo Galli Tassi, Via de Pandolfini 20, 50122 Firenze **문의** (+39)055-388-0695 **홈페이지** www.numeroventi.it **체크인/아웃시간** 15:00~19:00/01:00~11:00 **객실요금** 더블룸 €90 **찾아가기** 두오모에서 프로콘솔길(Via del Proconsolo)을 따라 550미터를 걷다가 왼쪽 판돌피니길(Via dei Pandolfini)로 들어서 2분 정도 직진하면 왼쪽으로 보인다.

한국 여행자를 위한 호스텔
아르키로쉬 Hostel Archi Rossi

피렌체의 수많은 한인민박 중 우리나라 여행자에게 인기 숙소로 자리매김한 호스텔이다. 이 호스텔은 자신들의 경쟁상대로 여타 다른 호스텔이 아닌 한인민박이라고 생각하고 있기 때문에 비수기와 성수기의 가격 차이가 매우 심하다.

겨울 비수기 같은 경우에는 저녁도 무료로 제공하며, 한국인 여행자를 적극적으로 공략하고 있다. 3대째 20년이 넘게 이어오며 오랜 전통을 갖고 있는 곳으로 시설도 가격대비 훌륭한 편이다. 아침 뷔페에는 아시안 코너도 마련되어 있어 우리 입맛에도 괜찮은 편이다.

주소 Via Faenza, 94r **문의** (+39)055-29-0804/080-675-0881(수신자 부담전화) **홈페이지** www.hostelarchirossi.com **체크인/아웃시간** 14:30~자정/11:00 **객실요금** 도미토리 9인실 €20~30, 4인실 €27~32 **찾아가기** 중앙역 16번 플랫폼 출구로 나와 길을 건너 왼쪽으로 걷다가 건물을 끼고 우회전하면 나오는 베르나르도첸니니길(Via Bernardo Cennini)을 따라 직진하다가 막히는 파엔차길(Via Faenza)에서 우회전하면 보인다. **귀띔 한마디** 24시간 리셉션 운영

환상적인 부대시설이 자랑인
플러스호스텔 Plus Hostel

피렌체의 여타 다른 호스텔과는 격이 다른 시설로 인기가 상승 중인 호스텔이다. 수영장, 사우나, 터키쉬바Turkish Bar를 비롯해 여행자들을 위한 부대시설이 잘 갖춰져 있으며, 새로 지은 신관의 경우에는 시설이 더 좋고 직원들도 친절하다.

피렌체에서 오랜 기간 머물며 여행하는 여행자에게 안성맞춤인 곳으로 저렴한 가격에 편안함도 함께 누릴 수 있다. 다만 아쉽게도 중심지에서는 다소 떨어져 있어서 피렌체로 들어오고 나가거나 짐을 갖고 이동할 때 불편할 수 있다.

주소 Via Santa Caterina d'alessandria 15-17 **문의** (+39)055-462-8934 **메일** info@plusflorence.com **홈페이지** www.plusflorence.com **체크인/아웃시간** 15:00/10:00 **객실요금** 도미토리 8인실 €16~28, 도미토리 4인실 €20~30, 더블룸 €50~100, 트리플룸 €65~115, 4인실 €70~130 **찾아가기** 중앙역 16번 플랫폼 출구로 나와 길을 건너 우측으로 걷다가 좌측으로 뻗어 있는 내지오날레길(Via Nazionale)을 따라 도보 10~15분 거리이다.

착한 가격이 매력적인
호텔렉스 Hotel Rex

피렌체 중심가에 위치한 호텔치고는 상당히 저렴한 가격이지만 상대적으로 좋은 시설을 기대하기 어렵다. 비수기에는 더블룸이 70유로로 호스텔의 도미토리 2인 가격과 맞먹을 정도로 파격적인 곳이다. 직원들은 전체적으로 친절하며 두오모광장과 5분 거리 내에 위치해 있어 주요 관광지까지의 이동이 편리하다. 비용 때문에 계속되는 호스텔과 민박 이용에 피로가 쌓였다면 이곳에서 여유롭게 휴식을 취하며 나머지 여행을 즐기는 것도 좋은 방법이다. 조식이 포함되며, 객실 내 와이파이를 무료로 이용할 수 있다.

주소 Via Faenza, 6 **문의** (+39)055-21-0453 **홈페이지** www.hotelrexflorence.com **체크인/아웃시간** 14:00/11:00 **객실요금** 더블룸 비수기 €70, 성수기 €90~100 **찾아가기** 산로렌초성당에서 도보 5분 거리이다.

Chapter 03
피렌체근교 여행

피사, 루카,
아레초, 친퀘테레,
아시시, 시에나,
산지미냐노,
몬탈치노

미국, 유럽인들에게 손꼽히는 꿈의 여행지 중 하나인 토스카나지방은 일렬로 서 있는 사이프러스나무와 광활한 포도밭의 완만한 구릉이 함께 어우러져 숨막히게 아름다운 전원풍경을 만들어 낸다. 토스카나주만의 특징인 뜨거운 햇살과 풍요로운 대지 그리고 활기찬 사람들을 만나러 떠나보자.

Chapter 03 피렌체근교 여행

Section 06
사탑으로 유명한 피사

피사는 주요 관광지가 미라콜리광장(Piazza dei Miracoli) 주변에 몰려 있어 반나절이면 충분히 돌아볼 수 있다. 그러므로 로마와 피렌체 구간 이동 시 잠시 들르거나 피렌체에서 숙박하는 경우 아침 일찍 서둘러 루카나 친퀘테레 등 다른 근교도시와 묶어서 하루일정으로 잡는 것을 추천한다.

🧳 피사여행을 시작하기 전

중세 이탈리아는 그 어떤 유럽의 국가보다 험난하고 암울한 시기를 보냈다. 국가체제가 잡히지 않아 지역분쟁과 이민족의 침입이 끊임 없었고, 치명적인 흑사병과 여러 재앙이 겹쳤다. 그나마 희망의 빛으로 다가온 것이 이슬람민족이었다. 로마제국 멸망 후 아프리카와 중동지역에서 새롭게 대제국을 건설한 이슬람과의 교역은 이탈리아에 새로운 기운을 불어넣었고, 경제적인 부도 가져다주었다.
이슬람과의 교역에 있어 선봉에 있던 도시 중 하나인 피사는 일찍부터 많은 부를 축적하면서 르네상스 이전까지 이탈리아에서 가장 풍

요로웠다. 그 풍족함을 세상에 알리고자 조성된 피사는 아르노강에서 퇴적된 토사가 계속 쌓이면서 더 이상 항구의 역할을 못하게 되면서 소도시로 전락하게 되었다. 그러나 피사대성당을 비롯한 많은 유적을 통해 영화로웠던 역사를 충분히 상상해 볼 수 있다.

🧳 피사로 들어가기

피렌체에서 레지오날레를 타고 약 1시간에서 1시간 20분 정도면 피사까지 이동할 수 있다. 요금은 €8.40이며, 피사중앙역(Pisa Centrale)에서 하차한다. 피사중앙역 외에도 피사 산로소레(Pisa San Rossore)역으로 가는 방법도 있는데, 피사의 사탑까지 위치상으로 중앙역보다 더 가깝다는 장점이 있으나 열차편이 상대적으로 더 적다는 단점이 있다. 루카나 친퀘테레(라스페치아역) 등 다른 기차를 타고 근교도시로도 이동할 수 있는데, 루카까지는 약 30분(€3.60), 친퀘테레까지는 1시간 15분(€7.90) 정도가 소요된다.

피렌체 - 피사공항가기

유럽의 주요 도시에서 피렌체로 들어갈 때 대부분의 저가항공이 피렌체공항을 이용하지 않고 근교도시인 피사공항을 이용한다. 이른 아침이나 늦은 밤에도 저가항공사들의 항공편이 많아, 피사공항에서는 피렌체까지 오가는 전용버스가 운행되므로 편하게 이동할 수 있다. 피사공항에서 피렌체까지는 1시간 정도가 소요된다.

이용방법 산타마리아 노벨라 6번 플랫폼 출구로 나와 길 건너 루이지알라마니거리(Via Luigi Alamanni)의 테라비전(Terravision)버스정류장이 보이는데, 이곳에서 피사 갈릴레오갈릴레이국제공항(Aeroporto Galileo Galilei)을 연결하는 셔틀버스를 이용할 수 있다. 테라비전 외에도 2~3개의 버스회사가 있으므로 자신의 시간에 맞춰 선택하면 된다. 버스티켓은 산타마리아 노벨라역 안에 있는 타바키 및 역 주변에 피사공항 티켓이라고 쓰여진 타바키에서 구매할 수 있다.
홈페이지 www.terravision.eu, www.airportbusexpress.it

🧳 피사 내 시내교통

피사중앙역에서 관광지가 몰려 있는 두오모광장까지는 도보로 20~30분 정도 소요된다. 걷는 것이 싫으면 기차역을 나와 횡단보도를 건넌 후, NH호텔 앞에서 람로사(LAM ROSSA)버스를 타고 마닌광장(PIAZZA MANIN)에서 하차하면 된다. 버스티켓은 역 내 타바키나 버스기사에게 구입가능하며, 요금은 €2.50이다. 70분 내 환승은 무료이다.

🧳 짐 보관소

짐이 많아 이동이 불편하다면 짐보관소를 활용하자. 기차역 1번 플랫폼 쪽 짐보관소(Deposito Bagagli) 표지판을 따라가면 어렵지 않게 찾을 수 있다. 운영시간은 07:00~21:00이며, 요금은 하루 종일 맡겨도 €5이다.

🧳 피사관광지 입장권 구입방법

매표소에서 구입할 수 있으며 중앙매표소는 피사의 사탑 뒤쪽, 다른 하나는 시노피에박물관에 위치한다. 피사의 사탑은 시간당 제한된 인원을 들여보내기 때문에 인터넷(www.

opapisa.it)으로 예매하거나 도착하자마자 티켓부터 미리 구매하는 것이 좋다.

피사의 사탑 입장권은 €18이며 피사의 사탑을 제외한 세례당Battistero, 납골당Camposanto, 시노피에박물관Museo delle Sinopie, 오페라델 두오모박물관Museo dell'Opera del Duomo의 개별 입장권은 €5이다. 이 4곳 중 2곳만 입장 시에는 €7, 3곳 입장 시는 €8로 할인해 주는 콤비네이션티켓도 있으므로 피사의 사탑을 제외하고 2곳 이상 들어갈 예정이라면 콤비네이션티켓을 구매하는 것이 더 저렴하다.

세계 7대 불가사의로 손꼽히는
피사의 사탑 Torre Pendente di Pisa

1173년 당시 피사출신의 유명건축가 본나노피사노Bonnano Pisano가 피사대성당에 부속될 종탑을 건설하기 시작했으나 끝을 보지 못하고, 중도에 몬레알레대성당Duomo di Monreale을 짓기 위해 시칠리아로 떠나게 된다. 이후 다른 건축가들의 손을 거쳐 약 200년 만에 완공이 된다. 하지만 공사 초기부터 지반층 강도가 서로 달라 남쪽 지반이 북쪽에 비해 약해 이미 기울어지기 시작했다. 시멘트를 붓거나 납덩어리를 올려가며 여러 차례 보강공사로 완공은 했지만 후에도 계속 기울어져 세계 7대 불가사의로 꼽히게 된다. 1987년에는 유네스코 세계문화유산으로 지정되었다.

현재 사탑은 약 5도 정도 기울어져 있으며 탑 정상부의 가장 높은 곳은 56.7m이고 낮은 곳은 55.8m로 1m가량이나 차이가 난다. 탑이 계속 기울면서 붕괴위기에 놓이자 1990년 일시적으로 일반인 공개를 중단하고 보수작업을 하여 2001년

부터 다시 공개하였다. 이 사탑은 2차 세계대전 당시 독일군의 관측소로 사용되었는데, 이에 미국군이 폭격하려고 했지만 당시 미군사령관이 이 탑의 아름다움에 반해 폭격을 멈췄다고 한다. 전쟁도 피해갈 만큼 위대한 작품인 피사의 사탑을 두 눈으로 직접 확인해보자. 피사의 사탑에 오르고 싶다면, 극성수기에는 인터넷으로 미리 예매하는 것이 좋으며 사전 예매를 하지 않았다면 관광지에 도착해 가장 먼저 입장 시간을 예약하는 것이 좋다.

주소 Piazza dei Miracoli **홈페이지** www.opapisa.it **운영시간** 12~1월 10:00~17:00, 11월, 2월 09:40~17:00, 3월 09:00 ~17:30, 4~9월 08:30~20:00, 10월 09:00~19:00 **입장료** €18 **찾아가기** 두오모광장 내 위치하다. **귀띔 한마디** 탑에 들어가는 인원은 한 번에 40명으로 제한되며, 8세 이하 어린이는 입장할 수 없다.

피사의 볼거리가 모두 모여 있는
두오모광장 Piazza del Duomo

피사의 미라콜리광장Campo dei Miracoli은 이탈리아남부의 해양도시 아말피Amalfi와 함께 가장 번성했던 11세기에 조성됐다. 이 광장에 위치한 피사대성당Duomo di Pisa은 현존하는 이탈리아의 대표적인 로마네스크양식 성당이다. 일찍이 번영을 누렸던 피사는 그들의 영광을 내세우기 위해 성당 건축을 시작한다. 당시 최고의 성당으로 꼽혔던 베네치아의 산마르코성당Basilica di San Marco을 능가하는 성당으로 짓기 원했다. 그래서 당대 최고의 건축가와 기술자를 총동원하여 견고함이 특징인 로마네스크양식에 그들만의 독자적인 화려함을 더해 토스카나양식의 로마네스크 건축물을 세우게 된다. 피사대성당과 함께 있는 세례당 또한 이탈리아산 최고의 대리석을 사용하여 1278년에 만든 것으로 건물 내의 예수와 관련된 부조와 세례에 쓸 성수를 담아두는 대리석 세례반이 인상적이다.

Chapter 03 피렌체근교 여행

Section 07
성벽의 도시 루카

중세의 흔적이 살아있는 아름다운 도시에서 나만의 여유로움을 즐기기에 안성맞춤인 루카. 아직까지도 우리나라 여행자들에게는 잘 알려지지 않은 소도시지만 날씨가 좋은 날에는 자전거를 타고 싱그러운 바람을 맞으며, 천천히 돌아보기에 좋은 여행지이다.

🧳 루카여행을 시작하기 전

토스카나주에서 가장 일찍부터 문명이 발달한 루카는 기원전 180년경 로마에 귀속되고도 오랜 번영을 누렸다. 로마 역사상 가장 위대한 지도자로 꼽히는 율리우스카이사르 Gaius Julius Caesar가 권력을 잡고 삼두정치를 처음 실현한 곳이기도 하다. 또한 실크산업을 바탕으로 중세부터 르네상스시대까지 이탈리아를 대표하는 가장 강력한 도시국가였다.

Lucca 루카

피렌체 외곽의 작은 시골도시지만 한때 베네치아에 이어 이탈리아에서 가장 큰 도시로 그 영광의 흔적이 도시 곳곳에 아직까지 남아 있다. 19세기 이탈리아를 대표하는 가극작곡가 지아코모푸치니Giacomo Puccini의 고향이기도 해서 매년 7월이면 전 세계 연주가들이 이곳에 모여 그의 업적을 기리는 음악축제 푸치니페스티벌을 열고 있다.

루카로 들어가기

루카는 피렌체에서 기차로 1시간 30분, 피사에서 30분 정도가 소요되며, 피렌체에서 출발 시 요금은 €7.60이다. 피렌체에서 아침 일찍 서두른다면 피사와 루카 두 도시 모두 하루만에 둘러볼 수 있다. 루카역에서 시내중심부까지는 도보 15분 거리로 성벽 안에 들어서면 루카시내가 나온다.

> **루카 관광안내소**
> 루카의 중앙안내소로 무료로 지도를 얻을 수 있다. **주소** Piazzale G.Verdi **운영시간** 09:00~19:00 **휴무** 1/1, 12/25

자전거로 루카 둘러보기

기차역 앞 자전거 대여소

성벽으로 둘러싸인 이 도시를 제대로 즐기려면 자전거를 타고 둘러보는 것이 좋은 방법이다. 루카는 성벽을 따라 산책로가 잘 조성되어 있어 자전거 타기에도 매우 좋다. 기차역을 나오면 바로 왼쪽에 위치한 여행자센터나 산타마리아광장 주변의 자전거대여소에서 자전거를 빌릴 수 있다. 요금은 한 시간당 €5이며, 자전거를 대여하려면 여권 같은 신분증을 반드시 지참해야 한다.

주소 Piazzale Ricasoli, 203 **문의** (+39)0583-49-4401 **홈페이지** www.touristcenterlucca.com

화려한 파사드를 뽐내는
산미켈레성당 Chiesa di San Michele In Foro

교황 알렉산드로2세의 명에 의해 1070년부터 건축되기 시작하여 당시 대표적인 건축양식이었던 로마네스크양식으로 만들어졌다. 완성에 이르기까지는 약 300년이라는 시간이 걸렸지만 전체적으로 처음 설계 당시의 양식을 벗어나지 않고 지어져 초기 로마네스크양식을 살펴볼 수 있다.

또한 산미켈레성당은 출입구가 있는 정면부를 일컫는 파사드Facade의 화려함이 특징이다. 이 파사드의 꼭대기를 장식하고 있는 약 4m 높이의 거대 석상은 이 성당의 주인공인 미카엘Michael 천사장이 악의 상징인 용을 물리치는 모습이며 좌우에는 그를 수호하는 두 명의 천사가 세워져 있다.

주소 Piazza San Michele **문의** (+39)0583-4-8459 **홈페이지** www.comune.lucca.it/turismo/chiesa_san_michele **운영시간** 4~10월 07:40~12:00, 15:00~18:00, 11~3월 09:00~12:00, 15:00~17:00 **입장료** 무료 **찾아가기** 성벽 안 비토리오베네토길(Via Vittorio Veneto)을 따라 직진하다보면 오른쪽으로 보인다.

교황의 탄생을 기념하여 만들어진
산마르티노성당 Duomo di San Martino

11세기 루카출신 안셀Anselm이 교황(알렉산드로2세)의 자리에 오르자 당시 낡은 성당을 헐고 새로운 성당을 건설한다. 성당건설이 약 200년간 지속되면서 로마네스크와 토스카나 고딕양식이 혼합되었다. 웅장함과 견고함을 겸비한 시대의 걸작으로 성당을 둘러싼 외부기둥들이 각기 다른 모습을 하고 있는 것이 색다르다. 당시 이탈리아의 유명 건축가들에게 기둥설계를 경합방식으로 의뢰하였는데, 그들이 설계한 기둥으로 장식하고도 돈을 한 푼도 주지 않았다고 한다. 여러 건축가의 설계로 만들어지면서 외관은 독특한 모습을 하게 되었다. 내부에는 틴토레토Tintoretto의 최후의 만찬, 성구보관실에는 장례조각의 걸작 퀘르차Jacopo della Quercia의 일라리아델카레토Ilaria del Caretto라는 대리석묘비 등 많은 예술작품이 있다.

일라리아델카레토(Ilaria del Caretto)

주소 Piazza Antelminelli **홈페이지** www.comune.lucca.it/turismo/duomo_di_lucca **운영시간** 3월 중순~10월 월~금요일 09:30~17:45, 토요일 09:30~18:45, 일요일 09:30~10:45, 12:00~18:00, 11월 중순~3월 중순 월~금요일 09:30~16:45, 토요일 09:30~18:45, 일요일 09:30~22:45, 12:00~17:00 **입장료** 무료, 성구보관실 €2 **찾아가기** 나폴레오네광장(Piazza Napoleone)에서 두오모길(Via Duomo)을 따라 도보 5분 거리이다.

루카의 중심 원형광장,
안피테아트로광장 Piazza dell'Anfiteatro

로마시대 원형극장 위에 세워진 이 광장은 마을 한복판에 집들이 늘어서 있는 독특한 구조를 하고 있다. 무너지고 터만 남았던 이곳에 사람들이 터를 찾아 집을 지으면서 지금의 독특한 모습을 형성하게 되었다. 타원형의 광장을 따라 건물이 타원형으로 세워진 것이 매우 이색적으로 보인다. 루카를 함락시킨 나폴레옹은 그의 여동생 엘리자바치오키

Elisa Baciocchi에게 루카를 결혼선물로 준다. 루카를 멋지게 만들고 싶던 그녀는 상징적으로 이 광장을 중심으로 문화공간을 조성하였다. 중세부터 이어져 현재까지 루카의 가장 중심이 되는 광장으로 주요 행사들이 진행되었던 곳이다.

주소 Via dell'Anfiteatro **찾아가기** 산미켈레광장에서 로마(Via Rama)길을 따라 걷다 왼쪽 필룬고길(Via Fillungo)로 도보 10분 거리

루카의 랜드마크, 구이니지탑 Torre Guinigi

루카가 최고의 번영을 누리던 14세기까지는 이 작은 도시에 250여 개 이상의 탑이 세워져 있었다. 루카시민들은 탑 세우는 것을 도시의 자랑으로 여겼지만 루카경제의 몰락과 함께 관리가 소홀해지면서 대부분의 탑이 무너졌다. 구이니지탑은 현재 남아있는 탑 중에 가장 상징적이며, 마을 어디에서나 쉽게 찾을 수 있는 루카의 랜드마크이다. 14세기 구이니지가문에 의해 약 44m 높이로 세워졌다. 특이하게도 탑 정상에 나무들이 심어져 있는데, 탑 정상에 오른 이들에게 시원한 그늘을 제공해준다. 루카 시내의 전경이 파노라마처럼 한눈에 펼쳐지는 탑 정상에 오르기 위해 많은 여행객이 방문하고 있다.

주소 Sant'Andrea, 55100 Lucca **문의** (+39)0583-31-6846 **운영시간** 1월, 2월, 11월, 12월 09:30~16:30, 3월, 10월 09:30~17:30, 4월, 5월 9:30~18:30, 6~9월 09:30~19:30 **휴관** 12/25 **입장료** 일반 €4, 학생 €3 **찾아가기** 산미켈레광장(Piazza San Michele)에서 로마(Via Roma)길을 따라 직진하다 왼쪽 길 성아나스타시오(Via Sant'Anastasio)거리를 따라 막다른 길에서 우측으로 꺾으면 보인다. **귀띔 한마디** 시계탑도 함께 방문할 예정이라면 통합권을 구입하자(일반 €6, 학생 €5).

루카에서 가장 높은 시계탑, 오레탑 Torre delle Ore

루카시내의 전경을 제대로 볼 수 있는 곳이 구이니지탑 외에도 루카에서 가장 높은 시계탑인 오레탑이 있다. 오레탑에 오르면 구이니지탑을 포함하여 루카의 아름다운 마을풍경을 감상할 수 있다. 오레탑과 구이니지탑은 통합권이 있어 두 군데 모두 오를 수 있지만, 탑 위에서 바라보는 전경은 유사하므로 시간과 체력을 고려하여 한 곳만 오르는 것이 좋다.

구이지니탑 정상에는 정원이 꾸며져 있어 여유롭게 마을전경을 감상할 수 있어 추천하지만, 구이니지탑이 어우러진 루카의 풍경을 감상하려면 오레탑을 올라야 한다.

주소 Via Filungo **문의** (+39)0583-31-6846 **운영시간** 3, 10월 09:30~17:30, 4~5월 09:30~18:30, 6~9월 09:30~19:30 **휴관** 11~2월 **입장료** 일반 €4, 학생 €3 **찾아가기** 산미켈레성당 뒤편 키아소바르레티길로 직진하다 필룬고길로 좌회전하면 보인다.

금빛 모자이크가 아름다운
산프레디아노성당 Basilica di San Frediano

아일랜드왕자였으나 가톨릭개종 후 루카에서 성직자생활을 했던 산프레디아노 San Frediano가 빈센트성인 St. Vincent을 모시기 위해 지었으며, 사후 그를 기념하는 성당으로 이름이 변경되었다. 12세기 재건되면서 만들어진 성당 정면부의 고전적인 비잔틴양식 황금색 모자이크가 인상적이다. 정가운데 예수와 좌우에 천사 그리고 12사도의 모습으로, 예수를 배신한 가롯유다 Judah가 제외되고 대신 사도 바오로가 그려졌다.

성당 내부는 이 지역에 남아있던 로마시대 유적들로 꾸며졌기 때문에 고전적인 모습을 띄고 있고, 여기에 백색대리석이 어우러져 이 성당만의 독특한 분위기를 자아낸다.

주소 Piazza San Frediano **문의** (+39)0583-49-3527 **운영시간** 월~금 08:30~12:00, 15:00~17:30, 토~일 09:00~11:30, 15:00~17:00 **입장료** 무료 **찾아가기** 산미켈레광장에서 로마길을 따라 걷다 좌측 필룬고길(Via Fillungo)을 따라 도보 10분 거리.

이탈리아 음악의 선구자,
지아코모푸치니 생가박물관 Museo Casa natale di Giacomo Puccini

주세페베르디 Giuseppe Verdi와 함께 이탈리아를 대표하는 가곡 작곡가 중 한 명인 지아코모푸치니가 태어난 곳이다. 작곡공부를 위해 밀라노로 떠날 때까지 살았던 집으로 현재는 박물관으로 탈바꿈하여 일반인들에게 공개되고 있다. 그가 어릴 적 사용했던 물건부터 그의 대표작이 그려진 악보들과 여러 장의 기념사진을 볼 수 있다.

주소 Corte San Lorenzo, 9 **문의** (+39)0583-58-4028 **운영시간** 3~4, 10~11월 10:00~18:00, 5~9월 10:00~19:00, 11/2~2/28 10:00~13:00, 15:00~17:00 **휴관** 11/2~2/28 매주 화요일, 12/25 **입장료** 일반 €7, 학생 €5 **홈페이지** www.puccinimuseum.it **찾아가기** 산미켈레광장에서 포조길(Via di Poggio)을 따라 도보 5분 거리이다.

> **오페라작곡가 자코모푸치니 Giacomo Puccini(1858~1924)**
> 루카에서 태어나 세계적으로 명성을 떨친 오페라작곡가이다. 5대에 걸친 음악가 집안에서 태어났지만 어렸을 때는 별다른 재능을 발휘하지 못했다. 일찍 아버지를 여의고 힘든 생활 속에 베르디의 <아이다>에 감격하여 오페라작곡가가 되기로 결심했다. 1896년 <라보엠>이라는 작품으로 위대한 작곡가의 탄생을 알렸고, 이후 <토스카(1900)>, <나비부인(1904)> 등을 발표하며 주세페베르디에 이어 신께서 이탈리아에 준 또 하나의 선물이라는 평을 받았다. 푸치니의 오페라는 대중적이고 오락적인 요소가 강한 서민적 오페라였다. 그가 남긴 작품의 흔적을 찾아 오페라공연을 관람하는 것도 여행에 묘미를 더해준다.

Section 08
중세마을의 아기자기한 풍경 아레초

아레초의 중심인 그란데광장(Piazza Grande)에 서면 마치 장난감 레고의 중세마을 시리즈로 들어온 기분이다. 아기자기한 것을 좋아하는 여행자들에게 추천하고 싶은 소도시이다.

🧳 아레초여행을 시작하기 전

영화 〈인생은 아름다워(Life Is Beautiful, 1997)〉에서 주인공 귀도 Guido Orefice가 가족들과 행복한 한때를 보내던 곳이 아레초이다. 감독이자 주인공인 이탈리아 국민배우 로베르토베니니 Roberto Benigni의 실제 고향이자 '르네상스'와 '고딕'이라는 어휘를 탄생시킨 조르조바사리의 고향이다. 아레초는 고대 로마제국시대부터 군사요충지로 번영을 누렸으

며, 아우구스투스황제 시절에는 이탈리아에서 3번째 큰 도시로까지 성장하였다. 그러나 중세를 거치며 쇠락하기 시작하여 피렌체 속국으로 전락하지만, 그때부터 발달한 세공기술과 보석산업으로 현재는 이탈리아 내에서도 부유한 도시로 꼽힌다.

오랜 역사만큼 그 유물도 화려했지만 아쉽게도 2차 세계대전 당시 폭격으로 큰 피해를 입으면서 많은 부분이 소실되었다. 아레초를 제대로 여행하는 방법은 이리저리 얽혀있는 골목길을 헤매는 것으로, 성벽 안에 들어선 아기자기한 중세시대 건물과 성벽 밖으로 펼쳐진 토스카나주의 아름다움이 조화를 이루면서 펼쳐진다.

아레초를 둘러보는 데 필요한 것은 오로지 튼튼한 두 다리뿐이다. 마을이 언덕 위에 위치해 있어 유난히 경사진 길이 많다. 마을이 크지 않아 천천히 둘러봐도 4~5시간이면 구석구석 다 돌아볼 수 있다. 마을 곳곳에서 〈인생은 아름다워〉를 촬영한 장소라는 표지판을 만나게 된다. 아레초를 둘러보기 전 시대의 명작 〈인생은 아름다워〉를 본다면 더욱 특별하게 보일 것이다. 아레초는 낮잠시간 시에스타(Siesta)(12:30~15:30)에는 성당이나 관광지가 문을 닫으므로 그 시간대는 되도록 피하는 것이 좋다.

🧳 아레초로 들어가기

피렌체에서 기차로 1시간~1시간 30분(€8,50) 정도를 달리면 아레초(Arezzo)역에 도착할 수 있다. 아레초역에서 시내중심부까지는 도보로 이동가능하며, 산프란체스코성당까지 15분 정도가 소요된다. 마을은 그리 크지 않으므로 산책하듯 여유롭게 둘러보자.

아레초 관광안내소

아레초 관광에 필요한 정보와 지도 등을 구할 수 있다.

문의/주소	(+39)0575-2-3952 / Piazza Risorgimento, 116(아레초역을 나와 오른쪽 대각선에 위치)
운영시간	4~9월 09:00~13:00, 15:00~19:00, 10~3월 월~토요일 10:00~13:00, 15:00~18:00, 일요일 10:00~13:00

「참된 십자가의 전설」 프레스코화를 볼 수 있는
산프란체스코성당 Basilica di San Francesco

1290년 프란체스코수도회에서 세운 성당으로, 수수한 외관은 중세시대 타락한 교회의 부패로부터 벗어나 청빈한 생활을 추구하였던 그들의 사상이 스며들어 있는 듯하다. 성당 내부를 장식하고 있는 화려한 그림들은 이탈리아 초기의 르네상스작품 중에서도 으뜸으로 손꼽힌다. 그 중 모래를 섞은 회반죽 벽면에 프레스코화Fresco Painting로 그린 피에로 델라 프란체스카Piero della Francesca의 연작 「참된 십자가의 전설(Leggenda della Vera Croce)」이 있다.

예수가 못 박힌 십자가에 관한 이야기가 12장면으로 묘사된 작품이다. 아담이 죽은 곳에서 자란 나무가 십자가가 되었는데, 기독교를 최초로 공인한 콘스탄티누스의 어머니 헬레나성녀가 예루살렘에서 십자가를 가져오는 이야기와 예수 사후 십자가를 예루살렘으로 반환하는 과정이 담겨 있다. 초기 르네상스 핵심이라 할 수 있는 원근법이 잘 표현되어 있으며, 인물묘사가 훌륭한 작품으로 당시 미술가들에게 많은 영향을 끼쳤다. 화려하진 않지만 근엄한 분위기의 성당 내부에 들어서는 순간부터 경건한 마음이 든다.

주소 Piazza San Francesco **문의** (+39)0575-35-2727 **홈페이지** www.pierodellafrancesca.it **운영시간** 월~금요일 09:00~19:00, 토요일 09:00~18:00, 일요일 13:00~18:00(겨울철에는 평일 1시간, 주말 30분 일찍 마감된다.) **입장료** 일반 €8, 학생 €5 **찾아가기** 역 앞으로 나 있는 귀도모나코길(Via Guido Monaco)을 따라 걷다가 산프란체스코광장(Piazza San Francesco) 쪽의 우측으로 돌면 보이는 광장 내 위치한다. **귀띔 한마디** 시간대별로 입장 인원수를 제한하고 있어 방문예정이라면 미리 가서 표를 예매해 놓도록 하자.

아레초 대표 명소,
그란데광장 Piazza Grande

아레초를 대표하는 관광지로 '넓다'라는 의미의 그란데Grande라는 이름과 어울리지 않게 소박하고 아기자기한 느낌의 광장이다. 과거 재래시장이 섰던 이곳에 현재는 유럽에서도 가장 큰 벼룩시장이 열리고 있다. 매월 첫째 주 일요일이면 물건을 사고팔려는 수많은 사람이 모이는데 현지인뿐만 아니라 관광객까지 가세하여 북새통을 이룬다. 고가의 골동품부터 일상용품까지 다양한 물건이 거래되므로 활기찬 유럽의 생활상을 간접적으로나마 느껴볼 수 있다. 광장 한편을 둘러싸고 있는 회랑은 이곳 출신의 미술가이자 평론가였던 조르조바사리Giorgio Vasari 의 이름을 따서 바사리회랑이라 부르는데, 르네상스연구에 가장 큰 공헌을 한 인물인 바사리를 기리기 위해 붙여진 이름이다.

주소 Piazza Grande **찾아가기** 프란체스코성당을 등지고 오른편으로 나 있는 코르소 이탈리애(Corso Italia)에서 한 블록 이동하여 왼쪽으로 꺾어 올라가다 다시 우측에서 처음 보이는 골목에 위치한다.

토스카나 르네상스를 대표하는
프라테르니타 데이 라이치궁전 Palazzo della Fraternita dei Laici

1786년부터 민사법원으로 사용되고 있는 이 건물은 13세기에 처음 건설되었으나 14세기와 15세기 두 번에 걸쳐 재건축되면서 지금의 모습을 갖추게 되었다. 전면부의 단조로움 속에 우아함이 나타나는 이 궁전은 고딕양식과 르네상스양식이 절묘하게 조화를 이루는데, 1550년 조르조 바사리가 종탑을 증축하면서 주목을 받기도 했다. 이 종탑의 종들은 1552년에 설치된 시계와 연동되며 460년이 지난 지금도 매 시간에 한 번씩 종을 울리고 있다. 입장료를 내면 실내와 종탑을 구경할 수 있는데, 꼭대기 층에 오르면 그란데광장의 전경을 볼 수 있다.

주소 Piazza Grande **문의** (+39)0575-2-4694 **홈페이지** www.fraternitadeilaici.it **운영시간** 10:30~18:00 **입장료** 성인 €4, 학생 €3 **찾아가기** 그란데광장 내 위치한다. **귀띔 한마디** 종탑에 오르면 그란데광장이 한눈에 들어온다.

도나토성인을 위해 만들어진
아레초두오모 Duomo di Arezzo

서기 363년에 이곳에서 순교한 아레초의 수호성인 도나토Donatus를 위해 지어진 성당으로 당시 성도나토가 묻혀 있던 도시외곽 언덕에 지었다가 교황 이노센트3세Innocentius III에 의해 지금의 자리로 옮겨졌다. 성당을 옮기는 과정에서 성도나토의 시신이 사라지면서 성인이 실제 이곳에 묻히지는 않았지만 그를 위한 성당으로 알려져 있다. 피렌체에서 시작된 르네상스양식의 건축물로

프레스코화 「막달라 마리아
(Maddalena)」 일부

아쉽게도 이 도시를 대표하는 주교좌성당임에도 불구하고 프란체스코성당에 비해 명성이 떨어져 찾아오는 사람은 많지 않다. 조르조바사리가 만든 목재 세례당과 피에로 델라 프란체스카 Piero della Francesca가 만든 프레스코화 「막달라마리아(Maddalena)」 등을 찾아보자.

주소 Piazza Duomo, 1 **문의** (+39)0575-2-3991 **운영시간** 06:30~12:30, 15:00~18:30 **입장료** 무료 **찾아가기** 산프란체스코성당에서 정면으로 난 안드레아체살피노길(Via Andrea Cesalpino)을 따라 도보 10분 거리이다.

아레초 마을이 한눈에 보이는
일프라토공원 Il Prato

마을 전경을 한눈에 볼 수 있는 공원으로 두오모 뒤편에 위치하고 있다. 나무가 많이 심어진 공원은 산책하기에도 좋으며 잠시 쉬어가기에도 안성맞춤인 곳이라 아레초의 여유로움을 만끽할 수 있다. 중세마을을 거닐며 관광을 마쳤다면 아레초 여행의 마지막을 장식하기에 적격인 곳이다. 일요일이면 이곳에서 행사도 자주 열리기도 한다.

주소 Piazza Duomo, 1 **문의** (+39)0575-2-3991 **찾아가기** 아레초두오모 뒤편에 위치한다.

Chapter 03 피렌체근교 여행

Section 09
알록달록한 해안가 절벽마을 친퀘테레

> 뉴욕타임즈에 에이리얼폭스맨이 '각각의 마을이 가파른 계단형 포도밭으로 덮인 해안선에 환상적으로 새겨진 개성 넘치는 종착역이다.'라고 표현한 친퀘테레는 절벽 위 마을들과 파랗게 펼쳐진 리구리아해가 환상적인 절경을 만들어내는 해안마을이다. 친퀘테레의 5개 마을은 기차나 트레킹코스를 걸어서 둘러볼 수 있는데, 마을에서 바라보는 전경도 아름답지만 트레킹코스에서 바라보는 마을 풍경이 특히 아름다우므로 몇 구간만이라도 트레킹을 즐길 것을 추천한다.

🧳 친퀘테레여행을 시작하기 전

이탈리아어로 친퀘Cinque는 숫자 5, 테레Terre는 땅이라는 의미로 친퀘테레는 5개의 마을을 뜻한다. 이 5개의 마을은 모두 해안에 형성되어 1870년 철도가 건설되기 전까지는 바다를 통해야만 접근할 수 있었다. 현재는 제노바Genova와 라스페치아La Spezia를 연결하는 철도가 지나 많은 여행자가 이곳을 방문하고 있다. 해안가 절벽 위에 자리한 알록달록한 마을과 산비탈을 가득 채운 포도나무와 올리브나무 그리고 푸른 리구리아해Ligurian Sea가 조화를 이루며 만들어낸 환상적인 절경은 이탈리아여행에서 잊지 못할 추억을 만들어 줄 것이다. 무더운 여름철 가장 추천하는 피렌체근교도시로 연일 계속되는 박물관, 미술관, 성당 여행에 지쳐간다면 시원한 바다가 있는 친퀘테레를 찾아보자.

친퀘테레로 이동하기

친퀘테레Cinque Terre는 기차역이 따로 없으므로 기차를 타고 라스페치아중앙역La Spezia Centrale으로 이동한 뒤 레지오날레Regionale로 갈아타고 원하는 마을로 들어가야 한다. 마을 간의 이동은 라스페치아와 레반토Levanto 사이를 오가는 기차를 이용하거나 트레킹코스를 걸어 이동할 수 있다. 친퀘테레에서 밀라노로 가는 여행자라면 마지막 마을인 몬테로소역에서 밀라노행 기차가 있으므로 라스페치아로 돌아갈 필요 없이 몬테로소역에서 승차하면 된다.

친퀘테레 관광안내소와 유용한 사이트

관광안내소에서는 친퀘테레카드를 구입할 수 있을 뿐만 아니라 지도와 각 마을 간 기차시간표를 무료로 구할 수 있다. 친퀘레테의 하이킹코스는 자연재해로 인해 구간별로 통제되는 경우가 많으므로 하이킹을 할 예정이라면 관광안내소에서 몇 번 코스를 갈 수 있는지 미리 확인해 봐야 한다. 친퀘테레를 여행하기 전 정보를 얻을 수 있는 유용한 사이트(www.cinqueterre.eu.com)가 있다. 각 마을 간을 기차로 이동할 때 이용하는 라스페치아-레반토 간 운행시간표와 어떠한 트레킹코스가 열려있는지 등을 확인할 수 있다.

문의 (+39)0187-74-3500 운영시간 07:00~20:00 찾아가기 라스페치아역 내 위치한다.

친퀘테레 관광패스

관광패스 종류는 여러 가지가 있지만 그 중에서 추천할 만한 것이 친퀘테레패스이다. 여러 마을을 둘러볼 예정이라면 라스페치아와 레반토 사이를 오가는 기차를 무제한 이용할 수 있고, 산책로와 박물관 입장권이 포함되어 있는 친퀘테레패스를 구매하는 것이 경제적이다. 출발 전 온라인 또는 현지 관광안내소에서 구매할 수 있으며 산책로 입장만 허용되는 트래킹패스도 있다. 친퀘테레 패스를 구매하지 않고 따로 티켓을 구매한다면 구간마다 €4이므로 3개 이상의 마을을 방문할 예정이라면 패스를 구매하는 것이 훨씬 더 저렴하다. 처음 기차를 타기 전에 카드 뒷면에 이름과 국적을 기입하고 노란색 개찰기에 표를 넣고 각인하면 그 다음부터 원하는 시간에 따로 각인할 필요 없이 기차에 오르면 된다.

구분	성수기(3/16~11/3)	비수기(11/4~3/15)
Cinque Terre Card Trekking	1일권 €7.50(4.50), 2일권 €14.50(7.20)	
Cinque Terre Card Treno	1일권 €16(10), 2일권 €29 3일권 €41	1일권 €13(7.30), 2일권 €23

※ 괄호 안의 숫자는 어린이(만 4~12세) 요금 온라인 구매 card.parconazionale5terre.it 문의 (+39)0187-76-2600

🎒 친퀘테레를 제대로 즐길 수 있는 트레킹!

친퀘테레여행의 백미는 5개 마을을 연결하는 트레킹으로 5~6시간 정도가 소요된다. 총거리 13km로 곳곳에서 펼쳐지는 친퀘테레의 아름다운 마을풍경을 감상할 수 있다. 트레킹코스가 자연재해로 통제되는 경우가 있으므로 트레킹을 계획한다면 친퀘테레 관광안내소에 들러 트레킹 가능 코스부터 확인하는 것이 좋다. 가장 인기 있는 코스는 첫 번째 마을 리오마조레Riomaggiore에서 마나롤라Manarola로 가는 '연인의 길' 코스로 20분 정도 소요되는 완만한 코스이다. 코스별 마을을 지날수록 난이도가 높아지며, 특히 4번째 마을인 베르나차Vernazza에서 몬테로소Monterosso로 가는 코스는 뛰어난 풍광만큼 가파르고 힘든 코스로 유명하다. 트레킹을 시작하기 전 각 마을 간 이동시간과 자신의 체력 등을

따져 기차이동과 트레킹을 적절히 조합할 것을 권장한다. 또한 트레킹코스 중간중간에 매점과 화장실이 따로 없으므로 여름철이라면 미리 마실 물을 충분히 준비하도록 하자.

📷 친퀘테레의 시작, 리오마조레 Riomaggiore

친퀘테레의 첫 번째 마을로 리오마조레에서 옆 마을인 마나롤라를 잇는 비아델라모레Via Dell'Amore라는 연인의 길이 유명하다. 리오마조레에 도착한 후 역을 등지고 왼쪽에는 연인의 길이 오른쪽으로는 마을로 들어가는 터널이 이어진다. 터널을 지나면 마을의 메인거리인 콜롬보거리Via Colombo가 나오고, 이곳에서 남쪽으로 내려가 항구를 구경하거나 북쪽으로 올라가 마을을 구경할 수 있다. 이 길을 중심으로 레스토랑, 카페, 상섬이 늘어서 있으므로 느긋이 언덕을 오르며 상점들도 구경하자.

언덕을 오르다보면 산조반니교회Chiesa di San Giovanni Barrista를 마주하게 되며 이 교회에서 조금 더 올라가면 1260년에 만들어진 성채가 나온다. 바다에서 보는 마을의 모습도 예쁘지만 언덕 위에서 바라보는 마을의 모습은 황홀할 정도로 아름다우므로 언덕을 올라갈 체력이 남아있다면 놓치지 말자.

석양이 아름다운
마나롤라 Manarola

친퀘테레를 소개하는 대표사진으로 가장 많이 볼 수 있는 마나롤라는 다섯 개 마을 중 인기가 높다. 절벽과 바위틈에 아슬아슬 지어진 파스텔톤의 가옥들은 가장 친퀘테레스러운 풍경을 만들어낸다. 마을의 진풍경은 바닷가 쪽으로 내려가면 볼 수 있는 절벽 위 마을의 풍광이다. 또한 해 질 무렵 마나롤라의 아름다운 절벽 위 마을풍경은 더더욱 여행자들의 마음을 흔들어 놓는다.

5개의 마을 중 유일하게 내륙 안쪽에 위치한
코르닐리아 Corniglia

친퀘테레 마을 중 유일하게 해안에 접해 있지 않고, 절벽 위에 위치한 마을로 다섯 개 마을 중 규모도 가장 작다. 기차역에서 마을까지는 라드다리나 Lardarina라고 부르는 350여 개의 계단을 올라가거나 셔틀버스를 타고 빙빙 돌아 마을로 들어갈 수 있다. 친퀘테레 패스를 구입하면 셔틀버스를 무료로 이용할 수 있지만 버스 편수가 많지 않아 시간을 맞추기는 쉽지 않다.

아름다운 항구가 있는 마을,
베르나차 Vernazza

5개의 마을 중 유일하게 항구를 품은 마을로 이 항구는 로마시대부터 현재까지도 사용되고 있다. 베르나차는 질 좋은 올리브유 생산지로 유명하며, 마을을 둘러싼 계단식 올리브나무들이 숲을 이루며 마을과 어우러진 풍경은 한 폭의 그림처럼 시선을 사로잡는다. 트레킹코스에서 바라보는 마을의 전경 또한 색다른 풍경을 선사한다.

해수욕을 즐길 수도 있는
몬테로소 Monterosso

5개의 마을 중 마지막 마을이자 가장 규모가 큰 마을로 모래사장이 펼쳐져 있어 여름철 해수욕을 즐기기에도 그만이다. 또한 대부분의 숙소가 이곳에 위치해 있어 친퀘테레에서 1박 이상 머무를 여행자라면 이곳에 숙소를 잡아도 좋다. 무더운 여름철이면 지역 특산품인 슬러시의 일종인 레몬맛 그라니타 Granita di limone도 꼭 맛보도록 하자.

항아리 해산물찜으로 유명한
벨베데레레스토랑 Ristorante Belvedere

친퀘테레를 넘어 이탈리아의 레스토랑 중에서도 손꼽힐 정도로 강력추천하는 맛집이다. 해산물을 좋아하는 사람이라면 특선 메뉴인 아포로 벨베데레 Anfora Belvedere는 꼭 먹어보도록 하자. 랍스타, 문어, 오징어, 홍합, 생선 등 갖가지 해산물이 항아리에 담겨져 나오는데 양도 매우 푸짐하다. 물론 가격대가 있는 편이지만 절대 돈이 아깝지 않은 아주 만족스러운 한 끼 식사를 맛볼 수 있을 것이다.

주소 Piazza Garibaldi 38, 19016 Monterosso al Mare **문의** (+39)0187-81-7033 **홈페이지** www.ristorante-belvedere.it **운영시간** 점심 12:00~14:30, 저녁 18:30~22:00 **휴무** 매주 화요일 **가격** 파스타 €8~10, 특선(2인) €48 **찾아가기** 몬테로소 기차역에서 하차하여 해변가로 내려가 기차역을 등지면 왼편에 터널을 지나 우측으로 보이는 해변 앞 광장 내 위치한다. **주변 관광지** 몬테로소마을

Section 10

한없이 펼쳐진 평원이 주는 여유 아시시

피렌체와 로마에서 가장 인기 있는 근교 도시로 손꼽히는 아시시. 한없이 펼쳐진 평원을 보고 있으면 마음까지 탁 트이는 느낌이 든다. 프란체스코수도회의 창시자인 프란체스코성인이 태어난 이 도시에서 마음의 평화를 되찾아보자.

🧳 아시시여행을 시작하기 전

중세시대 움부리아Umbria주 중심 페루자Perugia에 속했던 아시시는 당파싸움으로 인해 수많은 전쟁의 아픔을 겪은 도시이다. 혼란한 역사가 이어지던 1182년 프란체스코수도회를 창시한 프란체스코성인이 아시시에서 태어났다. 당시 혼란했던 가톨릭을 비판하며 청빈한 삶 속에서 사랑으로 사람을 이끌었던 성프란체스코를 수많은 사람이 따르면서 프란체스코수도회가 탄생할 수 있었다. 지금도 로마에 이어

많은 성지순례자가 이곳을 찾고 있음에도 여느 관광지와 달리 항상 평화로움이 깃들어 있다.

종교부분은 차치하더라도 도시가 지닌 고혹적인 중세풍의 마을풍경은 많은 여행자를 이곳으로 불러들인다. 1997년 발생한 두 번의 큰 지진으로 인하여 도시가 많이 훼손되었지만 꾸준한 복원작업을 거쳐 과거의 모습을 어느 정도는 회복하였다. 평화라는 단어가 정말 잘 어울리는 이곳에서 이탈리아여행의 또 다른 매력을 느껴보자. 한없이

펼쳐진 평원을 보고 있으면 마음까지 시원하게 뚫리는 느낌이다. 아시시의 석양이나 야경을 제대로 보고 싶다면 아시시에서 하룻밤 머무는 것도 좋은 생각이다. 성채 안에 머문다면 아침이나 저녁에 산책하기 좋고, 성채 밖에서 머문다면 아름다운 마을야경을 감상할 수 있다.

🧳 아시시로 들어가기

아시시^{Assisi}는 지리적으로 로마와 피렌체 사이에 위치하므로 로마와 피렌체 두 곳에서 모두 이동이 가능하다. 로마에서 출발하면 이동시간은 짧지만 피렌체에서 출발하는 열차 편수가 더

많다. 일요일에는 평일보다 기차 편수가 적으며, 아시시에서 숙박하지 않을 경우 막차가 일찍 끊기므로 미리 막차시간을 체크해두는 것이 좋다.

기차역 내 위치한 카페에서 버스티켓을 왕복으로 구매(편도 €1.30, 버스에서 구입 시 €2)한 뒤 역을 나와 바로 앞에 있는 C번 버스나 'S.Francesco'라고 적힌 노란색버스를 타고 10여 분을 가면 구시가지 입구인 우니타디탈리아광장^{Piazza Unita d'Italia}에 도착하게 된다. 아시시역에서는 무료로 화장실을 이용할 수 있으며, 짐은 역 내 위치한 카페에 개당 €3에 맡길 수 있다. 운영시간은 06:30~12:30, 13:00~19:30이므로 참고하도록 하자.

📷 아시시의 상징,
산프란체스코성당 Basilica di San Francesco

숨을 거둔 프란체스코성인을 위하여 1228년에 성당건설이 시작되었다. 아시시 서쪽 언덕 끝자락에 위치한 이곳은 당시 '지옥의 언덕'이라는 죄수들의 처형장이었는데, 이 땅을 프란체스코수도회에서 봉헌받아 성당을 세운 것이다. 과거 지옥의 언덕은 현재 세상에서 가장 성스러운 장소라 하여 '천국의 언덕'이라 부르고 있다.

성당은 2층 구조로 1층은 어둡고 엄숙한 분위기에 프란체스코성인의 무덤과 세례당을 비롯한 성당 주요 요소가 자리하며, 조토의 스승 치마부에Cimabue가 그린 프레스코화로 장식되어 있다. 2층은 조토가 프란체스코의 생애를 그린 프레스코화 28점의 연작이 아름답고 화려하게 장식된 예배당이다. 예수와 그의 제자를 제외한 인물 중 가장 화려하고 크게 그려진 프레스코화로 초기 르네상스미술의 최고 걸작이라 평가받고 있으며, 수많은 사람이 조토의 이 그림을 보기 위해 이곳을 찾는다. 이 외에도 프란체스코성인의 무덤도 놓치지 말자.

주소 Piazza di San Francesco, 2 **문의** (+39)075-819-0084 **홈페이지** www.sanfrancescoassisi.org **운영시간** 월~토요일 08:30~18:50(겨울철 08:30~18:00) **휴관** 특별행사 진행 시 **입장료** 무료 **찾아가기** 버스정류장에서 오르막길로 오르다 삼거리에서 왼쪽 프라테엘리아길(Via Frate Elia)을 따라 도보 3분 거리이다. **귀띔 한마디** 입장 시 민소매 옷이나 무릎 위로 올라오는 치마는 규제받을 수 있으며, 슬리퍼를 신으면 입장이 불가하다. 또한 실내에서는 동영상 및 일체 사진촬영이 금지된다.

인류구원을 위해 하늘에서 내려온 3번째 구원자 프란체스코성인

로마 가톨릭의 수도사인 아시시의 프란체스코성인(San Francesco d'Assisi 1182~1226)은 13세기 초 프란체스코수도회를 설립하여 세속화된 로마 가톨릭의 개혁을 이끌었다. 1182년 아시시 거상의 아들로 태어난 그는 산루피노성당에서 세례를 받고 조반니라는 이름을 얻었으나 그의 아버지는 이 이름이 마음에 들지 않아 프랑스인이라는 의미로 프란체스코라고 불렀다. 프란체스코는 20살 때 페루자와의 전쟁에 참전했다가 약 1년간의 포로생활을 하는데, 이때 몸이 극도로 쇠약해져 오랜 기간을 병석에서 보냈다. 가까스로 건강을 되찾은 후에는 방탕한 생활을 이어가다 뒤늦게 아시시 마을 한편에 무너져 가던 성다미아노성당에서 깨달음을 얻고 청빈한 삶을 살고자 한다. 프란체스코의 삶에 감동을 받은 사람이 몰려들면서 수도회가 만들어지자, 교황청에 인가를 요청하였지만 교황 이노센트3세는 당시 부유한 가톨릭과는 다른 길을 걷는 프란체스코수도회의 인가를 거절했다. 그날 밤 교황은 꿈속에 교황청이었던 라테라노성당이 무너지는데 프란체스코성인이 떠받치는 모습을 보게 된다. 이후 가톨릭을 구원하고자 하느님이 세상에 보낸 구원자라는 생각을 하게 된 교황은 프란체스코수도회에 정식 인가를 내준다. 프란체스코는 1226년 산타마리아 델리 안젤리성당에서 '어느 누구도 죽음의 포옹에서 달아날 수 없습니다.'라는 말을 끝으로 생을 마감하였다. 그로부터 2년 뒤 교황 그레고리우스9세에 의해 성인으로 시성된다. 그가 태어나고 생을 마감한 아시시는 그의 영혼과 뜻이 지금까지도 남아 수많은 가톨릭인에게 큰 사랑을 전해주고 있다.

아시시 여행의 기점,

코무네광장 Piazza del Comune

코무네광장은 아시시 중심으로 모든 관광지가 이곳으로 연결된다. 고대 로마제국시대에는 포로 로마노가 형성되어 있었으며, 지금도 광장 정중앙에 자리 잡은 미네르바 신전Tempio di Minerva은 2천 년 전에 만들어진 것

이다. 중세시대를 거치면서 외관은 과거의 것을 유지하였지만 내부가 성당으로 개조되어, 내부로 들어서면 16세기 매너리즘시대에 만들어진 화려한 장식으로 치장되어 있다. 현재는 아시시 시립미술관^{Museo Civico}으로 사용되고 있다.

주소 Piazza del Comune **찾아가기** 프란체스코성당 2층 정문을 등지고 정면에 보이는 산프란체스코길(Via San Francesco)을 따라가면 보인다.

프란체스코성인의 흔적을 찾아서,
프란체스코생가 Casa del San Francesco

프란체스코성인이 태어나 어린 시절을 보낸 곳으로 현재는 성당이 자리하고 있다. 하지만 안쪽으로 들어서면 프란체스코성인이 태어났던 곳은 아직까지도 당시의 모습 그대로 보존하고 있다. 이곳 성지는 수많은 참배객이 끊이지 않는 곳이라 곳곳에서 기도하는 순례객들의 모습을 어렵지 않게 볼 수 있다. 어릴 적 수도생활을 하던 프란체스코를 못마땅하게 여겼던 아버지가 그를 사슬에 묶어 가두었다는 기록이 있는데, 이를 상징하듯 성당 앞에는 사슬에 묶인 프란체스코성인의 청동상이 세워져 있다.

주소 Piazza Chiesa Nuova, 1 **문의** (+39)075-81-2339 **운영시간** 06:30~12:00, 14:30~18:00, 4~10월 06:30~12:00, 14:30~17:00 **입장료** 무료 **찾아가기** 코무네광장에서 주세페 마치니길을 따라 걷다가 바로 오른편에 보이는 골목에 위치한다.

아시시의 주교좌성당,
산루피노성당 Cattedrale di San Rufino

아시시의 첫 번째 주교이자 수호성인인 루피노를 위해 만들어진 성당으로 프란체스코성당에 가려 많이 알려지진 않았지만 아시시의 주교좌성당이다. 프란체스코성인과 그의 첫 번째 여제자 클라라성녀^{Assisiensis Clara}를 비롯한 대부분의 아시시 사람이 여기서 세례를 받았으며 지금도 성당 내부에는 당시 사용됐던 세례단이 남아 있다. 성당의 전체적인 모습은 13세기 움브리아주에서 유행했던 로마네스크양식으로 만들어졌는데 견고함을 기본으로 하여 단정한 모습이 인상적이다.

성당 내부는 16세기 새롭게 장식하였지만, 당시 프란체스코성당에 대부분의 자본이 투자되면서 그 시대 만들어진 다른 성당에 비해 상대적으로 소박한 모습을 하고 있다. 프란체스코성인이 자신의 삶을 반대하던 아버지 앞에서 옷가지를 모두 벗으며 상속권마저 포기한 사건이 일어났던 장소이기도 하다.

주소 Piazza San Rufino, 3 **문의** (+39)075-81-2283 **운영시간** 07:00~12:00, 14:30~19:00(겨울~18:00) **입장료** 무료 **찾아가기** 코무네광장에서 위쪽 언덕길인 산루피노길(Via San Ruffino)을 따라 3분 정도 걸으면 성당이 있는 광장에 도착한다.

움브리아의 평원을 한눈에 담을 수 있는
로카마조레 Rocca Maggiore

움브리아주의 드넓은 평원이 펼쳐지는 이곳에 서면 이탈리아중부의 풍요로움이 느껴진다. 중세시대 통일왕조가 아니었던 이탈리아는 도시마다 스스로를 보호하기 위해 활발하게 성채를 건설하였다. 이렇게 세워진 성채는 처음에는 로마제국을 멸망시킨 이민족들로부터, 그 뒤로는 다른 도시국가의 침략으로부터 도시를 방어하는 역할을 하게 된다. 이러한 이유로 중세에 만들어진 대부분의 성채는 도시의 가장 높은 곳에 건설되었다.

지금은 도시를 둘러싸고 있는 대부분의 성벽이 허물어진 상태지만 그 중심이었던 요새는 원형에 가깝게 보존되어 있다. 이곳에서 보는 움브리아주의 드넓은 평야를 붉게 물들이는 노을은 형용할 수 없는 감동을 준다.

주소 Via della Rocca **문의** (+39)075-81-5292 **운영시간** 10:00~해 질 녘까지 **입장료** 성 안으로 들어갈 경우 €3 **찾아가기** 산루피노성당을 등지고 오른편에 보이는 오르막길을 따라 올라가다가 이정표를 따라 도보 10분 정도 올라가면 도착한다. **귀띔한마디** 입장료가 부담스럽다면 굳이 성채 안으로 들어가지 않고 밖에서 바라봐도 좋다.

클라라성녀에게 바쳐진
산타키아라성당 Basilica di Santa Chiara

아시시에서 가장 전망 좋은 곳에 위치한 아름다운 성당으로 프란체스코성인과 함께 추앙받는 클라라(키아라)성녀를 위해 지어졌다. 귀족의 딸이었던 클라라는 어린 시절 프란체스코성인의 청빈한 삶과 설교에 깊은 감동을 받고 프란체스코성인의 첫 제자가 된다. 프란체스코수도회가 남성을 위한 수도회였다면 클라라성녀는 여성을 대상으로 프란체스코의 뜻을 전하였고,

자연스레 그녀를 따르는 수많은 여성이 모여 클라라수녀회를 만들게 되었다. 지금도 클라라수녀회는 가장 엄격한 규율을 이어가는 가톨릭수도회 중 한 곳이다.
프란체스코를 따라 하느님의 자녀로 평생을 살기로 한 클라라성녀는 순수한 처녀로서 생을 마감하였고, 그녀를 기리기 위해 만든 성당이 지금의 키아라성당이다. 성당 안쪽에 보이는 커다란 십자가는 클라라성녀가 수도생활을 하던 다미아노성당의 십자가를 옮겨온 것으로 다미아노성당에서 기도하던 클라라성녀가 십자가에서 주님의 말씀을 듣고 진정한 성인의 반열에 오를 수 있었다고 한다. 지하에는 클라라성녀의 시신과 함께 그녀가 수도생활을 할 때 입었던 수도복과 일상용품이 같이 보존되어 있다.

주소 Piazza Santa Chiara **문의** (+39)075-81-2282 **홈페이지** www.assisisantachiara.it **운영시간** 06:30~12:00, 14:00~19:00 (겨울철 ~18:00) **입장료** 무료 **찾아가기** 코무네광장에서 주세페 마치니길(Corso Giuseppe Mazzini)을 따라 도보 5분 거리이다.

성지순례 필수코스,
산다미아노수도원 Convento di San Damiano

아시시 중심부와는 다소 떨어진 곳에 자리한 다미아노성당은 프란체스코성인과 클라라성녀가 주님의 목소리를 들었다하여 유명해졌으며, 최초의 클라라수녀회로 사용되었다. 아시시를 찾아오는 수많은 성지순례자에게 필수코스인 이 성당은 번잡한 마을을 벗어나 고요함 속에 자리 잡은 아주 작은 성소이다. 생각보다 가파른 길을 내려가야 볼 수 있으므로 이곳을 찾는 여행자는 시간적 여유를 갖고 가는 것이 좋다.

주소 Via San Domiano **문의** (+39)075-81-2273 **운영시간** 10:00~12:00, 14:00~18:00(겨울철 ~16:30) **입장료** 무료 **찾아가기** 산타키아라성당 정면을 바라보고 왼쪽에 끼고 있는 도로를 따라 10분 정도 걸으면 시내 밖으로 나가게 된다. 그 후에 바로 보이는 내리막길을 따라 15~20분 정도 걸으면 수도원 입구에 도착한다.

프란체스코성인의 삶이 닮긴
산타마리아 델리 안젤리성당 Basilica di Santa Maria degli Angeli

도메니코수도회에서 세운 성당이었으나 프란체스코성인과 그를 따르던 이들이 당시 도메니코수도원장을 찾아가 매년 빵 5개와 포도주 1병을 지불하는 대가로 성당을 얻었다. 이곳에서 시작한 프란체스코수도회는 성인이 살아 있는 동안 유럽에서 가장 큰 수도회 중 하나로 자리 잡았다. 프란체스코성인은 이곳에서 생을 마감하였으며 성인의 삶이 담겨져 있는 작은 예배당을 보호하기 위하여 1569년 당시 교황 비오5세의 명으로 지금의 성당이 건설되었다.

이 성당에서 놓치지 말아야 할 것은 가시 없는 장미와 비둘기 한 쌍이다. 프란체스코성인이 가장 자제하기 힘들었던 것이 성욕이었다고 한다. 어느 날 성욕을 참기 위해 가시장미밭에 뛰어들었는데도 이상하게 상처를 입지 않아 들여다봤더니 장미에 가시가 사라졌다고 한다. 그때 가시가 없던 장미는 지금도 남아있다. 또한 오랜 세월 비둘기 두 마리가 같은 자리를 지키고 있었는데 한 마리가 죽으면 어디선가 한 마리가 나타나 그 자리를 채운다고 한다. 동물들과도 대화를 했던 성인의 명을 받아 이 성당을 지키는 수호자처럼 항상 같은 자리에 있는 그 비둘기들은 믿기 힘든 작은 기적처럼 느껴진다.

주소 Piazza Garibaldi, 21 **문의** (+39)075-805-2511 **운영시간** 06:15~12:50, 14:30~19:30 **입장료** 무료 **찾아가기** 기차역을 등지고 왼편으로 걸어가다 사거리에서 좌회전하여 도보 10분 거리이다. **귀띔 한마디** 기차역 주변에 위치해있으므로 일정의 처음이나 마지막에 다녀오는 것이 효율적이다.

쫄깃한 면발이 살아있는
트라토리아 델리 움브리 Trattoria degli Umbri

아담하면서 아기자기한 인테리어가 마치 이탈리아 가정집에서 식사를 하는 듯한 느낌을 준다. 파스타가 특히 맛있으며 탱탱한 파스타 면발은 거의 예술에 가깝다. 대부분의 메뉴가 강렬하지는 않지만 음식 하나하나가 정갈하다. 무엇을 먹어야 할지 모르겠다면 크림파스타인 스트란고치 알라 노르치나(Strangozzi alla Norcina)를 추천한다.

주소 Piazza del Comune, 40 **문의** (+39)075-81-2455 **운영시간** 점심 12:00~14:30, 저녁 19:00~21:30 **휴무** 매주 목요일 **가격** 파스타 €8~ **찾아가기** 코무네광장 내 위치한다. **주변 관광지** 코무네광장

수녀원에서의 하룻밤, 델질리오수녀원 Suore Francescane Missionarie di Assisi, Del Giglio

한국인 여행자들에게 인기 있는 수녀원으로 아시시를 방문하는 대부분의 여행자가 수녀원에서의 하룻밤을 꿈꾼다. 한국인수녀가 봉사하고 있으며, 지역 정보를 원한다면 한국인 수녀가 운영하는 블로그를 방문해보자. 아무래도 수녀원이다 보니 몇 가지 규칙이 있는데, 체크인은 저녁 6시까지이며 밤 10시 30분 이후에는 외출이 불가능하다.

일반실(1인실, 2인실, 3인실)은 정상적으로 이용이 가능하나 도미토리는 2018년 8월 이후부터 예약이 불가능하다. 아침식사는 €3, 저녁식사는 €15이다. 참고로 수녀원 특성상 숙박에 대한 변동이 있을 수 있으므로 미리 홈페이지에서 꼭 확인하자.

주소 Via San Francesco, 13 **문의** casamaria.assisi@yahoo.it 혹은 sfmahospitality@gmail.com 일반실예약 (+39)075-81-2267/casamaria. assisi@yahoo.it(영어 또는 이탈리아어) **홈페이지** blog.naver.com/dormitorio **체크인/아웃시간** 08:00~10:00 **객실요금** 싱글룸(조식포함) €35, 트윈룸(조식포함) €60, 트리플룸(조식포함) €80, 점심 및 저녁식사 €15 **찾아가기** 산프란체스코성당 근처이다.

꽃으로 예술을 만드는 도시, 스펠로(Spello)

아시시에 1박 이상 머무는 여행자라면 기차로 10분 정도 떨어진 소도시 스펠로에 다녀오는 것도 고려해보자. 꽃의 도시로 알려진 스펠로는 꽃이 피는 계절이 되면 길거리 곳곳이 형형색색의 꽃으로 가득 채워져 그 아름다움이 절정에 이른다. 매년 온 거리가 꽃 카펫으로 뒤덮이는 인피오라타(Infiorata)라는

성대한 꽃축제가 5~6월경 성체축일에 맞춰 개최된다. 소박하고 아기자기한 중세마을에 산책하기에 더 없이 좋으며 마을 자체가 크지 않아 반나절이면 충분히 둘러볼 수 있다. 이 축제를 놓치고 싶지 않다면 홈페이지(infioratespello.it)에서 인피오라타축제 일정을 확인한 후 방문하자.

Section 11
고유의 문화와 전통을 자랑하는 시에나

황토빛 건물이 가득한 도시 시에나는 피렌체와 함께 이탈리아중부의 역사를 만들어 온 도시이다. 16세기 이후 성벽 안쪽에는 새로운 건축물이 들어서지 않아 중세도시의 모습을 그대로 간직하고 있다. 음식, 예술, 박물관 이 삼박자가 완벽한 조화를 이루고 있는 곳으로 이탈리아중부의 편안함, 환상적인 전통요리 그리고 역사의 흔적을 모두 만끽할 수 있다.

시에나여행을 시작하기 전

'오래된'이라는 의미의 이름처럼 시에나는 이탈리아에서 오랜 역사를 잘 간직한 도시 중 한 곳이다. 기원전 900년경 이탈리아중부에 거주하던 에트루리아인들에 의해 세워진 이 도시는 이탈리아중부의 다른 도시처럼 고원지대에 형성되어 있다. 로마제국시대에는 로마인들이 만든 주요 가도들로부터 멀리 떨어져 있어 독자적인 세력을 유지할 수 있었다. 중세에도 일찍부터 도시국가 형태를 취하며 공화정체제를 유지하던 시에나는 이탈리아전

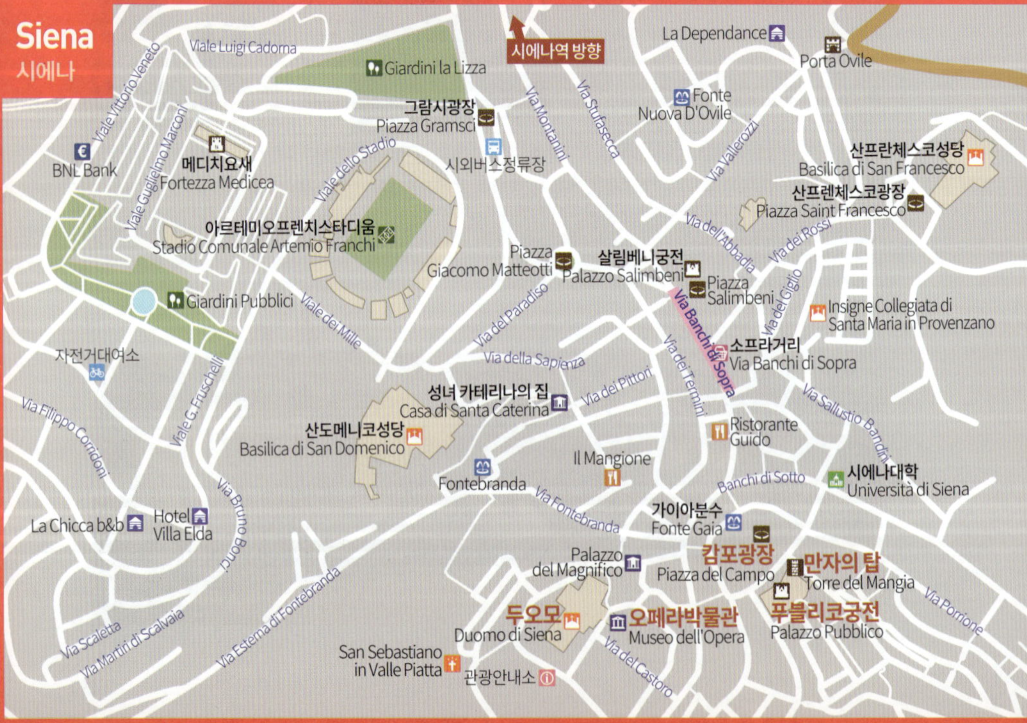

쟁이 벌어지기 전 1555년까지 명맥을 유지해 오다 결국 스페인에 점령되면서 독립성을 잃게 되었다. 하지만 이탈리아의 그 어떤 도시보다도 자존감이 강한 시에나는 지금도 그들만의 고유한 문화와 전통을 이어가고 있으며 도시 곳곳에는 그들의 역사와 자부심이 묻어있다.

🛄 시에나로 들어가기

피렌체에서는 기차와 버스 모두 이용할 수 있지만 시에나 구시가지의 그람시광장까지 운행되는 시외버스를 이용하는 편이 낫다. 시외버스는 시타버스정류장에서 탈 수 있으며 약 1시간 15분 정도 소요된다. 그람시광장에서 주요 관광지가 몰려있는 캄포광장까지는 도보로 10분 정도가 소요된다. 피렌체 산타마리아 노벨라역에서 시에나까지 직행열차가 1시간마다 운행되며, 기차역 맞은편 쇼핑센터 지하버스정류장에서 시내까지는 3번과 10번 버스가 운행된다. 버스표는 역 내에 위치한 매점에서 구입가능하며, 토치거리(Via Tozzi) 또는 그람시광장에서 하차하면 된다. 역에서 시내까지 도보로는 20분 정도 소요된다.

📷 세계인이 꼽은 아름다운 광장, 캄포광장 Piazza del Campo

다른 유명광장들과는 달리 부채꼴 모양으로 만들어진 이 광장은 시에나의 중심광장이며 전 유럽에서 가장 아름답고 위대한 광장 중 하나로 꼽힌다. 13세기 이전까지는 재래시장이 있었고, 1349년 새롭게 광장으로 조성되었다. 시에나의 정치체제의 중심이었던 9인위원회를 상징하기 위해 광장 전체를 9개로 구분지어 놓았으며 이는 성모마리아의 망토 주름을 상징하기도 한다.

중세부터 현재까지 시에나의 역사가 모두 스며든 이곳은 현재도 시에나 주민들의 주요행사나 이벤트가 행해지는 곳으로 매년 여름 말을 타고 광장을 달리는 팔리오축제(Palio Festa)가 유명하다. 광장 정중앙 위쪽에 위치한 분수는 1419년에 만들어진 것으로 대지의 여신 가이아의 분수(Fonte Gaia)이다. 이 분수가 만들어질 당시부터 현재까지 시민에게 식수를 공급하고 있는데 현재 광장에 놓여있는 것은 모조품이고, 진품은 시립박물관에 전시되어 있다.

가이아의 분수(상), 만자의 탑에서 본 캄포광장(하)

주소 Piazz del Campo **찾아가기** 시외버스정류장이 있는 그람시광장에서 몬타니니길(Via Montanini)을 지나 반치디소프라길(Via Banchi di Sopra)을 따라 직진하면 도보 10분 거리이다.

캄포광장에서 열리는 팔리오축제(Palio Festa)

안장 없이 말을 타고 달리는 시합인 팔리오축제는 군사훈련에서 유래되어 1283년부터 시작된 토스카나 지방을 대표하는 지역축제이다. 매년 7월 2일과 8월 16일에 캄포광장에서 열리며, 경기시작 전 펼쳐지는 화려한 퍼레이드가 볼만하다.

시에나의 상징,
푸블리코궁전과 만자의 탑 Palazzo Pubblico & Torre del Mangia

두치오의 「마에스타(Maesta)」

시에나의 황금기였던 1297년에 건설을 시작한 이 건축물은 당시 시에나의 주요행정기관인 9인위원회를 위한 정부 청사로 만들어졌다. 캄포광장 중심에 우뚝 서 있는 이곳은 현재 일부를 시청사로 사용하고 있으며 다른 부분은 시립박물관으로 사용하고 있다.

시립박물관에는 르네상스의 걸작들이 즐비하며, 1315년에 제단화로 그린 두치오 Duccio 프레스코화 「마에스타(Maesta)」와 암브로지오로렌체티 Ambrogio Lorenzetti 가 그린 세계지도는 놓치지 말아야 할 작품이다. 궁전 한쪽에 우뚝 솟은 높이 102m의 만자의 탑은 이탈리아에서 두 번째로 높은 종탑으로 이곳에서 바라보는 시에나의 황토빛 도시풍경은 왜 시에나가 '색으로 기억되는 도시'라고 하는지 새삼 깨닫게 한다.

주소 Piazza del Campo 1 **문의** (+39)0577-29-2263 **운영시간** 시립박물관 10:00~19:00(11월~3월 중순 10:00~18:00, 1/1 12:00~18:00) 종탑 10:00~19:00(10월 중순~4월 10:00~16:00, 1/1 12:00~16:00) **입장료** 시립박물관 €13, 만자의 탑 €10, 시립박물관 + 만자의 탑 통합권 €20 **찾아가기** 캄포광장 내 위치한다.

미완의 아름다움,
시에나두오모 Duomo di Siena

도나텔로의 「세례자 요한의 청동상」

시에나의 찬란했던 역사를 잘 대변해주는 건축물로 건설 당시에는 시에나두오모와 견줄 만한 성당은 없다라는 말을 들을 만큼 이탈리아에서 가장 아름답고 위대한 성당이었다. 1263년에 당대 최고의 건축가와 예술가들이 총동원되어 만들었으나 아쉽게도 14세기 중반 시에나를 덮친 흑사병 때문에 더 이상 공사가 진척되지 못하고 미완성으로 남게 되었다.

성당 내부에는 니콜라피사노 Nicola Pisano 의 설교단과 도나텔로 Donatello 의 「세례자 요한의 청동상(Statue of St. John the Baptist)」, 로렌초베르니니 Giovanni Lorenzo Bernini 의 「성히에로니무스와 막달라마리아」 등 그 시대를 대표했던 예술가들의 작품들을 살펴볼 수 있다.

주소 Piazza del Duomo **문의** (+39)0577-4-7321 **홈페이지** www.operaduomo.siena.it **운영시간** 두오모 3~5월, 9~10월 10:30~19:30(일, 공휴일 13:30~17:30), 6~8월 10:30~20:00(일, 공휴일 13:30~18:00), 11~2월 10:30~18:30(일, 공휴일 13:30~17:30) 세례당 3/16~9월 09:00~19:30, 10월 09:00~18:00, 11월~3/15 10:30~13:00, 14:00~17:00 **박물관** 3/16~9월 09:00~19:30, 10월 09:00~18:00, 11월~3/15 10:30~13:00, 14:00~17:00 **입장료** 두오모 €6, 세례당 €3, 박물관 €6, 통합권(두오모, 세례당, 박물관) €10 **찾아가기** 캄포광장에서 도보 5분 거리이다. **귀띔 한마디** 바로 옆에 두오모 오페라박물관도 있다.

Section **12**
아름다운 탑의 도시, 산지미냐노

산지미냐노에는 치스테르나광장과 두오모광장 2개의 중앙광장이 있으며, 두오모와 포폴로궁전을 비롯한 대부분의 관광지가 이 주변에 모여 있다. 또한 길 양쪽에 줄지어 늘어선 상점에서는 산지미냐노를 비롯한 토스카나 지역의 생활용품이나 특산품을 판매하므로 구경하는 재미 또한 쏠쏠하다. 피렌체에서 느긋하게 당일치기 여행이나 시에나와 산지미냐노를 묶어 하루를 보내도 좋다.

산지미냐노여행을 시작하기 전

이탈리아 중서부에 위치한 산지미냐노는 많은 관광객이 찾는 이탈리아 유명관광지 중의 한 곳이다. 11~13세기 도시가 번창했을 당시 귀족들이 그들의 부와 권력을 상징하는 탑을 경쟁적으로 세우면서 탑의 수가 72개에 달했으나 현재는 14개만 보존되고 있다. 당시 탑은 관측용도 외에도 세력을 과시하는 수단으로 인

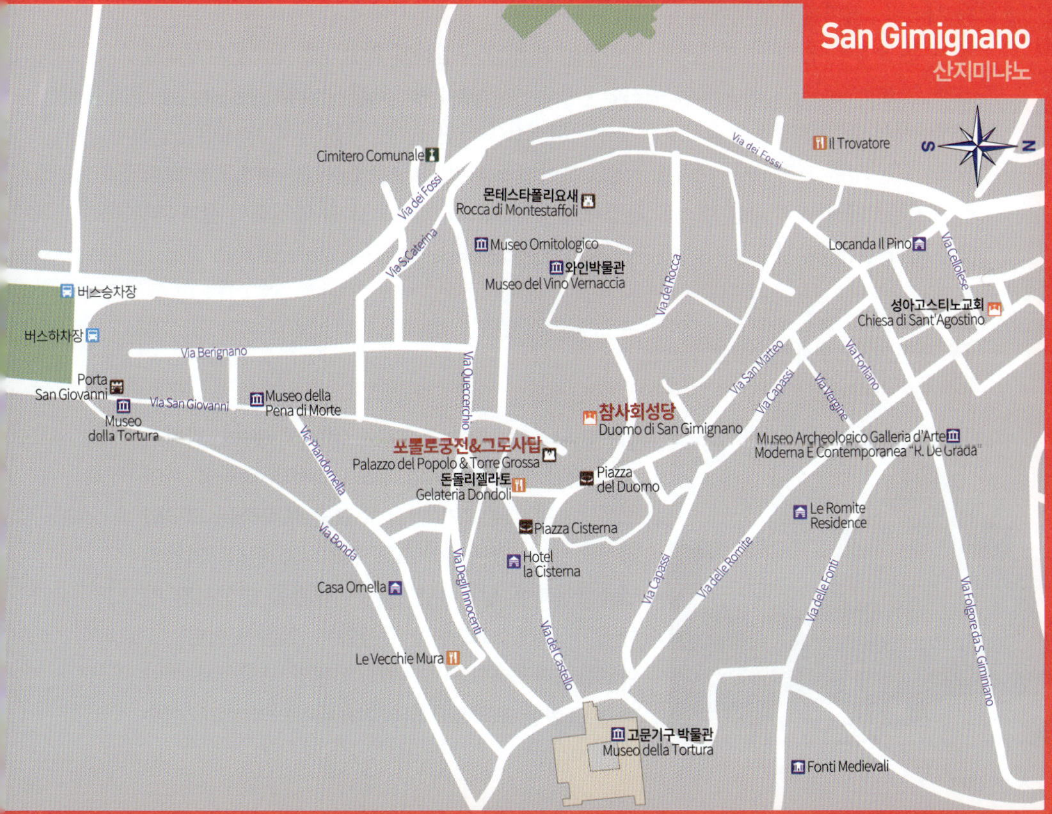

San Gimignano 산지미냐노

식돼 누구나 제일 높은 탑을 쌓으려 했고, 당국에서는 어떤 탑도 포폴로궁의 그로사탑의 높이를 넘을 수 없도록 조례를 제정하여 이를 막았다.

현재까지 남아 있는 탑 가운데 몇몇은 건물 10층에 달하는 높이로 여전히 그 위세를 뽐내고 있다. 탑 위에 올라가면 붉은색의 기와와 푸른 올리브나무 그리고 포도나무들이 어울려 한 폭의 풍경화를 연상시킨다. 전형적인 토스카나주의 전원풍경이 펼쳐진 이곳에 산지미냐노의 탑들과 성벽이 더해져 이 지역만의 독특한 풍광을 자아낸다. 오늘날의 마천루와는 다른 느낌을 선사하는 탑의 도시 산지미냐노에서 중세도시의 스카이라인을 즐겨보자.

🧳 산지미냐노로 들어가기

피렌체에서 산지미냐노로 바로 가는 대중교통은 없으므로 포지본시Poggibonsi에서 버스로 갈아타야 한다. 피렌체에서 포지본시까지는 기차와 버스 모두 이용가능한데, 버스로는 피렌체 시타버스터미널에서 시에나행 버스를 타면 된다. 포지본시에서 산지미냐노까지는 약 20여 분 소요된다. 다시 피렌체로 돌아오는 티켓을 구입하지 않았다면 산조반니세레당Battistero S.Giovanni으로 가기 전 왼쪽에 위치한 타바키Tabbachi에서 버스표를 구입할 수 있다.

시에나에서 출발할 경우 그람시광장에서 시외버스를 타면 포지본시를 거쳐 산지미냐노의 산조반니문 앞에 도착한다. 대략 1시간 20분이 소요되며, 요금은 €6이다. 버스노선에 따라 포지본시에서 내려 다른 버스로 환승해야 하는 경우도 있으므로 잘 확인해야 한다. 티켓은 타바키나 그람시광장 지하 계단에 위치한 버스매표소에서 구입할 수 있다.

📷 멋진 프레스코화를 감상할 수 있는
참사회성당 Duomo di San Gimignano

산지미냐노의 중심 두오모광장Piazza Duomo에 위치한 이 성당은 산지미냐노의 두오모로서의 역할을 하였으나, 현재는 주교가 없어 주교를 보좌하는 교구인 참사회성당La Chiesa Collegate으로 유지되고 있다. 외관의 단조로움과는 달리 내부에는 미술관을 연상시킬 만큼 멋진 프레스코화들을 감상할 수 있는 곳이다.

바르톨로디프레디Bartolo di Fredi가 26편의 구약성서 이야기를 표현한 프레스코화와 리포멤미Lippo Memmi의 「예수

Chapter 03 피렌체근교 여행

의 일생」이 눈에 띈다. 더 많은 프레스코화를 보고 싶다면 가까운 시립미술관으로 발걸음을 옮기자.

주소 Piazza Duomo, 2 **문의** (+39)0577-28-6300 **홈페이지** www.duomosangimignano.it **운영시간** 4~10월 – 월~금요일 10:00~19:30, 토요일 10:00~17:30, 일요일 12:30~19:30, 11~3월 – 월~토요일 10:00~17:00, 일요일 12:30~17:00 **휴관** 1/1, 1/15~1/31, 3/12, 11/15~11/30, 12/25 **입장료** 성당 €4(오디오가이드 포함) / 박물관 €3.50(오디오가이드 포함) / 통합권(성당 + 박물관) €6 **찾아가기** 두오모광장 내 위치한다.

토스카나의 풍경이 한눈에,
시립미술관 포폴로궁전과 그로사탑 Palazzo del Popolo & Torre Grossa

현재 시청사로도 쓰이는 포폴로궁에는 시립미술관과 산지미냐노에서 가장 높은 그로사탑Torre Grossa이 있다. 회의장은 1300년에 피렌체 특사였던 단테가 교황파 회의에 대표자를 파견해 지지연설을 한 곳이자 리포멤미Lippo Memmi가 그린 프레스코화 「마에스타」가 있는 곳이다. 높이 54m의 그로사탑은 산지미냐노 마을 전경을 내려다볼 수 있는 명소로 토스카나 전원 풍경을 보고 싶은 사람이라면 놓치지 말자.

 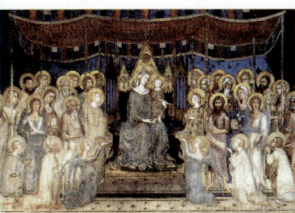 

주소 Piazza Duomo, 2 **홈페이지** www.sangimignanomusei.it **운영시간** 4~9월 09:00~19:00, 10월 09:30~17:30, 11월~2월 11:00~17:30, 3월 10:00~17:30, 1/1 12:30~17:30 **휴관** 12/25 **입장료** €6 **찾아가기** 두오모광장 내 위치한다.

세계 젤라토대회 챔피언,
돈돌리젤라토 Gelateria Dondoli

젤라토월드챔피언을 2차례나 수상한 바 있는 젤라토가게로 '우주에서 가장 맛있다'고 소문난 집이다. 쫀득쫀득한 젤라토맛이 일품이며 견과류와 과일맛을 섞어 먹으면 더욱 맛있다. 명성은 높지만 그래도 €2.50라는 합리적인 가격으로 판매하고 있어 상점 앞은 늘 장사진을 이룬다. 치스테르나광장 근처에 위치해 있어 찾기 어렵지 않으며 아쉽지만 겨울철에는 영업을 하지 않는다.

주소 Piazza della Cisterna 4 **문의** (+39)0577-94-2244 **홈페이지** www.gelateriadipiazza.com **운영시간** 09:00~23:00 **휴무** 겨울철 **가격** €2.50~ **찾아가기** 치스테르나광장(Piazza Cisterna) 내 위치한다.

Special 04
와인에 한 번, 풍경에 두 번 취하는
몬탈치노(Montalcino)

포도밭의 완만한 구릉, 노랗게 물든 해바라기 그리고 일렬로 늘어선 사이프러스 나무들. 엽서에서나 볼 수 있을 법한 토스카나 전원 풍경을 그대로 간직하고 있는 중세도시 몬탈치노는 아름다운 여행지이다.

몬탈치노로 들어가기

몬탈치노Montalcino와 몬테풀치아노Montepulciano는 피렌체에서 바로 가는 교통편이 없으므로 시에나에서 버스로 갈아타야 한다. 피렌체에서 당일치기로 다녀오려면 시에나까지는 시외버스보다 기차로 이동하는 편이 접근성이 좋다. 시에나역 내에 위치한 버스매표소에서 티켓을 산 뒤 역을 나와 파란색 114번 몬탈치노행 버스를 탑승하면 된다. 시에나에서 몬탈치노까지는 1시간 10분 정도 소요되며 요금은 €6.80이다. 버스 편수가 그다지 많지 않으므로 몬탈치노에 도착하면 시에나로 돌아가는 버스시간을 먼저 확인한 후 여행을 시작하는 것이 좋다.

몬탈치노 여유롭게 즐기기

포도밭의 완만한 구릉, 노랗게 물든 해바라기 그리고 일렬로 늘어선 사이프러스나무들이 운치를 더하는 곳. 엽서에서나 볼 수 있을 법한 토스카나 전원풍경을 그대로 간직하고 있는 중세도시 몬탈치노는 힐링하기 좋은 여행지 이다. 이곳에서는 전 세계 와인애호가들의 사랑을 받는 많은 와인이 생산되고 있는데 이탈리아 대표 와인생산지인 토스카나에서도 가장 으뜸인 브루넬로 디 몬탈치노 Brunello di Montalcino가 이곳에 생산된다.
최고의 와인 한잔과 함께 즐기는 토스카나 풍경은 이탈리아여행에서만 즐길 수 있는 절대적인

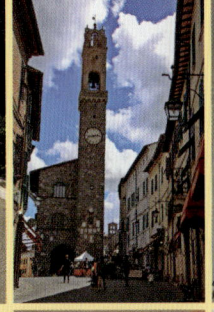

매력이다. 매년 여름에는 감미로운 음악과 훌륭한 와인이 어우러진 재즈&와인 페스티벌도 열리고 있다.

몬탈치노에서 만큼은 발걸음이 닿는 대로 돌아다니면서 여유를 즐기도록 하자. 시내중심부에는 허기를 달랠 수 있는 레스토랑과 카페도 위치해 있으며, 시내를 벗어나면 광활한 자연을 느낄 수 있다. 마을 자체도 크지 않으며 찾아다닐 유적지도 없는 이곳에서 최고의 일정은 토스카나의 평원과 마음에 드는 식당에 앉아 여유롭게 와인을 즐기는 것이다.

와인의 종결자 브루넬로 디 몬탈치노(Brunello di Montalcino)

아직까지도 전 세계 와인의 중심은 프랑스이다. 새로운 신생국가들이 그 자리를 넘보고 있지만 전 세계에서 가장 먼저 와인을 체계화하고 이론화하는 데 성공한 프랑스 와인의 명성과 맛은 단연 으뜸이다. 그러나 이탈리아 또한 세계 와인의 역사가 시작된 곳으로 다양한 종류의 와인이 있어 좋은 가격대에 훌륭한 와인을 만날 수 있다.

현재 우리나라에도 알려진 이탈리아 와인으로는 부담스럽지 않은 가격에 편하게 마실 수 있는 토스카나 지역의 키안티Chianti가 있다. 키안티를 포함한 대부분의 이탈리아 와인은 오랜 숙성과 함께 깊은 맛을 내기보다는 식사와 곁들여 마시는 부담 없는 와인이 주가 되다보니 세계적으로 유명한 명품와인은 없었다. 그런데도 몬탈치노에서 생산되는 브루넬로 디 몬탈치노는 진주처럼 빛나는 명품와인으로 사리삽아가고 있다.

이 와인은 키안티의 포도품종인 산조베제San Giovese를 개량하여 만든 산조베제 그로소San Giovese Grosso라는 포도종으로 만들어진다. 장기 숙성이 불가능한 산조베제를 장기 숙성이 가능하도록 개량시킴으로써 오랜 숙성과 함께 깊은 맛을 내는 와인이 탄생할 수 있었다. 그 시작은 브루넬로 디 몬탈치노를 만들어 낸 비온디산티Biondi Santi가문으로, 이 가문을 시작으로 현재 약 200여 곳의 생산자로부터 질 좋은 와인이 생산되고 있다. 전 세계의 와인전문가들로부터 극찬을 받고 있는 몬탈치노의 와인을 한국의 5분의 1가격으로 맛볼 수 있으므로 와인애호가라면 꼭 한번 마셔보도록 하자.

Part
04

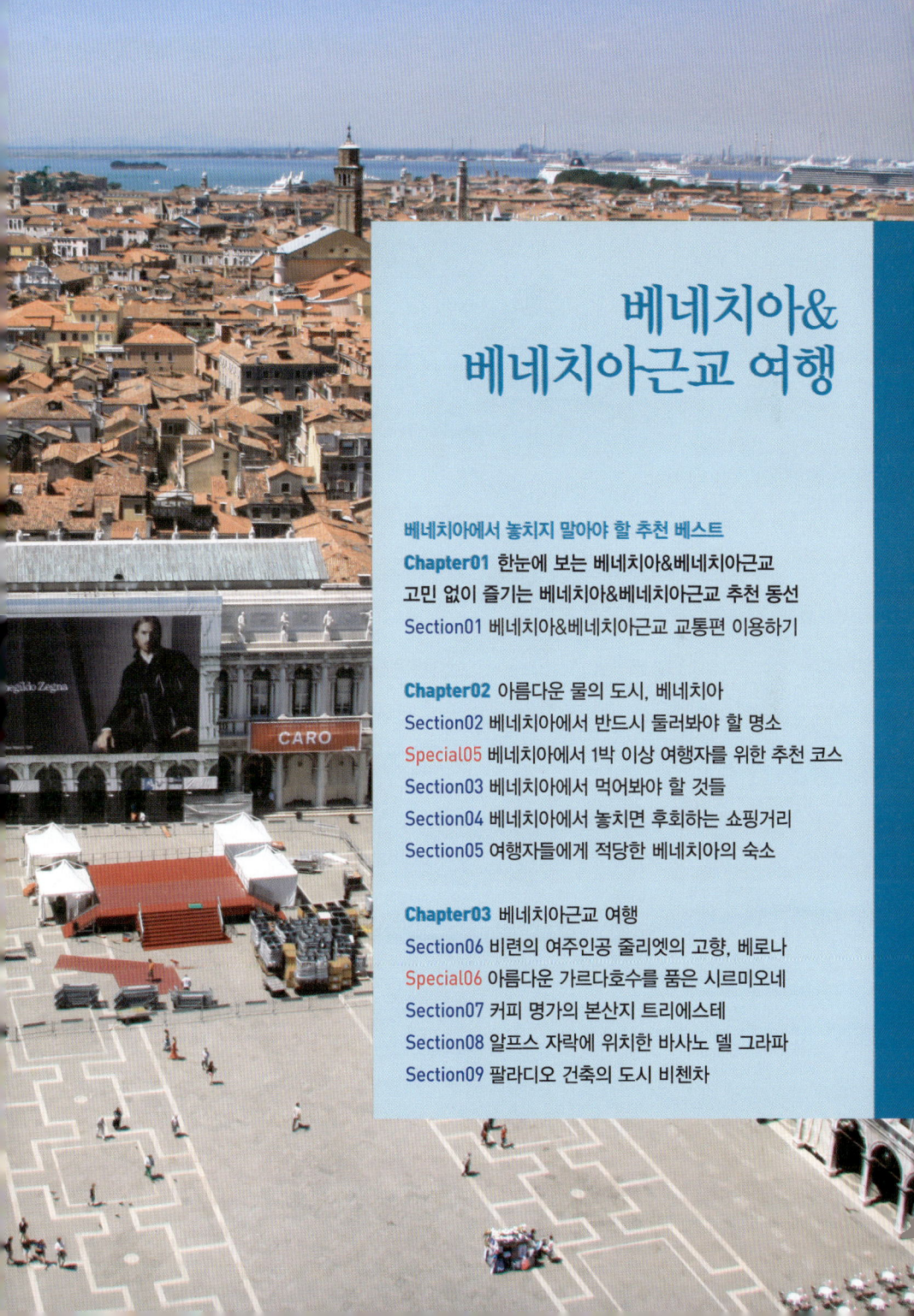

베네치아 & 베네치아근교 여행

베네치아에서 놓치지 말아야 할 추천 베스트
Chapter01 한눈에 보는 베네치아&베네치아근교
고민 없이 즐기는 베네치아&베네치아근교 추천 동선
Section01 베네치아&베네치아근교 교통편 이용하기

Chapter02 아름다운 물의 도시, 베네치아
Section02 베네치아에서 반드시 둘러봐야 할 명소
Special05 베네치아에서 1박 이상 여행자를 위한 추천 코스
Section03 베네치아에서 먹어봐야 할 것들
Section04 베네치아에서 놓치면 후회하는 쇼핑거리
Section05 여행자들에게 적당한 베네치아의 숙소

Chapter03 베네치아근교 여행
Section06 비련의 여주인공 줄리엣의 고향, 베로나
Special06 아름다운 가르다호수를 품은 시르미오네
Section07 커피 명가의 본산지 트리에스테
Section08 알프스 자락에 위치한 바사노 델 그라파
Section09 팔라디오 건축의 도시 비첸차

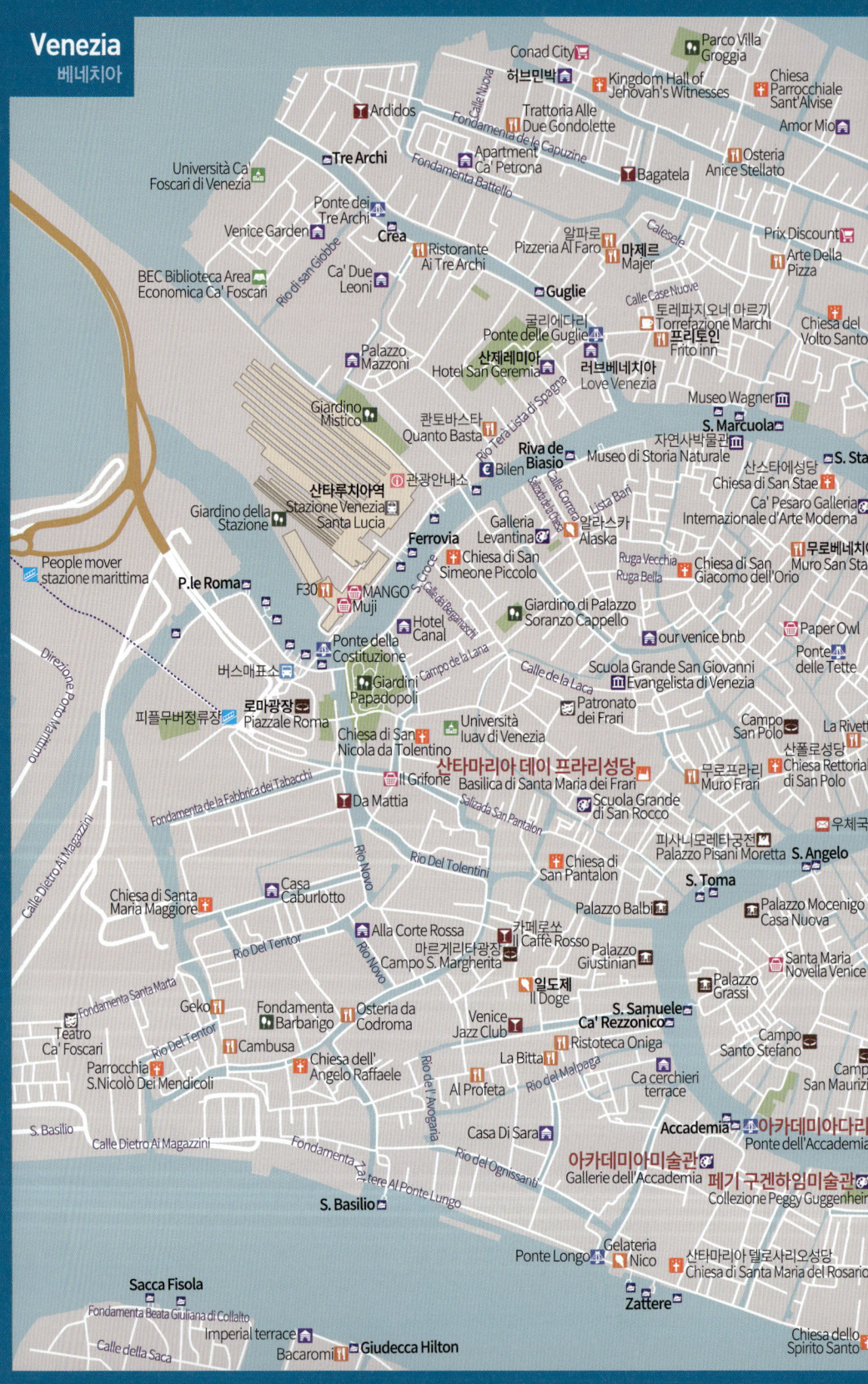

VENEZIA E

베네치아에서 놓치지 말아야 할 추천베스트

산마르코광장(Piazza di San Marco)
화려한 야경으로 다시 태어나는 광장

광장 한 켠에 위치한 카페 플로리안에서 흘러나오는 아름다운 음악 선율은 산마르코광장에 낭만을 더한다. 음악에 맞춰 춤을 추는 사람들, 사랑의 눈길을 주고받는 연인들로 인해 산마르코광장의 밤은 더욱 빛난다.

곤돌라(Góndola)
베네치아의 수많은 섬을 연결하는 다리 아래로 지나가는

석호에 흩어진 백여 개의 섬은 410여 개의 다리로 이어져 있다. 다리 위에서 바라보는 베네치아도 매력적이지만 곤돌라를 타고 다리 밑을 지나며 올려보는 베네치아는 또 다른 느낌을 선사한다.

EST

산마르코 종탑(Campanile di San Marco)
베네치아 전경을 한눈에 담을 수 있는

베네치아에서 전체적인 풍경을 한눈에 담기에 종탑만큼 좋은 장소는 없다. 종탑에 올라가 가슴까지 시원한 탁 트인 베네치아의 전경을 바라보자.

리도섬(Lido)
베니스 국제영화제가 열리는 섬

섬 속의 섬. 리도섬은 베네치아 본섬과는 확연히 다르다. 여름철에는 해수욕을 즐기기에도 좋고, 베니스국제영화제가 열리는 시기에 맞춘다면 더할 나위 없이 좋다.

VENEZIA BEST
베네치아에서 놓치지 말아야 할 추천베스트

부라노섬(Burano)
사진기를 내려놓을 수 없게 만드는 형형색색의 섬

집집마다 형형색색 아름다운 부라노섬은 사진기를 내려놓을 수 없게 만드는 곳이다. 어느 곳에서 찍어도 아름다운 화보가 된다.

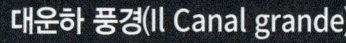

대운하 풍경(Il Canal grande)
한 폭의 그림처럼 아름다운 장면을 연출하는

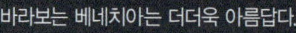

베네치아는 아름답다. 아카데미아다리에서 살루테성당이 있는 쪽으로 바라보는 베네치아는 더더욱 아름답다.

베네치아 교통편

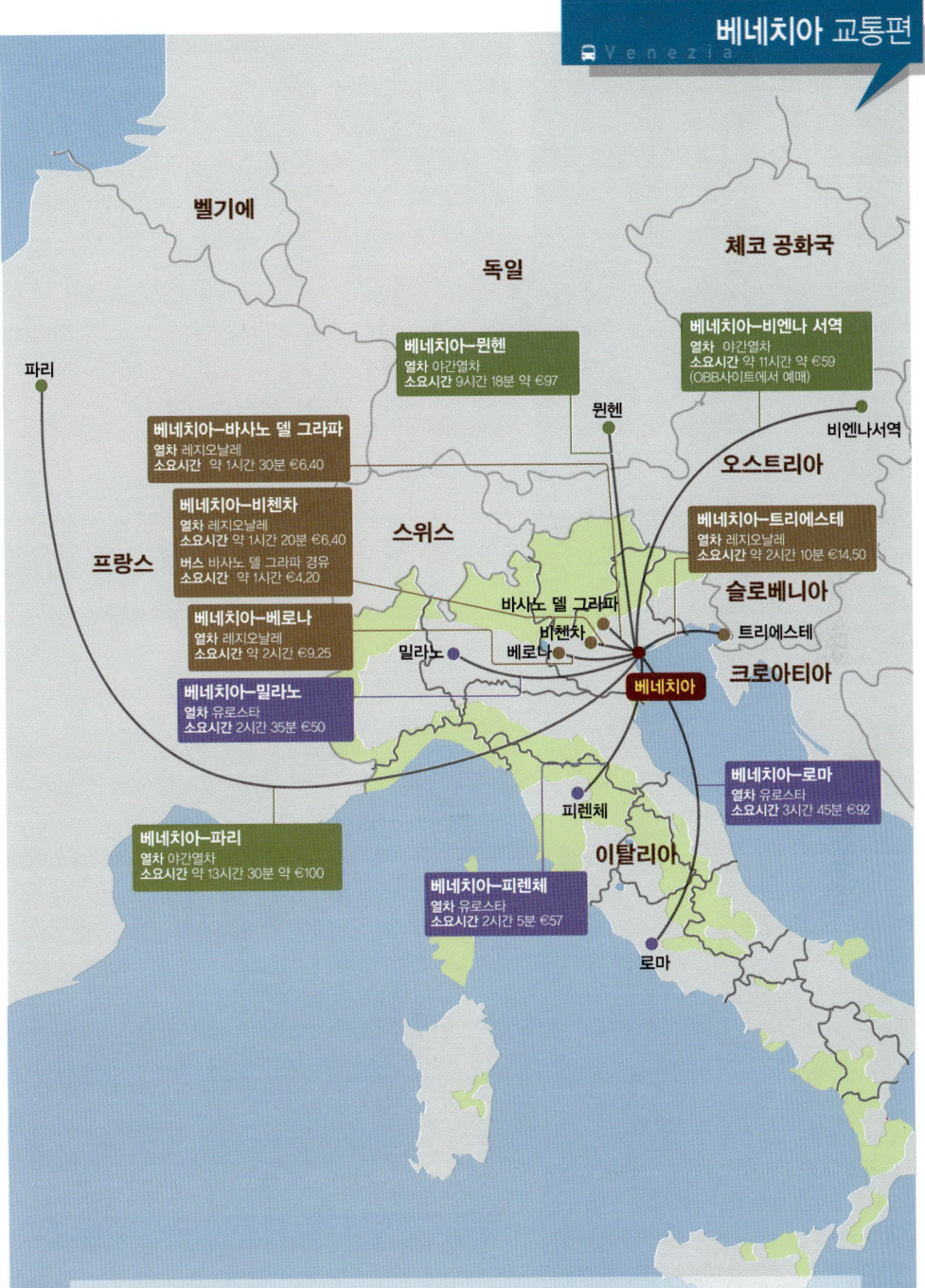

이동은 열차를 이용하는데, 이탈리아 주요도시인 로마, 피렌체 같은 대도시는 유로스타Eurostar를 기준으로, 근교소도시는 레지오날레Regionale를 기준으로 정리하였다. 경비를 절감하려면 유로스타 대신에 레지오날레를 이용해도 무방하지만 소요시간이 더 길다. 이탈리아 내 열차를 비롯하여 오스트리아 빈이나 독일의 뮌헨, 프랑스 파리로 이동하는 야간열차의 경우 출발하는 날짜와 언제 예약하느냐에 따라 가격이 달라지므로 위에 명시해 놓은 가격은 대략적으로만 참고하자.

Chapter 01
한눈에 보는 베네치아 & 베네치아 근교

5세기경 이민족의 침략을 피해 이주해 온 사람들이 건설한 베네치아는 지금의 아름다운 모습을 갖추기 전에는 사람이 살기가 불가능할 정도로 척박한 땅이었다. 베네치아인들은 그러한 땅을 세계에서 가장 아름다운 도시로 만들었고, 현재까지도 베네치아는 전 세계인들에게 한 번쯤 가보고 싶은 도시로 손꼽히고 있다.

고민 없이 즐기는 베네치아&베네치아근교 추천 동선

당일치기 여행자라면 반나절 코스를, 베네치아에서 1박 이상을 보내려는 여행자라면 반나절은 본섬, 남은 시간은 무라노와 부라노섬을 다녀오는 일정으로 잡으면 된다. 베네치아에서 2박 이상 보내려는 여행자라면 본섬에 하루를 투자하여 여유롭게 돌아보고, 다음 날 무라노와 부라노섬이나 리도섬 또는 베네치아근교를 다녀오면 된다.

Chapter 01 한눈에 보는 베네치아&베네치아근교

베네치아 본섬 하루 코스

산타마리아 글로리오사 데이프라리성당을 제외하면 따로 입장료가 없는 곳 위주로 코스를 구성했다. 각각의 주요 관광지에서 여행일정과 취향에 따라 주요 관광지 주변에 위치한 코스들도 선택적으로 둘러보도록 하자.

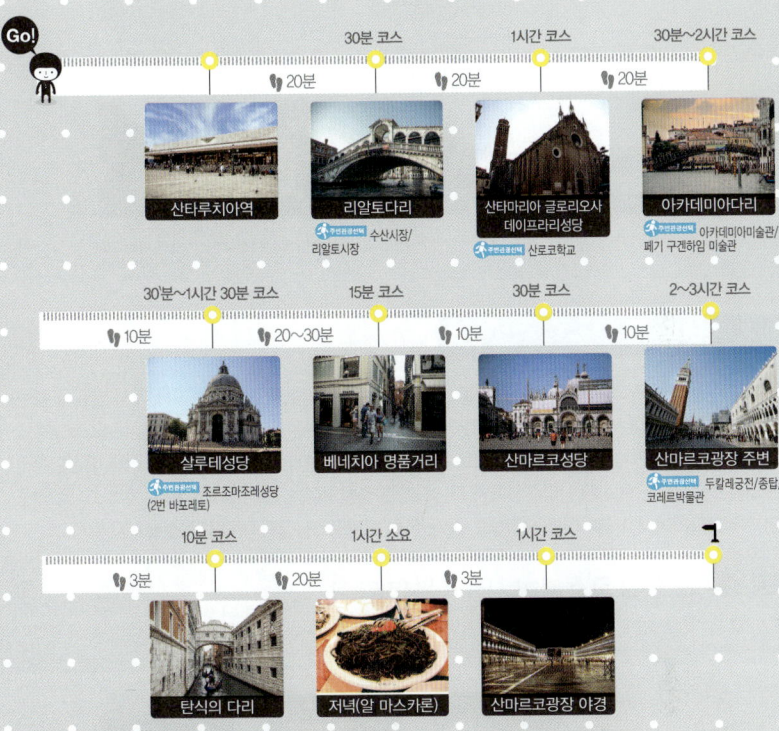

베네치아 본섬&근교 하루코스

본섬 한나절 코스는 베네치아의 주요명소인 리알토다리와 산마르코광장을 둘러보는 코스로 짧지만 알차게 시간을 보낼 수 있다. 베네치아를 단지 거쳐 가거나 시간이 부족한 여행자들에게 추천하는 코스이며, 하루 이상을 베네치아에서 보낼 예정인 여행자라면 본섬 한나절 코스와 무라노&부라노 코스를 묶어 하루 일정으로 둘러보는 것이 좋다.

무라노&부라노 한나절 코스

무라노와 부라노섬을 둘러보는 데 적어도 4시간 이상 소요되므로 베네치아에서 1박 이상을 계획하는 여행자들에게 적합하다. 먼저 무라노, 부라노섬을 구경하고 본섬을 구경할 예정이라면 산타루치아역 앞에서 출발하는 바포레토를 타고 무라노와 부라노섬을 구경한 후 다시 베네치아 본섬인 폰다멘타노베역으로 돌아와 본섬 여행을 시작하도록 하자. 이곳에서 다시 바포레토를 환승하여 기차역이나 산마르코광장으로 갈 수 있다.

1. 폰다멘테역에서 본섬여행
2. 기차역으로 돌아갈 경우 | 4.1, 4.2, 5.1, 5.2번 바포레토로 환승
3. 산마르코광장으로 갈 경우 | 4.1, 4.2번 바포레토로 환승

베네치아 야경 추천코스

베네치아의 야경은 화려한 것과는 조금 거리가 있다. 환한 대낮에도 툭하면 길을 잃는 이곳에서 밤길을 걷는 것은 더더욱 힘들다. 기차역에서 산마르코광장까지 이어지는 큰 길은 밝은 편이지만 다른 곳들은 으스스한 느낌마저 든다. 산마르코광장만 간다면 충분히 도보로 이동할 수 있고, 아카데미아다리까지 둘러볼 예정이라면 바포레토를 타는 것이 좋다. 숙소가 산타루치아역 주변이라면 출발지점을 산타루치아역으로 정하고, 역 인근이 아니라면 리알토다리에서 야경투어를 시작해도 좋다. 특히 산마르코광장의 야경만큼은 놓치지 말자.

도보로 즐기는 야경 코스 리알토다리 → 산마르코광장

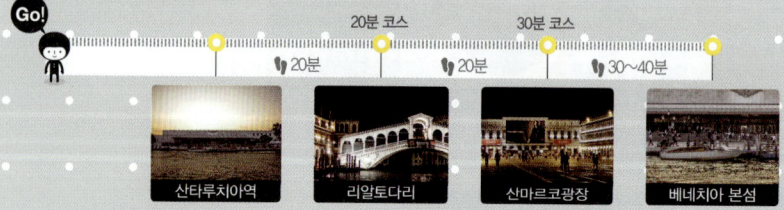

도보 또는 바포레토를 타고 즐기는 야경 코스 아카데미아다리 → 산마르코광장 → 리알토다리

베네치아의 숨은 야경 매력 찾기

과거 베네치아의 귀족들과 거상들의 화려한 저택이 베네치아 대운하를 따라 200여 채가 늘어서 있는데, 현재 대부분의 저택이 호텔이나 전시장 등으로 용도는 바뀌었지만 벽화와 천장화로 채워진 아름다운 실내장식은 여전히 그대로 남아 있다. 대운하에서 바포레토를 타거나 골목골목을 걸어 다니며 열려진 창문을 유심히 살펴보자. 열린 창문 사이로 뜻하지 않게 캄캄한 밤 금빛으로 빛나는 황홀한 경관을 발견할 수도 있다.

Section 01
베네치아&베네치아근교 교통편 이용하기

전 세계에서 유일하게 자동차가 다니지 않는 도시 베네치아는 물의 도시답게 구급차, 경찰차, 소방차도 모두 차량이 아닌 선박이다. 버스는 베네치아 본섬 초입인 로마광장까지만 운행되며, 그 이후부터는 수상버스나 도보로 돌아다녀야 한다. 여행자의 걸음을 멈추게 할 자동차, 자전거 그리고 신호등마저 없는 베네치아에서 걷는 즐거움을 만끽해보자.

마르코폴로공항(VCE)에서 베네치아시내로 이동하기

베네치아의 메인공항은 마르코폴로공항 Aeroporto di Venezia Marco Polo으로 대부분의 항공편이 이곳을 통해 이착륙한다. 마르코폴로공항은 시내에서 북쪽으로 10km 정도 떨어져 있으며 시내까지는 버스나 수상보트를 이용할 수 있다. 버스의 경우 산타루치아 Santa Lucia와 메스트레 Mestre역까지 가는 버스가 따로 있으므로 탑승 전 행선지를 잘 확인해야 한다. 베네치아 본섬의 버스 승하차장은 로마광장으로 산타루치아역에서 도보로 5분 거리이다. 마찬가지로 베네치아시내에서 공항으로 이동할 때는 수상택시를 이용하거나 로마광장 버스정류장에서 버스를 타면 된다.

공항버스 이용하기

버스는 ATVO사와 ACTV사 두 회사에서 운영하는데 ATVO사 버스는 마르코폴로공항에서 베네치아 본섬의 로마광장과 메스트레역을 연결하는 공항리무진버스라고 생각하면 된다. ACTV사 버

스는 베네치아를 운행하는 일반노선버스로 메스트레역은 정차하지 않고 로마광장만 운행하며, 정차를 많이 하다 보니 ATVO사보다 시간이 조금 더 걸린다. 버스정류장은 입국장 출구를 나가면 바로 보이는데, 승차권은 입국장 내 ATVO 매표소나 자동판매기로 구입할 수 있다. 탑승할 때는 노란색 펀칭기에 펀칭하는 것을 잊지 말자.

종류	운행노선	운행시간	요금	소요시간
ATVO (www.atvo.it)	마르코폴로공항 – 로마광장	05:20~01:20	편도 €8 왕복 €15	20분
	로마광장 – 마르코폴로공항	04:20~23:30		
	마르코폴로공항 – 메스트레역	06:06~01:20	편도 €8 왕복 €15	17분
	메스트레역 – 마르코폴로공항	04:30~21:15		
ACTV 5번 (www.actv.it)	마르코폴로공항 – 로마광장	04:08~01:10	편도 €8 왕복 €15	30분
	로마광장 – 마르코폴로공항	04:35~24:40 ※공휴일, 주말 05:40~24:40		

🧳 수상버스 이용하기

공항에서 베네치아 주요 섬까지 이동하는 방법으로 버스 외에 알리라구나Alilaguna에서 운항하는 고속페리가 있다. 다소 이색적인 방법이나, 요금이 버스에 비해 비싸다. 공항페리 선착장에서 탑승하는데, 각 라인에 따라 노선과 운항시간은 조금씩 다르다. 산마르코광장에 정차하므로 산타루치아역보다는 산마르코광장 부근이나 리알토다리에서 승하차할 때 적합하다. 편한 것은 장점이지만 공항에서 수상버스를 타는 곳까지는 다소 거리가 멀다.

문의 (+39)041-240-1701 **홈페이지** www.alilaguna.it **요금** 편도 €15, 왕복 €27 **소요시간** 70~80분 소요 **찾아가기** 공항 입국장을 나와 정면에 보이는 버스정류장을 바라보고 왼쪽 길을 따라가면 보인다.

🧳 트레비소공항(TSF)에서 베네치아시내로 이동하기

라이언에어와 같은 저가항공을 이용하면 트레비소공항 Treviso Sant'Angelo Aeroporto에 이착륙하게 된다. 시내에서 30km 정도 떨어져 있는 트레비소공항에서는 ATVO사에서 운행하는 셔틀버스를 이용해 시내까지 이동하면 된다. 버스는 메스트레Mestre역을 경유하여 로마광장의 산타루치아역까지 운행한다.

운행 노선	운행시간	요금	소요시간
트레비소공항 – 메스트레역 – 로마광장	07:45~21:55(화요일 ~21:10), 매시 20분, 50분 운행 (요일별로 상이할 수 있음)	편도 €12 / 왕복 €22 (※ 왕복 10일 내 유효)	메스트레역 도착 : 1시간 로마광장 도착: 1시간 10분
로마광장 – 메스트레역 – 트레비소공항	05:30~19:00		메스트레역 도착: 50분 트레비소공항 도착 : 1시간

🧳 산타루치아역에서 베네치아시내로 이동하기

프랑스 파리, 오스트리아 빈, 독일 뮌헨 등 주변 유럽국가의 국제선열차가 베네치아 산타루치아역까지 운행된다. 베네치아 기차역은 본섬에 위치한 산타루치아역과 내륙에 위치한 메스트레역 2개가 있으므로 자신이 예약한 숙소에 맞춰 하차하면 된다. 산타루치아역은 대운하를 마주하고 있어 주요관광지까지 수상버스로 빠르게 이동할 수 있다.
산타루치아역에서 메스트레역까지는 기차로도 이동이 가능하며 요금은 €1.35이다. 참고로 산타루치아역의 짐보관소는 1번 플랫폼 오른쪽에 위치하며, 06:00~23:00까지 이용할 수 있다. 요금은 5시간에 €6이고, 그 이후부터 6~12시간은 시간당 €1, 13시간 이상은 시간당 €0.50가 추가된다.

베네치아시내에서 대중교통 이용하기

베네치아의 가장 대중적인 교통수단은 수상버스인 바포레토이다. 도보로도 베네치아 본섬을 둘러볼 수 있으나 바포레토는 하나의 교통수단을 넘어 베네치아를 운치 있게 즐길 수 있는 수단이기도 하다. 무라노와 부라노섬을 비롯한 인근 섬이나 산마르코광장에서 운하를 건너 남쪽 해상에 있는 산조르조 마조레성당으로 갈 경우 바포레토 이용은 필수이다.

수상버스 바포레토 이용하기

육지에 버스가 있다면 물의 도시답게 베네치아에는 수상버스 바포레토Vaporetto가 있다. 티켓의 종류가 다양하므로 횟수와 머무는 날짜를 잘 계산해서 구입해야 한다. 베네치아의 근교 구간인 무라노, 부라노, 리도 등에 갈 때도 유용하다. 여행자들은 주로 대운하를 운행하는 1번과 2번 바포레토를 이용하며, 티켓은 ACTV 바포레토선착장 매표소(운영시간 07:30~20:30)나 ACTV 표시가 있는 타바키Tabacchi에서 구매할 수 있다. 요금이 다소 비싸긴 하지만 베네치아에 왔으면 한 번쯤은 바포레토를 타보도록 하자. 특히 캄캄한 저녁 대운하를 가로지르는 바포레토는 교통수단을 넘어 수상투어를 즐기는 것처럼 느껴지기도 한다.

수상버스 바포레토

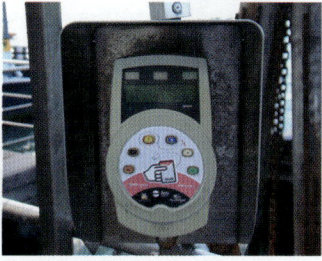
탑승 전에는 단말기에 카드를 대자!

베네치아 교통카드

만일 바포레토티켓을 사전에 인터넷으로 예매했다면 산마르코공항 앞이나 주요 바포레토 승강장 앞에 있는 빨간색 자판기에서 예약번호를 입력하고 티켓을 받으면 된다. 예약 이메일은 출력해도 티켓대용으로 사용할 수 없으므로 출력할 필요는 없지만 이메일로 받은 예약번호(영어와 숫자가 섞인 PNR Code)는 따로 메모해둬야 한다.

바포레토를 타기 위해 선착장으로 가면 타는 곳이 많게는 A, B, C, D의 4구역으로 나눠져 있어 어디서 타야 할지 당황스러울 수 있다. 노선에 따라 각각 바포레토가 들어오는 곳이 다르므로 이때는 선착장 앞에 있는 노선도부터 확인하자. 또는 미리 ACTV 홈페이지(www.actv.it)에서 승하차할 선착장을 선택하면 몇 번 바포레토를 타야하는지, 몇 시에 타면 되는지를 알 수 있어 유용하다.

베네치아에는 심야버스에 대응하는 나이트바포레토가 있다. 심야시간에 운행하는 나이트바포레토는 'N'이라고

ACTV 홈페이지

적혀 있으며, 보통 새벽 1시부터 5시까지 운행된다. 바포레토티켓의 종류와 가격은 매표소 기준으로 다음 표와 같다. 참고로 주요 선착장이 아닌 경우 매표소가 없을 수도 있다.

종류	요금	유효기간
1회권(Biglietto Navigazione 75')	€7.50	각인 후 60분
24시간 권(Biglietto 24 Ore)	€20	각인 후 24시간
48시간 권(Biglietto 48 Ore)	€30	각인 후 48시간
72시간 권(Biglietto 72 Ore)	€40	각인 후 72시간
1주일 권	€60	각인 후 24시간

※ 짐 1개까지 무료, 추가 시 개당 €5 / 12시간권부터는 베네치아 본섬, 메스트레, 리도 내에서 버스 무료 환승 가능

수상택시 이용하기

베네치아에서 가장 빠른 교통수단이지만 가격이 다소 비싼 편이다. 최대 6명까지 탑승가능하며 선착장은 산타루치아역과 산마르코광장 근처에 위치한다.

문의 (+39)041-522-2302 **홈페이지** www.motoscafivenezia.it **요금** 평일 €15, 휴일 및 야간 €25 추가요금 1분당 €2, 짐 추가 1개당 €3, 마르코폴로공항에서 산마르코광장까지 €100~110, 산타루치아역에서 산마르코광장까지 €50~60

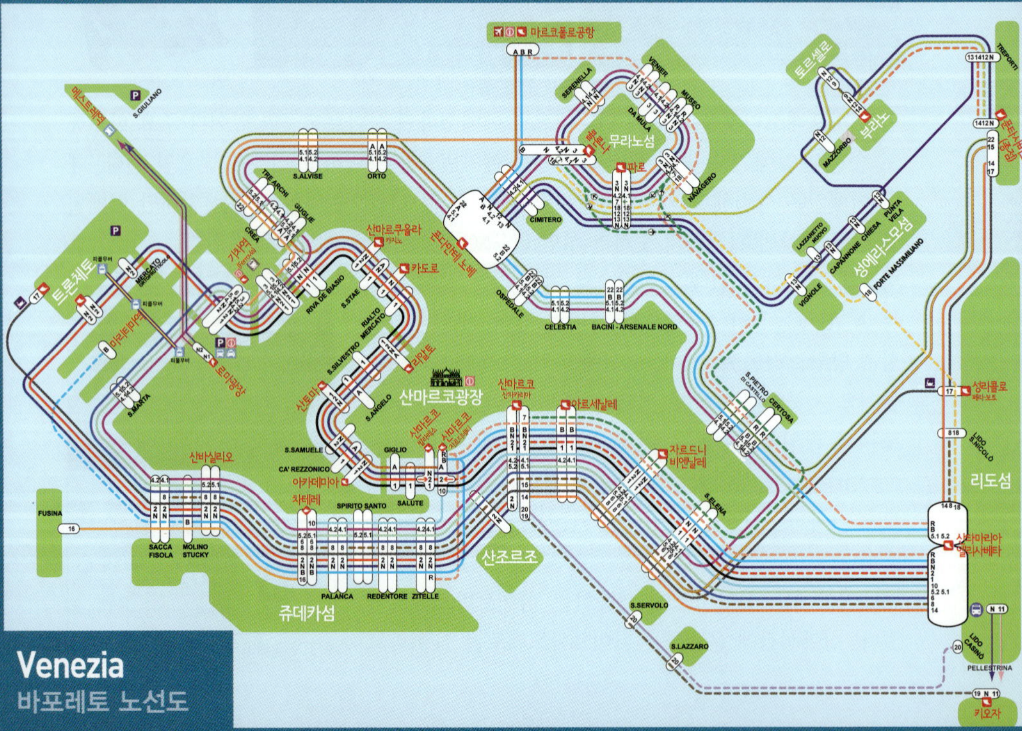

Venezia
바포레토 노선도

🧳 트라게토 이용하기

현재까지 대운하를 잇는 다리는 3개 밖에 없다. 다리 외에 대운하를 연결하는 트라게토Traghetto는 대운하를 건널 수 있는 가장 빠른 방법이며, 주로 현지인들이 많이 이용하는 교통수단이다. 곤돌라와 모양은 비슷하지만 사공이 한 명이 아니라 두 명이라는 점과 기울어 있지 않다는 점이 다르다. 또한 곤돌라와는 달리 여러 명이 탈 수 있으며, 대문호 단테는 이 트라게토를 탈 때 절대 앉지 않았다고 한다.

트라게토는 대운하를 건너는 교통수단으로 비록 5~10분밖에 타지 않지만 곤돌라를 타보지 못했다면 트라게토에 만족할 수도 있다. 요금은 1인당 €2 정도이며, 바포레토 승선권이나 베네치아카드 소지자라면 할인을 받을 수 있다. 현재 베네치아에는 몇 개의 트라게토 선착장이 있지만 운행하지 않는 곳도 많다. 가장 많이 이용되는 곳은 캄포산소피아Campo San Sofia에서 수산시장 주변인 캄포 델라 페스카리아Campo della Pescaria를 연결하는 트라게토이다. 선착장은 곤돌라 선착장과 똑같이 생겼다.

🧳 곤돌라 이용하기

요금은 베네치아곤돌라협회에서 정한 요금기준을 따르는데 1인당 가격이 아니라 곤돌라 1대당 가격을 받으므로 여럿이 타는 것이 유리하다. 최대 6명까지 탑승가능한데 기본요금은 4명까지이고, 5명부터는 한 사람당 €20의 요금이 추가된다. 곤돌라는 선착장이 곳곳에 있는데, 줄무늬 티셔츠를 입은 뱃사공 곤돌리에Gondolier가 서 있는 선착장에서 탑승하면 된다.

곤돌라는 산타루치아역에서 산마르코광장 쪽으로 멀어질수록 요금이 비싸지지만 좀 더 많은 주요 관광지를 곤돌라를 타고 돌아볼 수 있다는 이점이 있다. 대운하로 나갈 경우에는 탑승시간이 더 길어지므로 가격이 더 비싸지니 참고하자.

요금 08:00~19:00 €80/40분(20분 연장 시 추가요금 €40), 19:00~익일 08:00 €100/40분(20분 연장 시 추가요금 €50)

🚌 버스 이용하기

베네치아에서는 로마광장까지만 자동차가 들어올 수 있다. 산타루치아역을 등지고 오른쪽으로 난 길을 따라 걷다가 칼라트라바다리Ponte Calatrava를 건너면 바로 로마광장이 이어진다. 여기에서는 주로 메스트레Mestre로 가는 버스나 시외버스, 공항버스가 운행되며 버스표는 로마광장 초입의 매표소나 타바키에서 구입할 수 있다. 2번 버스 외에 여러 버스가 메스트레에 정차하며 15분 정도 소요되고, 요금은 €1.35이다.

베네치아관광패스 이용하기

'베니스의 상인' 아니랄까봐 유독 베네치아는 다른 도시에 비해 여러 가지의 여행패스(홈페이지 : http://www.veneziaunica.it/en)가 있어 오히려 고민에 빠지게 된다. 다양한 패스가 매력적으로 보이겠지만 유명관광지나 성당은 포함되지 않는 경우가 많아 베네치아 여행지를 먼저 선택한 뒤 입장료 등을 잘 따져보고 최적의 패스를 구매해야 한다. 또한 패스를 구입하면 입장할 수 있는 박물관이나 미술관을 하나라도 더 보려고 일정이 너무 빡빡하게 짜일 수도 있다. 참고로 여행자들이 주로 구입하는 관광패스는 롤링베네치아카드이다.

베네치아 시티패스(VENEZIA UNICA)

각 패스 마다 무료로 입장 가능한 명소와 추가 혜택이 다르며 같은 패스라도 연령대와 옵션에 따라 요금이 천차만별이므로 꼼꼼히 따져보고 사는 것이 좋다.

실버시티패스(SILVER City Pass) : 박물관, 교회 **가격** €33.90(6~29세 21.90)
골드시티패스(GOLD City Pass) : 박물관, 교회, 교통권, 롤링베니스카드 or 카지노 입장, 와이파이 **가격** €78.90(6~29세 롤링베니스팩 €58.90)
플래티넘시티패스(PLATINUM City Pass) : 박물관, 교회, 교통권, 롤링베니스카드 or 카지노 입장, 라 페니체 극장, 와이파이 등 **가격** €136.90(6~29세 롤링 베니스팩 70.90)

롤링베네치아카드(Rolling Venice Card)

만 14~29세의 여행자를 대상으로 롤링베네치아카드 가맹점(식당 및 카페, 호텔, 쇼핑센터 등)을 이용할 경우 추가로 할인혜택을 제공하는 카드이며, 가장 큰 장점은 카드(€6) 구매 시 바포레토 3일권을 €22에 구입할 수 있다는 점이다. 바포레토 3일권이 €40이고, 롤링베네치아카드&바포레토 3일권이 합해서 €28이니 €12가 저렴해 3일 이상 머문다면 고려해볼 만하다. 나이 확인을 위해 여권을 확인하므로, 구입 시 여권이나 국제항생증을 꼭 챙겨가도록 하자.

가격 €6

박물관패스(Museum Pass)

두칼레궁전을 포함한 11곳의 박물관을 무료입장할 수 있지만 여행자들이 주로 찾는 곳이 포함되지 않아 효용성은 떨어진다.

가격 성인 €24/학생(학생증 소지자 만 25세까지, 롤링베네치아카드 소지자) €18 **유효기간** 6개월 **무료입장** 두칼레궁전, 코레르박물관, 국립고고학박물관, 국립마르차냐도서관, 카레조니코(18세기 베니스박물관), 모체니고궁, 카를로골도니의 집, 카페자로(국립현대미술관), 유리박물관(무라노), 레이스박물관(부라노), 자연사박물관이다.

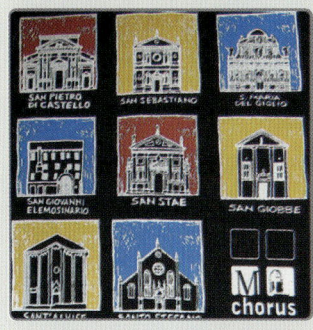

코러스패스(Chorus Pass)

베네치아에 있는 성당 16곳의 패스권이다. 그러나 여행자가 주로 방문하는 산마르코성당과 산타마리아 델라 살루테성당은 코러스패스에 포함되지 않는다. 이 성당들 외에 방문하고자 하는 성당이 3곳 이상이라면 구매해도 좋다. 이용가능한 곳은 산타마리아포르모사성당, 산타마리아 미라콜리성당, 산폴로성당, 산타마리아 글로리오사 데이프라리성당 등이다.

가격 €12 **유효기간** 구입한 날로부터 1년 **홈페이지** www.chorusvenezia.org

베네치아에서 근교도시로 이동하기

베네치아에서 하루 코스로 1~2시간 거리의 근교도시 여행을 다녀오는 것도 좋다. 산타루치아역에서 기차를 타고 주요 근교도시로 쉽게 이동할 수 있다. 운행 소요시간과 요금은 다음 표를 참고하자.

근교도시 이동	소요시간(대략)	요금(편도)
베네치아 → 베로나(레지오날레) ▶P.351	2시간 20분	€9.25
베네치아 → 트리에스테 ▶P.362	2시간 10분	€14.50
베네치아 → 바사노 델 그라파(레지오날레) ▶P.366	1시간 30분	€6.40
바사노 델 그라파 → 비첸차(버스)	1시간	€4.50
바사노 델 그라파 → 파도바(기차)	1시간	€5
베네치아 → 비첸차(기차) ▶P.369	1시간~1시간 20분	€6.40

Chapter 02

아름다운 물의 도시, 베네치아

셰익스피어의 대표 희곡 「베니스의 상인」과 「오셀로」의 배경지이자 괴테의 이탈리아여행의 첫 행선지였으며, 세계적 문호들의 찬사가 끊이질 않는 곳이 바로 베네치아이다. 나폴레옹이 유럽에서 가장 우아한 응접실이라고 표현했던 산마르코광장이 있으며 이탈리아에서 가장 오래된 카페 플로리안과 어니스트헤밍웨이를 비롯한 대문호들이 토론을 벌였던 해리즈바는 여전히 그 자리를 지키고 있다. 라틴어로 '계속해서 오라'는 뜻을 지닌 베네치아는 세상에서 가장 아름다운 물의 도시로 꼽힌다.

Section 02
베네치아에서 반드시 둘러봐야 할 명소

베네치아 관광에 있어 중심이 되는 곳은 리알토다리와 산마르코광장이다. 대부분의 관광명소가 산마르코광장에 몰려있으므로 일정과 취향에 맞춰 볼거리를 선택적으로 둘러보면 된다. 베네치아는 길을 잃는 재미로 다닌다고 할 정도로 미로 같은 길의 연속이지만 헤매는 것 자체를 즐겨보는 것은 어떨까? 미로는 산타루치아역에서 내리는 순간부터 시작된다.

베네치아 여행의 시작점,
산타루치아역 Stazione Venezia Santa Lucia

산타루치아역이 생기기 전까지 베네치아는 육지와 연결되는 교통수단은 오로지 배 밖에 없었던 바다 위 도시였다. 산타루치아라는 역이름은 현재의 역이 세워지면서 철거한 산타루치아성당에서 유래했다. 1860년에 건설을 시작했지만 산타루치아역은 바다를 가로지르는 기차선로를 놓는 과정에 많은 어려움이 있었고, 결국 1952년이 되어서야 완공할 수 있었다. 현재 산타루치아역은 2009년부터 리모델링 중에 있으며 실내 공간 위주의 공사이므로 전체적인 외관은 처음 모습 그대로를 유지하고 있다.

주소 Stazione Santa Lucia **귀띔 한마디** 기차역을 나서는 순간부터 눈앞에 운하가 펼쳐진다.

베네치아에서 길 찾기
현지인도 가끔 길을 잃는다는 베네치아는 지도를 뚫어져라 쳐다보고 있는 여행자들을 심심치 않게 볼 수 있다. 지도를 봐도 도저히 모르겠다면 베네치아시내 곳곳 벽에 리알토다리, 산마르코광장, 아카데미아다리, 기차역 등 주요명소들의 이름이 표기된 표지판을 보고 이동하는 것이 좋다.

베네치아 관광안내소 이용하기
베네치아의 관광안내소에서 베네치아패스를 구입하거나 투어신청 등 베네치아여행에 관련된 다양한 정보를 얻을 수 있다. 다만 상인의 도시 베네치아에서는 무료로 지도를 얻을 수 있을 것이라는 기대는 접어두자.

주소 Ex Giardini Reali, San Marco **문의** (+39)041-529-8711 **홈페이지** www.hellovenezia.com **운영시간** 10:00~18:00 **찾아가기** 산타루치아역을 나와 바로 왼편에 위치한다.

대운하를 가로지르는 베네치아의 첫 번째 다리,
리알토다리 Ponte di Rialto

베네치아를 가로지르는 대운하에 최초로 세워진 다리로 1181년에 만들어졌다. 처음 건설할 때는 목조였지만 잦은 붕괴사고 때문에 1503년 석조로 만들기 시작해서 1591년에 완공됐다. 리알토다리는 리도섬에서 적의 침략을 피해 베네치아의 중심이 이곳으로 옮겨질 때부터 베네치아공화국이 멸망할 때까지 도시의 중심 역할을 했다. 또한 전 세계 최초로 은행이 세워진 곳이며 과거 금전거래로만 이루어지던 상거래가 처음 책상에 앉아 장부거래로 이루어지기 시작한 곳이기도 하다.

현재 베네치아에서 가장 유명한 관광명소 중 한 곳이다. 리알토다리 위에서 바라보는 대운하는 특히 아름다우므로 잠시 머무르며 베네치아의 아름다움에 빠져보자. 운하 곳곳에 보이는 나무말뚝들은 베네치아를 떠받치는 중요 요소로, 리알토다리 아치형교각도 나무말뚝이 떠받치고 있다. 베네치아는 갯벌에 세워진 도시로 지반이 워낙 약하기 때문에 이를 다지기 위해 수백만 개의 나무말뚝이 박혀있다.

리알토다리에서 바라본 베네치아 전경

찾아가기 바포레토 리알토(Rialto) 선착장 하차. 산타루치아역에서 도보로 20분 거리이다. **귀띔 한마디** 베네치아에서도 특히나 여행객이 많이 몰리는 지역이므로 개인 소지품에 특히 주의하자.

600년 전통의
리알토수산시장 Mercato di Rialto

'베네치아에는 베네치아인이 없다'라는 말이 있을 정도로 관광지와 여행자로 가득 찬 이 도시의 수산시장은 베네치아인들의 삶을 제대로 느껴볼 수 있는 유일한 곳이다. 베네치아 근해에서 잡은 신선한 해산물이 거래되는 시장으로 600년 전통을 이어오고 있다. 베네치아 특유의 활기를 느낄 수 있는 이곳은 이른 아침에 문을 열어 오후 2시가 넘어가면 대부분의 가게가 문을 닫으므로 오전에 방문하는 것이 좋다. 어패류뿐만 아니라 과일과 채소도 팔고 있어 간단한 요깃거리를 사기에 좋다.

주소 Rialto Mercato **운영시간** 07:00~14:00 **찾아가기** 산타루치아역에서 리알토다리 건너 우측으로 직진. 리알토다리에서 도보 5분 거리이다. **귀띔 한마디** 시장 주변 과일가게는 여러 종류의 과일을 모아 플라스틱 용기에 담아 파는데 맛이 아주 훌륭하다.

티치아노 작품이 있는
산타마리아 글로리오사 데이 프라리성당
Basilica di Santa Maria Gloriosa dei Frari

이탈리아에서는 흔히 볼 수 없는 고딕양식으로 지어진 건축물이다. 1250년 프란체스코수도회에 의해 처음 건축되기 시작해 1396년에 완공되었다. 외관은 수수한 모습이지만 실내에 장식되어 있는 예술품의 가치는 베네치아뿐만 아니라 이탈리아에서도 높이 평가받는다. 베네치아 르네상스를 대표하는 수많은 예술가의 작품이 장식되어 있는데, 그중 놓치면 후회할 것이 베네치아가 낳은 최고의 미술가 티치아노베첼리오 Tiziano Vecellio의 작품과 무덤이다.

그는 색채를 도구에서 예술로 승화시킨 미술가로 초상화의 대가로 알려졌으며, 오랜 예술활동을 끝내고 여기에 묻혔다. 일반적으로 알려진 피렌체스타일의 미술과는 또 다른 미술스타일인 그의 작품들을 천천히 둘러볼 수 있다. 또한 미켈란젤로, 베르니니에 이은 또 한 명의 천재 조각가 안토니오 카노바 Antonio Canova의 작품과 무덤도 함께 볼 수 있다.

안토니오 카노바의 무덤

주소 San Polo 3072 **문의** (+39)041-272-8611 **홈페이지** www.basilicadeifrari.it **운영시간** 월~토요일 09:00~18:00, 일요일 13:00~18:00(마지막 입장 17:30) **입장료** €3(코러스 패스 사용 가능), 학생 €1.5 **찾아가기** 바포레토 1, 2번을 타고 산토마(Santo Toma)에서 하차하여 도보 7분 거리이다.

틴토레토의 예술인생이 담긴
산로코학교 Scuola Grande di San Rocco

르네상스시대 베네치아의 미술가를 양성하기 위해 만들어진 학교 중의 하나이다. 내부는 르네상스를 이어 새로운 바로크미술로 나아갈 수 있는 길을 제시했던 틴토레토Tintoretto의 작품들이 전시되어 있다. 르네상스에서 바로크로 이어지는 과도기에 발생한 매너리즘시대에 혁명가였던 틴토레토는 르네상스시대의 교훈적인 그림에서 벗어나 좀 더 역동적이고 극적인 방법으로 성경의 내용들을 표현하였다.

틴토레토의 그리스도의 십자가 처형(La Crocifissione)

산로코성당은 그가 이 학교에 소속되어 있을 때 의뢰받아 그린 그림으로 1층은 성모마리아를 주제로, 2층은 예수그리스도의 내용을 담았다. 또한 마지막 층에 전시되어 있는 보물실에는 그 시대에 사용된 여러 장신구들이 있는데 16세기 호화롭던 베네치아의 사치스러움을 느끼기에 충분하다.

주소 Sestiere San Polo, 3052 **문의** (+39)041-523-4864 **홈페이지** www.scuolagrandesanrocco.it **운영시간** 09:30~17:30(마지막 입장 17:00) **휴관** 국가 및 종교 공휴일, 1/1, 12/25 **입장료** 일반 €10, 학생(만 26세 미만) €8 **찾아가기** 프라리성당 정면을 바라보고 왼편으로 난 길을 따라 걷다가 성당을 끼고 우측으로 돌면 도보 1분 거리이다.

베네치아의 유일한 목조다리,
아카데미아다리 Ponte dell'Accademia

베네치아에 현존하는 유일한 목조다리로 아카데미아미술관이 옆에 있어 아카데미아다리라고 부른다. 1854년 완공된 다리는 처음에는 석조다리로 개축하려 하였으나, 석재가 도착하지 않아 어쩔 수 없이 목조로 만들었다고 전해진다. 현재의 다리는 붕괴위험 때문에 1985년 안정적인 구조로 보강하여 재건축된 것이다. 베네치아에서 추천하는 뷰포인트 중 하나로 아카데미아다리 위에서 살루테성당 쪽을 바라보면 환상적인 운하풍경이 펼쳐진다.

찾아가기 바포레토 1, 2번을 타고 아카데미아(Accademia) 선착장에서 하차한다.

레오나르도다빈치의 인체비례를 볼 수 있는
아카데미아미술관 Gallerie dell'Accademia

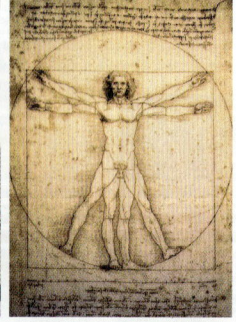

레오나르도다빈치 〈비투르비우스의 인체비례〉

1750년 설립된 베네치아 국립미술원 소속 미술관으로 세계 최초로 복원미술이 시작된 곳이다. 1807년 나폴레옹에 의해 왕립예술아카데미로 탈바꿈하면서 수많은 작품을 수집하기 시작했고, 1817년 처음으로 대중에게 공개되었다. 미술관에서 소장한 작품 중에는 우리도 잘 알고 있는 레오나르도다빈치의 「비투르비우스의 인체비례 Vitruviano Fra Arte e Scienza」

가 있다. 이 외에도 베네치아화파 티치아노Vecellio Tiziano, 틴토레토Tintoretto, 조반니벨리니Giovanni Bellini
의 작품들이 소장되어 있으니 미술에 관심이 있는 여행자라면 놓치지 말자.

주소 Campo della Carità, 1050 **문의** (+39)041-520-0345 **홈페이지** www.gallerieaccademia.org **운영시간** 월 08:00
~13:00, 화~일요일 08:15~18:15 **휴관** 1/1, 5/1, 12/25 **입장료** €15, 예약수수료 €1.50 **찾아가기** 바포레토 1, 2번을 타고 아카
데미아(Accademia) 선착장에서 하차하여 우측으로 보이는 흰 건물이다.

베네치아에서 만나는 현대미술,
페기 구겐하임미술관 Collezione Peggy Guggenheim

베네치아에 있는 유명한 현대미술관으로 미국 재벌가의 상속녀 페기 구겐하임Peggy Guggenheim
에 의해 1951년 개인미술관으로 처음 문을 열었다. 1979년 그녀가 죽은 뒤 솔로몬R.구겐
하임재단Solomon R. Guggenheim Foundation에서 관리하면서 대중에게 공개되어 일반미술관이 되었다.
이곳에 있는 작품들은 구겐하임이 수집한 작품들로 현대미술이 주를 이루고 있다.
우리나라 여행자들에게는 많이 알려져 있지 않지만 2012년에는 베네치아의 미술관 중
가장 많은 관람객이 찾은 미술관으로 유럽 및 다른 나라 여행자들에게는 베네치아여행
에 있어 필수 관광지 중 한 곳으로 손꼽힌다.

주소 Dorsoduro, 701-704 **문의** (+39)041-240-5411 **홈페이지** www.guggenheim-venice.it **운영시간** 10:00~18:00(마지막 입장 17:45)
휴관 매주 화요일, 12/25, 12/26 **입장료** 일반 €16.50, 65세 이상 €14.50, 학생 €10.50(오디오가이드 €7) **찾아가기** 바포레토 페기 구겐
하임역에서 하차한다.

전염병으로부터 베네치아를 구한
산타마리아 델라 살루테성당 Basilica di Santa Maria della Salute

중세유럽의 가장 큰 재앙이었던 흑사병은 이탈리아도 피해갈 수 없었다. 1630년 베네
치아를 강타한 흑사병으로 인하여 1년 동안 인구의 3분의 1이 사망하였으며, 사람사이
에 전염이 확산되면서 도시의 경제활동을 마비시켰고, 사람들은 도시를 버리고 하나둘
이곳을 떠났다. 존립위기에까지 처하자 베네치아정부는 이를 해결하기 위해 여러 방법

을 시도했지만 모두 실패하였다. 결국 최후의 수단으로 신에게 기도를 드리기 위해 유럽에서 가장 신성하게 여겨지는 성모마리아를 위한 대성당을 짓기로 결심한다.

1630년 갯벌 위에 나무말뚝을 박아 지반을 다지기 시작하자 하늘의 뜻이었는지 1631년에 다행히 흑사병이 잠잠해졌고, 도시는 천천히 활기를 되찾게 된다. 이를 기념하기 위해 성모마리아를 도시의 수호성인으로 지정하였고, 성당은 지금까지도 베네치아에서 가장 뜻깊은 성당으로 남아 있다.

주소 Dorsoduro, 1 Campo della Salute041 241 1018 **문의** (+39)041-241-1018 **홈페이지** www.seminariovenezia.it **운영시간** 09:00~12:00, 15:30~18:00/미사-평일 16:00, 일요일 11:00 **입장료** 무료, 예배당 €1.50 **찾아가기** 바포레토 1번을 타고 살루테(Salute) 선착장에서 하차한다.

베네치아를 한눈에 담을 수 있는
산조르조 마조레성당 Chiesa di San Giorgio Maggiore

산마르코광장에 서면 바다 건너 아름다운 모습을 드러내는 이 성당은 16세기 베네치아 역사상 최초의 성당이 있던 자리에 지어진 것이다. 성당건설은 1566년 르네상스시대 최고의 건축가 중 한 명인 안드레아팔라디오 Andrea Palladio의 설계로 시작되었다. 처음 건설될 당시에는 베네딕토회의 수도원으로 건설되었지만 시간이 지나면서 사고를 친 귀족층 자녀들을 일시적으로 가둬두는 곳으로 활용되기도 했다.

섬이라 부르기에도 민망한 작은 산조르조마조레섬에 위치한 이 성당이 유명해진 이유는 성당의 종탑에서 바라보는 베네치아 전경이 너무도 아름답기 때문이다. 1791년에 지어진 종탑 꼭대기에서 바라보는 베네치아의 풍경은 누구라도 감탄이 절로 나올 것이다.

주소 Isola di San Giorgio Maggiore **문의** (+39)041-522-7827 **홈페이지** www.seminariovenezia.it **운영시간** 4~10월 09:00~19:00, 11~3월 8:30~18:00(종탑 마감 20분 전까지 입장) **입장료** 성당 무료, 종탑 엘리베이터 성인 €6, 학생 €4 **찾아가기** 바포레토 2번을 타고 산조르조(S.Giorgio) 선착장에서 하차한다.

Chapter 02 아름다운 물의 도시, 베네치아

베네치아인들의 혼이 담겨 있는
산마르코성당 Basilica di San Marco

중세시대는 기독교의 영향력이 매우 높았고 이는 정치에도 막대한 영향을 미쳤다. 하지만 교역중심 도시국가였던 베네치아는 정교분리를 선언하고 교황청에서 파견한 주교와 주요인사의 거주지를 베네치아 외곽에 두어 영향력을 행사하지 못하게 하였다. 그러나 그들 대부분도 기독교인이었으므로 자신을 수호해줄 존재가 필요했다. 마침 베니스상인들이 이집트에서 마르코성인의 유해를 훔쳐오자 그를 모시기 위해 지은 성당이 바로 산마르코성당이다. 마르코성인은 그때부터 베네치아인들이 가장 존경하는 인물로 수호성인이자 상징처럼 여겨졌다.

지중해 최고의 교역도시답게 산마르코성당은 중동과 비잔틴의 문화까지 흡수하며 화려한 도금과 모자이크 등 독특한 모습으로 지어졌다. 입구 위 장식된 4마리 청동마상은 로마제국시대에 만들어진 것으로 십자군전쟁 당시 콘스탄티노플(터키 이스탄불)에 있던 것을 전리품으로 이곳에 가져왔으나 1797년 나폴레옹에 의해 파리로 옮겨졌다가 1815년에 다시 돌려받은 것이다. 현재는 모조품으로 교체된 상태이며 진품은 성당 내부에 전시되어 있다.

주소 Piazza San Marco **문의** (+39)041-522-7827 **홈페이지** www.basilicasanmarco.it **운영시간** 11월~부활절까지 월~토요일 09:45~17:00, 일요일 및 공휴일 14:00~16:00, 부활절~10월 일요일 및 공휴일 14:00~17:00/미사 – 평일 07:00, 08:00, 09:00, 10:00(세례당), 11:00, 12:00(7~8월 제외), 18:45, 일요일 및 공휴일 07:00, 08:00, 09:00, 13:00(성음악미사, Chappella di San Marco), 12:00, 17:30, 18:45 **입장료** 무료, 산마르코박물관 €5, 황금의 선반 €2, 보석관 €3 **찾아가기** 산마르코광장 내 위치 **귀띔 한 마디** 성당 내부로 큰 가방은 들고 갈 수 없다. 보관소에 미리 맡기고 줄을 서야 줄을 다시 서는 경우가 생기지 않는다.

기독교 복음서를 집필한 4대 복음사가 중 한 명인 산마르코(San Marco)

예수의 제자였던 마르코는 사도바오로의 복음을 전하기 위해 이집트 알렉산드리아로 향했다. 마르코는 이곳에서 못에 찔린 구두수선공의 손을 치료하는 기적을 보이며 복음전파를 시작했다. 그러나 로마의 기독교탄압으로 결국 그곳에서 순교하였고, 그의 시신을 보관하기 위해 알렉산드리아에 작은 성당이 지어졌다. 중세시대 알렉산드리아는 기독교와 이슬람세력 간의 다툼이 끊이질 않았다. 교역을 위해 알렉산드리아를 찾은 베네치아상인은 마르코성당에서 성인의 유해를 몰래 베네치아로 옮겼다. 산마르코의 유해안치는 당시 베네치아인들에게는 대단한 축복이었다. 이후 마르코성인은 베네치아의 수호성인이 되었으며, 베네치아의 상징물은 마르코성인을 나타내는 날개 달린 사자가 되었다.

세상에서 가장 큰 무도회장,
산마르코광장과 종탑
Piazza di San Marco & Campanile

828년 산마르코 유해가 이곳으로 옮겨지며 총독관저 옆에 성당과 함께 광장이 조성되었다. 처음에는 작은 시민광장이었지만 13세기 4차 십자군전쟁에서 콘스탄티노플을 점령하고, 챙겨온 전리품들로 광장을 장

식하면서 화려함이 극에 달한다. 중세시대 외국의 상인, 정치인, 예술인들이 베네치아로 들어오려면 누구나 산마르코광장을 지나게 되는데, 모든 사람이 감탄을 금치 못할 정도로 아름다웠고, 유럽 최고라 인정받았다.

산마르코광장에 우뚝 선 거대한 종탑은 높이 98.6m로 도시의 이정표 역할을 하는 베네치아의 상징물이다. 1514년에 완성되었던 종탑은 1902년에 붕괴되었고, 1912년에 새롭게 복원된 모습으로 현재까지 보존되고 있다. 세상에서 가장 아름다운 광장 중의 하나로 손꼽히며, 베네치아를 방문하는 여행자들에게 잊지 못할 추억을 선사하는 이곳에서 과거 찬란했던 베네치아의 역사를 되짚어보자.

주소 Piazza San Marco **문의** 산마르코광장 (+39)041-724-1079, 종탑 (+39)041-522-4064 **홈페이지** www.basilicasanmarco.it **운영시간** 종탑 – 부활절~6월, 10월 09:00~19:00, 7~9월 09:00~21:00, 11월~부활절 전 09:30~15:45 **입장료** 종탑 €8 **찾아가기** 바포레토 산마르코역 하차 또는 산타루치아역에서 도보 30~40분 거리. 종탑은 산마르코광장 내 위치. **귀띔 한마디** 종탑에 오르면 베네치아 전체가 한눈에 들어오는데, 걸어 올라가지 않고 엘리베이터를 타고 올라간다.

베네치아 역사의 산증인,
두칼레궁전 Palazzo Ducale

두칼레궁전은 9세기 베네치아공화국 총독을 위해 건설되었다. 고딕양식으로 지어진 이 건물은 사실 보이는 화려함과는 달리 요새로 설계된 건축물이었다. 베네치아의 운명을 결정한 역사적인 사건 대부분이 이곳에서 결정되었다고 말해도 될 정도로 중요한 건물이다. 궁전 내부에는 총독의 집무실과 접견실, 재판실 등이 있으며, 역대 76인의 베네치아총독의 초상화와 베네치아 출신의 유명예술가들의 작품이 현재까지도 잘 보존되어 있다.

주소 Piazza San Marco, 1 **문의** (+39)041-271-5911 **홈페이지** palazzoducale.visitmuve.it **운영시간** 4~10월 일~목요일 8:30~21:00(마지막 입장 20:30), 금~토요일 8:30~23:00(마지막 입장 22:30), 11~3월 8:30~19:00(마지막 입장 18:30) **휴관** 1/1, 12/25 **입장료** €20(할인 €13), 오디오가이드 €5 **찾아가기** 산마르코광장 내 위치한다.

베네치아 출신 예술가들의 작품이 전시된
코레르박물관 Museo Correr

베네치아 귀족이었던 테오도로코레(Teodoro Correr)에 의해 수집된 작품들이 전시된 박물관이다. 광적인 수집가였던 그는 자신의 사재를 털어서 작품을 수집했지만 아쉽게도 1797년에 베네치아공화국이 멸망하면서 많은 작품을 빼앗기게 된다. 16세기부터 18세기까지의 베네치아 출신 예술가들의 작품이 주로 전시되어 있다.

주소 Piazza San Marco, 52 **문의** (+39)041-240-5211 **홈페이지** correr.visitmuve.it **운영시간** 11~3월 10:30~17:00(마지막 입장 16:30), 4~10월 10:00~19:00(마지막 입장 18:30) **휴관** 1/1, 12/25 **입장료** €25(두칼레궁전 포함) **찾아가기** 산마르코성당 맞은편에 위치한다.

자유를 억압당하던 마지막 순간,
탄식의 다리 Ponte de Sospiri

1601년에 만들어진 다리로 재판소가 있던 총독관저와 교도소를 잇는다. 베네치아공화국시절 강력한 법치국가였던 베네치아에서는 중죄로 재판을 받고 교도소로 간 사람은 다시 세상밖으로 나올 수 없는 경우가 많았다고 한다. 그 죄인들이 교도소로 들어가기 직전 이 다리 위에서 베네치아의 아름다운 모습을 다시는 볼 수 없을 것이라는 사실에 탄식을 했다고 하여 탄식의 다리라고 불리게 되었다.

교도소로 들어간 사람 중 이 다리를 통해 유일하게 탈출한 사람이 전설의 카사노바라는 이야기가 있다. 마지막 죽음의 문턱에서도 여자 간수를 유혹하여 탈출할 수 있었던 카사노바의 능력이 놀라울 따름이다. 그는 결국 자유를 찾아 파리로 떠나면서 유명한 말을 남긴다. '나는 여인을 사랑했다. 그러나 내가 진정 사랑한 것은 자유였다.'

주소 Sestiere di San Marco **찾아가기** 바포레토 산차카리아(San Zaccaria)역에서 하차하면 두칼레궁전 오른편에 위치한다. **귀띔 한마디** 두칼레궁전과 이어져 있으므로 탄식의 다리 내부도 볼 수 있다.

시기만 맞추면 더 즐거워지는
베네치아 가면축제와 불꽃축제

베네치아 가면축제Carnevale di Venezia는 매년 1월 말에서 3월초 사이(매년 기간은 유동적이다.)에 진행된다. 세계 10대 축제로 손꼽힐 만큼 널리 알려진 축제라 유럽은 물론 전 세계에서 관광객이 몰려든다. 1268년 처음 시작되었으며, 교회력 속 절기인 사순절 2주 전부터 열리는 행사로 사순절 전날까지 10여 일간의 일정으로 진행된다.

축제기간에는 베네치아의 민속놀이, 가장무도회 등 음악과 연극, 미술 등 다양한 분야에 걸쳐 행사가 진행되므로 볼거리가 풍성하다. 특히 축제 마지막 날 산마르코광장에서 펼쳐지는 가면과 의상 경연대회는 베네치아의 전통가면과 의상부터 현재의 가면과 의상까지 출품되는데 세계적인 유명디자이너들이 심사위원으로 참여할 만큼 권위가 있다. 여행자도 쉽게 참여할 수 있으므로 베네치아에서 잊을 수 없는 추억을 만들 수도 있다.

베네치아 불꽃축제 레덴토레Festa del Redentore는 매년 7월 셋째 주 토요일 밤에 열린다. 이 불꽃축제는 1576년 주데카섬Guidecca Island 레덴토레교회Redentore Church에서 시작되었다. 유럽을 휩쓴 흑사병이 진정되자 이를 축하하기 위해 80여 척의 배로 운하를 가로질러 다리를 만들고, 전염병을 이겨낸 수많은 사람이 이곳을 지나며 마음의 상처를 치유하고 신께 감사의 기도를 드렸다고 한다. 유래는 종교적이었지만 현재는 세계적인 축제로 전 세계에서 많은 관광객이 모여든다. 축제의 하이라이트는 산마르코광장에 설치된 무대조명과 종탑 등에서 펼쳐지는 불꽃놀이로 대운하가 환하게 보일 정도로 쉼 없이 불꽃이 계속 터진다.

Special 05

베네치아에서 1박 이상 여행자를 위한 추천 코스

베네치아에서 1박 이상을 하는 여행객들에게 추천하는 코스로 어느덧 베네치아 여행의 필수코스로 자리 잡은 무라노와 부라노섬. 여름철 해수욕하기 좋은 리도섬. 쇼핑을 즐길 수 있는 노벤타아웃렛을 소개한다. 반나절 안에 충분히 둘러볼 수 있으나 느긋한 여행을 좋아하는 사람이라면 하루를 잡고 여유롭게 둘러봐도 좋다.

화려함으로 가득찬 무라노&부라노섬

오랜 전통 속에 유리세공으로 유명한 무라노섬과 알록달록 아기자기한 분위기의 부라노섬. 두 곳 모두 베네치아 여행자들에게 필수코스가 되었다. 모두 본섬과는 육로로 연결되어 있지 않기 때문에 바포레토를 타고 이동해야 한다.

무라노섬과 무라노유리박물관(Museo del Vetro)

12세기 목조건물 위주였던 베네치아 본섬 내 화재예방을 이유로 화로를 많이 사용하던 유리세공업자들을 무라노Murano섬으로 강제 이주시킨다. 표면적으로는 매연과 화재로부터 도시를 보호하는 것이었지만 실상은 유리세공업자들의 기술을 외부세력으로부터 격리시켜 보호하기 위함이라고도 한다. 이유야 어찌됐든 새로운 터전에 자리 잡은 유리세공업자들은 그들이 하던 일을 끝까지 고수하였고 현재까지도 이어가고 있다. 우리가 쓰는 안경과 거울도 이곳에서 처음 만들어졌으며, 그들은 장인정신을 바탕으로 지금도 세계적 품질의 제품을 만들고 있다. 시간적 여유가 있다면 유리공방에 들러 전통적 방법을 고수하는 유리세공 작업과정을 견학해보는 것도 좋다.

주소 Fondamenta Marco Giustinan, 8 **문의** (+39)041-73-9586 **홈페이지** museovetro.visitmuve.it **운영시간** 4~10월 10:30~18:00(마지막 입장 17:30), 11~3월 10:30~16:30(마지막 입장 16:00) **휴관** 1/1, 5/1, 12/25 **입장료** €14 **찾아가기** 무라노 콜론나역에서 하차하여 오른쪽으로 난 큰길을 따라 10분 정도 걷다가 정면에 보이는 다리를 건넌 후 오른쪽으로 도보 10분 거리이다.

부라노섬과 부라노레이스박물관(Museo del Merletto)

형형색색의 집으로 가득한 부라노Burano섬은 세계 최대 관광지인 베네치아에서도 조용하고 평화로운 시간을 보낼 수 있는 곳이다. 원래 이곳 거주민들은 대부분 어업에 종사하였는데, 안개가 많은 베네치아 특성상 안전을 위해 배를 밝은 색 페인트로 칠하던 것이 집까지 이어져 현재의 모습이 되었다. 과거에는 집주인 마음대로 색을 고를 수 있었지만 이 색색의 집들이 관광거리로 발전하면서 이제는 정부에서 허가받은 색으로만 칠할 수 있게 되었다.

무라노섬이 유리세공이 발달했다면 부라노섬은 레이스사업이 발달하였다. 17세기 유럽여성들에게 화려한 레이스가 인기를 끌었는데, 레이스는 부라노섬의 레이스장식이 아름답기로 유명했다. 부라노레이스박물관에서는 200년 정도된 희귀하고 진귀한 레이스작품들이 전시되어 있으며, 1872년 설립된 유명한 아드리아나마르첼로 레이스Adriana Marcello Lace 학교 작품들도 보관되어 있다.

주소 Piazza Galuppi, 187 **문의** (+39)041-4273-0892 **홈페이지** museomerletto.visitmuve.it **운영시간** 4~10월 10:30~17:00(마지막 입장 4:30), 11~3월 10:30~16:30(마지막 입장 16:00) **휴관** 월요일, 1/1, 5/1, 12/25 **입장료** 성인 €5, 6~25세 €3.50 **찾아가기** 부라노역에서 하차하여 마르셀로길(Via Marcello)을 따라 걷다가 왼편에 운하를 따라서 난 폰다멘타델리아사시니(Fondamenta degli Assassini)길을 따라 도보 10분 거리로 길 끝에서 좌측으로 돌면 보인다.

🚤 무라노섬과 부라노섬 들어오고 나가기

무라노의 주요 바포레토선착장은 무라노콜로나(Colonna)와 무라노파로(Faro) 두 곳이다. 베네치아에서 무라노로 들어가려면 기차역이나 로마광장에서 3번 바포레토를 탑승하는 것이 가장 빠르다. 이외에도 산마르코광장의 산자카레아역(S.marco-S.zaccaria)이나 폰다멘테노베(Fondamente Nove)역에서 무라노행 바포레토를 탑승할 수 있다. 무라노에서 부라노로 이동하는 경우 무라노파로역에서 12번 바포레토를 타면 된다. 만일 무라노를 건너뛰고 베네치아에서 바로 부라노로 간다면 폰다멘테노베역에서 12번 바포레토를 탑승하면 된다.

베네치아 본섬 ↔ 무라노&부라노섬 바포레토노선

베네치아 본섬으로 돌아올 때에도 12번을 타고 무라노파로역에서 7번으로 환승하여 산마르코광장까지 갈 수 있으며, 3번 바포레토로 환승하면 기차역으로 갈 수 있다. 또한 부라노에서 12번 바포레토를 타고 폰다멘테노베역에서 하차하여 본섬여행을 시작하거나 다시 바포레토를 타고 산마르코광장으로 이동하는 방법도 있다.

- 베네치아에서 무라노 들어가기 | 바포레토역에서 3번 탑승 → 2정거장 이동 → 무라노파로역 하차
- 무라노 또는 베네치아에서 부라노로 이동하기 | 바포레토 12번 탑승 → 2정거장 이동
- 부라노에서 베네치아로 돌아오기 | 타고 온 반대쪽 바포레토 12번 탑승 → 3정거장 이동 → 폰다멘테노베역 하차

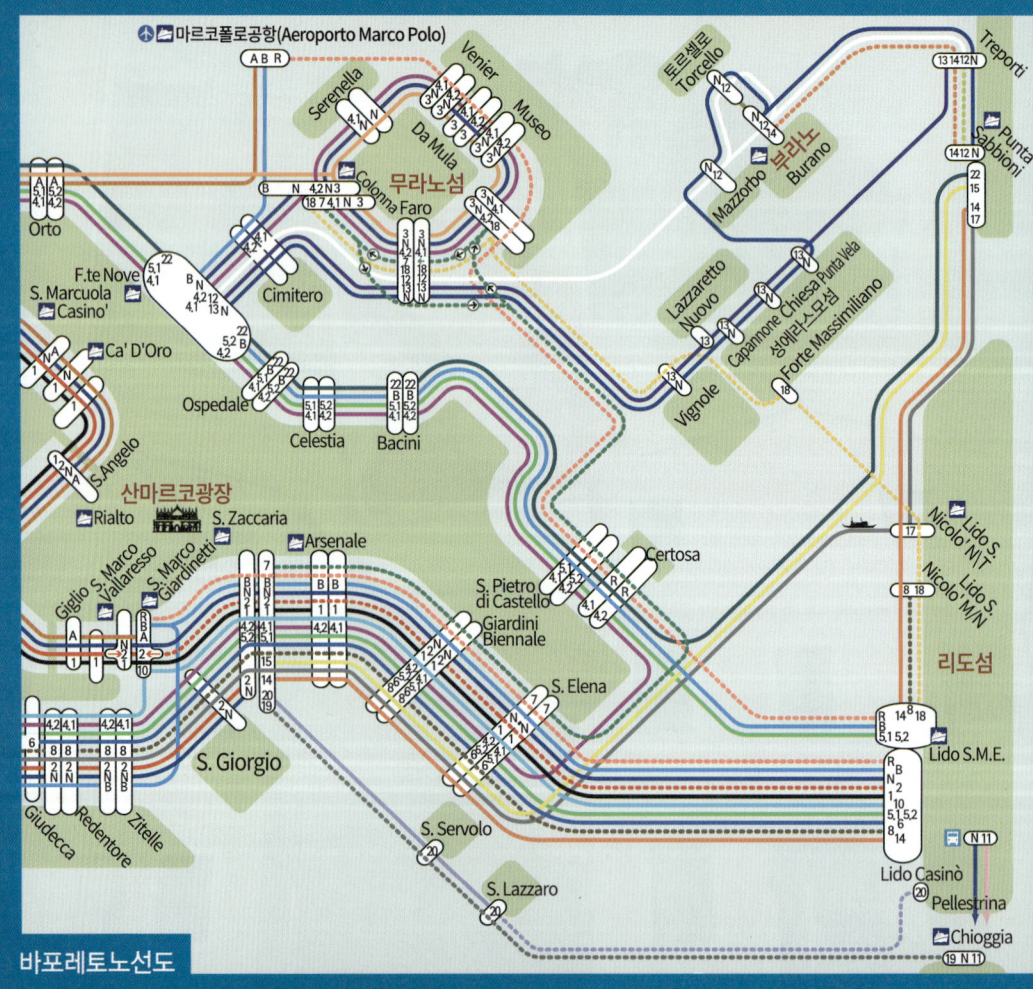

🚤 섬 속의 섬 리도섬

유럽에서 최초로 해수욕장이 만들어진 리도섬은 처음에는 귀족과 부유층을 위한 특별한 섬으로 '황금섬'이라 불릴 만큼 화려한 역사를 지닌 곳이다. 지금도 해수욕을 즐기는 여름철이나 베니스국제영화제가 열릴 즈음에는 현지인은 물론 많은 여행자가 찾는 곳이다. 리도섬은 베네치아 역사에서 빼놓을 수 없는 곳으로 베네치아를 감싸듯 길게 뻗어있는 지형 탓에 전쟁과 바다의 재해로부터 본섬을 일차적으로 방어하는 역할을 해왔다. 과거 리도섬은 본섬에서 흘러나온 폐수가 바다로 빠져나가지 못해 물이 썩게 되면서 전염병이 자주 발생하였고, 이를 해결하기 위해 지금의 Z자 형태의 대운하를 만들어 물이 고이지 않고 빠져나갈 수 있게 실핏줄처럼 수많은 운하를 만들었다.

리도섬 들어가기

산타루치아역 앞 페로비아(Ferrovia)에서 출발할 경우 1번, 5.1번, 5.2번, 2번 바포레토를 탑승하면 된다. 다만 1번 바포레토는 완행이기 때문에 시간이 조금 더 오래 걸린다는 단점이 있다. 기차역에서 리도섬까지는 40분 정도 소요되며, 산마르코광장 근처에서 출발한다면 15분 내외로 도착할 수 있다. 바포레토에서 하차하여 산타마리아 엘리사베타거리(Granviale Santa Maria Elisabetta)를 따라 직진하면 무료해변에 도착한다. 바포레토역에서 도보로 10~15분 정도 소요된다.

베니스국제영화제(Venice International Film Festival)

매년 8월 말에서 9월 초까지 2주 동안 열리는 베니스영화제는 프랑스 칸영화제와 독일 베를린영화제와 함께 3대 국제영화제로 알려져 있다. 1932년에 제 18회 베니스비엔날레의 일부로 시작했다가 그 다음 해부터 독립적인 행사로 개최하여 국제영화제 중에서 가장 오랜 전통을 지니고 있다.

Section 03
베네치아에서 먹어봐야 할 것들

해산물튀김부터 베네치아에서만 맛볼 수 있는 먹물파스타까지, 해산물요리를 빼놓고 베네치아 음식을 논할 수 없다. 그러나 미로처럼 꼭꼭 숨어 있는 맛집을 찾기란 여간 쉬운 일이 아니다. 가고자 하는 맛집을 찾는다면 행운이지만, 찾지 못했다면 현지인이 많이 몰려 있는 곳으로 들어가 자신만의 맛집을 발견하는 것도 여행의 즐거움이 된다.

해산물파스타를 찾는다면,
알 마스카론 Al Mascaron

베네치아의 수많은 골목 중 하나에 위치한 이 식당은 외관은 허름해 보이지만 문 앞에 붙은 수많은 맛집 인증스티커들이 이 집 음식의 맛을 증명해준다. 저녁에는 줄을 서서 기다려야 할 정도로 소문난 집으로 현지인과 여행자 모두에게 유명한 곳이다. 손글씨로 직접 쓴 정겨운 메뉴판에는 2인 기준으로 가격이 적힌 것도 있지만, 1인분도 주문이 가능하므로 참고하자.

오징어먹물파스타 Spaghetti-seppie di Nero와 랍스터파스타 Astice는 이 집에서 꼭 맛봐야 할 메뉴이며 봉골레파스타 Vongole도 무난한 선택이다. 여럿이 방문했다면 이것저것 주문하여 다양한 메뉴를 맛볼 수 있어 더욱 좋다. 다만 초행길인 여행자는 찾아가기 어렵다는 단점이 있다.

주소 Calle Longa Santa Maria Formosa 5225 **문의** (+39)041-522-5995 **홈페이지** www.osteriamascaron.it **운영시간** 12:30~15:00, 19:00~23:00 **휴무** 매주 일요일 **가격** 오징어먹물파스타(2인 기준) €50, 랍스터파스타(2인 기준) €50, 자릿세 €2.50 **찾아가기** 산마르코광장에서 산타마리아포르모사성당을 찾도록 하자. 그 다음 성당이 있는 광장 안에 스칸디나비아 호텔 왼편으로 난 길을 따라서 20m 정도 들어가다 보면 오른편에 위치한다. **주변 관광지** 산마르코광장

모던한 느낌의 베네치아 맛집,
무로베네치아 Muro Venezia

우리나라 여행자들에게는 잘 알려지지 않은 집이지만, 유럽인들에게는 소문난 맛집으로 인기가 많다. 실내로 들어서면 외관과 다르게 현대적인 인테리어가 눈에 띈다. 유명관광지 음식점처럼 뜨내기손님들을 위한 곳이 아니기 때문에 음식의 질도 매우 훌륭하다. 모든 메뉴가 대체적으로 맛있으며, 특히 카르보나라와 느낌이 비슷한 오레키에테(Orecchiette Pugliesi Con Mozzarella di Bufala, Pomodorini e Pate di Olive) 파스타는 우리 입맛에도 잘 맞는 편이다.

피자를 선호한다면 브로콜리처럼 꽃봉오리를 먹는 아티초크(Artichoke)를 넣은 카프리치오피자(Pizza Capriccio)를 추천한다. 이 집은 오후 3시부터 7시까지는 저녁준비를 위한 시간이므로 이 시간대는 피해야 한다.

주소 Campiello del Spezier, 20, Santacroce **문의** (+39)041-524-1628 **홈페이지** www.murovinoecucina.it **운영시간** 12:00~15:00, 19:00~22:30 **휴무** 매주 화요일 **가격** 스테이크(Grilled sirlon steak with side dish 500g) €18(300g)~25(500g), 오레키에테 파스타 €12, 피자 €7~15, 자릿세 €2 **찾아가기** 바포레토 산스타에(San Stae)에서 내려 직진하다 왼쪽으로 보이는 첫 번째 골목에 위치. 선착장부터 걸어서 5분 거리. **주변 관광지** 리알토다리

맛과 양 어느 것도 소홀하지 않는
콴토바스타 Quanto Basta

엄청난 피자 크기에 압도되는 곳이다. 그렇다고 질보다는 양을 내세우는 집이 아니라 맛도 만족할 수 있는 양심적인 레스토랑이다. 작은 사이즈도 2명이 나눠 먹기 좋으며, 큰 사이즈는 4명이 나눠 먹어도 될 정도로 푸짐하다. 2명 이상이라면 한 사람 당 €5면 든든하게 배를 채울 수 있다. 피자에 참치, 양파로 토핑된 톤노 에 치폴라(Tonno e Cipolla)나 버섯과 양파로 토핑한 봄베이(Bombay) 그리고 조금은 이색적인 카르보나라피자(Piazza Carbonara)를 추천한다. 참고로 콴토바스타에서는 한 판에 2가지 토핑을 반반씩 섞어 주문할 수도 있으며, 후식으로는 멜론젤라토를 추천한다.

주소 Cannaregio 148, 30121 **문의** (+39)041-524-2939 **홈페이지** quantobastavenezia.com/italiano **운영시간** 07:00~24:00 **가격** 작은 사이즈 €5.50~9, 큰 사이즈 €13~18, 젤라토 €1.50~ **찾아가기** 산타루치아역을 등지고 왼쪽의 큰 길인 리스타 디 스파냐(Lista di Spagna)를 따라가면 도보 3분 거리로, 왼편에 위치한다. **주변 관광지** 산타루치아역

운하와 함께 컵파스타를 즐기는
달모로 Dal Moro's

골목골목이 미로 같은 베네치아에서는 조금 찾아가기 힘들 수 있지만 여행자들 사이에는 벌써 소문난 집으로 컵파스타를 파는 곳이다. 주문할 때 취향에 맞는 파스타 면 종류와 소스를 선택하면 된다. 면 종류는 페투치네Fettuccine, 펜네Penne, 푸실리Fusilli 세 종류가 있으며, 소스 종류는 매주 다양하게 준비되는데 모니터 화면으로 된 메뉴판에서 살펴볼 수 있다. 메뉴판에는 영어로 소스에 대한 간략한 소개도 있으므로 주문하는 데 크게 어려움은 없다. 우리나라 여행자가 많이 방문하다보니 종업원들도 한국인에게 상당히 호의적이다. 또한 가격이 저렴한데도 양은 꽤 많아 배불리 먹을 수 있다는

점이 이곳의 장점이다. 실내공간은 협소하지만 테이크아웃 용기에 담아주므로 날씨가 좋다면 컵파스타를 들고 주변 운하풍경을 감상하면 먹는 것도 괜찮다.

주소 Calle De La Casseleria, 5324 **문의** (+39)041-476-2876 **홈페이지** www.dalmorosfreshpastatogo.com **운영시간** 12:00~20:30 **가격** €5~7 **찾아가기** 산타마리아광장과 산타마리아포르모사성당으로 가는 길목에 위치한다. **주변 관광지** 산마르코광장

베네치아표 해산물튀김!
프리토인 Frito inn

온라인 배낭여행카페에서 유명세를 타기 시작하더니 어느 순간부터는 우리나라 여행자를 위한 가게처럼 되어버린 곳이다. 한국인이 많이 찾아오다 보니 가게 앞에 한국어로도 메뉴가 적혀 있다. 여러 튀김메뉴 중 모둠튀김에는 멸치가 많이 들어가 있으니 모둠튀김보다는 새우와 오징어튀김이 같이 나오는 칼라마리+감베리(Calamari+Gamberi) 메뉴를 추천한다. 대구튀김인 스톡피쉬(Stock Fisch)도 먹을 만하다. 짠 음식이 싫다면 주문 전에 소금을 줄여달라고 말해보자.

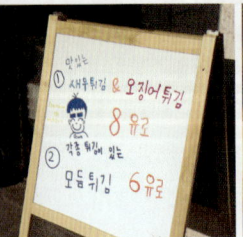

주소 Cannareggio, 1587 **문의** (+39)333-597-9819 **운영시간** 12:00~20:30 **가격** €6~8 **찾아가기** 산타루치아역에서 리알토 가는 방면으로 걸어가다 첫 번째 다리를 지나 조금 걷다보면 오른편에 보이는 광장에 위치한다. **주변 관광지** 산타루치아역 **귀띔 한마디** 짜게 먹지 않는다면 '소금은 조금만 넣어주세요'를 뜻하는 'Poco Sale Per Favore(뽀꼬 살레 뻬르 파보레)' 라고 말하자.

도우너까지 맛있는 피자집,
알파로 Pizzeria Ristorante Al faro

피자의 도우너가 특히 맛있는 집으로 피자 외에 먹물 파스타도 추천할 만하다. 가격대도 그리 높지 않고 한국어 메뉴판도 구비되어 있어 주문이 어렵지 않다. 비교적 늦은 시간까지 영업하며, 15~19시까지 쉬는 시간이므로 운영시간을 참고해 찾아가자. 실내에도 좌석이 있지만 날씨가 좋다면 실내보다는 테라스에서 현지인들과 함께 어우러져 식사를 즐겨보자.

주소 Cannaregio, 1181(Campo Del Ghetto Vecchio) **문의** (+39)041-275-0794 **홈페이지** alfarovenezia.com **운영시간** 11:30~15:00, 19:00~23:30 **가격** 피자 €5~, 파스타 €7~, 하우스와인(0.25L~) €4~, 자릿세 €2 **찾아가기** 기차역을 등지고 왼쪽으로 정면에 보이는 첫 번째 다리를 건너서 왼쪽으로 운하를 따라 걷다보면 레스토랑 Gem Gem이 나온다. 그 바로 앞에 있는 골목으로 들어가면 찾을 수 있다. **주변 관광지** 산타루치아역

부담 없이 즐길 수 있는 조각피자가게,
안티코포르노 Antico Forno

리알토다리 주변에서 가볍게 조각피자를 먹을 수 있는 집이다. 좁지만 맛집으로 소문난 곳이라 항상 사람들로 문전성시를 이룬다. 메뉴회전이 빨라 방금 만들어 낸 다양하고 따끈따끈한 피자가 진열장을 채우므로 먹고 싶은 피자를 고르기만 하면 된다.
특히 두꺼운 피자는 양도 푸짐해 한 끼 대용으로 충분하다. 가격은 두꺼운 피자가 얇은 씬피자보다 €1 가량 더 비싸다. 내부가 협소하므로 앉아서 먹을 자리가 없어 서서 먹어야 하지만 가볍게 지친 허기를 달래기에 안성맞춤인 곳이다.

주소 Sestiere San Polo, 973 **문의** (+39)041-520-4110 **운영시간** 11:30~21:30 **가격** 얇은 피자 한 조각 €3~, 두꺼운 피자 한 조각 €3.90~, 음료 €2~ **찾아가기** 기차역에서 출발하는 방향으로 리알토다리를 건너면 보이는 상점들을 따라 걷다가 첫 번째 골목에서 왼쪽으로 꺾어서 도보 5분 거리로 오른편에 위치한다. **주변 관광지** 리알토다리

베네치아 대학가 주변에서 즐기는 샌드위치,
카페로쏘 Il Caffè Rosso

우리나라의 대학로와 비슷한 대학가의 산타마르게리타광장Campo Santa Margherita 주변에 위치하고 있어 물가가 비싸기로 소문난 베네치아임에도 가격이 매우 저렴하다. 베네치아에서만 맛볼 수 있는 색다른 요리를 찾는다면 실망하겠지만 간식이나 저렴하게 샌드

위치로 한 끼를 해결하려는 사람들에게는 최적의 가게이다. 실제 가격도 저렴하면서 메뉴도 다양하므로 맛있는 샌드위치를 찾는 베네치아 젊은이들이 즐겨 찾는 곳이다. 밤에 방문한다면 가볍게 식전에 마실 수 있는 술, 스프리츠Spritz를 한잔 곁들여도 좋다.

주소 Sestiere Dorsoduro, 2963, Campo Santa Margherita **문의** (+39)041-528-7998 **홈페이지** www.cafferosso.it **운영시간** 07:00~01:00 **가격** €1.60~ **찾아가기** 마르게리타광장 내에 위치하여 어렵지 않게 찾을 수 있다. **주변 관광지** 마르게리타광장 **귀띔한마디** 테이크아웃이 가능하다.

베네치아 커피의 진수,
토레파지오네 마르끼 Torrefazione Marchi

1930년에 문을 열어 3대째 운영 중인 커피숍으로 이탈리아방송에도 여러 번 소개될 정도로 유명한 로컬카페이다. 여러 종류의 커피원두를 직접 볶아서 판매도 하고 있다. 수동머신을 이용해 커피를 뽑는 것이 독특하며, 매일 직접 커피를 볶으므로 신선한 커피맛을 제대로 즐길 수 있어 좋다. 베네치아의 유명한 카페임에도 불구하고 부담스럽지 않은 가격대를 형성하고 있다. 커피를 좋아하는 사람이라면 베네치아에서 꼭 가봐야 할 리스트에 넣어두자.

주소 Cannaregio, 1337 **문의** (+39)041-71-6371 **홈페이지** www.torrefazionemarchi.it **운영시간** 월~토요일 07:00~19:30 **가격** €0.90~ **찾아가기** 산타루치아역에서 리알토 가는 길의 첫 번째 다리인 굴리에다리를 넘어서 도보 2분 거리로 왼편에 위치한다. **주변 관광지** 산타루치아역

이탈리아에서 가장 오래된 카페,
카페플로리안 Caffe Florian

유럽에서 가장 오래된 카페로 1720년 플로리아노프란체스코니Floriano Francesconi라는 사람이 오픈한 카페이다. 베네치아를 상징하는 카페로 이탈리아에서 가장 오래된 카페답게 실내로 들어서면 시간을 거꾸로 돌려놓은 듯 클래식한 분위기가 물씬 풍긴다. 오랜 역사만큼 카사노바가 놓칠 리 없었고, 괴테, 찰스디킨스 등 유명인들도 이 카페를 자주 방문했다고 한다.

카페의 테라스에서는 커피를 즐기는 동안 흥겨운 연주가 계속 이어진다. 재미있는 것은 플로리안카페 앞에

2번째로 오래된 카페도 자리하고 있는데 이곳에서도 연주를 하고 있어, 종종 두 집 간의 치열한 경연이 벌어지곤 한다. 산마르코광장의 아름다움에는 이 연주들이 한몫을 더한다. 가격대가 높은 편이고 밖에서 마실 경우 1인당 연주비를 따로 받기 때문에 꽤 많은 지출을 예상해야 한다.

주소 Piazza San Marco, 56 **문의** (+39)041-550-5641 **홈페이지** www.caffeflorian.com **운영시간** 월~목요일 10:00~21:00, 금~토요일 09:00~23:00, 일요일 9:00~21:00, 연주 11:00~23:00 **휴무** 매주 수요일 **가격** 커피 €6~, 음료 €8~10, 밖에서 마실 경우 연주비 1인당 €6 추가 **찾아가기** 산마르코광장 내 위치 **주변 관광지** 산마르코광장

베네치안이 사랑하는 빵집, 토놀로 Pasticceria Tonolo

베네치아에서 가장 인기 있는 빵집 중의 하나로 규모는 크지 않지만 항상 빵 나오는 시간에는 현지인들도 줄을 서서 기다릴 정도로 유명한 집이다. 제대로 된 이탈리아의 달콤하고 부드러운 돌체Dolce를 맛볼 수 있으며, 가격 또한 저렴하다. 과일타르트나 케이크, 티라미수 등 종류도 다양해서 골라 먹는 재미도 있다. 테이크아웃도 가능하며 넓지는 않지만 실내에서 서서 커피를 마실 수 있는 공간이 있으므로 빵과 함께 커피 한잔 즐기기에도 괜찮다.

인기 있는 빵집인 만큼 만들자마자 다 팔려버릴 수 있으므로 시간대를 잘 맞춰야만 다양한 빵을 맛볼 수 있다. 관광객보다는 현지인들이 즐겨 찾는 집으로 주요 관광지 주변이 아니라 찾아가기가 다소 어렵다. 베네치아 일정이 여유로운 사람들에게 추천한다.

주소 Calle de San Pantalon 30123 **문의** (+39)041-523-72091 **홈페이지** www.facebook.com/PasticceriaTonolo **운영시간** 화~토요일 07:45~20:00, 일요일 07:45~13:00 **휴무** 매주 월요일 **가격** €1.20~ **찾아가기** 베네치아 프라리성당에서 마르게리타광장으로 가는 골목에 위치한다. **주변 관광지** 프라리성당

베네치아 프랜차이즈 커피숍, 마제르 Majer

베네치아를 돌아다니다 보면 종종 볼 수 있는 커피체인점으로 실내로 들어서면 마치 한국 카페처럼 현대적인 느낌을 풍긴다. 커피와 함께 맛있는 이탈리아의 다양한 디저트를 즐길 수 있는데, 사각형모양의 초콜릿 생과자 브라우니^{Brownie}가 특히 맛있는 집이다. 안으로 들어가면 앉을 수 있는 몇 개의 테이블이 있어 서서 커피를 마셔야 하는 이탈리아에서 잠시나마 여유를 부릴 수 있는 단비 같은 곳이다. 또한 직접 로스팅한 커피도 구입이 가능하니 커피를 즐기는 애호가라면 기념으로 구입해도 좋다.

주소 Cannaregio n.1227 **문의** (+39)041-523-0820 **홈페이지** www.majer.it **운영시간** 월~토요일 07:00~21:00, 일요일 08:00~21:00 **가격** 빵 €1.20~, 커피 €1.50~ **찾아가기** 기차역을 등지고 좌측으로 돌면 정면에 나오는 첫 번째 다리를 건너서 왼쪽으로 운하를 따라 걷다보면 레스토랑 Gem Gem이 나온다. 그 바로 앞에 있는 골목으로 들어가다 보면 오른편에 위치한다. **주변 관광지** 산타루치아역

프라리성당이 보이는, 카페데이프라리 Caffe dei Frari

베네치아에서 꽤 인기 있는 카페이자 펍^{Pub}이다. 유명 관광지 산타마리아 데이프라리성당 앞에 위치하여 여행자라면 쉽게 마주치게 되는 곳이다. 2층 창가 자리에 앉으면 프라리성당이 그림처럼 눈에 들어오며, 실내는 오랜 역사를 뽐내듯 고풍스러운 분위기를 풍긴다. 카페는 특색이 있거나 음식이 맛있다기보다는 주요 관광지에서 쉽게 찾을 수 있는 곳으로 도보여행에 지친 여행자의 허기를 달래기에 좋다.

주소 San Polo 2564 **문의** (+39)041-524-1877 **운영시간** ~일요일 08:30~21:30, 월요일 08:30~16:00 **가격** 커피 €3~ **찾아가기** 프라리성당을 등지면 보이는 다리를 건너면 바로 카페가 보인다. **주변 관광지** 프라리성당

과일맛 마니아를 위한 카도르 Gelateria C'a d'Oro

판매되는 젤라토 종류가 다양하지는 않지만 맛만큼은 훌륭하다. 대체적으로 레몬맛(Limone di Sorrento Igp), 딸기맛을 비롯해 과일맛이 인기가 좋다. 젤라토는 컵과 콘 중에서 고르면 되고, 사이즈는 한 가지 맛을 고를 수 있는 스몰사이즈(€1.50)와 두 가지 맛을 고를 수 있는 미디움사이즈(€2.50)가 있다.

Chapter 02 아름다운 물의 도시, 베네치아

무더운 여름날이면 한국의 슬러시가 생각나는 그라니타Granita도 추천할 만하다. 그라니타도 젤라토처럼 두 가지 맛을 한데 섞어 먹을 수 있다. 산타루치아역에서 산마르코 광장으로 가는 큰 길에 위치해 있어 베네치아에 있는 어느 젤라토 맛집보다도 찾기 쉽다는 것이 장점이다.

주소 Via Cannaregio 4273 **문의** (+39)041-522-8982 **운영시간** 월~일요일 11:00~24:00 **가격** 젤라토 €1.50~(스몰사이즈), 그라니타 €1.80~ **찾아가기** 산타루치아역에서 리알토 방향 스트라다누오바(Strada Nuova)에 위치 **주변 관광지** 리알토다리

소문 자자한 그집 젤라토,
일도제 Il Doge

베네치아에서 손꼽히는 젤라토집 중의 하나로 대학가 주변인 도르소두로Dorsoduro에 위치하고 있어 언제나 젊음의 활기가 넘친다. 다른 젤라토가게와 가격은 비슷한 편으로 한 가지 맛은 €1.50이며, 두 가지 맛은 €2.50이다. 물론 더 큰 사이즈도 판매하고

있다. 또한 €0.50를 추가 지불하면 생크림까지 올려 먹을 수 있다. 요거트맛이나 과일맛 또는 커피맛 등 취향에 따라 맛을 선택하면 된다.

주소 Dorsoduro 3058, Campo Santa Margherita **문의** (+39)041-523-4607 **운영시간** 09:00~01:00 **가격** €1.50~ **찾아가기** 마르게리타광장 내에 위치한다. **주변 관광지** 마르게리타광장

운하 앞에서 즐기는
젤라띠니코 Gelati Nico

베네치아의 젤라토집 중에서 가장 유명하다고 해도 과언이 아닌 곳이다. 이 집의 대표메뉴 민트맛 젤라토인 애프터에잇(After Eight)은 손님을 끌어 모으는 마법 같은 존재로 민트색의 색감이 눈길을 끌며 맛의 청량감이 일품이다. 이외에 초콜릿맛인 초콜

라토(Ciocolatto)와 과일맛 젤라토도 맛있는 편이지만 서비스에 대해서는 호불호가 갈리므로 참고하자. 바포레토를 타고 찾아가는 것이 편리하므로 도보여행자보다는 바포레토 이용권을 끊은 여행자에게 추천한다.

주소 Fondamenta Zattere al Ponte Longo, 922 **문의** (+39)041-522-5293 **홈페이지** www.gelaterianico.com **운영시간** 07:00~23:00, 겨울철 07:00~21:00 **가격** 젤라토 €1.50~(한 가지 맛), €2.40(두 가지 맛), 테이블 자릿세 있음 **찾아가기** 자테레(Zattere) 정류장에서 하차하면 바로 보인다.

Section 04
베네치아에서 놓치면 후회하는 쇼핑거리

베네치아에서 눈요기할 곳을 찾는다면 명품거리인 살리타산모이세(Salita San Moise)로 향하자. 선물이나 기념품으로는 무라노섬의 유리세공품이나 부라노섬의 레이스가 유명하지만 가격대가 다소 높은 편이다. 저렴한 것을 찾는다면 베네치아의 지역특산품인 가면 정도도 의미가 있다. 베네치아는 섬인 만큼 다른 도시보다 물가가 비싸므로 쇼핑은 그다지 추천하지 않는다.

명화가 그려진 가면
스케제 Schegge

1204년 십자군전쟁으로 콘스탄티노플을 점령한 엔리코단돌로(Enrico Dandolo)총독은 무슬림여인들까지 전리품으로 데려온다. 이 여인들이 쓰던 차도르에서 착안된 것이 베네치아가면이다. 하지만 가면이 범죄에 빈번히 이용되자 법으로 가면을 쓸 수 있는 기간을 지정하게 된다. 이후 베네치아가면은 다양한 모양으로 발전하였고,

기념품으로 팔리기 시작하면서 거리마다 가면 파는 집을 심심치 않게 볼 수 있게 되었다. 스케제는 쇼윈도부터 화려한 가면들이 눈길을 붙잡는다. 온 가족이 가면을 만드는 집으로 아빠는 가면 틀을 잡고, 엄마와 딸이 그림을 그린다. 수작업이다 보니 가격은 비싸지만 다른 집과 달리 특색 있는 가면으로 가득하다. 베네치아만의 색다른 기념품을 찾는 사람에게 추천하며, 꼭 구매하지 않더라도 화려한 가면들을 구경하고 싶다면 방문해보자.

주소 Castello 6185 **문의** (+39)041-522-5789 **운영시간** 10:00~20:00 **가격** €35~80 **찾아가기** 산타마리아포르모사성당을 찾고 광장 안에 스칸디나비아 호텔 왼편으로 난 길을 따라서 20m 정도 들어가다 보면 왼편에 위치. **주변 관광지** 산마르코광장

위트 있는 디자인과 실용적인 가격,
투레이트 Too Late

시계, 액세서리 브랜드로 심플하고 가볍게 찰 수 있는 고무소재 시계로 사랑받는 이탈리아브랜드이다. 시계 외에도 재미있는 디자인과 다양한 색상의 액세서리가 있어 남녀노소 모두에게 인기가 있으므로 지인 선물을 고르기에도 좋다. 독특한 아이템을 찾는 패셔니더라면 이곳을 눈여겨보자.

주소 Calle Dolfin, 5648/a, Venezia, 30100 VE **홈페이지** www.too2late.com **운영시간** 10:00~13:30, 14:30~19:30 **휴무** 매주 수요일 **가격** 팔찌 €15~, 시계 €29 **찾아가기** 산타루치아역에서 리알토다리 쪽 스트라다누오바길을 따라 큰 시계가 있는 성당까지 가서 우측에 보이는 다리를 건넌다. 좌회전 후 바로 건물을 끼고 오른쪽으로 도보 1분 거리.

Chapter 02 아름다운 물의 도시, 베네치아

새로운 핫플레이스
노벤타아웃렛 Noventa Outlet

이탈리아를 대표하는 대형아웃렛 중 하나로 최근에 새롭게 오픈한 곳이라 아직 많이 알려지지 않아 조용하게 쇼핑을 즐길 수 있는 곳이다. 이곳에서는 이탈리아를 대표하는 명품부터 우리에게는 많이 알려져 있지 않지만 이탈리아 내에서 유명한 브랜드를 만날 수 있다. 많은 사람에게 치이는 피렌체, 밀라노에서와는 달리 편안한 쇼핑을 즐길 수 있을 것이다. 찾아가기는 다소 번거롭지만 다른 아웃렛에 비해 붐비지 않아 좋다. 패션에 관심이 있는 여행자라면 꼭 한 번 들러보자.

주소 Via Marco Polo 1 **문의** (+39)0421-5741 **홈페이지** www.mcarthurglen.it/noventadipiave/it **운영시간** 10:00~20:00, 특별 운영시간 12/24 10:00~18:00, 12/31 10:00~17:00 **휴무** 1/1, 12/25, 12/26 **입점 브랜드** 프라다, 버버리, 페라가모, 디스퀘어드2, 아르마니, 폴스미스, 펜디, 비알레티, 디젤, 캘빈클라인, 나이키 등 **귀띔 한마디** 홈페이지 회원가입을 하면 10% 할인이 된다.

노벤타아웃렛 찾아가기

인원이 3명 이상이라면 택시비를 나누어 내며 원하는 시간대에 느긋하게 쇼핑을 즐길 수 있는 방법 1을 추천한다. 방법 2는 인원이 2명 이하일 경우 버스를 타고 가는 것이 더 경제적이기에 추천하지만, 셔틀버스 배차가 많지 않아 원하는 시간대에 이동할 수 없는 단점이 있다.

방법 1. 기차와 택시를 타고 가는 방법

산타루치아역(S.Lucia)에서 트리에스테(Trieste)행 기차가 산도나 디 피아베역(San Dona di Piave-Jesolo)에 정차한다. 다만 트리에스테를 가는 모든 기차가 산도나피아베역에 정차하지 않으므로 타기 전에 역무원에게 물어보거나 기차역 안에 붙어 있는 기차시간표를 확인하고 타는 것이 좋다. 기차에서 하차한 후 노벤타아웃렛까지는 다시 택시나 버스를 타고 들어가야 하며 역으로 돌아올 때 택시가 필요할 경우 아웃렛 입구 인포메이션센터에서 택시(콜택시 +39-347-791-2026)를 불러달라고 부탁하면 된다.

교통수단	동선	소요시간	요금	총 소요경비
기차	베네치아 산타루치아역 → 산도나 디 피아베역	35분	편도 €5.10	3명 이상 1인당 왕복 €19~
택시	산도나 디 피아베역 → 노벤타아웃렛	10분	편도 €13~15	1인 왕복 €39~
버스	산도니 디 피아베역 → 노벤디아웃렛	20~25분	편도 €1.90~3.50	-

방법 2. 피플무버와 버스를 타고 가는 방법

노벤타아웃렛으로 가는 버스를 타려면 베네치아로마광장(P.le Roma)에서 모노레일과 비슷한 피플무버를 타고 트론게토(P.le Tronchetto)에서 하차하여 바로 보이는 주차장에서 검은색 셔틀버스를 타고 들어가면 된다.

교통수단	동선	소요시간	요금	총 소요경비
피플무버	베네치아 로마광장 → 트론게토	5분	편도 €1.5	€18
셔틀버스	트론게토 → 노벤타아웃렛	1시간	왕복 €15	

Section 05

여행자들에게 적당한 베네치아의 숙소

베네치아의 숙소는 베네치아 본섬과 본섬에서 기차로 한 정거장 떨어진 메스트레지역에 몰려 있다. 본섬에 위치한 숙소들은 대체로 시설이 낙후되었지만 메스트레 지역은 가격도 저렴하고 시설이 우수한 편이다. 물론 베네치아 본섬에서 기차로 10분 정도 이동해야 하므로 조금 번거로울 수 있다. 관광도시 베네치아는 성수기와 비수기간 가격차가 크며, 물가도 비싼 편이라 호스텔 숙박비 또한 만만치 않다.

착한 가격으로 널리 사랑받는
플라자호텔 Hotel Plaza Venice

우리나라 신혼여행자들에게 특히 인기가 좋은 플라자호텔은 다른 여타 호텔과 다르게 한국인에게 매우 호의적이다. 홈페이지마저도 한국어를 지원할 정도이니 직원들이 한국인을 대하는 서비스는 두말할 필요가 없다. 최근에 새롭게 리모델링하여 클래식과 모던함을 함께 갖추고 있는 곳으로 저렴한 가격에 편안함을 누리고 싶다면 이만한 호텔도 흔하지 않다.

다만 성수기에는 리모델링 이전의 방을 제공하는 경우도 있는데 이때는 만족도가 많이 떨어질 수 있다. 또한 위치가 메스트레역 바로 앞에 위치했다고는 하나 본섬 밖에 위치하므로 관광지에 대한 접근성이 떨어지는 것도 결정적인 단점이 될 수 있다.

주소 Viale Stazione, 36 **문의** (+39)041-92-9388 **홈페이지** www.hotelplazavenice.com **체크인/아웃시간** 14:00/12:00 **객실요금** 비수기 더블룸 €99~, 성수기 더블룸 €149~ **관광세** 1인 1박당 €2.40 **찾아가기** 메스트레역 출구 길 건너 오른편에 위치한다. **귀띔 한마디** 와이파이를 무료로 사용할 수 있다.

전통적인 숙박계의 강호
베스트웨스턴호텔 볼로냐 Best Western Hotel Bologna

세계적인 호텔체인으로 특히 유럽에서 높은 인지도를 갖고 있는 호텔이다. 과거에 인터넷이 활성화되지 않았을 때에는 유럽에서도 특히 유명했던 호텔체인이었지만 2000년대에 들어서면서부터 새롭게 등장하는 여러 호텔에 밀려 인기가 과거와 같지는 않다. 그래도 오랜 전통이 느껴지는 분위기와 서비스만큼은 분명 이 호텔만의 장점이 될 수 있다. 호텔 내부도 깔끔하고 위치도 메스트레역에서 가까워 이동이 용이하다.

주소 Via Piave, 214 **문의** (+39)041-931-0008 **홈페이지** www.hotelbologna.com **체크인/아웃시간** 14:00/12:00 **객실요금** 더블룸 평균 €179(비수기 €129~139, 성수기 €219) **관광세** 1인 1박당 €3 **찾아가기** 메스트레역 출구로 나와서 길 건너 바로 왼편에 위치한다.

접근성이 좋은
산제레미아&알로기 지로토 칼데란 Hotel S.Geremia&Alloggi Gerotto Calderan

유럽에서 숙박비가 비싸기로 유명한 베네치아 본섬에서 거의 유일에 가까운 저렴한 호스텔이다. 리셉션은 같이 사용하지만 숙박은 각각 다른 건물에 배정되는데, 예약 현황에 따라 어느 곳으로 갈지는 리셉션에서 정해준다. 위치상으로 기차역에서 매우 가까워서 짐이 무겁거나 많은 여행자들에게는 편리하지만 객실의 시설이 매우 낡고, 화장실 청결도도 낮은 편이다. 또한 객실 침대가 다닥다닥 붙어 있는 느낌이라 잠자리를 가리는 사람들은 많이 불편할 수 있다. 그래서 숙소 선정에 있어 위치를 최우선으로 하는 여행객들에게 추천한다. 객실 요금에 조식은 포함되지 않으며, 지도는 €0.50에 구매할 수 있다. 와이파이가 방에서는 잘 잡히지 않는 단점이 있다.

주소 Campo S.Geremia 290 **문의** (+39)041-71-5562 **홈페이지** www.hotelsangeremia.com **체크인/아웃시간** 14:00/10:00 **객실요금** 도미토리 비수기 €21, 성수기 €25, 더블룸 비수기 €46~60, 성수기 €65~100 **관광세** 1인 1박당 €2 **찾아가기** 산타루치아역을 등지고 왼쪽 길을 따라 도보 5분 거리. **귀띔 한마디** 가격은 방 크기와 화장실 유무에 따라 차이가 난다.

산타루치아역 접근성이 좋고 편안한
러브베네치아

산타루치아역에서 다리를 건너지 않아도 되는 유일한 한인민박으로 산타루치아역이나 주요 관광지와 인접해 있어 접근성이 매우 좋다. 매일 아침 모든 투숙객들을 위해 간단한 여행브리핑도 해주고 있어 여행의 효율성을 높여주며, 항상 상주하고 있는 젊은 스텝들의 친절한 관광지 설명도 이곳만의 큰 장점이다.

매일 아침 사장님이 직접 준비해주는 푸짐한 한식으로 든든하게 여행을 시작할 수 있으며, 숙소로 돌아와서는 단층침대에서 편안하게 휴식을 취할 수 있다. 다만 숙소가 관광 대로변에 있어 여름에는 밤늦게까지 다니는 여행객들에 의해 다소 시끄러울 수도 있다.

문의 (+39)366-539-0350 **카카오톡** lovevenice **홈페이지** www.loveitaly.co.kr **체크인/아웃시간** 14:00/10:00 **객실요금** 도미토리 €35, 커플룸 €100, 가족실 3인 €140 **찾아가기** 전화나 홈페이지에서 문의하면 안내를 받을 수 있다. **귀띔 한마디** 가격은 방의 크기와 화장실 유무에 따라 차이가 나며, 예약은 홈페이지에서 가능하다.

집밥처럼 맛있는 아침이 나오는
허브민박

이탈리아인과 결혼한 주인아줌마가 운영하는 민박집으로 어머님이 해주시는 것 같은 따뜻한 식사는 마치 집에서 먹는 집밥처럼 맛있다. 객실은 도미토리, 2인실, 3인실 등이 있으며 넓은 공간에 독립된 방들은 머무는 내내 내집처럼 편안하게 휴식을 취할 수 있어 좋다. 또한 주인의 유창한 이탈리아어 실력으로 혹시나 현지에서 문제가 생겼을 때 도움도 받을 수 있다. 다만 숙소가 관광지가 아니라 거주지 쪽에 위치해 있어 찾아가기가 다소 힘든 것이 단점이다. 와이파이는 무료로 사용 가능하다.

주소 Calle S. Girolamo, 3027, 30121 Venezia **문의** (+39)334-146-2391, 인터넷전화 070-7555-4267, 카톡ID herbminbak **홈페이지** www.veniceherb.com **체크인/아웃시간** 14:00/10:00 **객실요금** 도미토리 €35 커플룸 €100 가족실 3인 €140 **찾아가기** 전화나 카톡ID로 연락하면 안내를 받을 수 있다.

메인거리에 위치한
파바로티민박(구 한야민박)

산타루치아역에서 가깝고 메인거리에 위치하여 찾아가기 쉽다는 것이 가장 큰 장점이다. 언제나 정겹게 맞아주는 주인과 스텝들의 인사로 하루를 시작할 수 있다. 방마다 화장실이 딸려있으므로 도미토리를 이용해도 붐비지 않고, 숙박하는 다른 여행자들과 함께 어울릴 수 있는 공간이 따로 마련되어 있어 여행 뒤 서로간의 정보도 교환할 수 있다. 다만 집안 전체가 어두운 분위기이고 낡은 시설이 단점이다.

문의 (+39)041-894-1057 **인터넷전화** 070-7663-0716 **카톡ID** li83qifeng **홈페이지** www.pavarottihause.com **체크인/아웃시간** 14:00/10:00 **객실요금** 도미토리 €40, 3인실 €160, 4인실 €200, 5인실 €230, 6인실 €270 **찾아가기** 전화나 카톡ID로 연락하면 안내를 받을 수 있다.

이탈리아 현지인이 운영하는
리알토B&B Bed and Breakfast Rialto

본섬 내에 위치해 있어 최신식 인테리어는 아니지만 깔끔한 주인 성격 때문인지 청결도는 매우 우수한 편이다. 방마다 창문을 통해 운하를 바라보며 커피 한잔 즐길 수 있는 테라스 또한 이 집의 장점이다. 리알토 다리 근처에 위치해 있다 보니 주요 관광지와 거리는 가깝지만 처음 베네치아 산타루치아역에 도착했을 때 이곳까지 짐을 끌고 이동해야 하는 수고로움을 감수해야 한다. 비수기와 성수기 요금 차이가 많이 나므로 미리 홈페이지에서 참고하도록 하자.

주소 F.ta dell'Olio, Sestiere San Polo, 1783a **문의** (+39)320-308-4973 **홈페이지** www.bbrialto.com **체크인/아웃시간** 15:00~18:00/12:00 **객실요금** 더블룸(화장실 공용) : 비수기/성수기 €70~200, 더블룸(화장실 포함) : 비수기/성수기 €60~180, ※인원 추가 1인 당 €20 **찾아가기** 산타루치아역에서 리알토다리를 건넌 뒤 바로 보이는 오른쪽 골목으로 들어가 막다른 길에서 좌회전 하여 폰다멘타리바올리오(Fondamenta Riva Olio)길을 따라 직진하여 5분 거리이다. 수산시장 근처에 위치해 있으며 가까운 바포레토 정류장은 리알토메르카토(Rialto Mercato)역이다.

현지인민박 이용하기

세계적으로 가장 유명한 현지인 민박은 B&B(Bed and Breakfast)이다. 약자 그대로 침대와 아침을 제공하는 숙소인데, B&B 숙소는 대체로 방이 1~2개 정도밖에 되지 않는 경우가 많아 숙소 주인과 친근하게 지낼 수 있는 장점이 있다. 대부분 현지인이 운영하고, 손님 숫자가 적다보니 현지생활을 다소나마 체험해 볼 수 있다. B&B의 가장 큰 장점은 현지스타일로 제공되는 아침식사이다. 대체로 기대 이상의 아침상이 차려지며, 뿐만 아니라 친절한 주인의 경우 여행자와 시간을 함께 보내주기도 한다.

Chapter 03
베네치아근교 여행
베로나, 트리에스테, 바사노 델 그라파, 비첸차

베네치아에서의 2일 이상의 일정이라면 '로미오와 줄리엣'의 배경지인 베로나, 일리커피의 고장 트리에스테, 알프스가 고즈넉이 보이는 바사노 델 그라파 그리고 이탈리아의 최고 건축가 중 한 명인 팔라디오의 도시 비첸차 등 근교도시로 당일치기 여행을 떠나보자.

Chapter 03 베네치아근교 여행

Section 06
비련의 여주인공 줄리엣의 고향, 베로나

로미오와 줄리엣의 도시 베로나는 베네치아근교도시 중 가장 많은 여행자가 방문하는 곳이다. 베네치아에서 기차로 1~2시간 정도 떨어져 있어 당일 여행으로 즐기기에 좋다.

 베로나여행을 시작하기 전

세기의 사랑인 로미오와 줄리엣의 무대이자 영화〈레터스 투 줄리엣, Letters To Juliet 2010〉의 배경지가 바로 베로나이다. 1900년대 후반까지도 그리 잘 알려져 있지 않으나, 유네스코에서 도시 전체를 세계문화유산으로 지정하면서 많은 연인이 로맨스를 꿈꾸며 이곳을 찾고 있다. 한여름 밤 고대 로마극장에서 펼쳐지는 오페라공연 또한 이곳에서 빼놓을

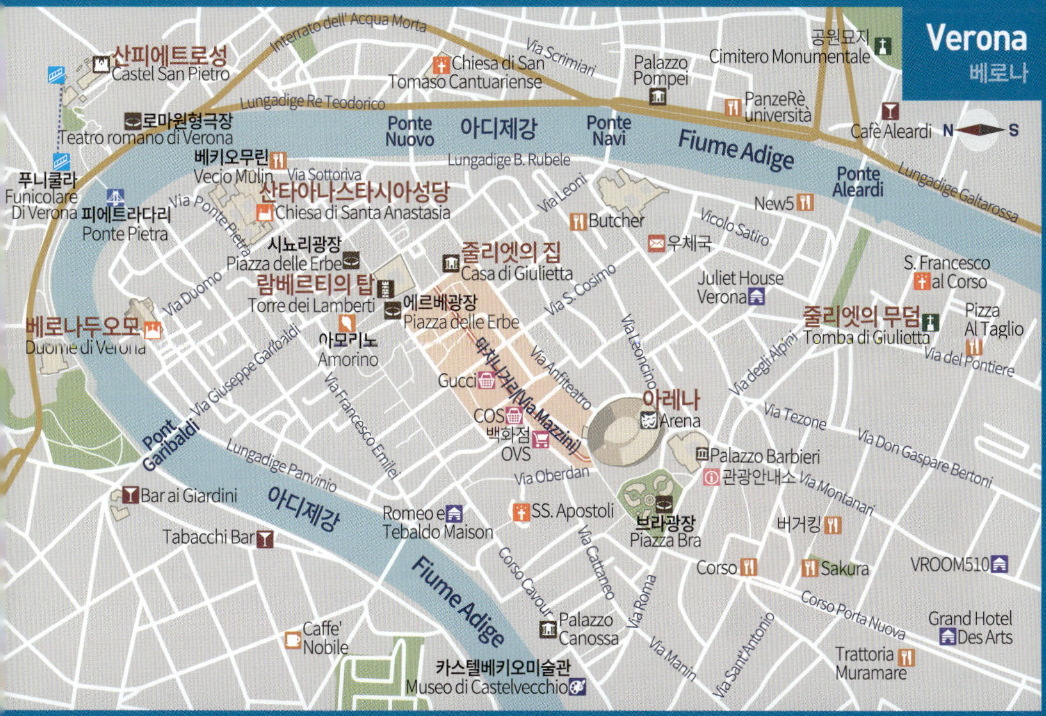

수 없는 백미로 베로나의 밤을 더욱 아름답게 만들어 준다. 낭만이 있고 노래가 있는 베로나에서 중세 북부이탈리아와 사랑에 빠져보자.

베로나로 들어가기

베네치아나 밀라노에서 출발하면 베로나를 당일치기로도 충분히 여행할 수 있다. 기차로 이동한다면 베로나 포르타누오바 Verona Porta Nuova 역에서 하차하면 되는데, 기차편에 따라 1시간 10분에서 2시간 20분까지 소요된다. 빠른 열차를 타고 갈 경우 소요시간은 레지오날레보다 단축되지만 그만큼 가격은 비싸다.

베로나 포르타누오바역 유인짐보관소와 관광안내소

베로나중앙역은 인근에는 볼거리가 없으므로 바로 시내까지 버스로 이동해야 한다. 베로나에 머물 예정이라면 짐을 가지고 이동해야 하지만 반나절이나 당일치기라면 큰 짐은 부담이 된다. 이때 유용한 곳이 유인짐보관소인데, 베로나 포르타누오바역 Verona Porta Nuova 에서 'Deposito Bagagli' 또는 'Left Luggage' 표지판을 따라가면 어렵지 않게 찾을 수 있다. 짐을 맡기고 신분증(여권)을 제시하면, 보관시간 만큼 계산하여 영수증을 주는데, 나중에 짐을 찾을 때 지불하면 된다. 결제는 신용카드는 안 되고, 현금만 지불가능하다.

찾아가기 베로나포르타누오바역에서 'Deposito Bagagli' 표지판을 따라가자. **운영시간** 08:00~20:00 **요금** 처음 5시간까지 €6, 6~12시간 시간당 €0.90, 12시간 초과 시 시간당 €0.40 **귀띔 한마디** 가방무게는 20kg를 넘지 않아야하고, 5일까지 보관가능하다. 그리고 위험한 물건이 들어 있으면 안 된다.

베로나관광안내소에서 베로나의 주요 관광지 15곳에 입장할 수 있는 베로나패스를 구입할 수 있으며, 무료로 일부 지도도 얻을 수 있다. 하지만 대부분의 상세지도는 유료로 구입해야 하는 경우가 많다.

베로나관광안내소	**주소** Via degli Alpini, 9(Piazza Brà) **문의** (+39)045-806-8680
베로나패스	베로나시내 교통편 및 주요 관광지 16곳 입장권
요금	24시간권 €20, 48시간권 €25
입장 가능한 곳	아레나, 줄리엣의 집과 무덤, 람베르티의 탑, 로마극장&고고학박물관, 카스텔베키오박물관, 산타아나스타시아성당, 두오모 등
*베로나 역 내의 타바키에서도 구매 가능	

🧳 베로나 시내교통

포르타누오바역부터 베로나의 주요관광지가 몰려 있는 브라광장Piazza Bra까지는 1.5km 정도 떨어져 있어 걸어간다면 20~30분 정도 걸린다. 걷는 것이 부담된다면 역 앞에서 시내버스를 이용하면 된다. 역 내에 위치한 타바키에서 티켓을 구입한 후 역을 나와 우측 대각선방향 시내버스A 정류장으로 가면 브라광장까지 가는 버스를 탈 수 있다. 브라광장에는 주요관광지가 몰려 있으므로 도보여행이 가능하다.

버스 번호	요금	소요시간
평일 - 11, 12, 13번 일요일 - 90, 92, 93, 96, 97, 98번	€1.30(60분간 유효)	7~8분

📷 베로나 여행의 시작,
브라광장 Piazza Bra

고대 로마시대 때부터 형성되어 있던 광장으로 주변에는 여행자를 위한 편의시설이 모여 있다. 저녁이면 수시로 거리공연이 펼쳐지는데 베로나에 숙소를 정한 여행자라면 이곳에서 베로나의 밤을 즐겨도 좋다. 브라광장으로 들어가는 성벽 문 앞에 위치한 슈퍼마켓 팜Pam에서 저렴한 가격에 간단한 요깃거리를 구입할 수 있다. 또한 일요일에는 오전부터 오후 4시 정도까지 장터가 열려, 초콜릿디저트와 지역특산물들을 구경할 수 있다. 여행기간이 맞는 여행자라면 놓치지 말자.

주소 Piazza Bra **찾아가기** 포르타누오바역에서 평일 11, 12, 13번 버스, 주말 90번대 버스를 타고 브라광장 앞에서 하차.

📷 비운의 사랑을 말해주는
줄리엣의 무덤 Tomba di Giulietta

셰익스피어의 걸작 「로미오와 줄리엣」에서 실제 줄리엣의 모델이 되었던 여인의 무덤으로 13세기 프란체스코수도회의 은신처로 사용되었던 곳이다. 지금도 이곳을 찾는 여행자들은 비극의 여주인공 줄리엣을 위로하듯 꽃을 관 위에 올려 추모한다. 브라광장에서 그리 멀지는 않으나 주요 관

광지로 가는 길목에서 벗어나 있어 시간이 넉넉한 여행자들에게만 추천한다. 줄리엣의 무덤이 대표 볼거리이다 보니 이를 제외하고는 크게 구경거리가 없으므로 큰 기대는 하지 않고 가는 것이 좋다.

주소 Via del Pontiere 35 **문의** (+39)045-800-0361 **홈페이지** www.tourism.verona.it **운영시간** 화~일요일 08:30~19:30, 월요일 13:30~19:30, 매표소 마감 18:30 **입장료** 성인 €4.50, 학생(14~30세, 학생증 지참) 및 60세 이상 €3 **찾아가기** 브라광장에서 성벽을 따라 난 팔로네길(Via Pallone)을 걷다가 우측의 폰티에레길(Via del Pontiere)로 접어들어 도보 3분 거리로 왼편에 위치한다.

세계적 오페라축제가 열리는
아레나 Arena

베로나의 아레나는 이천 년 전에 만들어졌음에도 지금까지도 보존이 가장 잘되어 있는 경기장이다. 이탈리아에 남아있는 로마시대 원형극장 중 세 번째로 크며, 한번에 3만 명의 관중을 수용할 수 있다. 로마제국 멸망 후 경기장으로서의 역할은 사라졌지만 르네상스시대에는 극장으로 사용되었고, 현재는 매년 여름 이탈리아를 대표하는 오페라축제가 이곳에서 성대하게 개최된다.

주소 Piazza Bra **문의** (+39)045-800-3204 **홈페이지** www.arena.it **운영시간** 월요일 13:30~19:30, 화~일요일 08:30~19:30(매표소 18:45) **입장료** 성인 €10, 학생(14~26세) €7.50, 어린이(8~13세) €1 **찾아가기** 브라광장 내 위치. **귀띔 한마디** 오페라축제기간 외에는 유료개방하고 있어 로마에서 콜로세오 내부까지 들어가지 못한 여행자라면 한 번쯤 들어가 볼만하다.

아레나 오페라페스티벌(Arena di verona Festival del centenario) 정보

오페라축제는 1913년 8월 베르디 탄생 100주년 기념으로 〈아이다〉 공연을 시연한 이후 베로나를 대표하는 문화이벤트로 자리 잡았다. 세계적인 성악가들이 펼치는 오페라공연뿐만 아니라 공연 시작 전 모든 조명이 꺼지면서 지휘자와 공연자에게 경의를 표하는 전통의식인 촛불점화도 진행된다.

매년 공연내용은 달라지며, 주요작품으로는 아이다(Aida), 나부코(Nabucco), 라트라비아타(La Traviata), 일트로바토레(Il Trovatore), 갈라베르디(Gala Verdi), 리고레토(Rigoletto), 로미오와 줄리엣(Romeo et Juliette) 등이 있다. 공연 일정은 홈페이지에서 확인할 수 있으며, 보통 9시에 시작해서 새벽 1~2시 정도에 막을 내린다. 입장은 7시 반부터인데 자유석의 경우 미리 자리를 맡아 두는 것이 좋다. 또한 공연을 보려면 공연이 끝난 후 교통편이 없으므로 미리 근처에 숙소를 잡아두는 것이 좋다. 오페라가 있는 날에는 빈방을 찾기 어려울 뿐만 아니라 숙박비 또한 오르므로 예약은 최대한 서둘러야 한다. 공연티켓은 인터넷으로 사전예매 후 아레나 63번 게이트 앞 매표소에서 발권하면 된다. 예약을 하지 못했더라도 표가 있으면 현장발매도 가능하다.

홈페이지	www.arena.it/en-US, www.geticket.it
문의	(+39)045-800-5151
이메일	biglietteria@arenadiverona.it
기간	6월 중순~8월 말 / 9월 초(특정일 휴무)
가격	1등석 GOLD €183~198 / 정면 1등석 €153~168 / 정면 2등석 €116~127 / 중앙계단 지정석 €94~104 / 측면계단 지정석 €73~84 / 측면계단 비지정석 D-E €25.50~27.50 / 측면계단 비지정석 C-F €21~23 ※ 공연에 따라 가격이 다르며 금요일과 토요일에는 가격이 더 비싸다.
매표소 위치	아레나 63번 게이트 맞은편(주소 : Via dietro Anfiteatro 6/B- 37121 Verona)
매표소 운영시간	· 오페라 기간 내 : 6월 말~9월 초 - 공연 있는 날 10:00~21:00, 공연 없는 날 10:00~17:45 · 오페라 기간 외 : 월~금요일 09:00~24:00, 15:15~17:45, 토요일 09:00~24:00
유의사항	· 인터넷 사전예매를 했을 경우 매표소에서 정식티켓을 발부받아야 한다. E-Ticket을 미리 발부받고 싶다면 이메일을 따로 보내어 PDF파일을 받아 인쇄해야 한다. E-Ticket은 매표소에서 교환할 필요 없이 바로 게이트에서 입장가능하다. · 무대 바로 앞좌석은 드레스코드가 있으므로 갖춰 입고 가야한다. · 밤에는 날씨가 쌀쌀해지므로 겉옷을 준비하는 것이 좋다. 또한 비지정좌석은 돌바닥에 앉아야 하므로 쿠션을 챙겨 가면 요긴한데, 준비하지 못했다면 현장에서 대여도 가능하다. 비용은 €30이다.

영화 '레터스 투 줄리엣'의 배경인,
줄리엣의 집 Casa di Giulietta

윌리엄셰익스피어 William Shakespeare의 4대 비극 중의 하나인 「로미오와 줄리엣(Romeo and Juliet)」은 중세시대를 배경으로 하고 있다. 중세 13~14세기경은 로마제국 황제와 교황 세력 간에 대립이 극에 달하고 있던 때이다. 이러한 시대적 배경에 한 마을에 살던 교황파 몬태규Montague가문과 황제파 캐플릿Capulet가문은 정치적으로 원수지간처럼 지낼 수밖에 없었다. 그런데 이 두 가문의 출신 로미오와 줄리엣은 시대나 정치적 배경은 안중에도 없이 서

줄리엣 동상 오른쪽 가슴을 만지면 사랑이 이루어진다는 소문이 있다.

로 사랑에 빠진다. 전 세계적으로 이 작품의 줄거리는 익히 알려져 있어 줄리엣의 집을 찾는 여행자가 많다. 여행자들은 이루어질 수 없는 사랑이었지만 목숨까지 걸었던 이 둘의 사랑을 예찬하거나 본인들의 사랑이 이루어지기를 바라는 간절한 맘을 편지에 담아 입구 벽 가득히 붙여 놓았다. 줄리엣의 집 안으로 들어가면 영화 속 로미오와 줄리엣의 의상이 사실인 것처럼 전시되어 있다. 하지만 아쉽게도 줄리엣의 집은 소설 속 줄리엣이 살았던 집이 아니라 1905년 베로나시에서 줄리엣의 집이라고 일방적으로 지정한 곳이다.

주소 Via Cappello 23 **문의** (+39)045-800-9932 **홈페이지** www.sognodigiulietta.it **운영시간** 화~일요일 08:30~19:30, 월요일 13:30~19:30(매표소 마감 18:45) **입장료** 성인 €6, 학생(14~30세, 학생증 지참) 및 60세 이상 €4.50 **찾아가기** 브라광장에서 주세페 마치니길(Via Giuseppe Mazzini)을 따라 걷다가 막다른 길에서 우측으로 도보 1분 거리로 왼편에 위치한다. **귀띔 한마디** 영화 〈레터스 투 줄리엣〉에 나오는 줄리엣 동상과 러브레터로 가득 찬 벽이 있는 마당은 무료로 공개되어 있다. 박물관에 관심이 없다면 굳이 들어가지 않아도 된다.

베로나의 중심, 에르베광장 Piazza delle Erbe

에르베Erbe는 이탈리아어로 허브란 뜻으로 과거 약초시장에서 유래한 말이다. 현재도 약초는 아니지만 광장 한쪽에 상설시장이 열려 활기찬 현지인들 생활상을 엿볼 수 있다. 에르베광장은 로마제국시대에는 정치와 경제 생활의 중심지였던 포로 로마노 위에 세워진 광장으로 현재까지 베로나의 중심지 역할을 하고 있다. 광장 가운데 서 있는 분수 베로나의 마돈나Madonna Verona는 이천 년 전 로마시대에 만든 분수 위에 14세기 마돈나상만 새롭게 추가한 것으로 보존상태가 훌륭하다.

주소 Piazza dell'Erbe **찾아가기** 브라광장에서 주세페 마치니길을 따라 걷다 막다른 길에서 좌측에 위치한다.

베로나시민의 혼이 담긴 시뇨리광장과 람베르티의 탑 Piazza dei Signori&Torre dei Lamberti

광장 가운데 단테의 석상이 있어 단테광장Piazza dei Dante이라고도 알려진 곳으로 베로나의 주요 행정관청들이 주변에 몰려있다. 에르베광장에서 시뇨리광장으로 가는 길에는 람베르티의 탑이 있는데, 베로나에서 가장 높은 84m의 건축물로 1172년 람베르티 가문에 의해 세워졌다. 1403년 벼락을 맞은 적도 있었지만 재건축을 통해 현재의 모습을 갖추게 되었다. 탑에 오르면 베로나의 구시가지가 한눈에 펼쳐진다.

람베르티 탑   람베르티 탑에서 바라본 베로나시내   단테의 석상

주소 Via della Costa 1 **문의** (+39)045-927-3027 **홈페이지** torredeilamberti.it **운영시간** 월~금요일 10:00~18:00, 토~일요일 11:00~19:00 **입장료** 람베르티의 탑 €8 **찾아가기** 에르베광장에서 시뇨리광장으로 가는 길에 위치한다. **귀띔 한마디** 람베르티의 탑은 엘리베이터를 타고 올라갈 수 있다.

아름다운 프레스코화로 가득 찬
산타아나스타시아성당
Chiesa di Santa Anastasia

도미니코수도회에 의해 1400년에 완공된 성당으로 붉은 벽돌과 분홍색 대리석이 잘 어우러져 이름처럼 여성스러운 외관을 하고 있다. 우뚝 솟아오른 종탑에는 9개의 종이 있는데, 오랜 시간에 걸쳐 만들어지다 보니 9개의 종은 제각각 모양이 틀리다. 이 성당에서 꼭 봐야 할 것은 피사넬로(Pisanello)가 그린 성조지와 트레비존드공주(San Giorgio e la Principessa) 프레스코화이다. 안타깝게도 그림 한쪽이 많이 훼손되어 있지만 예술적 가치는 상당히 높게 평가되고 있다.

주소 Piazza S.Anastasia **문의** (+39)045-59-2813 **운영시간** 3~10월 09:00~18:00(공휴일, 일요일 13:00~18:00), 11~2월 10:00~17:00 (일요일, 공휴일 13:00~17:00) **입장료** €3 **찾아가기** 시뇨리광장에서 코스타길(Via della Cosata)을 따라 2블록을 걸은 뒤 좌측의 산피에트로길(Via San Pietro)로 접어들어 도보 1분 거리이다.

성조지와 트레비존드공주 프레스코화 중 일부

소박함 속에 화려함을 숨기고 있는,
베로나두오모 Duomo di Verona

베로나의 대성당으로 산타아나스타시아성당과는 달리 베로나에서 생산되는 붉은색 대리석을 이용하여 보다 웅장하고 남성스러운 느낌으로 지어졌다. 1187년에 완공되어 지금까지도 증축이 계속되고 있는 성당으로 지어질 당시의 훌륭한 석조기술을 엿볼 수 있다. 소박하면서 웅장한 느낌의 외관과 달리 내부로 들어서면 화려한 장식들에 눈이 휘둥그레진다. 특히 반원형 천장에 프레스코화로 그려진 성모승천을 목격하는 성자들의 모습은 너무도 생생하게 입체적이다.

주소 Piazza Duomo **문의** (+39)045-59-2813 **홈페이지** www.cattedralediverona.it **운영시간** 3~10월 10:00~17:30(일요일, 공휴일 13:30~17:30), 11~2월 10:00~17:00(일요일, 공휴일 1:30~17:00) **입장료** €3 **찾아가기** 산타아나스타시아성당에서 두오모(Via Duomo)길을 따라 직진하여 도보 5분 거리이다.

로마시대 교각기술을 살펴볼 수 있는
피에트라다리 Ponte Pietra

5개의 아치가 떠받치고 있는 다리로 기원전 100년경에 베로나강을 건너려는 로마군에 의해 처음 만들어졌다. 1298년에 붕괴된 다리를 다시 복원하였지만 2차 세계대전당시 독일군에 의해 다시 파괴되었다가 1957년에 와서야 재건되었다. 로마시대에 건축기술을 고증하여 만든 다리로 건축 당시의 훌륭했던 토목기술을 엿볼 수 있다.

찾아가기 두오모를 정면으로 바라보고 두오모 우측으로 난 길을 따라 걷다가 막다른 길에서 우회전하여 브로일로(Piazza Broilo)길을 따라 도보 1분 거리이다.

중세도시의 아름다움을 느낄 수 있는
산피에트로성 Castel San Pietro

피에트라다리 Ponte Pietra를 건너 정면으로 보이는 계단을 따라 올라가면 영화 〈레터스 투 줄리엣〉의 한 장면이 거짓말처럼 눈앞에 펼쳐진다. 이곳은 베로나에서 가장 오랜 역사를 가진 곳으로 철기시대부터 이미 성이 만들어졌었다. 지리적 요충지로 로마제국시대에는 요새가 지어지기도 했으나 로마제국의 멸망과 함께 버려졌다. 중세시대에는 도시를 보호할 목적으로 다시 성이 세워졌고 한때 귀족의 요새로도 사용되었다. 아디제강 Fiume Adige을 배경으로 베로나 구시가지를 한눈에 조망할 수 있는 곳으로 시원하게 불어오는 바람과 함께 중세 베로나의 풍경에 빠져들 수 있다.

주소 Piazzale Castel San Pietro **운영시간** 06:30~24:00 **입장료** 무료 **찾아가기** 피에트라다리를 건너면 정면으로 보이는 계단을 오른 뒤 표지판을 따라 좁은 골목을 따라 올라가면 전망대가 보인다.

아디제강변의 운치가 더해진
베키오무린 Vecio Mulin

음식 맛도 훌륭하지만 아디제강변에 위치해 있어 분위기 있는 식사를 즐길 수 있다. 실내에도 자리가 마련되어 있지만 날씨가 좋다면 아디제강변이 보이는 테라스 자리를 차지하는 것이 좋다. 실내 및 테라스자리 구별 없이 자릿세는 별도로 붙는다. 베키오무린에서는 새우, 홍합, 조개 등이 푸짐하게 들어간 해산물파스타와 뇨끼Gnocchi 그리고 문어샐러드를 추천한다.

주소 Via Sottoriva, 42/a **문의** (+39) 045-806-5146 **홈페이지** www.veciomulin.com **운영시간** 12:30~14:30, 19:30~22:30 **가격** 파스타 €7.50~ **찾아가기** 산타아나스타시아성당 을 바라보고 오른편으로 난 길인 돈바시길(Via Don Bassi)을 따라 걷다가 우측으로 도보 3분 거리이며 왼편에 위치한다. **주변 관광지** 산타아나스타시아성당

아름다운 장미꽃 젤라토,
아모리노 Amorino

젤라토를 장미꽃 모양으로 만들어 주는 이색적인 집이다. 재밌는 것은 아모리노는 젤라토의 고장 이탈리아 브랜드가 아니라 프랑스 파리에서 만들어진 젤라토가게인데 이곳에 매장을 낸 것이다. 파리에서는 이미 인기 있는 젤라토 브랜드로 자리 잡았으며, 런던과 마드리드 등 세계 각지에 매장을 운영하고 있다. 선택한 젤라토 맛의 색깔에 따라 각양각색의 장미꽃이 만들어진다. 보기 좋은 떡이 맛도 좋다고 예쁜 젤라토라 그런지 맛도 더 특별하게 느껴진다.

주소 Corso Sant'Anastasia, 1 **문의** (+39)045-208-0294 **홈페이지** www.amorino.com **운영시간** 11:00~24:00 **가격** €2.50~ **찾아가기** 에르베광장 내 위치한다. **주변 관광지** 에르베광장

Special 06
아름다운 가르다호수를 품은 시르미오네(Sirmione)

유럽 어느 호반도시 못지않게 이탈리아에도 아름다운 호수가 많다. 이탈리아 북부 3대 호수인 코모호수(Como), 마조레호수(Maggiore) 그리고 이탈리아에서 가장 큰 가르다호수(Lago di Garda)까지. 알프스 빙하가 녹아내린 가르다호수는 매혹적인 에메랄드빛으로 마치 바다에 와있는 듯한 착각이 들 정도로 넓다. 또한 시르미오네는 우리에게는 생소하지만 유황온천으로 유명해 휴양을 즐기려는 유럽인들의 발길이 끊이지 않는 매력적인 곳이다. 뛰어난 영상미로 화제를 모았던 '콜 미 바이 유어네임(Call Me by Your Name, 2017)' 촬영지 중 한 곳으로, 영화 속 두 주인공이 아름다운 호숫가를 거니는 장면을 본 사람이라면 이 마을을 눈여겨보았을 것이다. 가르다 호수 주변 마을 중에서도 가장 인기 높은 시르미오네는 호수를 향해 길쭉하게 튀어나온 독특한 지형을 하고 있어 마을 전체가 호수로 둘러싸인 듯한 느낌이다. 과거 시르미오네는 군사적 요충지였으나 뛰어난 풍광으로 유명해지면서 귀족들의 휴양지로 자리 잡았다. 전설적인 소프라노 마리아칼라스(Maria Callas) 또한 이곳에서 신혼생활을 보냈을 정도로 애정이 각별했고, 이러한 이유로 지금도 어렵지 않게 마을 곳곳에서 그녀의 이름을 찾아볼 수 있다.

밀라노나 베네치아에서 시르미오네로 들어가는 방법

밀라노에서 베로나로 가다보면 만날 수 있는 시르미오네는 대중교통을 이용할 경우 접근성이 그리 좋은 편이 아니다. 밀라노에서 근교여행으로 많이 다녀오지만 거리상으로는 베로나가 훨씬 더 가깝다. 밀라노나 베네치아에서 열차편을 이용한다면 데센자노 델 가르다-시르미오네(Desenzano Del Garda-Sirmione)역까지 기차를 탄 뒤 역 근방에서 버스나 페리를 타고 시르미오네까지 들어가면 된다.

베로나에서 시르미오네로 들어가는 방법

베로나 포르타누오바(Verona Porta Nuova)역 앞의 버스정류장에서 브레시아(Brescia)행 LN026번 버스를 탑승하여 콜롬바레(Colombare)에서 하차하면 되는데, 약 1시간 정도 소요된다. 구시가지로 들어가려면 여기서 셔틀버스를 타고 구시가지(Centro Storico) 입구에서 하차하면 된다. 베로나로 돌아올 때는 콜롬바레로 나와 콜롬바레-비아로마(Colombare-Via Roma)에서 베로나행 버스를 탑승하면 된다. 참고로 버스 시간표가 잘 맞지 않는 편이라 시간을 여유 있게 잡는 것이 좋다.

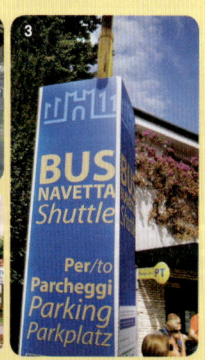

❶ 베로나 포르타누오바역 ❷ 시르미오네 관광안내소 ❸ 구시가지행 셔틀버스 타는 곳

📷 시르미오네의 상징 스칼리제라성(Rocca Scaligera)

잘 보존된 중세시대의 성 중의 하나로 125년간 베로나를 통치했던 스칼라가문이 13세기 방어목적으로 세웠다. 성 안까지 호수의 물이 들어오게 되어 있어 마치 호수 위에 성이 떠있는 듯한 느낌이 든다. 성탑에 오르면(입장료 €6) 마을의 전경과 호수 그리고 알프스산맥이 한눈에 들어온다.

📷 시르미오네 구시가지(Centro Storico)와 카툴로유적지(Grotte di Catullo)

시르미오네 구시가지는 반나절이면 여유롭게 둘러볼 수 있으며, 레스토랑과 기념품점이 아기자기하게 줄지어 있어 구경하는 재미도 쏠쏠하다. 마을을 지나면 고대로마시대의 잔재가 남아 있는 카툴로유적지(입장료 €10)에 다다르는데 호수와 유적지가 한데 어우러진 그림 같은 풍경이 발걸음을 멈추게 한다. 다만 유적지가 꽤 넓고 그늘이 없는 관계로 시간적 여유가 있는 여행자들에게 추천한다. 또한 시르미오네는 가르다호수를 제대로 즐길 수 있는 마을로 꼽히는데, 호수를 따라 산책로가 조성되어 있어 가볍게 산책하기에도 좋다. 천천히 걸으며 한가롭게 호숫가를 노니는 백조를 보고 있노라면 마음까지 평온해지는 듯한 기분이 든다.

Section 07
커피 명가의 본산지 트리에스테

트리에스테는 미라마레성을 제외하고는 대부분의 관광지가 우니타광장을 중심으로 몰려 있다. 미라마레성으로 가는 버스는 기차역 주변에서 탈 수 있으므로 미라마레성을 다녀올 예정이라면 일정의 처음이나 마지막에 넣는 것이 좋다. 바닷가에 앉아 그림 같은 아드리아해를 바라보는 시간은 꼭 가져보자.

트리에스테여행을 시작하기 전

아드리아해Mare Adriatico 끝자락에 자리한 트리에스테는 베네치아 줄리아주 주도임과 동시에 슬로베니아까지 도로가 연결되는 국경도시로 늘 활기차고 분주한 도시이다. 고대부터 북유럽과 남유럽을 잇는 지리적 요충지였던 탓에 열강들의 지배를 받을 수밖에 없던 슬픈 역사가 있지만, 1954년 이탈리아로 편입되면서 동유럽을 잇는 무역의 중개지로 급부상하였다. 이후 급속한 경제발전을 이뤄내며 이탈리아 내에서도 경제적 여유를 누리는 풍족한 도시가 되었다.

Trieste 트리에스테

트리에스테는 오스트리아 지배의 흔적이 고스란히 남아있어 동유럽권 문화가 많이 느껴지는데, 아라비아커피를 유럽에 처음 소개한 곳이며, 이탈리아 커피수입의 절반 이상이 이곳을 통해 들어올 정도로 커피를 빼고 이야기할 수 없다. 세계 유명 커피브랜드 중 하나인 일리커피의 본거지 트리에스테에서 커피 한잔 마시며 아드리아해의 낭만을 만끽하자.

🧳 트리에스테로 들어가기와 시내교통

베네치아에서 트리에스테까지는 기차가 가장 빠르고 편리하다. 보통 2시간 10분 정도 소요되며, 요금은 €14,50이다. 트리에스테에서 미라마레성과 공원을 제외하면 주요 관광지들은 도보로 이동가능하다. 트리에스테역에서 시내중심 우니타광장까지는 도보 15분 거리이며, 미라마레성은 타바키에서 표를 구매하여 탑승하면 된다. 운임은 편도 €1,25이며 60분 내 환승이 가능하다. 트리에스테 관광안내소는 우니타광장 내 위치하며 트리에스테여행에 필요한 각종 정보를 얻을 수 있다.

트리에스테 기차역

트리에스테 관광안내소

주소 Piazza dell'Unita d'Italia **운영시간** 월~토요일 09:00~18:00, 일요일 및 공휴일 09:00~13:00

📷 백색의 아름다운 성, 미라마레성과 공원 Castello e Parco di Miramare

해안도로를 따라 끝까지 가면 보이는 순백의 성으로 오스트리아 합스부르크왕가Habsburg Haus의 막시밀리언Maximilian에 의해 지어졌다. 황제와 왕비의 별장으로 사용되다가 트리에스테가 이탈리아로 편입되면서 일반 시민들에게 공개되어 지금은 공원으로 사용되고 있다. 미라마레성은 트리에스테역과 다소 떨어져 있으므로 2~3시간 정도 시간이 소요됨을 기억해야 한다.

주소 Viale Miramare **문의** (+39)040-22-4143 **홈페이지** www.castello-miramare.it **운영시간** 4~8월 09:00~19:00(매표소 18:30 마감), 11~2월 09:00~16:00, 3, 10월 09:00~17:00 **입장료** €8 **찾아가기** 기차역을 등지고 바로 왼편에 있는 미라말레거리(Viale Miramare)의 버스정류장에서 6번 버스를 탑승하여 그리냐노(Grignano)역에 하차한 후 도보 15분 거리이다. 버스 탑승 전 기사에게 재확인하자. **귀띔 한마디** 버스 시간은 홈페이지(www.triestetrasporti.it)에서 미리 확인할 수 있다.

과거의 번영을 담고 있는
대운하 Canal Grande

1754년에 베네치아의 건축가 피로나 Pirona에 의해 건설된 운하로 도시외곽의 갯벌을 개간하여 육지로 만들면서 아드리아해로부터 들어오는 교역품들을 도심 한복판까지 배로 실어올 수 있도록 설계되었다. 처음 만들어졌을 때는 지금보다 훨씬 길었지만 1차 세계대전 당시 도시가 파괴되면서 일부 운하가 묻혀 현재의 모습을 유지하고 있다. 대운하를 가로지르는 다리 위에는 「율리시스(Ulysses)」라는 작품을 남긴 아일랜드 출신의 유명 소설가 제임스조이스 James Joyce의 동상이 있다.

주소 Canal Grande **찾아가기** 기차역을 나와 리바트레노벰브레(Riva Tre Novembre)를 따라 도보 15분 거리이다.

오스트리아의 향기가 묻어있는
우니타광장 Piazza Unita d'Italia

트리에스테의 중심으로 시청사와 행정관청, 고급호텔과 카페들이 가득한 이 광장은 트리에스테에서 가장 분주한 곳이다. 광장을 둘러싼 건축물들은 과거 합스부르크왕가 지배하에 만들어졌기 때문에 대부분 오스트리아의 바로크양식으로 지어졌다. 광장 인근의 역사와 전통을 이어가는 우아한 카페에서 에스프레소 한잔 마시며 이곳의 역사와 낭만을 즐겨보자.

주소 Piazza Unita d'Italia **찾아가기** 대운하에서 리바트레노벰브레(Riva Tre Novembre)길을 따라 직진하여 도보 5분 거리이다.

두 개의 성당을 하나로 만든
산주스토성당 Cattedrale di San Giusto

로마시대 이전부터 건축물들이 지어졌던 곳에 9~10세기에 걸쳐 2개의 성당이 건축되었다. 현재의 대성당은 그 2개의 성당을 하나로 합친 것으로 9~14세기까지의 다양한 건축양식을 살펴볼 수 있다. 2개의 건물이 합쳐져 독특한 모습을 하고 있는 성당 정면에는 고딕양식의 하얀 장미문양 창이 인상적이다. 성당은 5개의 공간으로 구분되어 있는데, 내부로 들어서면 베네치아화파 비토레카르파초의 그림도 만날 수 있다. 2개의 앱스^{Apse}는 12세기 프레스코화와 13세기 모자이크로 장식되어 있어 더욱 아름답게 보인다.

주소 Piazza della Cattedrale, 2 **문의** (+39)040-30-9666 **운영시간** 08:00~12:00, 14:30~18:30, 일요일 및 공휴일 08:00~13:00, 15:30~20:00 **입장료** 성당 무료, 종탑 €1.50 **찾아가기** 우니타광장에서 도보 15~20분 거리이다.

트리에스테 전망대,
산주스토성 Castello di San Giusto

원래는 베네치아공화국 총독관저가 있던 곳으로 1471년 합스부르크왕가의 프리드리히3세^{Friedrich III}에 의해 건설되기 시작한 성이다. 약 200년에 걸쳐 완공한 성은 단 한 번도 침략을 받지 않았기에 현재까지도 원래 지어질 당시의 모습을 고스란히 보존하고 있다. 성 한쪽에 위치한 박물관에는 15~16세기의 무기와 갑옷들을 전시하며, 박물관 입구에는 로마시대의 유적들도 전시되어 있다.

박물관 외에도 테라스에서 바라보는 항구도시 트리에스테의 바다와 마을전경 또한 인상적이다. 박물관 관람이 지루하다면 테라스 개별입장권을 구입해도 좋다.

주소 Piazza della Cattedrale, 3 **문의** (+39)040-30-9362 **홈페이지** www.castellodisangiustotrieste.it/castello-di-san-giusto/informazioni **운영시간** 4~10월 10:00~19:00, 11~3월 10:00~17:00 **휴무** 매주 월요일 **입장료** 통합권(박물관+테라스) €6, 테라스 €1 **찾아가기** 산주스토성당에서 바로 보인다. **귀띔 한마디** 테라스에서 보는 트리에스테의 전경이 인상적이다.

진정한 커피의 맛을 느낄 수 있는
카페토마세오 Cafè Tommaseo

트리에스테는 커피와 인연이 깊은 곳이다. 그 중 카페토마세오는 트리에스테에서 가장 오래된 카페로 1830년부터 트리에스테의 예술가들이나 상류층들의 모임 장소이기도 하였다. 고급스러운 인테리어부터 눈길이 가는 곳으로 다양한 종류의 커피와 두꺼운 메뉴판 또한 압도적이다. 오스트리아와 접경지역이라 그런지 아메리카노에 휘핑크림을 올린 비엔나커피^{Vienna Coffee}도 팔고 있는데, 그 맛이 일품이다.

주소 Piazza Tommaseo 4/C **문의** (+39)040-36-2666 **홈페이지** www.caffetommaseo.it **운영시간** 09:00~22:00 **가격** 에스프레소 €3, 비엔나커피 €5 **찾아가기** 광장을 등지고 대로를 따라 우측으로 도보 3분 거리이다. **주변 관광지** 우니타광장

Section 08
알프스자락에 위치한 바사노 델 그라파

바사노 델 그라파는 유적지, 박물관을 찾아다니기 보다는 좁은 골목을 걸어 다니며 마을을 구경하고 자연 속에서 휴식하고 싶은 여행자들에게 적합한 여행지이다. 강가에 내려가 물에 발도 담그고 잠시 휴식의 시간을 가져보자. 시에스타 시간인 낮 12시부터 15시까지는 문을 닫는 곳이 많으니 참고하자.

🧳 바사노 델 그라파여행을 시작하기 전

이탈리아북부 베네토주의 바사노 델 그라파 Bassano del Grappa는 알프스자락인 그라파산 Monte Grappa(1,775m)과 브렌타강 Fiume Brenta이 유유히 흐르는 한 폭의 산수화 같은 작은 마을이다. 드라마 〈아테나:전쟁의 여신〉에서 정우성과 수애가 한가롭게 데이트를 즐기던 장면이 촬영된 곳이기도 하며, 와인을 만들고 남은 포도

를 증류시켜 만든 그라파Grappa라는 술과 핸드페인팅 도자기가 유명한 곳이다. 이탈리아의 유명건축가 팔라디오가 설계한 알피니다리Ponte degli Alpini에서 바라보는 그라파마을 전경은 지친 여행자들에게 다시금 마음의 여유를 되찾아 준다.

🧳 바사노 델 그라파 들어가기

베네치아에서 기차를 타고 1시간여 정도를 달리면 바사노 델 그라파역에 도착한다. 역에서 시내중심부까지는 걸어서 10분 정도 소요된다. 마을이 크지 않아 돌아보는데 시간이 오래 걸리지 않으므로 비첸차Vicenza나 파도바Padova 등 다른 베네치아근교와 반나절씩 묶어서 여행하는 것이 좋다. 바사노 델 그라파에서 비첸차로 갈 경우에는 바사노 델 그라파에서 비첸차행 직행열차가 없으므로 기차역 앞에서 출발하는 시외버스(€4.20)를 타야 한다.

🧳 바사노 델 그라파 관광안내소

가리발디광장Piazza Garibaldi 건너편 시민박물관Museo Civico 내에 관광안내소가 있으므로 관광에 필요한 정보를 얻어가도록 하자.

주소 Piazza Garibaldi, 34 **문의** (+39)0424-51-9917 **홈페이지** www.bassanodelgrappa.gov.it

나무로 지붕을 씌운 목조다리,
📷 알피니다리 Ponte degli Alpini

이탈리아에서 몇 개 남지 않은 목조다리 중 하나로 오래된 다리Ponte Vecchio라고도 불린다. 이탈리아 건축가 팔라디오가 1569년에 설계한 이 목조교는 2차 세계대전을 겪으면서 대부분 파괴되었지만 모금활동을 통해 1948년 완벽하게 예전 모습 그대로 복원하였다. 이곳에 서면 하늘과 산 그리고 강이 한 폭의 산수화처럼 어우러진 바사노 델 그라파의 전경을 한눈에 감상할 수 있다.

찾아가기 기차역을 나와 야코포다폰테길(Via Jacopo da Ponte)을 따라 계속 직진하다가 우측으로 꺾으면 위치한다. 기차역에서 도보 15~20분 거리이다.

그라파의 역사를 한눈에,
그라파박물관 Museo della Grappa

포도주를 만들고 남은 찌꺼기를 증류시켜 만든 증류주 그라파는 이탈리아 소주로 생각하면 된다. 알코올도수가 25~60도로 우리나라 소주보다도 높은데 이탈리아에서는 보통 식후에 디저트와인으로 마시며, 에스프레소를 살짝 넣어 카페코레토 Caffe Corretto로 마시기도 한다. 2차 세계대전 이후 1960년대까지 인기를 끌었지만 1970년 포도주를 짜내는 기술이 발달하면서 이 찌꺼기를 이용해 만든 그라파의 품질이 저하되었고, 그에 따라 인기도 급감하였다. 하지만 양조방식을 개선하면서 현재는 다시 질 좋은 그라파를 생산하고 있다. 그라파박물관은 그라파 대표회사인 폴리Poli가 만들었으며, 무료로 그라파의 역사와 제조과정을 견학할 수 있다. 또한 견학 후에는 시음과 현장구매도 가능하다.

주소 Via Gamba, 6 **문의** (+39)0424-52-4426 **홈페이지** www.poligrappa.com **운영시간** 09:00~19:30 **가이드투어** 월~금요일 09:00~13:00, 14:00~18:00, 상점 월~토요일 09:00~13:00, 14:30~19:00 **입장료** 무료 **가이드투어** €8 **찾아가기** 알피니다리로 들어가는 입구 맞은편에 위치한다. **귀띔 한마디** 계란 노른자, 초콜릿맛의 이색적인 그라파를 맛볼 수도 있다.

이색적으로 조경된 산책로,
마르티리거리 Viale dei Martiri

아름다운 이 도시의 경치를 제대로 감상할 수 있는 곳으로 이 길에 서면 자연과 어우러진 시골마을 풍경이 조용하게 눈앞에 펼쳐진다. 성에서 그라치에 문 Porta delle Grazie까지 이어지는 가로수길은 마치 버섯모양으로 조경된 나무가 이색적으로 늘어서있다.

주소 Viale dei Martiri **찾아가기** 기차역을 나와 포세거리(Viale Fose)를 따라 걷다가 우측 두 갈림길 중 왼쪽으로 꺾으면 위치한다.

Chapter 03 베네치아근교 여행

Section 09
팔라디오 건축의 도시 비첸차

팔라디오의 도시라고도 불리는 비첸차는 그가 지은 건축물이 곳곳에 넘쳐난다. 바실리카팔라디아나 올림피코극장 등 대부분의 주요관광지는 몰려 있지만 빌라로톤다와 몬테베리코대성당은 기차역을 중심으로 주요 관광지 반대편에 위치하므로 기차역에서 나와 먼저 다녀오거나 돌아가기 전에 들르는 것이 좋다. 참고로 월요일에는 휴관하는 곳이 많으므로 되도록 월요일은 피해서 가도록 하자.

비첸차여행을 시작하기 전

바르셀로나에 안토니오가우디가 있다면 비첸차에는 안드레아팔라디오 Andrea Palladio가 있다. 르네상스시대 이후 가장 영향력 있는 건축가 중의 한 명인 팔라디오는 비첸차 Vicenza에서 건축에 대한 그의 열정을 꽃피웠다. 그가 설계한 20개가 넘는 건축물은 1994년 유네스코 세계문화유산으로 지정되어 비첸차 도시 곳곳에서 보호되고 있다.

팔라디오는 르네상스시대 레오나르도다빈치, 미켈란젤로를 비롯한 예술가들과는 달리 건축 이외의 다른 예술 활동에는 전혀 관심을 두지 않았다. 오로지 건축에만 몰두했던 그로 인해 건축가라는 직업이 확립되었다고도 볼 수 있다. 건축가, 건축학도 그리고 건축을 좋아하는 사람이라면 꼭 한 번 이곳을 방문해 그의 숨결을 느껴보자.

비첸차로 들어가기와 시내교통정보, 관광안내소

베네치아 산타루치아역에서 비첸차까지 바로 연결하는 유로스타가 1시간에 1~2회 운영되고 있다. 바사노 델 그라파에서 비첸자로 이동할 때는 시외버스를 타면 되는데, 1시간 정도 소요된다. 비첸차 기차역에서 시내중심부까지는 약 300m 떨어져 있어 충분히 도보로 이동할 수 있다. 기차역을 나오면 정면에 보이는 로마거리Viale Roma를 따라 걷다가 우측으로 접어들면 보이는 가스페리광장Piazzale Gasperi을 지나면 주요관광지가 몰려 있는 안드레아팔라디오거리로 접어들게 된다. 빌라로톤다Villa Rotonda나 몬테베리코대성당Basilica di Monte Berico의 경우 도심에서 다소 떨어져 있어 버스를 타고 이동해야 한다. 관광안내소는 쟈코모마테오티광장 내에 위치하므로 비첸차여행에 필요한 관광정보를 미리 이곳에서 확인하고 이동하자.

주소 Piazza Giacomo Matteotti, 12 **문의** (+39)0444-32-0854 **운영시간** 월~일요일 09:00~~13:30, 14:00~17:30

비첸차의 중심거리, 안드레아팔라디오거리
Corso Andrea Palladio

유네스코 세계문화유산으로 지정된 비첸차 역사지구를 동서방향으로 가로지르고 있는 이 거리는 과거에는 비첸차의 중심도로였다. 원래는 자동차가 다닐 수 있는 거리였지만, 1983년에 자동차운행을 전면 금지시키고 도로바닥을 화성암인 반암으로 교체한 후부터 시민들의 산책로로 개방하였다. 거리이름에서 알 수 있듯이 비첸차를 대표하는 건축가 안드레아팔라디오가 설계한 건축물이 이 거리를 중심으로 산재되어 있다.

주소 Corso andrea Palladio **찾아가기** 역을 나와 정면의 로마길(Via Roma)을 따라 걷다가 막다른 곳에서 우측의 조그마한 성벽 문을 지나면 보이는 가스페리광장을 지나 도보 1분 거리이다.

위대한 건축가 안드레아팔라디오(Andrea Paldio, 1508~1580)

1508년에 베네토주 파도바(Padova)에서 태어난 팔라디오는 젊은 나이에 비첸차로 건너가 유명한 학자였던 잔조르조트리시노(Gian Giorgio Trissino)에게 수학하며 건축가로서의 재능을 키웠다. 그는 4차례 로마방문 후 고전건축에 대한 이해를 바탕으로 자신만의 건축철학을 만들어낸다. 그는 주로 비첸차에서 활동하며 수많은 건축물을 남겼는데 팔라디오양식이라는 말이 생겨날 만큼 그 자신만의 건축기술을 인정받았다. 그는 영국과 미국 건축학자들에게 많은 영향을 미쳤으며 지금도 그의 철학을 바탕으로 많은 건축물이 세워지고 있다. 간결하면서도 질서적인 대칭구도의 건축물을 만들었던 건축가로 유네스코에서는 그의 거의 모든 건축물을 세계문화유산으로 등록할 정도로 세계 건축에 큰 영향을 미쳤다. 비첸차는 팔라디오를 위한 도시라 불러도 될 만큼 그의 작품이 많은 곳이므로 건축에 관심이 있는 여행자라면 놓쳐서는 안 된다.

비첸차 문화의 중심
시뇨리광장 Piazza Signori

로마시대에 포로 로마노와 시장이 있던 지역에 중세시대를 거치면서 만들어진 광장으로 비첸차의 정치, 경제, 문화의 중심지 역할을 했던 곳이다. 직사각형 형태로 길게 늘어진 광장 주변으로 관광지가 모여 있어 이곳을 중심으로 돌아보면 된다. 광장 오른쪽에는 안드레아팔라디오의 걸작 바실리카팔라디아나가 있고, 그 뒤쪽으로 종탑 토레디피아차Torre di Piazza가 우뚝 서있다.

주소 Piazza dei Signori **찾아가기** 안드레아팔라디오거리에서 콘트라카부르(Contra Cavour)길로 좌측으로 들어가면 보인다.

진정한 르네상스 건축의 표본,
바실리카팔라디아나 Basilica Palladiana

유네스코 세계문화유산으로 르네상스 최고의 건축가 팔라디오를 탄생시킨 건축물이다. 15세기 궁전이었던 건축물을 성당으로 변경하고자 비첸차귀족들은 공모전을 열었다. 당대 유명건축가들이 참여했지만, 38세의 신출내기 건축가 팔라디오의 도안이 결국 당선된다. 팔라디오는 고대 로마건축의 기본에 따라 아치를 이용하면서 화려하지만 정갈한 스타일의 건축물을 만들고자 하였다.

아쉽게도 과도한 공사비용으로 공사가 지연되어 팔라디오 사후에 완공되었지만 이 건축물을 통해 새로운 대건축가의 등장이 세상에 알려졌다. 최근

복원공사를 마치고 말끔히 완공된 새로운 모습으로 관광객을 맞이하고 있다. 잠시나마 이곳에서 새로운 천재 건축가의 탄생과정을 느껴보자.

주소 Piazza dei Signori **문의** (+39)044-432-3681 **운영시간** 화~일요일 09:00~17:00 **휴관** 매주 월요일 **찾아가기** 시뇨리광장 내 위치한다.

베네치아 공화국의 위대함을 간직한
로지아 델 카피타니아토 Loggia del Capitaniato

시뇨리광장에 접해있는 또 하나의 유명 건축물로 안드레아팔라디오가 베네치아에 있는 두칼레궁전Palazzo Ducale의 고딕양식에서 영감을 받아 1572년에 건설하였다. 흰색과 빨간색의 강렬한 색상 대비가 인상적인 건축물로, 1571년에 베네치아를 중심으로 오스만제국과의 레판토해전Battle of Lepanto의 승리를 기념하는 모습이 새겨져 있다.

주소 Piazza dei Signori **찾아가기** 시뇨리광장 내 위치한다.

세계에서 가장 오래된 실내극장,
올림피코극장 Teatro Olimpico

안드레아팔라디오의 유작이자 현재 남아있는 세상에서 가장 오래된 실내극장으로 1585년에 완공되었다. 총책임자였던 팔라디오는 아쉽게도 완공을 보지 못했고, 그의 제자 빈첸조스카모치Vincenzo Scamozzi가 뒤를 이어 완공하였다. 원근법이 적용된 최초의 극장으로 객석에서 무대 정면을 바라봤을 때 건물이 안으로 점점 멀어지는 듯한 원근법과 지붕으로 덮인 천장에는 구름과 푸른 하늘을 그려 넣어 고대로마의 원형극장이 마치 실내로 들어와 있는 듯한 느낌마저 든다. 이와 같은 건축시도는 당시에는 하나의 혁명과도 같았다. 유네스코 세계문화유산으로 등재된 건물로 비첸차에 왔다면 꼭 둘러봐야 할 건축물이다.

주소 Piazza Matteotti **문의** (+39)044-422-2800 **홈페이지** www.teatrolimpicovicenza.it/en **운영시간** 화~일요일 09:00~17:00(마지막 입장 16:30), 여름철 10:00~18:00 **휴관** 매주 월요일 **입장료** €11 **찾아가기** 마테오티광장 내 위치한다.

팔라디오 최고의 걸작,
빌라로톤다 Villa Rotonda

팔라디오는 기존의 유명 건축가들과는 달리 종교적 의미를 담는 건축물보다는 저택과 같은 일반 건축물에 주력했다. 이 중에서도 빌라로톤다는 팔라디오 최고의 걸작으로 손꼽히며 유네스코 세계문화유산으로도 지정되어 있다. 1565년 바티칸에서 은퇴한 성직자 파올로알메리코 Paolo Almerico를 위한 저택으로 지어졌으며, 별장으로 사용되면서 빌라알메리코카프라 Villa Almerico Capra라고도 불린다. 특이하게도 이 건축물은 사방에서 봐도 모두 똑같은 모습을 하고 있는 최초의 건축물로 건축학적으로 많은 의미를 지니고 있다. 18세기 후반에 미국의 건축가들이 이 건축형식을 많이 모방했으며, 미국의 백악관도 이 건물에서 영감을 받아 건축되었다고 전해진다.

주소 Via della Rotonda 25 **문의** (+39)044-432-1793 **홈페이지** www.villalarotonda.it **운영시간** 3월 둘째 주~11월 첫째 주 화~일요일 10:00~12:00, 15:00~18:00, 11~3월 10:00~12:00, 14:30~17:00(건물내부 수, 토요일 개방) **휴관** 매주 월요일 **입장료** 정원 €5, 건물 €10 **찾아가기** 역앞에서 8번 버스 타고 리비에라베리카(Riviera Berica)역에서 하차 후 표지판 따라 도보 5분 거리. 역앞에서 택시(콜택시 0444-920600)를 탈 경우 약 €10 내외 또는 역 앞부터 도보 30~40분 거리이다.

비첸차의 전망을 볼 수 있는
몬테베리코대성당 Basilica di Monte Berico

1426년과 1428년에 베네토주에 발생한 전염병으로 당시 많은 사람이 목숨을 잃거나 병에 걸려 힘들어 했다. 이때 성모마리아가 비첸차의 가난한 농민 앞에 나타나 언덕 위에 자신을 위한 성당을 짓고, 기도를 드리면 전염병이 사라질 것이라 했다. 사람은 이 예언대로 합심하여 3개월 만에 성당을 건설하였더니 거짓말처럼 전염병이 사라지는 기적이 일어났다. 이 사건 이후로도 많은 기적이 일어나자 성지순례객들의 발걸음이 현재까지도 이어지고 있는 성당이다. 주요 비첸차 관광명소들과 동떨어져 있으니 이곳을 방문할 예정이라면 일정의 시작이나 끝에 넣는 것이 좋다.

주소 Viale Enrico Cialdini, 2 **문의** (+39)044-455-9511 **홈페이지** www.monteberico.it **운영시간** 평일 06:15~12:30, 14:30~19:30, 일요일 및 공휴일 06:15~20:00 **입장료** 무료 **찾아가기** 기차역을 등지고 오른편으로 걷다가 여러 갈래로 나뉘는 길에서 아보가드로디카사노바길(Via a Avogadro di Casanova) 방면으로 접어들어 오르막길로 도보 15분 거리다. **귀띔 한마디** 몬테베리코성당 앞에 비첸차가 한눈에 보이는 전망대는 드라마 〈아테나 : 전쟁의 여신〉에서 정우성과 수애가 키스하던 장면이 촬영된 곳이다.

Part
05

밀라노&
밀라노근교 여행

밀라노에서 놓치지 말아야 할 추천 베스트
Chapter01 한눈에 살펴보는 밀라노&밀라노근교
고민 없이 즐기는 밀라노 추천 동선
Section01 밀라노&밀라노근교 교통편 이용하기

Chapter02 패션의 도시, 밀라노
Section02 밀라노에서 반드시 둘러봐야 할 명소
Special07 브레라미술관의 소장작품 이해하기
Section03 밀라노에서 먹어봐야 할 것들
Section04 밀라노에서 놓치면 후회하는 쇼핑거리
Special08 밀라노 대표 아웃렛, 세라발레아웃렛
Section05 여행자들에게 적당한 밀라노의 숙소

Chapter03 밀라노근교 여행
Section06 이탈리아의 아름다운 3대호수, 코모

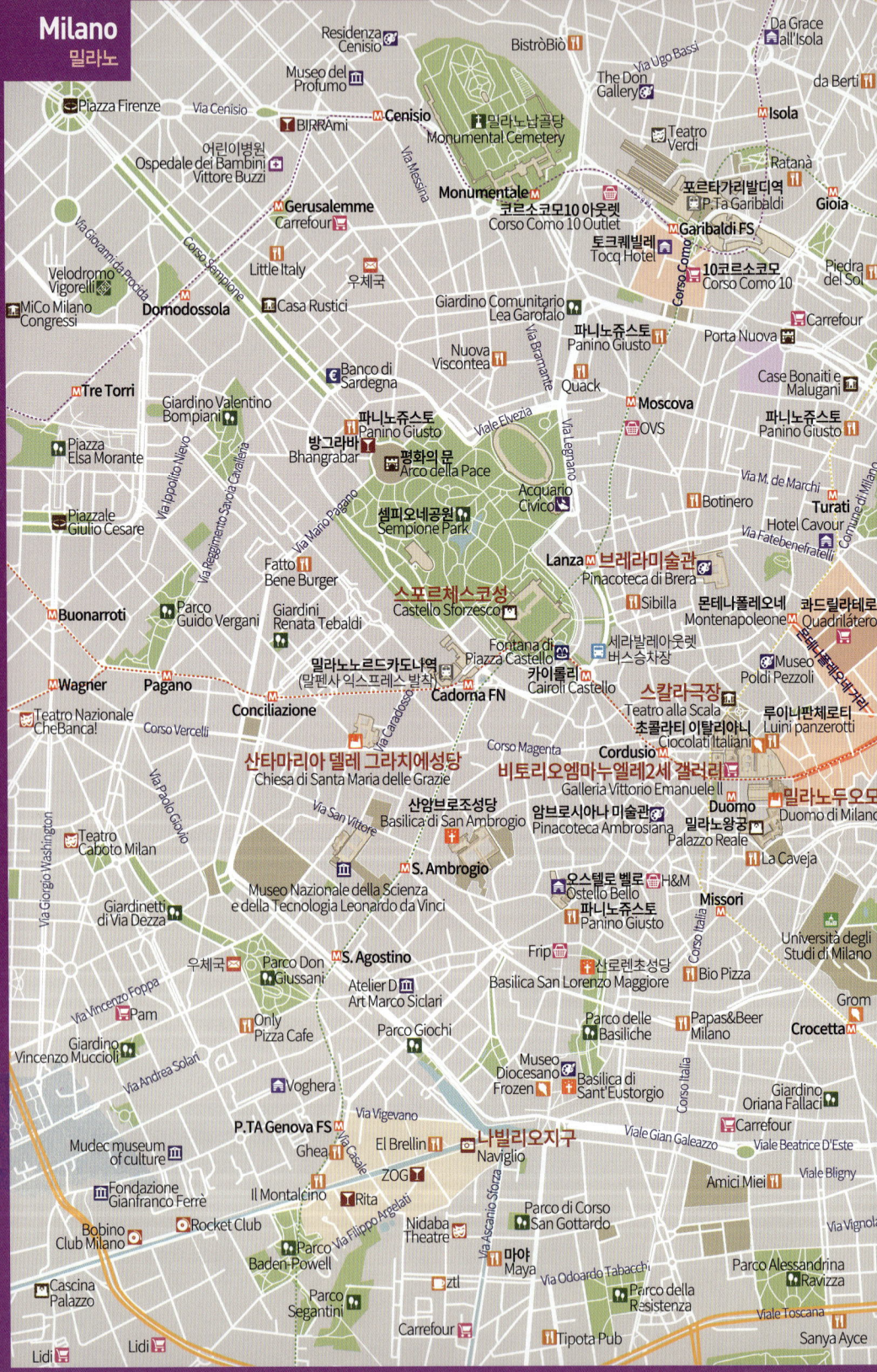

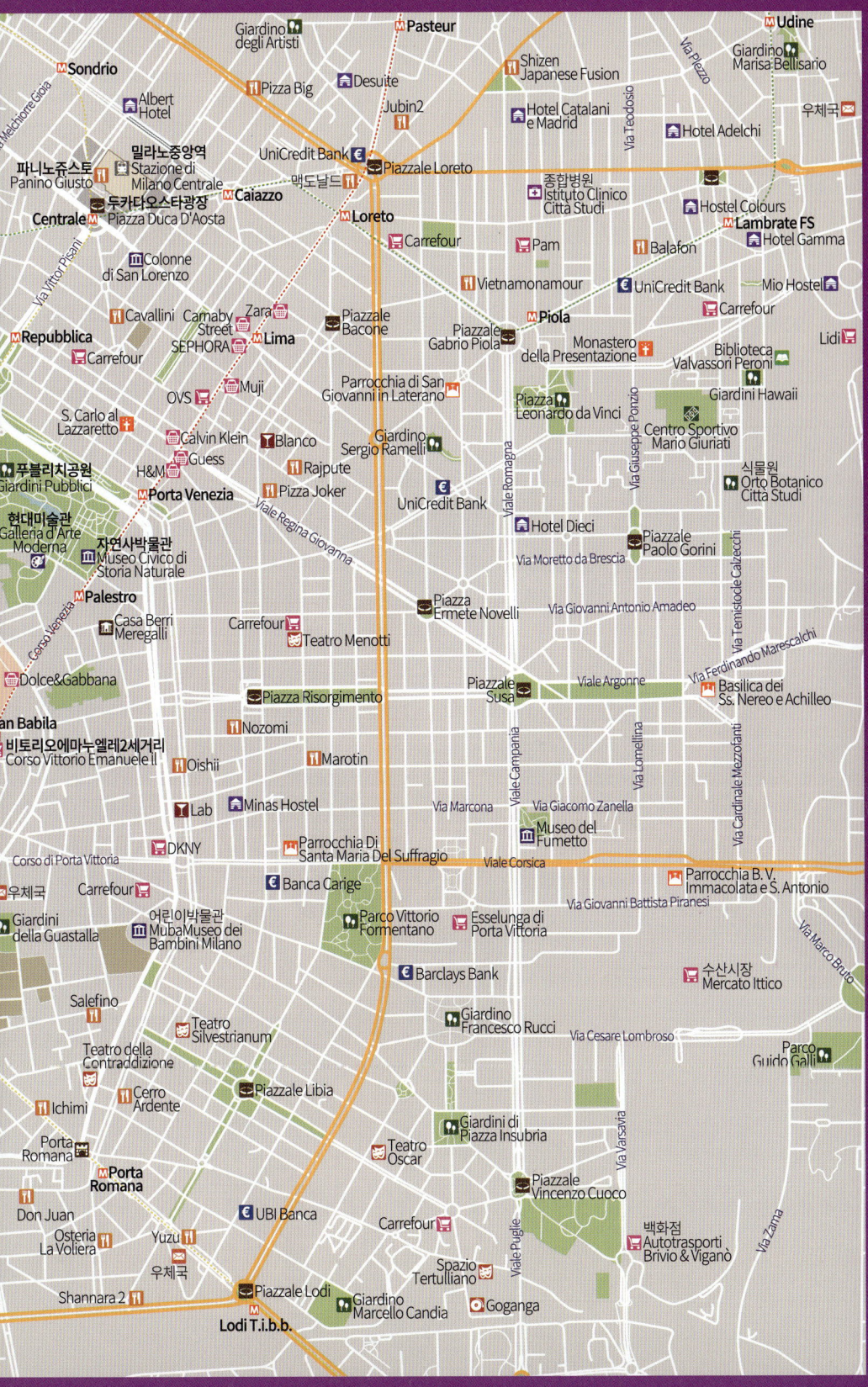

MILAN BE

밀라노에서 놓치지 말아야 할 추천베스트

밀라노두오모(Duomo Milan Cathedral)
세계 최고의 고딕건축물

75명의 건축가의 손길을 거쳐 완공되기까지 무려 500년이라는 시간이 걸린 두오모는 이탈리아에서 쉽게 찾아보기 힘든 고딕 양식의 건축물로 독일의 쾰른 대성당과 함께 세계 최고의 고딕 건축물로 꼽힌다. 하늘을 찌르는 듯한 135개의 첨탑과 건축물 외벽을 장식한 3천여 개의 조각상은 아름다움을 넘어 위대함을 느끼게 해준다.

산타마리아 델레 그라치에성당
(Chiesa di Santa Maria delle Grazie)

레오나르도다빈치의 명작 「최후의 만찬」을 만나는 성당

르네상스 최고 걸작으로 평가받는 레오나르도다빈치의 「최후의 만찬」은 그의 천재성을 여실히 느낄 수 있는 작품이다. 미술에 관심 있는 여행자라면 밀라노에서 놓치지 말아야 할 추천 베스트 중 베스트이다.

몬테나폴레오네거리(Via Montenapoleone)
세계적인 명품 거리

몬테나폴레오네거리에 늘어선 명품숍 쇼윈도에는 전 세계에서 가장 먼저 신상들이 전시되는 곳으로 패션트렌드를 엿볼 수 있다. 화려한 쇼윈도뿐만 아니라 몬테나폴레오네거리를 런웨이처럼 활보하는 모델 같은 패셔리더들은 눈을 호강시켜 준다.

MILAN BEST

밀라노에서 놓치지 말아야 할 추천베스트

아페르티보(Apertivo)
풍족하게 즐기는 이탈리아식 뷔페

언제나 배고픈 여행자들이 간만에 허리띠를 풀 수 있는 기회가 있다. 저녁시간 €8~15면 음료 한 잔과 더불어 뷔페를 무제한으로 즐길 수 있는 이탈리아북부 음식문화인 아페르티보(Apertivo)를 즐겨보자.

코모호수(Lago di Como)
스위스처럼 평화로운 자연풍광을 즐기자

이탈리아북부의 최고 휴양지 코모는 조지클루니, 마돈나 등 세계적인 유명인이 자신들의 별장을 둘 정도로 아름다운 호반도시이다. 스위스에 인접한 코모에서 잠시 스위스의 평화로움을 만끽해보자.

밀라노 교통편

▶ 열차의 경우 이탈리아의 주요도시인 로마, 피렌체, 베네치아와 같은 대도시는 유로스타를 기준으로, 근교소도시는 레지오날레를 기준으로 하였다. 경비를 줄이고 싶다면 유로스타 대신에 레지오날레를 이용해도 무방하지만 소요시간이 더 길다는 단점이 있다.

▶ 모든 요금은 베이직 요금으로 산정하였다. 다만 다양한 프로모션을 통해 저렴하게 구매할 수 있으니 미리 확인하자.

▶ 밀라노에서 스위스로 넘어갈 경우에 인터라켄으로 가는 여행자가 많은데, 밀라노에서 인터라켄으로 바로 가는 기차는 없으며 슈피츠나 브리그에서 환승하여 30분 정도를 더 가야 한다. 슈피츠에서는 인터라켄의 서역과 동역 모두 갈 수 있으나, 브리그에서는 인터라켄 서역으로 가는 직행열차만 있고 동역으로는 다시 슈피츠를 경유해서 가야한다. 밀라노와 슈피츠 및 브리그 구간을 운행하는 유로시티열차는 예약이 필수이다.

▶ 유로시티는 유레일소지자의 경우 예약이 필수이다.

Chapter 01

한눈에 살펴보는 밀라노&밀라노근교

밀라노가 속한 이탈리아북부는 스위스와 국경을 접하고 있어 뛰어난 자연경관의 관광명소가 많다. 알프스자락에 위치한 밀라노는 로마제국이 유럽 전역으로 확장될 당시 지리적인 이점으로 주요 교역도시로 발전하였다. 로마제국 말기에는 제국의 수도로 번영을 누렸으며 르네상스시대에는 무기와 비단산업으로 베네치아와 피렌체를 제치고 이탈리아 제의 경제도시로 급부상하였다. 밀라노는 여전히 이탈리아 내에서 가장 개인소득이 높은 도시로 꾸준한 성장을 지속하고 있다.

고민 없이 즐기는 밀라노 추천 동선

밀라노를 방문하는 여행자의 유형은 크게 쇼핑에 목적을 두고 온 여행자와 레오나르도다빈치의 「최후의 만찬」을 비롯한 미술관투어를 목적으로 하는 여행자로 나눌 수 있다. 쇼핑족을 위한 밀라노쇼핑과 미술관을 위주로 둘러보는 미술관코스 그리고 야경코스 3가지 동선을 제시한다. 밀라노가 단지 거쳐 가는 도시라면 중앙역에 짐을 맡기고 두오모광장 주변을 둘러보면서 한나절을 보내도록 하자.

쇼핑족을 위한 밀라노시내 하루 코스

세계적 명품브랜드 본점이 몰려 있는 몬테나폴레오네거리와 비토리오 에마누엘레2세 갤러리 그리고 세계에서 가장 큰 자라매장을 비롯해 대중적인 브랜드가 주를 이루는 비토리오 에마누엘레거리가 쇼핑의 주요 포인트이다. 쇼핑을 마치고 스포르체스코성 주변에서 저녁식사를 하며 하루를 마무리하자.

예술에 관심있는 사람들을 위한 밀라노시내 하루 코스

레오나르도다빈치의 「최후의 만찬」을 관람하려면 예약이 필수이므로 산타마리아 델레 그라치에성당에 예약한 시간에 맞게 일정은 유동적으로 조정하면 된다.

밀라노야경 추천코스

밀라노야경은 건물자체의 야경보다는 건물과 함께 어우러지는 밀라노시민들의 풍경이 아름답다. 두오모에서 시작하여 스포르체스코성 주변과 아페르티보까지 즐길 수 있다.

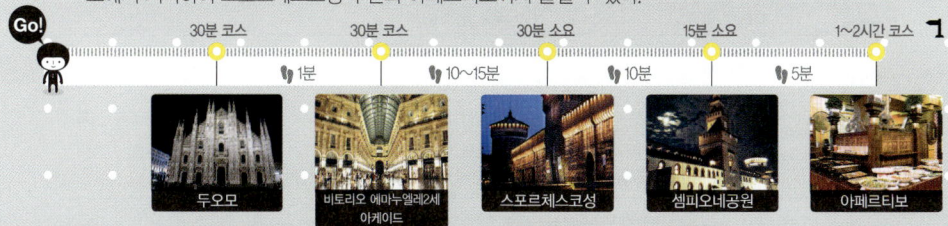

밀라노&밀라노근교 교통편 이용하기

Section 01

이탈리아 다른 도시와 마찬가지로 밀라노의 주요교통수단도 기차편이다. 도심에서 다른 주요도시 간을 연결할 때는 주로 밀라노중앙역에서 발착하는 기차를 많이 이용하고, 밀라노시내에서는 메트로를 많이 이용하게 된다.

말펜사공항(MXP)에서 밀라노시내로 이동하기

시내에서 약 50km 정도 떨어져 있는 말펜사공항 Aeroporto di Malpensa 은 밀라노의 주요 공항이다. 대부분의 국제선 항공편이 터미널1에서, 유럽의 저가항공사들 및 이탈리아 국내선은 터미널2에서 이착륙한다. 터미널1과 터미널2는 떨어져 있으며 터미널 간에는 셔틀버스가 운행된다. 말펜사공항과 시내를 오가는 방법은 다양하나 출퇴근 시간과 겹치지 않는다면 버스를 이용하는 것이 좋다. 열차로는 말펜사익스프레스가 운행하지만 편수가 많지 않아 시간대를 잘 맞춰야 한다.

이동수단	소요시간	요금
버스	약 1시간	€8~10
말펜사익스프레스	40~50분	€13
택시	50분	€70~100

버스 이용하기

출국장을 나오면 중앙역으로 이동하는 셔틀버스가 대기하고 있으므로 시간에 맞는 버스를 타고 시내로 이동하면 된다. 주요 버스회사로는 셔틀버스와 말펜사익스프레스가 있으며, 중앙역 왼편 루이지디사보이아광장 Piazza Luigi di Savoia 에서 탑승하면 된다. 티켓은 공항 내 매표소나 운전기사에게 직접 구매할 수 있으며, 요금은 €10(왕복 €16), 소요시간은 약 1시간으로 동일하다. 자세한 버스시간표는 홈페이지에서 쉽게 확인할 수 있다.

종류	홈페이지	주요 운행노선	운행시간
말펜사 셔틀버스	www.malpensashuttle.it	공항터미널1 → 공항터미널2 → 밀라노중앙역	05:00~01:20(20분 간격)
		밀라노중앙역 → 테오도리코길 → 공항터미널2 → 공항터미널1	03:45~24:15 (20분 간격)
말펜사 익스프레스	www.airportbusexpress.it	말펜사공항터미널1 → 말펜사공항터미널2 → 밀라노중앙역	06:00~24:30(20~30분 간격)
		밀라노중앙역 → 말펜사공항터미널2 → 말펜사공항터미널1	04:00~23:00(20~30분 간격)

※ 주의사항 : 소요시간은 러시아워나 교통 상황에 따라 더 늘어날 수 있으며 티켓은 인터넷으로 예약 시 더 저렴하다.

🧳 말펜사익스프레스(Malpensa Express) 이용하기

말펜사익스프레스는 공항과 시내중심에 위치한 중앙역, 포르타가리발디역 그리고 카도르나역을 연결한다. 시간대는 다양하지만 경유하는 곳이 조금씩 달라 소요시간에는 차이가 있다. 밀라노 시내는 중앙역에서 메트로로 4정거장, 카도르나역에서는 도보 15분 거리이다. 카도르나 역에서는 코모호수 바로 앞 코모 노르드라고Como Nord Lago역까지 가는 열차도 운행한다.

홈페이지	www.malpensaexpress.it
타는 곳	타는 곳은 공항터미널1에 역이 있으며, 트레니(Treni)라고 적힌 표지판을 따라가면 된다.
요금	중앙역, 포르타가리발디역까지 편도 €13, 왕복 €20, 카도르나역까지 편도 €13, 왕복 €20
소요시간	말펜사공항에서 중앙역까지는 약 50분 소요되며, 한 시간에 두 대씩 운행되고 있다.

🧳 택시 이용하기

밤늦게 도착하거나 짐이 많을 경우 택시를 이용하는 편이 좋다. 말펜사공항에서 밀라노 시내까지는 고정요금으로 €95이며 약 40분 정도 소요된다. 전시회가 열리는 피에라 지역에서 공항까지는 €65이며 리나테공항에서 말펜사공항까지는 €105이다

말펜사공항에서 세금 환급받기

에미레이트, 에티하드, 에어프랑스, 러시아항공, 핀에어항공 등을 이용하여 밀라노말펜사공항에서 유럽국가가 아닌 다른 나라로 출국하는 경우 세금환급을 받을 수 있다. 다른 공항과 달리 세관신고를 먼저 한 뒤 체크인을 해야 한다. 간혹 항공사나 직원이 체크인을 먼저 해주는 경우도 있지만 오래 기다렸는데 세관신고 먼저 하고 오라고 할 수도 있으므로 주의해야 한다. 세금환급을 받을 예정이라면 되도록 공항에 일찍 도착하는 것이 좋다.

말펜사공항 세금환급절차
① 세금을 환급받을 때는 구입한 물품 중 기내에 들고 탈 것과 캐리어에 넣은 것을 분명히 구분해야 한다. 특히 기내에 들고 탈 물건은 공항 내 면세점 환급소에서만 환급이 가능하다는 것을 기억하자.
② 액체류와 같이 기내에 들고 탈 수 없는 물품은 공항 외부에서 미리 택스리펀을 받아야 한다. 이 또한 이탈리아 내에서 구입했는지 타국가에서 구입했는지를 구분해야 하는데, 이탈리아 내에서 구입한 물품이라면 굳이 세관사무소까지 갈 필요 없이 바로 담당 택스리펀 사무실 창구로 가면 확인 및 환급까지 한 번에 진행된다.
③ 만일 이탈리아 외 다른 국가에서 구입한 물품이라면 반드시 세관사무소에 가서 물품을 확인받고 택스리펀 서류에 확인도장을 받아서 담당 택스리펀 사무실에서 환급을 받으면 된다.

🧳 리나테공항(LIN)에서 밀라노시내로 이동하기

리나테공항Aeroporto di Linate에서 밀라노중앙역까지 람브라테Lambrate역을 경유하는 셔틀버스가 운행된다. 시간이 넉넉하다면 산바빌라광장Piazza San Babila역까지 운행하는 저렴한 73번 시내버스(€1.50)를 이용하자. 밀라노시내에서 공항으로 갈 때도 마찬가지로 셔틀버스나 시내버스를 이용할 수 있다.

홈페이지	www.airportbusexpress.it	
요금	편도 €5, 왕복 €9	
소요시간	20~30분	
운행노선과 시간	리나테공항 → 람브라테 → 밀라노중앙역	07:15~22:45(약 30분에서 1시간에 1대)
	밀라노중앙역 → 람브라테 → 리나테공항	05:30~22:00(약 30분에서 1시간에 1대)

※ 주의사항 : 소요시간은 교통상황에 따라 더 늘어날 수 있으며, 티켓은 인터넷으로 예약 시 더 저렴하다.

오리오알세리오공항(BGY)에서 밀라노시내로 이동하기

밀라노 도심에서 50km 정도 떨어져 있는 오리오알세리오공항Aeroporto Orio al Serio은 주로 라이언에어를 비롯한 저가항공사들이 취항하며 베르가모 부근에 위치해 있어 베르가모공항Aeroporto di Bergamo이라고도 부른다. 공항에서 밀라노중앙역까지는 오리오셔틀이나 아우토스트라달레사가 운영하는 셔틀버스를 타고 이동할 수 있으며 두 버스 모두 요금은 €6(인터넷 예약 시 €5), 소요시간은 약 1시간으로 동일하다. 택시로는 공항에서 시내중심부까지는 고정요금으로 €120이다.

종류	홈페이지	운행노선	운행시간
오리오셔틀 (Orio Shuttle)	www.orioshuttle.com	오리오알세리오공항 → 밀라노중앙역	04:25~23:40
		밀라노중앙역 → 오리오알세리오공항	03:15~22:45
	※ 오리오셔틀은 기간별로 운행시간이 달라지므로 홈페이지에서 미리 확인해야 한다.		
아우토스트라달레 (Autostradale)	ecomm.autostradale.it	오리오알세리오공항 → 밀라노중앙역	07:15~24:15(15~30분 간격)
		밀라노중앙역 → 오리오알세리오공항	02:45~23:15(30분 간격)

※ 주의사항 : 소요시간은 교통상황에 따라 더 늘어날 수 있으며 티켓은 인터넷으로 예약 시에 더 저렴하다.

밀라노중앙역에서 밀라노시내로 이동하기

유럽에서 가장 웅장한 역으로 꼽히는 밀라노중앙역Stazione di Milano Centrale은 철도와 대중교통의 중심지이다. 이탈리아 주요도시를 연결하며 접경국가인 프랑스나 스위스 등으로 출입국할 때 여행자들이 주로 이곳을 이용한다. 또한 밀라노 주요공항으로 가는 공항버스도 중앙역 앞에서 출발한다. 중앙역에서 주요 관광지가 몰려있는 두오모광장까지는 메트로 3호선을 타고 4정거장을 이동해 두오모Duomo역에서 하차하면 된다.

밀라노중앙역 짐 보관소

위치 중앙역을 바라보고 오른쪽의 루이지디사보이아광장(Piazza Luigi di Savoia) 방향 출구 앞에 자리한다. 'Deposito Bagagli' 표지판을 따라가자.
운영시간 06:00~23:00
요금 5시간 €6, 초과 시 1시간당 €1, 12시간 초과 시 1시간당 €0.50(짐을 맡기는 곳과 찾는 곳 창구의 문이 다르나 바로 옆에 위치하고 있어 찾기 쉽다.)

밀라노중앙역에서 공항으로 이동하기

공항으로 가는 모든 셔틀버스나 기차는 밀라노중앙역에서 출발한다. 말펜사익스프레스는 역내 매표소에서 표를 구입하여 바로 탑승하면 된다. 현재 밀라노는 역내 치안강화를 위해 티켓을 소지하지 않으면 플랫폼에 접근조차 못하도록 바리게이트를 설치하였다. 이는 밀라노 외에도 이탈리아 주요 도시 모두가 동일하다. 티켓구매 후에는 바코드를 찍어야만 플랫폼까지 이동할 수 있다.

역내 설치된 바리케이트

밀라노중앙역 인근 버스정류장 위치도

버스 이용 시 말펜사공항버스 탑승장은 중앙역 정면을 바라보고 왼쪽 택시정류장 뒤편에 위치하고, 리나테공항과 오리오 알세리오공항은 오른쪽 주차장 뒤편에 위치한다. 밀라노에는 총 3개의 버스회사가 운행하므로 굳이 특정 버스회사를 예약할 필요 없이 현장에서 바로 출발하는 버스를 타는 편이 유리하다. 버스회사 요금은 모두 동일하다.

말펜사공항버스 매표소

말펜사공항버스 탑승장

리나테, 알세리오공항버스 매표소

리나테, 알세리오공항버스 탑승장

밀라노시내에서 대중교통 이용하기

밀라노는 대부분의 관광지가 두오모를 기준으로 한군데 몰려있어 두오모광장에서 대부분 도보로 이동이 가능하다. 중앙역에서 두오모광장까지는 메트로 4정거장 떨어져 있는데, 메트로를 타고 숙소로 이동해야 하는 경우라면 대중교통 이용횟수를 잘 계산해서 1회권을 끊을지 1일이나 3일권을 끊을지 따져보고 구매하는 것이 좋다. 대중교통으로 이동하는 횟수가 3번 이상이라면 1일권이 경제적이다. 메트로와 트램, 버스는 모두 한 종류의 승차권이며 역내의 자동발매기나 타바키 또는 신문가판대에서 구매할 수 있다.

밀라노메트로 티켓

종류	요금	유효기간
1회권(Biglietto Urbano)	€2	각인 후 90분
1일권(Biglietto Giornaliero)	€7	각인 후 24시간
3일권(Biglietto Bigiornaliero)	€12	각인 후 72시간
1회권 10장(Carnet 10 Viaggi)	€18	각인 후 90분

※ 1회권은 90분 내 횟수에 관계없이 환승가능하고, 1일권은 최초 이용 시 한 번만 각인하면 된다.

메트로 이용하기

밀라노에서 여행자들이 주로 이용하는 대중교통은 단연 메트로이다. 대부분의 관광명소를 메트로가 연결하고 있으며, 4개의 노선이 운행된다. 새벽 6시부터 24시 30분까지 운행되며, 성탄절과 노동절에는 07:00~19:30으로 단축운행한다. 주요 관광지는 빨간색과 노란색 라인인 M1호선과 M2호선에 위치해 있으며, 밀라노중앙역에서 주요 관광지가 몰려 있는 두오모광장까지는 도보로 30분 이상이 걸리므로 메트로를 이용하는 것이 좋다. 메트로 티켓은 역내 자동판매기를 이용하여 직접 끊거나 타바키에서 구매하면 된다.

❶ 첫 화면을 클릭하면 언어를 선택하는 창으로 이동한다. 언어는 영어를 선택한다.

❷ 승차권 종류 선택 창이 나오는데 [Standard tick Mi1-Mi3 2 euro]을 누른다.(1회권을 구매할 예정이라면 바로 첫 번째의 [Standard Urban Ticket(€1.50)]을 선택하면 돈을 투입하는 화면으로 이동한다.) 여기서 주의할 점은 소문자 ⓘ가 적힌 부분이 아니라 글씨가 적힌 부분을 눌러야 한다. ⓘ를 터치하면 티켓에 대한 정보가 나온다.

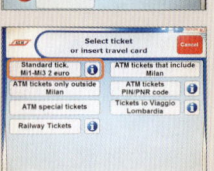

❸ 티켓을 선택하고 구입매수를 결정한 후 돈을 투입한다. 1개 이상일 경우 + 표시를 눌러 개수를 늘리면 된다. 동전, 지폐, 카드 모두 사용가능하나 지폐의 경우 작은 단위로 준비하는 것이 좋다.

❹ 돈을 투입하고 잠시 기다리면 티켓과 거스름돈이 함께 나오는데, 빠뜨리지말고 수령하면 된다.

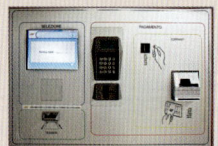

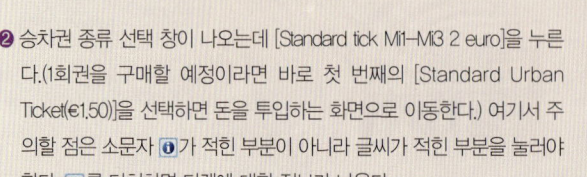

Milan Metro
밀라노메트로 노선도

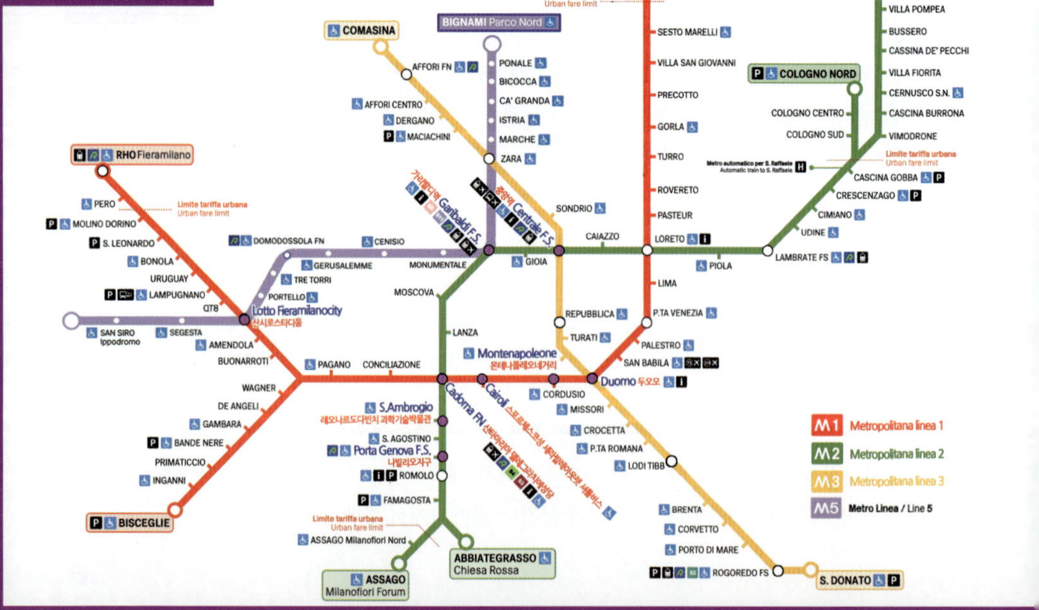

🧳 트램이나 버스 이용하기

현지인들의 경우 버스와 트램을 자주 이용하는 편이지만 여행자들에게는 버스나 트램보다는 메트로가 더 편리하다. 노선이 복잡하지 않고 간결할 뿐 아니라 대부분의 주요관광지와 바로 연결되기 때문이다. 버스나 트램의 티켓은 메트로와 공용이며 나빌리오Naviglio지구를 갈 때는 트램, AC밀란의 홈구장 산시로경기장Sansiro Stadium에 갈 때는 버스가 유용하다.

🧳 택시 이용하기

콜택시를 부르거나 택시승차장에서 탑승할 수 있다. 승차장은 중앙역이나 두오모광장 앞에 있으며 요금은 미터기로 책정되는데 우리나라보다 2배 정도 요금이 비싸다고 생각하면 된다. 기본요금은 평일 06:00~21:00 €3.30, 주말 및 휴일 06:00~21:00 €5.40, 평일 및 주말 모두 21시 이후에는 €6.50이다.

🧳 밀라노에서 밀라노근교도시로 이동하기

밀라노에서의 일정이 2일 이상이라면 하루는 밀라노시내, 또 하루는 밀라노근교 여행을 계획해 보아도 좋다. 다음 표는 밀라노근교도시인 코모호수와 밀라노 대표 아웃렛인 세라발레아웃렛의 출발역과 소요시간, 요금을 표로 정리한 것이다.

근교도시 이동		교통수단	소요시간	요금(편도)
코모 P.415	밀라노중앙역	코모 산지오반니역	기차	약 40~50분	€4.80
	밀라노 포르타가리발디역	코모 산지오반니역	기차	약 1시간	€4.80
	밀라노 노르드카도르나	코모 노르드라고	기차	약 1시간	€4.80
세라발레아웃렛 P.410	밀라노중앙역	세라발레아웃렛	셔틀버스	1시간 30분	€20~25(왕복)

코모

세라발레 아웃렛

Chapter 02
패션의 도시, 밀라노

자신들을 밀라네제(Milanese)라 부르며 파리의 파리지엥(Parisien)과 함께 자부심 강한 시민의식을 갖고 있는 밀라노인들은 과거의 흔적을 존중하면서도 새로운 미래를 위한 도전도 마다하지 않는다. 계속되는 새로운 시도는 곧 밀라노의 상징이며 지금도 문화, 예술, 패션 등의 분야에서 전 세계 최고의 선두 주자로 자리 잡고 있다.

Chapter 02 패션의 도시, 밀라노

Section 02
밀라노에서 반드시 둘러봐야 할 명소

두오모가 있는 시내중심부터는 비토리오 에마누엘레2세 갤러리와 스칼라극장, 스포르체스코성 등 주요 관광지를 도보로 둘러볼 수 있다. 「최후의 만찬」이 있는 산타마리아 델레 그라치에성당이나 나빌리오지구, 산시로경기장은 다소 거리가 떨어져 있어 대중교통을 이용해야 한다.

전 유럽 중앙역 건축의 롤모델이 된 걸작,
밀라노중앙역 Stazione di Milano Centrale

밀라노중앙역은 유럽의 주요 기차역 중 하나로 서유럽국가인 프랑스, 스페인, 독일, 스위스에서 이탈리아로 들어오는 관문이다. 규모부터 웅장한 이 밀라노중앙역을 통해 매일 30만 명 이상이 밀라노로 들어오고 빠져나간다. 1864년 완공되었지만 계속 증축되면서 현재의 모습을 갖추게 되었는데, 오랜 시간에 걸쳐 개축되면서 뚜렷한 양식이 느껴지지 않는 모습이 오히려 인상적이다. 현재까지도 증축공사는 계속 진행 중인데 유럽에서도 가장 아름다운 역이라 불리는 만큼 예술적인 부분을 가장 중시하고 있다. 총 24개의 플랫폼이 있으며 일시적으로 변할 수 있지만 일반적으로 지역별로 플랫폼이 구분되어 있다.

플랫폼 1~3	토리노, 아소 등 근교열차	플랫폼 14~17	볼로냐, 피렌체, 로마, 나폴리 등 이탈리아 중남부행 열차
플랫폼 4~6	토리노, 코모, 바젤, 취리히행 열차	플랫폼 18~23	제노아, 리보르노, 파르마, 크레모나, 만토바행 열차
플랫폼 7~13	베네치아를 비롯한 베네토지역행 열차	플랫폼 24	특별한 경우에만 사용된다.

주소 Milanocentarle 20125 **홈페이지** www.milanocentrale.it **운영시간** 매표소 05:50~22:20, 상점 09:00~19:30 **귀띔 한마디** 어디나 마찬가지겠지만 밀라노중앙역 주변 치안은 그리 좋지 않다. 이른 시간이나 늦은 시간에 기차를 탈 경우 미리 티켓을 구매하고, 가급적이면 지갑을 다른 사람들에게 보이지 말자.

고딕양식의 진수,
밀라노두오모 Duomo di Milano

전 세계에서 5번째로 큰 밀라노두오모는 이탈리아 최초로 지어진 대규모 성당이다. 일찍이 중동과의 교역과 십자군전쟁으로 최대의 경제적 수혜를 입은 밀라노는 경제적 부를 바탕으로 패션, 음식, 예술을 발전시켜 유럽 최고의 명품도시를 건설하였다. 이 성당은 이탈리아 르네상스가 시작되기 전 이탈리아 내 다른 유명성당과 달리 고딕양식으로 지어져 인상적이다. 대성당 건설은 1386년에 시작하여 완공까지는 무려 400년이 넘는 오랜 시간이 필요했다. 부유한 도시 밀라노는 르네상스시기 유럽열강들로부터 끊임없는 침략을 받았으며, 내부적으로는 수많은 정권교체가 일어나고 있었다. 이후 1805년 나폴레옹이 이탈리아 왕좌에 오르면서 황제대관식을 이곳에서 치르기 위해 공사를 재촉하여 마침내 1858년 완공되었다. 고딕건축의 치명적인 결점인 건물외벽에 거미다리처럼 돌출된 받침벽을 사용하지 않고도 건축물을 완성시켜 시대의 걸작이라 인정받고 있다.

실내크기만 1만 제곱미터가 넘으며, 52개의 기둥을 십자가 형태로 지었다. 지붕을 장식하고 있는 135개의 첨탑에는 유럽을 대표하는 성인들이 조각되어 있으며, 3천 개가 넘는 조각상이 성당 안팎을 장식하고 있다. 성당으로 들어가면, 규모와 작품성에서 세계 최고로 평가받는 화려한 스테인드글라스가 시선을 잡아챈다. 스테인드글라스의 압권은 성경이야기를 그림으로 설명한 대형 작품인데, 3개의 웅장한 스테인드글라스가 연이어 있다.

주소 Piazza del Duomo, 18 **문의** (+39)02-7200-3768 **홈페이지** www.duomomilano.it **운영시간** 성당 08:00~19:00, 지붕 09:00~19:00, 산지오반니 알레폰티(S. Giovanni alle Fonti)세례당 09:00~19:00, 두오모박물관 10:00~18:00(수요일 제외) **휴관** 지붕, 산스테판세례당 5/1, 12/25, 산지오반니 알레폰티세례당 매주 월요일 및 공휴일 **입장료** 표 참조

구분	종류	요금	포함사항
통합권	컬처패스	일반 €8, 어린이 €4	두오모, 산카를로무덤, 고고학지역, 두오모박물관, 산고타르도성당, 전시회
	두오모패스(엘리베이터)	일반 €17, 어린이 €9	두오모, 산카를로무덤, 고고학지역, 두오모박물관, 산고타르도성당, 지붕, 전시회
	두오모패스(계단)	일반 €13, 어린이 €7	
	패스트트랙 패스	일반 €25, 어린이 €13	두오모, 고고학지역, 두오모박물관, 산고타르도성당, 지붕(패스트/엘리베이터), 전시회
싱글티켓	두오모	일반 €3, 어린이 €2	
	지붕	패스트트랙 일반 €23, 어린이 €12 / 엘리베이터 일반 €4, 어린이 €7 / 계단 일반 €10, 어린이 €5	
	두오모박물관	일반 €3, 어린이 €1	

※ 어린이 - 만 6~11세, 5세 이하는 무료 / 산카를로무덤과 고고학지역, 산스테판세례당은 무료입장 가능

두오모 입장 및 두오모지붕 오르기

밀라노두오모를 방문하는 관광객이 급증하면서 현재 두오모를 입장하려면 티켓을 구매해야 한다. 티켓은 두오모박물관 옆 티켓부스에서 구매하거나 인터넷을 통해 예약할 수도 있다. 단 인터넷으로 예약할 경우 수수료가 발생한다.
두오모는 대성당, 성스테판세례당과 고고학지역, 지붕, 산카를로무덤, 두오모박물관 총 6개 구역으로 나눠 각각 싱글티켓과 통합권을 판매한다. 만약 성당내부만 둘러보려면 두오모 싱글티켓을 구매하고, 지붕도 함께 보려면 통합권(두오모패스)을 구매하는 것이 싱글티켓으로 각각 구매했을 때보다 저렴하다. 지붕까지 올라가는 티켓은 3가지인데 계단 또는 엘리베이터, 줄을 서지 않고 바로 엘리베이터를 타는 티켓이 있으므로 각자의 사정과 체력을 고려해서 구매하면 된다.
계단이나 엘리베이터를 이용하여 지붕에 오르면, 믿을 수 없는 밀라노의 새로운 풍경이 펼쳐진다. 성당 입구는 두오모 정면에 있지만, 지붕으로 오르는 입구는 두오모 뒤쪽에 위치해 있어 다소 찾기 어려울 수도 있다. 지도를 참고하자.

세계 최초의 쇼핑센터, 비토리오 에마누엘레2세 갤러리
Galleria Vittorio Emanuele II

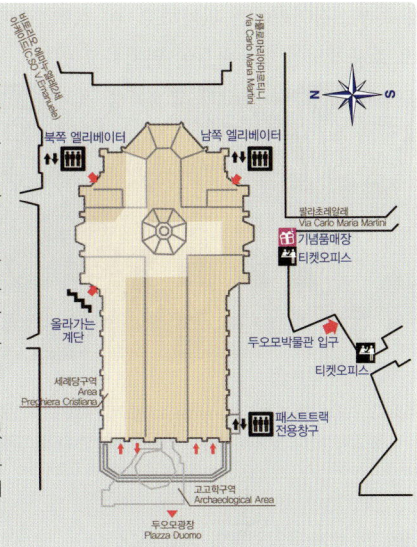

이탈리아를 통일한 비토리오 에마누엘레2세에 의해 1877년 완공된 미술관이자 전 세계에서 가장 오래된 쇼핑몰이다. 철골과 유리로 된 중앙의 돔은 19세기 가장 대중적이었던 건축설계방식으로 낮에는 조명효과를 내는 동시에 귀족들이 쇼핑을 하거나 만찬을 즐길 때 비와 눈을 피할 수 있었다. 지붕 아래 바닥까지 전부 대리석을 깔았는데, 각각 밀라노와 피렌체, 로마, 토리노를 상징하는 적십자, 백합, 늑대, 황소문양이 장식되어 있다. 이 중 황소문양 위는 항상 많은 사람으로 붐비는데, 이는 황소문양 중심부에 발뒤꿈치를 대고 한 바퀴를 돌면 소원이 이루어진다는 속설이 있기 때문이다. 얼마나 많은 사람이 돌았으면, 황소문양 일부분이 움푹 들어가 있을 정도이다.

이곳의 상점 및 레스토랑은 역사와 전통을 자랑하는데 얼마 전 20년 동안 한 자리를 지켰던 맥도날드가 아케이드의 품위에 걸맞지 않는다는 이유로 쫓겨나듯 철수한 일이 있었다. 아케이드 중간에는 호텔인증기관 SGS로부터 최초로 별 7개를 받은 7성급호텔 타

운하우스갤러리아가 위치하고, 이 호텔 1층이 유명한 명품매장 프라다 1호점이다. 그 주변으로 세계적인 명품숍들이 위치하고 있다.

프라다의 첫 번째 매장

베르사체 매장

주소 Galleria Vittorio Emanuele II **찾아가기** 메트로 1, 3호선 두오모(Duomo)역을 나오면 바로 보인다. **귀띔 한마디** 프라다의 첫 번째 매장이 있으며, 매장 2~3층은 유명 연예인들이 주로 머문다는 7성급 호텔 타운하우스갤러리아이다.

전 세계 음악인들의 꿈의 무대,
스칼라극장 Teatro alla Scala

이탈리아를 대표하는 3대 오페라극장 중 하나로 전 세계 음악인들의 꿈의 공연장인 스칼라극장은 그 오랜 역사와 함께 그 시대를 대표했던 최고의 작곡가와 성악가들의 흔적이 남아있는 음악인들의 성지이다. 1778년 화재로 소실된 극장 위에 새롭게 지은 것으로 오스트리아의 여왕 마리아테레지아(Maria Theresia)의 명에 의해 당대 최고의 기술과 디자인을 이용하여 만들어졌다. 실내는 금박을 입힌 청동과 실크로 화려하게 장식되어 있으며, 무대 위 낮은 목소리도 극장 전체에 도달할 수 있게 그리스 원형극장의 개념을 도입한 과학적인 설계로 지어졌다.

밀라노의 수호성인 산암브로지오(St. Ambrgio)의 축일인 12월 7일에 개장하여 7월까지는 오페라, 9~11월은 발레를 공연한다. 해마다 변경사항이 있으므로 자세한 공연 일정은 홈페이지에서 확인하는 것이 가장 확실하다. 공연을 관람하려면 오랜 역사를 지닌 만큼 격식에 맞는 복장을 차려야 한다. 공연이 없는 날에는 박물관과 극장투어를 할 수 있는데, 공연이 없어도 입장료를 내야만 입장할 수 있지만 음악에 관심이 있다면 세상에서 가장 아름다운 극장을 볼 수 있는 투어에 참가해 볼만하다.

Chapter 02 패션의 도시, 밀라노

주소 Via Filodrammatici, 2 문의 (+39)02-8879-7473 홈페이지 www.teatroallascala.org 운영시간 09:00~12:30, 13:30~17:30 휴관 1/1, 부활절, 5/1, 8/15, 12/7, 12/24, 12/25, 12/26, 12/31 입장료 €7 찾아가기 두오모 정면을 바라보고 왼편에 있는 비토리오 에마누엘레2세 갤러리를 통과하여 왼쪽으로 걸어서 2분 거리이다. 귀띔 한마디 복장을 갖추지 않으면 공연 예약을 했더라도 출입이 엄격히 금지되므로 주의하자. 최소한 남자는 정장에 넥타이, 여자는 드레스를 착용해야 한다.

스칼라극장 예약방법

공연을 보려면 인터넷예약이(www.teatroallascala.org) 가장 확실한 방법이지만, 예약을 하지 않았더라도 현장에서 바로 구매할 수 있으며, 좌석이 없어도 입석표가 있으니 극장에 직접 찾아가서 관람이 가능한지 알아보는 것도 방법이다.

이탈리아 북부를 대표하는 미술관
브레라미술관 Pinacoteca di Brera

이탈리아북부를 대표하는 미술관으로 1층은 브레라 미술대학이고, 2층이 미술관으로 사용된다. 19세기 초 나폴레옹은 밀라노를 이탈리아의 파리처럼 만들어 예술문화의 중심지로 부흥시키려 하였다. 그래서 이탈리아북부 지역에서 약탈한 미술품을 한데 모아 1809년 미술관을 개관하였는데, 이것이 브레라미술관의 모태가 되었다. 이곳에는 수준 높은 작품 1,000여 점이 소장되어 있어 바티칸, 우피치와 더불어 이탈리아를 대표하는 3대 미술관으로 꼽힌다.

르네상스와 바로크시기의 예술적인 특징을 살펴 볼 수 있는 곳으로 특히 롬바르디아Lombardia와 베네토Veneto 지역의 훌륭한 명작들을 한 곳에서 감상할 수 있다. 이탈리아북부의 르네상스 중심에 있던 안드레아만테냐Andrea Mantegna와 베네치아 화파의 핵심인 조반니벨리니Giovanni Bellini, 티치아노Vecellio Tiziano, 틴토레토Tintoretto 등을 살펴보고, 바티칸과 우피치의 이탈리아중부 미술과도 비교해볼 수 있다. 또한 미술관 내에 미술품 복원작업이 이루어지는 공간을 유리벽으로 분리한 채 공개해두어, 실제 작업하는 모습도 살펴볼 수 있다.

주소 Via Brera 28 문의 (+39)02-72-2631 홈페이지 pinacotecabrera.org 운영시간 화~수, 금~일요일 08:30~19:15(마지막 입장 18:40), 목요일 08:30~22:15(마지막 입장 21:40) 휴관 매주 월요일, 1/1, 5/1, 12/25 입장료 일반 €12(오디오 가이드 €5), 만 18세 미만 무료 찾아가기 스칼라극장을 바라보고 오른편 주세페베르디길(Via Giuseppe Verdi)을 따라 도보 10분 거리에 위치한다.

나폴레옹동상

Special 07 브레라미술관의 소장작품 이해하기

안드레아만테냐의 「죽은 예수 Cristo Morto」

안드레아만테냐(Andrea Mantegna)는 북이탈리아 화파의 르네상스양식을 대표하는 화가로 브레라미술관의 백미로 꼽힌다. 조각가 도나텔로(Donatello)의 영향을 받아 견고하고 조각적인 선이 주된 특징이며, 베네치아 화파의 시조인 야코포벨리니(Jacopo Bellini)의 딸과 결혼하면서 베네치아의 화풍도 접하였다. 그의 대표작 「죽은 예수」는 당시 같은 주제의 다른 작품들과 전혀 다른 파격적인 구도가 돋보인다. 발치에서 바라보는 죽은 예수의 모습을 과감한 단축법을 이용하여 입체적으로 표현하였으며, 싸늘하게 잿빛이 된 주검의 모습, 천의 주름, 늙은 성모마리아의 주름진 얼굴 등 인체와 사물의 표현이 섬세하고 꼼꼼하다.

라파엘로의 「성모마리아의 결혼 Lo Sposalizio della Vergine」

모방으로부터 창조를 이끌어 내던 화가 라파엘로(Sanzio Raffaello)는 그의 스승 페루지노(Pietro Perugino)의 작품을 모방하되 훨씬 뛰어난 실력으로 완성시킨 작품이 바로 이것이다. 페루지노의 작품과 비교해 보면 매우 비슷한 구도와 인물들이지만, 라파엘로의 작품이 공간을 더 입체감 있게 표현하고 있으며, 인물의 팔 동작, 목의 각도 등 인체의 표현이 우아하고, 인물과 공간이 보다 조화를 이루어 편안하고 여유롭게 감상할 수 있다.

라파엘로의 작품

페루지노의 작품

조반니벨리니의 「피에타 Pieta」

이탈리아 베네치아 화파 창시자라 불리는 조반니벨리니(Giovanni Bellini)의 가장 유명한 작품으로, 화폭 하단 가운데에 보면 이 그림에 대한 그의 소회가 적혀있다. 고통을 끝마친 예수의 살짝 벌어진 입술에서는 마지막 기도가 들리는 듯하고, 얼굴을 맞대고 그를 어루만지는 어머니 성모마리아의 슬픈 표정이 애절하다. 고개를 돌린 사도 요한의 붉은 눈시울도 관객의 마음을 울리기 충분하다. 인간적인 정서와 깊이 있는 종교적 감성이 돋보이는 작품이다.

틴토레토의 「성마르코 유해의 발견 Il Ritrovamento del Corpo di San Marco」

마르코 성인은 베네치아의 수호성인으로, 이집트북부의 알렉산드리아에서 순교하였는데 훗날 두 명의 베네치아 상인이 시신을 몰래 숨겨와 지금의 베네치아 산마르코성당에 편히 안장하였다고 한다. 틴토레토(Tintoretto)의 그림은 성인의 유해를 발견하던 순간을 묘사하였는데, 특유의 대각선 구도와 어두운 색채로 긴박한 상황의 긴장감을 잘 표현하고 있다.

프란체스코아이예즈의 「입맞춤 Il Bacio」

북이탈리아 낭만주의를 대표하는 화가 아이예즈(Francesco Hayez)는 30년간 브레라에서 미술을 가르쳤으며 원장의 자리에까지 있었던 이곳의 중요 인물이다. 부드러운 색감과 낭만적인 표현력이 잘 살아난 그의 대표작 〈입맞춤〉에서 제대로 감상해볼 수 있다. 매우 단순한 구도이지만 로맨틱하고 매혹적인 그림의 분위기는 뇌리에 오랫동안 남는 감동이 있다.

카라바조의 「엠마오에서의 저녁식사 Cena in Emmaus」

예수가 부활한 후 제자들과의 저녁식사에서 처음으로 자신의 부활을 알리는 내용을 담고 있다. 카라바조(Caravaggio)의 화풍인 빛과 그림자의 극적인 대조가 돋보이는 작품이다. 런던 내셔널갤러리의 동명의 작품과 비교해 볼 수 있는데, 브레라미술관 소장 삭품이 솜 너 후기의 작품으로 훨씬 어두워진 색채와 차분한 구성, 암울한 분위기를 볼 수 있다.

브레라미술관 소장

내셔널갤러리 소장

레오나르도다빈치의「최후의 만찬」을 만나는
산타마리아 델레 그라치에성당 Chiesa di Santa Maria delle Grazie

「최후의 만찬」 티켓판매소

도미니코수도회에 의해 1469년에 완공된 성당으로 당시 대중적이던 르네상스양식으로 지어졌다. 화려하지 않고 단조로운 외관에서 이 성당의 가치를 상상하기 어렵겠지만, 이곳에는 세기의 걸작인 레오나르도다빈치의 작품「최후의 만찬」이 보관되어 있다. 성당 중앙부를 장식하고 있는 돔은 로마 베드로 성당의 설계자인 브라만테Donato Bramante의 작품으로 그는 이를 통해 밀라노에서 명성을 얻을 수 있었다. 레오나르도다빈치의「최후의 만찬(L'ultima Cena)」은 성당 부엌 한쪽 벽면을 장식하고 있다.

2차 세계대전 당시 폭격으로 인하여 성당은 완전히 허물어졌지만 수도원장이 작품이 그려진 벽에 곡물 가마니를 쌓아 올려 다행히 벽은 무너지지 않았고 기적처럼「최후의 만찬」은 피해를 거의 입지 않을 수 있었다. 이 작품은 르네상스가 끝나는 마지막까지 미술의 가장 기본이 되는 중심 피라미드 구조를 탄생시켰으며 예술작품이 앞으로 한걸음 나아갈 수 있는 방향을 제시해준 세기의 걸작으로 유네스코 세계문화유산에 지정되어 있다.

주소 Piazza Santa Marua delle Grazie 2 **문의** (+39)02-467-6111 **홈페이지** www.grazieop.it **운영시간** 성당-월~토요일 07:30~12:00, 15~19:00, 일요일 및 공휴일 07:30~12:15 / 최후의 만찬-08:15~19:00(마지막 입장 18:45) **휴관** 성당-1/1, 5/1, 12/25, 최후의 만찬-매주 월요일 **입장료** 성당 무료 **찾아가기** 메트로 카도르나역(Cadorna)에서 하차하여 보카치오길(Via Giovanni Boccaccio)에서 카라도소길(Via Caradosso)로 접어든 뒤 걷다보면 돔 형태의 외관이 보인다. **귀띔 한마디** 최근 새롭게 입구와 출구를 따로 분리하였다. 입구는 성당을 바라보고 뒤편에 따로 사무실이 자리하고 있다.

「최후의 만찬(L'ultima cena)」을 보고 싶다면 예약부터 하자

이 작품은 예수가 12제자와의 마지막 만찬 중 '너희들 중 한 명이 나를 배신할 것이다.'라고 말하자, 그 말을 들은 12제자들의 다양한 심리적 표현을 묘사하고 있다. 예수를 중심으로 좌우에 6명씩 배치하여 전체적인 균형감을 가지면서도 배경과 인물이 하나가 되고 입체감도 완벽히 표현되었다. 또한 르네상스 초기 미술가들이 가장 고민하던 원근법과 조화를 함께 이끌어낸 최초의 작품이다. 단 한 점의 작품을 보기 위해 매년 수백만의 사람이 이곳을 찾는다. 성수기에는 반드시 예약을 해야만 볼 수 있을 정도로 예약률이 높아 현장 구매는 거의 불가능하며, 최소 2주 전에는 예약을 해야 한다. 비수기라면 아침 일찍 8시 정도에 가면 운 좋게 티켓을 현장에서 구입할 수도 있다. 한 차례에 25명씩 15분 동안만 관람할 수 있다.

온라인 예약처 문의 (+39)02-9280-0360(영어 2번) **홈페이지** www.vivaticket.it **입장료** €10(예약비 €2) **귀띔 한마디** 최후의 만찬을 꼭 보고싶다면 여행사에서 판매하는 티켓을 구입하는 방법도 있다. 투어와 함께 티켓을 판매하는데 요금은 €25부터이다.

Chapter 02 패션의 도시, 밀라노

미켈란젤로의 유작 「론다니니의 피에타」가 있는
스포르체스코성 Castello Sforzesco

미켈란젤로의 유작
「론다니니의 피에타」

1370년 당시 밀라노의 주인이었던 비스콘티Visconti가문에 의해 처음 요새가 건설되었다. 후에 비스콘티 가문이 몰락하면서 혼란을 틈타 베네치아공화국이 밀라노를 침공하였는데 이때 스포르차Sforza가문이 피렌체 메디치가문의 코시모데메디치Cosimo de Medici의 지원을 받아 현재의 성을 완공하였다. 레오나르도 다빈치를 비롯해 성베드로성당을 건설한 브라만테 등 당대 최고의 건축가들에 의해 지어진 이 성은 17세기까지 유럽에서 가장 크고 웅대한 성이었으며 유럽의 다른 나라 성들의 모델이 되기도 하였다. 당시 발명가로서의 능력도 탁월했던 레오나르도다빈치의 몇몇 발명품과 미켈란젤로의 유작 「론다니니의 피에타(La Pieta Rondanini)」를 비롯한 여러 미술가의 작품 그리고 중세 무기사업의 중심이었던 밀라노에서 발명된 무기들이 전시되어 있다.

주소 Piazza Castello **문의** (+39)02-8846-3703 **홈페이지** www.milanocastello.it **운영시간** 스포르체스코성 07:00~19:00 박물관 화~일요일 09:00~17:30(마지막 입장 17:00) **휴관** 매주 월요일(박물관), 1/1, 부활절과 다음 월요일, 5/1, 12/25 **입장료** 스포르체스코성 무료, 박물관 €10(매월 첫 째주 일요일 €5) **찾아가기** 메트로 1호선 카이롤리(Cairoli)역에서 하차하면 보인다. **귀띔 한마디** 스포르체스코성은 셈피오네공원 안에 위치해 있어 함께 둘러보면 좋다.

밀라노 젊은이들의 핫플레이스,
나빌리오지구 Naviglio

알프스에서부터 흘러오는 지류를 이용하여 만든 운하로 밀라노 북서부에 위치한 토르나벤토Tornavento에서부터 밀라노까지 이어지는 대운하이다. 처음 건설이 시작된 것은 1157년으로 당시 중세유럽에서 가장 중요한 도시 중 하나인 밀라노로 들어오는 교역품을 운송하기 위한 목적으로 만들어졌다. 그 당시 이뤄진 대형 프로젝트로 운하가 밀라노까지 이어진 것은 1258년에 이르러서였다. 후에는 1386년부터 건설이 시작된 밀라노 두오모를 건설하기 위한 석재를 운반하기 위해 사용되었으며 레오나르도다빈치에 의해 새롭게 건설되면서 밀라노 도시 방어를 위한 목적으로도 사용되었다.

지금은 밀라노 젊은이들을 위한 장소로 이탈리아 젊은이들의 활기찬 모습을 볼 수 있다. 아페르티보라는 외식 문화가 일찍부터 자리 잡은 밀라노에서 가장 유명한 아페르티보를 맛볼 수 있는 곳으로 저녁에 이곳을 방문하면 야경을 감상할 수 있을 뿐만 아니라 밀라노의 밤문화를 체험할 수 있다.

찾아가기 메트로 2호선 포르타제노바F.S(Porta Genova F.S.)역에서 하차하여 바렌차길로(Via Valenza) 도보 5분 거리이다. **귀띔 한마디** 매달 마지막 일요일 벼룩시장이 열린다.

이탈리아 축구의 열정을 느낄 수 있는 전용구장, 산시로스타디움 Stadio San Siro

유럽을 대표하는 축구의 나라 이탈리아. 가장 유명한 클럽인 AC밀란AC Milan과 인터밀란Intermilan의 본고장 밀라노에서 축구는 빼놓을 수 없는 하나의 상징이다. 이탈리아를 대표하는 구단의 전용구장인 만큼 그 규모와 시설은 이탈리아 최고로 인정받는다. 축구시즌이 되면 수많은 축구팬으로 밀라노에서 가장 시끌벅적한 장소가 된다. 축구에 관심 있는 여행자라면 이곳에서 이탈리아 축구의 박진감을 느껴보도록 하자.

밀라노는 다른 지역과 다르게 당일 현장에서 티켓 구매가 가능하며 게임의 중요도와 자리에 따라 가격은 천차만별이다. 가장 저렴한 €21에서 고가의 €412짜리 티켓이 있으며 보통 €40~60대의 자리에서 관람한다. 티켓 구매 전에 구장 좌석배치도를 참고하여 티켓을 구매하면 수월하다. 만약 일정상 축구 관람이 불가능 하다면 경기장에 붙어 있는 박물관 관람을 고려해보자.

주소 축구경기장 Stadio Giuseppe Meazza, 박물관 Via Piccolomini 5, Cancello Gate 14(경기장 14번 게이트 앞) **문의** (+39)02-404-2432 **홈페이지** www.sansiro.net **운영시간** 경기장은 경기가 있는 날만 운영, 박물관 여름철 09:30~18:00, 겨울철 09:30~17:00 **휴관** 박물관 8/15, 12/25, 12/26, 12/31, 경기가 있는 날 **입장료** 박물관 €11, 통합권(박물관+경기장) €18 **찾아가기** 메트로 1호선 로토피에라(Lotto Fiera)역에서 하차하여 표지판을 따라 도보 15분 거리, 또는 두오모 부근에서 16번 버스를 타고 종점에서 하차한다. **귀띔 한마디** 과거에 광팬들에 의해 불미스러운 사건들이 벌어지면서 이제는 경기 관람 시 철저히 신분증을 요구하므로 꼭 여권을 지참하고 입장해야 한다. 신분을 증명할 수 있는 서류가 없으면 티켓이 있어도 입장이 불가능하다.

Chapter 02 패션의 도시, 밀라노

Section 03
밀라노에서 먹어봐야 할 것들

밀라노에서 꼭 체험해봐야 할 것 중 하나가 이탈리아북부 음식문화인 아페르티보(Apertivo)이다. 본래 저녁식사 전 애피타이저 개념으로 시작됐지만 현재는 무제한 제공되는 뷔페 음식과 음료 한 잔으로 저녁을 대체하는 문화로 자리 잡고 있다. 아페르티보는 보통 저녁 6시에서 10시까지이며, €10 정도면 배를 두둑하게 채울 수 있다. 밀라노의 전통음식으로는 리소토알라밀라네제(Risotto alla Milanese)를 추천한다.

밀라노 젊은이들의 절대 사랑을 받는
루이니 Luini Panzerotti

1888년부터 영업을 시작한 루이니의 대표메뉴 판체로티 Panzerotti는 이탈리아 풀리아지방의 전통음식으로 피자반죽에 치즈와 토마토로 속을 채우고 반으로 접어 튀겨낸 빵을 말한다. 겉은 바삭하면서 속은 촉촉한 느낌이라 식재료는 피자와 비슷해도 맛은 색다르다. 피자도 아닌 그렇다고 만두도 아닌 이 매력적인 판체로티를 먹기 위해 이곳을 찾는 사람들로 가게 앞은 항상 북적거린다. 두오모 광장에서 멀지 않은 곳에 위치해 있으며 저렴한 가격에 가볍게 한 끼를 해결할 수 있어 배낭여행자들에게도 안성맞춤인 곳이다. 단, 식사시간 대에는 길게 줄을 서서 기다려야 하는 수고를 감수해야 한다.

  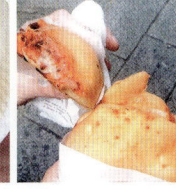

주소 Via Santa Radegonda 16 **문의** (+39)02-8646-1917 **홈페이지** www.luini.it
운영시간 월요일 10:00~15:00, 화~토요일 10:00~20:00 휴무 매주 일요일, 7/31~8/31 여름휴가 **가격** €2.70 **찾아가기** 메트로 두오모(Duomo)역에서 하차하여 리나센테백화점 옆 산라파엘레길(Via San Raffaele)을 걷다가 사거리에서 우회전하여 조금만 들어가면 위치한다. **주변 관광지** 두오모

파니노 전문 체인점,
파니노쥬스토 Panino Giusto

파니노는 빵 사이에 햄, 치즈, 살라미 등의 속재료를 간단하게 넣어 만든 이탈리아식 샌드위치이다. 이탈리아 최초의 패스트푸드라고 봐도 무방한데,

401

현재는 이탈리아를 넘어 세계 각국에서 즐겨 먹는 음식 중 하나로 자리 잡았다.

파니노쥬스토는 일본과 영국에도 지점을 낼 정도로 체인화에 성공한 파니노 집으로 현지 사람들에게도 꽤 인기가 있다. 미리 만들어 놓지 않고 주문이 들어오면 즉석으로 파니노를 만들어 내는데, 따뜻한 빵과 신선한 속재료의 만남은 가히 환상적인 맛이다. 밀라노중앙역 분점뿐만 아니라 두오모나 공항 등 밀라노 곳곳에 매장이 있다. 간단히 배를 채우기에 적당하나 가벼운 한 끼치고는 가격이 비싼 편이다. 파니노 외에도 샐러드나 간단한 애피타이저도 주문할 수 있다.

주소 Piazza Duca D'Aosta 20124 **문의** (+39)02-670-4695 **홈페이지** www.paninogiusto.it **운영시간** 09:00~22:00 **가격** €5~7(자릿세 €1) **찾아가기** 라노중앙역에서 두카다오스타광장(Piazza Duca D'Aosta) 방면의 출구로 나오면 보인다.(기차역 내 위치) **주변 관광지** 밀라노중앙역

나빌리오지구에서 즐기는 아페르티보, 마야 Maya

이름 그대로 멕시칸스타일의 아페르티보가게 인데 해피아워에 방문하면 €11에 칵테일 한 잔과 무제한으로 음식을 먹을 수 있다. 칵테일도 부드럽고 음식은 전체적으로 두말할 것 없이 맛있다. 조금 이른 시간에 가면 사람도 많지 않아 혼자 여행하는 배낭여행자들에게는 제대로 음식을 즐길 수 있는 시간이 된다.

아페르티보가게는 무제한으로 음식을 먹을 수 있는 대신 대개 간단한 핑거푸드 메뉴가 주를 이루지만 이곳은 한 끼 식사로 대체할 수 있을 정도로 요리가 푸짐하게 나온다는 것이 큰 장점이다. 나빌리오지구를 방문할 여행자라면 잊지 말고 방문해보길 권한다.

주소 Via Ascanio Sforza, 41 문의 (+39)02-5810-5168 홈페이지 www.mayamilano.it 운영시간 18:00~02:00(해피아워 18:00 ~22:30) 가격 €11 찾아가기 메트로 포르타누오바(Porta Nuova)역에서 하차하여 비제바노길(Via Vigevano)을 따라 고리치아거리(Viale Gorizia)로 접어든 뒤 직진하다가 아스카니오스포르차길(Via Ascanio Sforza)로 우회전하여 운하를 따라 직진한다. 역에서 도보 15분 거리이다. 주변 관광지 나빌리오지구

젊음의 열기가 느껴지는
방그라바 Bhangrabar

이름부터 실내 분위기까지 다소 이국적인 이곳은 오후 6시부터 10시까지 칵테일 한 잔과 뷔페를 무제한으로 즐길 수 있는 해피아워 아페르티보로 유명한 곳이다. 붉은 조명 아래 인도풍 인테리어가 눈길을 끌며, 항상 활기찬 분위기가 이 집의 특징이다. 특유의 분위기 때문에 혼자라면 다소 어색할 수 있으니 되도록 동행을 구해보는 것도 좋은 방법이다. 이 집의 인기는 음식의 맛보다는 젊고 활기찬 분위기를 즐기려는 사람들이 만들고 있다. 만일 만석이라 자리를 잡지 못했다면 이 집 못지않게 아페르티보로 유명한 바로 앞집의 'Deseo'로 가도 괜찮다.

주소 Corso Sempione 1, 20145 문의 (+39)02-3493-4469 홈페이지 www.bhangrabar.it 운영시간 18:00~02:00(해피아워 18:00~22:00), 일요일브런치 12:00~15:00 가격 €11 찾아가기 스포르체스코공원을 지나 평화의 문을 등지면 바로 왼편에 위치한다. 주변 관광지 스포르체스코성

진한 초콜릿을 맛보려면,
초콜라티 이탈리아니 Cioccolati Italiani

유럽인들에게 특히 인기 있는 젤라토가게로 투명한 창문 너머로 젤라토 제조과정을 직접 볼 수 있어 더 믿음이 생기는 곳이다. 이 집은 젤라토에 진한 초코시럽을 넣어 준다는 점이 색다른데 맛은 다크초코, 화이트초코, 카페 중에 고를 수 있다. 초코시럽은 콘을 주문하면 콘 안에, 컵으

로 주문하면 위에 살짝 뿌려주므로 주문 시 참고하자. 우리에게 생소한 장미맛 초콜릿젤라토와 젤라토 외에도 다양한 초콜릿과 돌체Dolce도 판매하고 있다. 겨울철이라면 핫초코도 추천할 만하다.

주문하는 방법은 다소 복잡한 편이다. 먼저 계산대에서 계산을 한 뒤 번호표와 영수증을 받고 기다리다가 상단 전광판에 본인의 주문번호가 뜨면 점원에게 번호표와 영수증을 보여주고 젤라토를 고르는 방식이다. 초콜릿을 즐기는 사람이라면 꼭 방문해보길 권한다.

주소 Via San Raffaele 6, 20121 **문의** (+39)02-8909-3820 **홈페이지** www.cioccolatiItaliani.it **운영시간** 08:00~24:00 **가격** €4.50~ **찾아가기** 두오모를 정면으로 바라보고 왼편의 두오모길(Piazza del Duomo)을 따라 걷다가 다시 왼편의 산라파엘레길(Via San Raffaele)을 따라 도보 3분 거리이다. **주변 관광지** 두오모 **귀띔 한마디** 루이니 빵집 바로 맞은편에 있다.

무서운 집념이 만들어낸 걸작
스타벅스 리저브 로스터리 밀라노 Starbucks Reserve Roastery Milano

세상에서 가장 유명하고 거대한 커피프렌차이즈 스타벅스가 없던 나라 이탈리아. 커피의 종주국이라는 자존심을 지키기 위해 끝까지 버텼지만 결국 2018년 이탈리아 밀라노에도 스타벅스가 상륙했다. 상륙이 힘들었던 만큼 이곳은 단순히 하나의 카페테리아가 아닌 밀라노의 또 다른 상징처럼 발전하며, 매일 엄청난 사람들이 이곳을 방문한다.

7전 8기만에 오픈할 수 있었다니 스타벅스에서도 얼마나 심혈을 기울였는지가 곳곳에서 느껴진다. 이곳은 우리가 익히 알고 있는 스타벅스의 전통적인 음료와 먹거리도 판매하지만 이탈리아답게 이탈리아 전통의 샌드위치 파니노Panino나 조각피자 등 이탈리안 스타일의 음식도 판매한다. 오픈한 지 1주년이 넘으면서 다양한 기념품도 판매하고 있으며 현재는 1호점 외에도 몇 개의 카페가 신규로 오픈한 상태이다.

Chapter 01 한눈에 살펴보는 밀라노&밀라노근교

주소 Via Cordusio, 1, 20123 Milano **문의** (+39)02-9197-0326 **홈페이지** www.starbucksreserve.com **운영시간** 월~일요일 07:00~23:00 **가격** €1.2~ **찾아가기** 밀라노두오모와 스포르체스코 성 사이에 위치한다. 메트로 코르두시오(Cordusio)역 출구 바로 앞에 위치한다. **주변 관광지** 밀라노두오모, 스포르체스코성

쇼핑으로 지친 몸과 마음의 휴식처
마르케지 Marchesi

1824년 오픈한 이 아름다운 카페테리아는 전 세계를 대표하는 쇼핑거리 몬테나폴레오네거리 Via della Montenapoleone에 위치하고 있다. 수많은 패셔니스타들이 모이는 곳에 위치한 만큼 이곳에서 커피를 마시는 사람들도 엄청난 패션감각을 갖추고 있어 이곳에 머무는 내내 밀라노의 패션흐름까지 엿볼 수 있다.

많은 이들이 찾는 곳이지만 절대 커피 맛에 소홀히 하지 않고 한 잔 한 잔 정성을 담아 제대로 된 이탈리아 커피를 제공하며, 그 외에 다양한 디저트와 크로아상 등도 직접 만들어 차별된 맛을 느낄 수 있는 곳이다. 패션거리에서 쇼핑을 즐기다가 피곤해진다면 잠시 들러 다양한 에너지를 보충할 수 있는 매력적인 카페테리아이다.

주소 Via Monte Napoleone, 9, 20121 Milano **문의** (+39)02-7600-8238 **홈페이지** www.pasticceriamarchesi.com **운영시간** 월~일요일 07:30~21:00 **가격** €1.2~ **찾아가기** 밀라노 몬테나폴레오네(Montenapoleone)역에서 하차한 후 몬테나폴레오네거리를 따라 약 100미터 가면 오른쪽으로 보인다. **주변 관광지** 몬테나폴레오네거리

Section 04
밀라노에서 놓치면 후회하는 쇼핑거리

뉴욕, 런던, 파리와 함께 세계 4대 패션도시인 밀라노에서 쇼핑은 뗄 수 없는 존재이다. 중저가브랜드가 늘어선 비토리오 에마누엘레2세 거리에서 시작해 몬테나폴레오네거리로 향하자. 최고급 부티크숍과 독특한 감각의 디자이너숍이 모여 있는 콰드릴라테로도 빼놓을 수 없는 쇼핑거리이다.

이탈리아 최고 명품거리,
몬테나폴레오네거리 Montenapoleone

세계 유명디자이너들이 자신들의 첫 번째 매장으로 가장 선호한다는 몬테나폴레오네거리는 이탈리아 최고의 명품거리로, 이 거리 주변으로 조르지오아르마니, 돌체앤가바나, 베르사체를 비롯한 세계적인 명품숍들의 본점과 유명 디자이너숍들이 늘어서 있다. 세계적인 명품숍들의 쇼윈도와 거리에 세워진 값 비싼 차들 그리고 모델을 연상케 하는 사람들이 어우러져 패션 1번지 밀라노를 제대로 느낄 수 있는 곳이다.

주소 Via Montenapoleone **운영시간** 월~토요일 10:00~19:00(매장마다 운영시간이 상이하다) **찾아가기** 메트로 M3호선 몬테나폴레오네(Montenapoleone)역에서 하차, 또는 두오모에서 걸어갈 경우 15분 정도 소요된다. **주변 관광지** 두오모

콰드릴라테로(Quadrilatero) 주변 쇼핑숍

몬테나폴레오네, 스피가, 산탄드레아, 보르고스페소 네 개의 거리가 만나는 지구를 평행사변형을 뜻하는 콰드릴라테로(Quadrilatero)라고 부르는데 이곳 주변에 최고급 부티크숍과 독특한 감각의 디자이너숍이 모여 있다.

이탈리아 백화점체인의 본점,
리나센테백화점 밀라노점 La Rinacente

이탈리아의 대표적인 백화점체인인 리나센테백화점은 밀라노를 포함하여 모두 11개의 지점이 있다. 밀라노에 있는 것이 본점이며 여타 도시보다 규모와 입점 브랜드 면에서 최고 수준이라 이탈리아의 여러 리나센테 중에서는 가장 볼만하다. 여느 백화점과 다르지 않게 남성복, 여성복, 화장품 매장은 물론, 지하 1층에는 디자인 제품이 전시되어 있어 구경하는 재미도 쏠쏠하다. 또한 백화점 꼭대기 층인 7층에서는 두오모를 바라보며 커피를 즐길 수 있는 카페도 있으므로 쇼핑으로 흥분되었거나 지친 마음을 추스르기에 좋다.

세계적인 명품브랜드 아르마니를 탄생시킨 조르지오아르마니 Giorgio Armani는 이곳 리나센테백화점 엠디(MD)로 일하면서 패션에 매료되어, 남성복 디자이너의 길을 걷게 됐다는 이야기가 전해진다.

두오모가 보이는 카페에서 커피 한잔!

주소 Piazza Duomo 20121 **문의** (+39)02-8-8521 **홈페이지** www.rinascente.it **운영시간** 월~목요일 09:30~22:00, 일요일 10:00~22:00 **찾아가기** 두오모를 바라보고 왼편에 나있는 비토리오 에마누엘레2세길(Corso Vittorio Emanuele II)을 따라 도보 1분 거리로 왼편에 위치한다. **귀띔 한마디** 리나센테백화점 꼭대기 층인 7층에 무료로 이용할 수 있는 화장실이 있다. **주변 관광지** 두오모

시내 중심부에 위치한 명품아웃렛,
디매거진아웃렛 D Magazine Outlet

1989년에 문을 연 디매거진아웃렛은 가장 빠른 상품 회전율을 자랑하며, 다소 유행이 지난 듯한 아웃렛의 단점을 보완하고 있다. 전체적으로 아시아에 있는 아웃렛보다 한 시즌 정도 빠르고 신상품의 종류도 다양하다. 쇼핑을 즐기려는 관광객들에게는 성지 같이 빼놓을 수 없는 곳으로 인내심을 가지고 잘 찾다보면 꽤 괜찮은 상품도 만날 수 있다.

비글리길에 위치한 디매거진

주요 브랜드로는 발렌시아가, 구찌, 펜디, 돌체앤가바나 등 명품뿐만 아니라 중저가의 이탈리아브랜드나 신진 디자이너 상품도 취급한다. 할인율은 30~70%이며, €150 이상 구매 시 세금환급도 가능하다.

만초니매장 주소 Via Manzoni 44 **문의** (+39)02-3651-4365 **홈페이지** www.dmag.eu **운영시간** 10:00~19:30 **찾아가기** 메트로 몬테나폴레오네역에서 하차 후 만초니길(Via Manzoni)을 따라 도보 5분 거리에 위치한다.
비글리매장 주소 Via Bigli 4 **문의** (+39)02-3664-3888 **운영시간** 10:00~19:30 **찾아가기** 몬테나폴레오네거리 옆 빌리길(Via Bigli)에 위치한다.

세계 최초의 콘셉트스토어,
코르소코모10 Corso Como 10

코르소코모거리 10번지에 이탈리아 패션잡지 보그 Vogue의 편집장이었던 카를라소차니 Carla Sozzani가 1990년에 세운 편집숍이자 최초의 콘셉트스토어 Concept Store이다. 이미 우리나라 청담동에도 들어와 있어 한국인들에게 잘 알려져 있는 코르소코모10의 본점으로 슬로우 쇼핑 Slow Shopping을 추구했던 그는 한 공간에서 단지 쇼핑만이 아니라 차도 마시고 전시도 보며 책도 읽을 수 있는 복합문화공간을 만들어 내었다.

담쟁이넝쿨로 뒤덮인 건물 안은 마치 비밀의 정원으로 들어온 듯한 느낌이 든다. 1층에는 카페와 셀렉트숍 Select Shop이 있고, 2층에는 패션서적, 음반, 소품 등을 파는 서점과 전시장이 있다. 이곳에서는 정기적으로 다양한 전시회(주로 사진전)가 무료로 진행되므로 여유를 가지고 천천히 둘러보자. 1층의 카페는 잠시 쉬었다 가기 좋으나 가격이 조금 비싼 편이다.

1층에서 커피 및 가벼운 식사를 즐길 수 있다.

주소 Corso Como, 10, 20154 **문의** (+39)02-2901-3581 **홈페이지** www.10corsocomo.com **운영시간** 10:30~19:30, 수~목요일 10:30~21:00 / 레스토랑, 카페 11:30~01:00 **찾아가기** 메트로 2호선 포르타가리발디(Porta Garibaldi)역에서 하차하여 도보 10분 거리에 있다. **귀띔 한마디** 카를라소차니갤러리 홈페이지(www.galleriacarlasozzani.org)를 통해 코르소코모 2층에서 열리는 전시에 대한 정보를 얻을 수 있다. **주변 관광지** 포르타가리발디역

코르소코모의 보물창고,
코르소코모10 아웃렛 Corso Como10 Outlet

코르소코모10을 아는 사람은 많지만 본점에서 그리 멀지 않은 곳에 아웃렛이 있다는 사실을 아는 사람은 많지 않다. 정말 이런 곳에 코르소코모10의 아웃렛이 있을까 싶은 곳의 문을 들어서면 독특한 코르소코모 만의 분위기가 물씬 느껴지는 정원을 마주하게 된다. 정원 옆에는 시즌이 지난 의류나 액세서리 등을 €50~300 균일가로 판매하는 가판대가 있고, 실내로 들어서면 명품브랜드, 하이브랜드를 비롯해 코르소코모10의 재고상품이 진열되어 있다. 기존 우리가 알고 있는 아웃렛같이 대규모는 아니지만 코르소코모10의 마니아라면 방문해 볼만하다.

주소 Via Tazzoli, 3, 20154 **문의** (+39)02-2901-5130 **홈페이지** www.10corsocomo. com **운영시간** 10:30~19:30 **찾아가기** 포르타가리발디역에서 도보 5분 거리로 엔리코타초리길(Via Enrico Tazzoli)에 위치하는데 AC호텔밀라노를 이정표로 삼아 호텔을 등지고 조금만 직진하면 보인다. **주변 관광지** Corso Como10 본점

아웃렛의 외관, 지나치기 쉬우니 눈을 크게 뜨고 찾자.

축구마니아를 위한
풋볼팀 Football Team

AC밀란과 인터밀란의 홈구장인 산시로축구경기장에 가지 못했다면 이곳에서 아쉬움을 달래보자. AC밀란과 인터밀란을 비롯하여 세계적인 축구클럽의 각종 용품을 구입할 수 있어 축구마니아라면 놓칠 수 없는 곳이다. 열쇠고리나 컵 등의 기념품에서부터 응원도구까지 다양한 제품이 구비되어 있어 구경하는 재미도 쏠쏠하다. 유니폼을 구매할 경우에는 등번호도 직접 새길 수 있다.

아쉽게도 가격은 한국보다 그리 싼 편은 아니다. 선수의 등번호가 있는 티셔츠는 €80~150 정도이며, 매장 안 아웃렛코너에서는 조금 더 저렴하게 구매할 수 있다.

주소 Piazza del Duomo, 20 **문의** (+39)02-8905-2922 **홈페이지** www.footballteam.it **운영시간** 월요일 14:00~19:00, 화~토요일 10:00~19:00 **휴무** 매주 일요일 **가격** 열쇠고리 €6~, 볼펜 €4~, 유니폼 €80~ **찾아가기** 밀라노두오모 뒤편에 있다. **주변 관광지** 밀라노두오모

Special 08 밀라노 대표 아웃렛, 세라발레아웃렛(Serravalle Desinger Outlet)

패션의 도시 밀라노이기에 누릴 수 있는 또 하나의 묘미인 쇼핑. 이를 제대로 즐길 수 있는 곳이 세라발레아웃렛이다. 맥아더글렌 계열사의 아웃렛으로 이탈리아 곳곳에 같은 계열의 아웃렛이 등장했지만. 본점인 밀라노 세라발레의 규모와는 비교할 수가 없다. 우리나라 여주아웃렛의 롤모델이기도 한 이곳은 이탈리아 명품브랜드를 비롯한 다양한 상품을 한 곳에서 만날 수 있으므로 쇼핑을 목적으로 밀라노에 왔다면 반드시 들러봐야 할 곳이다.

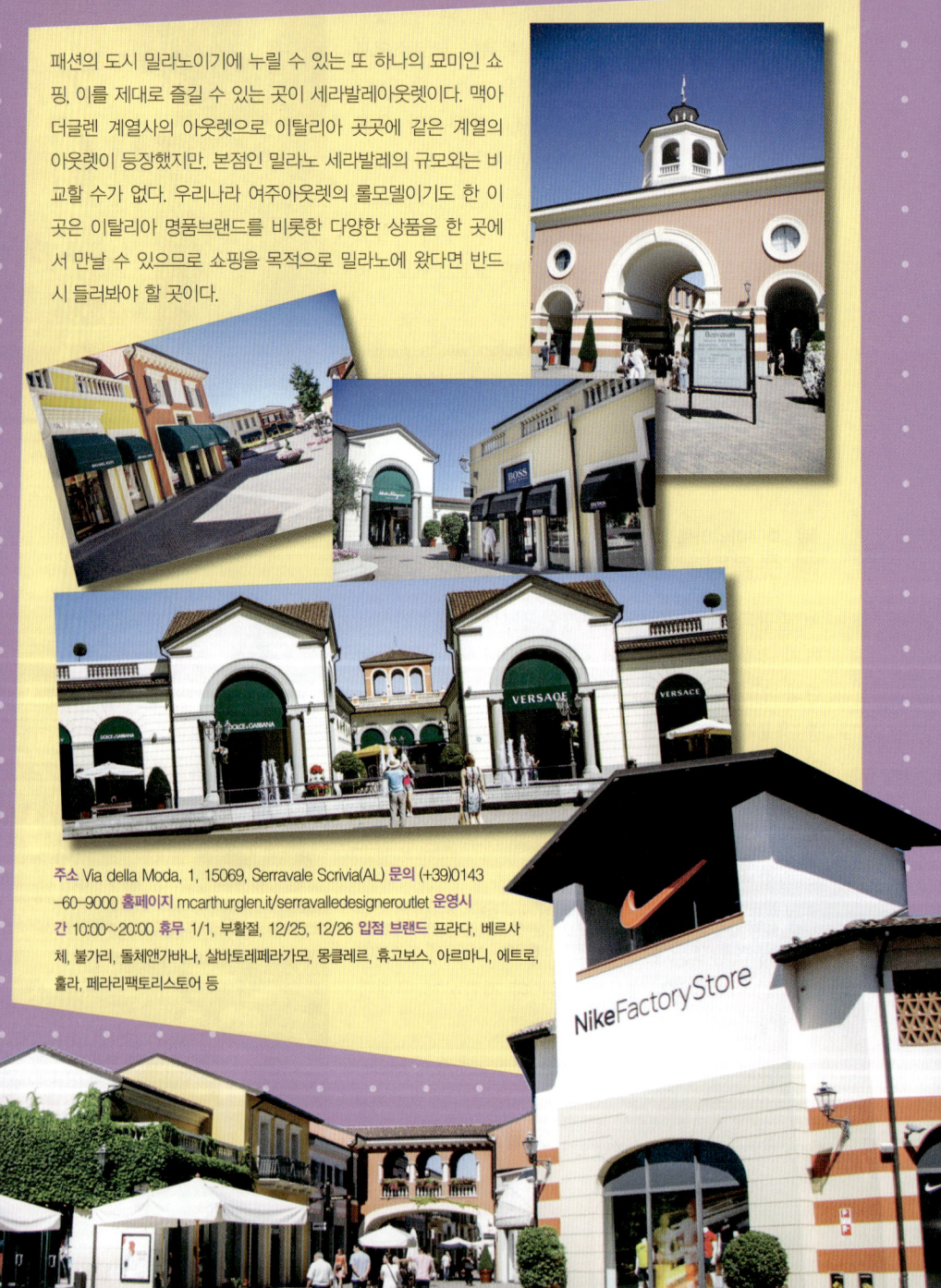

주소 Via della Moda, 1, 15069, Serravale Scrivia(AL) 문의 (+39)0143-60-9000 홈페이지 mcarthurglen.it/serravalledesigneroutlet 운영시간 10:00~20:00 휴무 1/1, 부활절, 12/25, 12/26 입점 브랜드 프라다, 베르사체, 불가리, 돌체앤가바나, 살바토레페라가모, 몽클레르, 휴고보스, 아르마니, 에트로, 홀라, 페라리팩토리스토어 등

🧺 세라발레아웃렛 찾아가기

요금으로 보면 기차와 버스 요금을 더한 것이 셔틀버스와 비슷하기 때문에, 같은 가격이라면 셔틀버스가 편하다. 다만 유레일패스 여행자라면 밀라노에서 아르콰타스크리비아Arquata Scrivia역까지 레지오날레를 무료로 이용할 수 있기 때문에 기차를 이용하는 것이 비용 면에서 유리하다. 셔틀버스를 이용할 경우 쇼핑시간이 부족해 부담스럽다면 돌아올 때는 기차와 버스를 이용해도 된다. 단 셔틀버스를 이용할 경우 표는 왕복으로만 구매할 수 있기 때문에 편도 표 하나를 날리게 되는 셈이다.

방법 1. 셔틀버스를 타고 가는 방법

밀라노에서 세라발레아웃렛까지는 하루 4편의 셔틀버스가 운행된다. 탑승 위치는 밀라노 중앙역 부근 두카다오스타광장과 카이롤리역Duca d'Aosta Largo Cairoli 18 부근으로, 카이롤리역 출발이 중앙역 보다 30분 정도 늦다. 티켓은 온라인으로도 구매 가능하고

세라발레아웃렛 셔틀버스 매표소

세라발레아웃렛 셔틀버스

카이롤리역 부근에 있는 오프라인 지점 자니비아찌 밀라노 방문자센터Zani Viaggi Milan Visitor Center에서도 구입 가능하다. 셔틀버스는 각각 출발지 시간이 정해진 왕복표로만 구매할 수 있다. 돌아올 때는 구매한 버스 시간에만 탑승할 수 있으므로 아무 때나 돌아올 수 없다는 단점이 있다. 셔틀버스를 이용해 아웃렛에 도착했다면 버스티켓을 인포메이션에 제시하고 10% 할인쿠폰을 받아서 활용하자.

출발지	출발시간	출발지	출발시간	소요시간	요금(왕복)
중앙역 부근	09:00	세라발레 아웃렛	16:15	1시간 30분	€20
카이롤리역 부근	09:30				
중앙역 부근	09:30		17:00	1시간 30분	€20
카이롤리역 부근	10:00				
중앙역 부근	10:30		19:30	1시간 30분	€25
카이롤리역 부근	11:00				
중앙역 부근	13:00		20:15	1시간 30분	€20
카이롤리역 부근	13:30				

셔틀버스 타는 곳 카스텔로광장 부근 Milan Visitor Center / Zani Viaggi Agency : Largo Cairoli, 18 Piazza Duca D'Aosta

방법 2. 기차와 버스를 타고 가는 방법

밀라노중앙역에서 기차로 아르콰타 스크리비아역(Arquata Scrivia)에 도착하여, 다시 세라발레아웃렛으로 가는 버스를 탄다. 기차 편수도 많지 않고, 기차시간과 버스시간이 잘 맞지 않을 경우 버스를 오래 기다리게 될 수도 있으며 셔틀버스보다 이동면에서 번거로움이 있다.

세라발레버스

아르콰타스크리비아역

교통수단	동선	소요시간	요금(편도)
기차	밀라노중앙역 → 아르콰타스크리비아역	1시간 20분~1시간 50분	€9.80
버스	아르콰타스크리비아역 → 아웃렛	15분	€1.50

※ 총 소요시간 1시간 30분~2시간, 왕복요금 €22.60

Section 05
여행자들에게 적당한 밀라노의 숙소

밀라노는 숙소가 중앙역이나 두오모 근처에 있는 경우도 있지만 메트로로 이동해야 하는 경우도 있다. 또한 패션쇼가 열리는 2~3월이나 박람회가 개최되는 시기에는 예약이 꽉 차는 경우가 많으므로 이 시기와 겹치는 여행자라면 예약을 서두르는 것이 좋다.

포르타가리발디역 5분 거리,
호텔 토크퀘빌레 Hotel Tocqueville

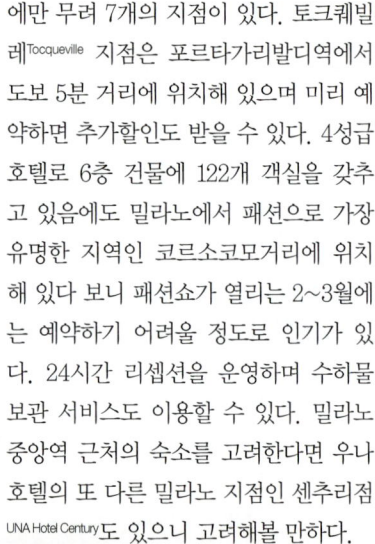

이탈리아의 유명 호텔체인으로 밀라노에만 무려 7개의 지점이 있다. 토크퀘빌레 Tocqueville 지점은 포르타가리발디역에서 도보 5분 거리에 위치해 있으며 미리 예약하면 추가할인도 받을 수 있다. 4성급 호텔로 6층 건물에 122개 객실을 갖추고 있음에도 밀라노에서 패션으로 가장 유명한 지역인 코르소코모거리에 위치해 있다 보니 패션쇼가 열리는 2~3월에는 예약하기 어려울 정도로 인기가 있다. 24시간 리셉션을 운영하며 수하물 보관 서비스도 이용할 수 있다. 밀라노 중앙역 근처의 숙소를 고려한다면 우나호텔의 또 다른 밀라노 지점인 센추리점 UNA Hotel Century 도 있으니 고려해볼 만하다.

주소 Via A. di Tocqueville 7/d **문의** (+39)02-620-7359 **홈페이지** www.unahotels.it **체크인/아웃시간** 14:00/12:00 **객실요금** 더블룸 €150~185 **찾아가기** 포르타가리발디역에서 5분 거리에 위치한다. **귀띔 한마디** 필로서비스(Pillow Service)를 제공하므로 선호하는 베개를 프런트에 요청할 수 있다.

아기자기한 내부가 눈에 띄는
오스텔로벨로 Ostello Bello

성수기에는 예약을 서둘러야 할 정도로 인기 있는 호스텔이다. 시설을 비롯하여 친절한 직원들은 여행자들 사이에 이미 정평이 나있다. 아기자기한 소품들로 꾸민 내부가 인상적이며, 호스텔 자체의 분위기도 매우 활기차 외국인 친구들을 만나고 싶은 여행자들에게 추천한다.

조식은 오전 7시 30분부터 제공되며 시리얼, 빵, 과일 등을 뷔페식으로 즐길 수 있다. 또한 매일 저녁 로비에서 음료 한 잔 값으로 뷔페를 먹을 수 있는 아페르티보를 운영하고 있어 인기가 많다. 취사는 별도로 마련된 주방에서 가능하며, 세탁은 건조까지 포함해 €5이다. 와이파이는 무료로 사용가능하며, 두오모에서 도보로 약 10~15분 거리에 위치해 있다.

주소 Via Medici 4 **문의** (+39)02-3658-2720, **메일** info@ostellobello.com **홈페이지** www.ostellobello.com **체크인/아웃시간** 14:00/11:30 **객실요금** 도미토리 €35~ **찾아가기** 두오모광장에서 토리노길(Via Torino)을 따라 걷다 우측 메디치길(Via Medici)로 도보 3분 거리

깨끗함과 조용함이 특징인
해피하우스

메트로 손드리오역 부근에 위치한 깨끗하고 조용한 한인민박으로 밀라노중앙역에서 도보로는 10~15분 정도 소요되며, 메트로를 이용할 경우 한 정거장 떨어져 있다. 전화로 문의하면 손드리오역에서 픽업서비스도 받을 수 있다.

맛있는 아침밥과 주인의 친절함이 가족 같은 따뜻함을 느끼게 하는 곳이다. 시설은 2개 층에 남녀각기 다른 층을 이용하게 되어 있어 여성이라도 크게 불편하지 않다. 아침식사 시간은 07:30부터 08:30까지이며, 체크아웃을 하더라도 짐보관이 가능하다. 세탁은 1인 €5이며, 저녁에는 컵라면에 공기밥과 김치를 포함한 메뉴도 €5에 판매하고 있다.

주소 Via Melchiorre Gioia 111 **문의** (+39)346-829-8415 **카톡ID** - milanohappyhous **홈페이지** milanohappyhouse.com **체크인/아웃시간** 13:00/10:00 **객실요금** 도미토리 €30, 1인실 €80, 2인실 €90, 3인실 €110, 4인실 €140, 5인실 €170(+도시세 €3) **찾아가기** 메트로 손드리오역 인근으로 필요 시 픽업을 요청할 수 있다.

Chapter 03
밀라노근교 여행
코모호수

밀라노에서의 일정이 1박 2일 이상이라면 이탈리아북부의 소도시로 여행을 계획해보자. 코모호수를 비롯하여 이탈리아북부는 아름다운 자연경관을 가진 도시가 많다. 스위스와 국경을 맞닿은 낭만적인 휴양지 마조레호수, 소박한 중세도시 베르가모 등도 당일여행으로 가기에 좋다.

Chapter 03 밀라노근교 여행

Section **06**

이탈리아의 아름다운 3대호수, 코모

코모는 마을을 구경하거나 푸니콜라레를 타게 될 경우 반나절이면 충분히 둘러볼 수 있지만 유람선을 타고 다른 마을에 다녀올 예정이라면 일정이 조금 촉박할 수 있다. 조금 서둘러 유람선을 타고 코모호수의 진면목을 느껴보도록 하자.

🧳 코모호수여행을 시작하기 전

알프스에서 흘러내린 지류들이 모여 만들어진 호수가 아름다운 주변풍경과 한껏 어우러진 평화로운 호반의 도시 코모. 밀라노에서 기차로 한 시간 정도 거리에 있어 하루 여행코스로 다녀오기에 좋다. 코모호수까지는 고속도로가 뚫려 있는데, 이 고속도로 개통에는 숨은 사랑이야기가 전해진다. 무솔리니 집권 당시 그의 연인이 코모호수 주변에 살았는데 한 번 만나려면 길이 나빠 이동시간이 오래 걸리자 무솔리니는 코모까지 가는 가장 빠른 길을 만들라고 지시하였다. 그렇게 탄생한 이 고속도로가 이탈리아의 남과 북을 연결하는 최초의 고속도로인 A1고속도로이다. 이탈리아를 독재로 철권통치했던 무솔리니가 비단 그의 연인만을 위해 고속도로를 뚫었다고 보기에는 너무도 아름다운 코모의 풍경이 쓴웃음을 짓게 한다. 로마시대 때부터 부

호들의 고급 휴양지로 알려진 코모호수에는 현재도 조지클루니, 마돈나를 비롯한 많은 할리우드스타와 유명인사들의 별장이 자리하고 있다.

🧳 코모호수로 들어오고 나가기

코모 노르드라고역

코모 산지오반니역을 나와 계단을 내려오면 무한도전 손동작을 연상케 하는 동상이 보인다. 이 동상 앞으로 나있는 큰 길을 따라 직진하면 시내로 갈 수 있다.

코모에는 코모 산지오반니Como S. Giovanni역과 코모 노르드라고Como Nord Lago역 2개가 있다. 코모 산지오반니역으로 가는 기차는 밀라노의 중앙역과 포르타가리발디역에서 발착하며, 코모 노르드라고역으로 가는 기차는 밀라노 노르드카도르나Milano Nord Cadorna역에서 발착한다. 밀라노중앙역보다 밀라노 포르타가리발디역에 코모행 기차 편수가 더 많다. 또한 코모 산지오반니역보다 코모 노르드라고역이 코모 시내 중심부와 더 가까운 편이다. 밀라노에서의 위치나 숙소에서 가까운 역으로 가거나 자신의 시간대에 맞는 기차역을 선택하면 된다. 코모 산지오반니역에서 하차하면 시내 중심부인 카부르광장Piazza Cavour까지는 도보로 15~20분 정도 소요된다. 코모 노르드라고역에 하차할 경우 역 앞에 바로 호수가 보일 정도로 가깝다. 일정을 조금 서둘러 유람선을 타고 코모 호숫가를 따라 곳곳에 위치한 마을을 둘러봐도 좋다. 여유로운 일정을 보내고 싶다면 천천히 마을을 둘러보거나 푸니콜라레를 타고 브루나테산에 올라보도록 하자.

열차편	운행시간	소요시간	요금
밀라노중앙역 → 코모 산지오반니역	07:10~20:10	약 40~50분	€4.80
밀라노 포르타가리발디역 → 코모 산지오반니역	06:05~22:09	약 1시간	€4.80
밀라노 노르드카도르나 → 코모 노르드라고역	06:13~22:43	약 1시간	€4.80

Chapter 03 밀라노근교 여행

🧳 코모 산지오반니역 유인짐보관소와 관광안내소

기차역 내에서 출구를 바라보고 왼편으로 걸어가다 보면 유인짐보관소가 있다. 또한 관광안내소도 위치하므로 무료로 지도와 유람선 시간표 및 푸니콜라레 시간표를 얻으면 된다. 여행 시작 전 시간표를 참고해 계획을 세워야 시간낭비를 줄일 수 있다.

주소 Piazza Cavour, 17(카부르광장 내 위치) **문의** (+39)031-26-9712 **운영시간** 짐보관소 06:00~23:30 / 관광안내소 월~토요일 09:00~13:00, 14:00~17:00(매주 일요일 휴무) **요금** 짐보관소 €3.50

🧳 코모 브루나테산을 오르는 푸니콜라레 타기

코모마을과 코모호수의 남서쪽에 위치한 브루나테산Brunate을 잇는 등산열차인 푸니콜라레Funicolare Como Brunate를 타면 코모호수의 전경을 제대로 감상할 수 있다. 1894년 코모시내와 브루나테를 연결하는 푸니콜라레가 만들어진 후 브루나테에 사는 주민뿐 아니라 많은 관광객이 이 열차를 애용한다. 가파른 산을 오르내리는 케이블카에서 바라보는 코모마을의 경치가 매우 아름답다.

주소 Piazza de Gasperi, 4 **문의** (+39)031-30-3608 **홈페이지** www.funicolarecomo.it **운영시간** 06:00~22:30(토요일, 여름철 06:00~24:00) **요금** 왕복 €5.50, 편도 €3 **찾아가기** 카부르광장에서 호수를 바라보고 오른쪽 룬고라리오트리에스테(Lungo Lario Trieste)길을 따라 도보 10~15분 거리에 위치한다. **귀띔 한마디** 편수가 그리 많지 않아 한 시간에 1~2대 간격으로 운행하므로 관광안내소에서 미리 시간표를 받아 시간계획을 조정하도록 하자. 또한 푸니콜라레를 타고 올라갔다가 걸어서 내려올 수도 있으니 참고하자.

호숫가와 맞닿아 있는
카부르광장 Piazza Cavour

코모여행의 기점으로 관광안내소와 유람선선착장, 푸니콜라레 정류장이 위치해 있다. 또한 카부르광장에서 호수를 바라보고 왼쪽에는 산책로가 조성되어 있어 코모호수를 따라 가볍게 둘러보기에 좋다. 이 부근에는 할리우드스타들의 별장과 영화 〈오션스12 Ocean's 12〉를 찍은 에르바빌라 Villa Erba, 〈007카지노 로얄 Casino Royale〉에 나온 발비아넬로빌라 Villa del Balbianello가 자리하고 있다. 몇몇 빌라는 관광객에게도 개방하므로 내부를 구경할 수 있다. 호숫가 산책로의 멋진 풍경과 함께 예쁘게 조성된 빌라들을 구경하다 보면, 왜 코모호수가 많은 이의 사랑을 받을 수밖에 없는 휴양지인지 저절로 알게 된다.

코모 중심부에 위치한
코모두오모 Duomo di Como

9세기에 만들어진 산타마리아 마조레성당 Santa Maria Maggiore 자리에 세워진 곳으로 이탈리아북부를 대표하는 두오모 중 하나이다. 이 성당 역시 완공까지 370여 년의 긴 시간이 걸렸다. 정교하고 화려한 외관 파사드와 장미문양의 창부터 인상적인데, 내부 또한 이탈리아 고딕양식을 하고 있어 작은 도시의 성당치고는 화려함을 자랑한다. 화려한 천장장식과 성당 정면의 스테인드글라스뿐만 아니라 곳곳의 장식들도 섬세하다. 이 성당을 중심으로 많은 상점과 레스토랑이 위치하고 있어 여행자들과 현지인들이 자연스럽게 어우러지며 활기찬 분위기를 자아낸다.

주소 Piazza di Duomo **문의** (+39)031-25-2225 **운영시간** 07:00~12:00, 15:00~19:00 **입장료** 무료 **찾아가기** 카부르광장에서 호수를 등지고 카이오세콘도플리니오길(Via Caio Secondo Plinio)을 따라 도보 5분 거리로 왼편에 위치한다.

코모호숫가 마을을
유람선 타고 둘러보기

코모호수의 진짜 아름다움을 느끼는 방법은 유람선을 타고 돌아보는 것이다. Y자를 거꾸로 뒤집어 놓은 듯한 코모호숫가를 따라 곳곳에 자리한 작은 마을까지 유

람선을 타고 이동할 수 있는데 유람선에서 바라보는 코모의 경치가 매우 아름답다. 가장 인기 있는 마을은 벨라지오Bellagio인데 들어갔다 나오는 이동시간만 쾌속선으로 왕복 2시간, 일반선으로는 4시간 이상이 소요되므로 벨라지오마을까지 둘러볼 예정이라면 서두르는 것이 좋다. 시간적 여유가 없다면 꼭 벨라지오 말고도 호수 안쪽에 있는 다른 마을들도 유람선을 타고 방문할 수 있으므로 시간 안배를 하면서 어느 마을을 둘러볼지 판단하면 된다. 결제 시 카드는 받지 않으므로 현금을 준비하자.

주소 Lungo Lario Trieste **문의** (+39)800-55-1801 **홈페이지** www.navigazionelaghi.it **운영시간** 월~토요일 06:00~23:35, 일요일 06:50~23:15 **찾아가기** 카부르광장에서 호수를 바라보면 왼편에 바로 보인다. **귀띔 한마디** 표 예매 시 알아두면 좋은 이탈리아어! *Servizio Rapido* – 쾌속선, *Ordinario Battello* – 일반선, *da* - ~에서(from), *a* - ~로(to)

코모호수의 보석
벨라지오 Bellagio

코모호수의 보석이라 불릴 정도로 코모호수에서 가장 인기 있는 마을이다. 코모호수가 둘로 갈라지는 부분에 위치해 있어 전망이 특히나 아름답고 마을도 예쁘게 꾸며져 있다.

유람선을 타고 들어갈 수 있는데 일반페리와 고속페리 2가지 종류가 있다. 일반페리의 경우 왕복 4시간 이상 잡아야 하므로 시간이 촉박한 여행자라면 돈을 조금 더 지불하고 고속페리를 이용하는 것을 추천한다. 들어오고 나가는 시간대가 그리 많지 않으므로 미리 시간을 잘 확인하도록 하자. 다만 일반페리의 경우 갑판에서 경치를 바라볼 수 있고, 고속페리는 배 안에만 있어야 하는 각각의 장단점이 있다.

요금 일반페리 €10.40(편도), 고속페리 €14.80(편도), 일일권 €23.80 **찾아가기** 코모 페리선착장에서 일반페리로 2시간, 고속페리로 1시간이 걸린다. **귀띔 한마디** 고속페리 티켓은 왕복으로 구입이 불가능하다.

Part
06

나폴리 & 나폴리근교 여행

나폴리에서 놓치지 말아야 할 추천 베스트
Chapter01 한눈에 보는 나폴리&나폴리근교
고민 없이 즐기는 나폴리&나폴리근교 추천 동선
Section01 나폴리&나폴리근교 교통편 이용하기

Chapter02 영광과 암흑이 공존하는 나폴리
Section02 나폴리에서 반드시 둘러봐야 할 명소
Section03 나폴리에서 먹어봐야 할 것들
Section04 여행자들에게 적당한 나폴리의 숙소

Chapter03 나폴리근교 여행
Section05 로마제국시대 흔적이 생생한 유적지, 폼페이
Section06 여행자들에게 사랑받는 휴양지, 소렌토
Section07 소렌토에서 아말피까지 이어지는 지상낙원 길, 아말피코스트
Section08 이탈리아 최고의 휴양지 카프리
Special09 찬란했던 그리스문명이 잘 보존된 파에스툼
Special10 유럽 최대 규모의 궁전, 카세르타궁전

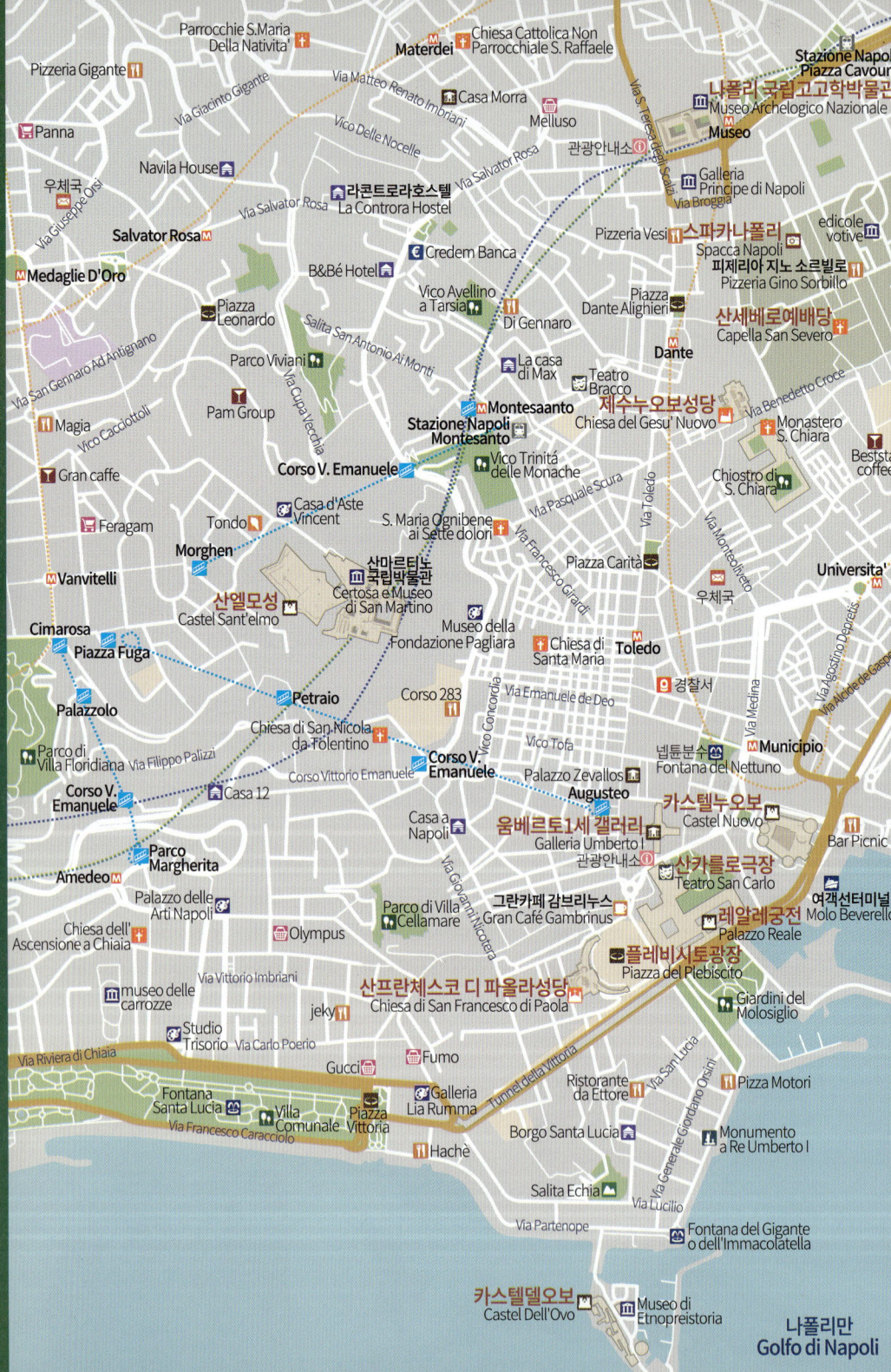

Napoli
나폴리

NAPOLI BE

나폴리에서 놓치지 말아야 할 추천베스트

스파카나폴리(Spacca Napoli)
나폴리의 살아 있는 역사

나폴리가 시작된 스파카나폴리는 도시의 역사가 그대로 살아 숨 쉬는 곳이다. 시끄럽고 번잡한 도로 한복판에 서 있는 순간은 괴로울 수 있지만 이탈리아를 떠나면 가장 많이 생각나는 곳이기도 하다.

카프리섬(Isola di Capri)
지중해 최고의 휴양지

로마의 초대황제 아우구스투스도 반해버린 카프리섬은 인류역사상 가장 사랑받은 휴양지로 수많은 귀족과 유명인의 별장이 가득하다. 카프리에서 만큼은 낭만적인 여행을 기대해도 좋다.

폼페이(Pompei)
고대로마인의 위대함을 느낄 수 있는 유적지

서기 79년 베수비오화산폭발로 하루아침에 역사에서 사라져버린 폼페이. 2천 년 전의 비극은 아이러니하게도 현대 고고학의 귀중한 유산이 되었다. 전 세계 고고학의 시작을 알린 폼페이유적은 이탈리아남부 여행에 있어 필수가 아닌 의무이다.

NAPOLI BEST 나폴리에서 놓치지 말아야 할 추천베스트

아말피코스트(Costiera Amalfi)
죽기 전에 꼭 가봐야 할 지상낙원

내셔널지오그래픽에서 선정한 '죽기 전 꼭 가봐야 할 지상낙원' 1위로 뽑힌 아말피코스트는 소렌토에서 아말피까지 해안절벽을 따라 아름다운 풍경이 이어지는 지중해의 소중한 자연유산이다. 지금도 전 세계 여행자를 열광시키는 이곳의 아름다움은 그 어떤 형용사로도 표현하기에 부족하다.

파에스툼(Paestum)
이탈리아에 남은 가장 고귀한 그리스유적

로마제국 이전 가장 찬란한 문명을 꽃피웠던 그리스인들의 흔적이 잘 남아있는 파에스툼은 광활한 벌판 아래 우두커니 놓여 있는 하나의 예술작품과도 같다.

Chapter 01
한눈에 보는 나폴리 & 나폴리 근교

기원전 7세기경에 그리스 로도스섬 사람들에 의해 새롭게 만들어진 이 도시는 새로운 도시라는 의미로 네아폴리스Neapolis라 부르던 것이 오늘날 이탈리아어로 나폴리Napoli, 영어로 네이플스Naples라 부르고 있다. 이탈리아남부를 대표하는 도시답게 볼거리와 먹거리로 넘쳐날 뿐 아니라 해안 절경을 품은 소도시들이 유명해서 여유롭게 즐기기 좋다.

Chapter 01 한눈에 보는 나폴리&나폴리근교

고민 없이 즐기는 나폴리&나폴리근교 추천 동선

내셔널지오그래피에서 '죽기 전에 꼭 가봐야 할 도시 50'에 선정한 나폴리는 이탈리아에서 가장 큰 도시임에도 관광지는 한정되어 있어, 아침부터 서두르면 하루로도 충분히 둘러볼 수 있다. 물론 2~3일 여행하기에도 충분히 매력적인 곳으로 진정한 이탈리아남부를 경험하고 싶다면 근교도시인 카프리와 아말피코스트까지 다녀오도록 하자.

자유와 낭만을 만끽하는 나폴리 필수코스

이탈리아에서 가장 큰 규모를 지닌 거대도시지만, 나폴리여행은 주요 지역을 묶어 하루면 충분히 돌아볼 수 있다. 매력이 가득한 이 도시를 조금 더 여유롭게 돌아보고 싶다면 아침 일찍 숙소를 나서는 것이 좋다. 또한 한나절밖에 시간이 없는 여행자라면 나폴리 필수코스에서 나폴리 국립고고학박물관을 제외한다면 약간의 시간적 여유를 가질 수 있다.

나폴리시내 및 나폴리 국립고고학박물관

이탈리아남부 근교 코스

나폴리에서 출발해 당일치기로 아말피코스트를 즐길 수 있는 최적의 코스! 아름다운 지중해 바다 위에 빛나는 보석과도 같은 아말피해안의 각 마을들을 둘러보자! 아말피코스트 여행은 소렌토에서 출발해 아말피코스트를 관광한 후 포지타노, 아말피에 내려 마을을 관광한 뒤에 다시 숙소로 돌아오는 일정이다. 아말피코스트를 관광하기 가장 좋은 계절은 5월부터 8월까지로 이 근방의 숙박비가 껑충 오르니 여행경비를 절감하려면 나폴리나 소렌토에 숙소를 잡는 것이 좋다.

여유롭게 아말피코스트를 즐길 수 있는 코스

폼페이를 포함하여 아말피코스트 마을 중 포지타노까지만 다녀오는 코스

빡빡할 수 있지만 욕심쟁이 여행자를 위한 남부 정복 코스

나폴리 기본정보

관광청 홈페이지	나폴리 www.inaples.it / 캄파니아주 www.incampania.com
역 내 경찰서	문의 (+39)081-794-1111 주소 Via Medina 74
우체국	문의 (+39)081-428-9585 주소 Piazza Mateotti 운영시간 월~금요일 08:00~13:30
병원/응급실	문의 (+39)081-20-1033 주소 Via Amerigo Vespucci 26

Section 01
나폴리&나폴리근교 교통편 이용하기

나폴리는 이탈리아남부의 주도이자 제1의 도시답게 대중교통이 잘 발달한 곳이다. 다른 유럽국가에서 들어올 경우에는 저가항공을 추천하고, 이탈리아 내에서라면 기차를 타는 편이 편리하다. 또한 나폴리는 이탈리아 대표항구로 배를 타고 들어올 수 있으나 매일 운행하는 것이 아니어서 다소 불편할 수 있다.

나폴리 카포디몬테공항에서 나폴리시내로 이동하기

카포디몬테공항 Capodimonte Aeroporto 은 나폴리 중심부에서 북동쪽으로 7km 떨어진 곳에 위치한다. 스페인 바르셀로나공항, 스위스 제네바공항, 프랑스 파리공항, 영국 런던공항, 터키 이스탄불공항 등 대부분의 유럽에서 나폴리까지 운행되는 저가항공사가 많고, 이탈리아 내에서도 북부의 밀라노나 베네치아, 남부의 시칠리아 등에서 저가항공편이 운행된다.

공항버스 이용하기

카포디몬테공항에서 시내중심부까지는 알리버스 Alibus 가 20분 간격으로 운행하고 있으며, 버스는 공항에서 출발해 나폴리중앙역 Stazione Centrale 과 항구 근처 무니치피오광장 Piazza Municipio 에서 정차한다. 공항에서 나폴리중앙역까지는 20분 정도 소요되지만 교통체증이 심할 때는 1시간 이상도 걸릴 수 있다. 요금은 €5이지만 운전기사에게 직접 표를 구입하면 €6를 받는다.

택시 이용하기

카포디몬테공항에서 나폴리중앙역까지 택시를 탈 경우 €20 정도이며 항구까지는 €30 정도가 나온다. 하지만 외국인일 경우 바가지를 씌우는 경우가 많으므로 택시를 탈 때는 항상 조심하도록 하자.

열차편에서 내려 나폴리시내로 이동하기

나폴리는 이탈리아남부의 중심도시답게 남부를 연결하는 관문역할을 한다. 이탈리아남부 대부분의 지역을 연결하는 기차가 발착하는 곳으로 시칠리아나 바리로 가는 여행자라면 이곳을 반드시 거치게 된다. 이탈리아북부 밀라노에서 시작해 볼

로냐와 피렌체, 로마를 거쳐 나폴리까지를 초고속열차 프레차로사Freccia Rossa가 연결하고 있다. 또한 남부 소도시로 가는 인터시티, 레지오날레기차도 이곳에서 발착한다. 나폴리역은 방범율을 높이고자 역 주변을 공원화시켜 치안에도 신경을 쓰고 있다. 아직 시스템이 완벽하지 않아 기차 플랫폼이 자주 변경되므로 마지막까지 플랫폼을 확인하여 기차를 놓치지 않도록 해야 한다.

나폴리시내에서 대중교통 이용하기

나폴리 내의 대중교통은 크게 버스, 메트로, 케이블카로 나눌 수 있다. 대부분의 시내 관광지는 걸어서 이동할 수 있으나 산엘모성에 갈 경우 케이블카를 이용하는 편이 수월하다. 여행의 시작인 나폴리중앙역 앞 가리발디광장 주변에서 대부분의 교통편을 이용할 수 있다.

버스 이용하기

나폴리중앙역은 나폴리시내를 운행하는 버스 대부분의 종착역이다. 이곳에서 시내 곳곳으로 버스가 출발하는데 카프리섬을 가기 위해 페리선착장으로 가려면 R2번 버스(1회권 €1.50, 90분 유효)를 타야 하고, 시내 중심가로 갈 때도 이곳에서 버스를 이용하면 된다. 또한 공항으로 떠나는 버스도 이곳에서 출발하니 나폴리 관광을 마친 후 공항으로 떠날 사람들은 이곳에서 미리 정류장을 확인해놓자. 단, 나폴리의 악명을 제대로 느낄 수 있는 지역이니 개인 소지품에 특별히 주의하도록 하자.

중앙역 앞 버스정류장 공항행(上), 페리항구행(下)

대중교통 승차권(메트로, 버스, 트램 통합권)

나폴리는 메트로, 버스 등을 모두 한 장의 티켓으로 이용할 수 있다. 티켓구입은 메트로역 안 자동판매기를 이용하거나 역 주변 'T'라고 표시된 타바키에서 구입할 수 있다. 남부 여행 시 나폴리만(Golpo di Napoli)이나 아말피해안 등에서 시타버스나 순환기차를 탈 계획이라면 나폴리와 주변 캄파니아지역의 교통을 함께 이용할 수 있는 우니코코스티에라(Unico Costiera)카드를 나폴리에서부터 미리 구입하면 예산을 많이 아낄 수 있다. 24시간 및 72시간 카드로 시타버스 외에도 아말피(Amalfi)와 그 주변 및 라벨로(Ravello)를 운행하는 도시관광버스도 이용할 수 있다.

종류	요금	유효기간
1회권	€1.10	1회 탑승 가능
90분권	€1.50	개시 후 90분
1일권	€4.50	개시 당일 자정(24:00)까지(구입 후 24시간이 아니다.)
우니코코스티에라(1일권)	€6.80	개시 후 1일차 자정(24:00)까지
우니코코스티에라(3일권)	€16	개시 후 3일차 자정(24:00)까지

※ 1회권 같은 경우 버스와 버스, 버스와 메트로 간 환승이 가능하지만, 메트로 하차 후 메트로 재승차하는 환승은 불가하다.

Chapter 01 한눈에 보는 나폴리&나폴리근교

🧳 메트로 이용하기

나폴리에는 두 개의 메트로노선이 운행된다. 1호선은 우니베르시타 Universita 역에서 출발하여 북쪽으로 운행하며, 시내에서 나폴리 고고학박물관이나 산엘모성으로 갈 때 이용하게 된다. 2호선은 중앙역에서 출발해 서쪽으로 운행하여 나폴리만을 중심으로 끝까지 연결되어 있다. 해안가로 이동할 때 탑승하면 된다. 나폴리메트로 운행시간은 다음 표를 참고하자.

Line 1	일~목요일 05:30~23:30, 금~토요일 05:30~01:30
Line 2	일~목요일 05:20~23:30, 금~토요일 05:30~01:30

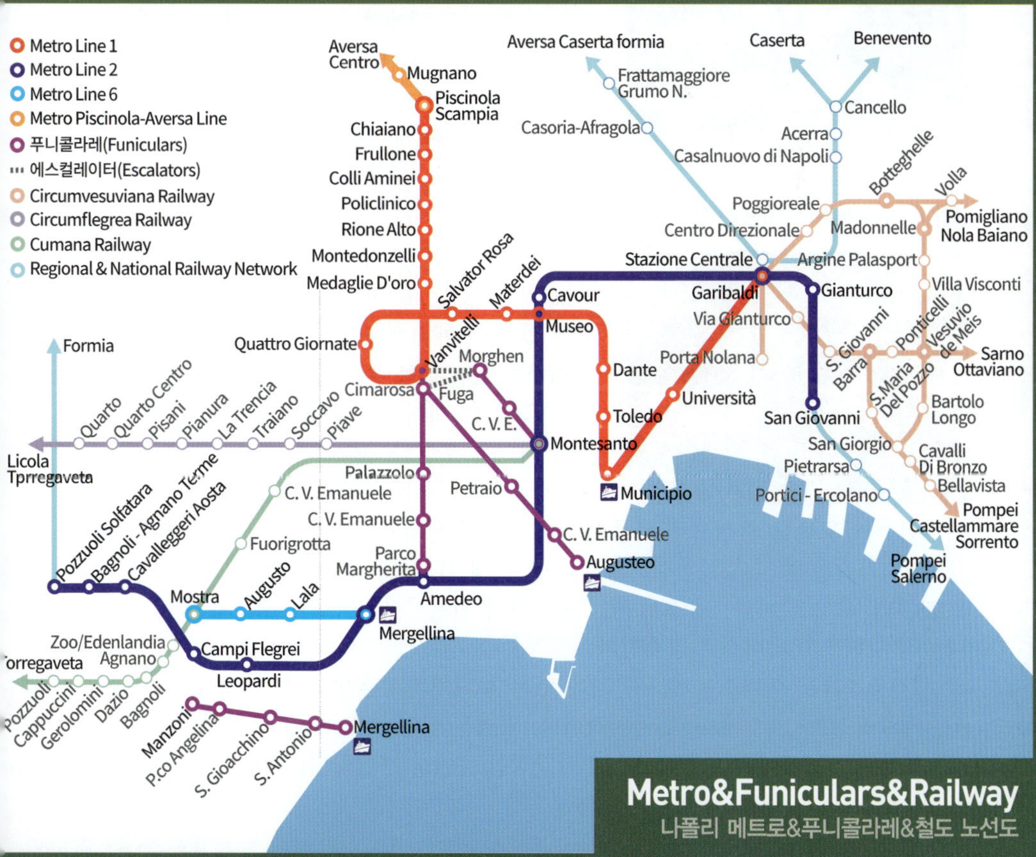

Metro&Funiculars&Railway
나폴리 메트로&푸니콜라레&철도 노선도

- ● Metro Line 1
- ● Metro Line 2
- ● Metro Line 6
- ● Metro Piscinola-Aversa Line
- ○ 푸니콜라레(Funiculars)
- ⋯ 에스컬레이터(Escalators)
- ○ Circumvesuviana Railway
- ○ Circumflegrea Railway
- ○ Cumana Railway
- ○ Regional & National Railway Network

📋 푸니콜라레 이용하기

나폴리의 전경을 한눈에 바라볼 수 있는 전망대가 있는 산엘모성Castelle San'Elmo까지는 푸니콜라레Funicolare를 타고 이동할 수 있다. 푸니콜라레의 종류에는 톨레도길Via Toledo에서 푸가광장Piazza Fuga까지 운행하는 중앙푸니콜라레Funicolare Centrale가 있고, 파르코 마르게리타길Via del Parco Margherita에서 도메니코 치마로사길Via Domenico Cimarosa까지 오르는 키아이아푸니콜라레Funocolare di Chiaia 그리고 몬테산토광장Piazza Montesanto에서 출발하여 라파엘로 모르겐길Via Raffaele Morghen까지 오르는 몬테산토푸니콜라레Funicolare di Montesanto가 있다. 시내에서는 각각 다른 곳에서 출발하지만 모두 한 곳으로 향하기 때문에 일정에 맞춰 편한 푸니콜라레를 이용하면 된다.

중앙역푸니콜라레

키아이아푸니콜라레

몬테산토푸니콜라레

📋 택시 이용하기

평일 기준 06:00~22:00까지는 €3.50이지만 최소 요금은 €4.50이다. 심야시간(22:00~06:00)에는 주말, 평일 관계없이 기본요금이 €6.50유로이다. 주말 낮 시간대(06:00~22:00)에도 기본요금은 €6.50이다. 짐은 1인당 1개까지는 무료이며 추가 시 한 개당 €0.50이다.

📋 시티투어버스 이용하기

나폴리는 위험한 도시라는 불명예에도 불구하고 가장 많은 코스의 시티투어버스가 운행되고 있다. 크게 4개 코스로 나누어지는데 코스 1(하루 11편 운행)은 나폴리 시내관광의 핵심인 국립고고학박물관을 비롯하여 스파카나폴리 지역을 포함한 구시가지를 중심으로 운행한다. 코스 2(하루 11편 운행)는 나폴리의 자랑인 해안도로를 중심으로 나폴리 서쪽으로 운행되고, 코스 3은(하루 4편 운행) 신시가지를 중심으로 산엘모성 주변을 운행한다. 그리고 코스 4는(오전 9시 30분부터 매 20분마다) 새롭게 생긴 구시가지 전문시티투어로 두오모와 스파카나폴리 주변을 미니버스로 운행한다.

코스 1~3 시티투어버스는 항구근처에 있는 무니치피오광장Piazza Municipio에서, 코스 4는 제수광장Piazza del Gesù에서 각각 시작한다. 가격은 성인 €22, 6~15세까지는 €11로, 티켓은 인포메이션센터나 코스의 시작점인 곳에서 구입할 수 있다.

나폴리패스(Campania Artecard)의 종류 및 사용하기

우리에게는 공포의 도시라 불리며 나폴리를 방문하는 여행자가 해가 갈수록 줄고 있지만 실제 나폴리를 방문하는 여행자들은 매년 엄청나게 늘어나고 있다. 나폴리는 그러한 여행자들의 편의를 위해 다양한 패스를 제공하는데 우리나라 여행자들에게 필요한 2가지를 소개한다.

나폴리에서 3일 이상 체류하는 여행자에게는 아르테(Artecard)카드를 추천한다. 교통카드로 나폴리시내 주요 박물관과 미술관을 무료입장할 수 있으며, 사용가능 지역에 따라 2가지 종류로 나뉜다. 나폴리 내에서만 사용가능한 아르테카드 나폴리와 캄파니아주 전체에서 사용할 수 있는 아르테카드 인 캄파니아(Artecard in Campania)가 있다. 나폴리 근교의 소렌토와 포지타노, 아말피를 여행할 계획이라면 나폴리에 도착하자마자 아르테카드 인 캄파니아(€32)를 구입하자. 처음 방문하는 유적지 2곳 무료입장(3번째부터 50% 할인, 줄을 설 필요 없이 바로 입장)을 비롯하여 캄파니아 대중교통 3일 무료권이 포함된다. 폼페이와 나폴리 국립고고학박물관을 관람하고 주변도시를 여행하면 본전 이상의 값어치를 할 것이다.

Campania Artecard(Napoli)

Campania Artecard(Tutta La Regione)

가격 3일권 €21(학생 18~25세 €12)

가격 3일권 €32(학생 18~25세 €25), 7일권 €34

구입처 나폴리시내 모든 관광안내소, 나폴리 국립고고학박물관 및 유명 유적지 또는 온라인(www.campaniartecard.it)에서 구입 가능 **사용가능한 곳** 나폴리 국립고고학박물관, 카포디몬테박물관 및 나폴리시내 주요 관광지 그리고 카드종류에 따라 근교 유적지(폼페이, 파에스툼 등)에서도 사용가능하다.

🧳 나폴리에서 근교도시로 이동하기

이탈리아 제2의 도시이자 남부 주도인 나폴리는 여러 교통망을 통해 대부분의 주변도시와 연결되므로 남부여행을 준비한다면 나폴리를 거점도시로 잡는 것이 편하다. 버스와 기차는 나폴리중앙역 주변에서 발착하는데, 버스정류장은 여러 곳에 있으므로 미리 체크해야 한다. 또한 대부분의 페리는 몰로 베베렐로항구에서 출발한다.

🚢 페리를 이용하여 근교도시로 이동하기

나폴리근교 카프리, 소렌토, 이스키아Ischia, 프로치다Procida를 연결하는 고속페리는 누오보성 근처 몰로 베베렐로Molo Beverello항구에서 출발한다. 여러 페리회사가 있으므로 편수는 여유 있는 편이다. 카프리, 이스키아, 팔레르모Palermo, 칼리아리Cagliari, 밀라초Milazzo, 북아프리카의 튀니지Tunigia로 가는 장거리 배편은 몰로 베베렐로항에서 도심 방향으로 약 300m 떨어진 곳에 있는 칼라타포르타디마사Calata Porta di Massa항이나 몰로안지오니오Molo Angionio항에서 출발한다. 페리는 일반과 고속으로 나뉘는데 가격은 고속페리가 조금 더 비싸지만 시간을 절약할 수 있으므로 당일치기로 돌아볼 여행자라면 이를 이용하는 것이 좋다.

종류	목적지	페리회사	요금	소요시간	편수(1일)
고속페리	카프리(Capri)	Caremar	나폴리 → 카프리 €22,80 카프리 → 나폴리 €20,60	50분	18편
		Gescab Navigazione Del Golf		40분	8~12편
		Gescab-Snav		45분	12편
	이스키아(Ischia) (Casamicciola Terme&Forio)	Caremar	€20,30	50분	5편
		Gescab-Alilauro	€18,90	50~65분	10편
		Gescab-Snav	€18,60	55분	4편
	프로치다(Procida)	Caremar	€15,50	40분	5편
		Gescab-Snav	€15,90	35분	4편
	소렌토(Sorrento)	Gescab-Alilauro	€13,20	35분	5편
		Gescab-Snav	€13,20	35분	7편
일반페리	카프리(Capri)	Caremar	€16,60	80분	3편
	이스키아(Ischia)	Caremar	€16,60	80분	7편
		Medmar	€16,60	75분	6편(1일)
	프로치다(Procida)	Caremar	€13,80	45분	7편
	아에올리안섬(Aeolian Islands)	Siremar	€58~	14시간 10분	2편(일주일)
		Gescab-Snav	€57~	13시간 30분	1편(1일)
	시칠리아 밀라쵸(Milazzo)	Siremar	€60~	18시간	2편(일주일)
	시칠리아 팔레르모(Palermo)	Gescab-Snav	€52~	10시간	1~2편
		Tirrenia	€52~	10시간 15분	1편(1일)
	사르데냐 칼리아리(Cagliari)	Tirrenia	€65~	13시간 30분	2편(일주일)

〈나폴리근교도시로 운행하는 페리종류〉

회사명	전화번호	홈페이지	회사명	전화번호	홈페이지
Caremar	(+39)081-551-3882	www.caremar.it	Gescab-Snav	(+39)081-428-5555	www.snav.it
Gescab-Alilauro	(+39)081-497-2222	www.alilauro.it	Medmar	(+39)081-333-4411	www.medmargroup.it
Gescab-Navigazione Libera Del Golfo	(+39)081-552-0763	www.navlib.it	Tirrenia	(+39)081-720-1111	www.tirrenia.it

〈페리회사 종류와 공식사이트〉

버스를 이용하여 근교도시로 이동하기

여러 버스 회사가 있지만 여행자에게 가장 유용한 버스는 소렌토, 살레르노, 아말피로 운행하는 시타버스이다. 따로 버스터미널은 없고 대부분의 버스가 중앙역 앞 가리발디광장에서 발착한다. 교통이 매우 혼잡하며 정류장이 여러 곳으로 나뉘어져 있어 사전에 타고자 하는 버스가 어디서 정차하는지 미리 확인해둬야 한다. 티켓은 주변에 'T'라고 표시된 타바키에서 구입하거나 버스기사에게 구입할 수 있다. 그리고 풀리야지역의 마테라, 레체 등으로 연결하는 버스도 운행하는데 과거에는 로컬버스회사를 이용했지만 현재는 플릭스버스Flix Bus와 같은 대형업체의 버스를 이용하는 것이 편리하다.

버스회사명	홈페이지	목적지	요금	소요시간
시타버스 (Sita Bus)	www.sitasudtrasporti.it	살레르노(Salerno)	€5,50	약 1시간 20분
		아말피(Amalfi)	€6	약 1시간 10분
		라벨로(Ravello)	€5,50	1시간 30분
플릭스버스 (Flix Bus)	www.marinobus.it	바리(Bari)	€14	3시간~
		마테라(Matera)	€14,90	4시간 20분

시타버스(上)와 플릭스버스(下)

기차를 이용하여 근교도시로 이동하기

치르쿰베수비아나터미널Terminale Circumvesuviana은 나폴리가리발디Napoli Garibaldi역이라고도 하며, 나폴리중앙역 근처에 있는 작은 역으로 중앙역과 지하통로로 연결되어 있다.

대부분의 사철이 이곳에서 발착한다. 특히 나폴리에서 폼페이 및 소렌토로 가는 사철을 타려면 반드시 들러야 하는 역이다.

나폴리에서 주로 운행되는 열차 사철

이탈리아의 기차는 크게 정부에서 운영하는 트랜이탈리아, 민영철도회사에서 운영하는 이탈로, 사철 이렇게 3가지로 나뉜다. 이탈리아 대도시 간 이동에는 주로 트랜이탈리아를 이용하지만, 남쪽으로 내려갈수록 사철을 많이 이용하게 되며 특히 나폴리에서는 사철을 많이 이용한다. 단, 유레일은 사용불가하다.

나폴리사철(www.unicocampania.it)

근교도시별 이동 한눈에 보기

나폴리에서 주변 도시로 연결되는 교통편 티켓을 구매할 때는 반드시 먼저 가고자 하는 도시가 몇 존에 위치했는지부터 확인해야 한다. 티켓의 종류는 1존이면 Unico U1, 2존이면 Unico U2로 구분되어 있는데 Unico U4를 구입했을 경우에는 1, 2, 3, 4존 내의 모든 교통수단을 이용할 수 있다. 구역에 따라 가격이 다르므로 정확히 알고 구매하면 쓸데없는 비용지출을 막을 수 있다.

그 외에도 우니코코스티에라라는 아말피코스트 지역에만 한정된 특별티켓도 존재한다. 이는 소렌토에서부터 살레르노까지 이어진 아말피코스트 내에서 사용가능한 정액권으로 소렌토나 아말피코스트 내에 위치한 마을에서 숙박을 하며 다른 마을까지 여행하고 싶을 때 유용하게 사용할 수 있다.

근교도시 이동		교통수단	소요시간(대략)	요금(편도)	근교도시 이동		교통수단	소요시간(대략)	요금(편도)
나폴리	소렌토 ▶P.467	사철	1시간 20분	€4.90(Unico U5)	포지타노	아말피	페리	30분	€8
	아말피 ▶P.471	버스	2시간	€6			시타버스	40분	€6
	카프리 ▶P.475	고속페리	1시간	€20.30~22.80		카프리	고속페리	1시간	€21.40
	폼페이 ▶P.459	사철	30분	€3.50(Unico U3)	아말피	포지타노	페리	30분	€8
	파에스툼 ▶P.480	레지오날레	1시간 30분	€6.50		카프리	페리	1시간 20분	€23.70
	카세르타 ▶P.482	레지오날레	40분	€4.30(Unico U4)		아말피	페리	1시간 30분	€23.70
소렌토	아말피	페리	1시간 30분	€16.50	카프리	포지타노	페리	1시간	€21.40
	아말피	시타버스	1시간 30분	€6	로마	카세르타	유로스타	1시간 10분	€51.40
	카프리	고속페리	20분	€16.90~19.50	살레르노	포지타노	페리	1시간 20분	€12
	폼페이	사철	50분	€4.90(Unico U4)					

나폴리에서 포지타노까지의 교통비

나폴리에서 아말피코스트를 거쳐 포지타노를 여행하려면, 소렌토에서 구매할 경우 1회권보다는 1일권이 더욱 유용하다. 남부지역은 파는 사람에 따라 가격이 천차만별로 변하는 신기한 곳이기도 하다. 소렌토에서 출발하여 포지타노를 구경하고, 아말피까지 이동한 후 나폴리로 갈 경우 교통편을 최소한 3번 이상 이용해야 하므로 1일권이 보다 저렴하다. 또한 나폴리에 도착해서 아르테캄파니아를 구입하면 이 모든 교통을 무료로 이용할 수 있으므로 남부여행에 2일 이상을 계획하고 있다면 나폴리에 도착하자마자 역내에 위치한 인포메이션에서 아르테캄파니아를 구입하자.

※ 소렌토 → 포지타노 → 아말피 90분권 €3.40, 1일권 €6.80
※ 아르테캄파니아(Artecard Campania) 카드 사용가능하며 3일권 구매 시에는 모든 교통수단을 이용할 수 있다.

Chapter 02
영광과
암흑이 공존하는
나폴리

그리스지배를 받았던 나폴리는 기원전 3세기경 로마로 귀속되면서 휴양도시로 발전하였고, 로마제국 붕괴 후에는 이민족들의 침략으로 식민정책에 시달리다 1860년 이탈리아 영토로 귀속되었다. 2차 세계대전 당시에는 이탈리아군항으로 사용되면서 연합군의 폭격을 받아 큰 피해를 입었지만, 현재는 무너져 버린 옛 도시와 현대 건물이 어우러지면서 오히려 나폴리만의 매력을 풍기고 있다.

Chapter 02 영광과 암흑이 공존하는 나폴리

Section 02
나폴리에서 반드시 둘러봐야 할 명소

오랜 역사를 간직한 고대도시 나폴리는 과거부터 현재에 이르기까지 이탈리아에서는 상대적으로 풍요로운 도시였다. 나폴리를 다스렸던 수많은 민족과 가문에 의해 발전된 도시의 모습은 다른 어떤 도시보다 화려하면서 다채롭다. 대부분의 관광지는 스파카나폴리와 플레비시토광장 주변에 모여 있어 도보로도 충분히 여행을 즐길 수 있다.

나폴리로 들어오는 관문
나폴리중앙역 Stazione di Napoli Centrale

나폴리로 들어오는 가장 중요한 관문인 중앙역은 역 밖을 서성이는 수많은 흑인과 아랍인으로 인해 나폴리가 위험한 도시라는 선입견이 들게 한다. 나폴리는 일찍부터 산업이 발달해 이탈리아 내에서도 외국인 노동자들이 특히 많은 곳이다. 이들이 나폴리역 주변에 포진하면서 아무래도 나폴리에 대한 첫인상이 좋지 않을 수 있다. 하지만 역을 조금만 벗어나도 확연히 다른 모습이므로 너무 걱정하지 말고 부담 없이 여행을 즐기자.

나폴리 대부분의 사람들은 우리와 다를 바 없는 여행자이거나 이곳에 오래도록 거주한 현지인일 뿐이니 너무 걱정하지 않아도 된다. 또한 나폴리 사복경찰들이 어디선가 주시하고 있다 사고가 발생하면 바람처럼 나타나므로 당당하게 목적지로 이동하면 된다. 물론 경찰마저 속이는 소매치기들이 있으니 방심은 금물이다.

과거에 비해 많이 좋아졌지만 그래도 나폴리에서 가장 치안이 좋지 않은 곳이 역주변이므로 소지품 간수에 주의가 필요하다.

주소 Piazza Giuseppe Garibaldi, 80142 Napoli **문의** (+39)081-567-2990 **홈페이지** www.napolicentrale.it **운영시간** 05:30~23:40 **귀띔 한마디** 짐보관소는 중앙역 3번 플랫폼 옆에 위치해 있다(운영시간 월~일요일 06:30~24:00).

나폴리 관광안내소

나폴리에는 3곳에 여행자를 위한 관광안내소가 위치한다. 여행에 필요한 관광지정보나 교통정보 등을 구할 수 있으므로 한번쯤 들러보자. 관광안내소에 따라 영어로 된 나폴리 관광정보지 Qui Napoli를 무료로 받아 볼 수도 있다.

관광안내소	주소	운영시간
나폴리중앙역 내	Corso Arnaldo Lucci, 156	월~토요일 09:00~20:00, 일요일 09:00~18:00
제수누오보광장 앞	Piazza del Gesù Nuovo 7	월~토요일 09:00~19:00, 일요일 09:00~14:00
산카를로극장 앞	Via san Carlo 9	월~토요일 09:30~13:30, 14:30~18:30, 일요일 09:00~13:30

기적의 성혈이 간직되어 있는
두오모 Duomo di Napoli

제나로성인의 성혈보관함

나폴리의 상징이자 나폴리에서 가장 성스러운 곳으로 여겨지는 곳이다. 나폴리의 수호성인 제나로 San Gennaro 성인에게 봉헌된 성당으로 성인의 두개골과 성혈이 보관되어 있다. 1456년 나폴리에 닥친 지진으로 무너져 내린 것을 19세기까지 지속적으로 보수 및 증축하여 오늘에 이른다. 오랜 기간에 걸쳐 개보수되다 보니 여러 시대의 건축양식이 혼재되어 있다.

나폴리에서 가장 큰 축제로 5월 첫째 주 일요일과 9월 19일에 개최되는 산제나로축제 Festa di San Gennaro에는 굳어 있던 성인의 피가 액체로 변하는 기적이 일어난다고 한다. 그 모습을 확인할 수는 없지만 성당내부에는 성인의 피가 보관된 성소가 있다.

주소 Via Duomo, 149, 80138 Napoli **문의** (+39)081-44-9097 **운영시간** 월~토요일 08:30~12:30, 16:30~19:00, 일요일 08:30~13:30, 17:00~19:30 **입장료** 무료 **찾아가기** 메트로 2호선 카부르(Cavour)역에서 내려 길 건너편의 두오모길(Via Duomo)로 들어가면 왼편에 위치한다. 또는 나폴리중앙역에서 알레산드로 포에리오길(Via Alessandro Poerio)의 카푸아노성(Castel Capuano)을 지나 뒷길인 트리부날리길(Via Tribunali)로 나가면 두오모길(Via Duomo)에 위치한다. 도보로 20분 거리이다.

> **나폴리 산제나로축제(Festa di San Gennaro)**
>
> 두오모에 보관되어 있는 나폴리의 수호성인 제나로성인을 기념하는 축제로 5월 첫째 주 일요일과 9월 19일. 1년에 2차례 개최된다. 나폴리에서 가장 중요한 축제로 고체상태로 굳어 있던 성인의 피가 액체로 변하는 기적을 보기 위해 수많은 사람이 나폴리로 몰려든다.
>
>

박물관의 모태가 된
나폴리 국립고고학박물관 Museo Archeologico Nazionale

세계적으로 가장 유명한 고고학박물관 중의 하나인 나폴리 국립고고학박물관은 16세기경까지 나폴리총독의 개인마구간으로 사용되었다고 한다. 이후 나폴리대학이나 프랑스 부르봉왕가의 페르디난도4세 Ferdinando IV의 박물관 겸 도서관 등으로 활용되다가 이탈리아 통일과 함께 정부 소유로 바뀌면서 국립박물관으로 변모했다.

박물관은 부르봉왕가의 파르네제^{Farnese}컬렉션과 폼페이컬렉션 그리고 이집트 및 이탈리아 주요도시에서 발견된 유물 등 세 부분으로 구분 전시되고 있다. 1층 파르네제컬렉션은 로마의 카라칼라욕장과 캄파니아지역에서 발견된 로마시대 유적을 중심으로 전시하고 있으며, 2층 폼페이컬렉션은 폼페이와 에르콜라노^{Ercolano}에서 발견된 유적을 중심으로 전시하고 있다.

이곳 박물관에서 알게 모르게 유명해진 전시실은 1, 2층 사이에 있는 비밀의 방(19금실)으로 이 전시실을 처음 공개했을 때는 관람객들이 인산인해를

이뤘다고 한다. 비밀의 방에는 폼페이와 에르콜라노에서 발견된 성인물이 전시되어 있다. 로마시대에는 유아사망률이 높고 전쟁이 잦아 출생률을 높이는 것이 당대의 과제이다 보니 자연스레 성에 대해 개방적이었다. 이러한 이유로 로마시대에는 집에 거는 벽화뿐만 아니라 현관손잡이, 초인종, 촛대 등 일상생활용품에서도 성적인 요소를 쉽게 찾아볼 수 있었다.

주소 Piazza Museo, 19, 80135 Napoli **문의** (+39)081-442-2149 **홈페이지** www.museoarcheologiconapoli.it **운영시간** 09:00 ~19:30 **휴관** 매주 화요일, 1/1, 12/25 **입장료** €18 **찾아가기** 메트로 카부르(Cavour)역 출구로 나와 바로 보이는 대로를 따라 위로 올라가면 박물관이 보인다. 박물관 바로 앞에 무세오(Museo)역도 있지만 출발지가 시내중심가라 관광객에게는 불편하다. **귀띔 한마디** 매년 다양한 특별 전시회가 열리는데 이에 따라 입장료가 변경될 수 있다. 17시 이후 방문하면 €9로 할인된 가격에 입장할 수도 있다.

국립고고학박물관 작품설명

지쳐 쉬고 있는 헤라클레스(Ercole Farnese)

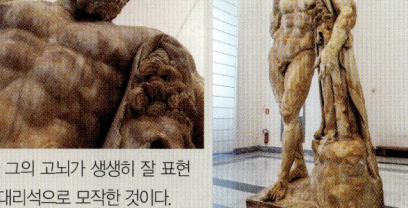

박물관을 대표하는 작품으로 그리스신화의 영웅 헤라클레스는 제우스와 인간 사이에 태어나 제우스의 아내 헤라 때문에 12번의 시련을 겪는다. 이 작품은 그 수많은 시련에 헤라클레스가 지쳐서 자신의 몽둥이에 기대어 쉬고 있는 모습이다. 자신에게 닥친 수많은 시련을 이겨 낸 강인한 육체와 그의 고뇌가 생생히 잘 표현된 얼굴이 인상적이다. 그리스시대 청동작품을 로마시대에 대리석으로 모작한 것이다.

파르네제의 황소(Toro Farnese) : 그리스 공주 안티오페에 반한 제우스는 사티로스(하반신은 염소 상반신은 사람)로 변신하여 그녀를 겁탈한다. 결국 임신을 하게 된 안티오페는 아버지가 두려워 시키온으로 도망가 그곳의 왕과 결혼하는데, 아버지는 그녀를 데려오기 위해 전쟁을 벌였다가 목숨을 잃는다. 뒤이어 왕에 오른 리코스가 안티오페의 남편을 죽이고 그녀를 고향으로 데려오는데, 돌아오던 중 안티오페는 산 속에서 쌍둥이를 낳았으나 버려두었고, 아이들은 양치기 손에 양육된다. 리코스 아내 디르케는 안티오페를 시기하여 디오니소스축제 때 제물로 바치려고 황소의 뿔에 그녀를 묶는데 그 순간 산속에 버렸던 쌍둥이들이 찾아와 안티오페를 구하고 대신 디르케를 뿔에 묶는다. 디르케가 미친 듯 날뛰는 황소의 뿔에 받혀 죽는 순간을 조각한 작품으로 기원전 2세기경에 그리스에서 만들어진 것을 로마에서 대리석으로 모작한 것이다. 그리스조각이 추구하는 이상미와 역동성이 어우러진 걸작으로 평가받는다.

알렉산드로스 모자이크화 이수스전투 : 폼페이유적지 파우노의 집에서 발견된 것으로 현재 가장 유명한 로마시대 모자이크 중의 하나이다. 크기 5.82x3.13m의 대형 모자이크화로 기원전 333년에 마케도니아의 왕 알렉산드로스와 페르시아의 왕 다리우스3세가 이수스(Issus)에서 벌인 전투를 묘사한 작품이다. 왼쪽은 말을 타고 진격하는 알렉산드로스대왕과 그의 군사들의 모습이, 오른쪽에는 그에 맞서는 페르시아의 군대와 다리우스3세의 모습이 보인다. 그 시대 다른 작품과 달리 다양한 색깔의 돌을 사용하여 명암대비를 통해 전쟁장면과 인물을 좀 더 현실적이고 입체감 있게 표현한 것이 이 작품의 특징이다.

이탈리아 미술의 숨은 보고,
카포디몬테박물관 Museo Capodimonte

이탈리아남부를 대표하는 미술관답게 소장된 작품들도 한 시대를 이끌었던 유명화가들의 작품으로 가득하다. 초기 르네상스를 대표하는 마사초의 작품부터 미켈란젤로와 라파엘로를 포함한 후기 르네상스시대를 대표하는 예술가들의 작품이 전시되어 있다. 수많은 유명 작품 중에서도 이 미술관의 핵심은 바로크시대 미술이 손꼽힌다.

색채를 예술로 승화시킨 베네치아 출신의 티치아노 작품들과 빛을 가장 완벽하게 이해했다는 평을 받는 카라바조의 초기작 「기둥에 묶여 채찍질 당하는 예수(La flagellation du Christ à la colonne)」, 바로크시대를 대표하는 여류화가 아르테미시아 젠틸레스키 Artemisia Gentileschi의 「유디트와 홀로페르네스(Judith et Holopherne)」, 귀도 레니의 「아틀란타와 히포메네스(Atalanta and Hipomenes)」 등의 작품을 만날 수 있다.

주소 Via Miano, 2, 80137 Napli **문의** (+39)081-749-9111 **홈페이지** www.museocapodimonte.beniculturali.it **운영시간** 08:30~19:30 **휴관** 매주 수요일 **입장료** 성인 €14, 학생(만 18~24세) €8(만 18세 미만 무료) **찾아가기** 나폴리 국립고고학박물관 입구 앞 정류장에서 R4 또는 178번 버스를 타고 미아노길(Via Miano) 앞에 내리면 바로 보인다. **귀띔 한마디** 매월 첫 번째 일요일에는 무료이다.

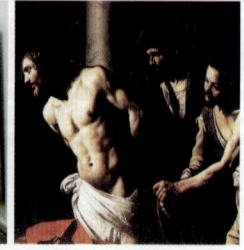

카라바조의 초기작 「기둥에 묶여 채찍질 당하는 예수」.

Chapter 02 영광과 암흑이 공존하는 나폴리

진정한 나폴리의 모습이 담긴
스파카나폴리 Spacca Napoli

'나폴리를 가로지른다.'하여 스파카나폴리라는 애칭을 가지고 있다. 이곳은 나폴리 최초로 형성된 주거지역으로 나폴리의 진면목을 볼 수 있는 곳이다. 나폴리는 2차 세계대전 당시 이탈리아 군항으로 사용되면서 연합군으로부터 많은 폭격을 받아 이탈리아 도시 중에서도 피해가 제일 컸으며, 이 과정에서 유적 또한 심각한 피해를 입었다. 전쟁이 끝나고 도시가 재건되면서 무너진 유적에 무분별한 증축이 이루어졌는데, 오히려 고대유적과 현대건축물이 독특하게 어우러지면서 이 지역만의 독특한 매력이 피어났다.

현재는 주로 도시빈민층이 거주하면서 어두운 느낌도 있지만 유럽의 여느 도시에서는 찾아 볼 수 없는 이곳만의 독특한 분위기가 숨어 있다. 골목으로 들어서면 빨래들이 바람에 춤을 추고, 다들 비슷해 보여도 골목마다 색다른 재미를 발견할 수 있다. 오랜 역사를 가진 유적들과 100년이 넘게 전통을 이어가는 피자집, 아주 깊은 맛을 자랑하는 수많은 카페테리아가 공존하고 있는 지역이다.

장소 산비아지오 데이 리브라이길(Via San Biagio dei Librai)과 트리부날리길(Via Tribunali) 주변 일대 **찾아가기** 나폴리중앙역에서 메트로 1호선을 타고 단테(Dante)역에서 내려 도보 5분 거리로, 두오모와 나폴리 국립고고학박물관을 비롯한 나폴리 주요 관광지 일대가 포함된다. **귀띔 한마디** 밤에는 위험할 수 있으니 가급적 낮에 여행하는 편이 좋다.

나폴리의 숨은 관광지,
기념품시장

나폴리는 과거 불명예로 인해 치안에 각별히 신경을 쓰지만 여전히 나폴리에서의 쇼핑은 그다지 추천하지 않는다. 다만 기독교신자라면 종교 관련 상식품은 눈여겨볼 만하다. 매년 크리스마스를 앞두고 모든 성당과 대부분의 가정에서 예수의 탄생과 관련된 소품을 장식하는데 이러한 장식문화가 시작된 곳이 바로 나폴리이다. 재래시장형태의 기념품시장에서는 나폴리인들이 행운을 가져다준다고 믿는 고추모양 소품과 이 지방에서 유행했던 풍자극을 바탕으로 제작된 작은 가면인형 풀치넬라 Pulcinella가 특히 인기가 있다.

443

나폴리 내에서도 가장 오래된 지역 스파카나폴리에서는 가급적 피해를 입을 만한 행동은 미리 알아서 조심하는 것이 좋다. 필요한 물건이 있을 경우 흥정을 다 마친 후 값을 지불해야 하고, 카드는 사용이 어려우므로 현금을 미리 준비해 가면 좋다.

장소 스파카나폴리 지역 내 여러 곳에 분포되어 있다. **가격** 고무액세서리, 열쇠고리 등 작은 기념품 €1~20, 예수탄생 기념동상 등 €20~200 **찾아가기** 나폴리중앙역에서 도보 15분, 또는 메트로 2호선 카부르광장(Piazza Cavour)역에서 하차 후 도보 5분 거리이다.

바로크건축의 진수를 보여주는
제수누오보성당 Chiesa del Gesù Nuovo

나폴리에 있는 바로크 건축물 중 가장 보존상태가 좋은 성당이다. 피라미드모양 장식이 전면을 덮고 있는 입구는 이곳이 성당임을 추측하기 어렵게 한다. 이는 제수누오보성당이 15세기까지는 산세베리노궁전Palazzo Sanseverino이었던 것을 예수회에서 구입하여 성당으로 개축하였기 때문이다. 입구는 궁전일 때의 모습을 그대로 유지하고 있지만 내부는 나폴리를 대표하는 대표하는 바로크시대 예술가들에 의해 화려하게 장식되어 있다. 예수회가 지은 바로크시대의 성당 대부분은 규모가 작은데 이는 성당 내부 어느 곳에서도 중앙제대를 볼 수 있게 설계하기 위해 기둥을 세우지 않고 지을 수 있는 규모로 성당을 지었기 때문이다.

주소 Piazza del Gesù Nuovo, 2, 80134 Napoli **문의** (+39)081-551-8613 **홈페이지** www.gesunuovo.it **운영시간** 07:30~13:00, 16:00~19:30 **입장료** 무료 **찾아가기** 메트로 1호선 단테(Dante)역에서 내려서 5분 거리로 스파카나폴리 지역 안에 위치한다.

2차 세계대전의 흔적이 남아 있는
산타키아라성당과 수도원 Basilica di Santa Chiara

18세기 마욜리카Maiolica 도자기 스타일로 지어진 수도원회랑이 유명하다. 나폴리는 2차 세계대전 당시 이탈리아에서 가장 큰 피해를 입은 지역인데 이 성당도 연합군의 폭격을 피하지 못하고 거의 폐허가 되었었다. 이후 1943년부터 약 10년 동안 나폴리에서 모금활동을 통해 모은 돈으로 새롭게 보수하여 현재의 모습을 갖출 수 있었다. 연합군 폭격 당시 성당은 완전히 폐허가 되었지만 다행스럽게도 이

성당의 상징인 마욜리카 도자기 타일이 있던 수도
원회랑만은 거의 원형에 가깝게 보존되어 있다.

주소 Via Santa Chiara, 49/C, 80134 Napoli 문의 (+39)081-552-
6209 홈페이지 www.monasterodisantachiara.com 운영시간
07:30~13:00, 16:30~20:00, 수도원 회랑 및 박물관 월~토요일
09:30~17:30, 일요일과 공휴일 10:00~14:30 입장료 성당 무료, 회랑
및 박물관 €8 찾아가기 메트로 1호선 단테(Dante)역에서 내려 5분 거
리로 스파카나폴리 지역 안의 제수성당 맞은편에 위치한다.

나폴리시민의 모금활동으로 복원되었음을 알리는 기념비

베일에 싸인 그리스도석상으로 유명한
산세베로예배당 Cappella San Severo

평범한 외관과 달리 내부는 18세기에 만들어진 화
려한 작품들로 장식되어 있다. 원래는 산세베로가
문의 가족들을 위해 지어진 작은 예배당이었지만
산세베로의 왕자 라이몬도(Raimondo di Sangro)의 명으로 이
곳에 예술가들이 작품을 만들기 시작했다.
그 중 단연 압권은 주세페산마르티노(Giuseppe Sanmartino)의
「베일에 싸인 그리스도(Cristo Velato)」이다. 세계
적으로 유명하고 아름다운 이 석상은 십자가에 매
달려 숨을 거둔 예수를 십자가에서 내려 눕힌 후
베일로 덮은 모습을 표현한 것이다. 베일에 덮인
예수의 모습이 너무나도 생생하게 묘사되어 보는

주세페산마르티노의
「베일에 싸인 그리스도」

이로 하여금 직접 만져보고 싶은 충동을 들게 한다. 이 예수상 외에도 예배당을 장식한
화려한 조각품들을 바라보면 로코코시대의 화려했던 조각예술을 함께 느껴볼 수 있다.

주소 Via Francesco De Sanctis, 19/21, 80134 Napoli 문의 (+39)081-551-8470 홈페이지 www.museo sansevero.it 운영
시간 수~월요일 09:30~18:30 휴관 매주 화요일 입장료 성인 €8, 아르테카드 소지자 €6, 학생(만 10~25세) €5, 만 9세 미만 무
료 찾아가기 메트로 1호선 단테(Dante)역에서 내려 도보로 7분 거리로 스파카나폴리 지역 내 위치한다. 귀띔 한마디 매표소와 입구
가 따로 분리되어 있으니 먼저 티켓을 구입 후 입구로 가자. 이곳은 다른 관광지와 달리 실내 사진촬영이 금지되므로 주의하자.

나폴리의 아름다움을 한눈에 내려다볼 수 있는
산엘모성 Castel Sant'elmo

나폴리시내가 한눈에 내려다보이는 산마르티노
언덕은 전쟁이 잦았던 나폴리에서는 전략적 요
충지로 그 중요성이 부각되어 일찍부터 요새가
세워졌던 곳이다. 산엘모성 안으로 들어가면 동
굴이 여기저기 보이는데 이는 건축물이 감옥으
로 사용되면서 만들어진 것이다.
성 내부에 박물관도 있고, 몇 가지 볼거리가 있
지만 무엇보다 성곽을 중심으로 나폴리 시내를

360도 전 방향에서 볼 수 있다는 것이 이곳의 가장 큰 매력이다. 탁 트인 전경 속에서 나폴리의 과거와 현재가 한눈에 들어온다. 어느 한곳에 눈길을 둘 수 없을 정도로 다양한 모습을 보이는 나폴리전경과 푸른 바다는 한동안 번잡스러웠던 여행자의 마음마저 비워주는 곳이다. 세계 3대 미항으로 알려진 나폴리의 진정한 아름다움을 보고 싶다면 꼭 한 번 올라가 보길 바란다.

주소 Via Tito Angelini, 20, 80129 Napoli **문의** (+39)081-229-4431 **운영시간** 08:30~19:30 **휴관** 1/1, 5/1, 12/25 **입장료** €5(매주 화요일은 €2.5) **찾아가기** 단테광장(Piazza Dante)에서 길 건너 타르시아길(Via Tarsia)로 들어가 3분 정도 걸으면 보이는 푸니콜라레정류장(Funicolare Montesanto)에서 케이블카를 타고 종점에서 도보로 2분 거리이다. 또는 메트로 1호선 피아차반비텔리(Piazza Vanvitelli)역에서 하차한 후 도보 5분 거리이다. **귀띔 한마디** 아르테카드 사용가능

나폴리의 정치·문화의 중심
플레비시토광장과 산프란체스코 디 파올라성당
Piazza del Plebiscito & Chiesa di San Francesco di Paola

나폴리를 점령한 나폴레옹은 그의 형 조제프 Joseph-Napoléon Bonaparte에게 왕권을 주어 나폴리를 다스렸다. 하지만 내부 권력 문제로 그의 부관이자 매제인 뮈라 Joachim Murat에게 나폴리 왕좌를 넘겨준다. 나폴리왕이 된 뮈라는 공화주의자답게 1809년 왕궁 앞에 시민을 위한 광장을 조성했지만 1815년 실각하면서 처형이 된다. 이후 왕권을 차지한 페르난도1세는 실추된 왕권을 정립하고자 광장 한편에 왕가의 기마상들을 세워 오늘의 플레비시토광장을 완성한다. 반원형의 광장에서는 오늘날에도 나폴리의 중요 공식행사나 문화이벤트가 수시로 개최되고 있다.

플레비시토광장을 장식하고 있는 중앙의 건물은 산프란체스코 디 파올라성당이다. 로마의 판테온을 보고 만든 것으로 1808년에 건축을 시작해서 1817년에 완공하였다. 주변에 보이는 후기 고전주의 양식의 기둥이 인상적인 성당이다. 이 광장을 중심으로 나폴리 사람들의 휴식처인 해안도로, 오랜 전통을 자랑하는 레스토랑과 카페가 위치하고 있으므로 저녁식사를 하고 산책을 즐기기에 그만이다.

주소 Piazza del Plebiscito, 80132 Napoli **운영시간** 성당 월~토요일 08:00~12:00, 15:30~18:00 **휴관** 매주 일요일 **입장료** 무료 **찾아가기** 산엘모성 관람 후 치마로사길(Via Cimarosa)에서 케이블카를 타고 종점에 내려 도보 1분 거리이다. 또는 메트로 1호선 무니치피오(Municipio)역에서 내려 도보로 5분 거리에 위치한다. **귀띔 한마디** 나폴리의 중심지답게 플레비시토광장 주변에는 분위기 좋은 카페나 식당들이 많이 있다

나폴리 굴곡의 역사가 담겨있는
레알레궁전 Palazzo Reale

17세기 스페인에서 파견된 부왕의 취임을 기념하기 위해 건축가 도메니코폰타나Domenico Fontana가 설계한 궁전이다. 1843년 완공되었지만 2차 세계대전 당시 폭격으로 인해 완전히 무너진 것을 새롭게 재건하여 현재는 박물관으로 사용하고 있다. 실내에는 나폴리왕국시대에 사용되었던 바로크 및 신고전주의양식의 가구와 도자기, 벽걸이, 융단, 회화 작품들이 전시되어 있다.
궁전 입구에는 8개의 하얀 석상이 세워져 있는데 이들은 나폴리 역사에 등장하는 위대한 왕들의 석상이다. 재미있는 것은 이 8개의 석상 중 비토리오 에마누엘레2세를 제외하면 전부 이탈리아 출신이 아닌 외국의 왕들로 이는 나폴리의 굴곡진 역사의 일면을 잘 보여준다.

주소 Piazza del Plebiscito 80132 Napoli **문의** (+39)081-580-8111 **운영시간** 일~화요일, 목~금요일 09:00~13:00, 14:00~17:00 토요일 09:00~14:00 **휴관** 매주 수요일 **입장료** €4(오디오가이드 포함) **찾아가기** 플레비시토광장에 접하고 있다.

20세기 초 유럽 건축의 미학을 발견할 수 있는
움베르토1세 갤러리 Galleria Umberto I

밀라노에 있는 비토리오 에마누엘레2세 갤러리와 함께 이탈리아를 대표하는 근대 건축물로 1890년에 이탈리아를 통일시킨 비토리오 에마누엘레2세의 아들 움베르토1세에 의해 지어진 회랑형 건축물이다. 건축 당시 나폴리는 밀라노와 함께 이탈리아의 문화와 경제 중심지였으며, 움베르토1세 갤러리가 그 중심에 서 있었다.
19세기 중후반 유행했던 유리돔 형태의 천장은 그 화려함으로 이탈리아 내에서도 손꼽힌다. 지금도 이곳에는 그때의 영광을 느낄 수 있는 이탈리아를 대표하는 명품숍들과 200년 전통의 커피숍들이 영업을 하고 있다.

주소 Via San Carlo, 80132 Napoli **입장료** 무료 **찾아가기** 플레비시토광장에서 도보로 1분 거리, 또는 R2번 버스를 타고 트리에스테 에 트렌토광장(Piazza Trieste e Trento)에 하차하면 바로 보인다.

산카를로극장 Teatro San Carlo
전 세계 오페라극장의 롤모델이 된

전 세계 최초의 오페라극장으로 밀라노의 산타스칼라극장보다 41년 빠른 1737년에 부르봉왕가의 카를로1세에 의해 완공되었다. 당시 나폴리는 유럽에서 음악의 중심지로 문화예술의 번영기를 누리던 시기였다. 1816년 화재로 인하여 큰 피해를 입고 완전히 붕괴된 것을 다시 재건하였으며, 지금도 여전히 이탈리아 3대 오페라극장 중의 하나로 수많은 공연이 열리고 있다.
공연을 보려면 예약이 필수이며, 학생들에게는 오페라 시작 한 시간 전부터 남은 티켓을 싼 가격에 판매하니 시간적 여유가 있다면 오페라극장을 방문해보는 것도 좋다.

주소 Via San Carlo 98, 80132 Napoli **문의** (+39)081-797-2331 **홈페이지** www.teatrosancarlo.it **운영시간** 09:00~18:00, 투어 매주 일요일 10:00~17:30 **입장료 투어상품** 성인 €5 **찾아가기** 플레비시토광장에서 도보 1분 거리이다.

카스텔델오보 Castel Dell'Ovo
이탈리아의 시작과 마지막을 함께 한 계란성,

순결의 분수(La Fontana dell'Immacolatella)

오디세우스와 시레나의 전설이 지금까지도 회자되고, 오디세우스를 노래로 홀리지 못해 스스로 목숨을 끊은 시레나가 묻혔다는 이곳에 12세기 바이킹의 후예 노르만인들이 점령하여 성을 세웠다. 기원전 1세기경 활동했던 문인 베르길리우스Vergilius는 '이 섬에 숨겨진 마법의 알이 깨지는 날, 세상이 멸망할 것이다.'라고 말했고 이러한 이유로 '계란성'이라는 이름이 붙게 되었다. 로마제국의 마지막 황제 로물루스 아우구스툴루스Romulus Augustulus가 유배되어 숨을 거둔 장소로 그의 죽음과 함께 서로마제국이 멸망한 슬픈 역사를 간직한 장소이기도 하다.
플레비시토광장에서 이 계란성까지 이어지는 해안을 따라 걸으면 나폴리의 진정한 아름다움을 제대로 감상할 수 있다. 길 중간에 보이는 작은 개선문은 순결의 분수La Fontana dell'Immacolatella로 17

Chapter 02 영광과 암흑이 공존하는 나폴리

세기 거장 베르니니Bernini와 나케리니Naccherini가 만든 작품이다.

주소 Borgo Marinaro , 80132 Napoli **문의** (+39)081-240-0055 **운영시간** 월~금요일 09:00~18:00, 토, 일요일 09:00~13:00(공휴일 및 행사기간에는 문을 닫는다.) **입장료** 무료 **찾아가기** 플레비시토광장에서 바다 쪽으로 걸어가면 보인다. 도보로 약 15분 거리이다. **귀띔 한마디** 가장 아름다운 나폴리의 모습이 그려지는 곳이다. 특히 밤에는 수많은 나폴리 젊은이가 찾는 유흥지로 변하니 치안은 걱정 말고 꼭 들러보자.

나폴리 해안산책로 풍경

 파란 하늘과 푸른 바다를 안고 있는
카스텔누오보 Castel Nuovo

나폴리 사람들에게는 앙주왕가의 성Maschio Angioino이라 알려진 프랑스풍 카스텔누오보는 1279년부터 3년간의 공사 끝에 완공되었다. 그 당시 이미 나폴리에 있던 카스텔델오보와 카스텔카푸아노Castel Capuano 이후 새롭게 만들어진 성이다 하여 카스텔누오보(새로운 성)라는 이름이 붙었다.

개선문처럼 생긴 입구는 1467년 스페인 아라곤의 알폰소1세Alfonso I가 나폴리입성을 기념하여 나중에 끼워 넣은 것이다. 기존에는 르네상스를 대표하는 미술가였던 조토의 작품을 비롯하여 여러 예술가의 작품들로 장식되어 있었지만 2차 세계대전 당시 폭격으로 대부분 파손되어 지금은 그 흔적만 확인할 수 있다.

주소 Largo Castello, 80133 Napoli **문의** (+39)081-795-7722 **운영시간** 09:00~18:00 **휴관** 매주 일요일 **입장료** 성인 €6 **찾아가기** 플레비시토광장에서 바다 쪽으로 도보로 5분 거리 또는 1번 트램이나 R2번 버스를 타고 카스텔누오보(Castel Nuovo) 앞에 하차한다.

카스텔누오보 안에 있는 포탄(上)과
카스텔누오보성 내부의 파괴되고 남은 미술품(下)

Section 03
나폴리에서 먹어봐야 할 것들

식도락의 나라 이탈리아. 그 중에서도 가장 풍부한 요리를 자랑하는 도시가 나폴리이다. 이탈리아에서는 나폴리 출신 셰프라면 맛을 신뢰할 정도로 음식에 대한 입지가 대단하며, 나폴리 현지에는 저렴한 가격에 맛있는 요리를 즐길 수 있는 레스토랑이 즐비하다. 신선한 해산물로 만든 샐러드와 파스타 종류도 유명하지만 피자의 본고장 나폴리에서만큼은 꼭 피자를 맛보도록 하자. 영화 〈먹고 사랑하고 기도하라〉의 줄리아로버츠처럼 나폴리에서 식도락 여행을 즐겨보자.

피자올림픽 메달리스트가 만드는 피자,
디마테오 Di Matteo

연극인 이원숭씨가 이곳 피자를 맛보고 그 맛에 반해 대학로에 동일한 상호명으로 피자레스토랑을 차리면서 우리에게도 알려진 레스토랑이다. 나폴리 구시가지 중심인 스파카나폴리에 위치하여 식당 주변과 외관이 매우 허름하다보니 선뜻 믿음이 가지 않을 수 있지만, 이탈리아 피자올림픽에서 우승한 피자 전문요리사와 그의 가족이 운영하는 곳이다. 여행자들에게는 아직 많이 알려지지 않았지만 현지인들 사이에는 나폴리에서 가장 유명한 피자집 중 한 곳이다.

이 집의 가장 유명한 피자는 피자월드컵에서도 우승했던 메뉴 Ripeno World D.O.C 이다. 나폴리 피자답지 않게 여러 가지 재료로 토핑되어 있어 독특한 맛을 내므로 이 집을 찾는다면 한 번 꼭 먹어보자.

주소 Via dei Tribunali 94, 80138 Napoli **문의** (+39)081-45-5262 **홈페이지** www.pizzeriadimatteo.com **운영시간** 09:00~24:00 **휴무** 매주 일요일 **가격** 피자 €3~6, 음료 €3~5 **찾아가기** 스파카나폴리 내에 위치해 있어 대중교통보다는 도보로 가길 추천한다. 두오모 입구를 등지고 왼쪽으로 내려오다 보이는 첫 번째 사거리에서 우측으로 걷다보면 오른편에 보인다. **주변 관광지** 스파카나폴리, 두오모

정통 나폴리피자,
피제리아 지노 소르빌로 Pizzeria Gino Sorbillo

외국의 유명 가이드북에 빠지지 않고 등장하는 곳으로 해외여행자들에게는 잘 알려진 나폴리 최고의 피자집이다. 항상 가게 앞에는 손님들로 인산인해를 이루고 있으며, 입구에서 대기자 명단에 이름을 적어놓고 기다리다 이름이 호명되면 자리배정을 받을 수 있다.

이 집 인기메뉴는 킹사이즈 마르게리타피자로 혼자 먹을 수 있을까 싶게 크지만, 한 번 입을 대면 그 맛에 홀려 순식간에 피자 한 판을 다 먹게 된다. 다만 워낙 손님이 많다보니 테이블간격이 비좁고, 빠른 테이블회전을 위해 먹고 나면 바로 테이블을 치워버리므로 불쾌할 수도 있다.

주소 Via dei Tribunali 32, 80138 Napoli **문의** (+39)081-44-6643 **홈페이지** www.sorbillo.it **운영시간** 12:00~15:30, 17:30~24:00 **휴무** 매주 일요일 **가격** 피자 €3~7, 음료 €2~5 **찾아가기** 스파카나폴리 내에 위치하여 대중교통보다는 걸어가는 편이 좋다. 중심거리 인 트리뷰날레길을 따라 걷다보면 식당 앞에 사람들이 무리지어 있어 쉽게 찾을 수 있다. **주변 관광지** 스파카나폴리, 두오모

줄리아로버츠도 반한 맛,
다미켈레 Da Michele

1870년 처음 문을 연 핏제리아로, 영화 〈먹고 기도하고 사랑하라〉에서 줄리아로버츠가 피자를 먹는 장면이 이곳에서 촬영되면서 더욱 유명해졌다. 이 가게는 토마토와 바질 그리고 모차렐라치즈를 넣어 만든 마르게리타피자와 토마토, 오르가닉과 마늘로 만든 마리나라피자 이 2가지 종류의 피자만 판매한다. 테이블 바로 옆에 화덕이 있어 피자 만드는 과정을 바로 볼 수 있는 점도 매우 흥미롭다.

명성에 비해 규모가 크지 않아 기본 1시간 이상 기다려야 하며, 외국인보다는 현지인을 우선적으로 자리 배정하는 차별이 간혹 있어 맛있는 음식을 먹기 전에 마음부터 상하는 경우도 있다.

주소 Via Cesare Sersale 1, 80139 Napoli **문의** (+39)081-553-9204 **홈페이지** www.damichele.it **운영시간** 08:00~23:00 **휴무** 매주 일요일 **가격** 피자 €6, 음료 €2 **찾아가기** 나폴리중앙역에서 정면에 있는 가장 큰 길 움베르토거리(Corso Umberto)를 따라 5분 정도 가면 오른편에 위치한다. **주변 관광지** 나폴리중앙역

마르게리타피자가 탄생한 곳,
브란디 Pizzeria Brandi

마르게리타피자가 탄생한 곳으로 1780년에 처음 오픈한 피자집이다. 오랜 역사와 전통만큼 레스토랑 안에는 과거 유명인사들의 사진으로 장식되어 있는데, 전 미대통령 클린턴과 성악가 루치아노 파바로티와 플라시도 도밍고 등의 사진도 찾아볼 수 있다. 이 집 피자의 유래는 몇 가지 설이 있지만 1889년 사보이왕국 여왕 마르게리타가 나폴리를 방문했을 때 당시 최고의 요리사 돈라파엘에스폰트가 여왕을 위해 피자를 만들었는데, 토핑으로 바질과 모차렐라치즈, 토마토를 사용하여 초록색, 흰색, 빨간색의 이탈리아 국기를 표현했다고 한다. 여왕이 크게 기뻐했고, 이 피자는 여왕의 이름을 따라 마르게리타피자라 부르게 되었다. 나폴리의 다른 유명한 피자가게에 비해 가격이 매우 높은 것이 흠이다.

주소 Salita S.Anna di Palazzo 1, 80132 Napoli **문의** (+39)081-41-6928 **홈페이지** www.brandi.it **운영시간** 화~일요일 12:30~15:00, 19:00~24:00 **휴무** 매주 월요일 **가격** 피자 €9~, 음료 €3~ **찾아가기** 움베르토 갤러리 뒤편 키아라길(Via Chiara)을 따라 가다보면 보인다. **주변 관광지** 움베르토1세 갤러리, 계란성

갓 구워낸 스폴리아텔라를 맛볼 수 있는 곳,
아타나시오 Attanasio

이탈리아남부를 책임지는 최고의 아침메뉴 스폴리아텔레Sfogliatelle는 나폴리를 대표하는 음식으로 1600년대 살레르노 한 수도원에서 유래했으며, 1818년 나폴리의 한 요리사가 레시피를 획득하여 가게에서 팔기 시작하면서 대중에게 알려졌다고 전해진다. 버터와 돼지기름을 비롯한 여러 종류의 기름을 이용하여 반죽한 밀가루 속에 오렌지나 아몬드 등의 속재료를 넣고 구워 만든 디저트로, 가격도 저렴해 남부 이탈리아인들이 아침식사로 즐겨먹는다. 지금은 이탈리아 전역에서 맛볼 수 있지만 이 집에서는 화덕에서 바로 구워내어 판매하여 그 맛이 단연 으뜸이다.

주소 Vico Ferrovia 3, 80142 Napoli **문의** (+39)081-28-5675 **홈페이지** www.sfogliatelleattanasio.it **운영시간** 06:30~19:30 **휴무** 매주 월요일 **가격** 스폴리아텔레 €1.20 **찾아가기** 중앙역을 등지고 앞으로 가다보면 나오는 오른쪽 골목으로 들어가서 다시 왼쪽으로 들어가면 위치한다. **주변 관광지** 나폴리중앙역

Chapter 02 영광과 암흑이 공존하는 나폴리

강렬한 이탈리아남부 커피의 풍미
카페멕시코 Caffè Mexico

이탈리아남부 커피의 진수를 맛볼 수 있는 곳으로 이탈리아 중북부의 커피와는 다르게 맛과 향이 매우 강렬하여 처음 맛보는 이들에게는 부담스러울 수도 있다. 에스프레소에 기본적으로 설탕을 넣어주는데 이는 커피의 강렬함과 달콤함이 어우러진 맛을 즐길 수 있기 때문이다. 주문할 때 '카페'라고만 말하면 당연하게 설탕을 넣고 그 위에 커피를 부어준다. 설탕을 원하지 않는다면 '카페 쎈짜 주케라토(Caffè senza Zuccherato)'라고 말해 설탕을 빼달라고 하면 되지만 남부 특유의 커피를 제대로 즐겨보려면 그냥 주는 대로 설탕이 들어간 커피를 마셔보는 것도 괜찮다. 처음 맛보는 강렬함에 빠져들기 시작하면 결코 잊을 수 없는 커피맛이 된다.

주소 Piazza Dante 86, 80142 Napoli **문의** (+39)081-549-9330 **운영시간** 07:00~20:30 **휴무** 매주 일요일 **가격** €1~5 **찾아가기** 메트로 2호선 단테(Dante)역에서 하차하면 단테광장 정면에 위치한다. **귀띔 한마디** 새롭게 중앙역 바로 앞에도 오픈하였다. **주변 관광지** 스파카나폴리

나폴리의 오랜 역사를 느낄 수 있는
그란카페 감브리누스 Gran Caffè Gambrinus

베네치아의 카페 플로리안과 로마의 카페 그레코, 이들과 함께 이탈리아를 대표하는 가장 아름다운 카페 중의 하나이다. 겉보기와 달리 카페 안으로 들어서면 오랜 전통이 느껴지는 화려한 인테리어에 넋을 잃게 된다. 직원들도 멋진 복장에 훌륭한 서비스를 제공하며, 커피맛 또한 일품이라 어디 하나 부족한 것 없는 명실상부 나폴리 최고의 커피숍이다.

주문한 커피를 건네받으면 처음에는 잔이 너무 뜨거워서 잡을 수 없을 정도인데, 이는 남부 커피숍의 한 전통으로 간주된다. 잔 속에 있는 커피의 온도를 유지하기 위해 뜨겁게 데운 잔에 커피를 제공하기 때문이다. 커피 하나에도 전통을 고수하는 이 카페를 접하고 나면 나폴리가 다르게 보일 것이다.

주소 Via Chiaia, 1/2, 80132 Napoli **문의** (+39)081-41-7582 **홈페이지** grancaffegambrinus.com **운영시간** 07:00~01:00 **가격** €1.50~20 **찾아가기** 플레비시토광장 내에 위치한다. **주변 관광지** 플레비시토광장, 움베르토1세 갤러리

Section 04
여행자들에게 적당한 나폴리의 숙소

나폴리는 이탈리아 최대의 도시답게 다양한 종류의 숙소가 모여 있다. 다만 대부분의 숙소가 관광객보다는 비즈니스를 위한 숙소라 실제 여행자가 묵을 수 있는 숙소는 극히 제한된다. 나폴리뿐만 아니라 주변 관광지까지 두루 여행하기에는 나폴리중앙역 주변에 숙소를 정하는 것이 좋다. 시설이 낡은 호텔이 대부분이지만 간혹 리모델링한 숙소도 만날 수 있다.

이탈리아 대표 체인호텔
우나호텔 UNA Hotel

나폴리에서는 보기 드물게 모던한 스타일의 호텔로 이탈리아 전역에 우나호텔체인을 두고 있다. 중앙역 바로 앞에 위치하므로 역 밖으로 나오면 바로 보일만큼 접근성이 훌륭하며, 가격 또한 다른 지역의 우노호텔체인에 비해 저렴하다. 좋은 가격에 좋은 시설과 서비스를 만끽할 수 있기 때문에 나폴리에서 호텔에 머물고자 하는 여행자라면 좋은 선택이 될 수 있다.

다만 2016년 12월 나폴리 중앙역 부근을 새롭게 조성하면서 많은 공사가 진행 중이라 어수선하고 아직까지도 나폴리중앙역 주변의 치안이 안정되지 않아 개인 소지품에 주의를 기울일 필요가 있다.

주소 Piazza Garibaldi, 9/10, 80142 Napoli **문의** (+39)081-563-6901 **홈페이지** www.unahotels.it **체크인/아웃시간** 14:00/12:00 **객실요금** 성수기 €60~, 비수기 €40~ **찾아가기** 나폴리중앙역 바로 앞에 위치한 가리발딩광장에 있다.

어디서나 보여 찾기 쉬운 호텔, 베스트웨스턴 호텔플라자 Best Western Hotel Plaza

이탈리아에 가장 큰 체인망을 갖고 있는 호텔이다. 오랜 역사를 지닌 체인호텔로 이탈리아 전역에서 만날 수 있다. 일찍부터 좋은 위치를 선점하고 있어 어느 도시에 가더라도 베스트웨스턴 체인의 호텔들은 기본적으로 위치가 다 좋다. 나폴리중앙역에서 도보 5분 거리에 위치해 있으며, 호텔 바로 앞에는 트램정류장이 있어 바로 트램을 타고 페리선착장까지 빠르게 이동하여 카프리나 다른 섬까지 편하게 갈 수 있다. 과거에는 숙박요금이 비쌌지만 현재는 나폴리에도 숙소가 많이 생기면서 가격경쟁이 일어나 이전보다는 많이 저렴해졌고 이용하기에 부담스럽지 않은 정도이다. 다만 오래된 만큼 시설이 낙후된 편이다. 호텔 내 무료와이파이를 제공하지만 잘 터지지 않아 와이파이가 숙소선택에 있어 중요하다면 불편함을 느낄 수 있다.

주소 Piazza Principe Umberto I 23, 80142 Napoli **문의** (+39)081-563-6168 **홈페이지** www.bestwestern.it **체크인/아웃시간** 14:00/11:00 **객실요금** 성수기 €70~, 비수기 €50~ **찾아가기** 나폴리중앙역을 나와 정면의 프린시페 움베르토광장(Piazza Principe Umberto) 정면에 위치한다.

모두가 함께 어울릴 수 있는 라콘트로라호스텔 La Controra Hostel

현재 나폴리에서 배낭여행자들에게 가장 인기 있는 호스텔 중의 한 곳이다. 여러 호스텔 예약 대행 사이트에서 항상 1위를 차지할 정도로 다양한 국적의 여행자들을 만날 수 있는 곳이다. 낮에는 한산하지만, 해가 지면 투숙객들이 숙소로 돌아와 삼삼오오 짝을 이뤄 다시 나폴리의 밤거리를 즐기러 중심가로 향하는 모습을 쉽게 볼 수 있다.

위치 또한 나폴리를 여행하기 쉬운 시내 중심에 위치하고 있어 역 주변보다 안전하게 밤문화를 즐길 수 있다. 다만 시내 중심지에 있다 보니 찾아가기 쉽지 않은 것이 단점이다. 시설과 서비스 모두 훌륭하므로 장기 투숙자들에게는 최고의 호

스텔이 될 수 있다. 남녀 혼성 도미토리와 여성전용 도미토리로 운영되고 있다. 유명한 만큼 다른 여타 호스텔에 비해 가격은 조금 높은 편이다.

주소 Piazzetta Trinita alla Cesarea, 231, 80135 Napoli **문의** (+39)081-594-4014 **홈페이지** www.lacontrora.com **체크인/아웃시간** 13:30/11:00 **객실요금** 도미토리 €20~30, 더블룸 €40~ **찾아가기** 메트로 1호선 타고 살바토르로사(Salvator Rosa)역에서 내려서 도보로 5분 거리이다.

주변 섬 여행에 최적한 된
더썬호스텔 Hostel of The Sun

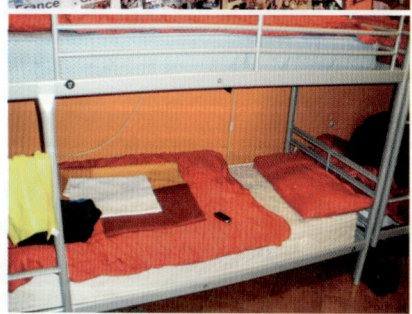

나폴리뿐만 아니라 전 유럽에서 가장 인기 있는 호스텔 중의 하나이다. 호스텔 분위기가 누구라도 쉽게 적응할 수 있어 외국인친구를 사귀기에 그만이다. 매 주말마다 파티가 열려 교류할 수 있는 기회도 주어지므로 잘만 이용하면 멋진 여행친구도 사귈 수 있다.

위치가 항구와 가까워 나폴리 주변의 카프리나 프로치다섬 또는 다른 나라로 이동하는 여행자들에게는 안성맞춤인 호스텔이다. 우리나라 여행자들에게도 많이 알려져 있어 직원들이 동양인에게 친절하게 대하는 것이 또 하나의 매력이다. 다만 매일 술을 마시는 분위기라 밤늦게까지 시끄럽고, 청결도 여타 호스텔에 비해 다소 떨어지는 편이라 아쉽다.

주소 Via Gugliemo Melisurgo 15, 80133 Napoli **문의** (+39)081-420-6393 **홈페이지** www.hostelnapoli.com **체크인/아웃시간** 11:00/11:00 **객실요금** 도미토리 €20, 더블룸 €35~ **찾아가기** 중앙역에서 트램 1번 피시놀라(Piscinola)행을 타고 종점 우니베르시타(Universita)역에서 내려서 데프레티스 길(Via Depretis)로 도보로 5분 거리이다. **귀띔 한마디** 홈페이지에 한국어 지원이 된다.

1 우노 나폴리
남부여행에 필요한 모든 것이 준비되어 있는

나폴리에 있는 유일한 한인민박이라 할 수 있는 곳으로 젊은 여사장이 운영하는 민박집이다. 이탈리아를 일주하고 난 뒤 가장 인상 깊었던 나폴리에 살고 싶어 자리를 잡았다는 젊은 주인장은 자신이 그랬듯 나폴리를 포함한 이탈리아남부 여행자들에게 다양한 정보와 추억을 만들어 주고 있다.

도미토리는 2층 침대이며 여성, 남성을 구별하여 운영하고 있다. 샤워실을 포함한 화장실이 3개가 있어 불편함이 덜하고, 나폴리중앙역에서 도보로 5분 거리에 있어 무거운 짐을 들고 오래 이동하지 않아도 된다는 것은 큰 장점이다. 다만 역 주변이 그렇듯 어수선하여 치안이 조금 불안할 수 있다.

문의 (+39)331-218-6542, (+39)081-658-0475, **카톡ID** napolimini **홈페이지** cafe.naver.com/unominbak.cafe **체크인/아웃시간** 14:00/10:00 **객실요금** 도미토리 €30, 가족룸 3인 €110 **찾아가기** 나폴리중앙역에서 도보 5분 거리이다. **귀 띔 한마디** 다른 지역으로 이동 시 짐을 맡길 수 있다.

Piazza del Plebiscito

Chapter 03.
나폴리근교 여행

폼페이, 소렌토,
포지타노, 아말피,
카프리, 파에스툼,
카세르타

2000년 전 베수비오화산 폭발의 재앙으로 현대인들에게 로마의 위대함을 전해주게 된 폼페이, 이탈리아에서 가장 유명한 휴양지로 요즘 한국인들 사이에도 큰 인기를 끌고 있는 카프리섬 그리고 아름다운 지중해의 보석 같은 아말피코스트까지 나폴리를 포함한 캄파니아 지역은 여행자의 본능을 자극하는 매력적인 휴양지와 유적지로 가득하다.

Chapter 03 나폴리근교 여행

Section 05
로마제국 흔적이 생생한 유적지, 폼페이

단 한 번의 화산폭발로 18시간 만에 역사 속으로 사라진 고대로마 휴양도시 폼페이. 1748년 세상밖에 드러난 폼페이는 로마제국시대의 진정한 위대함을 알린 세상에 하나밖에 없는 소중한 문화유산이다.

🧳 폼페이여행을 시작하기 전

이천년 전 작은 휴양도시였던 폼페이Pompei는 베수비오 화산폭발로 인해 순식간에 세상에서 사라졌다. 라틴어에는 화산이라는 단어가 없었을 정도로 누구도 전혀 예상하지 못했던 자연재해로 인해 도시전체가 완전히 자취를 감춰버렸다. 폼페이는 18세기

1. 교외주택(Terme Suburbane)
3. 비너스신전(Tempio di Venere)
4. 아폴로신전(Tempio di Apollo)
7. 공공청사(Edifici Amministrazione Pubblica)
8. 에우마키아(Edificio di Eumachia)
9. 베수파시아누스신전(Tempio di Vespasiano)
10. 라르퍼블리시의 성역(Santuario dei Lari Pubblici)
11. 식료품시장(Macellum)
12. 주피터신전(Tempio di Giove)
13. 곡물창고(Granai del Foro)
14. 곡물계량소(Mensa Ponderaria)
16. 아우구스트신전(Tempio della Fortuna Augusta)
18. 작은 샘의 집(Casa della Fontana Piccola)
19. 디오스쿠로이의 집(Casa dei Dioscuri)
20. 멜레아그로스의 집(Casa di Meleagros)
21. 아폴로의 집(Casa di Apollo)
22. 비극시인의 집(Casa del Poeta Tragico)
23. 판사의 집(Casa di Pansa)
24. 제빵집(Casa del Forno)
25. 살루스티오의 집(Casa di Sallustio)
26. 외과의사의 집(Casa del Chirurgo)
27. 에르콜라노의 문(Porta Ercolano e cinta muraria)
28. 에르콜라노의 고분(Necropoli di Porta Ercolano)
29. Villa di Diomede(디오메데 별장)
30. Villa dei Misteri(신비의 별장)
31. Necropoli di Porta Vesuvio(베수비오 문의 고분)
32. 카스텔룸 아쿠에(Castellum aquae)
33. 황금 큐피트의 집(Casa degli Amorini Dorati)
34. Casa di Cecilio Giocondo(조콘도의 집)
35. 중앙 공중목욕탕(Terme Centrali)
36. 베티의 집(Casa dei Vetti)
37. Casa della Caccia Antica
38. 빵집(Panificio)
40. 스타비아의 목욕탕(Terme Stabiane)
41. 삼각공회장(Foro Triangolare)
42. 도리아식 신전(Tempio Dorico)
43. 오데온 소극장(Teatro Piccolo, Odeion)
46. 주피터메일리키오스 신전(Tempio di Asclepio)
47. 이시데의 신전(Tempio di Iside)
48. 산니티카 체육관(Palestra Sannitica)
49. 치타리스타의 집(Casa del Citarista)
50. 세이의 집(Casa dei Ceii)
51. 메난드로의 집(Casa del Menandro)
52. 스테파노 세탁장(Fullonica di Stephanus)
53. 라라리오의 집(Casa del Larario di Achille)
54. 줄리오폴리비오의 집(Casa di Giulio Polibio)
55. 유럽의 배가 그려진 집(Casa della Nave Europa)
56. 도망자들의 밭(Orto dei Fuggiaschi)
57. 헤라클레스의 정원(Casa del Giardino di Ercole)
58. 옥타비우스 콰르티오의 집(Casa di Octavius Quartio)
59. 비너스의 집(Casa della Venere in Conchiglia)
61. 대형체육관(Palestra Grande)
62. 노세라 문의 고분(Necropoli di Porta Nocera)
63. 노세라의 문(Porta Nocera e cinta muraria)
64. 놀라의 문(Porta Nola e cinta muraria)
65. 놀라 문의 네크로폴리(Necropoli di Porta Nola)
66. 기하학 모자이크의 집(Casa dei Mosaici Geometrici)
67. Casa e Thermopolium di Vetutius Placidus
69. 개선문(Arco Onorario)
70. 마시마아라의 집(Casa dell'Ara Massima)
71. Area didattica sulla viticoltura antica
72. 베수비아나의 식물원(Orto botanico della flora vesuviana antica)
73. 윤리학자의 집(Casa del Moralista)
74. 이피게니아의 집(Casa di Ifigenia)
75. 트레비오 발렌테의 집(Casa di Trebio Valente)
76. 오벨리오피르모의 집(Casa di Obelio Firmo)
77. 검투사숙소 Caserma dei Gladiatori
78. Casa di Marco Lucrezio Frontone
79. 나폴리 군주의 집(Casa del Principe di Napoli)
80. Casa dei Quadretti Teatrali
81. 우시장(Foro Boario)
82. 노천식당(Casa del Triclinio all'aperto)
83. 검투사숙소(Osteria del Gladiatore)
84. 루체른의 집(Casa delle Lucerne)

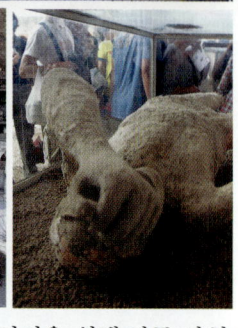

들어 발굴이 시작되면서 순식간에 전 유럽에서 가장 유명한 관광지로 떠오른다. 고대로마도시 폼페이는 단순한 유적지이기 전에 세계적으로 고고학의 시작을 알리는 위대한 작품과도 같았다.

폼페이 유적이 발굴되기 전까지 당시 유럽인들은 로마제국의 유적을 단순히 돌덩어리 정도로 여겼지만 폼페이의 역사성과 함께 고대 유산의 가치를 새삼 깨닫고 무분별한 파괴를 멈추게 된다. 대항해시대에는 로마제국의 유적뿐만 아니라 전 세계에 분포된 이민족들의 유산도 가치가 있음을 이해하기 시작했다. 로마제국의 가장 위대한 유산하면 콜로세오나 판테온을 떠올리지만 로마인들이 남긴 가장 위대한 업적은 웅장한 건축물이 아닌 도로나 상하수도 시설, 목욕탕 등 로마시민을 위해 만든 사회기반시설들이다. 근대화 이전까지 누구도 이루어내지 못했던 완벽에 가까운 사회기반시설들은 지금으로부터 이천년 전에 구축하였던 것이다. 이러한 로마인의 위대함이 살아 숨 쉬고 있는 곳이 바로 폼페이이다.

주소 Porta Marina-Piazza Esedra-Piazza Anfiteatro **문의** (+39)081-857-5111 **홈페이지** www.pompeiisites.org **운영시간** 4~10월 08:30~19:30(마지막 입장 18:00), 11~3월 08:30~17:00(마지막 입장 15:30) **입장료** 성인 €15(만 18세 미만 무료, 국제학생증 사용불가, 아르테카드 캄파니아 사용가능) **찾아가기** 나폴리-소렌토행 사철을 타고 폼페이역에서 하차하여 출구를 등지고 오른쪽 20m 앞에 유적지 입구와 매표소가 보인다. **귀띔 한마디** 한절기 폼페이를 방문할 시 태양을 피할 곳이 전혀 없으므로 선크림과 선글라스는 필수이다.

🧳 폼페이로 들어가기

폼페이는 나폴리나 소렌토에서 사철을 이용한다. 나폴리에서는 치르쿰베수비아나 Circumvesuviana 역에서 소렌토행 사철을 타고 가다 중간에 폼페이스카비 Pompei Scavi 역에서 하차한다. 이 사철은 나폴리에서 매시 30분마다 한 대씩 운행된다. 반대로 소렌토에서는 나폴리행 사철을 타고 가다 폼페이역에서 하차하면 된다.

역에서 나와 오른쪽으로 2분만 걸으면 폼페이입구 포르타마리나가 보인다. 폼페이역에 도착하면 바로 옆에 위치한 관광안내소에 들러 여행에 필요한 정보를 수집하자. 폼페이지도의 경우에는 폼페이입구에서 무료로 나눠주므로 굳이 관광안내소에서 구매하지 않아도 된다.

포르타마리나 입구(上), 사철 폼페이역 입구(左), 관광안내소(右)

📋 폼페이유적 추천 동선

폼페이는 지역전체가 하나의 유물이라 산책하듯 둘러봐도 최소 2~3시간 이상은 소요된다. 그러므로 폼페이유적은 여유롭게 반나절 이상의 코스로 준비하는 것이 좋다. 다음의 추천 코스는 약 2시간 코스로 시간을 최적화할 수 있다.

📷 폼페이와 만남이 시작되는 문, 포르타마리나 Porta Marina

포르타마리나는 이탈리아어로 '해변의 문'이라는 뜻으로 폼페이탐방이 시작되는 곳이다. 폼페이는 내륙지방에 위치한 것처럼 보이지만 화산폭발 이전에는 포지타노나 소렌토처럼 해안절벽에 형성된 마을이었다. 화산폭발로 베수비오화산 반경 30km까지 화산재로 묻히고 육지가 바다 쪽으로 1.2km나 늘어나면서 지금의 폼페이는 바다에서 떨어진 도시처럼 보이게 되었다. 포르타마리나 주변에서는 내륙에서 흘러온 사르노강Fiume Sarno의 흔적과 선착장의 모습을 찾아 볼 수 있다. 폼페이로 들어가는 성문은 큰 문과 작은 문으로 나뉘어 있는데 당시 마차가 다니던 길과 사람이 다니던 길을 구분해 놓은 것이다.

절벽에 도시가 만들어진 흔적을 볼 수 있다.

📷 공공의 목적으로 지어진 현존 최고의 바실리카 Basilica

폼페이의 여러 공공건축물 가운데 2층까지 남아있는 유일한 건축물이자 현존하는 가장 오래된 바실리카이다. 바실리카는 여러 용도로 사용되었는데 주로 시민을 위한 장소였으며, 당시 2층에서는 법정소송사건이 다루어졌다. 기둥과 기둥사이 노천마당은 시장이 들어섰던 곳으로 물건을 사고팔며 각종 거래를 한 계약의 장소였다.

바실리카로 들어서면 바실리카를 둘러싼 벽이 보이는데 이 벽과 높이가 다른 기둥들이 있어 화산폭발 전 대지진으로 폼페이의 많은 부분이 무너져 내렸다는 사실도 추측할 수 있다. 또한 이 바실리카의 건축구조는 중세시대 이후의 기독교가 성당을 만드는 과정에서 본떠 만든 것으로 하나의 성당 건축양식으로 자리 잡았다.

고대로마시대에는 벽돌로 기둥의 틀을 만들고 그 위에 시멘트를 발라 장식하였다.

폼페이의 문화 · 예술 · 정치의 중심이었던
포로 로마노 Foro Romano

로마시대에 로마가 만든 계획도시에는 반드시 포로 로마노가 있었다. 바실리카가 시민을 위한 공간이었다면 포로 로마노는 도시를 위한 공간이었다. 전쟁을 위한 병사를 모집하거나 대표를 선출하는 투표장, 시장, 신전, 목욕탕 등 도시의 주요시설이 이 포로 로마노를 주변으로 형성되었다. 폼페이의 포로 로마노는 현재 모래 바닥이지만 나폴리 북쪽 카세르타궁전을 장식하기 위해 무분별하게 돌을 훔쳐가기 전까지는 흰 대리석이 전체를 덮은 아름다운 장소였다.

곡물창고 안에는 사람 모습의 석고본이 전시되어 있는데, 화산폭발 당시 부드러운 화산재에 묻힌 채 오랜 시간이 흘러 시신은 썩어 없어졌지만 화산재는 그대로 굳어지면서 생겨난 공간에 석고를 부어 굳힌 뒤 주변 화산재를 제거하는 방식으로 만들어 낸 석고본들이다. 이곳은 베수비오 화산이 가장 잘 보이는 명소이기도 하다. 포로 로마노 뒤편에는 더위를 피해 음료수나 간단한 음식을 살 수 있는 레스토랑이 있으므로 음료나 끼니거리를 여기서 준비할 수 있다.

❶ 포로 로마노 옆 아폴로신전 ❷ 화산재에 묻혔던 폼페이 시민의 석고본 ❸ 포로 로마노 뒤편의 레스토랑

청결을 중요시하던 로마인들의 상징
대중목욕탕 Terme del Foro

지중해 전역에 분포된 수많은 로마시대 목욕탕 가운데 가장 원형이 잘 보존되어 있는 목욕탕이다. 하루일과가 오후 2시면 끝나는 로마시대 사람들은 하루를 목욕탕에서 마감하였다고 한다. 당시에 목욕문화가 굉장히 발달해 있어 로마인들은 청결의 중요성을 일찍부터 인식하였으며, 자연스레 도시도 항상 깨끗하게 관리했다. 이러한 이유로 로마제국시대에는 큰 전염병이 돌았다는 기록을 찾아볼 수 없다. 또한 목욕탕은 단순히 목욕만 하던 시설이 아닌 휴식과 체력단련을 함께 할 수 있는 공간이었다. 목욕탕 내부에

목욕탕 내 설치된 개인물품보관함(左), 목욕탕 내 체력단련실(右)

는 실제 체력단련실과 휴게실의 모습도 살펴볼 수 있다. 이 시대부터 이미 남탕과 여탕을 구분 지었으나 잘 지켜지지는 않았다고 한다.

고대로마인들의 유흥문화를 엿볼 수 있는
선술집 Thermopolium

선술집은 예나 지금이나 시내 곳곳에서 가장 흔하게 볼 수 있는 곳으로 유동인구가 많은 중요 길목을 당시에도 차지하고 있었다. 들어가는 입구에는 바 형식으로 약간의 턱이 보이는데 여기에 여러 종류의 술과 음료를 진열해놓고 손님에게 팔았을 것으로 본다. 손님이 그것을 들고 안으로 들어가 화덕에서 막 구워낸 동그란 밀가루 빵과 같이 먹으며 고된 하루를 마무리했을 모습도 상상해 볼 수 있다. 선술집은 로마시대 가장 서민적인 장소였고, 이곳에서 팔던 음식들 또한 당시 가장 대표적인 음식이었다.

화덕에 구워낸 동그란 빵에 토마토소스를 바르고 햄을 놓으면 현재의 피자와 다를 바가 없다. 피자의 원조인 나폴리 음식문화는 로마에서 왔다고도 볼 수 있다. 폼페이에는 이런 선술집이 이곳 말고도 여러 곳에서 발굴되었다.

❶ 로마시대의 화덕 ❷ 선술집 내 맷돌

파우노의 집 Casa del Fauno
로마시대 대표 모자이크화를 볼 수 있는,

파우노의 집 내부에 장식된 모자이크 〈알렉산더대왕의 이수스전투〉와 조각상

폼페이의 핵심 도로인 행운의 길 Via della Fortuna에 위치한 이곳은 정확히 누구의 집인지는 밝혀지지 않았지만 발굴과정에서 발견된 한 여인의 치장이 화려해서 당시 고위층의 집으로 추측하고 있다. 이곳에서 발견된 약 50cm 크기의 청동상(목축의 신 파우노)의 이름을 따서 파우노의 집이라 부르고 있다.

파우노의 집은 안뜰과 바깥뜰로 구분되어 있는데 안뜰은 집주인가족을 위한 공간이었으며, 바깥뜰은 창고, 신전, 노예들의 집이 있었다. 여기서 놓치지 말아야 할 것은 바닥에 장식된 모자이크로 기원전 330년에 알렉산드로스대왕과 페르시아의 왕 다리우스3세가 결전을 벌였던 이수스전투 장면을 표현하고 있다. 돌을 쪼개서 만든 이 모자이크화는 발전된 로마시대 미술을 제대로 느낄 수 있는 작품으로 같은 색깔이지만 명암을 다르게 하여 입체감과 사실감이 느껴진다. 아쉽게도 원작은 나폴리 국립고고학박물관에 보관되어 있지만 이곳에 있는 모작만으로도 감동을 느끼기에는 충분하다.

집창촌 Lupanare
로마시대 희귀 야화로 장식된

화산폭발로 폼페이가 화산재에 묻힐 당시의 폼페이 인구는 약 2만이었다. 도시 규모로 보면 상당히 작지만 도시 안에 집창촌이 무려 21개나 발굴되었다. 이곳에서 일하는 직업여성들은 투표권은 없어도 유세권은 가지고 있었으며, 당당히 세금을 내면서 하나의 직업으로 인정받았다. 이곳은 폼페이에 있었던 많은 집창촌 중 가장 대중적인 곳으로 10여 명의 직업여성이 종사하였는데, 그들의 국적은 로마, 그리스, 아프리카 등으로 다양하였다.

여러 지역 출신의 여성들이 일을 하였고, 다양한 국적의 손님이 찾아왔으므로 의사소통이 어려웠을 것이다. 그래서 각각의 방 위에는 야화를 그려놓아 손님은 그림을 보고 원하는 방으로 찾아들어 갔다. 이는 굳이 대화가 필요 없는 참으로 합리적인 방법이라 할 수 있다. 이곳은 다른 지역에 있는 로마유적과는 달리 많은 야화가 발견된 곳이기도 하다.

집창촌을 홍보하면서 찾아오기 쉽도록 거리의 벽에 붙어있는 남근장식

로마인들의 건축기술이 집약된
반원형극장 Teatro

5천 명을 수용할 수 있는 폼페이의 대표극장으로 그리스 2대 서사시 「일리아드」와 「오디세이아」를 공연하기 위해 반원형극장을 세웠다. 그리스인들은 언덕의 지형을 이용해 노천극장을 만들었고, 시와 음악의 경합을 다투었다. 이러한 노천극장은 그리스시대에 만들어져서 로마시대에 규모가 확장된 것인데, 그리스시대에 만들어진 극장과 로마시대에 만들어진 극장에는 큰 차이가 하나있다. 그리스시대에는 구릉지의 비탈처럼 자연지형을 이용하여 극장을 만들었고, 로마시대에는 건축기술의 발달로 평지에 벽돌을 세워가며 자신들이 원하는 높이와 크기로 건축물을 만들었다.

폼페이 반원형극장은 객석 앞쪽 무대가 지면보다 1m 정도 높게 설치되었으며, 오늘날의 S석에 해당하는 자리는 대리석으로 치장하고, 그 외 객석은 일반 벽돌을 사용하여 지었다. 무대 뒤쪽으로는 회랑으로 둘러쳐져 있는데 이곳은 당시 공연을 하는 검투사나 공연자들의 대기공간이었다. 반원형극장과 얼마 떨어지지 않은 곳에서 작은 규모의 노천극장도 발굴되었다.

수많은 글래디에이터를 키워낸
검투사양성소 Caserma del Gladoatori

원래는 체력단련장으로 지어졌으나 서기 58년 네로황제가 본격적으로 검투사경기를 활성화시키면서 검투사양성소로 용도가 바뀌었다. 날씨가 좋고 식량이 풍부하여 로마시대부터 휴양지로 각광받던 이탈리아남부는 로마귀족들의 눈요기를 채우기 위

한 검투경기가 활성화되어 도시마다 수많은 검투사양성소가 있었다. 검투사경기는 고대 에트루리아인들이 중요 인물의 장례식을 치를 때 노예 두 명을 서로 싸우게 하여 그들이 흘린 피로 죽은 이의 죄를 씻는 장례풍습에서 유래되었지만 로마시대에는 즐기기 위한 오락으로 바뀌면서 점점 화려해지고 잔인해져서 로마제국이 멸망하는 그 날까지 이어져 왔다.

검투경기는 로마인들이 남긴 가장 큰 오점 중의 하나로 로마제국 후기에는 너무나도 잔인해 보는 이들이 경악할 일도 많았다고 한다. 하지만 잔인하고 격렬한 만큼 검투사들의 인기는 매우 높았는데 처음에는 노예들이 주로 검투사였지만 후에는 인기를 얻고 싶은 로마시민도 검투사라는 직업을 선호하게 되었다고 한다.

폼페이를 집어 삼킨 활화산
베수비오화산 Il Vésuve

유럽 대륙에서 유일한 활화산인 베수비오산(높이 1,281m)은 전 세계에서 최초로 화산측량소가 설치된 곳이다. 가장 최근에 활동한 것이 1973년과 1979년으로 얼마 되지 않았지만 현재는 이탈리아남부 유명관광지 중의 하나로 매년 수많은 여행자가 찾는 곳이다. 베수비오화산에 가려면 폼페이역 바로 근처에 있는 매표소에서 표를 구입하고 베수비오화산 전용셔틀버스에 탑승하면 된다. 매우 클래식한 버스라 신기한데 승차감은 좋지 않다. 버스를 타고 40분 정도 가면 베수비오산 중턱에 내려주는데 가는 길에 보이는 폼페이와 나폴리의 전경은 정말 아름답다. 베수비오산 매표소에서 표를 구입한 후 30분 정도 산을 오르면 어렵지 않게 정상에 도착할 수 있다. 주의할 점은 돌아갈 때도 자신이 타고 온 버스를 타야 한다는 것이다. 도착했을 때 기사가 몇 시까지 돌아오라고 말해주면 그 시간을 꼭 지켜야 한다. 반나절 코스로 여름에는 많은 관광객으로 붐비지만 가을, 겨울에는 한적하게 등산을 즐길 수 있다.

Chapter 03 나폴리근교 여행

Section 06
여행자들에게 사랑받는 휴양지, 소렌토

한 번 가보지 않았어도 한국에서 타보거나 먹으면서 들어봤을 그 이름 소렌토! 멋진 자연풍경과 에메랄드빛 바다가 멋지게 어우러진 곳에서 낮에는 자연을, 밤에는 남부의 화려한 밤문화를 즐겨보자.

🧳 소렌토여행을 시작하기 전에

이탈리아남부를 대표하는 휴양지 소렌토, '돌아와요 소렌토(Torna a Surriento)'라는 노래로 우리에게도 잘 알려진 이 도시는 매년 수많은 여행자가 몰려드는 곳이다. 동네 자체에는 큰 볼거리가 없지만 지중해와 어우러진 자연풍경이 아름다우며, 이곳 특유의 밝은 분위기가 여행자의 맘까지 편하게 해준다.

Sorrento 소렌토

2차 세계대전 당시 나폴리와 살레르노가 폭격으로 큰 피해를 받은 반면 소렌토는 피해를 입지 않아 이곳 주민들은 소렌토를 신이 내린 축복의 땅이라 여긴다. 여유롭고 편안한 분위기로 휴양을 즐기고 싶은 커플이나 신혼여행객들에게 추천하는 여행지이다. 휴양지 특유의 흥겨운 분위기와 함께 이탈리아남부의 매력에 빠져볼 수 있다.

소렌토로 들어가기와 소렌토 내에서의 이동

소렌토로 들어가는 가장 편한 방법은 나폴리중앙역 근처 치르쿰베수비아나역에서 사철(Unico Campania U5)을 이용하는 것이다. 요금은 편도 기준 €4.90이고, 1시간 20분 정도 걸린다. 나폴리에서 고속페리를 이용하면 요금은 €13.20이고, 35분 정도 걸린다. 버스는 소렌토역에서 아말피코스트, 포지타노, 살레르노행 시타버스가 운행된다. 소렌토 내 관광지는 타소광장을 중심으로 형성되어 있어 도보로도 충분히 돌아볼 수 있으므로 대중교통을 이용할 필요가 없다.

❶ ❷ 아말피코스행 시타버스정류장과 매표소 ❸ 소렌토 사철역 풍경

소렌토 여행정보

소렌토여행 중에 미리 체크해둘 곳이다. 여행 전 소렌토 관광청홈페이지에서 축제나 할인이벤트 등이 있는지 체크해보면 좀 더 즐거운 여행이 될 수 있다. 또한 관광안내소에 들러 여행에 필요한 지도나 여행정보를 무료로 구할 수 있다.
관광청 홈페이지 www.sorrentotour.it 관광안내소 주소 Via Luisi de Maio 35 운영시간 월~토요일 08:45~18:15, 일요일 08:45~12:45 경찰서 주소 Via Capasso 11 문의 (+39)081-807-5311 긴급전화 113 우체국 주소 Corso Italia 210

소렌토의 중심가
타소광장 Piazza Tasso

근대 도시가 만들어지면서 생긴 광장으로 처음에는 '라고 델 카스텔로 Lago del Castello'라고 불리다가 1544년 이곳 출신 르네상스시대의 위대한 시인 토르콰토타소 Torquato Tasso를 기리기 위한 기념비가 세워지면서 타소광장이라 부르게 됐다. 소렌토는 타소광장 Piazza Tasso을 중심으로 상점과 레스토랑이 몰려있다. 딱히 유명한 볼거리가 있는 것이 아니므로 휴양지에 온 기분으로 해수욕을 하거나 타소광장 주변을 쇼핑하며 하루를 즐기면 된다.
소렌토 중심가로 이곳 주변에는 전통 있는 레스토랑과 재래시장이 위치한다. 낮에는 해수욕을

❶ 시티투어기차 ❷ 타소기념비 ❸ 타소광장 풍경

즐기고 저녁에는 연인이나 친구와 함께 술 한잔 즐기는 분위기가 유럽에 와 있음을 실감케 한다. 타소광장 내에 클래식한 기차를 쉽게 발견할 수 있는데 시티투어기차(성인 €6, 어린이(0~12세) €3)로 기차를 타고 소렌토시내를 유유자적 여행하면 나름 즐겁다.

소렌토여행의 또 다른 즐거움을 가져다 주는
전통마켓 Mercato Tradizionale

일 년 내내 여행자로 활기 넘치는 소렌토는 편안한 쇼핑을 위해 쇼핑거리를 조성하였다. 이탈리아남부의 전통디저트 및 장식품과 타지역 특산품도 함께 판매하므로 구경하는 것만으로도 충분히 즐겁다. 이곳에서 판매되는 것 중 가장 인기 있는 것은 레몬관련 상품들로 전통주 레몬첼로(Lemoncello)부터 레몬사탕, 레몬비누 등을 저렴하게 판매하고 있다.

이탈리아남부의 대표적 특산품은 올리브인데 소렌토부터 아말피코스트에 위치한 대부분의 마을에서 레몬을 특산품으로 재배한다. 이 레몬은 중세시대 이탈리아를 침략했던 이슬람해적들에 의해 중동 땅에서 건너온 것이다. 쇼핑 외에도 다양한 레스토랑과 카페 및 디저트가게도 있으므로 이곳에서 식사와 쇼핑 모두를 해결할 수 있다.

주소 타소광장에서부터 체사레길(Via S. Cesareo)을 따라 이어져 있다. **찾아가기** 타소광장에서 항구로 내려가는 길이 시작하는 지점부터 상점이 늘어서 있다. **귀띔 한마디** 관광지답게 이곳에서는 흥정이 가능하니 열심히 깎아보자.

누구에게나 완벽한 맛을 선보이는
라바테 Ristorante L'Abate

책에 소개된 레스토랑 중 저자가 자신 있게 추천하는 맛집으로 뭐 하나 부족함 없는 최고의 레스토랑이다. 이미 매체를 통해 소문난 곳이라 식사시간에는 현지인과 여행자들이 엉켜 정신이 하나도 없지만 한 끼 식사만으로도 이탈리아요리의 매력을 느끼기에 충분하다.

저렴한 가격에 제공되는 해산물튀김과 요리, 피조개로 만든 봉골레파스타(Spaghetti alle Vongole)는 이 집에서 가장 추천할 만한 메뉴이다. 뿐만 아니라 싸고 맛좋은 와인도 구비하고 있으므로 휴양지에서의 멋진 식사를 제대로 즐겨보자. 다만 위치가 광장 안쪽이라 해변 분위기를 느낄 수 없다는 점이 다소 아쉽다.

주소 Piazza San Antonino, 24, 80067 Sorrento **문의** (+39)081-807-2304 **홈페이지** www.labatesorrento.it **운영시간** 12:00~15:00, 19:00~24:00 **휴무** 매주 수요일 **가격** 점심 €14~25 **찾아가기** 타소광장 옆 산안토니노광장 내에 위치 **주변 관광지** 카프리행선착장

소렌토를 대표하는 젤라테리아
프리마베라 Gelateria Primavera

소렌토에서 가장 유명한 젤라토가게로 이탈리아 방송에도 여러 차례 소개되었다. 들어서자마자 보이는 수많은 인사와 찍은 사진은 이 집의 전통을 말해준다. 가게 한쪽

진열장에는 다양한 종류의 젤라토가 진열되어 있어 당장 무엇부터 맛보아야 할지 행복한 고민에 빠지게 된다. 이 집에서 가장 추천하는 젤라토는 레몬맛과 초콜릿맛으로 초콜릿도 한 종류가 아니라 다양하므로 취향에 맞춰 고르면 된다. 항상 많은 사람으로 붐비다보니 종업원은 다소 불친절하게 느껴지고 가격이 비싼 것이 흠이지만 소렌토에서 젤라토를 즐기기에 이만한 곳은 없다.

주소 Corso Italia 142, 80067 Sorrento **문의** (+39)081-807-3252 **홈페이지** www.primaverasorrento.it **운영시간** 10:00~20:00 **가격** 젤라토 €2.50~ **찾아가기** 타소광장에서 바로 이어지는 시장골목으로 들어가자마자 왼편에 위치한다.

연인들이 묵어가기 좋은
그랜드호텔 라파로비타 Grand Hotel La Favorita

연인이나 신혼여행자들에게 안성맞춤인 숙소이다. 소렌토항구와 바다가 시원하게 펼쳐진 곳에 위치해 있어 식사를 하면서 소렌토의 아침저녁 풍경을 호텔라운지에서 편안하게 즐길 수 있다. 소렌토는 마을 자체가 작기 때문에 호텔의 부대시설 또한 매우 중요한데, 이곳에서는 다양한 레포츠프로그램과 미니보트 대여 등을 서비스하므로 마치 리조트에서 묵는 느낌도 든다. 비수기에는 상대적으로 매우 저렴하므로 굳이 연인이나 신혼이 아니어도 도전해볼만 하지만 성수기라면 배낭여행자에게는 부담이 될 정도로 가격이 오른다.

주소 Via Torquato Tasso, 61, 80067 Sorrento **문의** (+39)081-878-2931 **홈페이지** www.hotellafavorita.com **체크인/아웃시간** 14:30/11:30 **가격** 성수기 €150~, 비수기 €100~ **찾아가기** 소렌토 타소광장 바로 근처에 위치한다.

소렌토를 찾아오는 배낭여행자들의 메카
세븐호스텔 Seven Hostel

과거에는 나폴리보다 치안이 좋은 소렌토쪽에 숙소를 많이 정했는데, 그 당시부터 인기 있던 호스텔이다. 현재도 우리나라 배낭여행자들에게 꾸준히 사랑받는 호스텔로 저렴한 가격에 깨끗한 시설, 특히 리셉션과 술을 편히 마실 수 있는 휴식공간이 이곳의 자랑이다. 건물전체를 사용하는 만큼 객실종류도 다양한데 2~3인실 등의 프라이빗룸부터 6, 8, 10인실까지 인원수에 따라 가격이 다른 도미토리까지 선택의 폭이 넓다. 스텝들의 친절함은 숙박을 연장할 만큼 끌리지만 소렌토 중심이 아니라 소렌토에서 사철로 한 정거장 떨어진 곳에 위치해 있어 이동이 번거롭다는 단점이 있다.

주소 Via Iommella Grande 99, 80065 Sant'angelo **문의** (+39)081-534-2182 **홈페이지** www.sevenhostel.com **체크인/아웃시간** 15:00/11:00 **가격** 도미토리 €22~, 더블룸 €35~ **찾아가기** 나폴리에서 소렌토행 사철을 타고 소렌토 전 역인 산탄젤로(Sant'Angelo)역에서 하차 후 도보 5분 거리이다.

Chapter 03 나폴리근교 여행

Section 07

소렌토에서 아말피까지 이어지는 지상낙원 길, 아말피코스트

내셔널지오그래픽이 선정한 '죽기 전에 꼭 가봐야 할 지상낙원'에서 당당히 1위를 차지한 아말피코스트는 이탈리아여행에서 익숙해진 고대로마유적과 중세의 아름다운 성당과는 또 다른 감동을 선사한다. 신이 빚은 아름다운 자연풍광에 감탄사를 연이어 내뱉게 될 것이다.

아말피코스트여행을 시작하기 전

소렌토에서 시작해 아말피까지 이어지는 약 30km의 해안절벽도로를 일컫는 아말피코스트는 포지타노, 라벨로 등 이탈리아 최고의 휴양도시들이 끝없이 이어지는 지역이다. 1997년 유네스코 세계자연

Napoli & Costiera Amalfi
나폴리&아말피코스트

- 나폴리 Napoli
- 베수비오 Vesuvio
- 에르콜라노 Ercolano
- 폼페이 Pompei
- 라벨로 Ravello
- 비에트리 Vietri
- 살레르노 Salerno
- 소렌토 Sorrento
- 포지타노 Positano
- 아말피 Amalfi
- 파에스툼 Paestum
- 카프리 Capri

아말피코스트 Amalfi Coast

Positano 포지타노
- 키에사누오바 Chiesa Nuova
- 물리니광장 Piazza Mulini
- Via Pasitea
- Via C. Colombo
- 그란데해변 Spiaggia Grande
- 포르닐로해변 Spiaggia Fornillo
- 토르클라벨 Torre di Clavel

Amalfi 아말피
- Via P. Capuano
- 아말피두오모 Duomo di Amalfi
- 두오모광장 P.za Duomo
- 시립박물관 Museo Civico
- 관광안내소
- 플라비오지오이아광장 Piazza F. Gioa
- Via Matteo
- Via P. Comite
- 마리나그란데 Marina Grande

유산으로 지정될 정도로 아름답고, 보존할 가치가 있는 곳이다. 깎아지른 듯한 절벽을 따라 이어지는 아슬아슬한 해안도로를 달리다 보면 그 어떤 인간의 피조물도 자연이 빚은 모습을 따라갈 수 없음을 절감하게 하는 곳이다.

이 해안도로는 파란리본을 뜻하는 나스트로아추로Nastro Azzuro 라는 별칭이 있는데 밖으로 펼쳐지는 코발트빛 바다와 푸른 하늘을 보면 왜 이러한 별칭이 붙었는지 저절로 이해가 된다. 아말피코스트는 4~10월까지 성수기로 이 기간에는 숙박비가 천정부지로 뛰며, 11월부터 3월까지는 비수기로 대부분의 숙소와 레스토랑, 상점 등이 문을 닫기 때문에 여행하기가 많이 불편하다.

아말피코스트로 들어가기

❶ 포지타노 페리매표소 ❷ 아말피 종합매표소(버스, 투어 등) ❸ 아말피 페리매표소 ❹ 아말피 시타버스정류장

소렌토에서 출발해 아말피까지 운행하는 시타버스를 타면 아말피코스트로 들어갈 수 있다. 소렌토역 앞 정류장에서 출발하며 표는 사철역 내 매점에서 구할 수 있다. 소렌토에서 아말피까지는 버스로 1시간 30분 정도 소요된다. 당일치기 여행자들은 아말피코스트가 워낙 길이 험하고 양방향 일차선이라 낙석이나 교통사고라도 일어나면 차들이 꼼짝 못하므로 시간배분에 신경 써야 한다.

아말피코스트에는 아말피, 포지타노, 라벨로, 미노리 등 수많은 마을이 이어지지만 그 중 우리나라 여행자들이 가장 선호하는 여행지는 포지타노이다. 깎아지른 절벽에 위치한 포지타노는 독특한 건물의 형태와 자연경관이 잘 어우러져 경이로우면서도 이색적인 모습을 보여주기 때문이다. 소렌토에서 포지타노까지는 시타버스를 이용하는 것이 가장 대중적이다. 소렌토에서 포지타노까지는 40분 정도 소요되는데 가는 길에 아말피코스트의 절경을 감상하다보면 시간 가는 줄 모른다. 단 여름철에는 너무 많은 여행자가 몰려 숨도 쉬기 힘들만큼 사람을 태우므로 풍경을 구경하는지 사람을 구경하는지 모를 정도로 고생만 할 수도 있으니 이른 아침부터 서둘러 버스를 타는 것이 좋다. 소렌토에서 시타버스를 타고 포지타노 마을에 하차하면 버스정류장이 마을 꼭대기에 위치해 있어 마을 중심부까지 40분 정도 걸어야 한다. 그러므로 포지타노 마을을 구경한 뒤에는 굳이 가파른 길을 되돌아 오르기 보다는 편하게 페리를 타고 아말피나 소렌토로 이동하는 것이 좋다. 단 여름 성수기에만 페리가 운행되므로 겨울철에는 버스를 이용해야 한다.

아말피는 아말피코스트라는 이름에서 알 수 있듯 이 지역의 가장 중심이 되는 도시로 소렌토에서 출발한 버스는 아말피가 종점이다. 아말피 또한 유서 깊은 도시이며 휴양지로도 유명하기 때문에 남부 아말피코스트에서 숙박을 원하는 이라면 아말피도 고려해볼만하다. 또한 라벨로를 가고자 한다면 아말피에서 버스를 갈아타야 한다. 최근 아말피코스트가 우리나라 여행자들에게 많이 알려지면서 이곳에서 숙박을 원하는 이들이 많아졌는데 가장 추천하는 지역도 아말피이다.

소렌토나 포지타노의 경우 성수기 숙박요금도 비쌀뿐더러 교통편이 불편한데 아말피는 나폴리에서 바로 연결되는 버스도 있고, 페리를 이용해 쉽게 접근할 수도 있다. 번거로움을 줄이고 편안하게 즐기고 싶다면 로마에서 출발하는 투어상품을 이용하는 것도 방법이다. 현재 로마의 대부분 여행사에서 로마출발 → 폼페이 → 아말피코스트 → 포지타노 → 살레르노를 하루로 묶어 진행하는 투어상품이 인기가 높다.

이탈리아남부의 대표적인 휴양지,
포지타노 Positano

아말피코스트 내 10여 개 마을 중 가장 아름답기로 손꼽히는 곳이 포지타노이다. 포지타노는 얼마 전까지 유명 휴양지가 아닌 이탈리아 남부에 작은 어촌이었다. 10세기경 아말피를 시작으로 남부의 부가 축적될 때 생겨난 도시였지만 점점 시간이 흐르며, 생활 자체가 힘들어져 사람들이 하나둘 살기 좋다는 호주로 이민을 가며 버려진 마을이 되었다.

이후 2차 세계대전 때 이탈리아남부를 지배했던 미국과 영국을 비롯한 연합군 사이에 이곳이 유명해졌고 세상에 조금씩 알려지자 예술가들이 자연을 벗 삼아 이곳에 정착하면서 예술과 자연의 도시로 알려졌다. 이후 유네스코에 의해 아말피코스트가 세계자연문화유산에 등록되면서 더욱 많은 관광객이 찾아오기 시작하였고, 지금은 이탈리아 남부를 대표하는 가장 유명 휴양지가 되었다.

1933년까지 전기조차 들어오지 않던 작은 어촌마을은 현재 40개가 넘는 레스토랑, 60여 개의 호텔과 펜션 등 세계적인 휴양도시로 완전히 변모하였다. 깎아지른 절벽아래 형형색색의 집들이 자연과 어우러진 포지타노는 동화 속에나 나올 법한 신기함과 아름다움을 갖고 있는 도시이다. 마을에 들어서는 순간 퍼지는 마을의 향기는 포지타노를 영원히 잊지 못하게 만들 것이다. 포지타노는 작은 해안 도시로 어디든 도보로 이동이 가능하다. 물리니광장Piazza Mulini 주변으로 상점과 레스토랑이 분포해 있으며, 크게 볼거리를 찾아다니기 보다는 휴양도시에서 해수욕을 즐기기 위한 여행을 준비하자. 무더운 여름철이라면 수영복은 필수이다.

포지타노 관광안내소

포지타노는 해수욕을 즐기기에도 좋지만, 여러 종류의 트레킹과 보트투어 등의 액티비티도 즐길 수 있다. 관광안내소를 방문하면 다양한 프로그램에 대한 자세한 설명을 들을 수 있으므로 포지타노에 숙박할 예정이라면 한 번 들러보길 권한다. 또한 오토바이 대여도 연결해 주고 있어 아말피코스트를 색다른 방식으로 즐기고 싶다면 도전해보자.

주소 Via del Saracino 4 **운영시간** 월~토요일 08:30~19:30, 4~10월 월~토요일 08:30~16:30 **휴무** 11~3월 매주 일요일

Part 06 나폴리&나폴리근교 여행

중세 이탈리아 부흥의 선두주자였던,
아말피 Amalfi

이탈리아남부 작은 휴양도시 아말피는 일찍부터 중동과 아프리카, 이슬람세력과의 교역을 통해 성장한 곳으로 유럽에서 가장 부유한 도시 중 한 곳이었다. 이러한 부를 바탕으로 당시 유럽에서 가장 강력한 해군을 가졌던 아말피는 중세시대 이탈리아남부의 큰 위협이었던 이슬람해적에게 대항할 수 있는 유일한 존재였다. 하지만 1097년 십자군전쟁에 적극 동참하지 않으면서 그들이 갖고 있던 지중해패권은 베네치아와 제노바 등 다른 해양도시로 넘어가고, 때마침 이탈리아남부를 침공한 노르만족에게 점령당하면서 자연스럽게 역사의 뒤안길로 사라졌다.

그들이 남긴 수많은 문화유산은 지금까지도 유럽인들에게 영향을 끼칠 만큼 위대하였으며, 도시 또한 그 영광을 고이 간직하고 있다. 아말피는 작은 마을이라 반나절이면 충분히 돌아볼 수 있지만 아말피코스트의 다른 마을보다 숙박비가 저렴하고 교통이 편리해 이곳에서 숙박하는 경우가 많다. 아말피에 왔다면 독특한 건축양식의 두오모는 빼놓지 말고 둘러보자. 해수욕을 즐기고 싶다면 마리나그란데Marina Grande를 추천한다.

아말피 관광안내소 주소 Corso Delle Repubbliche Marinare 27 찾아가기 우체국 여행안내소 바로 옆에 같이 있다. 운영시간 월~토요일 09:00~13:00, 14:00~18:00, 겨울철 15:00~18:00 휴무 매주 일요일

과거의 찬란했던 역사를 전해주는
아말피두오모 Duomo di Amalfi

아말피가 이탈리아남부의 종주국으로 활약했던 9세기경에 짓기 시작한 두오모는 교역도시답게 유럽의 건축양식과 비잔틴, 이슬람건축양식이 융합된 독특한 구조로 완공된 성당이다. 이탈리아는 물론 유럽에서도 보기드문 특별한 성당구조가 매력적이다. 예수의 12제자 중 한 명이었던 성안드레아의 유해가 모셔졌던 곳으로 4차 십자군전쟁 당시 아말피상인들이 성인의 유해를 그리스의 파트라이에서 이곳으로 옮겼으나, 교황 바오로6세가 그리스정교회와 친교를 위해 다시 파트라이로 돌려보냈다. 지금은 성당 지하에 유해를 안치했던 예배당만 들어가 볼 수 있다.

주소 Piazz Duomo 1, 84011 Amalfi 문의 (+39)089-871-324 운영시간 3~6월 09:00~18:45 7~10월 09:00~19:45, 11~2월 10:00~13:00, 14:30~16:30 입장료 성당 무료, 박물관 €3(만18세 미만 무료) 찾아가기 아말피 시타버스 정류장에서 시내 쪽 터널을 통과한 후 두오모광장에 위치한다.

예수들의 수호성인 성안드레아(San Andrea)

예수의 12제자 중 한 명인 안드레아성인은 그리스 전역에서 복음을 전하다 네로황제의 박해기간에 붙잡혀 처형을 당한다. 십자가형을 선고받은 안드레아는 '나 같은 미천한 이가 어찌 예수와 같은 형벌을 받을 수 있냐'고 말하여 틀어진 X자 형 십자가에 못 박혀 순교하였다. 그래서 안드레아성인을 표현한 조각은 항상 X자형의 십자가를 지고 있는 모습으로 표현된다.

Chapter 03 나폴리근교 여행

Section 08
이탈리아 최고의 휴양지 카프리

전 세계에서 가장 유명한 휴양지 중 하나인 카프리섬은 바다, 집, 사람, 어느 것 하나 아름답지 않은 것이 없다. 고대로마시대부터 로마제국 황제의 개인별장으로 사용되면서 알려져 현재 이탈리아 최고의 휴양지로 자리 잡고 있는 카프리는 지금도 매년 수많은 여행객이 휴양을 위해 찾아온다.

카프리여행을 시작하기 전

로마의 초대황제 아우구스투스가 한눈에 반해 개인별장으로 사용하면서 알려지기 시작했던 카프리는 고대로마의 황제들이 가장 사랑했던 휴양지였다. 중세시대 이슬람해적들의 본거지로도 사용되면서 암울했던 시기도 있었지만 근대로 넘어오면서 다시 유럽 유명인사들 사이에 가장 인기 있는 휴양지로 사랑받았다. 현재는 일반인들에게도 많

Capri
카프리

Part 06 나폴리&나폴리근교 여행

이 알려져 이탈리아남부를 대표하는 최고의 휴양지가 되었다. 엄청난 물가로 인해 배낭여행자들에게는 부담스러운 관광지일수도 있지만 이곳에서 얻을 수 있는 추억은 결코 돈으로 살 수 없을 것이다.

관광객들이 많이 찾는 카프리에는 2곳에 관광안내소가 운영된다. 여행 전 정보를 얻을 수 있으므로 한 번은 꼭 방문하는 것이 좋다. 항구에 위치한 관광안내소는 4~9월까지만 운영하며, 겨울에는 카프리시내에 위치한 관광안내소만 운영한다.

카프리관광청 홈페이지 www.capritourism.com **주소** 항구 Porto Marina Grande 27 시내 Piazza Umberto 1 **운영시간** 항구 월~토요일 09:15~13:00, 15:00~18:15 일요일 09:00~15:00 시내 월~토요일 09:00~13:00, 16:00~19:00 일요일 09:00~15:00

🧳 카프리로 들어가기

카프리행 페리는 이탈리아남부 주요도시에서 매일 출발한다. 특히 성수기인 4~9월은 여러 회사에서 운행하기 때문에 그만큼 편수도 많다. 가장 많은 페리가 운행되는 곳은 나폴리로 매 30분마다 출항하며 약 1시간 소요된다. 소렌토, 포지타노, 아말피에서도 카프리행 페리가 운행된다. 포지타노와 아말피에서는 카프리로 들어가는 페리가 하루 3~4편밖에 없으므로 그쪽에서 넘어올 경우 미리 시간을 잘 체크해야 한다. 페리운임은 섬에 들어가는 가격과 나오는 가격이 다르다. 들어갈 때는 관광세 €2가 포함되기 때문이다. 운임이 매년 오르는데, 대략 편도가 €20~22이다. 날씨가 좋지 않은 날에는 페리가 아예 운행되지 않을 수 있으므로 날씨 체크도 필수이다.

🧳 카프리시내에서 이동하기

❶ 카프리 푸니콜라레정류장 ❷ 카프리 버스정류장 ❸ 카프리 택시승차장

카프리섬 내 교통의 중심지는 마리나그란데Marina Grande이다. 카프리에서 이용할 수 있는 대중교통은 크게 택시, 버스, 푸니콜라레 3개로 나눌 수 있다. 버스는 가격이 저렴한 대신 배차간격이 일정하지 않아 노선별로 대기시간이 천차만별이다. 이 때문에 혼자서 여행하는 경우라면 어쩔 수 없이 버스를 이용하지만 2~3인 이상일 경우에는 택시를 이용하는 편이 낫다. 카프리섬 내에만 운행하는 클래식택시가 있는데 카프리나 아나카프리로 갈 때 타면 버스와는 또 다른 재미가 있다. 요금은 택시 한 대당 4인까지 €20~30(거리마다 조금씩 변동된다.)이고 인원 1명 추가 시 €5씩 더 내야 한다. 마리나그란데에서 카프리시내까지는 푸니콜라레를 이용하는 것이 좋다. 운임은 대중교통 1회권은 €1.80, 1일권 €8.60이다.

🧳 효율적인 카프리 추천 동선

카프리는 워낙 물가가 높으므로 나폴리나 소렌토에 숙소를 잡고 하루일정으로 둘러보는 것이 좋다. 여름 성수기에는 저녁 7시까지 페리가 운행되므로 아침 일찍 서두른다면 충분히 당일치기로 즐길 수 있다. 카프리섬 여행은 푸른동굴부터 시작하는 것이 좋다. 푸른동굴은 오후 2시만 되도 동굴 안으로 들어오는 빛의 양이 현저히 줄어들어 보는 맛이 덜하다. 이후 아나카프리 전망대에서 카프리의 절경을 감상한 후 선착장 옆 해변에서 해수욕을 즐기거나 카프리시내 관광 후 숙소로 돌아가면 된다. 또한 개인보트를 이용하여 섬 일주를 하는 것도 카프리섬을 즐기는 또 다른 방법이다. 보트 종류와 시간에 따라 가격이 다른데 한여름에 시원한 바람을 맞으며 지중해의 물결을 느낄 수 있는 보트는 생각보다 만족도가 높다. 좋은 가이드를 만나면 중간에 수영도 할 수 있고, 섬 안쪽의 좋은 볼거리도 안내해주므로 시간과 경제적인 여유만 있다면 한번 도전해보자.

📷 카프리섬의 중심, 카프리 Capri

아나카프리가 자연의 위대함을 보여준다면, 카프리는 휴양지의 진면모를 보여준다. 거리마다 분위기 있는 레스토랑과 카페가 가득하고, 그 사이사이 다양한 명품숍도 갖춰져 있다. 여름에는 수많은 행사가 열려 여행자를 더욱 즐겁게 해주는데, 카프리관광청 홈페이지나 관광안내소에서 자세한 안내를 받을 수 있다. 다만 겨울에는 이러한 즐길 요소들은 모두 사라지고 텅 빈 마을의 흔적만 남게 되므로 숙박은 추천하지 않는다. 카프리는 휴양지답게 바가지가 많을 거라고 생각되지만 정작 카프리섬에는 바가지가 전혀 없다. 카프리섬에서는 그 정해진 가격이 매우 높아 부담은 되지만 모든 여행자들에게 정찰제 서비스를 제공하므로 바가지 걱정은 접어두자.

찾아가기 마리나그란데에서 바로 카프리시내로 들어갈 수 있는 푸니콜라레가 운행한다. 직행이므로 선착장에서 타면 바로 카프리시내이다. 선착장에서 버스로도 이동할 수 있지만 배차간격이 일정하지 않고, 버스가 작기 때문에 추천하지 않는다.

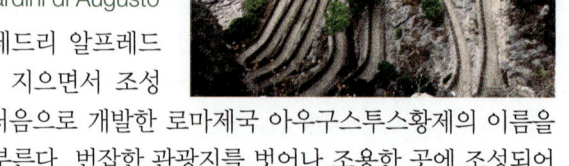

깎아지른 절벽 아래 우뚝 솟은
아우구스토정원 Giardini di Augusto

20세기 초 독일사업가 프레드리 알프레드 크룹Friedrich Alfred Krupp이 별장을 지으면서 조성한 정원이다. 카프리섬을 처음으로 개발한 로마제국 아우구스투스황제의 이름을 따서 아우구스토정원이라 부른다. 번잡한 관광지를 벗어나 조용한 곳에 조성되어 있어 여유롭게 거닐다보면 카프리섬이 왜 최고의 휴양지인지 알게 된다.

바닷가 산책로는 생각보다 가파른데, 길을 따라 내려가도 바다 외에는 막상 보이는 것이 없어 실망할 수 있으며 그 길을 되돌아 올라오는 것 또한 쉽지 않다. 굳이 내려가지 않고 전망대에서 여유롭게 바라볼 때 만족감이 더 크다.

주소 Via Matteotti 25 80073 Capri 운영시간 4~10월 08:00~18:30 입장료 €1 찾아가기 카프리시내 중심인 움베르토광장에서 비토리오 에마누엘레거리(Via Vittorio Emanuele) 방향으로 내려가 길이 끝나는 지점에서 우측으로 돌면 위치한다.

자연의 신비로움이 펼쳐지는
푸른동굴 Grotta Azzurra

❶ 푸른동굴행 보트선착장 ❷ 푸른동굴 안 ❸ 푸른동굴 입구

카프리섬 내 가장 인기 있는 관광지로 오랜 세월 파도에 깎여 형성된 수중동굴 입구에 태양 빛이 비치면 바닷물이 파란색을 띠면서 동굴 전체가 파랗게 물든다. 기이한 자연현상이다 보니 카프리섬을 찾는 대부분의 여행자들이 찾지만 막상 조각배를 타고 들어가면 푸른동굴을 구경하는 시간은 5~10분 정도로 짧고, 당일 날씨에 따라 운행이 번복되는 경우도 있으니 반드시 현장에서 체크해야 한다. 마리나그란데 선착장에서 푸른동굴로 가는 방법은 3가지이다. 선착장 바로 앞에 위치한 보트정류장에서 푸른동굴행 보트를 타는 것이 가장 대중적인데 섬을 일주하는 코스(€16)와 푸른동굴만 가는 코스(€14)로 나눠져 있다. 다른 방법은 선착장에서 버스를 타고 마리나그란데로 가서 버스를 갈아타고 푸른동굴까지 가는 방법인데 시간도 오래 걸리고 복잡해서 그다지 추천하지 않는다. 마지막은 택시로 비용(€40)은 높지만 오픈 택시라 시원한 바람을 맞으며 가는 동안 내내 즐거우니 여유가 된다면 이를 추천한다. 푸른동굴 앞에 도착하면 동굴 안으로 들어갈 수 있는 작은 조각배로 갈아타야 한다. 좋은 뱃사공을 만나면 동굴 안에서 충분히 시간을 보낼 수 있고 거기에 약간의 팁을 더 준다면 동굴에서 수영도 가능하다. 또한 기분이 좋다면 노래까지 불러주니 뱃사공의 역할이 매우 중요한데, 뱃사공을 선택할 수 없으므로 어디까지나 운에 맡겨야 한다.

요금 선착장에서 푸른동굴까지 왕복 보트비 €18+동굴행 조각배 및 동굴입장료 €14+뱃사공 팁 €1~2 = 총 €27~28 찾아가기 마리나그란데선착장에서푸른동굴행 보트를 타고 동굴입구에서 조각배로 갈아탄다. 귀띔 한마디 오후 4시가 마지막 보트지만 오전에 가야 한다.

여행의 감동을 제대로 느낄 수 있는
아나카프리와 몬테솔라레 Anacapri & Monte Solare

항구에서 택시나 버스를 타고 굽이치는 도로를 오르면 카프리와는 또 다른 작은 마을 아나카프리에 도착한다. 여기서 다시 1인용 케이블카를 타고 16분 정도 올라가면 카프리섬 내 최고 고지대인 해발 589m의 몬테솔라레 Monte Solare 전망대에 오를 수 있다. 전망대까지 오르는 길에 볼 수 있는 아담한 카프리전경은 그야말로 자연의 선물이다.

전망대에 서면 시원하게 카프리풍경이 펼쳐지는데 끝없이 펼쳐진 지중해와 반대편의 아말피코스트를 비롯해 웅장한 베수비오화산 그리고 그 산자락 끝에 보이는 나폴리까지 유럽 어느 곳과도 비교될 수 없는 멋진 모습이다. 전망대에는 카페테리아도 있어 시원한 음료 한잔과 무료로 화장실을 이용할 수 있다.

운영시간 09:30~17:30(푸니콜라레는 17:00에 끊긴다.) **요금** 몬테솔라레전망대 케이블카 왕복 €12, 편도 €9 **찾아가기** 마리나그란데선착장에서 아나카프리행 미니버스를 타고 비토리오광장에서 하차하면 광장 위쪽에 몬테솔라레행 케이블카정류장이 보인다. **귀띔 한마디** 바람이 심하거나 날씨가 좋지 않으면 아무런 통보 없이 운행을 중단한다. 하지만 상황이 좋아지면 바로 다시 운행하므로 잠시 기다려보자.

브루스케타가 일품인,
일가삐아노 Il Gabbiano

물가가 비싼 카프리에서 저렴하게 한 끼를 해결할 수 있는 곳이다. 메인메뉴 브루스케타(Bruschetta)는 바게트빵에 올리브유를 발라 구운 후 방울토마토와 치즈를 얹어 먹는 이탈리아 전통요리이다. 원래는 애피타이저였지만 좀 더 크게 만들어 한 끼 식사용으로 판매한다. 브루스케타는 이탈리아 요리 특유의 짠 맛은 있지만, 한 끼 식사로는 충분한 만족감을 느낄 수 있다. 참고로 카프리섬은 음료가격이 매우 비싸다는 것을 기억하자.

주소 Via Cristoforo Colombo, 76 80073 Capri **문의** (+39)081-837-6531 **운영시간** 월~일요일 09:00~20:30 **휴무** 비수기 11~3월 **가격** €7~8 **찾아가기** 마리나그란데항구에서 왼쪽 크리스토포로 콜롬보길을 따라가다 보면 오른편에 위치. **주변 관광지** 마리나그란데

연꽃모양의 콘이 인상적인,
부오노코레 Buonocore Gelateria

생과일 젤라토를 맛볼 수 있는 곳으로 레몬으로 만든 젤라토가 특히 일품이다. 레몬맛 외에도 다양한 과일 맛이 있어 골라 먹는 재미가 있다. 부오노코레는 연꽃 모양의 콘에 젤라토를 넣어주는 것이 특징으로 젤라토와 함께 씹히는 과자 맛이 고소하다. 다른 지역에 비해 가격은 높지만, 이 집 젤라토 한 입으로 또 다른 여행의 즐거움을 맛볼 수 있다.

주소 Via Vittorio Emanuele 35 80073 Capri **문의** (+39)081-837-7826 **운영시간** 08:00~02:00(겨울철 ~22:00) **가격** 젤라토 €2.50~4 **찾아가기** 움베르토1세광장에서 비토리오 에마누엘레길로 들어서면 바로 왼편에 위치한다. **주변 관광지** 움베르토1세광장

Special 09
찬란했던 그리스문명이 잘 보존된 파에스툼(Paestum)

그리스의 유적으로 보려면 그리스로 가는 것이 아니라 파에스툼으로 가라는 말이 있을 정도로 그리스에 있는 그 어떤 신전보다 원형 보존이 잘되어 있는 곳이다. 고대도시 파에스툼은 이탈리아남부가 얼마나 가치 있는 땅이었는지를 여실히 느낄 수 있는 곳이다.

01 파에스툼여행을 시작하기 전

기원전 7세기경에 그리스인들에 의해 세워진 이 도시는 처음에는 포세이돈의 도시라 해서 포세도니아(Posidonia) 라 불리다가 기원전 278년에 로마에 귀속되면서 파에스툼이란 이름을 갖게 되었다. 로마시대에는 교역도시로 번영을 누리다가 중세시대로 들어오면서 끊임없는 이슬람의 침략과 말라리아나 흑사병 등의 전염병으로 사람들이 도시를 버리면서 황폐해졌는데, 다행히도 도시유적은 사람의 손길을 피할 수 있어 고이 간직되었다. 아쉽게도 2차 세계대전 당시 미국연합군이 이곳의 이탈리아군과 교전을 벌여 많이 파괴되었지만 그래도 도시 전체의 형태는 거의 남아있다. 발굴된 고대 그리스건축물과 신전들은 원형 그대로 잘 보존되어 있어 유네스코 세계문화유산으로 지정되었다.

파에스툼으로 들어가기

나폴리에서 파에스툼까지 저속열차인 레지오날레가 운행된다. 나폴리에서 당일치기로 다녀올 경우 반드시 아침 8시 30분 기차를 타야 한다. 그 다음 기차가 12시 이후에 있다. 기차표는 역내 타바키에서만 구입할 수 있으며 Unico U3(€2.90)를 구입하면 된다. 기차에 오르기 전에 플랫폼 앞에 있는 자판기에서 펀칭으로 개찰하는 것을 잊지 말자.

파에스툼역 밖으로 나와 바로 정면에 보이는 길을 따라 약 1km 정도 걸으면 유적지가 보인다. 들어가는 입구가 바로 보이는데 여행자가 많지 않아 사무실에 직원이 없는 경우가 종종 있다. 그럴 경우 행운이라 생각하고 무료로 들어가면 된다. 전체 크기가 상당히 넓은 유적지지만 주요 볼거리는 극히 제한적이라 도보로 반나절이면 충분히 돌아볼 수 있다. 근처 박물관은 파에스툼 유적지에서 발굴된 유물들을 중심으로 운영되는데 입장료에 파에스툼 유적지 입장료에 포함되어 있으므로 한번쯤 가보는 것도 나쁘지 않다.

문의 (+39)0828-81-1023 **운영시간** 월~일요일 08:45~해 지기 2시간 전까지 입장 **입장료** 파에스툼 유적지 €9.50, 파에스툼 통합권(파에스툼 유적지+박물관) €15 **찾아가기** 기차로 파에스툼역에서 하차하여 역 출구 정면에 보이는 길을 따라 10분 정도 거리에 위치한다.

02 원형이 잘 보존된 헤라와 포세이돈신전   Tempio di Nettuno e Argiva Hera

기원전 6세기경에 만들어진 헤라신전은 가장 원형이 잘 보존된 그리스신전 중의 하나이다. 그 옆에는 기원전 4세기경에 만들어진 포세이돈신전이 있는데 두 신전 모두 그리스신전으로 바실리카 형태로 만들어졌다. 중세시대 사람들이 이것을 성당으로 오해하고 바실리카라 부르다가 18세기 고고학자들의 연구로 원래의 이름을 되찾게 되었다. 이탈리아 땅에서 볼 수 있는 그리스보다 더 그리스다운 유적으로 역사나 건축에 관심이 있는 여행자에게는 놀라움을 선사할 것이다.

헤라와 포세이돈 신전(Tempio di Nettuno e Argiva Hera)

Special 10

유럽 최대 규모의 궁전
카세르타궁전(Reggia di caserta)

프랑스의 베르사유궁전을 의식하여 만든 이탈리아 최대이자 최고의 궁전이 있는 카세르타는 유럽 최대 규모의 궁전정원을 자랑한다. 베르사유궁전 정원보다 규모가 크므로 카세르타궁전과 정원을 제대로 둘러보려면 하루를 투자해야 한다.

카세르타여행을 시작하기 전

1752년에 나폴리왕국의 찰스7세 때 건설을 시작했으나 그가 나폴리왕을 포기하고 스페인으로 떠나면서 그의 셋째 아들이었던 페르디난도4세가 뒤를 잇게 된다. 건축가 반비텔리(Luigi Vanvitelli)는 궁전을 왕의 궁정과 정부 기능을 합칠 수 있는 건물로 만들고자 하였으나 1773년 세상을 떠나면서 1780년 반비텔리의 아들이 아버지의 뜻을 이어받아 완공시켰다.

궁전의 외형은 마드리드의 궁전을, 궁전 앞 정원은 프랑스 베르사유궁전을 모델로 하여 만들어졌으며 완공 당시에는 궁전 전체에 무려 1,200개의 방과 24개의 궁전건물이 있었다고 한다. 길게 이어진 전각이 푸른 하늘과 아름답게 조화를 이루고 있는 이 건축물은 유네스코 세계문화유산에 등록되었으며 〈스타워즈 에피소드 1, 2〉와 〈미션 임파서블3〉 등 유명한 영화의 촬영지로도 많이 알려져 있다.

카세르타로 들어가기

나폴리에서 완행열차인 레지오날레를 타고 갈 수 있다. 카세르타역에 내려서 출구로 나오면 바로 왼편에 궁전으로 들어가는 입구가 보인다. 나폴리에서 갈 경우 타바키에서 Unico U4(€3.50)티켓을 구입하면 된다. 로마에서 출발할 경우 유로스타가 운행한다.

카세르타궁전 Reggia di Caserta

프랑스 파리근교의 베르사유궁전정원보다 규모가 큰 카세르타궁전과 정원을 보려면 하루를 비워야 한다. 티켓을 구매하였다면 궁전부터 관람을 시작하자. 18세기 최대 규모를 자랑하는 이 궁전은 둘러보는데만 2시간 정도가 소요된다. 궁전을 나오면 멀리 보이는 인공폭포까지 정원이 가꾸어져 있는데, 따가운 햇살이 내리쬔다면 정가운데로 난 길보다는 좌우로 숲이 우거진 정원길을 산책하듯 걷는 것이 좋다.
카세르타궁전 내에는 딱히 먹을 만한 것이 없으므로, 출발하기 전에 먹을 것을 미리 준비할 필요가 있다. 궁전 안에는 옵션으로 마차투어가 있어, 편하게 마차를 타고 친절한 마부의 설명을 이탈리아어로 들을 수 있지만 안타깝게도 영어는 잘 통하지 않아 이해하기는 힘들다. 워낙 넓은 곳이라 자전거를 대여해주는 곳도 있으므로 자전거를 타고 정원을 둘러보는 것도 괜찮다.

주소 Via Douhet, 2/a, 81100 **문의** (+39)082-327-7468 **홈페이지** www.reggiadicaserta.beniculturali.it **운영시간** 08:30~18:45 **휴관** 매주 화요일, 1/1, 5/1, 12/25 **입장료** 카세르타궁전+정원 €14, , 카세르타 궁전 €10 **찾아가기** 기차역 카세르타역에서 하차하여 역 출구를 나와 왼쪽으로 보면 궁전입구가 보인다. 궁전입구에서 궁전까지 400m 정도 거리이다.

Part
07

바리&바리근교 여행

바리에서 놓치지 말아야 할 추천 베스트
Chapter01 한눈에 보는 바리&바리근교
고민 없이 즐기는 바리 추천 동선
Section01 바리&바리근교 교통편 이용하기

Chapter02 과거와 현재가 공존하는 바리
Section02 바리에서 반드시 둘러봐야 할 명소
Section03 바리에서 먹어봐야 할 것들
Section04 여행자들에게 적당한 바리의 숙소

Chapter03 바리근교 여행
Section05 동화 속 마을 같은 알베로벨로
Section06 오래전 과거로의 시간여행, 마테라
Section07 이탈리아남부 바로크문화를 꽃피운 레체
Section08 눈부신 아드리아해의 보석, 폴리냐노 아마레
Special11 눈부시게 빛나는 백색도시 오스투니

BARI BEST

바리에서 놓치지 말아야 할 추천베스트

바리역사지구(Bari Vecchia)
중세의 역사과 공존하는 공간

과거와 현재가 공존하는 바리 구시가지는 혼란했던 중세의 역사를 고스란히 간직하고 있다. 이탈리아남부의 정취를 느끼기에 그만인 곳이다.

마테라(Matèra)
전 세계에서 가장 오래된 도시 중 하나

전 세계에서 가장 오래된 도시 중의 하나인 마테라는 선사시대부터 이어져 온 바위동굴 거주지 사소(Sasso)로 유명하다. 중세아랍의 지리학자들이 '탄성이 절로 나오는 훌륭한 촌락'이라고 극찬했다는 사소는 원시, 고대의 생활양식을 볼 수 있는 귀중한 유적이다.

오스투니(Ostuni)
지중해 위에 떠있는 백색 도시

버려졌던 중세도시 오스투니는 20세기 들어 과거의 칙칙했던 모든 것을 하얗게 덮으며 새로운 변화를 꾀했다. 지중해 바다 위에 떠있는 거대한 순백의 요새처럼 이 도시는 신비로움으로 가득 차 있다.

알베로벨로(Alberobello)
동화 속의 작은 마을

아름다운 나무라는 뜻을 지닌 알베로벨로는 트룰리(Trulli)라고 불리는 원뿔모양의 지붕이 독특한 전통가옥으로, 유네스코 세계문화유산으로 등재되면서 수많은 여행자가 찾는 곳이다. 마치 동화 속 난쟁이 마을처럼 느껴지는 이곳에서 동심의 세계에 빠져보자.

레체(Lecce)
세상에서 가장 이질적인 바로크양식을 만나는

바로크시대에 사암이라는 독특한 석재로 장식된 레체는 이탈리아남부에서 가장 화려한 도시로 꼽힌다. 문화와 예술의 중심지로 남부의 피렌체라 불리는 이곳에서 화려한 바로크건축의 아름다움을 느껴보자.

폴리냐노 아마레(Polignano a Mare)
풀리야의 숨겨진 진주

이제는 더 이상 특별한 이들을 위한 휴양지가 아닌 세계인들의 이목이 몰리는 풀리아주의 대표 휴양지이다. 과거의 모습을 고스란히 간직하고 있는 구시가지와 독특한 지형으로 이루어진 해변이 잘 어우러진 이색적인 분위기에서 이탈리아의 태양을 즐겨보자.

Chapter 01
한눈에 보는 바리&바리근교

이탈리아남부에서 나폴리 다음으로 큰 경제도시 바리는 이탈리아반도와 발칸반도를 잇는 해상교통로의 요지이다. 그리스인들에 의해 기원전 8세기경부터 아드리아해 진출을 위한 교두보로 도시가 세워졌지만 로마로 귀속되었고, 로마제국시기 인근의 브린디시가 개발되면서 바리는 점점 쇠퇴의 길을 걷게 되었다. 로마제국 멸망 후에는 비잔틴제국의 지배를 받다 11세기 시칠리아에 정착한 노르만족이 이탈리아남부를 점령하면서부터 바리는 다시 한 번 남부의 주요도시로 부각된다. 2차 세계대전 당시에는 이탈리아의 주요 군항으로 사용되면서 폭격으로 엄청난 피해를 입는 등 시련을 겪었지만 지금은 빠르게 경제성장을 이루어 내고 있다.

고민 없이 즐기는 바리 추천 동선

오늘날 이탈리아의 그 어떤 도시보다도 빠르게 변해가고 있는 바리는 바리 중앙역을 중심으로 하는 신시가지와 해안로를 따라 연결되는 구시가지로 나누어져 있다. 중세의 모습을 그대로 간직한 구시가지는 그리 넓지 않아 도보로도 여행이 가능하다. 반나절 여유롭게 산책하듯이 중세의 모습을 그대로 간직하고 있는 도시 구석구석을 돌아다니며, 과거의 흔적을 밟아보자.

바리 필수코스

바리는 이탈리아에서 크로아티아나 그리스로 넘어가는 여행자들이 주로 거쳐 가는 도시로 알려져 있지만 그냥 스쳐만 가기에는 아쉬움이 많이 남는 도시이다. 반나절이나마 알차게 둘러볼 수 있는 코스를 다음과 같이 제안하니, 짧게나마 오랜 역사의 도시 바리의 분위기를 제대로 느껴보자.

Section 01
바리&바리근교 교통편 이용하기

이탈리아 남동부 풀리아주 주도인 바리는 교통의 허브로 다양한 교통수단을 이용할 수 있다. 몇 년 전까지만 하더라도 크로아티아나 그리스로 떠나는 여행자들이 잠시 머무르는 곳이었지만, 최근 SNS를 통해 풀리아주의 숨은 명소들이 알려지면서 이제는 일부러 찾아오는 여행자도 많다. 독특한 색깔을 지닌 여러 명소를 돌아보려면 바리에 숙소를 잡고 당일치기로 다녀오는 것이 좋다. 대중교통이 잘 발달되었지만 아직까지도 기차나 버스 같은 경우 연착되는 경우가 종종 있으므로 주의하자.

바리 카롤보이티야 국제공항에서 바리시내로 이동하기

이탈리아남부 제2의 도시인만큼 이탈리아 주요도시는 물론 유럽 전역의 대도시까지 항공편이 운항된다. 현재 이탈리아관광청의 적극적인 지원 아래 많은 여행자가 찾아오는 만큼 편수도 다양하고 접근성도 좋다. 다만 여름 성수기와 그 외 평수기, 비수기 가격차가 매우 크므로 여름 성수기에 비행기를 이용할 계획이라도 다른 교통편도 꼼꼼히 알아보고 유용한 교통수단을 선택하는 것이 좋다.

바리공항의 정식명칭은 바리카를보이티야 국제공항 Bari International Airport-Karol Wojtyla 으로 교황 요한바오로2세의 이름에서 따온 것이지만, 팔레세지역에 위치하여 보통 팔레세공항이라고도 부른다. 공항 내부에는 다양한 편의시설이 있으므로 바리에서 다른 도시나 국가로 이동할 경우에도 편하게 이용할 수 있다.

기차 이용하기

공항출국장 바로 밖에 위치한 페로비아리아역 Stazione Ferroviaria 은 바리중앙역 바로 옆에 위치한 바리바레제 북역 Ferrovie del Nord Barese 으로 연결되어 있다. 출국장을 나와 왼쪽 입구로 들어가 지하로 내려가면 기차역이 나온다. 플랫폼 앞에 위치한 관광안내소 옆에 있는 자판기를 이용하여 티켓을 구매한 후 바로 탑승하면 된다. 주의할 점은 공항역이 종착역이 아니므로 반드시 바리첸트랄레 Bari Centrale 로 향하는 기차를 타야한다. 요금은 €5, 배차간격은 매 30~40분이며 소요시간은 약 20분이다. 바리에서 출발하는 첫차는 오전 05:07분이며 마지막 기차는 23:23분이다. 공항에서 출발하는 첫차는 05:10분이며 막차는 23:13분이다.

🧳 버스 이용하기

출국장을 나와 왼편을 보면 바로 버스정류장이 보인다. 바리공항에는 다양한 버스편이 있어 출국장 앞에는 여러 버스정류장이 있으므로 목적지를 확인하여 버스정류장을 찾아야 한다. 첫 번째 버스정류장이 바로 바리시내까지 가는 버스를 탈 수 있는 곳으로 바리중앙역에서 출발하는 첫차는 05:10분이며 막차는 20:00분이다. 공항에서 출발하여 바리시내로 가는 첫차는 05:35분이며, 막차는 24:10분이다. 비용은 €4이며 소요시간은 약 30분이다. 이 외에도 풀리아 근교지역으로 바로 이동할 수 있는 버스도 있으므로 여행동선을 구상할 때 참고하자.

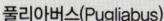
바리공항에서 버스를 타고 근교도시로 이동하기

공항에 도착하자마자 근교도시로 바로 이동할 경우에는 풀리아버스(Pugliabus)회사에서 운행하는 바리, 브린디시, 타란토, 마테라로 가는 버스를 이용하자. 미리 홈페이지를 통해서 이동하고자 하는 도시의 정보를 찾아보고 동선을 계획하면 된다.

풀리아버스(Pugliabus)
홈페이지 www.aeroportidipuglia.it **문의** (+39)080-580-0358

🧳 택시 이용하기

만약 공항에 늦은 시간에 도착하거나 짐이 많을 경우에는 택시도 좋은 선택이 된다. 바리는 아직까지도 로마나 베네치아와 같은 관광도시가 아니라 대체로 사람들이 친절하고 순박하다. 그래서 택시를 이용해도 바가지를 쓸 위험이 낮은 편이다. 또한 공항에서 시내까지는 €23로 이미 요금이 정해져 있기 때문에 해당 요금만 지불하면 되고, 짐이 많을 시 짐값은 별도로 계산하면 된다. 참고로 짐값은 개당 €2이며, 시내까지 소요시간은 약 20분이다.

🧳 바리중앙역에서 바리시내로 이동하기

이탈리아를 비롯한 유럽 주요도시에서 저가항공이 운항되지만 이탈리아 내에서의 이동은 기차를 이용하는 것이 더 효율적이다. 대부분의 이탈리아 대도시에는 바리행 직행열차가 있지만 편수는 많지 않은 편이라 갈아타야 하는 경우도 있다. 이탈리아남부는 북부와 달리 기차가 연착되는 경우가 많으므로 환승하는 기차보다는 가급적 직행열차를 이용하는 것이 좋다. 다만 나폴리에서 출발하는 경우 바리행 직행열차가 없어 나폴리 근교의 카세르타Caserta에서 갈아타야 하므로 시간이 좀 더 소요된다.

이탈리아 주변국인 그리스나 크로아티아로 가는 페리를 이용할 경우 바리를 거치게 되는데 겨울에는 운행되지 않으므로

중앙역 앞에 위치한 관광안내소

착오가 없어야 한다. 바리중앙역으로 나오면 바로 앞에 관광안내소가 위치해 있으며, 대부분의 관광지가 도보로 이동이 가능하다.

바리 기본정보

바리관광청 홈페이지	www.pugliaturismo.com
관광안내소	**주소1** Piazza Aldo Molo, 32, Bari **문의** (+39)080-990-9341 **운영시간** 월~금요일 08:30~13:00, 15:00~18:00 **주소2** Corso Vittorio Emmanuele II, 3 **운영시간** 월~금요일 08:30~13:00, 15:00~18:00
경찰서	**주소** Piazza Santa Nicolella, 8, 95124 Catania
우체국	**주소** Piazza Umberto I, 33 **문의** (+39)080-525-0149 **운영시간** 월~금요일 08:20~19:00 토요일 08:20~12:30
병원/응급실	**주소1** Piazza Mercantile, 47 **문의** (+39)080-528-3042 *응급실 24시간 운영 **주소2** Piazza Garibaldi, 27 **문의** (+39)080-534-4818

🧳 바리시내에서 대중교통 이용하기

바리는 상당히 큰 도시이지만 관광객들이 가는 지역은 다소 한정되어 있다. 대부분의 여행자들이 역 주변에 숙소를 정하고 그 주변지역을 관광하기 때문에 대중교통을 이용하지 않고도 충분히 돌아볼 수 있다. 다만 바리선착장으로 갈 경우 버스를 타야 하는데, 버스 티켓은 타바키 또는 알도모로광장Aldo Moro Piazza 중앙에 위치한 티켓판매소에서 구입하면 된다. 1회권 €1, 90분 유효권 €1.20, 1일권 €2.50이다.

바리중앙역 앞 버스정류장 및 티켓 판매소

바리중앙역에서 항구를 연결해주는 20번 버스

🧳 바리에서 기차로 바리근교도시 이동하기

바리에서 알베로벨로, 마테라 등 근교도시로 이동하려면 버스나 기차를 많이 이용하게 된다. 버스보다는 기차가 정해진 시간에 움직이고 소요시간도 일정하기 때문에 기차를 이용하는 것이 편리하다. 하지만 아쉽게도 바리근교행 기차는 대부분 바리중앙역에서 출발하지 않는다는 단점이 있다. 바리 기차역은 총 4개로 세분화되어 있으며, 모두 중앙역 주변에 모여 있지만 주의를 기울이지 않으면 찾기 어려울 수도 있다.

❶ 바리중앙역 Bari Centrale

이탈리아 대도시에서 바리를 오고가는 기차들이 정차하는 곳이다.(로마, 밀라노, 베네치아)

❷ 바리남동역 Ferrovie del Sud-Est

바리 남동부 지역을 오가는 기차가 정차하는 곳이다.(알베로벨로, 오스투니)
※ 현재 공사중으로 2020년 10월 완공 예정이다.

❸ 아푸로루카네역 Ferrovie Appulo Lucane

풀리아주 주변도시로 가는 기차가 정차하는 곳이다.(마테라)

❹ 바리북역 Ferrovia Bari-Nord

바리 북쪽 지역을 오가는 기차가 정차하는 곳이다.(바리 공항)

🧳 바리 외곽교통

다음은 바리근교도시의 출발역과 도착역, 대략적인 소요시간과 편도요금을 표로 정리한 것이다. 바리에서 근교도시로 이동할 경우 참고하여 일정을 짜도록 하자.

근교도시 이동	소요시간(교통편)	요금
바리(바리남동역) → 알베로벨로 ➡ P.510	약 1시간 30분	€5
바리(아푸로루카네역) → 마테라 ➡ P.516	약 1시간 30분	€5
바리(바리중앙역) → 레체 ➡ P.522	약 1시간 50분(레지오날레)	€10.80
	약 1시간 20분(유로스타)	€22.50
바리(바리중앙역) → 폴리냐노 아마레 ➡ P.528	약 30분	€2.50
바리(바리남동역) → 오스투니 ➡ P.531	약 50분	€5.70

※ 알베로벨로행 사철은 인터넷 www.fseonline.it에서 확인 가능하다.

바리에서 버스로 바리근교도시 이동하기

이탈리아 남부는 아직까지도 철도시스템이 완벽하게 갖춰져 있지 않다. 그래서 실제 이 지역 사람들은 다른 지역으로 이동할 때 열차편보다는 버스편을 선호하는 편이다. 버스편을 이용하면 버스정류장이 역주변에 있는 것이 아니라 처음에는 약간 당황스럽지만 인터넷을 적극적으로 활용한다면 크게 문제가 되지 않는다. 버스편은 확실히 기차에 비해 많지는 않지만 요금이 상대적으로 저렴하므로 비용을 아낄 수 있다.

정류장 앞 티켓판매소 　　　　바리 지역버스 FJE 　　　　바리 플릭스버스

바리에서는 이탈리아 전역을 연결해주는 플릭스버스가 운행되므로 나폴리, 살레르노 등 이탈리아 남부에서 바리로 이동할 때 편리하게 이용할 수 있다. 또한 바리에서 레체, 알베로벨로, 마테라 등으로 연결되는 지역버스(FJE)도 있으므로 참고하자. 버스정류장은 바리기차역 뒤편에 위치하는데, 역내에서 표지판 'FEROVIA SUD–EST' 방향으로 이동하면 역 밖으로 나가는 출구가 있고 그 출구로 나오면 바로 보인다. 플릭스버스는 인터넷으로 예약 및 예매를 하거나 버스정류장 매표원에게 직접 표를 구매하면 되고, 지역버스(FJE)의 경우 정류장 앞에 위치한 바에서 구할 수 있는데, 티켓 구매 시 어느 쪽 방향으로 가는 버스를 타야하는지 꼭 물어보자.

 ## 바리에서 페리 타고 다른 유럽국가로 이동하기

바리는 이탈리아의 주요 항구 중 하나로 이탈리아에서 그리스, 크로아티아, 알바니아로 가는 페리를 탈 수 있다. 바리중앙역 앞에 있는 모로광장 Piazza Moro 버스정류장에서 출발하는 20번 버스의 종점이 페리선착장이다. 바리항 Porto di Bari에서는 그리스로 가는 페리와 크로아티아나 알바니아로 가는 페리가 터미널을 따로 사용하므로 주의해야 한다. 모든 페리회사 사무실이 페리터미널 내에 있으며, 인터넷으로도 티켓을 구매할 수 있다.

페리터미널 입구 　　　　　　　　　항구로 들어가는 길

페리운행은 기간별로 요금과 편수가 수시로 변경되므로 출발날짜에 맞춰 꼭 체크해보는 것이 좋다. 귀찮다면 바리 시내 곳곳에 위치한 여행사에서 티켓 구매대행을 해주므로 약간의 커미션을 주고 표를 구해도 된다. 참고로 페리는 겨울철에는 운행하지 않는다.

반키나 데포지토 프랑코(Banchina Deposito Franco)터미널

바리에서 출항하는 대부분의 여객선이 이용하는 터미널로 입구 쪽에서 그리스 방향과 크로아티아 방향으로 나뉜다. 각각 출입국사무소와 티켓판매소가 분리되어 있으므로 방향을 잘 잡고 이동해야 한다. 우리나라 여행자들은 주로 크로아티아 유명 휴양지 두브로브니크Dubrovnik나 그리스의 파트라스Patras와 코르푸Corfu 등을 많이 방문한다. 페리는 현재 벤투리페리Venturis Ferries와 슈퍼패스트페리Superfast Ferries 두 회사에서 운항하고 있다. 가격은 벤투리사가 조금 더 저렴하지만 슈퍼패스트사의 페리는 유레일 할인도 가능하므로 비교해보고 구입하자. 유레일패스가 있다면 당연히 슈퍼패스트사가 유리하고, 없다면 벤투리사를 이용하는 것이 좋다. 시설은 큰 차이가 없으나 소요시간은 슈퍼패스트사의 페리가 조금 더 빠르다.

반키나 데포지토 프랑코터미널

바리-항구내 위치한 셔틀버스 정류장

몰로 산비토(Molo San Vito)터미널

알바니아의 두레스Durres, 몬테네그로의 바Bar로 가는 페리가 운행되고 있다. 바리에서 페리를 타고 크로아티아로 가는 경우도 있는데 매년 기간별 운항횟수가 다르므로 여행일정을 준비할 때 꼭 체크해야 한다.

몰로 산비토터미널

> **페리티켓 구매사이트**
> ❶ www.ferries-greece.com 바리에서 출발해 두브로브니크(크로아티아), 코르푸(그리스), 파트라스(그리스)로 운행하는 페리회사이다.
> ❷ www.aferry.com 페리예약 종합사이트로 전 유럽에서 운영되고 있는 페리를 확인할 수 있다.

Chapter 02
과거와 현재가 공존하는 바리

아드리아해의 아름다움과 고대부터 중세의 흔적을 고이 간직하고 있는 풀리아지역은 우리가 미처 알지 못했던 매력적인 볼거리로 가득하다. 몇 년 전부터 이탈리아 관광청의 적극적인 후원과 함께 빠르게 관광객의 수가 증가하여, 현재는 이탈리아 현지인들이 가장 선호하는 여행지 중 한 곳이다.

Chapter 02 과거와 현재가 공존하는 바리

Section 02
바리에서 반드시 둘러봐야 할 명소

바리는 비토리오 에마누엘레2세거리를 중심으로 신시가지와 구시가지로 나뉜다. 대부분의 관광지는 구시가지에 모여 있으며, 규모가 크지 않아 여유롭게 둘러봐도 한나절이면 충분하다. 중세시대에 만들어진 도시의 모습을 그대로 유지하고 있으므로 일부러 유적지를 찾아다니기보다는 산책하듯 도시를 둘러보자.

중세의 모습과 현재가 어우러진
📷 바리 구시가지 Bari Vecchia

도시를 방어하기 위해 지은 성곽 안쪽에 형성된 바리 구시가지는 바리의 오랜 역사를 느낄 수 있는 곳으로 과거의 흔적과 현재의 모습이 함께 어우러져 독특한 도시 풍경을 만들어 낸다. 구시가지 내에는 산사비노 대성당과 산니콜라성당, 노르만 스베보성 등 대부분의 역사유적이 모두 몰려있다.

저녁이 되면 도시를 둘러싸고 있는 성벽 위 산책로에서 운동과 여가를 즐기는 현지인들을 쉽게 볼 수 있다. 재래시장이 서는 이른 아침에 방문한다면 좀 더 활기찬 바리 현지인들의 일상을 살펴볼 수 있다.

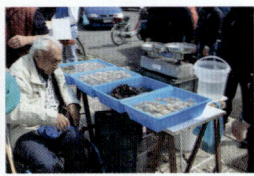

찾아가기 중앙역을 나와 정면에 보이는 광장 건너편에 쭉 뻗어 있는 일직선 대로변을 따라 직진하여 약 5분 정도 걸으면 구시가지가 시작되는 성벽에 닿을 수 있다.

바리의 역사를 고스란히 간직하고 있는
📷 노르만 스베보성 Castello Normanno Svevo

12세기 이곳을 처음 점령한 노르만기사단들은 도시 방어를 목적으로 로마시대에 만들어진 항구 위에 성을 세웠다. 그 뒤 신성로마제국의 황제이자 시칠리아왕이었던 프리드리히2세 Federico II가 요새의 역할을 할 수 있도록 성을 현재의 모습으로 재건하였다. 바다와 맞닿은 북쪽을 제외하고 성 주변을 둘러싼 해자도 적의 침입에 대비하여 이때 만들어진 것이다.

16세기에는 스페인의 지배를 받게 되는데 이때 양쪽으로 첨탑이 덧붙여지면서 오늘날의 모습을 갖추게 되었다. 이때부터 성은 도시방어용에서 감옥으로 용도가 변경되어 사용되었다. 현재는 바리시의 갖가지 행사가 열리는 주요 무대로 활용되고 있다.

노르만 스베보성 박물관

주소 Piazza Federico 2 di Svevia 70122 Bari **문의** (+39)080-521-3704 **운영시간** 수~월요일 08:30~19:30 **휴관** 매주 화요일 **입장료** 성인 €8, 학생 €4 **귀띔 한마디** 성에서 행사가 있는 경우 입장료 가격이 오른다. **찾아가기** 성곽 안으로 들어가 성곽을 끼고 시계방향으로 돌아가면 바로 보인다.

천 년 동안 숨겨진 장미창의 신비로움
산사비노대성당 Cattedrale di San Sabino

1156년 풀리아지역 패권을 차지한 노르만 왕조의 윌리엄William왕은 비잔틴시대에 세워진 대성당을 파괴하고 그 위에 성당을 새로 지어 성모마리아에게 봉헌하였다. 당시 성당은 12세기 이탈리아 남부의 대표적인 건축양식이었던 아풀리안 로마네스크Apulian Romanesque양식으로 세워진 바리의 산니콜라성당Basilica di San Nicola을 모델로 하였기 때문에 전체적인 모습이 산니콜라성당과 비슷하다.

하지만 이 성당은 바리의 주교좌성당임에도 불구하고 산니콜라성당처럼 명성을 얻지 못하자, 윌리엄왕은 그 당시 풀리아지역에서 추앙받던 사비노성인San Sabino의 유해를 이곳으로 옮겨와 모시면서 이때부터 산사비노성당이라는 이름으로 불리게 되었다. 바리의 수호성인인 사비노성인은 당시 베네딕토성인과 함께 당대의 최고의 성직자 중 한 명으로 풀리아지역의 카노사Canosa에서 태어나 카노사의 주교로 활동하였다.

Chapter 02 과거와 현재가 공존하는 바리

2002년 성당을 복원하던 중 숨겨진 놀라운 사실이 밝혀진다. 성당 정면의 장미창으로 햇빛이 들어오면 성당 중앙제대와 신자들이 앉는 벤치 사이 바닥에 그려진 장식이 정확하게 합치된다. 물론 지금도 확인할 수 있는데 한 여름 태양광이 아니면 모양이 약간 어긋난다. 정오에 방문한다면 천 년 동안 숨겨졌던 장미창의 신비를 직접 체험해볼 수 있다.

주소 Piazza dell'Odegitria, 70122 Bari **문의** (+39)080-521-0605 **운영시간** 08:30~19:00 **공휴일** 08:00~19:00 **귀띔 한마디** 매년 하지(6월 22일경) 때에는 장미창 빛이 바닥 장식에 비춰지는 것을 기념하는 행사가 진행된다. **찾아가기** 노르만 스베보성에서 동쪽으로 난 길을 따라가면 바로 보인다.

어린이들의 수호성인 산타클로스를 모신
산니콜라성당 Basilica di San Nicola

1087년 짓기 시작해 1197년 완공된 산니콜라성당은 우리에게는 산타클로스로 알려진 12월의 수호성인이자 해운의 수호성인인 니콜라의 성체가 보관된 성당이다. 산니콜라성당은 풀리아지역에서만 볼 수 있는 독특한 로마네스크 건축양식이 특징이다. 원래 니콜라성인의 유해는 터키 미라(Myra)지역 한 성당에 모셔져 있었는데, 이 지역이 이슬람 손에 넘어가자 베네치아와 바리에서 성인의 유해를 모시려고 경쟁을 하다가 결국 바리출신의 상인들이 1087년 5월 9일 바리로 모셨다고 한다. 성인의 유해가 도착하자마자 그를 모시기 위한 성당이 지어졌는데 그것이 현재의 산니콜라성당이다.

니콜라성인(Saint Nicholas, 270~343)은 어린 아이들을 좋아하여 매년 12월 6일 작은 선물을 했고, 이러한 자선행위가 산타클로스 이야기의 유래가 되었다고 한다. 이 이야기가 유럽까지 퍼져 네덜

란드에서는 그를 신테클라스라 불렀고, 17세기 네덜란드인들이 미국에 정착하면서 영어발음인 산타클로스라 부르게 되었다. 정교회와 가톨릭 구분 없이 가장 성스러운 성인으로 추앙받는 그의 유해를 보려고 많은 순례객의 발길이 이어진다. 매년 12월 6일에는 산니콜라축제가 열리는데 이곳에서 출발하여 구시가지를 돌며 퍼레이드와 함께 특전미사가 진행되므로 여행일정이 맞는다면 참가해 볼만하다.

주소 Largo Abate Elia, 13, 70122 Bari **문의** (+39)080-573-7111 **홈페이지** www.basilicasannicola.it **운영시간** 성당 월~토요일 07:00~20:30, 일요일 07:00~22:00 **박물관** 10:30~18:00 **귀띔 한마디** 구시가지는 길이 복잡하지만 곳곳에 산니콜라성당으로 가는 이정표를 쉽게 찾아볼 수 있으니 참고하며 찾아가자. **찾아가기** 산사비노대성당입구를 바라보고 좌측의 스트라다 델레 크로치아테(Strada delle Crociate)길을 따라 도보로 5분 거리이다.

Section 03
바리에서 먹어봐야 할 것들

바리는 이탈리아의 남부 음식은 물론 일찍부터 이슬람과 교류를 하면서 이슬람의 음식까지 더해져 독특한 음식문화를 발전시켰다. 이탈리아 남부는 유럽의 다른 지역과는 다르게 매운 음식을 선호하는데 바리를 포함한 풀리아 지역은 거기에 날음식까지 먹는 음식문화를 갖고 있다. 우리 입맛을 사로잡을 매력적인 음식으로 가득한 풀리아 음식을 놓치지 말자.

풀리아의 젊은 열기와 함께 가장 떠오르는
마스트로 치쵸 Mastro Ciccio

현재 바리에서 가장 핫한 음식점 중 하나로 바리 젊은이들 사이에 매우 유명한 식당이다. 최근 이탈리아는 격식을 갖춘 레스토랑보다는 간단하지만 허술하지 않은 비스트로Bistro 형태의 식당들이 유행하는데 바리에도 그 흐름에 걸맞은 식당들이 하나둘씩 등장하는데 마스트로 치쵸가 선두주자라 할 수 있다. 식당의 분위기는 현대적인 인테리어로 장식되어 있으며, 이탈리아 북부의 음식부터 남부의 전통적인 음식까지 다양하게 맛볼 수 있어 음식을 고르는 즐거움이 있다.

대중적인 관광도시가 아니어서인지 동양인을 보면 약간 신기한 듯 바라보며, 더욱 친절하게 대해줘 음식맛이 배가된다. 풀리아지역을 대표하는 문어파니노부터 모차렐라치즈를 이용한 다양한 샐러드까지 뭐 하나 아쉬움이 없는 식당이다. 게다가 모든 음식을 진열하고 있어 주문도 어렵지 않다. 치쵸(Ciccio)는 '뚱뚱한 사람'을 장난스럽게 부를 때 사용하는 말인데 이곳에 들어가면 살이 찔 수밖에 없을 만큼 강력 추천하는 식당이다.

주소 Corso Vittorio Emanuele, 15, 70122 Bari **문의** (+39)080-521-0001 **운영시간** 10:0~02:00(연중무휴) **가격** €6~15 **찾아가기** 페라레제광장(Piazza del Ferrarese)에서 코르소 빅토리오엠마누엘레 길을 따라가다 보면 오른쪽에 위치한다. **주변 관광지** 바리 구시가지

풀리아의 모든 문어요리가 모인 문어전문점
라타나 델 폴포 La Tana del Polpo

바리를 대표하는 식재료로 널리 이용되는 것이 문어이다. 그래서 문어를 이용한 다양한 요리를 선보이는데 다른 지역에서는 볼 수 없는 문어빠니노, 문어샐러드, 문어파스타 등 다양한 문어요리와 싱싱한 해산물을 접할 수 있는 레스토랑이다. 위치도 구시가지 입구쪽에 자리하고 있어 찾기 쉽고 종업원들도 밝고 친절해 식사 내내 기분 좋은 시간을 보낼 수 있다. 바쁜 일정 때문에 시간이 부족하다면 문어파니노를 추천하고, 여유롭게 식사를 즐기고 싶다면 문어샐러드와 멍게파스타를 추천한다. 해산물이 중심이 되는 레스토랑이므로 이를 좋아하지 않는다면 추천하지 않는다.

주소 Strada Vallisa, 50, 70122 Bari **문의** (+39)080-975-3338 **운영시간** 12:30~15:30, 19:15~24:30 **가격** €10~25 **찾아가기** 페라레제광장에서 빅토리오엠마누엘레 길로 가다 오른쪽 첫 번째 골목으로 들어가면 왼쪽에 위치한다. **주변 관광지** 바리 구시가지

바리의 밤문화를 느낄 수 있는 비스트로
카쥬티가라지 Katzuti Garage

바리도 여타 지중해의 유명 해안도시처럼 해안선을 따라 주요거리가 형성되어 있다. 해가 진 후에는 바리의 해안도로는 젊은이들을 위한 거리로 변신한다. 해안도로를 따라 수많은 펍이 문을 열고 손님을 맞이하는데, 그 중 카쥬티가라지는 풀리아의 술문화를 제대로 접해볼 수 있는 매력적인 곳이다. 이곳에서는 다른 지역에서는 맛볼 수 없는 풀리아지역 고유의 맥주를 비롯하여 세계적인 유명맥주를 전문적으로 취급하고 있어 술을 좋아하는 여행자라면 또 하나의 즐거움이 된다. 음식은 수제버거를 비롯하여 일반적인 펍에서 흔히 볼 수 있는 것들이지만 풀리아의 고유의 맥주를 맛보며 하루 여행을 마무리하기에 그만이다.

주소 Via Salvatore Cognetti, 40, 70121 Bari **문의** (+39)392-824-5534 **운영시간** 월~토요일 12:00~15:30, 17:30~24:00 일요일 17:30~24:00 **가격** €5~13 **찾아가기** 바리 해안도로인 룽고마레아르날도 거리를 따라 걷다 보면 회전목마가 있는 공원 근처에 위치하고 있다. **주변 관광지** 해안산책로

배낭여행자들의 든든한 한 끼를 책임지는
구스튜 디 미티티에로 Gusteau Di Mititiero

바리를 포함한 풀리아지역의 대표 서민음식으로 판체로티Panzerotti와 함께 간단하게 한 끼를 해결할 수 있는 판브리오슈Panbrioche 전문점이다. 브리오슈Brioche는 크로아상과 같은 종류의 빵을 총칭하는 말인데 그 빵 안에 다양한 속재료를 넣어 더욱 다양한 맛을 내고, 양 또한 넉넉하며 가격까지 저렴하여 배낭여행자들에게는 매력적인 음식이다.

이 집은 바리중앙역과 해안도로, 구시가지 중간에 위치해 있어 접근성이 좋으며, 레스토랑처럼 격식을 갖춘 식당이 아니라 부담없이 들어가 한 끼를 해결할 수 있다. 판체로티는 참치, 토마토, 모차렐라치즈 등 다

양한 재료를 넣어 만들기 때문에 개인의 취향에 맞춰 속재료를 고르면 된다. 이 외에도 조각피자나 간단한 파스타 종류도 팔고 있다.

주소 Via Prospero Petroni, 13, 70121 Bari **문의** (+39)080-208-8219 **운영시간** 09:00~21:00 **가격** €2~6 **찾아가기** 중앙역에서 구시가지로 가다가 움베르토광장이 나오면 오른쪽으로 약 10미터를 가면 왼쪽에 위치한다. **주변 관광지** 중앙역, 구시가지

달달함으로 가득 찬 디저트천국
제로메쵸콜렛 Jérôme Chocolat

젊은 여성들에게 유럽의 디저트문화는 여행에서 발견하는 또 하나의 즐거움이 된다. 바리에서 가장 유명한 디저트가게로 세상에서 모든 달달한 디저트가 모여 있는 곳이다. 프랑스의 마카롱부터 이탈리아의 티라미수까지 다양한 디저트류를 판매하며, 음료수 또한 달달한 음료들로 가득 차 있다. 가격은 주변 다른 디저트 가게들에 비해 조금 비싼 편이지만 맛이 훌륭하므로 고된 여행으로 지친 몸에게 작은 선물을 준다고 생각하자. 이 집은 현재 바리의 젊은 커플들에게 인기가 높은 곳이라 주변을 둘러보면 온통 연인들이다.

주소 Corso Cavour, 197, 70121 Bari **문의** (+39)080-914-9298 **운영시간** 07:00~21:00 **가격** €2~8 **찾아가기** 중앙역에서 구시가지로 가다가 움베르토광장이 나오면 오른쪽으로 20m 정도 더 가면 코너 모서리에 위치한다. **주변 관광지** 구시가지, 해안산책로

이탈리아 남부 전통커피를 즐길 수 있는
카페보르게세 Caffè Borghese

가게는 작고 허름하지만 일찍부터 유명 가이드북에 소개되면서 현지인은 물론 여행자들에게도 인기 있는 카페테리아이다. 인기에 비해 규모가 작고 테이블 수가 적어 기다려야 하는 경우가 많지만 직접 로스팅한 에스프레소 한 잔을 마시면 오랜 기다림 또한 행복으로 느껴진다. 위치 또한 구시가지와 신시가지의 경계선에 위치하여 여행 중 잠깐 들러 커피 한 잔 즐기며 휴식과 여유를 가질 수 있다. 또한 간단한 식사류와 음료 그리고 몇 가지의 주류를 판매하는데, 특히 저녁시간에 판매하는 아페르티보Aperitivo는 현지인들에게 인기가 높다. 시원한 바닷바람과 함께 마시는 칵테일은 여행의 기분을 한층 더 흥겹게 해준다.

주소 Corso Vittorio Emanuele, 122, 70122 Bari **문의** (+39)080-524-2156 **운영시간** 화~일요일 07:00~03:00 **휴무** 매주 월요일 **가격** €5~11 **귀띔 한마디** 저녁에만 운영되는 아페르티보는 €10로 칵테일 한 잔과 카페에서 제공하는 음식들이 무료이므로 저녁 끼니로 이용해도 좋다. **찾아가기** 페레라제광장(Piazza del Ferrarese)에서 빅토리오에마누엘레거리(Corso Vittorio Emanuele)를 따라 오르막길로 약 5분정도 올라가면 왼쪽에 위치한다. **주변 관광지** 구시가지, 해안산책로

풀리아지역 젤라토 맛의 기준
젠틸레 Gentile

이탈리아 남부의 타들어갈 듯한 강렬한 태양도 잠시 잊게 해주는 젤라토전문점이다. 가게의 규모나 인테리어를 보면 이 집이 정말 유명한 집이 맞을까 하는 의구심이 생기지만, 1880년부터 이어온 오랜 전통을 자랑하는 곳이다. 주인장의 끊임없는 노력으로 이탈리아 젤라토 대회에서도 입상을 하였으며 바리는 물론 풀리아지역에서도 손꼽히는 젤라토가게이다.

젤라토의 종류는 그리 다양하지 않지만 어느 것을 선택하든 맛이 깊고, 특히 과일맛 젤라토는 생과일이 젤라토 사이에 들어가 있어 씹히는 맛까지 더해진다. 구시가지 입구에 위치해 있어 접근성이 좋으므로 바리 방문 시 꼭 맛보길 바란다.

주소 Piazza Federico II di Svevia, 33, 70122 Bari **문의** (+39)080-528-2779 **운영시간** 11:00~24:00(연중무휴) **가격** €2~5 **찾아가기** 노르만 스베보성(Castello Normanno Svevo) 앞 광장에 위치한. **주변 관광지** 노르만 스베보성

Section 04
여행자들에게 적당한 바리의 숙소

바리는 과거 크로아티아나 그리스로 이동하는 여행자들이 잠깐 들러 가던 도시였지만 현재는 풀리아 지역의 숨겨진 명소가 알려지면서 여행자들이 많이 찾고 있다. 풀리아 주변의 유명 도시 대부분은 당일치기 여행으로 충분하기 때문에 바리에 숙소를 잡고 주변도시를 돌아보면 된다. 바리의 숙소는 중앙역 부근과 구시가지에 몰려 있으므로 목적에 맞춰 선택하면 된다.

바리의 대표 관광호텔
그랜드호텔 레온도로 Grand Hotel Leon D'Oro

바리중앙역 바로 앞 모로광장 내 위치한 호텔로 잠시 머무는 여행자들이 간편하게 머물기 좋은 호텔이다. 가격 대비 시설은 좋지 않지만 접근성이 좋고, 규모가 있어 영어도 잘 통하며 종업원도 친절하다.

나름 대형급 호텔이다 보니 다양한 프로모션을 통해 간혹 중소형 호텔보다 저렴하게 머물 수도 있다. 바리에서 크로아티아나 그리스로 가는 페리 또는 레체, 알베로벨로, 마테라 등 바리 근교로 가는 기차 모두 중앙역에서 출발하므로 이후 바리에서 다른 국가로 이동할 계획이라면 이 호텔을 추천한다.

주소 Piazza Aldo Moro 4 **문의** (+39)080-523-5040 **홈페이지** www.grandhotelleondoro.it **체크인/아웃시간** 14:00/12:00 **객실요금** 싱글 €40~, 더블 €55~ **찾아가기** 바리중앙역 앞 모로광장 내에 위치한다.

Chapter 02 과거와 현재가 공존하는 바리

중세의 향기와 모던함이 어우러진
팔라초칼로 Palazzo Calò

바리 구시가지에 위치한 부티크^{Boutique}호텔로 중세시대 건축물을 실내만 개조해서 만든 호텔이다. 들어가는 입구가 호텔처럼 보이지 않아 찾기가 수월하지는 않지만 들어서는 순간 이탈리아 특유의 인테리어에 감탄하게 된다.

객실 수가 많지는 않지만 객실마다 개성 있는 인테리어가 정성이 느껴지며, 옥상테라스도 잘 조성되어 있어 부대시설을 즐기기에 좋다. 직원들의 서비스도 좋고, 위치도 주변 상점과 관광명소에서 가까워 여행이 편하다는 장점이 있다. 조식은 매우 간단하게 나와 그렇게 조금은 아쉽다. 커플 또는 신혼여행자들에게 추천하는 호텔이다.

주소 Str. Lamberti, 8, 70122 Bari **문의** (+39)080-527-5448 **홈페이지** www.palazzocalo.it **체크인/아웃시간** 12:00/10:00 **객실요금** 더블 €130~, 아파트먼트 €150~ **찾아가기** 바리중앙역을 등지고 바리 구시가지로 들어와 5분 정도 걸으면 나오는 오른쪽 골목으로 3분 정도 거리에 위치한다. **주변 관광지** 산니콜라성당, 산사비노대성당

고급스러운 분위기를 한껏 자아내는
팔라스호텔 바리 Palace Hotel Bari

바리에서 인기 높은 4성급 호텔 중 하나로 신시가지에서 구시가지로 들어가는 입구에 위치하여 접근성이 좋고, 가격대비 훌륭한 시설과 편의성을 갖추고 있다. 고급 호텔답게 직원들도 친절하고 영어까지 능통해서 소통은 물론 여행에 필요한 다양한 정보도 수집할 수 있으며, 이탈리아 남부스타일로 제공되는 조식 또한 맛있다.

바리는 아직까지도 로마나 베네치아와 같은 관광도시가 아니므로 상대적으로 저렴하게 4성급 호텔을 이용할 수 있어 바리에서는 약간의 호사스러움을 즐겨도 좋다. 숙박비는 비수기와 성수기 차이가 큰 편이지만

성수기에 방문한다 해도 충분히 매력적인 가격이므로 바리에서 2박 이상을 계획할 경우 이 호텔을 추천한다.

주소 Via Francesco Lombardi, 13, 70122 Bari **문의** (+39)080-521-6651 **홈페이지** www.palacehotelbari.com **체크인/아웃시간** 14:00/11:00 **객실요금** 더블 €80~ **찾아가기** 바리 신시가지와 구시가지의 경계선인 빅토리오엠마누엘레거리에서 노르만 스베보성 방향으로 가면 보인다. **주변 관광지** 노르만 스베보성, 구시가지

솔로여행자들을 위한 호스텔
올리브트리호스텔 Olive Tree Hostel

바리는 이탈리아의 다른 대도시와 달리 다양한 호스텔이 존재하지 않는다. 몇몇 숙소들이 호스텔이라는 간판으로 운영을 하고 있지만 막상 가보면 제대로 갖춰지지 않은 공간에 침대만 덩그러니 놓여 있는 곳이 많다. 그런 바리에서 그나마 시스템을 갖추고 운영하는 유일한 호스텔이라고 할 수 있는 곳이 올리브트리호스텔이다. 중앙역 부근에 위치해 있어 찾아가기 쉽지만 밤에는 역주변이라 범죄에 노출될 수 있으므로 주의하자. 호스텔은 10인실 혼성도미토리와 8인실 혼성도미토리, 2인실, 1인실 등으로 구성되어 있으며 아침에는 간단한 조식도 제공한다. 그 외에도 풀리아 주변의 다양한 투어상품도 소개해주므로 고민 없이 바리 주변 여행지를 둘러보고 싶은 여행자에게 추천한다. 비수기에는 여유가 있지만 성수기에는 예약이 어려운 곳이므로 서둘러 예약하는 것이 좋다.

 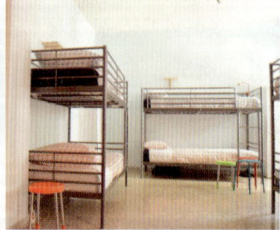 

주소 Via Scipione Crisanzio, 90, 70123 Bari **문의** (+39)080-527-5448 **홈페이지** www.hostelabari.com **체크인/아웃시간** 14:00/10:00 **객실요금** 도미토리 €20~, 2인실 €60~ **찾아가기** 바리중앙역 앞 알도모로광장을 지나 다음 골목에서 왼쪽으로 약 100미터 가면 왼쪽으로 보인다. **주변 관광지** 바리중앙역

Chapter 03
바리근교 여행

알베로벨로,
마테라, 레체,
폴리냐노 아마레,
오스투니

독특한 생활방식과 자연풍경을 가진 바리 근교도시들은 각 도시마다 고유한 매력을 지녔다. 고대도시부터 이어져 온 삶의 고유방식을 유지한 채 살아가는 마테라, 마치 동화 속 마을 같은 알베로벨로, 사암이라는 독특한 돌을 이용하여 만든 화려한 레체, 언덕에 자리 잡아 세상을 내려 보는 백색도시 오스투니, 풀리아의 아름다운 바다를 고이 간직한 폴리냐노 아마레 어느 곳 하나 놓칠 수 없는 풀리아주 도시의 매력에 빠져보자.

Section 05

동화 속 마을 같은 알베로벨로

선사시대부터 이어온 전통적인 건축방식을 현재까지도 고수하는 작은 마을 알베로벨로는 그들의 오랜 전통을 유지하며, 과거의 전통가옥에서 살고 있다. 최근 '동화 속 마을'이라는 별칭으로 세상에 알려지기 시작하면서 현재는 이탈리아 남부의 새로운 관광명소로 자리 잡아 가고 있다. 동화 속에나 있을 법한 신기한 난쟁이마을 알베로벨로가 여러분들을 환상의 세계로 초대한다.

🧳 알베로벨로여행을 시작하기 전

선사시대부터 이곳에 살았던 토착민들은 주변에서 석회암을 이용하여 트룰리Trulli라는 풀리아지역만의 전통건축물들을 발전시켜왔다. 15세기 이전까지 트룰리는 여러 지역에 산재해 있었는데, 나폴리왕국시절 왕의 강제 이주명령으로 형성된 독특한 거주지가 현재의 알베로벨로Alberobello의 모습으로 이어졌다.

당시에는 세금조사를 지붕의 수로 계산하였는데 주거지에 부과되는 세금을 피하기 위해 세금조사가 나올 때 마다 쉽게 집을 허물 수 있도록 지은 것이 트룰리건축의 기원이 되었다고 전해진다. 예부터 이어져 온 가옥형태를 유지하려는 정책 때문에 불편함을 느낀 사람들이 마을을 하나둘 다른 지역으로 이주하면서 마을은 활기를 잃게 되었다. 그러나 1996년 유네스코 세계문화유산으로 지정되면서부터 마을은 다시 활기를 되찾게 되었고, 매력적인 독특한 가옥은 풀리아지역의 대표 관광지 중 한 곳으로 당당하게 자리 잡았다.

🧳 알베로벨로 들어가기

알베로벨로Alberobello는 규모가 그리 크지 않은 마을이라 바리에서 당일치기 여행도 가능하다. 바리에서 알베로벨로로 들어가는 방법은 열차편과 버스편 두 가지가 있다. 바리에서 알베로벨로까지 이어주는 열차편은 바리중앙역 바로 옆에 있는 바리남동역Bari Ferrovie del Sud-Est에서 출발하는 기차로 첫차시간은 05시 10분이며 배차간격은 30분에서 1시간 간격이고, 막차시간은 22시 47분이다. 알베로벨로까지 소요시간은 약 1시간 30분이며, 요금은 €5이다. 알베로벨로행 버스편은 바리남동역 근처에 위치한 라르고소렌티노Largo Sorrentino에서 출발하는데, 소요시간은 대략 2시간이며 요금은 €5이다.

알베로벨로역

알베로벨로는 라르고마르텔로타Largo Martellotta 거리를 중심으로 몬티지구Rione Monti와 아이아피콜라지구Rione Aia Piccola로 구분된다. 바리에서 열차편을 이용하면 마을에서 300미터쯤 떨어진 역으로 도착하는데 안타깝게도 마을까지 연결해주는 교통편이 없으므로 걸어가야 한다. 역을 나와 정면으로 보이는 길 중 왼쪽에 주세페마치니길Via Giuseppe Mazzini을 따라 직진하다 주세페가리발디길Via Giuseppe Garibaldi로 들어서서 가다보면 아이아피콜라지구로 들어서게 된다. 역에서 역사지구까지는 대략 15분 정도 소요되는데, 혹시 길을 잃는다면 주변 사람들에게 리오네몬티Rione Monti를 물어보자.

알베로벨로-아이아피콜라지구

알베로벨로-몬티지구

관광객이 많이 찾는 몬티지구는 약 1,000여 개의 트룰리Trulli가 자리 잡고 있다. 이곳에서 산책하듯 거리를 거닐며 하루를 보내는 것도 꽤나 낭만적이다. 몬티지구 내에는 전통가옥 구소로 만들어진 성안토니오성당이 있고, 역사지구 밖에 위치한 박물관 투룰로소브라노Turullo Sovrano는 시간적 여유가 있다면 방문해도 좋다.

> **알베로벨로 관광안내소**
>
> 몬티지구를 들어가는 입구 앞에 위치한 관광안내소에 들어가면 친절한 이탈리아 직원의 안내를 받을 수 있다. 알베로벨로의 유명 관광지가 표시된 지도도 무료로 제공하고 있다.
>
> **주소** Via Monte Nero 1 **문의** (+39)080-4322822 **운영시간** 09:00~19:30

트룰리 지붕을 얹은
성안토니오성당 Chiesa Sant'antonio

이 지역 성직자였던 구아넬리아니^{Guanelliani}가 알베로벨로 주민들을 위해 만든 성당으로 1927년에 완공되었다. 설계 당시에는 이탈리아 건축에서 주를 이루던 파시즘건축양식의 철근콘크리트 건축물을 계획했지만 주변 건축물들과의 조화를 생각해 일반적인 성당양식에 지붕만 트룰리 형식으로 하여 석회암 조각돌을 쌓아올리는 방식으로 완공하였다. 1998년 이탈리아 전역에 몰아닥친 자연재해로 무너졌지만 2004년 새롭게 보수하여 일반인들에게 공개하고 있다.

성안토니오성당 천장

이곳에서 기리는 안토니오성인은 포르투칼 리스본에서 태어나 프란체스코수도회에서 성직생활을 하였다. 수도사시절 파도바에서 활동하면서 당대에 누구도 따라올 수 없다는 평이 따를 만큼 훌륭한 설교와 해박한 지식으로 인정받았다. 1231년에 생을 마감한 후에 이례적으로 그 다음해 그레고리오9세 교황에 의해 성인으로 시성되어 지금도 이탈리아에서 가장 사랑받는 성인 중의 한 분이다.

주소 Via Monte Peritica 18, 70011, Alberobello **운영시간** 08:30~12:30, 17:30~20:30 **홈페이지** www.santantonioalberobello.it
찾아가기 라르고마르텔로타(largo martellotta)거리에서 몬티지구로 들어서 계속 직진하면 바로 보인다.

알베로벨로 주민들의 마음의 안식처
성코즈마&성다미아노성당 Basilica San Cosma&Damiano

17세기 성모마리아를 위해 세워진 작은 예배당이 있던 곳에 코즈마성인의 팔과 다미아노성인의 두 개골을 옮겨오면서 현재의 이름을 갖게 되었다. 알베로벨로 출신의 건축가 안토니오쿠리^{Antonio Curri}가 당시 유럽에서 유행하던 신고전주의풍의 건축양식에 이탈이아 남부의 화려함을 더하여 세운 성당

으로 1885년 완공하였으며, 현재 알베로벨로를 대표하는 성당으로 자리 잡았다. 정면의 종탑 좌우로 왼쪽에는 해시계, 오른쪽에는 일반시계를 설치하였으며, 그 옆에 각각 바오로성인과 베드로성인을 조각하였다. 이 성인들을 위한 축제가 9월 25일부터 28일까지 알베로벨로에서 열리는데, 일년 중 가장 화려한 알베로벨로의 모습을 볼 수 있다.

3세기에 활동했던 의사, 병자, 약사의 수호성인 코즈마성인과 다미아노성인은 시리아출신의 의사로 병이나 상처를 기적적으로 치료했다고 한다. 전해지는 일화 중에는 백인의 절단된 다리에 흑인 다리를 성공적으로 접합했는데, 이 일은 화가들에 의해 여러 그림으로 남아 있다. 304년 기독교를 탄압했던 디오클레티아누스 Diocletianus 황제 때 잡혀 바다에 던져졌지만 천사의 도움으로 살아나고 화형에도 살아남았지만 결국 참수형으로 순교하였다. 하지만 그들의 명성이 유럽 전역으로 퍼지면서 성인들을 위한 성당들이 유럽 전역에 세워졌다. 우리에게도 많이 알려진 피렌체 메디치가의 코지모데메디치 Cosimo dè Medici 이름에도 성인의 이름이 사용되었음을 알 수 있다.

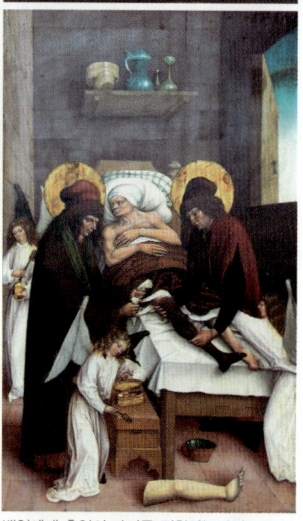

백인에게 흑인의 다리를 접합하는 기적

주소 Piazza Antonio Curri, 1848-1916, 70011 Alberobello **운영시간** 매일 08:30~19:30 **홈페이지** www.basilicalberobello.org
찾아가기 알베로벨로역에서 나와 정면에 보이는 마르게리타거리(Viale Margherita)를 따라 직진하여 약 200미터 가면 보인다.

과거 트룰로의 흔적을 잘 간직하고 있는
트룰로소브라노 Trullo Sovrano

18세기 초반 부유한 사제였던 카탈도페르타 Cataldo Perta에 의해 당시 트룰리의 전통기술로 지어진 건축물로 현재 알베로벨로를 대표하는 전통가옥이다. 처음 만들어질 당시에는 마을공동체를 위한 작은 공간에 불과했지만 시간이 지나면서 안뜰, 예배당 등을 새롭게 확장하면서 후에는 수도원으로도 사용하였다. 그러다 19세기 후반 세메라노 Semerano 가문에서 구입하여 거주하다가 현재는 박물관으로 사용되고 있다. 이곳에 전시된 물품들은 트룰리에서의 삶의 모습을 잘 보여주며, 18세기 이탈리아남부의 생활상을 이해하는데 도움이 된다.

박물관 내로 들어서면 메인홀이 있는데 이는 트룰리와 트룰로의 차이를 확실하게 보여준다. 트룰리가 거주를 위한 공간이라면 트룰로는 공동공간으로 여러 사람이 모일 수 있는 홀 형태를 갖추고 있다. 박물관 내에는 홀 외에도 식당, 침실, 정원 등이 예전 모습 그대로 잘 보존되어 있으므로 알베로벨로를 좀더 이해하고 싶은 여행자들은 방문을 추천한다.

주소 Piazza Sacramento, numero 10, 70011, Alberobello **입장료** €1.5 **운영시간** 10:00~13:15/15:30~18:00(11~3월), 10:00~13:15/15:30~19:00(4~10월) **홈페이지** www.trullosovrano.eu **찾아가기** 성코즈마&다미아노성당을 바라보고 왼쪽 길을 따라 위로 올라가면 바로 보인다.

동화책 속 집에서 보내는 하룻밤의 추억
트룰리 홀리데이리조트 Trulli Holiday Resort

2000년대 초반까지만 하더라도 관광객이 거의 없던 알베로벨로는 이탈리아 관광청의 적극적인 홍보에 힘입어 현재는 많은 관광객들이 찾는 곳으로 변화하였다. 동화책에나 나올 듯한 집에서 꿈같은 하룻밤을 원하는 여행자들이 늘어나면서 트룰리를 숙소로 개조하거나 숙소용 트룰리를 새롭게 짓고 있다. 이 중 가격대비 만족도가 높은 숙소 중의 하나가 트룰리홀리데이이다.

주변의 다른 숙소에 비해 깨끗하며 영어도 잘 통하고 역에서 역사지구로 가는 길 중간에 위치하여 접근성도 괜찮다. 방은 깔끔하지만 예전의 건축양식인 만큼 현대적인 시설은 아니다. 여행자가 증가한 만큼 숙박비도 만만치 않게 올랐으며, 특히 성수기에는 천정부지로 가격이 뛴다. 그럼에도 이색적인 여행을 즐기는 여행자라면 하룻밤 머물기에 안성맞춤인 숙소이다. 참고로 유명 프랜차이즈와 이름은 비슷하지만 전혀 관련은 없다.

주소 Piazza XXVII Maggio, 38, 70011 Alberobello BA **문의** (+39)080-999-6170 **홈페이지** www.trulliholiday.com **체크인/아웃시간** 15:00~20:00/09:00~10:30 **객실요금** 비수기 더블룸 €80~, 성수기 더블룸 €143~(관광세 1인 €1.6) **찾아가기** 알베로벨로 기차역 맞은편 길을 따라 걷다가 주세페가리발디(Giuseppe Garibaldi) 길이 끝나는 지점에서 왼쪽으로 가면 보인다. **귀띔 한마디** 주변 지역에 대한 투어정보가 많은 곳이므로 리셉션에 문의해보자.

다양한 종류의 고기요리를 파는
라폰타나 1914 La Fontana 1914

알베로벨로에서 이미 현지인과 여행자들 사이 정평이 나있는 고기전문 레스토랑이다. 육류와 관련된 메뉴만 취급하는데 마치 우리나라 정육점식당 같은 분위기이다. 고기를 주문하면 취향대로 구워주며 여러 가지 샐러드와 함께 먹을 수 있다. 그 중에서도 저렴한 가격으로 즐길 수 있는 족발버거 파니노봄베타(Panino Bombetta)가 인기가 많다. 이탈리아 남부는 말고기도 즐겨먹는데 색다른 요리를 원한다면 시도해볼 만하다. 저녁시간에는 줄을 서야 할 만큼 인기 있는 곳이므로 알베로벨로를 방문했다면 이곳을 놓치지 말자.

주소 Largo Martellotta, 54-55, 70011 Alberobello **문의** (+39)388-567-5255 **운영시간** 13:00~22:00 **가격** €3~15 **귀띔 한마디** 앉아서 먹을 시에 자릿세가 있으므로 경비를 줄이고 싶다면 가볍게 버거류를 주문해서 주변 광장에서 먹어도 좋다. **찾아가기** 알베로벨로 관광의 중심지인 라르고마르텔로타(Largo Martellotta) 거리에 위치한다. **주변 관광지** 알베로벨로 역사지구

Section 06
오래전 과거로의 시간여행, 마테라

BC 천 년 경부터 사람들이 살기 시작한 마테라는 전 세계에서 가장 오래된 주거지역 중 한 곳으로 알려져 있다. 한때 이탈리아 내에서도 경제상황이 가장 어려웠던 곳으로 이탈리아의 치부처럼 취급됐지만 정부의 적극적인 홍보와 영화, 방송 등 다양한 매체를 통해 알려지면서 지금은 이탈리아에서 가장 핫한 관광지로 변모하였다. 마테라에서 타임머신을 타고 과거로 돌아간 듯한 시간여행을 즐겨보자.

마테라여행을 시작하기 전

세계적으로 가장 오래된 도시 중 한 곳인 마테라지역은 지각활동으로 형성된 협곡에 선사시대부터 동굴을 파고 사람들이 거주한 곳이다. 1663년부터 바실리카타주의 주도였지만 1806년 포텐차Potenza로 주도가 옮겨간 후 근대에 이르기까지 위성도시로서의 역할을 수행했다. 마테라 주민들은 선사시대부터 이어져 온 자연동굴과 인위적으로 만든 동굴 등을 리모델링해가며 현재까지도 거주하고 있는데 이런 주거형태를 사소Sasso라고 부른다.
현대로 들어서면서 마테라지역은 산업화에 밀린 사람들이 모여 사는 빈민촌으로 전락한다. 이에 정부에서는 이 지역을 재개발하려고 하지만 주민들의 강력한 반발에 부딪혀 중단되면서 오래된 고대도시를 지켜낼 수 있었다. 1993년 마테라역사지구가 유네스코세계문화유산으로 지정되면서 본격적인 관광개발이 추진되었고, 현재도 계속 이어지고 있다. 지금은 남부 바실리카타주를 대표하는 유명관광지로 수많은 관광객들의 발길이 끊이지 않는다.

열차편을 이용하여 마테로로 들어가기

바리 아푸로루카네Appulo-Lucane역에서 사철을 타고 들어갈 수 있다. 열차요금은 €5이고 소요시간은 1시간 40분 정도 걸린다. 최근 역을 새롭게 리모델링하면서 알도모로광장Piazza Aldo Moro 쪽에도 입구가 생겼으므로 그곳을 이용해도 된다. 어느 쪽을 이용

바리 아푸로루카네역

하든 티켓판매기가 있으므로 티켓을 구입 후 2층 역사를 통해 개찰구를 통과하면 바로 탑승할 수 있다. 주의할 것은 중간에 알타무라Altamura에서 객차가 분리되므로 바리에서 탑승할 때부터 마테라까지 가는 코치Coach, 즉 객실이 어느 부분인지 확인한 후 탑승해야 한다. 또한 일요일과 공휴일에는 사철이 운행되지 않으므로 불가피 버스를 이용해야 한다. 마테라역은 여러 곳이 있는데 처음으로 정차하는 마테라중앙역 Stazione di Matera Centrale에서 하차한 후 계단을 통해 올라오면 광장으로 이어진다. 역명을 따로 방송하지 않아 잘 모르겠다면, 현지인에게 도움을 요청하자. 혹여나 마테라중앙역을 지나쳐 마테라남역Stazione Matera Sud에 내린다 해도 당황하지 않아도 된다. 그곳에서도 역사지구까지 크게 멀지 않으므로 걸어가면 된다.

아푸로루카네역 모로광장쪽 입구

역 내 플랫폼

마테라중앙역 　　　마테라남역

버스편을 이용하여 마테로로 들어가기

바리에서 마테라까지는 버스편을 이용해도 된다. 과거에는 지역버스만 운행했지만 현재는 다양한 버스회사들이 운행하고 있으므로 상황에 맞게 선택하면 된다. 그 중 추천하는 것은 플릭스버스로 전 유럽을 대상으로 하는 버스회사라 규모도 크고 발착시간도 잘 지키는 편이다. 다만 예약시점에 따라 요금이 크게 변하므로 다른 버스회사들과 비교하여 큰 차이가 없다면 플릭스버스를 추천한다. 요금의 최저가는 €4.9부터이다.

마테라중앙역 앞 광장

마테라중앙역 앞 버스정류장

정류장 앞 티켓판매소

그 외에도 미콜리스버스Miccolis, 시타버스SITA 등이 있는데 모두 바리남동역Bari Ferrovie del Sud-Est 바로 옆 주세페카프루찌Giuseppe Capruzzi 길에서 승하차한다. 플릭스버스는 미리 표를 구매하는 것이 좋지만 예매하지 못했다면 정류장 바로 앞에 있는 바에서 티켓을 구매하여 탑승하면 된다. 소요시간은 대략 1시간 10분 정도 걸리는데 이탈리아 남부는 아직까지도 교통시스템이 완벽하지 않아 중간에 크고 작은 문제가 생길 수도 있으니 넉넉하게 시간을 잡고 가는 것이 좋다.

마테라시내에서 이동하기

마테라중앙역Stazione di Matera Centrale에 도착하여 정면의 돈민초니길Via Don Minzoni을 따라 300m가량 내려가면 역사지구가 시작되는 비토리오 베네토광장Piazza Vittorio Veneto이 나온다. 이 광장에서 조금만 더 걸어 들어가면 사소지구가 눈앞에 펼쳐진다. 마테라의 사소지구는 크게 사소바리자노Sasso Barisano와 사소카베오조Sasso Caveoso로 나뉜다.

비토리오베네토광장에서 여행을 시작하면 사소바리자노부터 시작하여 사소카베오조에서 여행을 마치게 되는데, 마테라의 사소지구는 특별한 기념비나 유적을 찾아다니는 것이 아니라 마을 분위기를 즐기며 여행하는 곳이다. 마을 내에서는 다양한 행사와 이벤트가 수시로 진행되므로 시기가 맞으면 색다른 여행도 즐길 수 있다. 또한 마테라의 지역적 색깔을 살린 다양한 카페와 레스토랑, 펍들도 여행을 더욱 즐겁게 만들어 준다.

마테라 관광안내소

역 근처 위치한 관광안내소에서 시내 지도를 무료로 받을 수 있다.
주소 Via Cappelluti 34 **문의** (+39)083-533-6572 **운영시간** 월~토요일 09:00~13:30, 15:30~19:00 **휴무** 매주 일요일

마테라의 역사지구
사소바리자노와 사소카베오조 Sasso Barisano & Sasso Caveoso

마테라지역은 크게 신시가지와 역사지구로 나뉘는데 그 경계선이 되는 곳이 비토리오베네토광장이다. 마테라 역사지구는 다시 사소바리자노와 사소카베오조로 나눌 수 있는데, 이곳을 돌아볼 때는 사소바리자노로 들어가서 사소카베오조지구로 나오면 된다. 사소카베오조는 지금도 거주 가능한 3,000여 개의 동굴가옥으로 구성되어 있으며, 실제 이곳에서 살아가는 사람들의 모습도 살펴볼 수 있다. 또한 이들의 생활상을 잘 보여주는 카사그로타 Casa Grotta도 방문해 볼만하다.

카사그로타 내부로 들어서면 오랜 시간 이어져온 그들의 생활상을 엿볼 수 있다. 과거에는 말이나 돼지 등의 가축도 집에서 키웠는데 이러한 전통은 우리에게는 신선하게 느껴질 수 있다. 그 외에도 그들이 사용하던 식기와 생활용품들도 잘 전시되어 있다. 시간적 여유가 된다면 사소를 개조하여 만든 숙소에서 하루정도 숙박하며 아름다운 야경을 감상해보자.

주소 Vicinato di Vico Solitario 1 **문의** (+39)0835-31-0118 **운영시간** 카사그로타 10:00~14:00, 16:00~20:00 **입장료** 카사그로타 €3 **찾아가기** 사소카베오조 입구를 통해 들어가서 브루노부이치길(Via Bruno Buizzi)을 따라 끝까지 가면 오른편에 카사그로타 입구가 보인다. **주변 관광지** 사소카베오조 지구

마테라 선사시대지구

마테라 거주민의 생활상을 살펴 볼 수 있는 카사그로타

이탈리아남부 음식의 진미를 느낄 수 있는
일 칸투초 Il Cantuccio

예수의 생애 마지막 12시간을 그린 영화 〈패션 오브 크라이스트(The Passion Of The Christ, 2004)〉의 출연 배우들이 영화촬영을 하는 동안 식사를 한 곳으로 소문 난 집이다. 이를 증명하듯 벽면에는 유명 영화배우들과 찍은 사진들이 어지럽게 걸려있다. 이

집은 이탈리아남부를 대표하는 토속음식들을 현대인의 입맛에 맞게 퓨전요리로 새롭게 서보이는 것이 특징이다. 대체로 우리 입맛에도 잘 맞으므로 새로운 요리를 원한다면 꼭 한 번 들러보길 권한다.

애피타이저로 여러 종류의 치즈와 야채가 들어간 안티파스토 델라 카사 Antipasto della Casa를 추천한다. 본 요리는 남부를 대표하는 파스타인 오레키에테 파스타 Orecchiette Pasta가 맛있다. 간혹 식사 도중 셰프가 직접 나와 자신의 요리에 대한 친절한 설명을 덧붙이기도 하며, 전체적으로 종업원들의 서비스는 만족할 만하다. 다소 비싼 가격만큼의 좋은 서비스가 제공되지만 배낭여행자들에게는 부담이 될 수 있는 가격이다.

주소 Via delle Beccherie, 33, 75100 Matera **문의** (+39)083-533-2090 **운영시간** 12:30~15:00, 19:30~23:00 **가격** €20~30 **귀띔 한마디** 유명한 레스토랑이어서 예약은 필수이다. 전화예약보다는 직접 방문하여 예약하면 외국인 여행자를 위한 자리를 별도로 준비해 주기도 한다. 필자 개인적으로 이탈리아 남부여행에서 최고의 음식점으로 손꼽는 곳이다. **찾아가기** 비토리오베네토광장(Piazza Vittorio Veneto)에 접한 도로를 따라 광장에서 도보 1분 거리이다. **주변 관광지** 역사지구

과일맛이 살아있는 젤라테리아
라 젤리다볼냐 La Gelida Voglia

역사지구와 신시가지 경계 코르소거리에 위치한 젤라테리아로 마테라를 둘러보려면 반드시 한 번은 거쳐 가는 곳이라 접근성이 좋다. 실내가 넓지 않아 대부분 테이크아웃으로 젤라토를 먹어야 하지만, 저녁 무렵에는 관광객은 물론 현지인들까지 몰려들어 주변이 인산인해가 되는 곳이다.

앉아서 먹으나 테이크아웃을 하나 가격은 동일하므로 여행 중 피곤하다면 이곳에 들러 젤라토 하나 맛보며 휴식을 취해도 좋다. 모든 과일맛 젤라토는 먹음직한 색깔은 물론 풍미까지 넘쳐나 마테라 여행 중 한 번쯤은 맛보길 추천한다. 다만 사람이 너무 많아 오래 기다려야 하고 종업원들이 불친절한 경우가 있으니 붐비지 않는 시간에 방문하는 것이 좋다.

주소 Via del Corso, 114, 75100 Matera **문의** (+39)086-546-0029 **운영시간** 12:00~23:00 **가격** €2~5 **귀띔 한마디** 저녁 무렵에서는 사람이 너무 많아 줄을 서서 먹어야 하니 가급적이면 낮에 먹는걸 추천한다. **찾아가기** 비토리오베네토광장(Piazza Vittorio Veneto)에서 코르소길(Via del Corso)을 따라 가다보면 아시시의 성프란체스코성당(Chiesa di San Francesco d'Assisi) 앞쪽에 위치한다. **주변 관광지** 사소카베오조

선사시대 분위기 속 특별함을 간직한
산탄젤로 럭셔리리조트
Sant'Angelo Luxury Resort

최근 각광받기 시작한 마테라에는 저렴한 호스텔부터 특별함이 돋보이는 럭셔리호텔까지 다양한 숙소들이 생겨나고 있다. 산탄젤로는 그 중에서도 럭셔리하면서도 마테라의 분위기와 잘 어울려 특별한 하룻밤을 원하는 여행자들에게 추천할 만하다. 입구는 다른 일반 숙소와 다를 게 없지만 안으로 들어가면 과거 선사시대에 만들어진 사소 형태를 고스란히 유지한 채 럭셔리함을 더한 리셉션이 여행자를 맞이한다.

산탄젤로는 역사지구 중앙에 위치하고 있어 관광지로 접근성이 좋고, 마테라의 매력을 제대로 느낄 수 있는 구조이다. 룸은 대부분 2인실로 디럭스룸부터 테라스를 갖춘 스위트룸과 발코니와 자쿠지 등을 갖춘 수페리어스위트룸 등으로 구분된다. 마테라에서 특별한 밤을 원한다면 이 숙소를 추천한다.

주소 Piazza S. Pietro Caveoso, 75100 Matera **문의** (+39)083-531-4010 **홈페이지** www.santangeloresort.it **체크인/아웃시간** 14:30/11:00 **객실요금** 비수기 더블룸 €130~ **성수기** 더블룸 €220~(관광세 1인 1박당 €8) **귀띔 한마디** 성수기에는 비싸지만 상대적으로 비수기에는 매우 저렴하다. 비수기에 여행한다면 큰 부담 없이 이용할 수 있다. **찾아가기** 사소카베오조가 위치한 부르노 부오찌(Via Bruno Biozzi) 길을 따라 밑으로 내려가다 보면 왼쪽에 위치한다.

마테라의 추억을 간직하고 싶다면
비지아르테 BG Arte

이탈리아 남부는 여타 다른 도시와 달리 사암을 적극적으로 사용하여 도시를 세우고 기념비들을 세웠다. 비지아르테는 이런 사암을 이용하여 다양한 기념품을 만들어 판매하는 곳으로 선사시대 토굴마을 분위기와 잘 어울리는 다양한 기념품을 만날 수 있다. 이탈리아 내에서도 관광객 증가율이 높은 도시인만큼 빠르게 변화하고 다양한 상점들이 생겨나지만 과거부터 현재까지 꾸준한 인기를 누리는 기념품점이다.

가격도 저렴한 편이라 여행자들에게 대량구매를 유도하지만 사암도 돌이므로 무겁기 때문에 필요 이상 구매는 추천하지 않는다. 아직까지 남부 특유의 정도 있어 즐겁게 흥정만 잘하면 가격도 깎을 수 있으니 기분 좋게 흥정해보자.

주소 Piazza Vittorio Veneto, 37, 75100 Matera **문의** (+39)338-923-9371 **운영시간** 09:30~20:30 **가격** €5~80 **찾아가기** 여행의 시작이자 마을의 중심인 비토리오베네토광장에 위치하고 있다. **주변 관광지** 사소바리오조

Section 07
이탈리아 남부 바로크문화를 꽃피운 레체

이탈리아 남동쪽 최남단에 위치한 작은 도시 레체는 지금은 작은 소도시이지만 중세시대에는 이탈리아남부의 피렌체라 불렸던 곳으로 16~17세기의 바로크양식의 아름다운 건축물들을 만날 수 있다. 수많은 수식어 중 '화려함'이라는 형용사가 가장 잘 어울리는 이 도시는 이탈리아의 그 어느 도시보다도 아름답고 화려하다.

🧳 레체여행을 시작하기 전

이탈리아에서 남동부 끝자락에 위치한 아름다운 바로크의 도시 레체는 수많은 예술작품으로 가득 차 있는 곳이다. 13세기부터 지중해교역으로 부를 쌓은 레체는 다른 이탈리아의 주요도시들과 달리 대리석보다는 주변에서 쉽게 구할 수 있던 사암이라는 부드러운 재질의 석재를 이용하여 도시를 조성하였다.

조각가들은 부드러운 사암을 이용하여 보다 섬세하고 화려한 작품들을 만들 수 있었고, 이는 현재 레체만이 지니고 있는 매력으로 손꼽힌다. 시간적 여유가 있다면 화려함이 더욱 깊어지는 레체의 야경 또한 놓치지 말아야 한다. 이곳에 있는 대부분의 성당들과 건축물들은 레체만의 고유한 양식을 이용해 만들어졌다. 주요 볼거리로는 산타크로체성당Basilica di Santa Croce과 두오모로 레체를 대표하는 역사적인 유적이므로 놓치지 말아야 하며, 그 외에도 로마시대 만들어진 원형극장을 비롯한 로마유적지 등을 찾아볼 수 있다.

🏛 레체로 들어가기

풀리야주의 제2의 도시인 레체는 도시규모가 다른 관광지에 비해 큰 만큼 바리중앙역에서 매 1~2시간 간격으로 레지오날레부터 유로스타까지 다양한 기차편이 운행되고 있다. 요금은 €10.80~22.50이며 소요시간은 약 1시간 30분

레체 기차역

에서 2시간 정도 걸린다. 다만 이탈리아남부의 경우 연착이 잦으므로 여행에 충분한 시간적 여유를 갖는 것이 좋다.

▲ 역 앞 광장

▲ 오론조콰르트로거리

레체역 짐보관소 ▶

역에서 나와 정면의 오론조콰르타거리 Viale Oronzo Quarta를 따라 약 350m를 걸어가면 역사지구로 들어가는 입구가 보인다. 레체의 역사지구는 그리 규모가 크지 않기 때문에 천천히 산책하듯 둘러보면 반나절 정도로 충분하기 때문에 바리에서 당일치기로 여행을 해도 괜찮다. 만약 짐을 갖고 이동할 경우에는 레체역 안에 위치한 짐보관소를 이용하면 편하다. 참고로 역내 짐보관소는 오전 7시부터 저녁 8시까지 운영하며, 요금은 1~5시간까지 고정 €6, 6~12시간까지 시간당 €1로 13시간 이상은 시간당 50센트이다.

레체 관광안내소

아직까지 레체는 우리나라 여행객들에게 많이 알려져 있지 않지만 이탈리아관광청의 적극적인 지원으로 관광안내소의 자료는 매우 풍부하고 자세하다. 관광안내소 운영시간에는 직원들의 친절한 설명과 함께 유적지에 대한 자료와 지도를 무료로 제공받을 수 있으니 적극적으로 이용하자.

주소 Piazza Sant'Oronzo 2 **문의** (+39)083-252-1877 **운영시간** 09:30~13:30, 15:30~19:30

레체 통합권 이용하기

과거 무료로 입장할 수 있던 성당들이 대부분 유료로 변경되었다. 레체를 대표하는 성당마다 각각 요금을 내야 하지만 모든 성당을 둘러볼 수 있는 통합권을 구매하면 훨씬 저렴하게 유명 성당들을 구경할 수 있다. 가족여행자들을 위한 가족권도 있으니 참고하자. 티켓은 성당마다 별도로 판매하는 것이 아니라 두오모광장에 위치한 티켓판매소에서만 구입할 수 있기 때문에 레체에 도착하면 반드시 티켓 먼저 구매해야 한다. 참고로 티켓을 구입하면 관광지도를 무료로 제공하니 여행에 참고하자.

티켓의 종류와 요금 통합권(Tiket Completo) €9, 가족권(성인 2, 아이 최대 2명_Tiket Famiglia) €17, 산타마리아 아쑨타대성당(Cattedrale Ss.maria Assunta) €5, 바실리카 산타크로체(Basilica di Santa Croce) €5, 두오모광장+산타크로체(Piazza Duomo+Santa Croce) €6.50, 산타키아라성당(Chiesa di Santa Chiara) €3, 산마테오성당(Chiesa di San Matteo) €3

레체 바로크성당의 롤모델이 된
산타마리아대성당 Cattedrale di Santa Maria Assunta

1144년에 처음 건설된 레체대성당은 1659년 주세페짐바올로 Giuseppe Zimbalo에 의해 당시 이탈리아 남부에서 유행했던 바로크 양식으로 새롭게 재건되면서 현재의 모습을 갖추고 있다. 다른 성당들과 달리 입구가 두 곳인데 대성당의 메인 입구를 장식하고 있는 파사드는 레체 바

로크의 걸작이라 불리며 다른 성당들의 입구를 장식하는 롤모델이 되었다.

풀리야 지역에서 가장 높은 72미터짜리 종탑도 유명한데, 날씨가 좋은 날 종탑에 오르면 아드리아해 건너편 알바니아산맥까지도 볼 수 있다. 성당 안으로 들어서면 이탈리아 남부예술의 특징이 잘 드러나는 화려한 조각품들이 눈에 띄지만 당시 남부의 미술분야는 오지와도 같았기 때문에 회화작품은 그리 볼거리가 많지 않다.

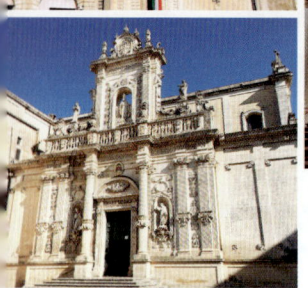

주소 Piazza del Duomo, 73100 Lecce **문의** (+39)083-230-8557 **운영시간** 07:30~12:00, 15:30~18:00 **입장료** 통합권 €9, 개별 €5 **귀띔 한마디** 레체에 도착하면 두오모광장에 위치한 티켓판매소에서 성당 입장티켓부터 구매해야 한다. **찾아가기** 레체여행의 시작점인 두오모광장(Piazza Doumo)에 위치하고 있다.

산타크로체성당 Basilica di Santa Croce
레체가 남긴 가장 위대한 유산,

중세를 거쳐 르네상스와 바로크시대를 지나면서 이탈리아에 세워진 대부분의 성당은 기독교와 관련된 장식들로 꾸며졌다. 어찌 보면 가톨릭국가이면서 교황청이 있던 이탈리아에서는 당연하다 할 수 있지만, 레체는 기독교의 영향보다는 지중해 연안국가와 민족들과의 교류로 유럽 어디에서도 볼 수 없는 화려한 장식을 특징으로 하고 있다.

레체를 대표하는 산타크로체성당은 14세기 처음 수도원으로 건물이 세워지기 시작하여 1695년이 돼서야 비로소 완공되었다. 일반적인 기독교와 관련된 주제를 벗어나 기괴한 그림, 동물, 야채 등 종교형식에 얽매이지 않는 다양한 소재를 이용하여 장식하였는데, 이러한 독특한 장식은 종교적인 사상을 벗어나 아랍의 화려한 장식문화의 영향을 받았기 때문이다. 또한 유럽 전역에서 주로 사용하던 대리석이 아닌 조각하기 쉽고 현지에서 쉽게 구할 수 있는 사암으로 조각하여 더욱 화려하게 만들 수 있었다. 다만 사암의 특성상 오랜 세월 풍화작용으로 의해 조각들 사이사이에서 마모된 흔적들이 쉽게 발견되는데 현재도 끊임없이 보수를 하고 있다.

주소 Via Umberto 1 **문의** (+39)0832-24-1957 **운영시간** 09:00~12:00, 17:00~20:00 **찾아가기** 레체 역사지구의 중심인 산오론초광장(Piazza Sant'Oronzo)에서 북쪽으로 나있는 움베르토길(Via Umberto)을 따라 가면 보인다. **귀띔 한마디** 성당에서 다양한 이벤트가 진행되는데 그럴 경우 아무런 통보없이 입장이 제한된다.

📷 로마시대의 영광을 간직한 로마원형극장 Anfiteatro Romano

로마제국이 번영을 누리던 5현제시대에 만들어진 원형극장으로 당시 로마인들이 지닌 풍요로움이 그대로 드러나는 극장이다. 당시는 경제적으로 부유했으며 정세 또한 안정화되어 건축과 예술분야에 큰 발전을 이루게 된다. 레체도 당시 이탈리아 남부의 주요 교역도시로 큰 번영을 누리던 시기였으므로 도시 규모에 비해 원형극장이 크게 지어졌다는 것을 알 수 있다.
로마제국이 멸망하면서 레체는 폐허가 되었고, 19세기에 들어서 이탈리아은행을 건설하는 과정에 모래 속에 묻혀있던 원형극장이 발견되었다. 결국 은행건설은 취소되고 대대적인 발굴작업이 진행되어, 1940년에 현재와 같은 모습으로 일반에 공개되었다. 원형극장은 2만 5천 명을 수용할 수 있는 규모로 당시 이탈리아 남부에서 최대 규모의 원형극장이었다.

주소 Piazza Sant'Oronzo, 42, 73100 Lecce **운영시간** 상시공개 **입장료** 무료 **귀띔 한마디** 실내 입장은 불가능하며 밖에서만 볼 수 있다. **찾아가기** 레체역사지구의 중심인 산오론초광장(Piazza Sant'Oronzo)에 위치하고 있다.

525

남부의 여유로움을 제대로 즐길 수 있는
보나시아나 BonaSciana Café

레체의 중심인 산오론조광장Piazza Sant'Oronzo의 원형극장 바로 옆에 위치한 카페로 다양한 식사도 가능하다. 이곳에서는 다양한 남부요리를 제공하는데 해안가답게 해산물과 관련된 요리들이 많다. 음식의 맛보다는 광장을 중심으로 원형극장을 배경삼아 여유롭게 한 끼 식사를 해결할 수 있는 곳이다. 만약 비린 음식을 좋아하지 않는다면 추천하지 않는 곳이지만, 그나마 해산물 샐러드와 연어파스타는 먹을 만하다. 남부 전통의 커피맛을 경험할 수 있는 곳으로 식사 후에는 에스프레소 한 잔도 함께 즐겨보자.

주소 Via Giuseppe Verdi, 16/17, 73100 Lecce **문의** (+39)328-691-4199 **운영시간** 07:00~02:00 **가격** €2~15 **찾아가기** 산오론조광장(Piazza Sant'Oronzo)에 위치해서 찾아가기 쉽다. **주변 관광지** 산타크로체성당 및 역사지구

이탈리아남부 디저트의 명가
카페알비노 Caffè Alvino

레체역사지구의 중심인 마치니광장Piazza G.Mazzini에 위치한 카페테리아로 직접 로스팅한 커피의 맛이 훌륭하다. 이 카페에서는 커피와 함께 풀리아의 대표음식 중의 하나인 파스티초토Pasticciotto가 유명하다. 커스터드크림 등 여러 가지 맛을 내는 크림과 과일을 넣어 오븐에 구워낸 디저트로 풀리아지역에서는 이탈리아 대표 아침메뉴인 코르네토Cornetto(크루아상의 이탈리아어) 대신 아침식탁을 책임지고 있다. 다양한 맛이 있지만 체리맛 파스티초토(Pasticiotto di Amarena)가 우리 입맛에 제일 잘 맞는다. 또한 젤라토도 직접 만들어 판매하고 있는데 피스타치오나 헤이즐넛맛의 젤라토를 추천한다.

주소 Piazza Sant'Oronzo 30 **문의** (+39)083-224-6748 **운영시간** 07:00~02:00 **휴무** 매주 화요일 **가격** €2~10 **찾아가기** 산오론조광장(Piazza Sant'Oronzo)에 위치한다. **주변 관광지** 산타크로체성당 및 역사지구

Chapter 03 바리근교 여행

세련된 디자인과 서비스를 제공하는 와인바,
에노테카 맘마 엘비라 Enoteca Mamma Elvira

중세도시 레체의 분위기에 빠져있다 보면 자칫 고풍스러운 분위기를 연상할 수 있지만 이 집은 세련된 디자인과 서비스를 자랑하는 곳이다. 와인바이긴 하지만 와인 한 잔과 함께 곁들일 수 있는 음식도 판매하고 있어 가볍게 저녁식사를 때우기에도 좋다. 칵테일 한 잔과 간단한 음식을 €7~10에 제공하는 아페르티보를 운영하고 있는데 이곳 젊은이들 사이에서 인기가 좋다. 칵테일은 이탈리아 사람들에게 사랑받는 스프리츠 콘 아페롤 Spritz con Aperol을 추천한다. 도수가 높지 않고 같이 주는 올리브와 함께 하면 좋다.

음식은 대체로 맛있는 편이며 위치도 좋아 찾아가기 쉽다. 낮에도 와인이나 맥주를 즐기는 분위기와 이탈리아남부의 푸근한 정이 느껴지는 이 집의 친절함은 사람을 참 편안하게 만들어 준다.

주소 Via Umberto I 19 **문의** (+39)083-2169-2011 **홈페이지** mammaelvira.com **운영시간** 08:00~03:00 **가격** €6~20 **찾아가기** 산타크로체성당에서 도보로 1분 거리이다. **주변 관광지** 산타크로체성당

스프리츠 콘 아페롤

이탈리아 남부의 화려한 기념품을 원한다면
페트라아우레아 Petra Aurea

이탈리아 대부분의 지역은 화산활동으로 이루어진 땅이라 대리석을 어렵지 않게 구할 수 있었다. 하지만 이탈리아 남부지역은 특이하게도 사암이 많이 형성되어 있어 과거부터 사암을 이용한 조각물과 건축물들이 세워졌고, 현대에 들어와서는 그 사암을 이용해 다양한 기념품까지 제작판매하고 있다. 사암은 굵은 모래가 쌓여 형성된 암석으로 줄무늬가 거의 없고 잘게 잘 부서져 섬세한 조각에 유리한 재질이지만 풍화작용에는 약하다는 단점이 있다.

레체에는 사암으로 만든 다양한 기념품을 파는 상점이 계속 늘어나는 추세인데, 이 중에서도 페트라아우레아는 오래 전부터 인기를 누려온 상점이다. 마그네틱부터 무드등까지 제품의 종류도 많고, 가격도 정찰제라 안심하고 구매해도 좋다. 만약 사암을 이용한 기념품을 구매할 계획이라면 한번쯤 들러볼 만한 곳이다.

주소 Via Giuseppe Palmieri, 2, 73100 Lecce **문의** (+39)083-224-3555 **운영시간** 09:00~13:30, 16:00~22:00 **가격** €3~90 **찾아가기** 두오모광장으로 들어가는 입구 바로 앞에 위치한다. **주변관광지** 두오모광장, 산타마리아대성당

Section 08
눈부신 아드리아해의 보석, 폴리냐노 아마레

몇 년 전까지만 해도 세상에 알려지지 않았던 폴리냐노 아마레는 SNS를 통해 세상에 알려지기 시작하면서 현재는 이탈리아 남동부를 대표하는 유명 휴양지로 발전하고 있다. 작지만 그 어떤 것도 놓칠 수 없는 깨알 같은 매력으로 가득한 이곳에서 아드리아해의 매력에 빠져보자.

🧳 폴리냐노 아마레 여행을 시작하기 전

이탈리아에서 가장 오래 전 인류가 거주했던 흔적을 찾아볼 수 있는 곳으로 신석기시대부터 사람들이 살았던 땅이다. 지리적으로 그리스와 이탈리아를 연결해주는 거점에 자리하고 있어 일찍부터 도시가 발달하였다. 이후 베네치아인들이 아드리아해 인근 도시국가들과의 교역을 위해 이곳을 점령한 후 더욱 발전했지만, 근대에 들어서면서부터는 바리나 브린디시와 같은 대도시에 밀려 점점 사람들의 기억 속에서 사라진 곳이다.

최근 SNS를 통해 휴양지로서의 매력이 퍼지면서 과거 인근 지역민들의 숨겨진 보석 같던 관광지들이 하나둘 세상에 알려지기 시작했다. 그 중 몇몇은 여타 유명 관광지 못지않은 인기를 끌면서 많은 여행자들의 발길이 이어지고 있다. 이탈리아 남동부 풀리야지역 중 특히 인기 있는 곳이 폴리냐노 아마레인데 가파른 절벽 사이에 신비하게 자리한 해수욕장과 특유의 밝고 친절한 이탈리아 남부사람들이 만들어주는 분위기가 한몫을 한다.

📖 폴리냐노 아마레로 들어가기

폴리냐노 아마레행은 바리중앙역Bari Centrale에서 출발하는 완행열차 레지오날레Regionale인데, 매 30분~1시간마다 운행된다. 다만 열차편에 따라 환승을 해야 하는 경우도 있으니 전광판에서 꼭 직행열차인지를 확인해야 한다. 요금은 직행이나 환승이나 동일하게 €2.5이며, 운행 소요시간은 30여 분이다.

폴리냐노 아마레 기차역

폴리냐노 아마레역에 도착하면 역을 빠져나와 역을 등지고 왼쪽의 트리에스테길Vale Trieste를 따라 10여 분 정도 걸어가면 구시가지 입구가 나온다. 해수욕을 즐기려면 마을로 들어가지 말고 입구 왼쪽에 있는 다리Ponte di Polignano를 건너 조금만 더 걸어가면 바로 해변으로 들어갈 수 있고, 식사나 커피를 마시며 잠시 휴식을 취하고 싶다면 마을 쪽으로 들어가자. 불과 몇 년 전까지만 해도 조용한 마을이었던 이곳이 현재는 수많은 여행자들로 가득 차 거리 곳곳이 활기가 넘친다. 다양한 카페와 아름다운 펍, 훌륭한 맛을 자랑하는 레스토랑까지 어느 것 하나 부족함이 없으니 이탈리아 남부의 낭만을 제대로 즐겨보자.

폴리냐노 아마레 구시가지 입구

폴리냐노 아마레다리

폴리냐노 아마레다리에서 내려 본 풍경

폴리냐노 아마레 관광안내소

구시가지로 들어가는 입구 바로 직전에 관광안내소가 자리하고 있으므로 그냥 지나치지 말고 잠시 들러보자. 여행에 필요한 정보는 물론 무료로 지도도 제공받을 수 있다.

주소 Via Martiri di Dogali, 2, 70044 Polignano a Mare **문의** (+39)080-425-2336
운영시간 목~월요일 09:00~20:00, 화~수요일 09:30~13:30/15:30~20:00

젤라토거리를 탄생시킨 젤라테리아
젤로마리오의 슈퍼마고 The Super Mago del Gelo Mario Campanella

이 지역을 대표하는 젤라테리아로 폴리냐노 아마레가 세상에 알려지기 이전부터 지역민들의 사랑을 받았던 곳이다. 7년 전 필자가 처음 이곳을 방문했을 때는 젤라토가게는 이 집 밖에 없었지만 현재는 수많은 젤라테리아가 거리를 형성할 만큼 늘어났다. 지역의 원조답게 맛과 명성을 계속 이어가고 있어 항상 다른 젤라토가게보다 많은 사람들로 북적거린다.

멜론, 복숭아, 딸기 등 과일맛 젤라토가 일품이며, 항상 유쾌하게 응대하므로 젤라토를 먹기 전부터 기분이 좋아진다. 가격 또한 작은 건 €1.3, 중간 크기 €1.8로 매력적이다. 폴리냐노 아마레 여행의 시작과 마무리를 이 집의 젤라토로 해도 좋을 듯하다.

주소 Piazza Giuseppe Garibaldi, 22, 70044 Polignano a Mare **문의** (+39)080-424-0025 **운영시간** 05:30~01:30(연중무휴) **가격** €1.3~ **찾아가기** 기차역을 나와 트리에스테길(Viale Trieste)을 따라 구시가지 입구 바로 앞에 위치한다. **주변 관광지** 구시가지

특별한 곳에서 누리는 특별한 즐거움
아쿠아마레아 Aquamarea

구시가지의 아기자기하고 예쁜 거리를 걷다보면 사진을 통해 우리에게 많이 알려진 하나의 풍경이 펼쳐지는데, 그 곳에 위치한 유일한 카페테리아 겸 비스트로이다. 좋은 위치에 자리하다보니 항상 사람들로 붐비지만 시간만 잘 맞추면 전망 좋은 풍경과 함께 칵테일 한 잔을 통해 여행의 즐거움을 배가시킬 수 있다.

북적거리는 것이 싫다면 오후 4시 이후에 방문하는 것이 좋은데, 오후 4시 이후에는 간단하게라도 식사를 해야 하기 때문에 가격적으로 부담은 될 수 있다. 하지만 아름다운 풍경을 배경으로 여유롭게 식사를 즐길 수 있어 충분히 지불할 가치는 있다. 아쿠아마레아는 그 외에도 뷰티크숙소도 운영하며, 저녁에는 루프탑에서 칵테일바도 운영하므로 열정적인 폴리냐노 아마레의 밤을 보내고 싶은 여행자라면 이곳을 고려해도 좋다.

▲ 아쿠아마레아의 숙소

주소 Via Porto, 23, 70044 Polignano a mare **문의** (+39)080-917-7223 **운영시간** 카페테리아 07:00~16:00 비스트로 16:00~01:00 **가격** €2~ **찾아가기** 구시가지 중심인 비토리아엠마누엘레광장(Piazza Vittorio Emanuele II)에서 왼쪽 길로 계속 걸어가면 전망대가 나오고 바로 옆에 위치하고 있다. **주변 관광지** 구시가지

Special 11
눈부시게 빛나는 백색도시
오스투니(Ostuni)

'백색도시'라는 별명을 가지고 있는 오스투니는 푸른 바다 속에 빛나는 진주와 같은 도시로 이탈리아남부의 또 다른 매력을 느낄 수 있는 곳이다. 도시 전체가 온통 새하얗게 칠해진 순백의 도시로 어디에서나 아름다운 풍경과 마주하게 된다.

📷 오스투니여행을 시작하기 전

석기시대 때부터 풀리아지역 토착민들의 거주지였던 이곳은 2차 포에니전쟁 당시 카르타고의 명장 한니발에 의해 처참히 붕괴되었다. 이후 그리스인들이 정착해 살아가면서 새로운 마을이라는 의미로 'Astu nèon'이라 부르던 것이 유래가 되어 오스투니라는 이름이 붙게 되었다. 오스투니는 서로마제국의 멸망과 함께 역사 속에 잠시 사라졌으나, 10세기경 노르만인들이 다시 이곳에 정착하면서 새롭게 도시가 재건되었다. 당시 도시를 보호하기 위해 쌓은 성벽이 아직까지 남아있다. 올리브와 포도의 특산지로 새하얀 마을, 푸른 바다, 수많은 올리브나무가 함께 어우러진 풍경은 오스투니와 사랑에 빠지기에 충분하다.
오스투니는 작은 중세도시로 시내를 돌아보는 데 반나절이면 충분하다. 구시가지와 신시가지로 나누어져 있는데 주요 볼거리는 구시가지에 몰려있다. 이곳을 관광 상품화하면서 순백의 도시라는 이미지를 만들기 위해 도시 전체가 하얗게 칠해놓았다. 골목길 사이사이마다 아름다움이 가득 차 있는 도시이므로 여유를 갖고 산책하듯이 둘러보자.

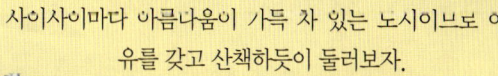

오스투니로 들어가기

바리중앙역(Bari Centrale)에서 오스투니(Ostuni)행 완행열차인 레지오날레(Regionale)가 매 30분~1시간 마다 운행되며 요금은 €5.7이다. 다만 10시 다음 기차가 12시 31분이니 가급적이면 10시 이전 열차를 이용하는 것이 좋다. 또한 주말과 휴일에는 배차가 평일의 절반 정도밖에 안됨으로 미리 기차시간을 확인하도록 하자.

오스투니는 언덕 중턱에 위치한 작은 마을로 기차역이 바로 연결되어 있지 않다. 그래서 기차역에서 관광지가 있는 중심가까지 약 3km 정도 떨어져 있어 역에서 버스를 타고 중심가까지 가야 한다. 역 안에 있는 바에서 티켓을 판매하니(€1) 티켓을 구매하고 역앞 정류장에서 마을로 가는 버스를 타자. 버스는 불규칙적으로 운행하지만 보토 20~40분에 한 대씩 운행된다. 버스를 타고 약 20분 정도 가서 갈리치아광장(Piazza Galizia) 또는 비알레폴라(Viale Pola)에서 하차 후 구시가지까지 약 5분 정도 걸어가야 한다.

매운 이탈리아 요리를 맛볼 수 있는
트라토리아 사포레&사포리 Trattoria Sapore E Sapori

오스투니 역사지구 내에 있는 자그마한 레스토랑으로 가족이 운영하고 있어 정감 있고 친절하다. 유명한 메뉴로는 모둠 전채요리가 있는데 이탈리아남부의 유명한 햄과 야채볶음치즈가 함께 나온다. 이탈리아 남부에서는 매콤한 음식들을 맛볼 수 있는데 싱싱한 고추에 올리브를 발라 통으로 구운 애피타이저는 우리 입맛에도 잘 맞는다.

또한 이탈리아 남부 풀리아지역 대표 파스타인 오레기에데 Orecchiette를 이용한 파스타도 유명하다. 토마토를 잘게 썰어 오랜 시간 끓여 만든 소스에 푹 삶은 오레키에테와 매콤한 칠리소스를 버무려 만든 파스타이다. 우리나라 뚝배기 모양의 그릇에 담아주는데 이는 먹는 내내 음식이 식지 않도록 한 것으로, 우리나라와 비슷한 음식문화를 느낄 수 있다.

주소 Via F. Incalzi Antonelli, 72017 Ostuni **문의** (+39)334-124-3223 **운영시간** 11:00~15:00, 18:00~22:00 **휴무** 매주 월요일 **가격** €15~20 **찾아가기** 오스투니대성당 정면을 등지고 앞으로 가다가 왼쪽 첫 번째 골목에 위치한다. **주변 관광지** 오스투니역사지구

Part 08

시칠리아&
시칠리아근교 여행

시칠리아에서 놓치지 말아야 할 추천 베스트
고민 없이 즐기는 시칠리아 전체 추천 동선

Chapter01 잿더미에서 부활한 카타니아
고민 없이 즐기는 카타니아 추천 동선
Section01 카타니아&카타니아근교 교통편 이용하기
Section02 카타니아에서 반드시 둘러봐야 할 명소
Section03 카타니아에서 먹어봐야 할 것들
Section04 여행자들에게 적당한 카타니아의 숙소

Chapter02 카타니아근교 여행
Section05 지중해에서 가장 오래된 휴양지 타오르미나
Section06 자연의 위대함이 지금도 살아 숨 쉬는 에트나산
Section07 지중해의 역사가 살아 숨 쉬는 시라쿠사

Chapter03 유럽과 이슬람의 문화가 조화를 이룬 팔레르모
고민 없이 즐기는 팔레르모 추천 동선
Section08 팔레르모&팔레르모근교 교통편 이용하기
Section09 팔레르모에서 반드시 둘러봐야 할 명소
Section10 팔레르모에서 먹어봐야 할 것들
Section11 여행자들에게 적당한 팔레르모의 숙소

Chapter04 팔레르모근교 여행
Section12 고대그리스의 위대한 역사, 아그리젠토
Section13 지중해의 숨은 진주 체팔루
Special12 세상에서 가장 아름다운 성당이 있는 몬레알레

SICILIA BE

시칠리아에서 놓치지 말아야 할 추천베스트

타오르미나(Taormina)
시칠리아동부 최고의 휴양지에서 즐기는 해수욕

고대 그리스시대부터 가장 사랑받는 휴양지 중 하나로 타오르미나에 발을 들여놓는 순간부터 행복이라는 두 글자가 머릿속에 떠오를 것이다.

에트나산(Monte Etna)
지중해 최대의 화산등정

지상 최대의 활화산 에트나는 인간이 만들어 낸 그 어떤 작품보다 위대하다. 산정상 분화구에서는 아직도 연기가 계속 피어오르고 있다.

시라쿠사(Siracusa)
시칠리아 고대도시

시칠리아 역사에서 가장 큰 발자취를 남긴 도시 시라쿠사. 역사에서 버려지는 비운을 맞이하였지만 오히려 이것이 과거의 모습을 고스란히 간직할 수 있는 축복이 되었다.

아그리젠토(Agrigento)
고대 그리스의 숨결이 그대로 남겨져 있는

로마제국도 마지막까지 인정한 그리스의 문화적 천재성을 제대로 느껴볼 수 있는 곳이다. 그리스유적을 보려면 그리스가 아니라 아그리젠토로 가야 한다는 말을 탄생시킨 아그리젠토에서 그리스의 위대한 발자취를 따라 가보자.

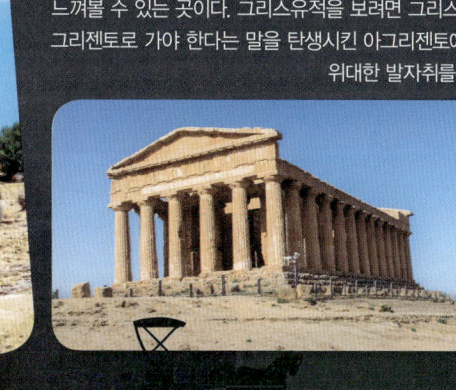

몬레알레(Monreale)
역사가 만들어 낸 위대한 성당

혼란했던 중세시대에 만들어진 이 주옥같은 대성당은 인간이 만들 수 있었던 모든 문화가 한데 어우러져 있다. 지중해에서 가장 아름답고 위대한 성당으로 평가받는 이 성당은 건축물 전체가 하나의 작품처럼 느껴진다.

고민 없이 즐기는 시칠리아 전체 추천 동선

남한 영토의 3분의 1 크기인 지중해 최대의 섬 시칠리아는 시간적 여유만 있다면 최소 보름 이상 머물면서 시칠리아를 제대로 느껴보는 것도 고려할 만하다. 대부분의 유럽 여행자들이 그렇듯이 시간을 많이 할애하지 못하는 경우 짧은 일정으로도 알차게 둘러볼 수 있는 두 가지 일정을 추천한다.

로마나 기타 유럽 국가에서 시칠리아로 들어오는 가장 쉬운 방법은 저가항공이며, 일찍 예약하면 가격도 상대적으로 저렴하다. 로마나 나폴리에서 밤기차를 탈 경우 가격은 낮 시간대보다 비싸지만 아침에 도착하여 시간을 절약할 수 있다.

고민 없이 즐기는 시칠리아 전체 추천 동선

시칠리아 완전 정복 7박 8일

우리나라 여행자들에게 많이 알려지지 않은 신비의 섬 시칠리아는 각각 고유의 색깔을 가진 여행지로 넘쳐난다. 그 모든 여행지를 다 돌아보기 위해서는 보름 이상의 시간이 필요하지만, 긴 일정을 할애하기 어렵더라도 일 주일 정도는 이 도시의 매력에 투자해보자. 여기서 추천하는 7박 8일 일정은 시칠리아를 대표하는 유명 관광지를 중심으로 구성해 보았다. 반대로 팔레르모로 들어가 카타니아에서 일정을 마무리해도 무방하다.

실속파를 위한 4박 5일 시칠리아 코스

시칠리아여행을 위해 2~3일 정도로 생각하는 여행자라면 과감하게 시칠리아여행을 다음으로 미루길 바란다. 지중해 최대의 섬인 시칠리아를 둘러보려면 최소 5일은 투자해야 그래도 시칠리아여행을 다녀왔다고 말할 수 있다. 앞서 제시한 7박 8일 일정과는 휴양지를 제한한 차이만 있을 뿐 그 외의 시칠리아 대표 여행지 모두를 섭렵할 수 있는 최소한이자 최선의 일정이다.

Chapter 01
잿더미에서 부활한 카타니아

에트나산 언저리에 위치한 고대도시 카타니아는 시칠리아 제2의 도시로 시칠리아 동부를 대표하는 중심도시이다. 1669년 화산폭발과 1693년에 대지진으로 도시가 완전히 파괴되는 순간도 있었지만 시칠리아 인들의 끊임없는 노력으로 현재의 모습까지 발전시켰다. 신으로부터 풍요로운 대지라는 축복과 화산폭발이라는 재앙을 동시에 받았고, 수많은 재앙과 어려움 속에서도 그들만의 아름다운 문화를 만들어 낸 카타니아의 모습은 가히 경이적이다.

고민 없이 즐기는 카타니아 추천 동선

카타니아는 시칠리아동부 교통의 허브이다. 고대로마 시대의 유적부터 화려한 바로크양식의 성당이 조화롭게 어우러져 있는 카타니아는 시칠리아의 매력을 느끼기에 충분한 곳이다. 대부분의 관광지가 카타니아의 중심 두오모광장 주변에 있으므로 길을 잃을 염려도 없으며 도시의 치안도 좋은 편이라 편안한 마음으로 도보여행을 하기에 좋다.

Chapter 01 잿더미에서 부활한 카타니아

카타니아 일일코스

일정이 여유롭다면 하루일정을 추천하지만 그렇지 않다면 반나절 관광 후 근교여행을 추천한다. 활화산인 에트나산, 휴양지 타오르미나, 고대도시 시라쿠사 등 매력적인 근교도시들이 있다. 각 지역을 연결하는 교통편은 자주 운행하며 대부분 중앙역이나 그 주변의 버스터미널에서 출발한다.

카타니아&카타니아근교 교통편 이용하기

Section 01

카타니아는 시칠리아동부 교통의 허브로 이탈리아 각 도시에서 저가항공, 기차, 페리가 운행된다. 이 중 가장 편한 교통편은 비행기로 로마, 밀라노, 베네치아 등 주요도시에서 일일 1~2편이 운행된다. 기차는 로마, 나폴리에서 직행이 운행되지만 그 외 도시는 환승해야 한다. 주간 일일 2편, 야간 일일 1~2편 정도 운행된다. 카타니아로 들어오는 페리는 다소 이용하는 데 불편함이 있어 여기서는 추천하지 않는다.

폰타나로사공항(CTA)에서 카타니아시내로 들어가기

폰타나로사공항Fontanarossa Aeroporto은 도심에서 남서쪽으로 약 7km 떨어져 있으며, 이탈리아를 비롯한 유럽 각국으로 연결된다. 공항에서는 카타니아뿐만 아니라 주변 다른 유명관광지로 이동할 수 있는 교통편도 몰려 있다. 카타니아시내까지는 도착층에서 알리버스Alibus를 탑승하면 되는데 약 20분이면 카타니아 중앙역에 도착한다. 첫차는 04:40, 막차는 24:00으로 매 25분마다 한 대씩 운행하며, 요금은 €4이다. 늦은 시간에 공항에 도착했다면 짐을 끌고 숙소를 찾아 헤매는 것은 위험하므로 택시를 타고 바로 숙소로 이동하자. 중앙역에서 시내중심인 두오모 주변까지는 약 €10이며, 공항에서 카타니아중앙역까지는 €20 정도 나온다.

카타니아 기본정보

카타니아여행 중 발생할 수 있는 긴급상황 시 다음 표내용을 참고하자.

홈페이지	www.cittadicatania.com
관광안내소	주소 Via Vittorio Emanuele, 172, 95131 Catania 운영시간 08:15~13:15
경찰서	주소 Piazza Santa Nicolella, 8, 95124 Catania 긴급전화 113
병원/응급실	이름 Ospedale Vittorio Emanuele 주소 Via del Plebiscito, 628, 95124 Catania 문의 (+39)095-742-1111

카타니아중앙역에서 카타니아시내로 이동하기

시칠리아동부 교통의 허브 카타니아중앙역Catania Stazione Centrale은 이탈리아 주요도시와 시칠리아 근교를 오가는 기차가 매일 운행된다. 이탈리아내륙에서 카타니아로 들어오는 경우와 팔레르모, 아그리젠토 등 카타니아 주변도시로 이동할 때 이용하게 된다. 시칠리아는 유로스타가 운행되지 않으며, 대부분의 기차가 레지오날레이다. 멀리 떨어진 지역으로 이동할 때는 인터시티Intercity를 이용한다. 지도를 얻으려면 두오모 근처 관광안내소를 이용한다.

> **2개로 갈라지는 열차**
> 이탈리아 내륙에서 기차를 타고 시칠리아로 들어올 경우 반드시 이탈리아 대륙의 끝에 위치한 메시나(Messina)를 거치게 된다. 이곳에서 열차가 양분되어 한 쪽은 팔레르모 방향, 다른 한 쪽은 카타니아를 거쳐 시라쿠사까지 이어진다. 지정된 자리가 아닌 자리에 앉았을 경우 생각지도 않게 다른 지역으로 갈 수 있으므로 꼭 지정된 자리에 앉도록 하자.

카타니아에서 근교도시로 이동하기

시칠리아여행은 기차보다는 버스가 유용할 때가 많다. 카타니아는 대도시답게 거의 모든 관광지로 가는 버스가 운행되며, 배차간격도 기차보다 여유롭다. 여러 버스회사들이 있는데 대부분의 버스는 시설과 이용 면에서 불편함은 없다. 다만 버스회사마다 매표소와 정류장이 구분되어 있으니 미리 타야 할 버스회사 정류장을 확인해둬야 한다.

버스종류	Interbus	A.S.T	SAIS
운행도시	시라쿠사, 타오르미나, 메시나, 라구사 등 시칠리아동부 도시 연결	에트나산 및 카타니아근교도시 연결	팔레르모, 아그리젠토 등 시칠리아 중서부 도시 연결
매표소	Via D'amico, 187	Piazza Papa Giovanni 23 (광장 주변에 있는 카페에서 판매)	Via D'amico 181
버스정류장	Via Archimede, 230		Via Archimeme, 230
홈페이지	www.interbus.it	www.aziendasicilianatrasporti.it	www.trasporti.it, www.saisautolinee.it

다음 표는 카타니아에서 카타니아근교도시로 가는 출발역과 도착역 그리고 소요시간과 요금을 정리한 것이다. 카타니아 폰타나로사공항에서 바로 타오르미나로 이동할 때에는 시내초입에 있는 인터시티 버스정류장에서 한 시간에 한 대씩 운행하는 버스를 이용하고, 시라쿠사로 이동하려면 중앙역근처 정류장(주소 Corso Umberto 1, 196)에서 한 시간에 한 대씩 운행하는 버스를 이용한다.

이동	소요시간(대략)	요금(편도)
카타니아 → 타오르미나(버스-인터버스) ▶P.555	1시간 20분	€4.49
카타니아 → 타오르미나(기차-레지오날레)	40분	€4.30
카타니아 08:15 → 에트나산 ▶P.558	2시간	€6.60(왕복)
에트나산 16:30 → 카타니아		
카타니아 → 시라쿠사(버스-인터버스) ▶P.560	1시간 30분	€6.60
카타니아 → 시라쿠사(기차-레지오날레)	1시간 10분	€6.90
카타니아 → 아그리젠토(S.A.I.S 버스) ▶P.588	3시간 20분 (월~토요일 17편, 일요일 10편 운행)	€13.40(편도), €22(왕복)
카타니아공항 → 타오르미나(버스-인터버스)	1시간 40분	€8.20
카타니아공항 → 시라쿠사(버스-인터버스)	1시간 15분	€6.20(편도), €9.60(왕복)

Section 02
카타니아에서 반드시 둘러봐야 할 명소

시칠리아 제2의 주도로 거대도시이지만 실제로 관광지구는 크지 않으며, 대부분의 유적이 시내중심인 두오모광장을 중심으로 몰려 있기 때문에 모든 관광지를 도보로 여행할 수 있다.

카타니아시민들의 자부심, 벨리니오페라극장 Teatro Massimo Bellini

빈첸초 벨리니 동상

카타니아가 낳은 최고의 작곡가 빈첸초 벨리니Vincenzo Bellini를 기리기 위해 만든 오페라극장으로 1890년 처음 문을 연 이래로 현재까지 유명 오페라공연이 이어지고 있다. 전 유럽의 유명 오페라극장들과 비교해도 뒤지지 않을 만큼 아름다운 인테리어와 시설을 갖춘 이 극장은 카타니아시민들의 자부심이기도 하다. 다른 유명 오페라극장에 비해 관람료가 저렴하므로 여행일정에 여유가 있다면 시칠리아 오페라의 환상적인 분위기를 느껴보길 바란다.

주소 Via Giuseppe Perrotta, 12, 95131 Catania **문의** (+39)095-730-6111 **홈페이지** www.teatromassimobellini.it **운영시간** 09:30~12:00(일요일은 공연 관람자만 입장 가능) **휴관** 매주 월요일 **입장료** 가이드투어 €6, 공연관람 시 홈페이지를 참고, 약 €25~200 **찾아가기** 카타니아중앙역을 등지고 왼쪽에 있는 해안길을 따라 걷다가 오른편에 보이는 안토니오 산줄리아노 거리(Via Antonio Sangiuliano)로 걷다보면 왼편에 위치한다. **귀띔 한마디** 공연 관람 시 복장에 대한 규제가 있다. 형식을 갖춘 복장은 아니더라도 남성은 재킷에 구두, 여자는 정장차림을 해야 한다.

빈첸초 벨리니(Vincenzo Bellini)

1801년 카타니아에서 태어난 오페라 작곡가 빈첸초 벨리니는 30살이 되기도 전에 재능을 인정받으며 〈Norma〉, 〈La Sonnambula〉 등 주옥같은 작품을 만들었다. 최고의 천재 작곡가답게 18살 어린나이에 나폴리음악단 단장을 맡을 만큼 실력이 뛰어났으며, 20살부터는 오페라도 작곡하였다. 20대 후반부터는 밀라노 스칼라극장의 책임을 맡았고 당시 최고의 작곡가라는 평을 받았다. 현재도 이탈리아 전 지역 그리고 음악을 사랑하는 사람들에게 사랑받고 있으며, 이를 입증하듯 카타니아거리 어디를 가도 그의 동상을 흔하게 볼 수 있다. 아쉽게도 33살에 프랑스에서 생을 마감하며 짧은 생을 살았지만 그가 남긴 흔적들은 영원히 기억될 것이다.

Chapter 01 잿더미에서 부활한 카타니아

📷 아가타성녀를 모신
카타니아두오모 Duomo di Catania

이슬람으로부터 시칠리아를 해방시킨 노르만왕조의 초대왕 루제로1세Ruggero I가 카타니아의 수호성녀 아가타Agatha를 모시기 위해 지은 성당으로 성당 전면부 위에 아가타성녀의 동상이 세워져 있다. 1693년 대지진 때 완전히 무너진 것을 1711년 새롭게 바로크양식으로 재건축하였다. 성당 뒤편 종탑은 로마 베드로성당과 밀라노두오모에 이어 이탈리아에서 세 번째로 크다. 성당 내부는 화려하지 않고 편안한 느낌이며, 회랑 주변에서 로마시대 욕탕의 흔적을 찾아볼 수 있다. 이곳에는 아가타성녀를 비롯한 카타니아 출신의 유명인과 빈첸초 벨리니의 무덤이 안치되어 있다. 매년 2월 5일 아가타성녀 축제일에

빈첸초 벨리니의 무덤

는 성상을 들고 시가지를 도는 카타니아 최대의 축제가 열린다. 성당 앞 광장에 코끼리상은 로마시대 때 에트나화산석으로 만든 조각인데 카타니아시의 상징이다.

주소 Piazza del Duomo, 95131 Catania **문의** (+39)095-32-0044 **운영시간** 08:00~12:00, 16:00~19:00 **입장료** 무료 **찾아가기** 벨리니극장을 바라보고 왼편의 길로 나오면 비토리오 에마누엘레(Vittorio Emanuele)길이 나온다. 여기에서 왼쪽으로 꺾어 도보 5분 거리 또는 중앙역 앞 버스정류장에서 429번 버스를 타고 두오모광장(Piazza Duomo) 역에서 하차하면 된다.

아가타성녀

아가타성녀는 로마제국시대에 카타니아의 부유한 귀족의 딸로 태어났다. 죽을 때까지 하느님에게 정절을 지키겠노라 다짐한 그녀는 당시 집정관의 청혼을 끝까지 거절하였다. 화가 난 집정관은 그녀를 잡아 가두고 달구어진 쇠로 그녀의 양 가슴을 도려냈다. 그날 밤 베드로와 천사가 나타나 그녀를 치료해주었지만 집정관은 그녀를 더욱 가혹하게 고문하였다. 그런데 갑자기 지진이 일어나자 불길함을 느껴 더 이상 고문을 가하지 않았지만 형벌에 지친 그녀는 결국 숨을 거두었고, 후세에 성녀로 인정받게 되었다.

📷 시칠리아인들의 생동감 넘치는 삶을 체험해보는
재래수산시장 La Pescheria

시칠리아에서 가장 큰 규모의 수산시장으로 시칠리아인들의 활기찬 모습을 엿볼 수 있는 곳이다. 새벽에 막 잡아온 신선한 해산물이 거래되는 곳으로 관광객들에게도 많이 알려지면서 현재는 여행자들과 현지인들이 뒤엉켜 항상 복잡하다. 수산시장 인근에는 과일가게나 현지인들을 위한 저렴한 음식점도 있으므로 가볍게 둘러보면서 허기진 배도 채워보자.

유럽에서 가장 맛이 좋기로 소문난 시칠리아산 과일과 카놀로Cannolo나 아란치노Arancino와 같은 시칠리아 정통 디저트도 맛보자. 수

산시장에 온 만큼 해산물을 맛보고 싶다면 해산물 테이크아웃 가게 시로코 Scirocco에서 문어샐러드나 해산물튀김을 맛보는 것도 좋다. 시장입구를 장식하고 있는 아메나노분수 Fontana dell'Amenano는 1867년 시칠리아 동부를 가로지르는 아메나노강을 기념하여 만든 것이다.

주소 Via Pardo **운영시간** 08:00~14:00 **찾아가기** 두오모를 바라보고 오른편에 보이는 아메나노분수가 수산시장으로 들어가는 입구이다. **귀띔 한마디** 수산시장의 활기찬 모습을 보기 위해서는 정오를 넘기기 전에 가는 것이 좋다.

◀ 아메나노분수(Fontana dell'Amenano)

난공불락의 요새에서 박물관으로 돌아온
우르시노성 Castello Ursino

시칠리아에서 태어나 신성로마제국의 황제로 5차 십자군을 이끌었던 황제 프리드리히2세 Federico II가 1250년 도시방어를 목적으로 만든 요새이자 성이다. 시칠리아는 지리적으로 요충지이기 때문에 항상 침략에 시달렸는데, 당시 지중해남쪽 아프리카대륙에서 침략해오는 이슬람해적으로부터 시민과 도시를 보호하기 위해 만든 난공불락의 요새였으나 후에는 시칠리아를 지배하던 왕들의 성으로 개조되었다.

바다로 침략해오는 적들을 방어할 목적으로 처음 해안가에 만들어졌지만 1669년 에

우르시노성 내부 박물관 모습

트나산 화산대폭발 당시 흘러내린 용암이 굳어져 바다를 메우면서 내륙에 위치하게 되었다. 한때 감옥으로도 사용됐지만 현재는 카타니아 문명박물관이다. 박물관에는 카타니아 주변에서 발굴한 로마시대유적부터 바로크시대까지 다양한 미술작품들을 전시하고 있다.

주소 Piazza Federico di Svevia, 3, 95121 Catania **문의** (+39)095-34-5830 **홈페이지** www.comune.catania.it **운영시간** 월~금요일 09:00~19:00, 토~일요일 09:00~20:30(박물관 입장은 문 닫기 30분 전까지만 가능) **입장료** 박물관 €6 **찾아가기** 재래수산시장에서 파치니정원 방향으로 나와 철도길을 따라 올라가다보면 보인다.

도심 속으로 완전하게 녹아든
그리스-로마극장과 오데온 Greco-Romano Teatro & Odeon

2세기 그리스인들이 만든 반원형극장에 로마시대에 들어서 오데온 Odeon이라 불리는 공연장이 덧붙여지면서 현재의 모습을 갖게 되었다. 오랜 시간동안 방치되어 있던 이 극장은

중세시대를 거치며 자연스레 거주지와 연결되면서 서서히 그 외형과 기능을 잃게 되었다. 하지만 오랜 세월 자연스럽게 주변 건물들과 하나로 이어진 모습과 극장 내부에 남아 있는 중세시대의 가옥들이 오히려 또 다른 볼거리를 제공한다.

오랜 세월 방치되다가 20세기 고고학적 가치를 인정받으면서 새롭게 복원작업이 이뤄져 현재의 모습을 갖추게 되었다. 그리스로마극장은 약 500명을 동시에 수용할 수 있을 만큼 규모가 큰 극장이었고, 바로 옆에 있는 오데온은 작은 규모의 극장으로 주로 오페라가수들의 노래공연을 위한 장소로 사용되었다.

주소 Via Vittorio Emanuele II, 266, 95124 Catania **문의** (+39)095-715-0508 **운영시간** 09:00~19:00(입장마감은 폐장 30분 전) **휴관** 매월 첫 번째 일요일 **입장료** 성인 €6, 학생(만 18세 미만) €3 **찾아가기** 두오모를 등지고 정면에 보이는 큰 도로를 따로 도보 10분 거리에 위치한다. **귀띔 한마디** 입장료를 내고 들어가면 내부 관람도 가능하다.

그리스극장 안에 지어진 집의 내부

카타니아 종합대학으로 사용되는 수도원
산니콜라성당&수도원 Chiesa&Monastero di San Nicola

1578년 당시 총독의 명령에 의해 니콜라성인을 기념하여 만들어진 수도원과 성당이 기원이다. 1669년의 화산폭발로 수도원도 크나큰 손상을 입게 되었고, 이후 복원이 불가능하여 버려졌던 것을 베네딕토수도회에서 사들여 새롭게 재건하였다. 2차 세계대전 당시 연합군에게 점령당하면서 지휘부로 사용되어 여러 차례 폭격을 받아 많은 부분이 파괴되었다.

전쟁이 끝난 후 베네딕토수도회에 반환되었다가 현재는 카타니아시에서 사들여 카타니아 종합대학으로 사용하고 있으므로 현지 대학생들의 캠퍼스생활도 엿볼 수 있다. 수도원과 함께 있는 산니콜라성당은 오전에만 입장이 가능하므로 둘러보려면 시간 조절을 잘해야 한다.

주소 Piazza Dante Alighieri, 32, 95124 Catania **문의** (+39)095-715-9062 **운영시간 수도원** 월~금요일 09:00~17:00, 토요일 09:00~12:00 **성당** 월~토요일 09:00~13:00 **휴관** 수도원, 성당 모두 일요일 **찾아가기** 두오모를 등지고 정면에 보이는 비토리오 에마누엘레길(Via Vittorio Emanuele)을 따라 10분 정도 걷다가 우측의 콰르타로네길(Via Quartarone)로 들어가면 왼편에 위치한다. **귀띔 한마디** 수도원입구에 들어서면 오른편에 있는 관광안내소에서 지도를 비롯한 자료들을 무료로 얻을 수 있다.

로마인들의 뛰어난 건축기술을 확인할 수 있는
로마원형극장 Anfiteatro Romano

로마제국의 전성기를 이끈 5현제 중 세 번째 황제인 하드리아누스(Pablius Aelius Hadrianus)가 건설한 원형경기장으로 당시 검투사경기 및 축제를 벌이기 위한 장소로 사용되었다. 로마제국이 멸망한 후에도 계속해서 사용되다가 11세기 시칠리아 왕이었던 루제로 2세가 지금의 두오모와 우르시노성 등을 건축하면서 이곳에 있던 돌들을 끌어다 석재로 사용하면서 많은 부분이 훼손되었다. 비록 폐허에 가까운 모습으로 남아있지만 당시 로마인들의 뛰어난 건축기술을 확인하는 데에는 큰 문제가 없다.

주소 Piazza Stesicoro, 95124 Catania **찾아가기** 두오모 입구를 등지고 오른쪽에 나있는 에트네아길(Via Etnea)을 따라 도보 10분 거리에 위치한다.

바쁜 도심 속 여유를 즐길 수 있는
벨리니정원 Giardino Bellini

번잡한 시내를 여행하다가 카타니아 중심거리인 에트나길을 조금만 따라 올라가면 도심 한복판에 생각지도 못한 큰 규모의 벨리니정원을 발견할 수 있다. 17세기부터 공원으로 사용되었으며 19세기에 들어 규모가 확장되면서 카타니아의 가장 유명한 오페라작곡가 빈첸초 벨리니(Vincenzo Bellini)의 이름을 따 현재의 정원이 만들어지게 되었다. 벨리니정원은 카타니아시민들에게 사랑받는 공원으로 주변에는 오랜 전통을 이어오는 레스토랑과 젤라테리아(Gelateria) 등이 있다. 이곳에서 간단한 음식이나 간식거리를 구입하여 공원에서 여유로움을 만끽하며 식사하는 것도 좋은 방법이다. 공원 사이사이에 있는 흉상을 비롯한 조각들은 근대 시칠리아의 영웅들 모습이다.

주소 Via Etnea, 292 **운영시간** 08:00~20:00 **입장료** 무료 **찾아가기** 두오모 입구를 등지고 오른쪽에 나있는 에트나거리(Via Etnea)를 따라 도보로 약 15분 거리에 위치한다. **귀띔 한마디** 앞쪽은 밝은 분위기로 활기차지만 뒤편으로 넘어가면 노숙자나 부랑자가 곧잘 보이니 주의하자.

Chapter 01 잿더미에서 부활한 카타니아

Section 03
카타니아에서 먹어봐야 할 것들

시칠리아요리하면 이탈리아 내에서도 최고라고 평을 받을 만큼 훌륭한 요리들로 가득하다. 중세부터 이어져 온 아랍 및 아프리카와의 교류는 여러 민족의 음식이 뒤섞여 특색 있는 요리를 탄생시켰다. 식도락을 위해 시칠리아를 찾는 사람이 있을 만큼 유럽 요리 같지 않은 독특한 유럽의 음식문화를 즐겨보자.

정통 시칠리아 파스타를 맛볼 수 있는
트라토리아 드 피오레 Trattoria di De Fiore

카타니아 도심에 위치한 정감 어린 레스토랑이다. 오랜 세월 현지인 단골만을 대상으로 하다가 여행자들에게 알려지면서 많은 사람이 찾고 있다. 그럼에도 정직한 가격과 서비스로 운영하며, 두오모 근처에서 유일하게 자릿세와 봉사료도 받지 않는 레스토랑으로 카타니아를 여행 중이라면 추천하는 레스토랑이다.
추천메뉴는 스파게티 노르마파스타 Caserecci Alla Norma로 시칠리아 어디서나 쉽게 접할 수 있는 시칠리아 전통의 파스타이다. 이탈리아 여느 파스타와 달리 푹 삶은 면에 토마토소스를 버무리고, 그 위에 구운 가지와 파마산치즈를 얹어주는데, 우리 입맛에도 잘 맞는다. 해산물을 좋아한다면 조개가 푸짐히 들어간 봉골레 Spaghetti Alle Vongole도 추천할 만하다.

주소 Via Pietro Antonio Coppola 24/26, 95131 Catania **문의** (+39)095-31-6183 **운영시간** 11:00~22:00 **휴무** 매주 월요일 **가격** 요리 €6~16, 음료 €2~5 **찾아가기** 두오모를 바라보고 왼쪽 길로 올라가다 산줄리아노길에서 우측으로 들어가면 왼쪽에 위치. **주변 관광지** 두오모 **귀띔 한마디** 저녁시간에는 사람이 많아 줄을 서는 경우가 많다. 예약을 받지 않으므로 일찍 가서 자리를 잡아야 한다.

말고기파니노를 맛볼 수 있는
도포 테아트로 Dopo Teatro

카타니아 중심거리에 위치한 파니노 전문점으로 항상 젊은이들로 붐비는 알짜 맛집이다. 이 집은 시칠리아 별미인 말고기파니노 Panino con Cavallo가 특히 인기인데, 말고기가 거북하다면 다른 고기류도 판매하므로 걱정하지 않아도 된다. 주문은 전시된 소스 중에 고르면 되는데, 대부분 여러 가지를 섞어 만든 소스로 우리 입맛에는 버섯 Funghi과 양파 Cippola가 무난하다. 저렴하게 한 끼를 해결할 수 있는 반가운 음식점이다.

주소 Via Pietro Antonio Coppola, 1, 95131 Catania **문의** (+39)349-319-0712 **운영시간** 12:00~15:30, 18:30~23:30 **휴무** 매주 월요일 **가격** 파니노 €3.50, 음료 €1~2.50 **찾아가기** 두오모를 바라보고 왼쪽 길을 따라 올라가다 산줄리아노길(Via Sangiuliano)에서 우측으로 돌면 왼편에 위치한다. **주변 관광지** 두오모, 벨리니극장

549

시칠리아의 맛이 살아 있는
사비아 Savia

사비아는 카타니아에서 가장 유명한 레스토랑으로 항상 많은 사람으로 붐빈다. 테이크아웃도 가능한 곳이라 자리가 없다면 사서 바로 옆에 있는 벨리니정원에서 여유를 즐기면서 먹어도 좋다.

시칠리아를 방문한 여행자라면 반드시 먹어봐야 할 음식으로 아란치노Arancino가 있는데 이 집이 바로 아란치노가 유명한 곳이다. 아란치노는 미리 반죽해 놓은 밀가루 피 속에 쌀, 고기, 토마토, 치즈를 버무려 만든 소스를 넣고 기름에 튀

겨 만든 음식으로 우리 입맛에도 잘 맞는다. 시금치나 햄 등 여러 가지 재료를 사용해서 만드니 취향대로 골라서 먹으면 된다. 또한 이곳에서 판매되는 시칠리아의 대표 디저트인 카놀로 디 리코타(Cannolo di Ricotta)도 유명하니 같이 맛보길 추천한다.

주소 Via Etnea 302/304, 95131 Catania **문의** (+39)095-32-2335 **홈페이지** www.savia.it **운영시간** 08:00~21:20 **휴무** 매주 월요일 **가격** 아란치노 €2.20, 카놀로 €3.40, 음료 €1~4 **찾아가기** 두오모를 바라보고 왼쪽 대로로 10분 정도 걸으면 벨리니정원 오른편에 위치한다. **주변 관광지** 벨리니정원, 로마원형극장 **귀띔 한마디** 아란치노를 구입하여 벨리니정원에서 먹어도 좋다.

신선하고 맛있는 햄버거를 먹고 싶다면,
BIF BIF - Grill House Hamburgheria

이탈리아 레스토랑은 모두 클래식할 것이라 생각되지만 클래식이 모던과 어우러진 이탈리아만의 독특한 인테리어가 유행하고 있다. 시칠리아에는 놀라울 만큼 모던한 디자인의 레스토랑이 가득하다.

현대식 인테리어가 돋보이는 레스토랑 BIF는 친절한 서비스와 메뉴 사진을 터치만 하면 되는 태블릿 주문이 가능해 어렵지 않게 주문할 수 있다. 주 메뉴는 수제 햄버거이지만 그 외에도 샐러드나 감자튀김, 꼬치, 음료, 와인 등을 갖추고 있다. 야외에 테이블이 있으며, 테이크아웃도 가능하다.

주소 Via Spadaccini 4, 95100 Catania **문의** (+39)095-818-7872 **홈페이지** bifhamburger.it **운영시간** 19:30~01:00 **휴무** 매주 월요일 **가격** BIF 버거 €8.50~, 감자튀김 €3.50 **찾아가기** 역에서 두오모 방향 산줄리아노길(Via Sangiuliano)을 걷다 보면 왼편에 위치한다. **주변 관광지** 두오모

Chapter 01 잿더미에서 부활한 카타니아

Section 04
여행자들에게 적당한 카타니아의 숙소

아직까지도 마피아에 대한 인식 때문인지 시칠리아는 이탈리아 다른 여행지에 비해 관광객이 적은 편이다. 그래서 다른 유명 도시에 비해 아주 좋은 시설에 저렴한 가격의 숙소가 많다. 성수기에는 무시 못할 가격으로 오르지만 여름을 제외하고는 매력적인 가격의 숙소가 가득하다. 다른 지역에서 경제적인 이유로 값싼 숙소에 머물렀다면 시칠리아에서는 화려하게 여유를 가져보아도 좋다.

접근성과 치안이 좋은 곳에 위치한
우나호텔 팰리스 UNA Hotel Palace

최근에 급속도로 확장한 이탈리아 호텔체인으로 체인망을 넓혀가는 동시에 좋은 서비스와 가격대비 우수한 시설로 여행자들에게 좋은 이미지로 알려져 있다. 이탈리아 주요도시 어디에나 있으며, 어느 도시에 가더라도 반드시 가장 좋은 위치에 자리 잡고 있어 찾아가기 쉽다는 장점이 있다. 카타니아 우나호텔 역시 역에서 가까우며 가장 번화하고 안전한 에트네아길Via Etnea에 위치해 있다.

커플이나 신혼여행으로 카타니아를 찾았다면 1순위로 생각해도 될 만하다. 유명숙소 예약대행사이트를 통해서 예약하는 것보다 우나호텔이 직접 운영하는 예약사이트를 통해 예약하면 여러 가지 프로모션 혜택을 받을 수 있어 더욱 저렴하게 머물 수 있다.

주소 Via Etnea, 218 **문의** (+39)095-250-5111 **홈페이지** www.unahotels.it **체크인/아웃시간** 14:00/12:00 **객실요금** 성수기 €60~180 **찾아가기** 카타니아 중심거리인 에트나 거리(Via Etnea)에 위치한다.

가격대비 훌륭한 시설,
시티인 호스텔 비앤비 City-in Hostel B&B

호스텔과 B&B를 같이 운영하는 곳으로 10여 개의 객실을 보유하고 있다. 도미토리 객실은 남녀혼용과 여성전용이 따로 있으며, 샤워실과 화장실은 공용이다. 커플룸은 샤워실이 포함된 방과 포함되지 않은 방으로 나누어지므로 취향과 여건에 맞춰 선택하면 된다. 숙소가 시내 중심인 두오모 주변에 위치해 있어 근처에 유명 식당과 관광지와도 가까운 편이다. 여행하기에는 보다 편리한 동선상에 있지만 골목에 있다 보니 찾아가는 길은 정작 쉽지 않아 저녁에 도착하면 길을 헤맬 수도 있다. 또한 거리에 설치된 조명이 밝지 않아 밤이 되면 거리가 약간 무서울 수도 있다.

주소 Via Grimaldi 2, 95121 Catania **문의** (+39)095-341-450 **홈페이지** www.cityinhostel.it **체크인/아웃시간** 14:00/11:00 **객실요금** 성수기 €70~, 비수기 €50~ **찾아가기** 두오모를 바라보고 오른편에 위치한 수산시장을 지나면 바로 보인다.

여행자에게 단연 최고인 호스텔, C.C.LY 호스텔 C.C.LY Hostel

2012년에 새롭게 오픈한 호스텔로 현재 카타니아에서 최고의 평가를 받고 있다. 위치도 역에서 대로를 따라 도보 5분 거리라 바로 찾아 갈 수 있어 헤맬 염려가 없으며 관광지로 연결도 쉽다. 객실은 남녀혼용 도미토리와 여성전용 도미토리 그리고 가족룸으로 구성되어 있다. 여성전용실의 경우 샤워실이 방안에 있어 더욱 편리하고, 남녀혼용 도미토리는 공용샤워실을 이용해야 한다. 전체적인 분위기가 화사하며 리모델링한 지 얼마 안 되어 시설도 훌륭하고 깨끗하다. 와이파이도 모든 방마다 무료로 사용할 수 있고 취사도 가능하다.

이 숙소의 가장 큰 장점은 여행객들끼리 어울릴 수 있는 공용 공간과 혼자서 인터넷을 하거나 자료정리를 할 수 있는 공간이 분리되어 있다는 것으로 숙소에서 활동이 매우 유용하다. 또한 스텝들에게 여행정보를 물어보면 에트나산투어를 비롯한 여러 가지 정보를 친절하게 알려주므로 여행자들에게는 어느 하나 아쉬운 게 없다.

주소 Piazza Giovanni Falcone, 3, 95131 Catania **문의** (+39)095-746-2399 **홈페이지** www.ccly-hostel.com **체크인/아웃시간** 11:00/11:00 **객실요금** 도미토리 €18~23, 더블룸 €50~ **찾아가기** 중앙역을 등지고 10시 방향에 보이는 마르케세 디 카살로토길(Via Marchese di Casalotto)을 따라 직진하면 보이는 광장 내 왼편에 위치한다.

접근성과 깔끔함이 돋보이는
해비타트 Habitat Boutique

모던한 인테리어가 눈에 띄는 부티크호텔로 2014년부터 영업을 시작해 높은 평점을 유지해오는 곳이다. 오래된 건물을 감각적으로 리모델링하여 객실로 들어서면 깔끔하고 청결한 느낌을 준다. 이 호텔의 가장 큰 장점은 접근성으로, 벨리니극장뿐만 아니라 카타니아 대부분의 다른 유적지도 걸어서 둘러볼 수 있다. 또한 직원들도 친절해서 카타니아여행에 필요한 정보도 쉽게 얻을 수 있다. 다만 번화가에 위치해 있다 보니 방을 잘못 배정 받으면 다소 시끄러울 수 있다.

주소 Via Teatro Massimo, 29, 95131 Catania **문의** (+39)095-826-6755 **홈페이지** habitatboutiquehotel.com **체크인/아웃 시간** 14:00~/10:00~10:30 **객실요금** 더블룸 €90~ **찾아가기** 벨리니오페라극장 맞은편 길(Via Teatro Massimo)을 따라 도보 1분 거리로 극장을 등지고 오른쪽으로 보인다. **주변 관광지** 벨리니오페라극장

Teatro Massimo Bellini

Chapter 02
카타니아근교 여행
타오르미나, 에트나산, 시라쿠사

여행자의 구미를 자극하는 관광지는 대부분 시칠리아동부 쪽에 몰려 있다. 전 유럽에서 가장 큰 화산인 에트나산, 지중해 역사의 중심인 시라쿠사, 푸른 바다와 음악이 있는 타오르미나 등이 있는데, 이들 접근성이 가장 좋은 지역은 카타니아다. 카타니아에서 당일치기로 다녀와도 무방하지만 시간적 여유가 있다면 타오르미나에서 하룻밤 숙박하며 여유롭게 둘러볼 것을 추천한다.

Chapter 02 카타니아근교 여행

Section 05
지중해에서 가장 오래된 휴양지
타오르미나

시칠리아동부 최고의 휴양지 타오르미나는 고대부터 이어져 내려온 역사를 고이 간직하고 있는 고대도시이자 시칠리아를 대표하는 휴양지이다. 그리스시대 유적과 자연풍광이 함께 어우러져 있는 이곳에서 시칠리아의 여유를 만끽해보자.

🧳 타오르미나여행을 시작하기 전

해발 200m의 지대에 자리 잡은 이 작은 마을은 지리적 장점으로 인하여 일찍부터 그리스인들에 의해 문명이 시작되었다. 지중해 동부와 서부를 잇는 교두보 역할을 하며 경제도시로서 성장했던 타오르미나는 로마제국의 지배를 받던 시기부터 비잔틴제국 시대까지 시라쿠사와 함께 최고의 번영기를 누리다가 10세기 아랍의 침략으로 멸망하였다. 이후 역사 속에 잠시 잊혀졌다가 유럽의 근대화와 함께 여행이 대중화되면서 다시 한 번 세상에 알려지기 시작해서 19세기부터는 유럽에서 가장 유명한 휴양지 중 하나로 자리 잡게 되었다. 수많은 여행자의 휴양지로 인기를 누리고 있는 이곳에서 시칠리아동부의 아름다운 해변과 함께 여유를 즐길 수 있다.

🧳 타오르미나로 들어가기

타오르미나로 들어가는 가장 편리한 교통수단은 버스이다. 메시나와 카타니아에서 타오르미나까지 인터버스사에서 매일 버스를 운행한다. 카타니아 버스터미널에서 대략 1시간에 한 대씩 운행되며(€4.90), 주말이나 휴일에는 편수가 다소 줄어든다. 타오르미나에서 카타니아공항까지 바로 연결되는 버스(€8.20)도 있어 편리하다. 열차 레지오날레로도 타오르미나까지 이동할 수 있지만 기차역이 마을에서 4km나 떨어진 지역에 위치하고 있어 다시 인터버스를 타고(€1.80) 시내로 들어와야 하므로 많이 불편하다.

해변 케이블카

마을에 들어서면 입구부터 이어진 움베르토거리 Corso Umberto를 중심으로 상점과 레스토랑 등이 줄지어 있다. 작은 동네지만 유명한 휴양지다 보니 생각보다 큰 쇼핑거리가 형성되어 있다. 필자 경험으로는 시칠리아에서 물가가 가장 비싼 동네 중 하나로 음식 가격이 매우 비싸다. 움베르토거리는 200m 정도로 짧기 때문에 쉽게 돌아볼 수 있다. 이곳을 찾아오는 여행자라면 그리스극장 Teatro Greco 만큼은 꼭 들러보길 바란다. 타오르미나에서 해수욕을 즐기고 싶은 여행자는 버스정류장에서 시내 중심으로 올라가는 길에 있는 케이블카를 이용하면 마을 밑으로 쉽게 내려갈 수 있다. 또한 산 꼭대기에 위치한 작은 마을 카스텔몰라 Castel mola에 오르면 타오르미나의 아름다운 시내풍경을 한눈에 담을 수 있다.

타오르미나 관광안내소

항상 번잡하지만 직원들은 늘 친절하다. 다만 동절기에는 일찍 문을 닫는 경우가 많으니 참고하자.

주소 Corso Umberto **운영시간** 월~금요일 08:30~14:15, 15:30~18:54, 토요일 09:00~12:45, 16:00~18:30

📷 바람을 타고 흘러오는 음악이 있는 거리,
코르소움베르토 Corso Umberto

마을 방어를 목적으로 만들어진 남과 북쪽 문 사이에는 도시를 가르는 메인거리 움베르토1세 거리가 있다. 이 거리 좌우로 상가나 주택이 자리 잡고 있는데, 마을입구 쪽에 서 있는 문 포르타메시나 Porta Messina에서부터 마을이 끝나는 곳에 있는 포르타카타니아 Porta Catania까지 약 200m에 걸친 거리가 타오르미나의 중심거리이다.

19세기부터 유명 휴양지였던 이곳은 부유층 여행자들을 위한 수많은 명품숍이 즐비하게 들어서 있었지만, 지금은 대중에게도 많이 알려지면서 과거의 명품브랜드 대신 대중적인 브랜드들이 자리를 차지하고 있다. 오랜 역사를 지닌 골목 사이사이마다 아기자기하게 잘 꾸며져 있어 날씨 좋은 날 이 거리를 걷는다면 거리 전체의 밝은 분위기로 인해 저절로 기분까지 좋아진다. 특히 여름이라면 이 거리에서는 항상 음악을 연주하는 이들이 거리 곳곳에 자리 잡고 있어 거리를 걷는 내

내 아름다운 노랫소리와 바다로부터 불어오는 시원한 바람이 아무것도 하지 않아도 마냥 여행자들을 즐겁게 해준다. 시칠리아 인기 휴양지 중 한 곳으로 극성수기에 방문하면 수많은 인파에 둘러 쌓일 수 있다는 점은 감안해야 한다.

움베르토거리 풍경

📷 아름다운 전경이 펼쳐지는
그리스극장 Teatro Greco

지중해연안에 자리하여 가장 아름다운 전망을 가진 그리스극장으로 기원전 3세기경 이곳에 정착했던 그리스인들에 의해 건설되었다. 건설시기가 믿기지 않을 만큼 완성도가 높은 이 극장은 이후로도 다른 민족들이 계속 이용하면서 지금까지 파괴되지 않고 보존될 수 있었다.

그리스극장 공연포스터

관중석에 앉아 주변을 바라보면 극장을 건설한 그리스인들의 예술적 감각이 느껴진다. 극장 한 쪽에는 에트나산이 보이고 다른 한 쪽에는 푸른 지중해가 그림처럼 펼쳐지는데, 그 풍경은 직접 보지 않고는 형언하기 힘들다. 또한 여름이면 타오르미나에서 여러 공연들이 열리는데, 이 그리스극장에서 열리는 오케스트라 연주나 공연은 이탈리아 내에서도 유명하다.

주소 Via Teatro Greco, 1, 98039 Taormina **문의** (+39)0942-23220 **운영시간** 1/1~2/15, 11~12월 09:00~16:00 2/16~28 09:00~16:30 3/1~15, 10/16~31 09:00~17:00 3/16~31, 10/1~15 09:00~17:30, 5~8월 09:00~19:00, 4월, 9/1~15 09:00~18:30, 9/16~30 09:00~18:00 **입장료** 성인 €10, 만 18~25세 €5, 만 18세 미만 무료, 매월 첫 째주 일요일 무료 **찾아가기** 움베르토거리(Corso Umberto)를 걷다가 비토리오 에마누엘레광장(Piazza Vittorio Emanuele)를 나오면 왼쪽으로 꺾어 50m 걸으면 나온다.

그리스극장 공연준비 중인 모습(上), 극장주변 풍경(下)

Section 06
자연의 위대함이 지금도 살아 숨 쉬는 에트나산

유럽에서 가장 큰 화산이자 여전히 활발한 활동을 하고 있는 에트나산의 웅장함은 경외심마저 불러일으킨다. 인간이 흉내 낼 수 없는 자연의 이 위대한 작품을 보는 순간 새삼 자연의 신비로움과 아름다움에 다시 한 번 감동하게 될 것이다.

🧳 에트나산여행을 시작하기 전

시칠리아동부의 이 거대한 화산은 인간에게 자신의 존재를 각인하려는 듯 끊임없이 활동을 이어가고 있는 활화산이다. 1669년 화산폭발은 그 규모가 상당해 주변의 모든 도시를 삼켜버렸고, 바다 쪽으로 새로운 땅을 만들어내기까지 하였다. 근래에는 2002년 대폭발을 일으키며 세상을 놀라게 했으며, 지금도 조금씩 작은 폭발이 계속되고 있다. 이곳은 자연이 만들어 낸 위대한 작품으로 인간 맘대로 갈 수도 볼 수도 없다. 설령 산에 오른다 하더라도 날씨에 따른 영향이 굉장히 심해서 자연이 허락한 사람들만이 그 웅장함을 느껴볼 수 있는 곳이다. 그럼 자신들의 운을 실험해 보도록 하자.

2002년에 있었던 화산폭발로 인하여 새롭게 만들어진 분화구

🧳 에트나산 중턱까지 대중버스로 이동하기

에트나산행 표를 구매할 수 있는 바(Bar)

카타니아중앙역 근처 바(Bar)에서 표부터 구매해야 한다. 표는 왕복권으로 가격은 €6.60이다. 표를 구입한 후 바 정면에 보이는 버스정류장에서 버스를 타면 되는데 하루에 한 대만 운행하기 때문에 시간을 잘 맞춰야 한다. 버스는 산 정상까지 바로 데려다 주지 않고 중간 휴게소에서 20분 정도 대기하였다가 산 중턱 버스종점에서 내려준다. 버스가 가는 것 한 대, 오는 것 한 대 밖에 없으므로 반드시 버스시간에 맞춰 일정을 조절해야 한다. 버스를 놓칠 경우 다른 교통편이 없어 큰 낭패를 볼 수 있으니 주의하자.

📋 에트나산 중턱까지 패키지투어로 이동하기

대부분의 숙소에서 에트나산 투어를 신청할 수 있다. 가격은 €55~70이며 반나절과 종일코스가 있고 가격은 다소 차이가 난다. 개인적으로 갈 경우 종일코스로 잡아야 하므로 시간이 부족한 여행자라면 투어에 참가하여 반나절코스로 다녀오는 것도 좋은 방법이다. 버스가 하루에 한 대만 운영하므로 일찍 보고 내려오고 싶어도 4시 30분까지는 무조건 기다려야 하므로 일정을 계획할 때 이 부분을 꼭 염두에 두자.

에트나산 중턱의 집합소. 여기서 케이블카를 탄다.

에트나산 오르기

대중교통을 이용하든 투어를 통하든 모든 여행객들은 에트나등정이 시작되는 해발 약 1,800m에 위치한 집합소로 모이게 된다. 이곳에서부터 케이블카를 타고 해발 2,500m까지 올라 그곳에서 다시 버스로 갈아타고 마지막 종점인 해발 2,920m까지 올라가야 비로소 에트나관광청에서 운영하는 무료투어가 시작된다. 영어와 이탈리아어 가이드가 대기하고 있으며 인원이 모일 때마다 수시로 출발한다. 투어시간은 대략 1시간 정도로 진행되며, 투어를 마친 후에는 개인적으로 올라올 때 탔던 버스를 타고 기다리면 다시 케이블카정류장까지 태워다 준다.

모든 코스는 세분화되어 있어 처음부터 걸어올라 갈 수도 있고, 케이블카만 이용하여 중턱까지 올라간 후 정상까지 걸어갈 수도 있다. 어느 것을 선택할 것인지는 자신의 일정과 체력 등 여러 가지를 미리 고민하여 결정한 후 거기에 맞춰 복장과 준비물을 챙기면 된다. 다만 고산이라 날씨가 차고 바람이 심하므로 복장은 긴팔을 준비하여 체온을 보호해야 한다.

이동수단	요금
케이블카(왕복권)	€55
통합권(케이블카왕복+버스+가이드)	€64

산정상에 위치한 작은 스낵바(Snack Bar)에서는 간단한 음료나 스낵도 판매한다.

산정상 분화구에서는 아직도 연기가 계속 피어오른다.

Chapter 02 카타니아근교 여행

Section 07
지중해의 역사가 살아 숨 쉬는 시라쿠사

인간이 지중해 바다를 개척하기 시작하면서부터 역사를 같이 한 고대도시 시라쿠사. 지중해를 장악했던 수많은 민족이 탐냈던 이 도시의 역사는 지중해의 모든 역사가 함께 어우러져 있어 한 시대로 설명할 수 없다. 이것이 시라쿠사라는 도시가 갖고 있는 매력이기도 하다.

🧳 시라쿠사여행을 시작하기 전

기원전 8세기경 그리스가 이탈리아 땅에 가장 먼저 도시를 세운 곳이 시라쿠사이다. 기원전 3세기경에는 이탈리아반도를 장악한 로마인들과 지중해의 강자 카르타고가 결전을 벌인 포에니전쟁이 시작됐던 곳으로, 이 전쟁에서 로마가 시칠리아를 차지하고, 주도였던 이곳을 도시로 새롭게 건설하면서 시라쿠사는 다시없는 번영을 누렸다.

로마제국 멸망 후 시라쿠사는 비잔틴제국에 귀속되며 풍요로운 문명을 계속 이어갔지만 7세기 이슬람세력의 침략으로 그 지위가 흔들린다. 당시 시칠리아는 이슬람세력이 유럽 진출을 위한 전략적 요충지였으므로 끊임없는 공격을 받았고, 결국 878년 이슬람세력에게 점령당한다. 그들에 의해 파괴된 시라쿠사는 버려졌고 시칠리아 중심이 팔레르모로 옮겨지면서 쇠락하게 된다. 지금은 흔적만 남았지만 그 속에서도 충분히 과거의 영광을 느낄 수 있다. 시라쿠사는 영원의 도시이며 역사의 중심이다.

🧳 시라쿠사로 들어가기

카타니아에서 시라쿠사까지는 기차나 버스를 통해 이동할 수 있으며, 대략 1시간~1시간 30분 정도 소요된다. 시라쿠사의 주요숙소는 중앙역 주변이나 오르티지아Ortigia섬에 위치하고 있어 기차를 이용할 경우 쉽게 찾아갈 수 있다. 버스를 이용할 경우 인터버스사와 S.A.I.S사의 버스가 각각 주요도시에서 시칠리아까지 연결하며, 하루 20편 정도 운행된다. 버스정류장은 중앙역에서 약간 떨어진 지역에 위치해 있으며, 버스는 교통상황에 따라 시간이 많이 유동적이다. 시라쿠사에 도착했다면 여행에 앞서 반드시 되돌아가는 기차나 버스시간을 미리 체크해두는 것이 좋다.

시라쿠사중앙역과 시라쿠사 시외버스정류장

561

시라쿠사 추천 일정

시라쿠사 관광지구는 크게 고고학공원이 있는 신시가지와 오르티지아섬Ortigia di isola 주변으로 나뉜다. 시라쿠사역에 도착하면 바로 오르티지아섬으로 이동하자. 역에서 도보로 20분 정도 걸리며, 시내버스 20번(€1.10, 2시간 유효)이 중앙역 앞에서 출발한다. 버스는 배차간격이 길어 30분 이상 기다려야 할 수도 있다. 오르티지아섬 관광 후 바로 신시가지에 있는 고고학공원으로 이동하자. 도보로 30분 정도 소요되며, 걷는 것이 싫다면 12번 버스를 탑승한다. 고고학공원 내 그리스극장에서 바라보는 시라쿠사 석양은 장관이므로 놓치지 말자.

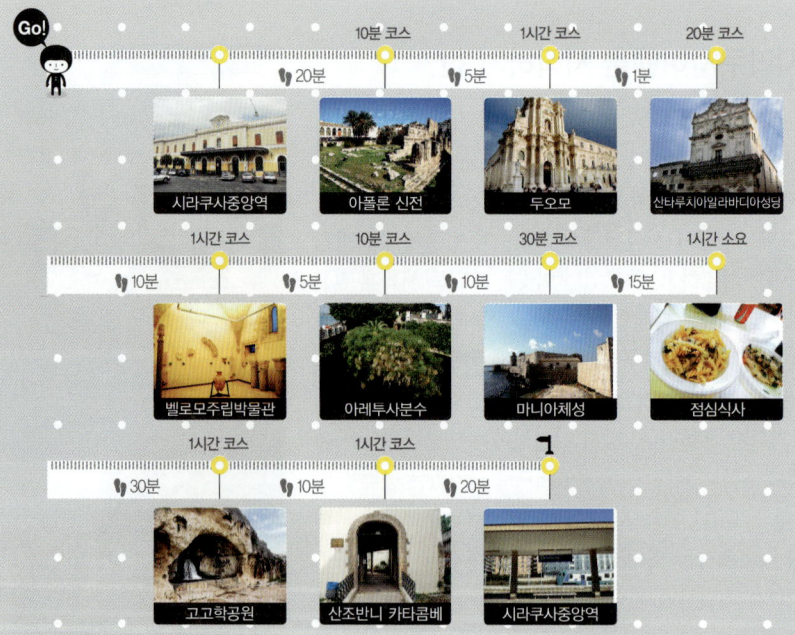

시라쿠사 관광통합권

시라쿠사는 관광객 편의를 위해 통합권을 발행한다. 시라쿠사의 고고학공원을 포함하여 파올로오르시박물관, 벨로모박물관 등을 묶어 저렴한 가격으로 판매한다. 여행을 시작하기 전 가보고자 하는 곳을 미리 정하고 통합권을 구매하면 보다 경제적으로 여행을 즐길 수 있다. 가장 먼저 방문하는 관광지 매표소에서 바로 통합권을 구매할 수 있다.

시라쿠사 매표소

입장하는 곳	요금	유효기간
고고학공원(€10) + 벨로모박물관(€8) 또는 파올로오르시박물관(€8) 중 택 1	통합권 €13.50	3일
벨로모박물관(€8) + 파올로오르시박물관(€8)	통합권 €12	3일
고고학공원(€10) + 벨로모박물관(€8) + 파올로오르시박물관(€8) + 텔레로궁전(€6)	통합권 €24	5일

관광안내소 **주소** Via Ruggero Settimo, 19, Siracusa **문의** (+39)0931-61844 **운영시간** 09:00~19:00 **휴무** 매주 일요일 | 경찰서 **주소** Piazza S. giuseppe **문의** (+39)0931-6-5176, **긴급전화** 113 | 관광청홈페이지 www.comune.siracusa.it, www.siracusaturismo.net | 우체국 **주소** Via Riva della Posta, 1, Ortigia

Chapter 02 카타니아근교 여행

여행의 시작과 끝을 함께하는
아폴론신전 Tempio di Apollo

오르티지아섬에 발을 들이면 가장 먼저 눈에 띄는 유적으로 기원전 6세기경 이곳에 정착한 그리스인들에 의해 만들어졌다. 태양의 신 아폴론을 모시기 위해 건설되었으나 로마제국시대 이후 이곳을 정복한 비잔틴제국이 섬 내에 성당들을 건설할 때 채석장으로 사용하면서 현재는 앙상한 뼈대만 남아 있는 상태이다. 하지만 아직도 안벽과 외벽의 구분이 정확하게 남아 있어 전체적의 윤곽을 상상해 볼 수 있다.
오르티지아섬 중심가로 이어지는 도로 시작점에 위치하며, 해 질 무렵이면 시라쿠사시민이 하나둘씩 모여들어 하루를 마감하는 모습도 흔히 볼 수 있다. 오르티지아섬의 시작과 끝을 함께하는 유적지로 이곳을 중심으로 여행 동선을 계획하면 된다.

주소 Largo XXV Luglio, 96100 Siracusa **운영시간** 연중무휴 **입장료** 무료 **찾아가기** 중앙역을 등지고 왼쪽으로 나있는 움베르토1세거리(Corso Umberto I)를 따라 오르티지아섬으로 들어가면 바로 보인다.

시라쿠사의 역사가 담겨진
시라쿠사두오모 Duomo di Siracusa

시라쿠사에는 유럽의 다른 어떤 도시에서도 볼 수 없는 독특한 양식의 성당이 가득하다. 그 중에서 시라쿠사두오모는 팔레르모에 위치한 몬레알레대성당 Cattedrale di Monreale과 함께 이탈리아에서 가장 아름답고 경이로운 성당으로 꼽힌다. 기원전 5세기경 그리스인들이 카르타고와의 전쟁에서 승리한 것을 기념하여 지은 아테네신전이었으나 7세기경 비잔틴제국의 지배 아래 성당으로 개조된 것이다. 비잔틴제국은 현재에 그리스정교회라 불리는 기독교종파를 믿고 있는데 이들의 십자가는 상하좌우의 길이가 같은 그리스식 십자가를 사용하고 있다. 그래서 성당 곳곳에서 그리스십자가를 지금도 발견할 수 있다.
17세기에 들어오면서 성당은 다시 한 번 변화를 갖게 되는데 당시 건축가는 신전의 원형을 최대한 유지하면서 바로크양식으로 개조했기 때문에 바닥장식부터

건물을 지탱하는 기둥에서 그리스인들의 건축기술을 찾아볼 수 있다. 그리스식 기둥과 비잔틴시대의 모자이크, 바로크시대의 화려한 장식 등이 한데 어우러져 있는 두오모는 시라쿠사의 역사가 그대로 담겨져 있다.

주소 Piazza del Duomo, 96100 Siracusa **문의** (+39)0931-6-5328 **운영시간** 08:00~19:00, 4~9월 08:00~19:45 **입장료** 무료 **찾아가기** 아폴론신전에서 정면에 보이는 쇼핑거리 로마길(Via Roma)을 따라 가다가 아르테미시아분수에서 우회전하면 왼쪽에 두오모광장이 보인다. **귀띔 한마디** 성당에서 주일 또는 미사가 진행되는 특별한 날에는 입장을 통보 없이 제한한다.

카라바조의 작품을 만날 수 있는
산타루치아 알라바디아성당 La Chiesa Santa Lucia alla Badia

카라바조의 「루치아성녀의 순교」와 루치아성녀 초상화

1693년의 대지진과 함께 무너진 수도원 자리에 당시 유럽에서 가장 큰 영향력을 행사하던 시토수도회Cistercian가 시라쿠사 수호성녀인 루치아성녀를 위해 지은 성당이다. 성당 정면부의 화려함과 달리 실내장식은 수수하지만 이탈리아가 낳은 최고의 미술가 중 한 명인 카라바조의 유명한 「루치아성녀의 순교(Communion and martyrdom of Saint Lucia)」라는 작품이 이곳에 보관되어 있다. 로마에서 살인을 저지르고 피난을 가던 중 이곳에 머물면서 그린 작품으로 당시 자신의 상황을 루치아성녀와 연결하여 표현한 작품이다. 루치아성녀는 283년경 시라쿠사 귀족의 딸로 태어나 부모의 영향으로 일찍부터 기독교 신자였으나, 디오클레티아누스황제의 그리스도교 박해로 순교한 동정녀이다. 카라바조는 순교 직전까지 꺾이지 않았던 그녀의 절개에 감동하여, 이 그림 속에서 자신의 미술에 대한 열정을 그녀의 절개와 동일시하여 표현하였다. 루치아성녀는 마지막에 두 눈을 도려내는 형을 받았기에 그녀를 표현한 그림에는 항상 접시에 두 눈을 들고 있는 모습으로 표현된다.

주소 Via Pompeo Picherali 96100 Siracusa **운영시간** 11:00~16:00 **휴관** 매주 월요일 **입장료** 무료 **찾아가기** 두오모를 바라보고 오른편에 바로 보인다.

Chapter 02 카타니아근교 여행

이탈리아남부의 주옥같은 작품을 만날 수 있는
벨로모주립박물관 Museo Nazionale di Palazzo Bellomo

현재 미술관으로 사용되는 이 건물은 1365년 로마의 귀족 벨로모가문이 시칠리아에 정착하며 세운 궁전이었다. 약 300년간 벨로모가문의 궁전으로 사용되었던 것을 베네딕토수도회 Ordo Sancti Benedicti 에서 사들이면서 수도원으로 용도를 변경하여 사용하였다. 이후 1901년에 시라쿠사시에서 이 건물을 매입해 미술학교로 사용하면서 시라쿠사와 주변지역에 산재되어 있던 예술작품을 수집해 2009년 일반에게 공개하였다.
그리스시대 유적부터 중세시대에 걸친 다양한 예술작품이 전시되어 있는데, 그 중에서도 르네상스시대 활약한 시칠리아 메시나 출신의 안토넬로 다 메시나 Antonello da Messina 의 「수태고지」는 놓칠 수 없는 작품이다.

「수태고지」_ 안토넬로 다 메시나

주소 Via Capodieci 14, 96100 Siracusa **문의** (+39)0931-6-9511 **운영시간** 화~토요일 09:00~19:00, 일요일 09:00~13:00 **휴관** 매주 월요일 **입장료** 성인 €8, 학생(만 18~25세) €4, 만 18세 미만 무료 **찾아가기** 산타루치아 알라바디아성당을 바라보고 우측 피아차두오모(Piazza Duomo)길을 따라 끝까지 내려가서 왼쪽의 카포디에치길(Via Capodieci)을 따라 걸어가다 보면 왼편에 위치한다.

강의 신 알페오를 피해 숨어든 물의 요정이 있는 곳,
아레투사분수 Fontana Aretusa

달의 여신이자 사랑의 여신 아르테미스 Artemisia 의 시녀 아레투사 Aretusa 가 강에서 사냥을 마치고 더러워진 몸을 씻고 있던 모습에 강의 신 알페오 Alfeo 는 그녀의 아름다움에 반하게 된다. 알페오는 그녀를 차지하고자 인간으로 변하여 계속 치근대지만 그가 싫었던 아레투사는 엘리스 땅까지 도망을 친다. 하지만 사랑에 눈이 먼 알페오가 그녀를 계속 쫓아오자 자신의 주인인 아르테미스에게 도움을 요청한다. 아르테미스는 땅을 갈라 그 안에 아레투사를 숨겨주었고, 몸이 점점 물로 변한 아레투사는 시라쿠사까지 흘러갔다. 알페오도 강물로 다시 되돌아가 물로 변한 그녀와 합치려고 이곳에 숨어 있다는 전설이 내려오는 곳이다

아레투사와 알페오 조각상

이러한 전설을 이야기하듯 분수 곁에는 알페오의 조각상이 있다. 시라쿠사에서 가장 전망이 좋은 곳 중의 하나로 현지인과 여행자들이 노을이 질 무렵이면 이곳을 찾아와 멋진 풍광과 함께 하루를 마감한다.

주소 Largo Aretusa, 96100 Siracusa **찾아가기** 두오모 정면을 바라보고 우측으로 두오모광장(Piazza Duomo)을 따라 끝까지 가면 해안도로가 나올 때쯤 보인다.

동쪽 끝 아름다운 바다풍경에 빠져드는
마니아체성 Castello Maniace

오르티지아Ortygia섬 가장 끝자락에 위치한 마니아체성은 비잔틴제국시대에 이곳을 지배했던 조르지오마니아체Giorgio Maniace장군에 의해 건설되었다. 당시 지중해를 장악했던 이슬람해적들로부터 도시를 보호해야 했던 중세시대에는 성의 중요성이 더욱 높아지면서 1288년 신성로마제국의 황제 프리드리히2세에 의해 완벽한 요새로 강화되었었다.

시칠리아 동쪽 끝자락 시라쿠사에서도 가장 동쪽에 위치한 이곳은 지리적인 중요성 때문에 지금도 이탈리아해군이 관리하고 있을 정도로 군사적 요충지이다. 성 내부에는 12세기 만들어진 장식들을 현재까지 간직하고 있으며, 당시 성요한기사단에 의해 만들어진

재단도 잘 보존되어 있다. 성에서 바라보는 바다 풍경 또한 일품이니 놓치지 말자.

주소 Piazza Federico di Svevia, 96100 Siracusa **문의** (+39)0931-46-4420 **홈페이지** comune.siracusa.it **운영시간** 월요일 14:30~19:45, 화~일요일 08:30~19:45 **입장료** 성인 €4, 학생(만 18~25세) €2, 만 18세 미만 무료 **찾아가기** 아레투사분수를 등지고 왼쪽 해안도로를 따라 10분 정도 걸어가면 성채가 보인다.

온통 그리스유적으로 뒤덮인
고고학공원 Parco Archeologico della Neapolis

기원전 3세기경 포에니전쟁이 벌어지기 전까지 시라쿠사는 지금의 튀니지Tunisia에 위치했던 카르타고와 함께 서지중해에서 가장 강력하고 발전된 거대도시였다. 그러나 시칠리아가 이슬람세력에게 점령당하면서 도시 전체가 고스란히 땅속에 묻히면서 고고학적으로는 당시 유물들이 잘 보존될 수 있는 이유가 됐다.

1952년 유적들이 하나둘 발견되면서 세상에 다시 알려지기 시작한 이곳은 지중해 전역에서도 손꼽히는 그리스유적지이다. 현재는 유적지 전체를 고고학공원으로 조성하여 관광지로 개방하고 있다. 공원 가운데 그리스극장Teatro Greco은 1만 6천 명을 수용할 수 있는 초거대 반원형극장으로 규모면에서 그리스에서도 볼 수 없는 웅장함을 가지고 있다. 이곳에서 바라보는 시라쿠사의 전경 또한 감탄을 자아내기에 전혀 손색이 없

다. 또한 이 도시를 만들기 위해 돌을 캐냈던 천국의 채석장Latomia del Paradiso과 디오니시오의 귀 Orecchio di Dionisio라 명명된 동굴을 통해 2500년 전 그리스인들의 발전된 기술을 엿볼 수 있다.

❶ 천국의 채석장 ❷ 디오니시오의 귀 ❸ 원형경기장

주소 Via Paradiso 14, 96100 Siracusa **문의** (+39)0931-6-6206 **운영시간** 09:00~일몰 1시간 전(일반적으로 17:00 입장 마감) **입장료** 성인 €10, 학생(만 18~25세) €5, 만 18세 미만과 65세 이상 무료 **찾아가기** 중앙역에서 13번 버스를 타고 파라디소거리(Via Paradiso)에서 하차한 후 걸어서 2분 거리에 위치한다. **귀띔 한마디** 매월 첫 번째 일요일은 무료입장이다.

박해로 숨진 기독교인들의 무덤터, 산조반니 카타콤베 Catacombe di San Giovanni

바오로사도San Paolo에 의해 기독교가 전파되었다고 기록되어 있는 시라쿠사는 극심한 박해로 수많은 기독교인이 순교한 성지이다. 특히 박해가 심했던 3세기경 이곳에서 순교한 마르치아노성인San Marciano을 비롯하여 무수한 기독교인들이 묻힌 곳이 산조반니 카타콤베이다. 처음 로마시대에 이곳은 거주민을 위한 무덤터였지만 시간이 흐르면서 박해를 피해 숨어 살던 기독교인들을 위한 거주지로 바뀌었고, 그 후 순교한 기독교인들의 무덤터가 되었다.

카타콤베로 들어서면 사방에 패인 수많은 구멍이 보이는데 이 모두가 무덤이며, 사람이 묻혔다고 생각하기 힘들 만큼 작은 구멍은 어린 아이들의 무덤이다. 카타콤베 입구를 지키고 선 무너져 내린 성당은 마르치아노성인을 위해 지어진 것으로 1693년 지진으로 거의 파괴되어 지금은 외형만 남아 있다. 이 성당은 건설할 당시 기존에 있던 로마시대 신전을 개조하여 만들었으며, 그 흔적도 찾아볼 수 있다.

주소 Piazzale San Marciano, 96100 Siracusa **문의** (+39)0931-6-4694 **홈페이지** www.catacombesiracusa.it **운영시간** 09:30~12:30, 14:30~17:30 **휴관** 매주 월요일 **입장료** 성인 €8, 만 7~15세 €5, 만 7세 미만, 65세 이상 무료 **찾아가기** 고고학박물관 입구를 등지고 정면의 내리막길을 따라 내려가다 보면 나오는 교차로에서 왼쪽으로 꺾으면 위치한다. **귀띔 한마디** 개인입장이 불가하므로 반드시 가이드투어에 참여해야 한다. 매시 30분마다 진행되며 한 가이드가 영어와 이탈리아어를 동시에 사용하여 설명한다.

📷 선사시대부터 로마시대까지 유물을 만나는
파올로오르시 고고학박물관 Museo Archeologico Paolo Orsi

1895년부터 1934년까지 40여 년간 시라쿠사 국립고고학박물관 관장으로 있던 파올로오르시Paolo Orsi가 평생에 걸쳐 이 주변에서 발굴한 유물들을 전시하는 박물관이다. 20세기 초는 전 유럽에 고고학의 바람이 불면서 전 세계 유적들이 발굴되던 시기였다. 당시 파올로오르시는 시칠리아의 가치를 누구보다 높게 평가하며 이곳 유적발굴에 평생을 바쳤던 인물이다.

아쉽게도 경제적인 지원 문제로 많은 유적을 발굴하지는 못했지만 그가 남긴 열정은 지금까지도 이탈리아 고고학의 표본으로 인식된다. 이곳에는 미완의 작품이 많아 상대적으로 큰 볼거리는 없지만 선사시대부터 그리스-로마시대까지 이어지는 다양한 유물을 만날 수 있으므로 관심이 있다면 가볼 만하다.

주소 Viale Teocrito, 66, 96100 Siracusa **문의** (+39)0931-48-9511 **운영시간** 09:00~18:00(마지막 입장 17:00), 일요일 09:00~14:00 **휴관** 매주 월요일 **입장료** 성인 €8, 학생 €4 **찾아가기** 산조반니 카타콤베를 등지고 내리막길을 따라 내려가다 교차로에서 왼쪽으로 들어가 도보 3분 거리이다.

🍴 시칠리아 파니니의 최고봉
보르데리 Caseificio Borderi

시라쿠사의 인기 파니니가게이자 식료품점으로 늦게 방문하면 재료가 소진되어 맛볼 수 없을 정도로 인기가 많다. 이 집은 주인할아버지의 쇼맨십과 파니니에 들어가는 신선한 식재료가 인상적이다. 자극적인 소스로 맛을 내지 않고 다양한 치즈, 햄, 싱싱한 채소와 과일 등

재료 본연의 맛을 살린 파니니로 양도 푸짐하고 건강한 맛이다.

특히 이곳에서 직접 만든 모차렐라치즈의 맛이 일품이다. 각종 신선한 식재료로 꽉 찬 대왕파니니는 단돈 5~6유로로 성인 2명이 나눠먹어도 배부를 정도로 크기가 크다. 성수기에는 대기가 많아 되도록이면 오픈시간에 맞춰가는 것이 좋다. 대기줄이 긴 경우 기다리는 동안 각종 치즈를 시식해볼 수 있고, 파니니를 만드는 주인할아버지의 쇼맨십 때문에 지루하지 않게 기다릴 수 있다.

주소 Via Emmanuele de Benedictis, 6, 96100 Siracusa **문의** (+39)329-985-2500 **홈페이지** caseificioborderi.eu **운영시간** 월~토요일 07:00~16:00(재료 소진 시 영업종료) **휴무** 매주 일요일 **찾아가기** 오르티지아섬 재래시장 끝 쪽에 위치해 있다. **주변 관광지** 아폴론신전(Tempio di Apollo)

시라쿠사 전통음식을 맛보고자 한다면
트라토리아 일 체나콜로 Trattoria Il Cenacolo

시라쿠사 구시가지에 위치한 레스토랑으로 매우 클래식한 분위기 속에서 식사를 즐길 수 있는 곳이다. 주로 시칠리아 전통의 음식을 선보이며, 친절한 종업원들의 환대와 서비스에 가격까지 저렴하여 배낭여행자들에게 추천할 만하다.

매일 저녁 밝은 분위기 속에서 현지인과 여행자들이 자연스럽게 한데 어우러져 기분 좋은 시간을 보낼 수 있다. 다만 시칠리아 전통음식이다 보니 음식이 입에 맞지 않을 수도 있다는 점에 유의하자. 특히 이탈리아 섯살뷰인 앤초비Anchovy로 만든 파스타, 스파게티 시라쿠사네Spagetti Siracusane는 비린음식을 잘 먹지 못하는 여행자라면 피하는 것이 좋다.

주소 Via del Consiglio Regionale, 29, 96100 Siracusa **문의** (+39)0931-6-5099 **운영시간** 12:00~15:30, 19:00~23:30 **휴무** 매주 월요일 **가격** €8~20 **찾아가기** 두오모를 등지고 오른쪽 길을 따라가다 오른편에 보이는 첫 번째 골목으로 들어가면 바로 보인다. **주변 관광지** 두오모

시칠리아 현지인들이 많이 찾는
아고라 라 칸티나 Agorà La Cantina

고고학박물관 주변에 몰려 있는 관광객들을 위한 레스토랑과는 달리 주로 현지인들이 많이 찾는 깔끔한 분위기의 레스토랑이다. 가격이 저렴해 부담 없이 한 끼를 해결할 수 있는 곳으로 굉장히 맛있다고는 할 수 없지만 관광객을 상대로 하는 비싼 레스토랑에 비하면 충분히 만족스러운 식사를 할 수 있는 곳이다.

이곳에서는 미리 음식을 준비해 놓고 진열장에 넣어두기 때문에 먹고자 하는 요리를 직접 눈으로 보고 고를 수 있어 더욱 편리하다. 이 집에서 먹어볼 만한 추천음식은 올리브유와 버섯으로 맛을 낸 스파게티 아이 풍기(Spaghetti ai Funghi)로 가벼운 맛에 짜지 않아 좋다.

주소 Viale Teacrito, 115/117, 96100 Siracusa **운영시간** 11:00~16:00 **휴무** 매주 일요일 **가격** €5~20 **찾아가기** 파올로오르시 고고학박물관 입구를 등지고 정면으로 보이는 내리막 길을 따라 걸어서 5분 거리이다. **주변 관광지** 고고학박물관, 산조반니 카타콤베

인테리어가 환상적인 호스텔,
LOL 호스텔

시라쿠사 전역에서 가장 좋은 시설을 완비한 곳으로 여러 예약 대행사이트에서도 유럽 최우수 호스텔로 여러 차례 선정된 바 있다. 중앙역에서 도보 3분 거리에 있어 늦은 시간에 도착하여도 찾아가는 데 부담이 없는 것도 장점이다. 건물 전체를 호스텔로 사용하며 1층에는 리셉션과 식당 및 거실이 있는데, 시칠

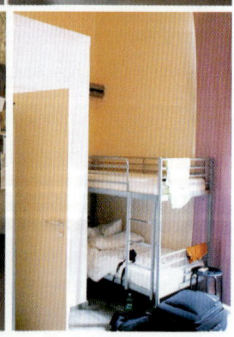

리아의 전통적인 건축물에 모던한 인테리어가 절묘하게 어울려 멋진 분위기를 자아낸다. 2층 전체는 객실로 운영하며 남녀혼용 4인, 8인 도미토리와 여성전용 8인 도미토리 그리고 커플룸으로 구성되어 있다.

모든 방마다 화장실을 포함한 샤워실이 기본적으로 설치되어 있어 이용에 불편함이 없다. 친절한 분위기와 훌륭한 시설, 어느 것 하나 부족함이 없는 이탈리아를 대표하는 호스텔이다. 시라쿠사에서는 배낭여행자에게 이만한 숙소가 없다고 자부한다.

주소 Via Francesco Crispi, 92, 96100 Siracusa **문의** (+39)0931-46-5088 **홈페이지** www.lolhostel.com **체크인/아웃시간** 14:00/11:00 **객실요금** 도미토리 €23~, 더블룸 €51~ **찾아가기** 중앙역을 등지고 왼쪽 길을 따라 도보 3분 거리에 위치한다. **귀뜀 한마디** 아쉽게도 객실에서는 와이파이 사용이 불가능하다.

바다가 한눈에 들어오는 부티크호텔,
도무스 마리에호텔 Domus Mariae Hotel

중세 귀족의 저택을 개조하여 만든 현대식 부티크호텔로 시설, 위치, 가격 모두 훌륭하다. 들어가는 입구부터 호텔의 오랜 역사가 느껴지는데 막상 들어가 보면 세련된 인테리어에 놀라게 된다. 시칠리아 특유의 친절함이 몸에 밴 리셉션 직원의 안내를 받아 옥상에 위치한 라운지바에 들어서면 이 호텔을 선택한 것이 탁월했다고 느낄 것이다.

역사지구인 오르티지아섬 내 바닷가 바로 앞에 위치하여 해안산책을 즐기기에 좋으며, 옥상에 마련된 바에서 바라보는 석양은 잊지 못할 추억을 만들어 줄 것이다.

주소 Via Vittorio Veneto, 76 **문의** (+39)0931-46-5088 **홈페이지** www.domusmariaebenessere.com **체크인/아웃시간** 14:00/11:00 **객실요금** 더블룸 비수기 €80~, 성수기 €150~ **찾아가기** 오르티지아섬 중심거리인 비토리오베네토거리(Via Vittorio Veneto)를 따라 두오모 방향으로 약 15분 거리에 위치한다. 중앙역에 내렸다면 택시를 이용하는 것이 편하다. **귀뜀 한마디** 이 호텔은 해안가에 위치하여 처음에 도착했을 때 찾아가기가 조금 어려울 수 있으니 택시를 이용하는 것도 좋은 방법이다. **주변 관광지** 오르티지아섬

Chapter 03
유럽과 이슬람의 문화가 조화를 이룬 팔레르모

로마제국 멸망 후 지중해 새로운 강자로 떠오른 이슬람세력은 유럽까지 침략하는데 그 시작점이 바로 시칠리아였다. 당시 비잔틴제국의 지배를 받던 시칠리아는 시라쿠사와 노토(Noto)를 중심으로 이슬람세력에 저항했고, 거점이 필요했던 이슬람세력은 시칠리아에서 맨 먼저 변두리 작은 해안도시였던 팔레르모를 점령한다. 이후 팔레르모는 이슬람지배를 받으면서 번성하기 시작하여 시칠리아의 주도로서 문화, 경제, 정치의 중심지가 되었다. 유럽에서 가장 이질적인 도시로 팔레르모에 발을 들여놓는 순간 유럽에서 또 다른 유럽을 마주하게 된다. 유럽의 기독교와 아랍의 이슬람이 함께 어우러진 팔레르모는 지중해 역사의 중심이자 산증인이다.

고민 없이 즐기는 팔레르모 추천 동선

팔레르모는 여기가 과연 유럽일까라는 느낌을 받을 만큼 이슬람문화가 깊이 스며들어 있다. 팔레르모를 둘러본 뒤 이탈리아에서 가장 아름다운 성당 중 하나인 몬레알레를 방문하도록 하자. 또한 시칠리아 최고의 휴양지 체팔루에서 지중해의 아름다움을 만끽하고, 시칠리아 역사가 시작된 아그리젠토를 방문해 고대 그리스인들의 유적을 둘러본다면 시칠리아의 매력을 충분히 느낄 수 있다. 팔레르모에서 주변 근교도시까지는 버스를 이용하면 되는데, 주요 버스정류장은 팔레르모중앙역에 붙어 있다.

Chapter 03 유럽과 이슬람의 문화가 조화를 이룬 팔레르모

팔레르모 필수코스

팔레르모의 주요관광지는 구시가지를 중심으로 몰려 있으며, 이슬람문화가 생생히 남아 있는 구시가지는 도보로 둘러보는 것이 좋다. 카타콤베를 제외한 대부분의 관광지는 도보로 이동이 가능하다.

Section 08
팔레르모&팔레르모근교 교통편 이용하기

팔레르모는 중세시대부터 시칠리아의 주도로 이탈리아 주요도시에서 비행기, 기차, 페리를 이용하여 접근할 수 있다. 밀라노를 비롯한 이탈리아북부에서 이동할 경우에는 시간을 절약할 수 있는 항공편을 추천한다. 나폴리를 비롯한 이탈리아남부에서 이동한다면 지중해의 낭만을 느낄 수 있는 페리도 좋다. 유레일이 있는 경우 시간 절약을 위해서 야간기차를 이용하는 것도 가능하지만 기차 편수가 매우 적고, 연착도 많아 적극 추천하지는 않는다.

팔코네-보르셀리노공항에서 팔레르모시내로 이동하기

팔코네-보르셀리노공항Falcone-Borsellino Aeroporto은 팔레르모에서 서쪽으로 31km 떨어진 지역에 위치한 공항으로 유럽 주요도시와 연결된다. 공항에서 팔레르모시내까지 이동하기 가장 좋은 교통수단은 버스(Autolinee Prestia e Comande)인데, 출국장을 나와 오른편으로 가면 버스정류장이 보인다. 버스는 매시 정각과 30분에 시간당 두 편씩 운행하며, 관광중심지인 팔레르모중앙역까지는 약 50분이 소요되고 요금은 €6.30(왕복 €11)이다. 공항에서 출발하는 첫차는 새벽 5시, 막차는 24시 30분이며, 팔레르모중앙역에서 출발하는 첫차는 새벽 4시, 막차는 22시 30분이다.

공항에 늦은 시간 도착했다면 택시를 이용하는 것이 좋다. 공항에서 팔레르모 시내까지는 €40~50 정도가 든다. 하지만 일부 관광객을 봉으로 아는 팔레르모 택시기사들은 절대 바른길로 가지 않으므로 탑승 전에 머물 예정인 숙소에 전화해서 정확한 주소와 예상경비를 물어보고 택시기사와 흥정한 후 탑승하는 것이 좋다.

팔레르모중앙역에서 팔레르모시내로 이동하기

시칠리아여행의 시작 또는 마지막 도시가 되는 팔레르모에는 이탈리아의 주요도시와 시칠리아의 여러 도시를 연결하는 기차가 매일 운행된다. 배낭여행자의 경우 유레일을 이용하여 야간기차를 타고 로마나 나폴리에서 들어오는 경우도 많다. 시칠리아 섬을 돌아다닐 경우 기차보다는 버스가 도시의 중심부와 접근성이 더 좋기 때문에 자주 이용하지는 않지만 체팔루Cefalù는 버스보다 기차가 편하다. 아직까지 유로스타가 운행되지 않아 대부분의 지역으로 이동할 때 저속열차인 레지오날레Regionale를 이용해야 한다. 팔레르모중앙역Palermo Stazione Centrale을 나와서부터 주요 관광지까지는 대부분 도보로 이동이 가능하다.

팔레르모 관광안내소와 기본정보

관광안내소에서는 팔레르모여행에 필요한 교통정보는 물론 숙박이나 식당에 관련된 정보도 제공받을 수 있으며, 요청하면 예약까지 도움을 받을 수 있다. 그 밖에도 팔레르모 여행 중 발생할 수 있는 긴급상황 시 다음 내용을 참고하자.

홈페이지 www.palermotourism.com **주소** 공항 내 위치, Piazza della Vittoria, palermo **문의** (+39)091-591698 **운영시간 공항점** 08:30~19:30 **광장점** 08:30~14:00, 15:00~18:00

경찰서	**주소** Piazza della Vittoria, palermo **문의** (+39)091-21-0111
우체국	1. **주소** Via Roma 322, Palermo **운영시간** 월~금요일 09:00~16:00 2. **주소** 팔레르모중앙역 내 위치.
병원/응급실	**주소** Via del Vespro, 129, 90127 Palermo **문의** (+39)091-655-1111

🧳 팔레르모에서 근교도시로 이동하기

팔레르모에서 주변 근교도시나 관광지로 이동할 경우에는 버스를 이용하는 것이 좋다. 버스정류장은 중앙역 바로 옆에 있으며, 이곳에서 표를 구입하여 탑승하면 된다. 다음은 팔레르모에서 갈 수 있는 가까운 근교도시를 정리한 표이다.

출발지	도착지	소요시간	요금(편도)
팔레르모	체팔루(기차) ➡ P.593	약 50분~	€5.60
팔레르모	몬레알레(시내버스) ➡ P.596	약 20분	€1.40
팔레르모	아그리젠토(기차) ➡ P.588	약 2시간(배차간격 1시간에 1대)	€9

Section 09
팔레르모에서 반드시 둘러봐야 할 명소

이탈리아에서 나폴리와 함께 가장 혼란스러운 도시 팔레르모는 이슬람의 영향을 많이 받아 지금도 도시 곳곳에서 쉽게 아랍어로 된 광고와 문구를 찾아볼 수 있다. 이슬람문화와 중세유럽문화가 어우러져 있는 모습이 다소 이질적이지만 그것이 팔레르모라고 정의내릴 수 있다.

유럽과 중동이 한곳에 어우러진
발라로시장 Mercato di Ballarò

가장 시칠리아다운 분위기를 풍기는 재래시장으로 아침부터 오후까지 많은 사람으로 붐비는 곳이다. 유럽에서 쉽게 접할 수 있는 것도 많지만 이슬람문화의 영향으로 인해 아랍인을 대상으로 하는 것들도 함께 판매되고 있다. 유럽과 중동이 한곳에서 어우러져 나타나는 이 시장의 풍경은 팔레르모의 매력에 빠져들기에 그만이다.

낮에는 서민들을 위한 시장이 서지만 저녁이 되면 대부분의 상점이 문을 닫고, 수많은 술집이 그 자리에 들어선다. 팔레르모 젊은이들의 활기 넘치는 모습을 보고 싶다면 저녁에 이곳에서 맥주 한잔 즐겨보는 여유를 갖자.

주소 Via del Bosco, 90134 Palermo **운영시간** 06:00~14:00 **휴무** 매주 일요일 **찾아가기** 팔레르모중앙역을 등지고 11시 방향에 있는 마쿠에다거리(Via Maqueda)를 따라 5분 정도 가다 왼편의 보스코길(Via del Bosco)로 들어가면 시장이 시작된다. **귀띔 한마디** 발라로시장에는 아랍인이 굉장히 많다. 사람이 많은 곳에서는 소매치기에 대한 주의가 필요하다. 매일 저녁 7시 이후에는 유흥지구로 변한다.

팔레르모의 모든 역사가 배어 있는
노르만궁전 Palazzo dei Normanni

팔레르모의 역사를 이해하기 좋은 건축물로 팔레르모의 파란만장했던 흔적이 곳곳에 남아 있다. 이슬람세력은 시칠리아에서 가장 먼저 점령했던 팔레르모에 총독관저를 세웠고, 이것이 노르만궁전의 시작이었다. 지금은 그 흔적이 비록 바닥 밖에 남아 있지 않지만 그들의 문화를 대표하는 아라베스크문양이 선명하게 보인다. 다음으로 시칠리아를 점령했던 노르만족도 수도를 팔레르모로 지정하면서 총독관저 위에 왕궁을 건설한다. 당시 중동에서 가장 아름다운 정원을 가진 궁전이란 평가를 들을 정도로 그 화려함은 더욱 깊어졌다.

1132년 시칠리아의 왕 루제로2세Ruggero II에 의해 새롭게 다시 개축되면서 현재의 모습을 갖추게 되었다. 루제로2세는 유럽에서 가장 유서 깊은 소성당 중 하나인 팔라티나소성당Cappella Palatina을 건설하였다. 아랍과 유럽의 미술과 건축이 어우러진 이 소성당은 화려했던 시칠리아의 건축양식과 문화수준을 한눈에 보여준다. 궁전 3층 대기실에서 매시간 2회 가이드투어를 무료로 진행하는데 성당의 역사와 각 방에 대한 자세한 설명을 영어와 이탈리아어로 진행한다.

팔레르모소성당 내부 모자이크화

주소 Piazza Indipensenza, 1, 90129 Palermo **문의** (+39)091-626-2833 **홈페이지** www.fondazionefedericosecondo.it **운영시간** 월~토요일 08:15~17:40, 일요일, 공휴일 08:15~13:00, 폐장 45분 전까지만 입장가능 **휴관** 12/25~1/1, 7월 15일부터 9월 4일까지는 팔레르모 축제기간으로 13:00에 문을 닫는다. **입장료** 금~월요일, 공휴일 성인 €12, 학생 €10, 화~목요일 성인 €10, 학생 €8(축제기간에는 왕궁의 일부분을 폐쇄하기 때문에 저렴하다.) **찾아가기** 팔레르모 비토리오 에마누엘레거리(Via Vittorio Emanuele)를 따라 북쪽으로 도보 15분 정도 거리에 왼편에 위치한다. **귀띔 한마디** 일요일과 공휴일에는 팔라티나 소성당이 09:45~11:15까지는 미사를 위하여 임시로 문을 닫는다.

📷 성문에 새겨진 아랍인들의 모습,
포르타누오바 Porta Nuova

팔레르모 구시가지를 둘러싸고 있는 성벽의 북쪽 관문이다. 성문 위쪽 좌우로 조각된 부조의 아랍인들 복장이 이채롭다. 포르타누오바는 르네상스시대 신성로마제국의 황제였던 카를로스5세Carlos V가 1535년 지금의 튀니지에서 활동하던 해적들을 소탕하고, 이를 기념하여 세운 것이다. 이 성문은 르네상스시대 찬란했던 문명 이면에 숨겨져 있는 어두웠던 역사를 알려주는 하나의 단서이기도 하다. 이 문에 장식되어 있는 사람들은 카를로스에 의해 잡혀왔던 아랍의 해적들 모습이다.

찾아가기 비토리오 에마누엘레거리(Via Vittorio Emanuele)를 따라 북쪽으로 가다가 노르만궁전을 지나 1분 거리에 있다.

100여 년간 썩지 않은 소녀의 주검이 있는
카푸치니 카타콤베 Catacombe dei Cappuccini

전 세계적으로 가장 큰 프란체스코수도회의 한 교파인 카푸친수도회가 있던 곳으로, 16세기 이곳에서 생을 마감한 수도사들의 무덤이었다. 이후 일반인들도 이곳에 묻히게 되면서 약 8,000여 구의 시신이 보관되어 있다. 지금은 모든 시신을 박제화하여 더 이상 썩지 않게 보관하고 있는데 그들의 모습을 보면 죽음이 눈앞에서 펼쳐지는 듯하다.

2009년 '잠자는 공주'라 명명된 로잘리아 시신이 발견되면서 수도원은 세계적으로 주목을 받았다. 국내에도 〈신비한TV 서프라이즈〉에 로잘리아 이야기가 방영되어 화제가 된 바 있다. 로잘리아는 1920년 2살의 어린 나이에 폐렴으로 세상을 떠났고, 그의 아버지는 딸의 모습이 그대로 남길 원했다. 당시 유명한 의사 알프레도 살라피아에게 부탁하여 화학물질을 주사하였는데, 신비하게 현재까지도 죽은 사람이라 믿기에 어려울 만큼 생존 당시의 모습 그대로 보존되어 있다. 로잘리아의 시신은 복도 끝 왼쪽으로 들어가면 나오는 산타로잘리아예배당에 안치되어 있다.

백년 년간 썩지 않은 소녀

주소 Piazza Cappucini, 1 **문의** (+39)091-652-4156 **홈페이지** www.catacombepalermo.it **운영시간** 09:00~12:30, 15:00~17:30 **입장료** €4 **찾아가기** 독립광장(Piazza Indipendenza)에서 327번 버스를 타고 핀데몬테거리(Via Pindemonte)에서 내리거나 포르타누오바에서 도보로 약 20분 거리. **귀띔 한마디** 10월 마지막 주 일요일부터 3월까지는 매주 일요일 오후 입장불가

비운의 영웅, 프리드리히2세가 잠들어 있는
팔레르모대성당 Palermo Cattedrale

팔레르모대성당은 비잔틴제국 지배 하에서 건설된 성당이었으나 이슬람세력의 지배를 받기 시작하면서 이슬람교 예배당인 모스크Mosque로 변형되었다. 이후 노르만족이 세운 왕국시대에는 다시 대성당으로 탈바꿈되는데, 이러한 복잡한 역사적 이유로 성당건축은 다양한 양식이 혼합되어 있다. 그 후에도 르네상스와 바로크시대를 거치며 증축 과정에 새로운 건축양식이 사용되면서 어떤 건축양식이다 잘라 말할 수 없는 기이한 건축물이 되었다.

팔레르모대성당 내부는 여러 차례에 걸친 복원으로 그다지 인상적이지 않지만 시칠리아왕국의 금은세공품이 전시된 보물실과 전쟁으로 목숨을 잃은 여러 귀족의 석관, 유럽 역사에 큰 자취를 남긴 황제들의

프리드리히2세의 석관과 묘비

석관이 안치된 무덤실이 있다. 이 중 황제석관실에 가면 항상 꽃이 놓여 있는 석관이 있는데, 이 석관이 바로 신성로마제국의 황제 프리드리히2세의 석관이다. 대성당 지붕에서 바라보는 팔레르모 시내 전경도 아름다우므로 시간이 된다면 엘리베이터를 타고 올라가 구경하는 것도 추천한다

주소 Corso Vittorio Emanuele **문의** (+39)091-33-4373 **홈페이지** www.cattedrale.palermo.it **운영시간** 07:00~19:00 **입장료** 통합권(왕족의 무덤+보물실+지붕) €8, 왕족의 무덤+보물실 €4, 보물실 €3, 왕족의 무덤 €1.50 지붕 €5 **찾아가기** 콰트로칸티에서 비토리오 에마누엘레거리(Corso Vittorio Emanuele)를 따라 도보 10분 거리이다. **귀띔 한마디** 팔레르모 시내의 주요 성당을 하나라도 입장료를 냈다면 그 티켓으로 대부분의 다른 성당에서 할인을 받을 수 있으니 버리지 말고 항상 소지하자.

역사가 만든 비운의 영웅, 프리드리히2세(Federico II)

신성로마제국의 황제 프리드리히2세는 시칠리아에서 태어나 어린 시절 대부분을 이곳에서 보냈다. 기독교와 이슬람 간 종교 및 영토분쟁으로 지중해 전체가 피로 물들 때도 시칠리아는 노르만족 지배 아래 종교와 민족을 떠나 서로 교류했고, 프리드리히2세는 이 영향으로 사상과 종교에서 자유로운 사고력을 가진 인물로 성장하였다. 1220년 황제의 자리에 올랐지만 교황청 압력으로 5차 십자군원정을 이끌게 된다. 그는 이 전쟁에서 피 한 방울 흘리지 않고 예루살렘을 되찾지만 '피를 흘리지 않는 성전은 없다' 하여 이슬람과 내통했다는 음모로 가톨릭으로부터 파문을 당한다. 그는 고향인 시칠리아와 이탈리아남부에 대한 애착이 남달랐다. 그래서 이 지역을 여행하다보면 그의 흔적을 어렵지 않게 찾을 수 있으며, 프리드리히2세는 지금도 시칠리아인들에게 가장 사랑받는 위인이다.

📷 팔레르모 구시가지의 심장
콰트로칸티 Quattro Canti

비녤라광장Piazza Vigliena으로 알려진 콰트로칸티는 팔레르모 구시가지의 중심이다. 이곳을 기점으로 갈라지는 4개의 길을 따라 각각의 도시 기능으로 지구가 만들어진다. 1608년 줄리오라소Giulio Lasso에 의해 건설되기 시작하여 1620년에 준공되었다. 같은 형태로 지어진 4개의 건물에는 각각 다른 상징성이 부여되어 있다. 총 3개 층의 건물 1층에는 시칠리아의 성녀인 크리스티나Santa Cristina, 닌파성녀Santa Ninfa, 올리바성녀Santa Oliva, 아가타성녀Santa Agata가 장식되어 있고, 2층에는 시칠리아를 빛낸 주요 왕 카를로스5세와 필립2세부터 4세까지 모습이 장식되어 있다. 끝으로 3층에는 봄, 여름, 가을, 겨울 4계절을 상징하는 여신으로 장식되어 있다. 17세기 시칠리아 바로크의 정수를 느낄 수 있는 곳으로 여행의 가장 중요한 기점이 되는 곳이다.

주소 Piazza Vigliena, 80146 Palermo **찾아가기** 팔레르모중앙역을 등지고 11시 방향 마쿠에다거리(Via Maqueda)를 따라 도보 10분 거리이다. **귀띔 한마디** 이곳 주변에 숙소와 식당이 모여 있다. 하지만 현재는 아랍지구로 치안이 조금 좋지 못하니 소매치기에 주의하자.

이탈리아우표에도 등장하는 르네상스 조각의 걸작, 프레토리아분수 Fontana Pretoria

프레토리아분수 기념우표

1554년 피렌체 출신 프란체스코카밀라니 Francesco Camilliani에 의해 만들어진 이 분수는 원래 피렌체 산클레멘토 궁전에 있었다. 그 궁전의 주인이 1573에 나폴리에 머물 당시 도움을 준 그의 동생에게 선물하여 팔레르모 프레토리아궁전 앞으로 옮겨졌다. 옮기는 과정에 분수는 644조각으로 나뉘었으며, 그렇게 운반된 분수 조각은 1584년에야 완공될 수 있었다.

분수의 전체적인 모습이 팔레르모시내의 다른 분수와는 많이 다른데, 아름다운 여신부터 할아버지의 모습까지 48개의 다양한 석상이 세워져 있다. 현재 팔레르모 구시가지의 중심에 위치한 이 분수는 르네상스 조각의 걸작으로 평가받는다. 돈루이지가문이 몰락한 후에는 팔레르모시에서 직접 관리하는데 이 탈리아우표에도 등장할 만큼 사랑받는 분수이다.

주소 Piazza Pretoria, 90133 Palermo **찾아가기** 콰트로칸티 팔레르모중앙역을 나와 정면 마쿠에다거리를 따라 도보 10분 거리로 오른편에 보인다.

독보적인 화려함 라 마르토라나 La Martorana

시칠리아 루제로2세 때 제독 조르조 디 안티오키아 Giorgio di Antiochia가 건설한 성당이다. 조르조는 동방정교회를 믿던 지금의 시리아지방 출신으로 성당을 만들 때 라틴십자가 형태가 아닌 좌우대칭을 이루는 그리스정교회 형태의 성당을 건설하였다. 여러 차례 수정을 거쳐 라틴십자가 형태로 바뀌긴 했지만 실내를 가득 채운 수많은 그림은 과거의 모습 그대로이다.

그리스-비잔틴양식의 이 작품들은 과거 '세계에서 가장 아름다운 유적'이라는 평을 받을 만큼 그 화려함과 섬세함이 독보적이다. 또한 팔레르모시민들에게도 가장 사랑받는 성당 중 하나로 일요일이 되면 결혼식이 열리는 모습을 자주 볼 수 있다.

주소 Piazza Bellini, 3, 90133 Palermo **문의** (+39)091-616-1692, (+39)345-828-8231 **운영시간** 09:00~12:00, 15:00~18:00(오후는 수~목요일만 개방) **찾아가기** 콰트로칸티에서 중앙역 방향 마쿠에다거리(Via Maqueda)로 도보 1분 거리에 위치한다. **귀띔 한마디** 주말에는 결혼식이 진행되는 것을 자주 목격할 수 있다.

아랍과 노르만 건축양식의 조화, 산카탈도성당 Chiesa di San Cataldo

아랍과 노르만양식이 결합된 시칠리아 특유의 건축양식으로 이 성당은 아랍 모스크와 유럽 성당이 한 건물에 섞여있는 듯한 느낌을 받는다. 천장은 모스크에서 사용되는 돔양식이고, 바닥은 화려한 아라베스크문양의 모자이크로 가득하다. 하지만 성당을 받치는 기둥부터 전체적인 모습은 로마네스크양식이라 마치 성벽과도 같이 단단하게 만들어져 있다.

지중해가 남북으로 갈라져 종교갈등과 분쟁이 끊이지 않았지만 이곳만큼은 공존하며 살아가던 모습을 상상해 볼 수 있다. 작은 성당이지만 그 가치는 이루 말할 수 없다. 팔레르모를 느끼고 시칠리아를 이해할 수 있는 중요 건축물인 만큼 놓치지 않길 바란다.

주소 Piazza Bellini, 1 90133 Palermo **문의** (+39)091-607-7111 **운영시간** 09:30~12:30, 15:00~18:00 **입장료** €2.50 **찾아가기** 콰트로칸티에서 중앙역 방향 마쿠에다거리(Via Maqueda)에서 도보 1분 거리로 라 마르토라나 바로 옆에 위치한다. **귀띔 한마디** 구입한 성당 입장권으로 다른 유적지 할인이 가능하니 버리지 말고 갖고 있자.

이탈리아에서 가장 큰 극장 팔레르모대극장, 테아트로마시모 Teatro Massimo

나폴리의 산카를로 오페라극장과 함께 이탈리아남부를 대표하는 오페라극장으로 1861년부터 건설이 시작되었다. 이탈리아에서 가장 큰 실내극장으로 객석이 7단으로 구성되어 있으며 3,000명이 동시에 관람할 수 있도록 설계되었다. 1897년 문을 연 이후 세계적 작곡가와 성악가가 공연을 펼쳤던 이곳은 내부분쟁으로 잠시 문을 닫았지만 1999년 베르디의 오페라「아이다(Aida)」를 시작으로 다시 문을 열었다.

여유가 된다면 이곳에서 오페라 한 편 감상해 보는 것도 잊지 못할 추억이 된다. 테아트로마시모 일대는 현재 팔레르모시에서 가장 번화한 곳으로 저녁이면 수많은 젊은이가 몰려든다. 활기찬 이탈리아 젊은이들 속에서 간단하게 맥주 한잔 즐기는 것도 좋다. 한국인이 많이 찾지 않아서인지 동양인을 마냥 신기하게 쳐다보는 모습마저 여행에 있어 묘미가 될 것이다.

주소 Piazza Verdi, 90138 Palermo **문의** (+39)091-605-3267 **홈페이지** www.teatromassimo.it **운영시간** 오페라극장 투어 화요일, 일요일 09:30~17:00 **입장료** 성인 €8, 만 18세 미만, 65세 이상 €5, 만 18세 이하 무료 **찾아가기** 마쿠에다거리(Via Maqueda)를 따라 북쪽으로 걸어가다가 콰트로칸티를 지나 10분 정도 걸어가면 왼편에 위치한다. **귀띔 한마디** 오페라 관람 시 복장규제가 있어 남자는 재킷에 구두, 여자는 정장을 반드시 갖춰야만 입장이 가능하다.

Section 10
팔레르모에서 먹어봐야 할 것들

먹거리가 풍부한 이탈리아에서도 최고의 맛을 자랑하는 요리로 가득한 시칠리아는 이탈리아여행에서 식도락 여행의 종지부를 찍을 수 있는 먹거리 천국이다. 그 중에서도 팔레르모는 유럽의 음식과 중동의 음식이 조화롭게 어우러져 그들만의 새로운 음식문화를 만들어 내었다. 우리나라 여행자들의 입맛에도 잘 맞는 음식으로 넘쳐난다.

팔레르모에서 가장 사랑받는 레스토랑
페로 디 카발로 Ferro di Cavallo

팔레르모 지역에서 유명 레스토랑으로 항상 관광객과 현지인으로 붐빈다. 점심에는 피크타임이 아니라면 자리확보가 어렵지 않지만 저녁식사를 테라스에서 하고 싶다면 예약은 필수이다. 줄을 서서 대기하는 사람도 워낙 많아 예약을 하지 못했다면 오픈 시간에 맞춰 찾아가자. 같은 메뉴라도 점심시간 파스타는 €4부터, 저녁 시간에는 €5부터 시작한다.

팔레르모 전통의 해물파스타(Marinara)는 다른 지역과 달리 면을 푹 삶아 내어 우리나라 여행자 입맛에 잘 맞으며, 해산물 튀김도 추천할 만하다. 고기류는 가격은 저렴하지만 우리나라 사람들에게는 색다른 맛의 소스를 사용하기 때문에 약간은 조심스럽다.

주소 Via Venezia, 20, 90133 Palermo **문의** (+39)091-33-1835 **홈페이지** www.ferrodicavallopalermo.it **운영시간** 월~토요일 10:00~15:30, 19:45~23:30 **휴무** 매주 일요일 **가격** 음식 €4~16, 음료 €2~5, 자릿세 €1 **찾아가기** 콰트로칸티에서 테아트로마시모(Massimo Theater) 방향으로 10m 가서 오른쪽 골목으로 들어가서 도보 5분 거리이다. **귀띔 한마디** 영어가 잘 통하지 않으므로, 계산할 때 자신이 먹은 메뉴 정도는 기억해 두는 것이 좋다. **주변 관광지** 콰트로칸티

시칠리아 디저트의 명가,
투어링카페 Touring Cafè

팔레르모 최고의 아란치노를 만든다고 알려진 카페이다. 아란치노Arancino는 시칠리아 전통음식으로 쌀과 토마토, 치즈를 주재료로 하여 여러 가지 재료를 토핑하는데, 재료에 따라 다양한 맛을 내는 디저트이다. 이 지역에서 가장 유명한 메뉴이며, 버섯을 크림소스로 버무려

만든 것과 토마토소스에 구운 돼지고기를 넣어 만든 아란치노가 인기가 많다. 그 외에도 여러 종류의 맛이 있으니 선호하는 재료의 맛을 주문하면 된다. 특히 카놀로Cannolo라 불리는 이탈리아의 달콤한 디저트인 돌체Dolce를 포함해 다양한 음식을 저렴한 가격에 판매하는데, 앉아서 먹을 경우 자릿세가 붙는다.

주소 Via Roma, 248, 90133 Palermo **문의** (+39)091-32-2726 **운영시간** 월~토요일 06:00~21:00 **휴무** 매주 일요일 **가격** 아란치노 €2.50, 음료 €1~2.50 **찾아가기** 콰트로칸티에서 비토리오 에마누엘레(Vittorio Emanuele)거리를 따라 가다 바로 보이는 사거리에서 왼쪽으로 들어가면 왼편에 위치한다. **주변 관광지** 콰트로칸티, 프레토리아분수

팔레르모에서 가장 오래된 카페, 안티코카페 Antico Caffè Spinnato

이탈리아 통일운동이 시작되던 1860년에 문을 연 팔레르모에서 가장 오래된 카페 중 한 곳으로 지금은 그 오랜 전통만큼 여러 이름으로 팔레르모 곳곳에 체인점을 운영하고 있다. 많은 체인점이 있지만 가장 유명한 곳은 본점으로, 직접 로스팅한 커피에 자체 제작한 예쁜 커피잔으로 커피를 내오는데 가격이 저렴해서 여행 도중 잠깐 쉬어가기 좋은 카페이다.

이집은 파니노 콘 젤라토Panino Con Gelato가 유명한데 부드러운 햄버거 안에 젤라토를 넣어 한 끼 식사로도 좋다. 팔레르모에서 가장 번화가에 위치하므로, 맛있는 커피 한 잔과 함께 바쁘게 살아가는 팔레르모 사람들의 모습도 여유롭게 즐길 수 있다.

주소 Via Principe di Belmonte, 111, 90133 Palermo **문의** (+39)091-749-5104 **홈페이지** www.spinnato.it **운영시간** 월~일요일 07:00~13:30 **가격** 파니노 콘 젤라토 €4, 카놀로 €2.30, 음료 €1~4 **찾아가기** 테아트로마시모 입구를 등지고 왼쪽으로 사거리 두 개를 지나서 오른편에 보이는 골목으로 들어간 후 도보 2분 거리이다. **주변 관광지** 테아트로마시모

Section 11
여행자들에게 적당한 팔레르모의 숙소

시칠리아의 주도인 팔레르모는 그 규모에 맞게 여러 종류의 숙소가 여러 지역에 산재해 있다. 하지만 우리나라 여행자들의 구미를 당기는 대부분의 유적지는 구시가지와 중앙역 주변에 몰려 있으므로 중앙역에서 구시가지로 이어지는 길 주변에 숙소를 정하면 팔레르모 및 근교여행이 편리하다. 비앤비의 경우 리셉션을 24시간 운영하지 않는 곳도 많으니 예약 전 체크인시간을 확인하는 것이 좋다.

24시간 체크인이 가능한
맘마미아 호스텔&게스트하우스 Mamamia Hostel&Guesthouse

공항셔틀버스가 정차하는 대로변(Via Roma)에 위치한 맘마미아 호스텔은 밤늦게 팔레르모에 도착하는 여행자들에게 추천하는 숙소이다. 24시간 프론트를 운영하고 있어 늦은 시각에도 체크인이 가능하다. 중앙역에서 도보 10분 거리에 위치해 있으며 도미토리부터 싱글룸, 더블룸, 패밀리룸까지 다양한 객실을 보유하고 있다.

유명 호텔에 비해 시설이나 청결도가 크게 뛰어난 편은 아니지만 위치가 좋고 가성비가 뛰어나 하룻밤 쉬어가기에는 크게 불편함이 없는 곳이다. 카운터에서 여행지도를 받아볼 수 있으며, 간단한 조식도 제공한다. 성수기에는 평소 대비 가격이 오르는 편이다.

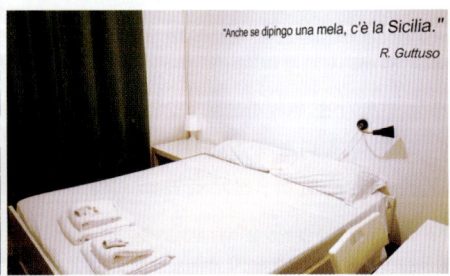

주소 Via Roma, 276, 90133 Palermo **문의** (+39)351-236-3957 **홈페이지** mamamiapalermo.com **체크인/아웃시간** 12:00~/10:30~11:00 **객실요금** 도미토리 €16~, 더블룸 €30~ **찾아가기** 구시가지의 중심인 콰트로칸티에서 비토리오 에마누엘레길(Via Vittorio Emanuele)을 따라 걷다가 로마대로(Via Roma)에서 왼쪽으로 들어서 얼마가지 않아 왼편에 위치한다. **주변 관광지** 콰트로칸티

데벨리니 디자인아파트먼트 deBellini - Design apartments&Event space
내 집처럼 편안함과 감각적인 인테리어가 돋보이는

콰트로칸티Quattro Canti와 3분 거리의 구시가지 중심에 위치해 있는 디자인아파트먼트로 지리적인 장점도 있지만 역사적인 건물을 리모델링하여 더욱 의미가 있다. 크기, 가구, 인테리어 모두 각각 다르게 디자인된 6개의 객실을 보유하고 있으며, 객실의 수는 적지만 객실은 넓은 편이다.

주방과 조리기구 등도 갖추고 있어 호텔보다는 집 같은 느낌으로 편안하게 머무를 수 있다. 다만 호텔처럼 직원이 상주하는 것이 아니다보니 사전에 체크인시간을 약속하고 만나야 한다. 또한 문의사항은 메시지로 주고받아야 하는 번거로움이 있지만 빠른 대응과 의사소통이 가능하다. 콰트로칸티와 프레토리아분수Fontana Pretoria 근처에 위치해 있어 접근성도 좋다.

주소 Piazza Bellini, 5, 90133 Palermo **문의** (+39)331-883-6589 **홈페이지** debellinipalermo.it **체크인/아웃시간** 14:00~/10:00 **객실요금** €150~ **찾아가기** 구시가지의 중심인 콰트로칸티에서 프레토리아분수를 왼쪽에 끼고 마퀘다길(Via Maqueda)을 따라 걷다가 성당이 보이면 왼쪽 길(Piazza Bellini)로 들어서면 정면으로 보인다. **주변 관광지** 콰트로칸티, 프레토리아분수

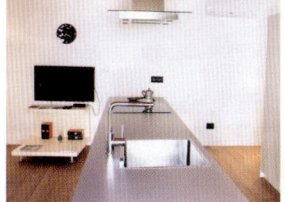

퀸토칸토호텔&스파 Quintocanto Hotel&Spa
모던함으로 새롭게 오픈한

시내중심인 콰트로칸티Quattro Canti에 위치한 모던호텔로 가격대비 시설이 훌륭한 편이다. 아침식사 종류를 두 가지로 구분해서 요금을 책정하므로 보다 실속 있게 호텔을 이용할 수 있다. 조식은 뷔페식과 간소한 이탈리아식 중 하나를 선택할 수 있는데 처음 예약 대행 사이트를 통해 예약할 때 선택할 수 있다. 역에서 가깝고 찾기 쉬워 저녁 늦게 도착하더라도 호텔까지 오는 데 어려움은 없다. 만약 택시를 탈 경우 미리 요청하면 픽업서비스도 받을 수 있다. 또한 이곳에서 직접 운영하고 있는 스파Spa도 있어 고된 여행에 좋은 휴식처가 되어줄 것이다.

주소 Corso Vittorio Emanuele, 310, 90100 Palermo **문의** (+39)091-58-4913 **홈페이지** www.quintocantohotel.com **체크인/아웃시간** 15:00/11:00 **객실요금** 성수기 €110~, 비수기 €80~ **찾아가기** 콰트로칸티에서 대성당 방향으로 도보 1분 거리이다.

접근성이 뛰어나면서도 쾌적한 호텔
센트로호텔 Hotel del Centro

중앙역에서 도보 3분 거리로 접근성이 매우 뛰어나며, 항상 쾌적한 환경을 제공하므로 편안하게 팔레르모 관광을 즐길 수 있다. 가볍지만 다양하게 맛볼 수 있는 뷔페식 조식이 포함되며, 와이파이를 전 객실에서 무료로 이용할 수 있다. 구도심 중심부에 자리하고 있어 저녁시간 도심산책을 즐기거나 쇼핑 혹은 가볍게 현지인들과 어울려 술 한잔 즐기기도 좋다.

가격대비 만족도가 높은 호텔로 중앙역에 가깝게 위치하므로 근교 여행을 가고자 하거나 팔레르모에서 짧은 일정을 보내려는 여행자들에게 추천할 만한 호텔이다.

주소 Via Roma 72, 90133, Palermo **문의** (+39)091-617-0376 **홈페이지** www.hoteldelcentro.it **체크인/아웃시간** 15:00/11:00 **객실요금** 싱글 €40~, 더블 €44~, 트리플 €54~(최저가 기준) **찾아가기** 중앙역에서 150미터 거리로 역을 등지고 로마길을 따라 걸으면 바로 왼편에 보인다.

Chapter 04
팔레르모근교 여행
아그리젠토, 체팔루, 몬레알레

팔레르모와 함께 시칠리아서부는 여행자들을 끌어 모으기에 충분한 매력을 가지고 있다. 지중해의 숨은 진주라 불리는 체팔루의 에메랄드빛 바다, 동서양의 문화가 함께 어우러져 빛을 발하는 몬레알레대성당 그리고 그리스유적의 숨은 보고인 아그리젠토, 이 모든 것이 여행자들에게 주옥같은 추억을 만들어 줄 것이다.

Section 12

고대그리스의 위대한 역사, 아그리젠토

> 기원전 6세기경에 그리스인들에 의해 세워진 고대도시 아그리젠토는 그리스인들에 의해 세상에 남겨진 수많은 도시 중에 가장 화려한 역사를 갖고 있던 도시였으나 현재는 그 흔적만이 자리를 지키고 있다. 그러나 그 흔적만으로도 그리스인들의 위대함을 가히 짐작해 볼 수 있다.

아그리젠토여행을 시작하기 전

두 개의 강을 끼고 바다가 내려다보이는 천연요새에 자리한 아그리젠토는 그리스에 의해 일찍부터 문명이 발달하였다. 그러나 지리적 이점은 오히려 다른 민족에게 침략의 빌미를 제공하였고, 결국 기원전 4세기경 카르타고 Carthago 의 식민지로 전락한다. 카르타고는 당시 서지중해의 최강자로서 아그리젠토는 그 번영을 함께 누렸지만 기원전 262년 제1차 포

에니전쟁에서 로마가 승리하자 모든 시민들이 노예로 팔려가는 등 급속도로 쇠락의 길을 걷게 된다. 중세시기에는 아예 사람이 살지 않는 땅이 되었고, 모래 속에 조용히 묻히게 되었다. 그러나 어찌 보면 이는 신들이 찬란한 문명을 이룩한 그리스에게 준 마지막 선물이었을지도 모른다. 버려진 땅에 묻혀 있던 수많은 유적은 고스란히 근대까지 보존될 수 있었고, 발굴이 시작되면서 다시 한 번 세상을 깜짝 놀라게 한 것이다. 만약 계속 문명이 이어졌다면 그리스 역사는 깨끗이 지워졌을 것이다. 이렇게 잘 보존된 유적이었지만 중세 기교독인들의 약탈과 2차 세계대전 때 수많은 폭격으로 많은 부분이 폐허가 된 것은 정말 안타까운 일이다. 하지만 남은 유적만으로도 2500년 전 그리스인이 이룩한 위대한 역사를 되짚어 보기에 부족함은 없다.

🧳 아그리젠토로 들어가기

시칠리아남서부에 위치한 아그리젠토는 시칠리아를 대표하는 유명관광지답게 어느 도시에서든 접근하기가 편하다. 시칠리아의 주요도시인 팔레르모에서 매일 기차와 버스가 운행되고 있으며, 카타니아를 비롯한 그 외에 지역에서도 버스가 운행된다. 버스와 기차의 배차간격은 비슷한데 버스는 정류장이 관광지에서 조금 더 멀리 떨어져있으므로 기차를 이용하는 것이 좀 더 편하다.

아그리젠토 중앙역(上)과 버스정류장(下)

아그리젠토 관광안내소

지중해 최고의 그리스유적을 간직하고 있는 아그리젠토는 그 명성에 비해 관광시스템이 그리 잘 정립되어 있지는 않다. 관광안내소에 가도 직원이 그리 많은 것을 도와주지는 않지만 관광지도 및 주변 도시로 가는 교통편에 대한 정보 정도는 얻을 수 있으니 여행 시작 전에 들러보자.

주소 Piazzale Aldo Moro, 7, 92100 Agrigento **문의** (+39)092-259-3650 **운영시간** 월~금요일 08:00~14:00, 14:30~19:00, 토요일 08:00~14:00 **휴무** 매주 일요일

📖 아그리젠토 여행하기

아그리젠토는 시칠리아를 대표하는 유명관광지임에도 여행자를 위한 숙박이나 편의시설이 잘 갖춰져 있지 않으므로 팔레르모에서 당일치기로 다녀오는 편이 좋다. 팔레르모에서 오전 5시 42분, 7시 43분, 8시 43분에 아그리젠토로 출발하는 기차를 이용하면 된다. 배차간격은 1~2시간에 한 대 정도로 운행한다. 아그리젠토중앙역에 도착하여 역 앞 광장에서 신전들의 계곡행 버스를 타고 10분 정도 가면 매표소 앞에 내려준다.

신전들의 계곡행 버스정류장(上)과 매표소(下)

장소	요금
신전들의 계곡	€10, 만 18세~25세 €5
고고학박물관	€8, 만 18세~25세 €4
아그리젠토 통합권(Biglietto Cumulativo)	신전들의 계곡 + 고고학박물관 €13.50

※ 개시일로부터 5일 동안은 중복입장도 가능하다.

📷 신전들의 계곡 Valle dei Templi
신전들이 모인 형상이 계곡과도 같은

신전들의 계곡은 도로를 중심으로 양쪽으로 나누어져 있는데, 먼저 오르막길로 올라 헤라신전, 콘코르디아신전, 헤라클레스신전과 주변을 둘러본 뒤 도로를 건너 반대편으로 넘어와 제우스신전과 주변유적지를 관람하면 된다. 그리고 도로를 따라 위쪽으로 올라가면 고고학박물관이 있는데, 이곳에서 고대그리스인들의 보석, 식기, 무기, 조각 등 다양한 유적을 관람하면 된다.

운영시간 08:30~19:00 **입장료** 성인 €10, 만 18~25세 €5 **찾아가기** 중앙역 앞 광장에서 1, 2, 3번 버스(€1) 중 하나를 타고 10분 정도 가면 매표소 앞에서 하차한다.(※ 시내버스 탑승 시 버스운전기사가 버스표를 팔지 않으므로 기차역 안에 위치한 타바키에서 버스표를 미리 두 장 구입하자.) **귀띔한마디** 하절기와 동절기의 해 길이에 따라 문 닫는 시간이 바뀐다. 하절기에는 최대 20:00까지 동절기에는 빠르면 17:00에 문을 닫는다.

📷 헤라신전 Tempio di Giunone

그리스인들이 가장 숭배했던 결혼의 신 헤라Hera, Giunone를 위한 신전으로 기원전 5세기경에 세워졌지만 이곳을 점령한 카르타고에 의해 파괴되었다가 헤라를 숭배했던 로마시대에 복원되었다. 후에 기독교인들에 의해 대부분 파괴되었지만 신전을 받치던 기둥은 원형 그대로 보존되어 있어 웅장했던 예전 모습을 상상해 볼 수 있다. 신전들의 계곡에서도 가장 높은 곳에 위치하여 바다와 계곡, 주변의 올리브밭이 한눈에 들어온다.

📷 콘코르디아신전 Tempio della Concordia

지중해에서 가장 잘 보존된 그리스신전 중 하나로 기원전 5세기경에 만들어졌다. 로마제국 멸망 후 수많은 기독교인이 모든 신전을 파괴했지만, 이 신전만큼은 성당으로 개조되면서 거의 원형에 가까운 모습을 보존할 수 있었다. 조화와 평화의 여신 콘코르디아신전의 크기는 전체 길이가 약 43m, 폭이 19m, 높이가 7m로 총 34개의 기둥이 신전을 받치고 있다. 신전 내부에는 석상을 모시기 위한 또 하나의 직사각형 신전이 있다.

📷 헤라클레스신전 Tempio di Ercole

우리에게도 친숙한 그리스의 영웅 헤라클레스Eracle를 위한 신전이다. 그리스인들이 가장 숭배했던 신들 중 한 명으로 이곳에서도 가장 큰 규모의 신전 중 하나로 꼽힌다. 길이 약 75m의 직사각형 형태의 신전으로, 본래는 38개의 도리아식 기둥으로 장식되었을 것이라 추측하는데 현재는 8개의 기둥만이 그 자리를 지키고 있다.

📷 카스토레와 폴루체신전 Tempio di Castore e Polluce

카스토레와 폴루체는 백조로 변신한 제우스와 스파르타의 여왕 사이에 태어난 쌍둥이로 로마의 건국신화에도 등장한다. 거대한 규모를 자랑했을 이 신전 또한 종교논리를 벗어나지 못하고 파괴되어 현재는 기둥들만 위태롭게 남아 있다. 하지만 주위에 흩어져 있는 돌과 신전 터 그리고 그 속에서 자란 올리브나무가 한데 어우러져 또 다른 풍경을 만들어내고 있다.

📷 가장 많은 그리스유적이 소장된
고고학박물관 Museo Archeologico Regionale

시칠리아에서 보기 드문 현대식 박물관으로 온도 및 습도부터 빛의 양까지 조절되는 최신식 시스템이 갖춰져 있는 곳이다. 아그리젠토 고고학에 평생을 바친 피에트로 그리포 Pietro Griffo가 이 지역에서 발굴된 유적을 전시하던 것이 시초로, 발굴된 유물들은 박물관을 가득 채우고도 남을 만큼 방대하다.

유럽에서 가장 많은 그리스유적을 소장한 박물관으로 아쉽게도 여러 민족에 의해 오랜 시간 약탈을 당해 원형을 간직하거나 값어치 있는 유적의 수는 많지 않다. 하지만 그리스역사에 관심이 있는 여행자라면 헤어나오지 못할 만큼 충분히 매력적인 곳이다. 신전들의 계곡에서 느꼈던 아쉬움을 채우기에 그만인 장소이므로 놓치지 말자.

주소 Contrada San Nicola, 12, 92100 Agrigento **문의** (+39)0922-40-1565 **홈페이지** pti.regione.sicilia.it **운영시간** 화~토요일 09:00~19:30, 월요일, 일요일 및 공휴일 09:00~13:00 **입장료** 성인 €8, 만 18~25세 €4 **찾아가기** 중앙역 앞 광장에서 1, 2, 3번 버스 중 하나를 타고 10분 정도 가면 매표소 앞에 내려준다. **귀띔 한마디** 매월 첫 번째 일요일은 무료입장이다.

Chapter 04 팔레르모근교 여행

Section 13
지중해의 숨은 진주 체팔루

체팔루는 아직까지도 세상에 많이 알려져 있지 않지만 현지인과 숨은 여행지를 찾아다니는 여행고수들에게는 이미 정평이 나있는 휴양지이다. 에메랄드 빛 바다와 함께 여유로운 사람들의 모습 그리고 때 묻지 않은 휴양지 풍경이 여행객들에게 커다란 매력으로 다가올 것이다.

체팔루여행을 시작하기 전

영화음악의 거장 엔뇨모리코네Ennio Morricone의 주옥같은 음악과 함께 우리에게 잘 알려진 영화 〈시네마 천국_Cinema Paradiso〉의 배경이 되었던 체팔루는 깨끗한 에메랄드빛 바다와 주변에 있는 아름다운 산이 함께 어우러져 마치 시간이 멈춘 듯한 작은 마을이다. 아직까지도 많이 알려지지 않아서인지 여행자에 대한 이미지도 좋은 편이며, 마을 사람들도 친절하다. 평화로운 마을 체팔루에서 시칠리아인들과 함께 여행의 즐거움을 만끽해보자.

체팔루로 들어가기

팔레르모에서 체팔루로 가는 가장 좋은 교통수단은 기차편으로 레지오날레와 인터시티 모두 다 이용할 수 있다. 가격은 인터시티가 더 비싸지만 레지오날레와 시간 차이가 크지 않으므로 레지오날레를 이용하면 조금 더 저렴하게 다녀올 수 있다. 소요시간은 약 50분으로 표시되지만 실제 조금 더 걸린다. 팔레르모에서 체팔루로 들어갈 때 기차의 왼편에 앉으면 바다를 볼 수 있다.

체팔루역에 도착하여 밖으로 나오면 상상했던 것과는 다른 일반적인 도시 풍경이 펼쳐져 살짝 당황할 수 있지만 우리가 알고 있는 해안마을은 체팔루역에서 20분 정도 걸어가야 볼 수 있다. 가는 길은 역에서 나와서 역을 등지고 오른쪽 길을 따라 내려가야 한다. 왼쪽으로 가면 낭패를 보므로 주의하자.

체팔루역에서 마을로 들어가는 입구

체팔루 관광안내소

마을 중심거리에 있는 루제로거리(Corso Ruggero)에 위치한 관광안내소로 직원이 매우 친절하다. 마을지도를 무료로 얻을 수 있고 또한 주변 지역으로 연결되어 있는 트레킹 코스에 대한 설명도 자세히 들을 수 있다.

주소 Corso Ruggero, 77, 90015 Cefalù Palermo **운영시간** 월~토요일 09:00~13:00, 15:00 ~ 19:00 **휴무** 매주 일요일 **귀띔 한마디** 동계(11~3월)에는 문을 열지 않는 경우도 많다.

에메랄드빛 바다가 펼쳐지는
체팔루해변과 마을풍경

체팔루는 로마거리Via Roma를 중심으로 식당과 쇼핑센터가 몰려 있는 지구와 해변으로 나누어져 있다. 워낙 작은 해변이다 보니 샤워실이나 탈의실 등의 시설이 제대로 구비되어 있지 않지만 모두 유료로 운영된다. 따라서 해수욕을 즐기고 싶다면 수영복은 팔레르모에서 출발하기 전에 미리 입고 가거나 근처 바에서 커피 한잔 마시며 화장실을 이용하여 갈아입도록 하자.

체팔루 도심의 중심거리

마을을 구경하기 위해 왔다면 마을의 한복판에 위치한 체팔루두오모를 중심으로 거리를 산책하면 된다. 두오모 자체는 여타 도시의 성당들과 다를 게 없지만 주변 풍경과 어우러져 자신만의 색깔을 가지고 있으니, 여유 있게 안을 둘러보고 주변 산책을 하면 좋을 듯 하다. 체팔루는 시칠리아국립공원 끝자락에 위치하고 있기 때문에 절벽 바로 밑에 만들어진 해안가로 트레킹도 가능하다. 절벽 위에 세워진 성채Rocca는 체팔루를 조망하기에 최적의 장소이지만, 생각보다 길이 가파르고 힘들기 때문에 마음의 준비는 해야 한다. 입장료는 €4이며 티켓 발권기가 거스름돈을 돌려주지 않으므로 미리 잔돈을 준비해서 가는 것이 좋다.

▶ 성채 티켓 발권기

체팔로두오모

루제로거리

로카에서 내려다본 전경

빵과 젤라토의 기막힌 조화,
카페 두오모디세리오 Caffè Duomo di Serio

체팔루 시내의 가장 중심인 두오모광장에 위치한 테라스 바Bar로, 주변 경관이 아름다워 이 집에서 운영하는 테라스는 항상 사람들로 붐빈다. 시간적 여유가 된다면 자리에 앉아 두오모와 그 뒤를 감싸는 듯한 산세를 바라보며 여유를 즐기는 것도 좋다.

경제적인 이유와 일정 때문에 끼니를 때우기 어렵다면 이 집에서 젤라토빵으로 한 끼를 채워보자. 남부에서는 어디서든지 볼 수 있는 젤라토빵이 유명한 이 집은 직접 만든 젤라토를 빵 안에 넣어서 주는데 그 둘의 조화가 기가 막히다. 간식으로도 좋고 한 끼 식사로도 가능하다. 그 외에도 간단한 음식과 샐러드도 판매하고 있다. 해안가에 위치한 음식점보다는 가격이 저렴하여 배낭여행자들에게는 안성맞춤이다.

주소 Piazza Duomo, 19, 90015 Cefalù **문의** (+39)0921-92-1271 **홈페이지** www.seriocefalu.it/ristoranteserio **운영시간** 성수기(4월~10월) 매주 월~일요일 06:30~23:30. 비수기(11월~3월) 매주 월~일요일 07:00~22:00 **가격** 파니노 콘 젤라토 €3.50~ 음료 €1~6 **찾아가기** 역에서 마을까지 이어지는 코르소루제로(Corso Ruggero)길을 따라 10분 정도 걸으면 두오모가 나오는데 그 광장에 위치해 있다. **주변 관광지** 체팔루두오모

Special 12

세상에서 가장 아름다운 성당이 있는
몬레알레(Monreale)

몬레알레는 이탈리아어로 '산'을 뜻하는 몬테(Monte)와 '왕'을 뜻하는 레알레(Reale)가 합쳐진 합성어로 왕의 언덕이라는 의미를 갖고 있다. 이곳에서 가장 이질적이고 귀중한 문화유산인 몬레알레대성당과 바로크 유적지의 아름다움을 직접 눈으로 확인해보자.

🚌 몬레알레여행을 시작하기 전에

팔레르모 시내에서 멀지 않은 곳에 위치한 소박한 마을인 몬레알레는 팔레르모의 왕족들이 사냥을 즐기던 별장들이 있던 곳이다. 현재 몬레알레를 찾는 여행자들 대부분은 오직 한 곳 몬레알레대성당만을 방문하게 된다. 대성당을 처음 눈으로 확인한 여행자라면 누구라도 어떻게 이 작은 마을에 이렇게 엄청난 성당이 지어질 수 있었는지 의문을 가지게 된다.

이곳에 성당이 세워진 것은 8세기부터로 시칠리아가 아랍인들의 지배를 받으면서 팔레르모의 주교가 더 이상 시내에 머물지 못하고 쫓겨나면서 새로운 주교가 몬레알레에 자리를 잡았기 때문이다.

몬레알레로 들어가기

팔레르모중앙역 옆에 위치한 버스터미널에서 A.S.T (www.aziendasicilianatrasporti.it) 버스를 이용하여 갈 수 있다. 매 1~1시간 30분마다 1대씩 운행되며 가격은 €2.60이다. 포르타누오바 근처에 위치한 독립광장 Piazza Indipendenza에서 389번 시내버스를 타고 갈 수 있는데, 가격(€1.40)은 저렴하지만 대성당 근처에서 약간 떨어진 곳에 하차하기 때문에 추천하지는 않는다. 몬레알레는 팔레르모시내에서 약 10km 떨어져 있는 작은 마을로 오랜 시간을 투자하기 보다는 반나절 일정으로 계획해도 알차게 둘러볼 수 있다.

세상에서 가장 아름다운 성당,
몬레알레대성당과 몬레알레수도원
Cattedrale di Monreale & Chiostro di Monreale

현존하는 노르만 건축양식으로 지어진 건축물 중 가장 위대하고 아름답다는 평을 받는 몬레알레대성당은 그 시대의 역사를 고스란히 느낄 수 있게 해준다. 노르만족에 의해 세워진 시칠리아왕국은 종교의 틀을 깨고 이슬람과 기독교가 함께 어우러질 수 있는 사회를 만들어냈고, 암흑기였던 중세의 어두운 역사 속에서도 한줄기 빛처럼 새로운 문화와 학문이 시칠리아에서 싹트기 시작했다.

노르만족은 모든 문화를 아우르는 이상적인 사회를 만들고자 했고, 건축에서도 그러한 사회적인 분위기가 그대로 반영됐다. 대성당 내부에 위치한 수도원 건물과 이어지는 회랑의 장식 문양들은 이슬람 조각가의 작품으로 동양적인 분위기를 자아내며, 성당 내부의 아치와 황금색으로 물든 화려한 모자이크화는 비잔틴미술의 결정체이다. 그 외에도 성당을 장식한 형형색색의 대리석이 만들어내는 문양들도 기독교와 이슬람예술이 한데 어우러져 그 어떤 도시에서도 볼 수 없는 경이로움을 뿜어낸다.

주소 Piazza Guglielmo II, 1, 90046 Monreale **문의** (+39)091-640-4413 **홈페이지** www.duomomonrealae.it **운영시간 성당** 월~토요일 08:30~12:30, 14:30~17:00, 일요일 및 공휴일 08:00~9:30/14:30~17:00 **수도원** 월~토요일 09:00~13:30, 14:00~18:30, 일요일 및 공휴일 09:00~13:00 **입장료 성당** 성인 €3, 만 10~18세 €1.50 **수도원** 성인 €6, 만 18~25세 €3, 만 18세 미만 무료 **찾아가기** 팔레르모중앙역에서 A.S.T버스를 타고 유럽광장(Piazza Europa)에서 하차한 뒤 이정표를 따라 도보 10분 정도 가면 입구에 도착한다.

INDEX

ㄱ

가면인형	443
가면축제	330
가이아의 분수	295
가인	159
가죽공방	259
가죽시장	255
개선문	129
거룩한 문	196
검은방울새의 성모	236
검투사양성소	465
고고학공원	566
고고학박물관	592
고딕양식	35
곤돌라	317
곤돌라축제	54
곤돌리에	317
골리앗의 머리를 든 다윗	147
곱창버거	249
공화국광장	136, 240
과일 바구니를 든 소년	147
관광통합권	562
관광패스	282
관광호텔	506
교통파업	125
구글맵스	66
구스타피자	246
구스튜 디 미티티에로	504
구아넬리아니	512
구이니지탑	274
구찌박물관카페	251
국립미술관	148
국제운전면허증	76
국제학생증	75
귀도레니	183, 442
그라나타	253
그라파박물관	368
그란데광장	278, 279
그란솔레일	53
그랜드호텔 라파로비타	470
그랜드호텔 레온도로	506
그랜드호텔미네르바	263
그레고리우스13세	187
그로사탑	299
그롬	161
그리스극장	557
그리스도의 매장	183
그리스–비잔틴양식	580
그리스십자의 방	186
글래디에이터	68, 465
글로벌패스	78
기념품시장	443
기독교건축양식	34, 127
기둥에 묶여 채찍질 당하는 예수	442
기록말살형	128
까사미아민박	174
꼬메 일 라테	162

ㄴ

나보나광장	142
나빌리오지구	399
나스트로아주로	46
나이아드	136
나이트바포레토	315
나폴레옹	392
나폴리가리발디	436
나폴리 국립고고학박물관	440
나폴리두오모	440
나폴리중앙역	431, 439
나폴리패스	435
나폴리피자	451
납작복숭아	45
냉정과 열정사이	68, 228, 238
네로황제	128, 185
네르보네	249
네비올로	49
노르마파스타	549
노르만궁전	576
노르만스베보성	499
노르만왕조	545
노벤타아웃렛	51, 345
농가민박	87
뇨끼	359
뇨모리코네	593
누오보궁전	133
뉴메로벤티 디자인 레지던시	263

ㄷ

다니엘레다볼테라	138
다미켈레	451
다비드	241
다윗	146
다프네	146
단테광장	356
달모로	338
담나티오 메모리아이	128
대운하	364
대전차경기장	131
대중목욕탕	463
더몰	51, 260
더썬호스텔	456
데벨리니	585
데센자노	360
델질리오수녀원	293
도나텔로	231, 296
도리아팜필리미술관	135
도메니코폰타나	447
도무스마리에 호텔	571
도미니코수도회	225, 398
도우너	339
돈돌리젤라토	299
돌체	155
동물의 방	184
동방박사의 경배	234
동방정교회	580
두오모광장	298
두오모오페라박물관	231
두오모지붕	393
두치오	296
두칼레궁전	328
디마테오	450
디매거진아웃렛	407
디비반	67
디오니소스	237
디오니시오의 귀	567
디오클레티아누스	137

ㄹ

라드다리나	284
라바짜	45
라바테	469
라오콘군상	184
라이몬도	445
라이언에어	84, 386
라자냐	156
라 젤리다볼냐	520
라카라이아	254
라콘트로라호스텔	455
라타나 델 폴포	503
라테라노협정	178
라테라짜	251
라테란조약	34
라테마키아토	46
라파엘로	168, 182
라파엘로의 방	187, 189
라폰타나 1914	515
람베르티의 탑	356
러브베네치아	348
레덴토레	54, 330
레드와인	48
레몬그라니타	285
레보테게디도나텔로	247
레알레궁전	447
레오3세의 결백증명	189
레오10세	189
레오나르도다빈치	39, 183
레오나르도다빈치국제공항	117
레오파트라	33
레지오날레	77
레체	522
레터스 투 줄리엣	69, 351
레프레체	76
렌트	63
로렌초데메디치	232
로렌초베르니니	296
로렌초일마니피코	227
로마네스크양식	35
로마노	182
로마메트로	120
로마원형극장	525
로마 위드 러브	68
로마의 휴일	68, 132
로마패스	121
로물루스	32
로얄산티나	172
로욜라의이냐시오	141
로잘리아	578
로지아델카피타니아토	372
로카마조레	290
롤링베네치아카드	318
롬바르디아	395
루미나리에	54
루이니	401
루제로1세	545
루찌	158
루카	271
루카시뇨렐리	202
루카피티	242
르네상스양식	36
리나센테백화점	407
리나테공항	385
리도섬	335

리베리오	127	메두사의 머리	237	바르토루치	169	베스트웨스턴 호텔플라자	455
리소토	43	메디치가	36, 226, 232	바르톨로디프레디	298	베스파시아누스	128
리알토B&B	349	메디치리카르디궁전	227	바리	492	베일에 싸인 그리스도	445
리알토다리	322	메스트레	313	바리공항	493	베키오궁전	239
리알토수산시장	322	멜로초다포를리	182	바리 구시가지	499	베키오다리	242
리오마조레	283	모로분수	142	바리남동역	495	베키오무린	359
리카르디	227	모스카토다스티	50	바리중앙역	493	벤허	131
리포멤미	298	모히토	253	바리항	496	벨라스케스	135
		목이 긴 성모	237	바사노델그라파	366	벨라지오	419
		목조다리	365, 367	바실리카	461	벨로모주립박물관	565
ㅁ		몬레알레	596	바실리카양식	34	벨리니오페라극장	544
		몬레알레대성당	597	바실리카팔라디아나	371	벨베데레	204
마나롤라	284	몬레알레수도원	597	바쿠스	237	벨베데레레스토랑	285
마니아체성	566	몬테나폴레오네거리	406	바투어링	582	벨베데레의 토르소	185
마도바	257	몬테로소	285	바티스타소리아	136	벨베데레정원	184
마르게리타피자	43, 452	몬테베리코대성당	373	바티칸	176	벵키	162
마르치아노성인	567	몬테산토케이블카	434	바포레토	315	병든 바쿠스	147
마르코니	165	몬테솔라레	479	바포레토노선	334	보나시아나	526
마르코폴로공항	313	몰로베베렐로항구	435	바포레토선착장	334	보로미니	142
마르쿠스아그리파	139	몰로산비토	497	박물관패스	319	보르게세공원	145
마르쿠스아우렐리우스	133	무라노	331	반디니의 피에타	231	보르게세미술관	145
마르토라나성당	580	무라노유리박물관	331	반비텔리	137, 482	보르고화재의 방	189
마르티니길	368	무라노콜로나	334	반원형극장	465	보르데리	568
마리나그란데	476	무라노파로	334	반키나데포지토프랑코	497	보스카이올라피자	156
마리아칼라스	360	무로베네치아	337	발다키노	194	보안검색	103
마리아테레지아	394	무솔리니	415	발라로시장	576	보티첼리	233
마리오	245	물의 요정	565	발렌티노성인	132	볼로냐도서전	54
마비스치약	52	뮤즈여신의 방	185	발사믹스테이크	247	볼세나	202
마사초	38, 226	미라마레성	363	발사믹식초	44	봄베이	337
마스트로 치쵸	502	미라콜리광장	270	방그라바	403	부라노	331
마야	402	미션 임파서블	482	베네딕수도회	547, 565	부라노레이스박물관	333
마약커피	164	미켈란젤로광장	243	베네치아관광패스	318	부오노코레	479
마에스타	296	미켈란젤로의 천장화	189	베네치아광장	133	부카마리오	245
마욜리카	444	미켈로초디바르톨로메오	227	베네치아궁전박물관	133	부킹닷컴	67
마제르	342	밀라노두오모	391	베네치아비엔날레	54	부티크호텔	571
마조레	63	밀라노메트로	387	베네치아영화제	54	불꽃축제	330
마키아벨리	240	밀라노중앙역	386, 391	베네치아카니발	54	브라광장	353
마테라	516	밀비오 다리의 전투	130	베네치아카드	318	브라만테	184, 192, 398
마테라남역	517			베네토	50, 395	브라우니	342
마테라중앙역	517			베네토거리	147	브란디	452
마틴루터	37	ㅂ		베니스국제영화제	335	브레라미술관	395
막달라마리아	231, 280			베로나	351	브레시아	360
막센티우스	188	바로크	41	베로나두오모	357	브렌타강	366
만니나	259	바로크양식	37	베로나의 마돈나	356	브루넬레스키	226, 242
만성절	54	바롤로	49	베로나포르타누오바	352	브루넬로디몬탈치노	48, 300
만자의 탑	296	바르바레스코	49	베르가모공항	386	브루스케타	479
말고기파니노	549	바르베리노	51	베르나차	284	브리오슈	504
말펜사공항	384	바르베리노 디자이너아웃렛	262	베수비오	459	블러드오렌지	45
말펜사익스프레스	384	바르베리니궁전	148	베수비오화산	462, 466	비너스의 탄생	233
맘마미아 호스텔	584	바르보	134	베스트웨스턴호텔 볼로냐	346	비넬라광장	579
매너리즘	37, 41	바르젤로국립박물관	241				

599

비노빌레 디몬테풀치아노	48	산마르코성당	270	산타체칠리아 인트라스테베레성당	149	세례자요한	230
비라모레티	46	산마르티노성당	273	산타크로체성당	241, 524	세례자 요한의 청동상	296
비볼리	252	산미니아토알몬테성당	244	산타키아라성당	290, 444	세르모네타	167
비스콘티	399	산미켈레성당	272	산타트리니타다리	254	세븐호스텔	470
비아델라모르	283	산사비노대성당	500	산탄젤로 럭셔리리조트	521	세콘도피아토	155
비알레티	257	산세베로예배당	445	산탄젤로성	143	셀렉트패스	78, 118
비알레티모카포트	52	산세베리노궁전	444	산티냐치오성당	141	셀프주유	63
비엔나커피	365	산시로스타디움	400	산티시마 안눈치아타광장	238	소렌토	467
비오5세	291	산엘모성	445	산파트라치오의 우물	203	소아베	50
비오9세	136	산제레미아	347	산프란체스코 디파올라성당	446	쇼페로	125
비자	69	산조르조마조레성당	326	산프란체스코성당	278, 287	수상버스	314
비지아르테	521	산조반니교회	283	산프레디아노	275	수상택시	316
비첸차	369	산조반니세례당	230	산프레디아노성당	275	수육버거	249
비토리오에마누엘레2세	33, 134	산조반니 인라테라노대성당	150	산피에트로광장	197	수태고지	235, 565
비토리오에마누엘레2세 아케이드	393	산조반니축제	54	산피에트로대성당	192	순결의 분수	448
비토리오에마누엘레3세	243	산조반니카타콤베	567	산피에트로성	358	슈퍼마고	529
비투르비우스의 인체비례	324	산조베제그로소	301	산피에트로의 청동상	194	슈퍼투스칸	49
비폴리	258	산주스토성	365	삼단제단화	182	스카이스캐너	66
빈센트성인	275	산주스토성당	364	삼위일체성당	138	스칼라극장	394
빈첸조스카모치	372	산지미냐노	297	샤를마뉴대제의 대관	189	스칼리제라성	361
빈첸초벨리니	544	산카를로극장	448	서명의 방	188	스케제	344
빈티지마켓	170	산카를로알레콰트로폰타네성당	148	선사시대	568	스크립토리움	259
빌라그레고리아나	207	산카탈도성당	581	선술집	463	스타벅스	404
빌라데스테	207	산칼리스토 카타콤베	152	성가족과 세례요한	236	스타벅스 리저브 로스터리	404
빌라로톤다	373	산타네제인아고네성당	142	성구보관실	273	스타워즈	482
빌라아드리아나	208	산타레파라타성당	228	성녀 아가타	545	스테인드글라스	35, 392
빌라알메리코카프라	373	산타루치아	313	성다미아노성당	512	스톱오버	74
		산타루치아 알바디아성당	564	성마가 유해의 발견	397	스트란고치 알라노르치나	292
		산타루치아역	321	성모마리아의 결혼	396	스파게티시라쿠사네	569
ㅅ		산타루치아의 순교	564	성모의 대관식	235	스파카나폴리	443
사보나롤라	240	산타마리아 데이프라리성당	323	성베드로의 십자가형	183	스페인광장	138
사보이아	243	산타마리아노벨라성당	225	성베드로의 옥좌	193	스포르체스코성	399
사비노성인	500	산타마리아노벨라역	166, 256	성 삼위일체	226	스폴리아텔레	452
사비아	550	산타마리아노벨라역	225	성세바스티아노 카타콤베	153	스프리츠아페롤	527
사소	516	산타마리아노벨라 화장품	52	성안드레아	474	시네마 천국	593
사소바리자노	519	산타마리아대성당	523	성안토니오성당	512	시뇨리광장	369, 371
사소카베오조	519	산타마리아 델라토리아성당	136	성암브로시우스	394	시뇨리아광장	239
사시카이아	49	산타마리아 델라살루테성당	325	성애와 속애	147	시뇨리아궁전	239
산니콜라성당	500, 547	산타마리아 델레그라치에성당	398	성제나로	440	시라쿠사	561
산니콜라축제	54	산타마리아 델리안젤리성당	137	성제나로축제	54, 440	시라쿠사두오모	563
산다미아노수도원	291	산타마리아 델포폴로성당	138	성조뇨와 트레비존드	357	시르미오네	360
산도나토교회	204	산타마리아 델피오레성당	228	성지순례	291	시립고아원	238
산로렌초성당	226	산타마리아 마조레성당	127	성코즈마	512	시립미술관	289, 299
산 로마노 전투	234	산타마리아 몬테산토	137	성프란체스코축제	54	시립박물관	296
산로코학교	323	산타마리아 미라콜리	137	성히에로니무스	183	시민광장	137
산루이지데이프란체시성당	141	산타마리아 소프라미네르바성당	140	성히에로니무스와 막달라마리아	296	시에나	294
산루피노성당	289	산타마리아 인코스메딘성당	132	세금환급	95, 385	시에나두오모	296
산마르코	327	산타마리아 인트라스테베레성당	149	세나토리오궁전	132	시타버스터미널	222
산마르코광장	327	산타스칼라성당	151	세라미카라쿠	169	시토수도회	564
산마르코대성당	327	산타냐스타시아성당	357	세라발레아웃렛	51	시티사이트싱 로마	124

시티인 호스텔비앤비	551	아틀란타와 히포메네스	442	에트나산	558	우르비노공작 부부의 초상화	235
시티투어버스	124, 434	아티초크	337	에피파니아축제	54	우르비노의 비너스	236
식스투스4세	133, 138	아파르트렌탈	87	엑셀수스	49	우르시노성	546, 548
신전들의 계곡	590	아페르티보	402	엘리오도르의 방	188	우피치미술관	231
심카드	92	아폴로	146	엘보라리오	258	움베르토1세	140
쌍둥이성당	137	아폴론신전	563	엠마오에서의 저녁식사	397	움베르토1세 아케이드	447
		아푸르루카네	516	여권	69	움베르토거리	556
		아푸르루카네역	495	여행자보험	74	움부리아	286
ㅇ		아풀리안 로마네스크	500	역사지구	519	원근법	226, 372
		안나마리아루이자	232	예루살렘 성 십자가성당	151	원형극장	129
아고스티노키지	138	안드레아델베키오	241	예수 그리스도 변모	182	원형의 방	185
아그리젠토	588	안드레아만테냐	396	예수의 일생	298	원형투기장	129
아그리파	139	안드레아팔라디오	371	옐로우스퀘어	172	유디트	237
아나카프리	479	안드레아팔라디오거리	370	오데온	546	유디트와 홀로페르네스	183, 442
아날렘마	165	안드레아포초	141	오드리헵번	132	유레일패스	78, 118
아니에네강	207	안드레아피사노	229, 230	오라치오젠틸레스키	183, 227	유로스타	78
아드리아해	362	안셀	273	오레키에테	337	유스호스텔증	75
아디제강	358	안토넬로다메시나	565	오레키에테파스타	43, 520	율리우스카이사르	33, 139
아라치	186	안티코카페	583	오레탑	274	음악천사	182
아라치의 회랑	186	안티코카페그레코	163	오르넬라이아	49	이노센트3세	279
아란치노	550	안티코포르노	339	오르비에토	199	이두에 프라텔리니	248
아레나	354	안티파스토	155	오르비에토두오모	202	이조	160
아레초	276	안티파스토델라카사	520	오르티지아	561, 566	이탈로	77
아레초두오모	279	안포로벨베데레	285	오리오셔틀	386	이탈리아철도	76
아레투사분수	565	안피테아트로광장	273	오리오알세리오공항	386	이탈리안 커피	45
아르노강	244	알도모로광장	516	오블레이트카페	252	인생은 아름다워	69, 276
아르놀도포모도로	184	알렉산드로7세	193	오션스12	418	인터밀란	409
아르놀포디캄비오	228, 241	알로기로토칼데란	347	오스텔로벨로	413	인터시티	77
아르키로쉬	264	알리라구나	314	오스투니	531	인터시티유로스타	78
아마로네	50	알리버스	431	오스티아	209	일가삐아노	479
아말피	474	알마스카롱	336	오스티아안티카	209, 210	일도제	343
아말피두오모	474	알베로벨로	510	오스티아의 전투	189	일리	45
아말피코스트	471	알 안티코 비나이오	250	오스티아해변	211	일베로알프레도	155
아메나노분수	546	알타무라	517	오쿨루스	140	일제수성당	37, 135
아메리고베스푸치공항	221	알파로	339	오페라극장	544	일카투초	519
아모리노	359	알페오	565	오페라델두오모박물관	202	일파피로	258
아시시	286	알폰소1세	449	오페라페스티벌	54, 354	일프라토공원	280
아우구스토정원	478	알프레도페투치니 파스타	155	옥좌의 마리아	234	입국심사대	105
아우구스투스	33	알피니다리	367	옥타비아누스	33		
아우토스트라달레	386	암브로지오로렌체티	296	올드브릿지	160		
아우토유로파	63	암피오테아트로	129	올리브트리호스텔	508	**ㅈ**	
아카데미아다리	324	애프터에잇	343	올림피코극장	372	자니콜로언덕	143
아카데미아미술관	238, 324	앤초비	569	와인	47	자동차여행	61
아쿠아디로제	256	야코포벨리니	396	우나호텔	454	잔로렌초베르니니	146
아쿠아마레아	530	에노테카맘마엘비라	527	우나호텔로마	171	잔베르니니	127
아쿠아알두에	247	에르바빌라	418	우나호텔 팰리스	551	잠자는 공주	578
아타나시오	452	에르베광장	356	우노나폴리	457	장미묵주	196
아타볼라콘로셰프	158	에스프레소	46	우노트래블	67	장미성녀축제	54
아테나	366	에우로말라나	209	우니타광장	364	재래수산시장	545
아테네학당	188	에우스타키오	164	우르바누스8세	186, 194	제로메쵸콜렛	504
아트랄	118						

제롬	183	천공의 성 라퓨타	204	카스토레	592	콘세르바토리궁전	132
제수누오보성당	444	천국의 문	230	카스토르	133	콘스탄티나	186
제임스조이스	364	천국의 채석장	567	카엔광장	200	콘스탄티노플	327
젠틸레	505	천사와 악마	68, 142	카쥬티가라지	503	콘스탄티누스개선문	129
젠틸레스키	442	천사의 다리	143	카타니아	542	콘코르디아신전	591
젤라띠니코	343	천지창조	189	카타니아두오모	545, 548	콘클라베	189
젤라토	44	천체 안의 천체	184	카톨로유적지	361	콘토르노	155
젤라테리아 산타 트리니타	254	체팔루	593	카페감브리누스	453	콜롬바레	360
젤라토월드챔피언	299	체팔루두오모	594	카페그라니타 콘판나	46	콜롬보거리	283
젤로마리오	529	체팔루해변	594	카페데이프라리	342	콰드릴라테로	406
조각피자	339	첸니디페피	234	카페 델 베로네	250	콰트로칸티	579
조국의 제단	134	초콜라토	343	카페 두오모디세리오	595	콴토바스타	337
조르조디안티오키아	580	초콜라티	403	카페로쏘	339	쿠폴라	195, 229
조르지오아르마니	407	촛대의 방	186	카페마키아토	46	쿨데삭	156
조반니	127	최후의 만찬	273, 398	카페멕시코	453	쿼바디스성당	152
조반니미켈루치	225	최후의 심판	191	카페보르게세	505	퀘르차	273
조반니벨리니	397	출국심사	103	카페셰케라토	46	퀸토칸토호텔	585
조제프	446	치로앤썬	249	카페알비노	526	크레마일폴리네	256
조토	182	치르쿰베수비아나터미널	436	카페질리	250	크레마이드랄리아	256
조토디본도네	37, 38	치마부에	234	카페코레토	368	클라라성녀	289
조토의 종탑	229	치비타디바뇨레조	199	카페콘판나	46	키아라	290
족발버거	515	치비타베키아항구	120	카페토마세오	365	키아이아케이블카	434
주교좌성당	226, 289	치스테르나광장	299	카페플로리안	340	키안티	48
주세페멘고니	255	친퀘테레	281	카포디몬테공항	431	키안티클라시코	48
주세페베르디	275			카포디몬테박물관	442	킴보	45
주세페산마르티노	445	**ㅋ**		카푸치니카타콤베	578		
죽은 예수	396			카프리	475	**ㅌ**	
쥴리아로버츠	451	카노바	147	카프리치오피자	337		
쥴리엣의 무덤	353	카노바타돌리니	164	칸티나에쿠치나	156	타겟	159
쥴리엣의 집	355	카놀리	43, 583	칼치오	54	타바키	117, 315
쥴리오라소	579	카놀리디리코타	550	캄포광장	295	타소광장	468
중앙시장	255	카도르	342	캄피돌리오광장	132	타오르미나	555
지도의 회랑	187	카라바조	138, 142, 183, 397, 442, 564	컵파스타	338	타운하우스갤러리아	393
지아코모푸치니	272	카라베	253	켄타우로스	186	타짜드로	163
지아코모푸치니 생가박물관	275	카라칼라욕장	153	코다일라바키나라	156	탄식의 다리	329
지오지지	246	카르미냐노	48	코러스패스	319	탈렌티	229
지옥의 언덕	287	카르보나라	43	코레르박물관	329	태피스트리	186
지올리티	161	카르보나라피자	337	코르네토	526	터키쉬바	265
지쳐 쉬고 있는 헤라클레스	441	카를로마데르노	136	코르닐리아	284	테라비전	118
지하도시	203	카를로멘타	157	코르도나타	133	테르미니역	119
진실의 입	132	카를로스5세	577	코르소길	137	테베레강	130
집창촌	464	카리타스	139	코르소코모	408	테아트로마씨모	581
		카부르	200	코르소코모10 아웃렛	409	토놀로	341
ㅊ		카부르광장	418	코모노르드라고	416	토레디피아차	371
		카사노바	329	코모두오모	418	토레파지오네 마르끼	340
참된 십자가의 전설	278	카세르타	494	코모브루나테	417	토르나벤토	399
참사회성당	298	카스텔누오보	449	코모호수	415	토르소	185
참피노공항	119	카스텔델오보	448	코무네광장	288	토스카나	48
처녀수로	139	카스텔로마노	51, 144	코시모데메디치	399	토크퀘빌레	412
천공의 도시	204	카스텔카푸아노	449	콘도티거리	138	톤노에치폴라	337

톤도 도니	236	파올로디도노	234	폼페이	459	**ㅎ**	
통일기념관	134	파올로오시 고고학박물관	568	푸니콜라레	417, 434	하드리아누스	143, 208, 548
투레이트	344	파올로우첼로	234	푸른동굴	478	하이네켄맥주	46
트라게토	317	파올리나 보르게세	147	푸블리코궁전	296	한야민박	349
트라비포켓	67	파우노의 집	464	푸치니페스티벌	54, 272	한인민박	87
트라스테베레 야시장	150	판브리오슈	504	풀치넬라	443	항공권	70
트라스테베레 유흥지구	149	판체로티	401, 504	풋볼팀	409	해골사원	148
트라토리아 델리움브리	292	판테온	139	프라다스페이스	51, 261	해물파스타	582
트라토리아 드피오레	549	팔라스호텔 바리	507	프라안젤리코	235	해비타트	553
트라토리아 사포레&사포리	533	팔라초칼로	507	프레테르나타 데이라이치궁전	279	해산물파스타	336
트라토리아 알 테마렐로	157	팔라티나소성당	577	프란체스코	288	해외안전여행	67
트라토리아 일체나콜로	569	팔라티노언덕	131	프란체스코델몬테	237	해피하우스	413
트랜이탈리아	66, 76	팔레르모	574	프란체스코생가	289	허브민박	348
트램	124	팔레르모대성당	578	프란체스코아이예즈	397	허츠	63
트레비분수	139	팔레르모중앙역	574	프란체스코카밀라니	580	헤라신전	590
트레비소공항	314	팔리오	54	프란치스코	178	헤라클레스신전	591
트론게토	345	팔리오축제	295	프레스코화	182, 278	현금관리	88
트롤로소브라노	514	팔코네보르셀리노공항	574	프레차로사	432	현금인출기	90
트룰리	510	패션 오브 크라이스트	519	프레토리아분수	580	현대미술	325
트룰리 홀리데이리조트	514	페기구겐하임미술관	325	프리드리히2세	546, 579	현지인민박	349
트리마니	168	페라타	141	프리마베라	233, 469	호스텔	264
트리에스테	362	페레톨라공항	221	프리토인	338	호텔렉스	265
트리파알라로마나	156	페로니	46	플라자호텔	346	호텔오리엔탈	586
티냐넬로	49	페로디카발로	582	플러스호스텔	265	호텔 토크퀘빌레	412
티라미수	163, 250	페루지노	396	플레비시토광장	446	홀로페르네스	237
티본스테이크	43, 246	페르디난도1세	238	피나코테카	182	화이트와인	50
티볼리	205	페르디난도4세	440	피냐정원	184	화이트크림소스	247
티부르	205	페르세우스	237	피라미데	209	황금섬	335
티부르투스	205	페르세포네의 납치	146	피렌체	221	황소문양	393
티부르티나역	119	페르케노	252	피렌체카드	223	황제의 별장	208
티에이엠	118	페킹	248	피로나	364	회화미술관	182
티치아노	135, 147, 323	페투치네	338	피사	267	휴대폰로밍	92
틴토레토	273, 323, 397	페트라우레아	527	피사넬로	357		
		포로로마노	130, 462	피사대성당	270	**A**	
ㅍ		포르마조	155	피사의 사탑	269	A1고속도로	415
파니네리아 도포테아트로	549	포르타누오바	577	피사중앙역	268	Acqua di Rose	256
파니노봄베타	515	포르타마리나	461	피에로델라프란체스카	278, 280	ACTV	313
파니노주스토	401	포르타메시나	556	피에몬테	49	AC밀란	409
파니노콘젤라토	583	포르타포르테세	170	피에솔레	244	Adoration of the Magi	234
파니니	248	포세이돈분수	142	피에타	195, 397	Aeroporto Amerigo Vespucci	221
파르네제	441	포시즌스호스텔	173	피에트라다리	358	Aeroporto Ciampico	119
파르네제의 황소	441	포지본시	298	피에트로그리포	592	Aeroporto di Bergamo	386
파르마자니노	237	포지타노	473	피에트로베르니니	138	Aeroporto di Linate	385
파마산치즈	155	포텐차	516	피우미분수	142	Aeroporto di Malpensa	384
파바로티민박	349	포폴로광장	137	피자레	154	Aeroporto di Venezia...	313
파사드	272	포폴로궁전	299	피제리아 에우로파	158	Aeroporto Orio al Serio	386
파스티초토	526	폰타나로사공항	542	피제리아지노 소르빌로	451	After Eight	343
파시	160	폴룩스	133	피티궁전	242	Agatha	545
파쎄라	253	폴루체신전	592	피플무버	345		
		폴리	368				

Agostino Chigi	138	A Tavola Con Lo Chef	158	Basilica di S.Giovanni in Laterano	150	Caffe Granita Con Panna	46
Alberobello	510	ATM	90	Basilica Palladiana	371	Caffe Macchiato	46
Alfeo	565	Attanasio	452	Basilica San Cosma&Damiano	512	Caffè Mexico	453
Alfonso I	449	ATVO	313	Bassano del Grappa	366	Caffe Shekerato	46
Alibus	431	Augustus	33	Battagla di San Romano	234	Caffeteria delle Oblate	252
Alilaguna	314	AutoEUropa	63	Battista Soria	136	Campania Artecard	435
All Antico Vinaio	250			Battistero di San Giovanni	230	Campanile	327
Alloggi Gerotto Calderan	347	**B**		B&B	87	Campanile di Giotto	229
Al Mascaron	336			Bed and Breakfast Rialto	349	Campo dei Miracoli	270
Altamura	517	Bacco	237	Bellagio	419	Canal Grande	364
Altare della Patria	134	Baldacchino	194	Belvedere	204	Cannol	583
Amalfi	474	Banchina Deposito Franco	497	Best Western Hotel Bologna	346	Cannoli	43
Amarone	50	Barbaresco	49	Best Western Hotel Plaza	455	Cannoli di Ricotta	550
Ambrogio Lorenzetti	296	Barberino	51	Best Western Royal Santina	172	Cantina E Cucina	156
Americano	46	Barberino Designer Outlet	262	BG Arte	521	Capodimonte Aeroporto	431
Amorino	359	Barbo	134	Bhangrabar	403	Cappella Palatina	577
Ampio Teatro	129	Bari Centrale	495	Bialetti	257	Cappella San Severo	445
Anacapri	479	Bari Vecchia	499	Biffoli Shop	258	Cappella Sistina	189
Analemma	165	Barolo	49	Birra Moretti	46	Cappelle Medicee	227
Anchovy	569	Bartolo di Fredi	298	Birreria Marconi	165	Cappucino	46
Andrea del Verrocchio	241	Bartolucci	169	Blood Orange	45	Caravaggio	142
Andrea Paldio	371	Bar Touring	582	Bocca della Verita	132	Carbonara	43
Andrea Pisano	229, 230	Basilica	34, 461	Bolsena	202	Caritas	139
Andrea Pozzo	141	Basilica di Monte Berico	373	Bombay	337	Carlo Maderno	136
Anfiteatro Romano	525, 548	Basilica di San Francesco	278	BonaSciana Coffee-Drink	526	Carlo Menta	157
Anfora Belvedere	285	Basilica di San Frediano	275	Booking.com	67	Carlos V	577
Angelo che Suona	182	Basilica di San Lorenzo	226	Borderi	568	Carmignano	48
Anna Maria Luisa de' Medic	232	Basilica di San Marco	270, 327	Botticelli	233	Carnevale di Venezia	330
Annunciazione	235	Basilica di San Nicola	500, 501	Brescia	360	Carnival of Venice	54
Anselm	273	Basilica di Santa Cecilia in Trastevere	149	Brioche	504	Casa del Fauno	464
Antico Caffè Greco	163	Basilica di Santa Chiara	290	Brownie	342	Casa del San Francesco	289
Antico Caffè Spinnato	583	Basilica di Santa Croce	241	Brunelleschi	226	Casa di Giulietta	355
Antico Forn	339	Basilica di Santa Croce in Gerusalemme	151	Brunello di Montalcino	48, 301	Caseificio Borderi	568
Antipasto	155	Basilica di Santa Maria degli Angeli	137, 291	Buca Mario	245	Caserecci Alla Norma	549
Antipasto della Casa	520	Basilica di Santa Maria del Fiore	228	Buonocore Gelateria	479	Caserma del Gladoatori	465
Antonello da Messina	565	Basilica di Santa Maria della Salute	325	Bus Shuttle	118	Caserta	494
Apollo	146	Basilica di Santa Maria del Popolo	138			Casino Royale	418
Apulian Romanesque	500	Basilica di Santa Maria Gloriosa dei Frari	323	**C**		Castel Capuano	449
Aquamarea	530	Basilica di Santa Maria in Cosmedin	132			Castel Dell'Ovo	448
Aqvam Virginem	139	Basilica di Santa Maria in Trastevere	149	Cafè Tommaseo	365	Castello di San Giusto	365
Arancino	550	Basilica di Santa Maria Maggiore	127	Caffè Alvino	526	Castello e Parco di Miramare	363
Arazzi	186	Basilica di Santa Maria Novella	225	Caffè Borghese	505	Castello Maniace	566
Arco di Constantino	129			Caffè Canova Tadolini	164	Castello Normanno Svevo	499
Arena	354			Caffe Con Panna	46	Castello Sforzesco	399
AREX	100			Caffe Corretto	368	Castello Ursino	546
Arnaldo Pomodoro	184			Caffe dei Frari	342	Castel Nuovo	449
Arnolfo di Cambio	228, 241			Caffè del Verone	250	Castel Romano	51, 144
Artichoke	337			Caffè Duomo di Serio	595	Castel San Pietro	358
Assisieniensis Clara	289			Caffe Florian	340	Castel Sant'Angelo	143
A.S.T	543			Caffè Gilli	250	Castel Sant'elmo	445

Catacombe dei Cappuccini	578	Ciocolatto	343	Di Matteo	450	Ferrovie del Sud–Est	495
Catacombe di San Giovanni	567	Circo Massimo	131	Diocletianus	137	Festa di San Gennaro	440
Catania	542	CIRO AND SONS	249	Dionysos	237	Fiesole	244
Cathedra San Pietro	193	City–in Hostel B&B	551	D Magazine Outlet	407	Firenze Card	223
Cattedrale di Monreale	597	Civita di Bagnoregio	200	DOCG	47	Fiume Adige	358
Cattedrale di San Giusto	364	Cleopatra	33	Dolce	155	Fiume Aniene	207
Cattedrale di San Rufino	289	Coda alla Vaccinara	156	Domenico Fontana	447	Fiume Brenta	366
Cattedrale di San Sabino	500	Colezione Peggy Guggenheim	325	Domus Mariae Hotel	571	Fontana Aretusa	565
Cattedrale di Santa Maria Assunta	523	Colombare	360	Donatello	231, 296	Fontana dell'Amenano	546
Cavour	200	Come il Latte	162	Donato Bramante	184, 398	Fontana di Trevi	139
C,C,LY Hostel	552	Communion and martyrdom of Saint Lucia	564	Duccio	296	Fontana Pretoria	580
Cenacolo Vinciano	398	Como Nord Lago	416	Due Vittorie	53	Fontanarossa Aeroporto	542
Cena in Emmaus	397	Como S. Giovanni	416	Duomo di Amalfi	474	Fonte Gaia	295
Cenni di Pepi	234	Complesso del Duomo	357	Duomo di Arezzo	279	Football Team	409
Centro Storico	361	Conclave	189	Duomo di Catania	545	Formaggio	155
Ceramica Raku	169	Contorno	155	Duomo di Como	418	Foro Romano	130, 462
Chianti Classico	48	Convento di San Damiano	291	Duomo di Napoli	440	Fourseasons Hostel	173
Chiesa	547	Cordonata	133	Duomo di Pisa	270	Fra Angelico	235
Chiesa del Gesù	135	Cornetto	526	Duomo di San Gimignano	298	Francesco Camillian	580
Chiesa del Gesù Nuovo	444	Corniglia	284	Duomo di San Martino	273	Francesco Hayez	397
Chiesa della Trinita dei Monti	138	Corso Andrea Palladio	370	Duomo di Siena	296	Francesco Maria del Monte	237
Chiesa di Quo Vadis	152	Corso Como	408	Duomo di Siracusa	563	Francesco Talenti	229
Chiesa di San Carlo alle Quattro Fontane	148	Corso Como 10 Outlet	409	Duomo Milan Cathedral	391	Francisco	178
		Corso Umberto	556			Freccia Rossa	432
Chiesa di San Cataldo	581	Cortile del Belvedere	184	**E**		Fresco	182
Chiesa di San Donato	204	Cortile della Pigna	184			Fresco Painting	278
Chiesa di San Francesco di Paola	446	Cosimo dè Medici	399	Ennio Morricone	593	Friedrich II	546
Chiesa di San Giorgio Maggiore	326	Crema al Polline	256	Enoteca Mamma Elvira	527	Frito inn	338
Chiesa di San Giovanni Barrista	283	Crema Idralia	256	Enoteca Trimani	168	Funicolare	434
Chiesa di San Luigi dei Francesi	141	Cristo Morto	396	Ercole Farnese	441	Funicolare Como Brunate	417
Chiesa di San Michele In Foro	272	Cristo Velato	445	ES	78	Funicolare di Montesanto	434
Chiesa di San Miniato al Monte	244	Crocefissione di S. Pietro	183	Espresso	46	Funocolare di Chiaia	434
Chiesa di Santa Anastasia	357	Cul de Sac	156	EUR Magliana	209		
Chiesa di Sant'agnese in Agone	142	Cupola	229	EUrodriving	67	**G**	
Chiesa di Santa Maria della Concezione	148	**D**		Eurostar Italia	78		
				Exelsus	49	GAINN	159
Chiesa di Santa Maria delle Grazie	398					Gaius Julius Caesar	33
Chiesa di Sant'Ignazio di Loyola	141	Dafne	146	**F**		Galleria degli Arazzi	186
Chiesa Santa Maria della Vittoria	136	Dal Moro's	338			Galleria degli Uffizi	231
Chiesa Sant'antonio di Padova	512	Da Michele	451	Famiglia di Medic	36	Galleria dei Candelabri	186
Chiesa Santa Scala	151	Damnatio Memoriae	128	Farnese	441	Galleria dell'Accademia	238
Chiostro di Monreale	597	Daniele da Voltera	138	FCO	117	Galleria delle Carte Geografiche	187
Chorus Pass	319	David	241	Federico II	579	Galleria Doria Pamphilj	135
Church of Il Gesù	37	Davide	146	Ferdinand IV	440	Galleria Nazionale	148
CIA	119	DB bahn	67	Ferdinando I	238	Galleria Vittorio Emanuele II	393
Cicilian Soul	253	deBellini	585	Ferrata	141	Gallerie dell'Accademia	324
Cimabue	234	Deposizione dalla Croce	183	Ferro di Cavallo	582	Gelateria C'a d'Oro	342
Cinema Paradiso	593	Desenzano	360	Ferrovia Bari–Nord	495	Gelateria Carabè	253
Cioccolati Italiani	403	Diego Velàzquez	135	Ferrovie Appulo Lucane	495	Gelateria Dondoli	299
				Ferrovie Appulo–Lucane	516	Gelateria Primavera	469

Gelateria Santa Trinita	254	Hadrianus	143	La Fontana 1914	515	Maggiore	63
Gelati Nico	343	Hera	590	La Fontana dell'Immacolatella	448	Maiolica	444
Gelato	44	Hercules	591	La Gelida Voglia	520	Majer	342
Gelo Mario	529	HERTZ	63	La Martorana	580	Malpensa Express	385
Gentile	505	Holofernes	237	La Nascita di Venere	233	Mamamia Hostel	584
G.Fassi	160	Holy Trinity	226	La Pescheria	545	Manarola	284
Giacomo Puccini	272	Hostel Archi Rossi	264	Lardarina	284	Mannerism	37
Gian Lorenzo Bernini	127, 146	Hostel of The Sun	456	La Rinacente	407	Mannina	259
Giardini di Augusto	478	Hotel Orientale	586	Lasagna	156	Marcus Aurelius	133
Giardino Bellini	548	Hotel Plaza Venice	346	La Tana del Polpo	503	Marcus Vipsanius Agrippa	139
GIOLITTI	161	Hotel Rex	263	Lateran Concordat	178	Mare Adriatico	362
Giorgio Armani	407	Hotel S.Geremia	347	La Terrazza	251	Margherita Pizza	43
Giorgio di Antiochia	580	Hotel Tocqueville	412	La Testa della Medusa	237	Maria Callas	360
Giotto di Bondone	182			Latomia del Paradiso	567	Maria Theresia	394
Giovanni	127			Latte Macchiato	46	Marina Grande	476
Giovanni Lorenzo Bernini	296	**I~K**		Lavazza	45	Marinara	582
Giovanni Michelucci	225	Ignacio de Loyola	141	Le Botteghe di Donatello	247	Martin Luther	37
Giuditta che decapita Oloferne	237	Il Bacio	397	Le Catacombe di San Callisto	152	Masaccio	226
Giulio Lasso	579	Il Caffè Rosso	339	Le Catacombe di San Sebastiano	153	Mastro Ciccio	502
Giulio Romano	182	Il Cantuccio	519	Leonardo da Vinci	39	Maxentius	188
Giunone	590	Il Doge	343	Leonardo Express	117	Maya	402
Giuseppe Mengoni	255	il Gabbiano	479	L'erbolario	258	Medichi Famiglia	232
Giuseppe Sanmartino	445	Illy	45	Letters To Juliet	351	Mercato di Ballaro	576
Giuseppe Verdi	275	il Mercato Centrale	255	Le Vésuve	466	Mercato di Rialto	322
Global Pass	78	il Mercato di Pelle	255	Liberio	127	Mercatomonti Urban Market	170
Gnocchi	359	il Papiro	258	Lido di Ostia	211	Mestre	313
Gondolier	317	Il Prato	280	Life Is Beautiful	276	Michelozzo di Bartolommeo	227
Google Maps	66	Il Ritrovamento del Corpo di San Marco	397	Lippo Memmi	298	Molo San Vito	497
Gran Caffè Gambrinus	453			Loggia del Capitaniato	372	Monastero di San Nicola	547
Grand Hotel La Favorita	470	il Vero Alfredo	155	LOL Hostel	570	Monte Gianicolo	143
Grand Hotel Leon D'Oro	506	Incoronazione della Vergine	235	Lombardia	395	Monte Grappa	366
Grand Hotel Minerva	263	Innocentius III	279	Lorenzo de Medici	232	Monte Palatino	131
Granita	253	Interbus	543	Lorenzo il Magnifico	227	Monterosso	285
Grappa	367	Italo	77	Lo Sposalizio della Vergine	396	Monte Solaro	479
Greco–Romano Teatro	546	Jacopo Bellini	396	Luca Pitti	242	Moscato	50
Gregorius XIII	187	Jacopo della Quercia	273	Luca Signorelli	202	Moscato D'asti	50
Grom	161	James Joyce	364	Luigi Vanvitell	137	Muro Venezia	337
Grotta Azzurra	478	Jérôme Chocolat	504	Luigi Vanvitelli	482	Museo Archeologico Nazionale	440
Grotte di Catullo	361	John the Baptist	230	Luini Panzerotti	401	Museo Archeologico Paolo Orsi	568
Gruppo del Laocoonte	184	Joseph	446	Lupanare	464	Museo Archeologico Regionale	592
Guanelliani	512	Katzuti Garage	503			Museo Capitolino	132
Gucci Museo Caffè	251	Kentauros	186	**M**		Museo Capodimonte	442
Guido Orefice	276	Kimbo	45			Museo Casa natale di Giacomo Puccini	275
Guido Reni	183			Maddalena	231, 280		
Gusta Pizza	246	**L**		Madonna dal Collo Lungo	237	Museo Civico	289
Gusteau Di Mitítiero	504			Madonna del Cardellino	236	Museo Correr	329
		La Carraia	254	Madonna Verona	356	Museo della Grappa	368
H		La Chiesa Santa Lucia alla Badia	564	Madova Gloves	257	Museo dell'Opera del Duomo di Orvieto	202
		La Controra Hostel	455	Maesta	234, 296		
Habitat Boutique	553	La Cupola	195	Maestosissime Fettuccine all'Alfredo	155	Museo dell' Opera di	

Santa Maria del Fiore	231	Palazzo dei Normanni	576	Piazza della Signoria	239	Porta Nuova	577
Museo del Merletto	333	Palazzo della Fraternita		Piazza delle Erbe	356	Porta Portese	170
Museo del Vetro	331	dei Laici	279	Piazza del Plebiscito	446	Porta Santa	196
Museo e Galleria Borghese	145	Palazzo del Popolo	299	Piazza del Popolo	137	Positano	473
Museo Nazionale del Bargello	241	Palazzo Ducale	328	Piazza di San Marco	327	Potenza	516
Museo Nazionale del		Palazzo Medici Riccardi	227	Piazza di spagna	138	Pozzo di San Patrazio	203
Palazzo di Venezia	133	Palazzo Nuovo	133	Piazza Duomo	298	Prada Space	51, 261
Museo Nazionale di		Palazzo Pitti	242	Piazza Grande	278	Primavera	233
Palazzo Bellomo	565	Palazzo Pubblico	296	Piazzale Michelangelo	243	Pulcinella	443
Museum Pass	319	Palazzo Reale	447	Piazza Navona	142		
MXP	384	Palazzo Sanseverino	444	Piazza Repubblica	240	**Q**	
		Palazzo Senatoro	132	Piazza San Pietro	197		
N		Palazzo Signoria	239	Piazza Signori	371	Quadrilátero	406
		Palazzo Vecchio	239	Piazza Tasso	468	Quanto Basta	337
Naiade	136	Palio Festa	295	Piazza Unita d'Italia	364	Quattro Canti	579
Napoli Garibaldi	436	Panbrioche	504	Piazza Venezia	133	Quintocanto Hotel	585
Nastro Azzuro	46	Panineria Dopo Teatro	549	Piazza Vigliena	579		
Naviglio	399	Panino Bombetta	515	Piemonte	49	**R**	
Nebbiolo	49	Panino con Bollito	249	Piero della Francesca	278, 280		
Nerbone	249	Panino con Cavallo	549	Pieta	195, 397	Raffaello	168
Niccolò Machiavelli	240	Panino Con Gelato	583	Pieta di Bandini	231	Raffaello Sanzio	40
Noventa Outlet	51, 345	Panino con Lampredotto	249	Pietro Griffo	592	Raimondo di Sangro	445
Numeroventi Design Residency	265	Panino Giusto	401	Pietro Perugino	396	Ratto di Proserpina	146
		Pantheon	139	Pilsener	46	Redentore	330
O		Panzerotti	504	Pinacoteca di Brera	395	Ricardi	227
		Paolo di Dono	234	Pinacotheca	182	Riomaggiore	283
Oculus	140	Paolo Uccello	234	Piramide	209	Risotto	43
Odeon	546	Parco Archeologico della Neapolis	566	Pisanello	357	Ristorante Belvedere	285
Officina di Santa Maria Novella	256	Parmesan Cheese	155	Pius IX	136	Ristorante Coreana	160
Old Bridge	160	Parmigianino	237	Pizza Boscaiola	156	Ristorante L'Abate	469
Olive Tree Hostel	508	Pasticceria Tonolo	341	Pizza Capriccios	337	Rocca Maggiore	290
Orazio Gentileschi	183	Pasticciotto	526	PizzaRé	154	Rocca Scaligera	361
Orecchiette	337	Patti lateranensi	34	Pizzeria Brandi	452	Rolling Venice Card	318
Orecchiette Pasta	43, 520	Peking	248	Pizzeria Europa	158	Romanesque	35
Orecchio di Dionisio	567	Perche no	252	Pizzeria Gino Sorbillo	451	Roman Holiday	132
Ornellaia	49	Peretola Aeroporto	221	Pizzeria Ristorante Al faro	339	Roma Pass	121
Ortigia	561	Peroni	46	Plus Hostel	265	Romulus	32
Orvieto	199	Perseus	237	Poggibonsi	298	Ruggero I	545
Orvieto Duomo	202	Petra Aurea	527	Poli	368	Ryan Air	84
Orvieto Sotterranea	203	Piazza Aldo Moro	516	Pompeii	459		
Ospedale degli Innocenti	238	Piazza Bra	353	Pompi	163	**S**	
Ostello Bello	413	Piazza Cahen	200	Ponte degli Alpini	367		
Ostia Antica	210	Piazza Cavour	418	Ponte dell'Accademia	324	Saint Paul	567
		Piazza dei Dante	356	Ponte de Sospiri	329	SAIS	543
P		Piazza dei Signori	356	Ponte di Rialto	322	Sala degli Animal	184
		Piazza del Campo	295	Ponte Pietra	358	Sala degli Animali	184
Pablius Aelius Hadrianus	548	Piazza del Comune	288	Ponte Santa Trinita	254	Sala delle Croce Greca	186
Palace Hotel Bari	507	Piazza del Duomo	270	Ponte Vecchio	242	Sala delle Muse	185
Palazzo Calò	507	Piazza dell'Anfiteatro	273	Porta Marina	461	Sala delle Rotonda	185
Palazzo dei Conservatori	132	Piazza della Repubblica	136	Porta Messina	556	Sala di Costantino	188

San Andrea	474	Statue of St. John the Baptist 296	Tomba di Alessandro	193	Venchi	162
San Frediano	275	Stazione Centrale di Tremini 119	Tomba di Giulietta	353	Venere di Urbino	236
San Gennaro	440	Stazione di Matera Centrale 517	Tondo Doni	236	Veneto	50, 395
San Giorgio e la Principessa	357	Stazione di Milano Centrale 386	Tonno e Cipolla	337	Venice Card	318
San Giovese Grosso	301	Stazione di Napoli Centrale 439	Too Late	344	Venice International Film Festival	335
San Marciano	567	Stazione Matera Sud 517	Tornavento	399	Vernazza	284
San Marco	327	Stazione Santa Maria Novella 225	Toro Farnese	441	Verona Porta Nuova	352
San Sabino	500	Stazione Tiburtina 119	Torre dei Lamberti	356	Via Colombo	283
Santa Lucia	313	Stazione Venezia Santa Lucia 321	Torre delle Ore	274	Via del Corso	137
Santa Maria Novella	166	Stefaneschi Triptych 182	Torre del Mangia	296	Via Dell'Amore	283
Sant'Angelo Luxury Resort	521	Strangozzi alla Norcina 292	Torre di Piazza	371	Via di Condotti	138
Santa Reparata	228	St. Vincent 275	Torrefazione Marchi	340	Viale dei Martiri	368
Sant'Eustachio IL Caffe	164	Super Mago 529	Torre Grossa	299	Via Veneto	147
San Valentino	132	Super Tuscan 49	Torre Guinigi	274	Vicenza	369
Sassicaia	49		Torre Pendente di Pisa	269	Vienna Coffee	365
Sasso	516	**T**	Torso	185	Villa Adriana	208
Sasso Barisano	519		Torso del Belvedere	185	Villa Almerico Capra	373
Sasso Caveoso	519	Tabacchi 117, 315	Toscana	48	Villa Borghese	145
Savia	550	Tabacchiera 45	Trabee Pocket	67	Villa d'Este	207
Savoia	243	Tapistry 186	Traghetto	317	Villa Erba	418
Savonarola	240	Target 159	Trasfigurazione	182	Villa Gregoriana	207
Schegge	344	Tazza D'Oro 163	Trattoria Al Tettarello	157	Villa Rotonda	373
School of Athens	188	Teatro 465	Trattoria degli Umbri	292	Vincenzo Bellini	544
Sciopero	125	Teatro alla Scala 394	Trattoria di De Fiore	549	Vincenzo Scamozzi	372
Scriptorium	259	Teatro Greco 557	Trattoria Il Cenacolo	569	Vino	155
Scuola Grande di San Rocco	323	Teatro Massimo 581	Trattoria Luzzi	158	Vino Nobile di Montepulciano	48
Secondo Piatto	155	Teatro Massimo Bellini 544	Trattoria Mario	245	Visconti	399
Select Pass	78	Teatro Olimpico 372	Trattoria Sapore E Sapori	533	Vittoriano	134
Sermoneta	167	Teatro San Carlo 448	Trenitalia	66	Vittorio Emanuele I	33
Serravalle Designer Outlet	51	Tempio della Concordia 591	Treviso Sant'Angelo Aeroporto	314	Vittorio Emanuele III	243
Seven Hostel	470	Tempio di Apollo 563	Trippa alla Romana	156	Vivoli	252
Sfera con Sfera	184	Tempio di Castore e Polluce 592	Trulli	510	Volta	189
Sfogliatelle	452	Tempio di Eracle 591	Trulli Holiday Resort	514	YellowSquare	172
S. Girolamo	183	Tempio di Giunone 590	Trullo Sovrano	514	Zio gigi	246
Sirmione	360	Tempio di Minerva 288	Turkish Bar	265		
Sita Bus Terminal	222	Terme del Foro 463				
Sixtus IV	138	Terme di Caracalla 153	**U**			
Soave	50	Terminale Circumvesuviana 436				
Spacca Napoli	443	Terravision 118	Umbria	286		
Spagetti Siracusane	569	The mall 260	UNA HOTEL	454		
Spritz con Aperol	527	The Mall 51	Una Hotel Palace	551		
Stadio San Siro	400	The Passion Of The Christ 519	UNA Hotel Roma	171		
Stained Glass	35	Thermopolium 463	UNO TRAVEL	67		
St. Ambrosius	394	Tibur 205	Urbanus VIII	187, 194		
Stanza della Segnatura	188	Tiburtus 205				
Stanza dell'Incendio di Borgo	189	Tignanello 49	**V~Z**			
Stanza di Eliodoro	188	Tintoretto 273				
Stanze di Raffaello	187	Tiramisu 163	Valle dei Templi	590		
Starbucks	404	Titus Flavius Vespasianus 128	Vaporetto	315		
Starbucks Reserve Roastery	404	Tocqueville 412	Vecio Mulin Vecio Mulin	359